PETER NOBEL, ALEXANDER GIAN-CARLO BAUMANN und ELIAS ALIVERTI (Hrsg.)

Law and Economics in all seinen Facetten

Schriften zur Rechtstheorie

Band 309

Prof. Dr. iur. Klaus Mathis, MA in Economics

Law and Economics in all seinen Facetten

Festschrift zu Ehren von Klaus Mathis

Herausgegeben von

Peter Nobel
Alexander Gian-Carlo Baumann
Elias Aliverti

Duncker & Humblot · Berlin

Bibliografische Information der Deutschen Nationalbibliothek

Die Deutsche Nationalbibliothek verzeichnet diese Publikation in der Deutschen Nationalbibliografie; detaillierte bibliografische Daten sind im Internet über http://dnb.d-nb.de abrufbar.

Satz: L101 Mediengestaltung, Fürstenwalde
Druck: CPI books GmbH, Leck

ISSN 0582-0472
ISBN 978-3-428-18570-2 (Print)
ISBN 978-3-428-58570-0 (E-Book)

Gedruckt auf alterungsbeständigem (säurefreiem) Papier
entsprechend ISO 9706 ♾

Internet: http://www.duncker-humblot.de

Vorwort

Nur wenige Dissertationen werden von einem grösseren Publikum gelesen. Eine Dissertation in zweiter Auflage hat entsprechend Seltenheitswert und deren vierte Auflage ist kaum mehr in Worte zu fassen. Es ist ein frühes Zeichen einer beispiellosen akademischen Karriere, die Klaus Mathis eindrücklich begonnen, noch immer voller Begeisterung und Engagement begeht und noch lange nicht beendet haben wird.

Nach seinen Studien in Volkswirtschaftslehre und Rechtswissenschaften war Klaus Mathis ab dem 1. Juni 2000 Assistent von Walter Ott am Lehrstuhl für Rechtsphilosophie, Rechtstheorie und Privatrecht am Rechtswissenschaftlichen Institut der Universität Zürich. In dieser Zeit ist nicht nur die erste Auflage seiner Dissertation „Effizienz statt Gerechtigkeit? Auf der Suche nach den philosophischen Grundlagen der Ökonomischen Analyse des Rechts“ (1. Aufl. 2004, 2. Aufl. 2006, 3. Aufl. 2009, 4. Aufl. 2019; englische Ausgabe 2009) entstanden, sondern er verdiente sich auch die Gelegenheit weiterer wertvoller Lehrerfahrungen. Nach einem Zwischenstopp als wissenschaftlicher Mitarbeiter im Staatssekretariat für Wirtschaft in Bern war Klaus Mathis zunächst Oberassistent für Öffentliches Recht sowie Lehrbeauftragter im Staatsrecht an der Universität Luzern. Am 1. März 2007 wurde er zum Assistenzprofessor ernannt und ab 1. August 2008, ebenfalls in Luzern, war er Inhaber der *Tenure*-Track-Professur für Öffentliches Recht und Recht der nachhaltigen Wirtschaft. In den Folgejahren entstand seine Habilitationsschrift „Nachhaltige Entwicklung und Generationengerechtigkeit: Eine interdisziplinäre Studie aus rechtlicher, ökonomischer und philosophischer Sicht“ (2016). Per 1. August 2016 wurde Klaus Mathis an der Universität Luzern zum Ordinarius für Öffentliches Recht, Recht der nachhaltigen Wirtschaft und Rechtsphilosophie ernannt.

Bis heute leistet Klaus Mathis mit ausserordentlichem Engagement, begleitet von steter Begeisterung für Bekanntes und Fremdes, einen unschätzbaren Beitrag in Forschung und Lehre. Bereits die über die Jahre entstandenen Publikationen verdeutlichen die akademische Vielseitigkeit von Klaus Mathis. Beiträge zur Rechtstheorie von Jürgen Habermas, zu John Rawls' Theorie der Gerechtigkeit, Perspektiven auf die Menschenwürde, rechtsökonomische Analysen zum Kündigungsschutz im Arbeitsrecht oder zum Plagiarismus, Beiträge zu *Behavioural Economics*, zu Moral und Motivation oder zum Anarchismus – allesamt Zeugnis eines offenen Geistes, der sich mit viel Freude immer wieder Neuem annimmt.

Klaus Mathis hat früh auch andere Wege der Forschung beschritten. 2012 organisierte er an der Universität Luzern die erste *Law and Economics Conference*. Passend zur Premiere wählte er als Thema das grosse Ganze: *Law and Economics in Europe. Foundations and Applications*. Es sollten bis im Frühling 2023 neun zusätzliche Durchführungen folgen und die elfte Konferenz ist bereits in Planung. Die Themenschwerpunkte reichen von der ökonomischen Theorie der Verfassung, über Verhaltensökonomie, *Environmental Law and Economics*, Wettbewerbsrecht, Digitalisierung, bis hin zu *Law and Economics of the Coronavirus Crisis*. Die 10. Jubiläumstagung trägt den klingenden Titel *Law and Economics of Justice: Efficiency, Reciprocity, Meritocracy* – abermals ein Grundsatzthema und zugleich Steckenpferd von Klaus Mathis. Aus den Konferenzen ist jeweils ein Tagungsband hervorgegangen, erschienen in der von Klaus Mathis ins Leben gerufenen wissenschaftlichen Schriftenreihe *Economic Analysis of Law in European Legal Scholarship*.

Die zahlreichen interdisziplinären, internationalen Konferenzen sind weitere Zeichen akademischer Exzellenz, die darüber hinaus im Einklang mit einer besonderen Eigenschaft von Klaus Mathis stehen: seine grosszügige Gastfreundschaft. Unter Beweis stellte er diese auch 2019, als er in Luzern den 29. Weltkongress der Internationalen Vereinigung für Rechts- und Sozialphilosophie zum Thema *Dignity, Democracy, Diversity* ausrichtete. Erst vor Kurzem, im Sommer 2022, führte er erstmalig die *Lucerne Graduate Academy for Law and Economics* durch. Während einer Woche kamen vielversprechende Nachwuchsforschende in den Genuss einer Intensivweiterbildung an der Schnittstelle von Recht und Ökonomie.

An seiner Wirkungsstätte in Luzern hinterlässt Klaus Mathis bis heute auch institutionell tiefe Spuren. Er ist Mitbegründer des *Center for Law and Sustainability (CLS)* und amtet nach wie vor als dessen Geschäftsleiter. Er hat überdies das *International Network for Law and Economics – lucernaforum* gegründet, das sogleich Rahmen der regelmässig stattfindenden Doktoratskolloquien von Klaus Mathis ist. Er ist Direktor des Instituts für Juristische Grundlagen – *lucernaiuris* und amtet seit Anfang dieses Jahres als Leitender Direktor des Instituts für Wirtschaft und Regulierung WiRe. Von 2015 bis 2021 war Klaus Mathis prägendes Mitglied der universitätsinternen Forschungskommission.

Als wäre dieser eindrückliche Leistungsnachweis nicht bereits Grund genug für eine Festschrift, kamen vor Kurzem drei zahlenmässig eindrücklich zusammenpassende Jubiläen hinzu. Klaus Mathis feierte seinen 55. Geburtstag, er feierte das 15-jährige Bestehen seines Lehrstuhls sowie das 5-jährige Jubiläum seiner ordentlichen Professur an der Universität Luzern. Die vorliegende Festschrift ehrt die Kulmination aller Meilensteine. Sie versammelt seine Weggefährten – Professoren aus dem In- und Ausland, Praktiker, Nachwuchsforschende und Assistierende – und würdigt den ausserordentlichen Beitrag von Klaus Mathis an der Schnittstelle von Recht und Ökonomie.

Ganz im Sinne des Jubilars geht dieses Gemeinschaftswerk den Schritt weg von einer losen Textsammlung hin zu einem kohärenten Nachschlagewerk für die rechtsökonomische Analyse. Der Fokus der Festschrift liegt auf der Anwendungsvielfalt der rechtsökonomischen Betrachtung: „Effizienz und Gerechtigkeit – Law and Economics in all seinen Facetten". Nach grundlegenden Gedanken zu Effizienz, Gerechtigkeit und Interdisziplinarität folgen fünf Anwendungsbereiche einer *Law and Economics*-Perspektive: Unternehmensverantwortung, Umwelt, Digitalisierung, Wirtschafts- und Sozialpolitik sowie Konsumenten- und Versicherungsschutz. Die Festschrift verdeutlicht – in Würdigung des ausserordentlichen Beitrags von Klaus Mathis im Zusammenwirken von Recht und Ökonomie – die Vielseitigkeit von *Law and Economics* und die Chancen, die damit für die Rechtsentwicklung einhergehen. Sie leistet dadurch – und auch das ist ganz im Sinne von Klaus Mathis – einen Beitrag zum interdisziplinären Miteinander über die Fachgrenzen hinaus.

Dieses Gemeinschaftswerk ruht auf dem Fundament der Mithilfe langjähriger Freunde. Wir danken der Rechtswissenschaftlichen Fakultät der Universität Luzern für die grosszügige finanzielle Unterstützung und sprechen unseren Dank insbesondere Silvan Wechsler sowie Madeleine Stämpfli aus. Wir danken Dr. Florian R. Simon und Norina Stefan vom Traditionsverlag Duncker & Humblot, die sich mit grosser Freude zur Zusammenarbeit bereit erklärt und den gesamten Publikationsprozess mit einem professionellen, umsichtigen Team reibungslos unterstützt haben.

Ein abschliessender Dank gebührt dem Jubilar. Weit über die universitären Grenzen in Luzern hinaus profitieren Unzählige von den beachtlichen Leistungen von Klaus Mathis in Forschung und Lehre. Diese Leistungen und die damit verbundenen Jubiläen verdienen es, gebührend geehrt zu werden. Wir verstehen diese Festschrift zu Ehren von Klaus Mathis lediglich als Anfang. Für diesen Anfang wünschen wir Klaus Mathis und allen interessierten Leserinnen und Lesern viel Vergnügen beim Eintauchen in die Welt von *Law and Economics*. Zum Schluss noch ein Hinweis: Sinnigerweise erscheint diese Festschrift genau 15 Jahre, nachdem Klaus Mathis eine Festschrift zu Ehren seines Doktorvaters Walter Ott zusammentrug. Zufall oder nicht, in die Reihe all dieser Jubiläen würde offensichtlich noch ein Jubiläum ganz hervorragend passen: das baldige Erscheinen der 5. Auflage von *Effizienz statt Gerechtigkeit?*

Zürich/Luzern

Peter Nobel,
Alexander Gian-Carlo Baumann,
Elias Flavio Aliverti

Inhaltsübersicht

Grundlegende Gedanken zu Effizienz, Gerechtigkeit und Interdisziplinarität ... 15

Anwendungsbereich Unternehmensverantwortung ... 145

Anwendungsbereich Umwelt ... 301

Anwendungsbereich Digitalisierung ... 365

Anwendungsbereich Wirtschafts- und Sozialpolitik ... 417

Anwendungsbereich Konsumenten- und Versicherungsschutz ... 523

Inhaltsverzeichnis

Grundlegende Gedanken zu Effizienz, Gerechtigkeit und Interdisziplinarität 15

Zur normativen Geltung von Gerechtigkeitsidealen
Von *Moritz Blöchlinger* 17

Nudge Efficiency
By *Avishalom Tor* 45

Law and Economics: Ein interdisziplinärer Ansatz? Eine sprachphilosophische Perspektive am Beispiel der Hand Rule und Art. 41 ff. OR
Von *Angelo Breda* 61

„Every case is a rule to itself" – William Godwins anarchistische Herrschafts- und Rechtskritik
Von *Luca Langensand* 107

Anwendungsbereich Unternehmensverantwortung 145

Remedies for the limited liability of the corporation
By *Michael Faure* 147

Milieudefensie et al. v. Royal Dutch Shell – Law and Economics of Corporate Responsibility
By *Alexander Gian-Carlo Baumann* 179

Regulating Sustainable Finance in Europe
By *Tadas Zukas* 203

From "Corporate Social Responsibility" to "Corporate Social Liability"?
By *Karl Hofstetter* 283

Anwendungsbereich Umwelt 301

The Law and Economics of Freshwater
By *Bruce Huber* 303

Technologieneutralität im Energierecht – Wirtschaftlich-rechtlicher Anspruch und politische Wirklichkeit
Von *Markus Schreiber* 329

Anwendungsbereich Digitalisierung 365

Law is Code – Effizienz und Gerechtigkeit beim Einsatz neuer Technologien im Recht
Von *Rolf H. Weber* ... 367

Die Unveränderlichkeit von Smart Contracts – Eine privatrechtliche und rechtsökonomische Perspektive
Von *Elias Flavio Aliverti* ... 387

Anwendungsbereich Wirtschafts- und Sozialpolitik 417

Money Makes the World go Round
Von *Peter Nobel* ... 419

Law and Economics der Grundversorgung
Von *Phil Baumann* ... 437

Normative Spannungsfelder innerhalb der ökonomischen Analyse des Wettbewerbsrechts
Von *Martin Meier* ... 473

Zinsen auf Prozesskostenforderungen? Rechtliche und Ökonomische Überlegungen
Von *Anton Burri* und *Jean-Michel Ludin* ... 497

Anwendungsbereich Konsumenten- und Versicherungsschutz 523

The Law and Economics of Consumer Law
By *Adrianus van Heusden* ... 525

The Comparative Law and Economics of Business Interruption Insurance and Covid-19
By *Piotr Tereszkiewicz* ... 567

Autorenverzeichnis

Elias Aliverti, MLaw, Universität Luzern

Alexander Gian-Carlo Baumann, M.A. HSG in Law and Economics, CEMS MIM, Universität Luzern

Dr. iur., *Phil Baumann*, Universität Luzern

Dr. iur., *Moritz Blöchlinger*, Bau- und Umweltdepartement des Kantons St. Gallen

RA *Angelo Breda*, MLaw, Universität Luzern

RA *Anton Burri*, MLaw, BA, Universität Luzern

Prof. Dr. *Michael Faure*, LL.M., Maastricht University, Erasmus University Rotterdam

Prof. Dr. *Karl Hofstetter*, Universität Zürich

Prof. Dr. *Bruce Huber*, Notre Dame Law School, University of Notre Dame

Luca Langensand, MLaw, Selbstständiger Jurist und Übersetzer

RA *Jean-Michel Ludin*, MLaw, Universität Luzern

Dr. iur., *Martin Meier*, Universität Luzern

Prof. Dr. rer. publ. *Peter Nobel*, Nobel & Partner Rechtsanwälte

Dr. iur. *Markus Schreiber*, Universität Luzern

Prof. Dr. *Piotr Tereszkiewicz*, Jagiellonian University in Kraków

Prof. Dr. *Avishalom Tor*, Notre Dame Law School, University of Notre Dame

Adrianus van Heusden, MSc, LL.M., Erasmus University Rotterdam

Prof. Dr. *Rolf H. Weber*, Universität Zürich

Dr. iur., *Tadas Zukas*, LL.M., CAS Sustainable Finance, Attorney at Law, Bank Vontobel AG

Grundlegende Gedanken zu Effizienz, Gerechtigkeit und Interdisziplinarität

Zur normativen Geltung von Gerechtigkeitsidealen

Von *Moritz Blöchlinger*

I. Einleitung

Klaus Mathis, unser Jubilar, erörterte in seiner ersten Monografie bekanntlich die philosophischen Grundlagen der Ökonomischen Analyse des Rechts. Seine fundamentale Forschungsfrage hat er dabei gleich zum Titel des Buches gemacht: „Effizienz statt Gerechtigkeit?“. Aus dieser provokativen Gegenüberstellung könnte freilich leichtfertig abgeleitet werden, dass Effizienz ohne Weiteres als normativer Massstab zu behandeln sei, dem bei der Ausgestaltung von Recht eine ähnlich bedeutsame Stellung wie dem Gerechtigkeitsideal zukomme. Mathis hat jedoch stets Wert darauf gelegt, bei der Verwendung des Effizienzkriteriums positive und normative Theorie nicht zu vermischen.[1] Es sei zwar unproblematisch – wenn nicht gar wünschenswert –, rechtliche Regeln auf ihre gesellschaftliche Effizienz hin zu untersuchen, denn gegen eine *positive Analyse* von Rechtsregeln unter dem *normativen Aspekt* der Effizienz sei grundsätzlich nichts einzuwenden. Diese positive Analyse sei aber klar zu trennen von der *normativen Forderung*, das Rechtssystem nach dem Effizienzprinzip auszugestalten. Diese Forderung bedürfe nämlich einer Begründung, welche die ökonomische Theorie selbst nicht zu liefern vermöge.[2] Einer solchen Begründung ist Mathis in der Folge nachgegangen, indem er neben Richard Posners Theorie der Reichtumsmaximierung etwa auch die Moralphilosophie Adam Smiths, den Utilitarismus Jeremy Benthams und die Theorie der Gerechtigkeit von John Rawls daraufhin befragt hat, ob und wie das Effizienzziel im Recht legitimiert werden könne.[3]

Vorliegender Beitrag geht ganz im Sinne der Mathis'schen Ausgangsfrage den normativen Idealen von Recht nach, richtet den Blick jedoch auf den Teil „Gerechtigkeit“ anstatt auf „Effizienz“. Denn so wie das Effizienzprinzip einer legitimierenden Begründung bedarf, wenn es als normatives Ideal für das Recht gelten soll, so ist auch ein mögliches Gerechtigkeitskonzept in seiner normativen Geltung zu begründen. Unter „Gerechtigkeit“ versteht

---

[1] Vgl. *Mathis*, Effizienz, S. 61 und *Mathis*, Efficiency, S. 113 ff.

[2] *Mathis*, Effizienz, S. 124.

[3] *Mathis*, Effizienz, S. 125 ff., 142 ff., 161 ff., 183 ff.

man die Legitimität bzw. die Anerkennungswürdigkeit *gemäss* einem bestimmten Moralkonzept.[4] Recht gilt grundsätzlich dann als gerecht, wenn es moralisch legitim ist. Um Moralkonzepte und ihre Geltung einheitlich fassbar zu machen und analytisch durchdringen zu können, bietet sich die relativ einfache Systematik von Ernst Tugendhat an, die im Folgenden näher dargelegt werden soll. Dabei ist nicht Tugendhats eigenes Moralkonzept gemeint, sondern vielmehr seine allgemeine Systematisierung von Moralbegründungen.[5] Dass gerade dieser Ansatz hier aufgegriffen wird, liegt vor allem daran, dass er die Problematik so grundsätzlich wie möglich ansetzt. Man gewinnt so einen allgemeinen Begriff von Moral, der nicht bereits eine bestimmte Moral als die richtige voraussetzt. Der Ansatz bleibt damit offen für ganz verschiedene Konzepte und deren Begründungen.[6]

Im Übrigen bleiben wir damit auch auf den Spuren unseres Jubilars. Denn Klaus Mathis setzte sich schon in seinen beiden ersten akademischen Aufsätzen, verfasst zusammen mit seinem Doktorvater Walter Ott†, eingehend mit der Rechtstheorie von Jürgen Habermas auseinander und beurteilte etwa dessen Versuch, die Erkenntnisse aus der Diskursethik auf das Recht anzuwenden und so ein prozeduralistisches Rechtsparadigma zu schaffen.[7]

II. Legitime Moralgeltung durch Begründung[8]

Moral ist – wie Recht – eine normative Ordnung, das heisst: ein System von sozialen Normen, das ein Sollen fordert.[9] Moral bildet den Inbegriff der „Handlungsanleitungen" in einer Gemeinschaft, „die den Anspruch auf *Rich-*

---

[4] Zur Legitimität von normativen Ordnungen siehe *Blöchlinger*, S. 64 ff.

[5] Nach einigen Modifikationen nennt Tugendhat sein eigenes Moralkonzept „Moral des wechselseitigen Respekts", vgl. *Tugendhat*, Retraktationen, S. 156.

[6] So hält auch Ursula Wolf die Systematik von Tugendhat für die fortgeschrittenste dieser Art, nachdem sie sich u. a. mit *Bernard Gert*, The Moral Rules: A New Rational Foundation for Morality (1970) und *Georg Henrik von Wright*, The Varieties of Goodness (1963) auseinandergesetzt hat, *Wolf*, S. 6, 9, 47; im Folgenden wird sich insb. auf *Tugendhat*, Vorlesungen über Ethik (1993), Drei Vorlesungen über Probleme der Ethik (1984) sowie seine Retraktationen (1984) gestützt.

[7] Siehe *Ott/Mathis*, Thesen, S. 399 ff., 409 und *Ott/Mathis*, Würdigung, S. 203 ff.

[8] Die Ausführungen in vorliegendem Aufsatz finden sich weitgehend auch in *Blöchlinger*, S. 192 ff.

[9] Vgl. *Neumann*, S. 7; im Gegensatz dazu wird u. a. auch die Position vertreten, dass Moral schlicht als eine Unterart von Wertsätzen zu verstehen sei. Gründe, dies abzulehnen und moralische Normen als eine Art sozialer Normen bzw. wechselseitiger sozialer Forderungen aufzufassen, bei *Wolf*, S. 7 f., 64; zur Abgrenzung von Moral zu Ethik siehe *Forst*, Rechtfertigung, S. 100 und *von der Pfordten*, S. 33 ff.

tigkeit erheben und so auf die Grundfrage der philosophischen Ethik ‚Was soll ich tun?' eine Antwort geben wollen".[10]

Damit eine moralische Norm als legitim im normativ-ethischen Sinne gilt, bedarf es guter Gründe für ihre Anerkennungswürdigkeit.[11] Dies gilt zumindest für eine *rationale* bzw. *kritische Moral.*[12] Das Begründetsein ist somit ein zentraler Aspekt von moralischen Normen. Ernst Tugendhat versteht das Wort „moralisch" gar als Bezeichnung für genau diese Eigenschaft von Normen: „dass man sie für begründet hält, wie immer man dieses Begründetsein näher versteht"[13]. Für ihn ist es eine „Notwendigkeit", die eigenen moralischen Urteile gegenüber den anderen zu begründen,

> „[…] einfach weil Moral in gegenseitigen Forderungen zu bestimmten Handlungen und Unterlassungen besteht. Sobald unsere moralischen Überzeugungen divergieren, stehen wir vor der Tatsache, dass wir von anderen fordern, dass sie ihre Freiheit in einer Weise einschränken, die ihnen nicht selbstverständlich erscheint; daher sehen wir uns dann zwangsläufig durch sie, wenn sie sich uns nicht einfach unterwerfen, vor die Frage gestellt, diese Forderungen zu begründen."[14]

Diesem Gedanken folgend kann hier schon festgehalten werden, dass es als wesentliche Aufgabe einer philosophischen Ethik gilt, die Anerkennungswürdigkeit einer Moral zu begründen und mit diesen Gründen die Soll-Geltung von moralischen Normen zu erklären.[15] Diese allgemeine Bestimmung kann jedoch nur als Ausgangspunkt dienen. Schaut man genauer hin, stösst man auf die Frage, was wir denn nun begründen, wenn wir eine moralische Norm begründen bzw. wie die Begründungsfrage genau zu stellen ist.[16]

---

10 *Meyer*, S. 56.

11 *Blöchlinger*, S. 77 ff.

12 Neben einer rationalen bzw. kritischen Moral wird mitunter der Standpunkt einer subjektiven Moral eines bestimmten Individuums oder der Standpunkt einer konventionellen Moral einer sozialen Gemeinschaft eingenommen, vgl. *Koller*, Begründung, S. 75.

13 *Tugendhat*, Drei, S. 83; zu Gründen für Pflichten im Allgemeinen siehe *Schnüriger*, S. 223 ff.

14 *Tugendhat*, Drei, S. 58.

15 *Habermas*, S. 54.

16 Rainer Forst unterscheidet drei Verwendungsweisen bzw. Ebenen des Begriffs „Moralbegründung", siehe *Forst*, Rechtfertigung, S. 39 f.; Forsts Einordnung liegt nahe an der Systematik von Tugendhat.

III. Die Begründungsfragen der Moral

1. Die interne und die externe Begründungsfrage

Für Ernst Tugendhat stellt sich die Begründungsfrage auf zwei Ebenen: Auf der ersten geht es um die Begründung moralischer Normen innerhalb eines bestimmten Moralkonzeptes, d.h. im Hinblick auf ein sog. Begründungsprädikat. Dieses Prädikat bringt zum Ausdruck, was die jeweilige Moralvorstellung im Kern ausmacht und worin die für wesentlich gehaltene Eigenschaft besteht. Solche Prädikate können z.B. lauten: Diese Norm … ist „gleichermassen gut für alle" oder „heilig" oder „bewirkt den grössten Nutzen bei geringsten Kosten".[17] Die zweite Ebene betrifft die Begründung einer solchen Konzeption nach aussen. Dabei geht es um die Rechtfertigung des jeweiligen Begründungsprädikates gegenüber anderen Prädikaten. Es wird nach dem Grund gefragt, warum jemand sein Handeln gerade nach dieser oder jener Moral ausrichten soll. Das Moralkonzept wird dadurch als solches begründet.

Auf der ersten, gleichsam internen Ebene geht es also darum, das Kriterium, das eine Moralkonzeption charakterisiert, als zutreffend auf eine moralische Norm zu begründen; auf der zweiten, gleichsam externen Ebene geht es hingegen um die Frage, wie wir das Begründungskriterium seinerseits begründen.[18] Nochmals anders ausgedrückt: Man begründet auf der internen Ebene die Norm in Bezug auf das Zutreffen eines bestimmten Prädikats – und somit gemäss einem so charakterisierten Moralkonzept. Auf der externen Ebene begründet man die Intention, diesem Moralkonzept gemäss zu handeln bzw. sich so charakterisierten Normen freiwillig zu unterwerfen.[19] Somit ist die externe Begründungsfrage diejenige nach dem Geltungsgrund eines Moralkonzepts als solchem. Auf beide Begründungsfragen wird nachfolgend ein näherer Blick geworfen.

2. Begründung innerhalb einer Konzeption von Moral

Wird eine moralische Norm begründet, geht man von einer bestimmten Vorstellung von Moral aus. Man begründet dabei die Aussage „es ist X, dass die Norm gilt", wobei X für eines der möglichen Begründungsprädikate steht.[20] Ein solches Begründungsprädikat bringt jeweils ein bestimmtes moralisches Grundkonzept zum Ausdruck. Mögliche Kandidaten wären nach

---

[17] *Tugendhat*, Drei, S. 80.

[18] *Tugendhat*, Drei, S. 60, 86.

[19] *Wolf*, S. 29.

[20] *Wolf*, S. 27.

Tugendhat etwa „gottgewollt“, „gut für die Gemeinschaft“, „gleichermassen gut für alle“.[21]

Handlungen bzw. Normen werden damit relativ zu einem Grundprinzip gerechtfertigt.[22] Nach Tugendhat können Normen gar nicht auf eine andere Weise begründet werden; Normen seien nämlich nicht *an sich* begründbar. Was begründet werden könne, sei hingegen nur, dass der sozialen Norm eine bestimmte *Eigenschaft* zukommt, die er später als „Prädikat“[23] bezeichnet.[24] Dabei lässt Tugendhat aber Eigenschaften wie „gut“ oder „richtig“ – die für moralische Urteile naheliegen würden – alleine nicht einfach als Prädikate gelten.[25] Für diese Begriffe gibt es nämlich keine direkt zu verstehende, feste Bedeutung, keine absolute Verwendungsweise. Man kann „gut“ immer nur relativ bzw. attributiv auf etwas verwenden, wie z.B. „gut für den Friedenserhalt“ oder auch im Sinne von „gut als Fussballspieler“.[26] Man bezeichnet etwas als „gut“ oder „richtig“ daher nur in der Art, wie es eine Eigenschaft erfüllt, z.B. Fussball zu spielen. Und wenn diese Eigenschaft als die wesentliche Eigenschaft von etwas oder jemandem angesehen wird, heisst es eben, dass der Fussballspieler „gut“ ist.[27] Und so bedeutet auch die Rede von „moralisch gut“ immer „gut mit Bezug auf die intersubjektiv als wesentlich unterstellte Eigenschaft“.[28]

Und darin unterscheiden sich die verschiedenen Konzeptionen von Moral: durch die verschiedenen Eigenschaften, die ihnen zufolge eine soziale Norm

---

21 *Tugendhat*, Drei, S. 80 ff.

22 Dieses Grundprinzip selbst zu rechtfertigen, geschieht aber erst durch eine weitere Begründungsfrage, die Tugendhat auf einer zweiten Ebene sieht, siehe nachfolgend III.3. Begründung der Geltung eines Moralkonzepts als solches.

23 *Tugendhat*, Drei, S. 83.

24 *Tugendhat*, Drei, S. 77.

25 *Tugendhat*, Ethik, S. 55 f.; die Eigenschaft der „Richtigkeit“, die einer Norm gemäss Jürgen Habermas zukommen solle, bezeichnet Tugendhat als „Pseudo-Eigenschaft“, *Tugendhat*, Drei, S. 77; dies müsste dann auch auf Robert Alexys Verwendung des Begriffs der Richtigkeit zutreffen, vgl. *Alexy*, S. 129 ff.

26 *Tugendhat*, Ethik, S. 56; ausführlich dazu auch *Tugendhat*, Drei, S. 66 ff.

27 *Tugendhat*, Retraktationen, S. 153; nur in diesem engen, bestimmten Sinne lässt Tugendhat eine „echte absolute Verwendung“ des Wortes „gut“ gelten, die sich eben daraus ergibt, dass unterstellt wird, dass eine bestimmte Eigenschaft von etwas die für uns wesentliche ist, *Tugendhat*, Retraktationen, S. 154.

28 *Tugendhat*, Retraktationen, S. 151; ganz in diesem Sinne definiert auch John Rawls etwas als „good“: „It is helpful to think of the sense of ‚good‘ as being analogous to that of a function sign. We can then view the definition as assigning to each kind of thing a set of properties by which instances of that kind are to be assessed, namely, the properties which it is rational to want in things of that kind.“, *Rawls*, S. 356; eine Auseinandersetzung mit dem Begriff „good“ findet sich etwa auch in *Mackie*, S. 50 ff.

haben muss, um begründet zu sein.[29] So lassen sich anhand dieses Unterscheidungskriteriums verschiedene Klassen von Moralkonzeptionen bilden. Etwa die religiösen oder traditionalistischen Konzeptionen, für die eine soziale Norm durch göttliche Offenbarung bzw. Tradition begründet ist. Das relevante Prädikat ist dort, dass die Norm gottgewollt oder heilig oder dergleichen ist. Tugendhat grenzt von den religiösen bzw. traditionellen eine andere Klasse von Konzeptionen ab, für die eine soziale Norm dann begründet ist, wenn sie „gut" im Hinblick auf eine Bedingung ist, wie im vorhergehenden Absatz beschrieben wurde.[30] Für diese gilt nach Tugendhat:

> „Die verschiedenen Moralkonzepte […] sind durch verschiedene Konzepte des Guten charakterisiert, […]."[31]

Mit dieser ersten Betrachtungsweise geht die Annahme einher, dass es verschiedene Moralen geben kann, eine Annahme, die lange Zeit abgelehnt wurde. So gingen David Hume sowie auch Immanuel Kant noch wie selbstverständlich davon aus, dass das moralische Bewusstsein ein einheitliches sei und dass es nicht verschiedene Konzepte von Moral geben könne; diese Annahme hängt auch modernen Positionen zum Teil noch an.[32] Heute erscheint eine solche Verengung jedoch als unangemessen. Die Vielfalt möglicher Begründungsprädikate wird so auf ein einziges eingeschränkt und damit einer Auseinandersetzung zwischen den verschiedenen Auffassungen von moralischer Begründung der Boden entzogen. Dürfte man von „moralischer Begründung" nur noch sprechen, wenn sie in einem ganz bestimmten Sinn „gut begründet" wäre, so wäre dies ein semantischer Gewaltstreich, der moralische Begründungen inhaltlich vorentscheiden und substantielle Fragen schlicht verfälschen würde.[33] Die philosophische Ethik beginnt erst allmählich, die ganze Problematik des formalen Begriffs von *einer* Moralität bzw. Moralitäten im Plural in ihrer Wichtigkeit zu begreifen.[34]

Die erste Ebene, auf der es darum geht eine Norm insofern zu begründen, als gezeigt wird, dass ihr ein bestimmtes Begründungsprädikat zukommt, erscheint vergleichsweise trivial. Auf ihr geht es nämlich noch nicht um die Frage nach den letzten Gründen von Normen, um deren Geltungsanspruch als Norm oder darum, wie ein Moralkonzept gegenüber anderen Moralkon-

---

[29] *Tugendhat*, Drei, S. 93.

[30] Tugendhat bezeichnet den ersten erwähnten Moraltyp als „autoritäre Moral", den zweiten als „rationale Moral", wobei das Wort „rational" hier nur einen ganz schwachen Sinn habe, *Tugendhat*, Drei, S. 94.

[31] *Tugendhat*, Ethik, S. 29.

[32] *Tugendhat*, Ethik, S. 69.

[33] *Tugendhat*, Drei, S. 82, 114.

[34] *Tugendhat*, Ethik, S. 46.

zepten zu rechtfertigen sei.[35] Diese Fragen sind es aber, die beantwortet werden müssen, wenn man ein Moralkonzept als legitimes Normideal zu begründen versucht.[36]

3. Begründung der Geltung eines Moralkonzepts als solches

Wenn wir uns fragen, ob wir einer bestimmten moralischen Norm gemäss handeln sollen, dann fragen wir nach den Gründen, weshalb gerade diese Norm für uns gelten solle und nicht etwa eine andere – oder gar keine. Wir wollen den Grund wissen, aus dem ein bestimmtes Moralkonzept überhaupt als ein Moralkonzept Geltung für uns beanspruchen kann.

Dies ist eine andere und grundlegendere Frage als die interne Frage nach dem Begründungsprädikat. Dort ging es darum, einen Satz, in dem das Begründungsprädikat auf eine Norm angewandt wird, *als wahren Satz* zu begründen, wie bspw. den Satz: „Es ist gleichermassen gut für alle, wenn diese Norm gilt“. Indem man den Wahrheitsanspruch begründet, der in dieser moralischen Überzeugung enthalten ist, rechtfertigt man diese Überzeugung innerhalb einer Moralkonzeption.[37]

In der externen Begründungsfrage wird hingegen die Moralkonzeption selbst begründet – oder genauer gesagt: die Geltung der Moralkonzeption. Für Ernst Tugendhat ist diese Begründungsfrage gleichzusetzen mit der Frage, weshalb man sich diesen Normen freiwillig unterwerfen soll.[38] Es gehe nicht mehr um eine Begründung *von* (einer Aussage), sondern um eine Begründung *für* (ein Handeln), und zwar für das Eingehen einer intersubjektiven Praxis:

> „Begründet wird, dass, wenn einem normativen System das betreffende Prädikat zukommt, damit ein Grund dafür gegeben ist, sich ihm freiwillig zu unterwerfen […].“[39]

Wie sieht nun so eine Begründung aus? Üblicherweise gehen wir eine intersubjektive Praxis dann ein, wenn dabei an eine „höhere Wahrheit“ appelliert wird, die das eigene Selbstverständnis betrifft. Wenn wir uns z.B. als Kinder Gottes verstehen, dann haben wir allen Grund, dasjenige normative System, das von Gott gegeben ist, praktisch zu bejahen. Oder wenn die „höhere Wahrheit“ unterstellt wird, dass wir Glieder eines Organismus sind,

---

35 *Tugendhat*, Drei, S. 86.

36 Vgl. *Tugendhat*, Ethik, S. 26.

37 *Tugendhat*, Drei, S. 125.

38 *Tugendhat*, Drei, S. 84.

39 *Tugendhat*, Drei, S. 125 f.

dann haben wir allen Grund, diejenigen Normen zu bejahen, deren Geltung für das Wohl dieses Organismus gut ist.[40]

Die Geltung von Normen wird also begründet, indem gezeigt wird, dass wir allen Grund haben, diese Normen zu bejahen. Und hier wird auch die praktische Relevanz des Begründungsprädikats deutlich: Dieses charakterisiert ja die moralische Norm, von der gezeigt werden muss, dass wir allen Grund haben sie zu bejahen, wenn wir uns selbst so und so verstehen.[41] Tugendhat beschreibt die Begründungsprädikate dementsprechend auch als „ausgezeichnete Eigenschaften" von Normen, denen die Kraft zukomme, für Individuen als Handlungsgrund zu gelten:

> „Ein Individuum hat für die verschiedenen Handlungen und Handlungskomplexe seines Lebens verschiedene Gründe (Motive), und nun wird ihm von der Gesellschaft bzw. von seinen Mitmenschen zugemutet, alle diese Handlungen, was immer ihre Gründe sein mögen, unter einschränkende Bedingungen zu stellen. Es fragt: Warum? Weil, so wird ihm geantwortet, diesen Normen eine ausgezeichnete Eigenschaft zukommt; diese Antwort muss offenbar die Kraft haben, dass sie für das Individuum einen Grund darstellt, diese Einschränkung seines Handelns bzw. darüber hinaus die ganze dadurch bestimmte intersubjektive Praxis freiwillig zu bejahen."[42]

Bis hierhin kann festgehalten werden, dass es bei den Geltungsgründen eines Moralkonzepts um die Geltungsgründe des jeweiligen normcharakterisierenden Prädikats geht; und der Aussagegehalt dieser Gründe muss darin bestehen, logisch nachvollziehbar darzulegen, weshalb Menschen die Geltung dieser Norm freiwillig bejahen sollten.[43]

Dabei kommen Aspekte der menschlichen *Motivstruktur* ins Spiel: Menschen verhalten sich einer moralischen Norm gemäss, weil sie beim Verstoss dagegen mit einer Sanktion zu rechnen haben, entweder einer sozialen Sanktion oder – und vor allem – einer *inneren Sanktion*; konkret ist das die Scham der Betreffenden und die korrelative Empörung der anderen.[44] Empfindlich

---

40 *Tugendhat*, Drei, S. 126.

41 *Tugendhat*, Drei, S. 126.

42 *Tugendhat*, Drei, S. 84 f.; diese Passage wurde wieder aufgegriffen in *Tugendhat*, Retraktationen, S. 149 f.

43 Ursula Wolf formuliert das auf ähnliche Weise: „Was gezeigt werden muss, ist, dass es begründet ist, sich der Norm freiwillig zu unterwerfen, und dass es begründet ist, von anderen zu verlangen, dass sie sich der Norm unterwerfen, wenn ihr das Prädikat ‚X' zukommt.", *Wolf*, S. 27 f.; Peter Koller spricht in diesem Zusammenhang von einer „Idee der allgemeinen Zustimmungsfähigkeit als Kriterium der moralischen Legitimität.", *Koller*, Grundlagen, S. 740.

44 Vgl. *Tugendhat*, Ethik, S. 20 ff., 45 ff., 59 f.; Tugendhats Systematik zeichnet sich u. a. dadurch aus, dass sie in Moralkonzepten den Zusammenhang zwischen moralischen Geltungsgründen und menschlichen Handlungsmotiven aufdeckt. Dieser Zusammenhang ist wesentlich, aber anstatt nachfolgend näher auf innere Sanktionen

für die bestimmte Sanktion der Empörung ist nur, wer sie in der Scham internalisiert hat. Dies könnte man auch die Ausbildung des Gewissens nennen.[45] Ein solches Gewissen auszubilden ist für Individuen wesentlich, die sich als Mitglieder einer (moralischen) Gemeinschaft verstehen *wollen*. Denn in diesem „ich will“ (zu einer moralischen Gemeinschaft gehören) ist impliziert, dass man auch die Skala von „gut“ und „schlecht“ in seine Identität aufnimmt, die zum So-Sein als Mitglied der Gemeinschaft dazugehört. Dieses „ich will“ des Individuums heisst dann,

> „[…] dass es sich als zu einer Totalität von Personen zugehörig versteht, die mittels der inneren Sanktion von Empörung und Scham wechselseitig voneinander fordern, die diese Identität ausmachenden Normen nicht zu verletzen.“[46]

---

wie Scham und Empörung einzugehen, sollen hier direkt die dahinterstehenden Gründe analysiert werden. Moralische Gefühle enthalten nämlich Wertungen und Überzeugungen, die mit Gründen verbunden sind und mit Gründen in ihrer Geltung geprüft werden müssen. So gesehen kann man seinen Gefühlen auch gar nicht „blind“ folgen, da sie uns schon etwas sehen lassen, wenn auch oft einseitig und fehlerhaft. Moralische Gefühle tragen also Gründe in sich, und diese sind entscheidend in der Analyse der menschlichen Handlungsmotive. Rainer Forst bestätigt diesen Zusammenhang: „Überhaupt müssen wir uns von der Vorstellung freimachen, das Geben, Fordern und Gebrauchen von Gründen sei eine rein abstrakte, weil kognitive Angelegenheit. Es ist das Alleralltäglichste überhaupt, ein Grundmodus des In-der-Weltseins, mit Heidegger gesagt, und Gründe kommen in ganz unterschiedlichen Formen vor, mehr oder weniger reflektiert. Ein animal rationale ist noch immer ein animal aus Fleisch und Blut, aber eben eines, das sich im Raum der Gründe bewegt.“, *Forst*, Normativität, S. 39; vgl. ausserdem *Wellman*, S. 220; zur Kritik an Tugendhats Begriff der Sanktion siehe *Wolf*, S. 201 f.

45 *Tugendhat*, Ethik, S. 60; auch für Hans Kelsen bedeutet das moralische Verpflichtetsein einen „real-psychischen Zustand des Menschen; es ist der Zwang, der auf seinen Willen geübt wird, dadurch dass der sittliche Imperativ in seinem […] Gefühle wirksam wird.“, *Kelsen*, S. 314; Kelsen führt die Moraldefinitionen von Kant und einer Reihe von Autoren aus dem 19. Jahrhundert an, die die Moralpflicht als innere Gebundenheit des Subjektes verstehen, *Kelsen*, S. 313; auch John Rawls geht differenziert auf diesen Zusammenhang ein in seinen (moralpsychologischen) Ausführungen zu moralischen Gefühlen, moralischen Gesinnungen und moralischen Einstellungen und deren Rolle für eine Moraltheorie, vgl. *Rawls*, S. 420 ff.

46 *Tugendhat*, Ethik, S. 60; an dieser Stelle wird schon deutlich, dass es gemäss der hier vertretenen Systematik nur relative Geltungsgründe für Moralkonzepte geben kann. Das moralische Sollen bzw. Müssen bleibt relativiert auf den Entschluss eines Individuums, sich überhaupt zur moralischen Gemeinschaft zu zählen. Ohne die Bereitschaft eines Individuums, das „Gut“-Sein zu wollen, würden die Sanktionen der Empörung und der korrespondierenden Scham ins Leere laufen. Ein „absolutes ‚ich muss‘, das nicht von einem wie immer impliziten ‚ich will‘ abgestützt ist“ ist für Tugendhat „logisch gesehen ein Unding.“, *Tugendhat*, Ethik, S. 62; vgl. auch *Weinberger*, S. 106 f. sowie *Pauer-Studer*, Andere, S. 244; ablehnend gegenüber dieser voluntaristischen Konzeption ist etwa Andreas Wildt, der dadurch den spezifischen Sinn des moralischen Sollens aufgehoben sieht, *Wildt*, Menschenrechte, S. 137; ausführliche Auseinandersetzung in *Wildt*, Gefühle, S. 119 ff.; für ein relatives Verständ-

Bei der zentralen Frage, weshalb Menschen eine Norm freiwillig bejahen sollen, sind nach Tugendhat darum zwei Aspekte entscheidend: Einerseits ist es das *wesensmässige Selbstverständnis* der betroffenen Menschen, andererseits muss aber immer auch eine *entsprechende Vorstellung des „Guten"* hinzukommen, bzw. des „Gut"-Seins als Mitglied der so verstandenen Gemeinschaft oder Gesellschaft.[47]

Zum Beispiel könnte ein Moralkonzept vorliegen, dessen Prädikat auf einer bestimmten Vorstellung von *Würde* basiert. Als Geltungsgrund für dieses Prädikat würde es aber noch nicht reichen, dass von einem Selbstverständnis der betroffenen Menschen ausgegangen wird, dass jeder Mensch gleichermassen Würde besitze. Denn damit würde man auf unzulässige Weise von einem Sein allein auf ein Sollen schliessen.[48] Vielmehr muss der Geltungsgrund zusätzlich auf der Vorstellung des „Guten" beruhen, dass wir als Menschen so zusammenleben sollen, dass jeder ein Leben führen kann, das seiner Würde entspricht. Diese Sollens-Vorstellung, die im Kern des Geltungsgrundes steckt, könnte freilich ihrerseits noch weiter nach einer Begründung befragt werden. Weil das Fragen nach dem jeweils nächsten Grund einer Begründung irgendwann aber zwangsläufig zum sog. Münchhausen-Trilemma führt, scheint es sinnvoll, die Begründung an einer gewissen Stelle abzubrechen; diese Problematik wird im nachfolgenden Kapitel nochmals aufgegriffen.[49]

Zur Veranschaulichung soll hier als weiteres Beispiel der klassische Utilitarismus dienen: Jeremy Benthams Formel „the greatest happiness to the greatest number"[50] könnte dabei als Begründungsprädikat gelten. Daraus kann man den Satz formulieren: „Es führt zur grösstmöglichen Freude für die grösstmögliche Anzahl Menschen, wenn diese Norm gilt." Dass wir uns nun so einer Norm gemäss verhalten, setzt als Begründung einerseits voraus, dass wir in der Vermeidung von Leid und im Streben nach Freude die für uns

---

nis spricht ausserdem die Position des „lack of moral sense", vgl. *Tugendhat*, Ethik, S. 85; weitere Argumente für ein relatives Verständnis von Geltungsgründen von Moralkonzepten nachfolgend in III.4. Relativität der Geltungsgründe.

[47] Vgl. *Tugendhat*, Retraktationen, S. 150 ff.; es wurde bereits dargelegt, dass „gut" immer nur relativ bzw. attributiv auf etwas verwendet werden kann und dass es keine absolute Verwendungsweise für „gut" gibt; für Tugendhat bezieht sich das für moralische Fragen wesentliche „gut" vor allem auf die eine Fähigkeit, die für die Sozialisation zentral ist, und das ist die Fähigkeit, ein sozial umgängliches, ein kooperatives Wesen zu sein, *Tugendhat*, Ethik, S. 57 f.

[48] Die logische Unzulässigkeit eines solchen Schlusses wird als „Hume'sches Gesetz" bezeichnet, vgl. *Hume*, S. 469; von Humes logischem ist Moores semantisches Problem zu unterscheiden, das sich auf den Begriff des Guten bezieht und als „naturalistischer Fehlschluss" bekannt ist, *Moore*, S. 38, 64; vgl. dazu *Höffe*, S. 205.

[49] Siehe zum Ganzen *Blöchlinger*, S. 102 ff.

[50] Bentham nennt dies „the principle of utility", *Bentham*, S. 1, Fn. 1.

entscheidenden Motive menschlichen Handelns sehen, sprich, den Mensch psychologisch als Hedonisten verstehen.[51] Andererseits bedarf es der entsprechenden Vorstellung von „gut" bzw. der daraus folgenden Sollens-Forderung, dass die grösstmögliche Freude (im Sinne des Hedonisten) im Ergebnis erreicht werden soll, d.h. als Saldo, wenn das Leid von der Freude abgezogen wird. Sodann kann man sagen: „Wir haben allen Grund, die Norm zu bejahen, die dem Prädikat ‚the greatest happiness to the greatest number' entspricht, *weil* wir den Menschen als Hedonisten verstehen und ein Ergebnis befürworten, das zur grösstmöglichen Freude der Menschen führt." Dabei ist der Teil nach dem „weil" die Begründung der Geltung des Prädikats und damit auch der Geltungsgrund des klassisch-utilitaristischen Normsystems.

Damit wird unter anderem deutlich, dass es bei der Frage, weshalb Menschen eine Norm freiwillig bejahen sollten, nicht um faktische Zustimmung geht, sondern um logisch nachvollziehbare Gründe der Betroffenen, eine Norm anzuerkennen. Es ist die Anerkennungs*würdigkeit* der Geltung von Normen, die im Wesentlichen die normativ-ethische Legitimität ausmacht.[52] Mit der vorliegenden Systematik soll vor allem auch aufgezeigt werden, wie genau der Begriff der Anerkennungswürdigkeit zu verstehen ist und wie die verschiedenen Normentheorien seinen Anforderungen entsprechen können. Die Philosophie kann dabei nicht mehr tun, als ein vorhandenes moralisches Bewusstsein – ein Vorverständnis – in seinen Voraussetzungen adäquat zu analysieren und verständlich zu machen.[53] Es liegt nämlich kein eigener, metaphysischer Bezugspunkt zur Anerkennungswürdigkeit vor.[54] Das moralische Bewusstsein kann sich nicht auf eine absolute Grundlage stützen, wie im nächsten Kapitel nochmal gezeigt wird, sondern vielmehr auf ein *„komplexes Gewebe von Gründen und Motiven"*[55].

Ergänzend soll hier noch auf Tugendhats Differenzierung zwischen Gründen und Motiven aufmerksam gemacht werden, wobei Letztere ebenfalls als Gründe zu verstehen sind, jedoch als „Gründe anderer Art"[56]. In vorliegendem Zusammenhang spielt diese Unterscheidung zwar keine wesentliche Rolle, weil die Anerkennungswürdigkeit von Normgeltung ohnehin auf einem „bestimmten Ineinander" *beider* Arten von Gründen beruht. Der Voll-

---

[51] Vgl. *Bentham*, S. 1.

[52] *Blöchlinger*, S. 77 ff.

[53] Ein bedeutender Teil der heutigen Ethiker, insb. der angelsächsischen, sind der Auffassung, dass die Aufgabe der Moralphilosophie nur darin bestehen könne, die eigenen moralischen „Intuitionen" zu reflektieren und zu ordnen, indem man sie unter Prinzipien bringt, *Tugendhat*, Ethik, S. 25; explizit wird diese Position von John Rawls vertreten, *Rawls*, S. 41.

[54] Siehe dazu *Tugendhat*, Überlegungen, S. 270.

[55] *Tugendhat*, Ethik, S. 28, Hervorhebung hinzugefügt.

[56] *Tugendhat*, Ethik, S. 29.

ständigkeit halber aber dennoch ein kurzer Umriss: Die Frage, ob wir *überhaupt irgendeiner* moralischen Gemeinschaft angehören wollen, sei letztlich ein Akt der Autonomie und dafür könne es nur gute Gründe im Sinne von Motiven geben. Die Frage hingegen, ob *dieses oder jenes konkrete Moralkonzept* bzw. konkrete Konzept von „gut" zu bevorzugen sei, ist mit plausiblen Gründen im Sinne von „Begründungen moralischer Urteile" zu beurteilen.[57] In der Diskussion mit einem Amoralisten oder konsequenten Egoisten habe es wenig Sinn, Argumente für die bessere Begründetheit von deontologischen gegenüber teleologischen Konzepten anzuführen. Wer sich grundsätzlich gegen die Perspektive des „Guten" entscheidet und sich stattdessen an der Maxime „ich tue nur, was mir gefällt" ausrichtet, den kann man nur auf die damit verbundenen Implikationen aufmerksam machen und dazu beitragen, seine Entscheidsituation zu klären. Erst wer motiviert ist, sich überhaupt auf die Ebene moralischer Urteile zu stellen, setzt sich mit plausiblen Gründen für dieses oder jenes Konzept von „gut" auseinander: „wenn du überhaupt etwas als schlecht bezeichnen willst, dann dies"[58].

4. Relativität der Geltungsgründe

Liesse man die verschiedenen Begründungsprädikate und damit Moralkonzeptionen nebeneinander stehen, dann würde man einen moralischen Relativismus vertreten.[59] Eine relative Begründung erscheint zunächst jedoch als unbefriedigend, weil sie begrenzt ist, und zwar im doppelten Sinne: Sie setzt einen Geltungsgrund voraus, der seinerseits noch begründungsbedürftig wäre, und sie hat eine eingeschränkte Reichweite, in dem Sinne, dass andere ein anderes Selbstverständnis und andere Vorstellungen vom Guten haben können.[60]

Traditionell wird daher versucht, dem moralischen Sollen eine absolute oder objektive Geltung zuzusprechen.[61] Zumindest aus der Innenperspektive der jeweiligen Moralkonzepte konnte ein solcher Absolutheitsanspruch auch über mehrere Jahrhunderte erfolgreich geltend gemacht werden. So beruft sich etwa die religiöse Moral auf eine göttliche Autorität, die bedingungslos und unbegründbar ist und damit – aus der Sicht der Gläubigen der jeweiligen Religion – absolute Geltung beanspruchen kann. Auch traditionalistische Konzepte, in denen die Tradition bzw. die massgebende Autorität innerhalb der Tradition als letzte Begründung dient, gehen von solchen „höheren Wahr-

---

[57] *Tugendhat*, Ethik, S. 94.

[58] *Tugendhat*, Ethik, S. 89.

[59] Vgl. *Wolf*, S. 27.

[60] *Tugendhat*, Ethik, S. 79; siehe auch *Blöchlinger*, S. 217 ff.

[61] Vgl. dazu *Tasioulas*, S. 185.

heiten" aus, d.h. von Wahrheiten, die ihrerseits nicht begründbar sind und daher nur geglaubt werden können.[62]

In der Geschichte der Begründung sozialer Normen gilt die Aufklärung als ein entscheidendes historisches Ereignis: Durch sie verloren alle „höheren Wahrheiten" weitgehend ihre intersubjektive Überzeugungskraft, was unser heutiges Verhältnis zur Moral immer noch massgeblich bestimmt.[63] Es zeigte sich, dass die Idee einer rationalen Auseinandersetzung zwischen verschiedenen Begründungsprädikaten illusorisch ist, wenn alle „höheren Wahrheiten", auf die die Prädikate verweisen, sich so wenig begründen wie widerlegen lassen.[64] Ein rationaler Ausweg aus dieser Situation besteht darin, ein Begründungsprädikat zu suchen, das, ohne eine „höhere Wahrheit" vorauszusetzen, einen Grund abgibt, sich einem so charakterisierten normativen System freiwillig zu unterwerfen.

So haben philosophische Ethiken seit dem Wegfall religiöser Moralfundierungen versucht, den Absolutheitsanspruch moralischen Sollens dadurch zu retten, dass sie den Rekurs auf Gott oder auf eine Tradition durch eine säkuläre Begründungsbasis ersetzen; eine Basis, die dem traditionalistischen Modell legitimatorisch in nichts nachstehen sollte.[65] Paradigmatisch dafür ist die Theorie von Immanuel Kant: Er setzt das oberste Prinzip der Moral mit der Idee der Vernunft gleich und versucht damit das Problem der letzten Begründung quasi definitorisch aufzulösen. Die Vernunft avanciert so zur unhintergehbaren Grösse und letzten Instanz in Rechtfertigungsfragen.[66] Die Moral ist dabei bereits im Sinn des (absolut verstandenen) Vernünftigseins enthalten.[67] Diese Lösungsstrategie hat sich in verschiedenen Varianten bis in

---

62 Vgl. *Tugendhat*, Ethik S. 65 ff.

63 *Tugendhat*, Drei, S. 127.

64 Dies gilt zumindest ausserhalb des theologischen Diskurses, in dem begründungstheoretisch an weitere Prämissen angeknüpft werden kann.

65 *Pauer-Studer*, Andere, S. 243.

66 *Kant*, KpV AA V, S. 33, 87; *Kant*, GMS AA IV, S. 428; um Kants Theorie als weiteres Beispiel mit der hier erläuterten Systematik zu fassen: Als Begründungsprädikat kann der Kategorische Imperativ gelten. Dessen Geltungsgrund ist einerseits das Selbstverständnis des Menschen als vernunftbegabtes und autonomes Wesen und andererseits die entsprechende Auffassung vom „Guten", dass die Autonomie bzw. Freiheit eines Menschen mit der Autonomie bzw. Freiheit jedes anderen widerspruchslos bestehen können soll. Jede Handlung ist demnach daran zu prüfen, ob die Maxime dieses Handelns als allgemeines Gesetz ohne Widerspruch für alle Menschen gelten kann. Diese Frage nach der Universalisierbarkeit kann nach Kant durch reine Logik beantwortet werden und ist demnach eine Frage der Vernunft. Der Kategorische Imperativ wird dementsprechend auch als „Vernunftprinzip apriori" bezeichnet, vgl. *Kant*, MS AA VI, S. 230, 237; *Kant*, GMS AA IV, S. 421, 429.

67 *Tugendhat*, Ethik, S. 70.

die Philosophie der Gegenwart gehalten.[68] Indem die Vernunft zum objektiven Grund erhoben wird, liegen damit für jeden Menschen gute Gründe vor, das entsprechende Moralkonzept bejahen zu können und diesem somit universelle Geltung zuzusprechen. Die absolute Geltungskraft solcher Moralkonzepte fliesst dabei aus der Annahme der Objektivität des Geltungsgrundes:

> „Es ist dieser Anspruch des [objektiven] Begründetseins, in dem die Sprengkraft enthalten ist, die moralische Urteile potentiell enthalten und in der sie über ein vorhandenes, als gegeben vorausgesetztes Moralkonzept hinausweisen können."[69]

Von aussen betrachtet ist es jedoch fraglich, ob auf sinnvolle Weise von objektiven Gründen oder von absoluter Geltung gesprochen werden kann.[70] Ein objektiver Grund, der für alle gelten würde, käme einem archimedischen Punkt der Erkenntnis gleich, einer letzten Gegebenheit, an die begründungstheoretisch angeknüpft werden könnte.[71] Ein solcher absoluter Punkt konnte bisher jedoch nicht gefunden werden; vielmehr gerät man beim hartnäckigen Fragen nach dem jeweils nächsten Grund einer Begründung in einen infiniten Regress, in einen logischen Zirkelschluss oder schliesslich zum Abbruch des Begründungsverfahrens ab einem bestimmten Punkt: das klassische Münchhausen-Trilemma.[72] Zwar gibt es Versuche, diesem Trilemma zu begegnen, aber angesichts der begründungstheoretischen Schwierigkeiten, die mit diesen Lösungen einhergehen, wird heute von den meisten Theorien die Trilemma-Situation akzeptiert, dessen dritte Alternative gewählt und der weitere Begründungsregress durch das Setzen von Prämissen abgebrochen.[73]

Selbst Kants Kategorischer Imperativ ist in diesem Licht nur vermeintlich absolut begründet.[74] Kant setzt nämlich sein Vernunftprinzip *a priori* als Prämisse voraus und gebraucht dafür einen konstruierten Vernunftbegriff, der sich nicht mit dem gewöhnlichen Verständnis von Vernunft deckt. Tugendhat macht diese inhärente Relativität deutlich, indem er Kants Vernunftkonzept gar als „philosophische Erfindung"[75] bezeichnet. Kant selber würde freilich nicht von einer selbstgesetzten Prämisse reden:

---

68 Vgl. *Pauer-Studer*, Andere, S. 243.

69 *Tugendhat*, Ethik, S. 63.

70 Zur Unterscheidung zwischen Innen- und Aussenperspektive bei der Erörterung moralischer Probleme siehe *Tugendhat*, Drei, S. 91 ff.

71 Dazu *Blöchlinger*, S. 102 f.

72 *Albert*, S. 13.

73 Vgl. *Blöchlinger*, S. 105 ff.

74 Vgl. *Tugendhat*, Ethik, S. 80 ff.

75 *Tugendhat*, Ethik, S. 45; Vernunft und vernünftiges Handeln sind für Tugendhat gewöhnlich auf die Realisierung bestimmter Ziele und Zwecke bezogen. Im alltagssprachlichen Verständnis gelte jene Person als unvernünftig, die jene Schritte nicht setzt, die unabdingbar sind für das Erreichen der gewählten Ziele oder die inkonsis-

„Aber Kant hat das nicht als Prämisse gesehen, sondern das Vernunftgebot ist für ihn einfach vorgegeben, durchaus analog wie das Gebot Gottes für den Christen."[76]

Die Begründung mit der Vernunft ist nur ein Versuch von vielen, einen nicht-religiösen Grund zu finden, der dann durch ein vermeintlich absolutes Apriori doch zum pseudoreligiösen Wert wird.[77] Man kann das als Versuch sehen, religiöse Begründungen zu säkularisieren. Dabei wird insbesondere Rückgriff auf die Natur des Menschen genommen. In dieser Argumentationsform liegt jedoch ein logischer Fehler: *Alles* menschliche Verhalten ist natürlich; die Rede von der Natur des Menschen, die aber nur ein bestimmtes Verhalten herausgreift, muss eine versteckte normative Entscheidung enthalten, die ihrerseits jedoch nicht begründet ist.[78] Darin steckt also ein zirkulärer Rekurs: Es wird etwas implizit normativ gesetzt, woraus dann das Normative abgeleitet wird. Mit einer solchen Argumentation lässt sich alles und jedes als unmoralisch erweisen, wenn man nur vorher die Natur entsprechend definiert hat.[79] Auf diese Weise Gott bzw. etwas Absolutes zu naturalisieren – und diese Versuche laufen darauf hinaus – ist aber nicht möglich; auf den zweiten Blick werden auch sie als relative Begründungen erkannt.[80]

5. Plausibilität der Geltungsgründe

Kaum ein Begründungsansatz kommt letztlich darum herum, sich auf selbstgesetzte Prämissen zu stützten und damit eigene normative Entscheidungen zu treffen.[81] Welche Entscheidungen das sind, die in einem Moralkonzept getroffen werden müssen, um als anerkennungswürdig und damit als legitim im normativ-ethischen Sinne zu gelten, wird durch Tugendhats Herangehensweise an Moralkonzepte relativ klar offengelegt.

Indem danach gefragt wird, weshalb Menschen eine Norm freiwillig bejahen sollen, wird auf die Motive und Gründe der Normbetroffenen gezielt. Das zentrale Motiv, nicht gegen eine moralische Norm zu verstossen, liegt in der Vermeidung der inneren Sanktion der Scham. Diese kann jedoch nur

---

tent ist in ihren Zielen. Kants Annahme eines nicht auf Zwecke relativierten Begriffs absoluter Vernunft und eines an und für sich vernünftigen Handelns, eines unbedingten Vernünftigseinmüssens, ergibt nach Tugendhat keinen Sinn, *Tugendhat*, Ethik, S. 44, 24 f.; vgl. auch *Pauer-Studer*, Andere, S. 243 und *Demmerling*, S. 138 f.

[76] *Tugendhat*, Ethik, S. 70.

[77] *Tugendhat*, Ethik, S. 15.

[78] *Tugendhat*, Ethik, S. 71.

[79] *Tugendhat*, Ethik, S. 71.

[80] *Tugendhat*, Ethik, S. 25; so bleibt etwa auch der Rekurs auf das natürliche Gefühl des Mitleids, wie Schopenhauer es vorgeschlagen hat, ein relativer, vgl. *Tugendhat*, Ethik, S. 72, 177 ff.

[81] Vgl. *Blöchlinger*, S. 107 ff.

dann vorhanden sein und damit als Schuldgefühl und schlechtes Gewissen eine Sanktionsfunktion haben, wenn man sich selbst als Mitglied einer moralischen Gemeinschaft versteht und die gemeinsam geteilte Auffassung vom „Gut"-Sein in seine Identität aufgenommen hat. Demnach sind die Entscheidungen, auf die es bei einem Begründungskonzept ankommt, die über das wesensmässige Selbstverständnis der betroffenen Menschen sowie die über ihre Vorstellung des „Gut"-Seins bzw. des „Guten".[82]

Es stellen sich nämlich jedem Menschen die grundsätzlichen Fragen, ob man sich erstens als Mitglied einer moralischen Gemeinschaft überhaupt und zweitens als Mitglied derjenigen moralischen Gemeinschaft verstehen *will*, die durch dieses oder jenes Konzept des Guten bestimmt ist.[83] Schliesslich könnte man sich dann noch fragen, ob man auch danach handeln will. In den Worten Tugendhats:

„1. Will ich mich überhaupt moralisch verstehen, will ich, dass die Perspektive des Guten ein Teil meiner Identität sei?

2. Will ich mich auf dieses […] Konzept hin verstehen?

3. Will ich moralisch handeln?"[84]

Dieses Wollen ist normalerweise kein explizites und kein bewusstes, aber in der philosophischen Reflexion stossen wir darauf unweigerlich als auf das letzte Fundament. Und das liegt an der einfachen Tatsache, dass es als letzten Grund moralischer Forderungen kein absolutes Sollen oder Müssen gibt, das uns verpflichten könnte. Die innere Sanktion der moralischen Gemeinschaft kann erst dann greifen, wenn sie gewollt wird.[85]

Dieser wesentliche Umstand, dass der Übernahme des moralischen Gewissens ein *„ich will"* zugrunde liegt, kann verdeutlicht werden am Phänomen des „lack of moral sense". Wer keinen moralischen Sinn hat, kann sich weder moralisch schämen noch sich über andere entrüsten.[86] Die Beziehungen zu seinen Mitmenschen werden dann nur noch instrumentell sein.[87] In der Psychologie wird dieses Fehlen des Gewissens vor allem als pathologisches Phänomen gesehen, das offenbar auf bestimmte autistische frühkindliche Schäden zurückgeht – in diesem Sinne ist es wohl auch wirklich ein patho-

---

[82] *Tugendhat*, Retraktationen, S. 150 ff.

[83] *Tugendhat*, Ethik, S. 88.

[84] *Tugendhat*, Ethik, S. 91; nach Tugendhats Differenzierung von Gründen ist die erste Frage mit Gründen im Sinne von Motiven zu beantworten und die zweite Frage mit Gründen im Sinne von Begründungen von moralischen Urteilen, vgl. *Tugendhat*, Ethik, S. 29, 94.

[85] *Tugendhat*, Ethik, S. 88.

[86] *Tugendhat*, Ethik, S. 62.

[87] „Die anderen sind dann nicht mehr Subjekte, mit denen wir moralisch streiten können, sondern nur noch Objekte unseres Verhaltens.", *Tugendhat*, Ethik, S. 92.

logisches Phänomen, das in der Sozialisation entstanden ist. Gleichzeitig kann der „lack of moral sense“ jedoch auch als Folge der Möglichkeit angesehen werden, sich *nicht* als Mitglied des moralischen Kosmos verstehen zu *wollen*, eine Möglichkeit, die uns als *„ich will nicht“* dauernd begleitet.[88]

Das moralische Bewusstsein ist nämlich nicht etwas von Natur aus in unser Bewusstsein Eingerammtes. Von dieser Annahme sind noch fast alle traditionellen Ethiken ausgegangen, was auch dazu geführt hat, die Moral ableiten zu wollen von der menschlichen „Natur“ oder einem Aspekt von ihr, wie der Vernunft. Die Vorstellung eines „Eingerammtseins“[89] kann heute jedoch als theologisches Residuum betrachtet werden, das wir überwinden können, indem wir einsehen, dass das moralische Bewusstsein erst das Ergebnis eines – natürlich nicht unmotivierten – „ich will“ ist. Denn wir sind in Wirklichkeit freier, unsere Autonomie reicht weiter, als es von solchen traditionellen Ethiken gesehen wird. Jemandem, der wirklich einen „lack of moral sense“ hat oder aus freien Stücken entschlossen ist auszusteigen, kann man die Moral nicht einfach an-argumentieren. Wir können unserem Freund nur sagen: „take it or leave it“[90].

Dieses Moment der Autonomie ist nicht auszuschalten. Gleichwohl darf man sich diesen Entscheid auch nicht als dezisionistisches Wollen im freien Raum vorstellen: Vielmehr können wir unserem Freund *gute Gründe* im Sinn von guten Motiven geben, sich so zu verstehen, nämlich als Teil einer moralischen Gemeinschaft. Denn das steht am Ende hinter jenem Entscheid: die Gesamtheit der Motive und Gründe, die jemand hat, wenn er sich fragt „wie will ich mich verstehen?“ (eben etwa als Teil einer bestimmten moralischen Gemeinschaft oder nicht). Motive und Gründe formen somit das „wesensmässige Selbstverständnis“[91] der Normbetroffenen, jene volitive Prämisse also, jenen Ausdruck der Autonomie, den Tugendhat für die Durchdringung eines jeden Moralkonzepts als so relevant erachtet.

> „Daran wird deutlich, inwiefern die Autonomie ein letztes ist. Es gibt nichts, was zu meinem Leben gehört, das mich zwingt, mich so zu verstehen. Es gibt nur diesen relativen Zwang, dass wenn ich das eine will und dieses an das andere gebunden ist, ich auch das andere wollen muss.“[92]

Ja und was ist es nun, das ich – oder wir alle – wollen? Und weshalb sollte es gerade das „Gute“ sein? Welche Motive haben wir, uns als Mitglieder einer moralischen Gemeinschaft zu verstehen, die auf ein Konzept des „Guten“

---

88 *Tugendhat*, Ethik, S. 61 f.

89 *Tugendhat*, Ethik, S. 62.

90 *Tugendhat*, Ethik, S. 89.

91 *Tugendhat*, Retraktationen, S. 150 ff.

92 *Tugendhat*, Ethik, S. 92.

hin wechselseitige Sollens-Forderungen aneinander stellen?[93] Diese modern verstandene Frage nach der Moral fragt nicht mehr einfach nur, was „gut" ist, sondern warum wir das „Gute" überhaupt als Bezugspunkt in unser Wollen aufnehmen wollen. Damit wird im Grunde die Frage nach dem Wohlergehen oder Glück wiederaufgenommen, die schon die antiken Philosophen zu beantworten versuchten in der Auseinandersetzung mit der damaligen moralischen Skepsis. Aristoteles erkannte, dass man der skeptischen Frage von denjenigen, die den „lack of moral sense" vertreten, nur begegnen kann, indem man zu zeigen versucht, dass „gut" zu sein auch das ist, was „gut für mich" ist.[94] Diese These nutzt Tugendhat für seine eigene Auffassung, dass „gelungene Identitätsbildung – d.h. eine, die Glückserfahrung in sich birgt"[95] – davon abhängt, ob eine Gemeinschaft unsere Person als moralische Person anerkennt.[96] Das ist freilich nur eine Antwort von vielen, die seither gegeben wurden. Von den verschiedenen Moralkonzepten werden bis heute verschiedene Argumente in Anschlag gebracht, weshalb wir guten Grund haben, das „Gute" zu wollen bzw. zu sollen.

Und das ist es, was einer Moralkonzeption schliesslich bleibt: Motive für die Bejahung des „Guten" im Allgemeinen zu bieten sowie plausible Gründe zu liefern für die Bejahung von konkreten moralischen Normen, also von einer konkreten Vorstellung von „gut". Kant versuchte noch zu beweisen, dass es einen absoluten Sinn von „gut" gibt, der von allen auf Grund ihres Vernünftigseins anerkannt werden *muss*. Wie wir gesehen haben, kann „gut" aber immer nur in einem relativen Sinn verstanden werden. Es ist kaum sinnvoll, von einem wahren Moralprinzip zu sprechen, das es irgendwie an sich gibt und von dem ein solch absolutes „Muss" wie bei Kant ausgeht.[97] Wir können demnach bloss zeigen, dass es einen Sinn von „gut" gibt, der plausibel ist und der von allen anerkannt werden könnte, nicht jedoch anerkannt

---

[93] *Tugendhat*, Ethik, S. 91.

[94] *Aristoteles*, I, 6, 1097b24; die antiken Philosophen kannten das Problem der Auseinandersetzung zwischen verschiedenen Moralkonzepten nicht. Die Begründungsfrage reduzierte sich aus diesem Grund für sie von vornherein auf die Motivationsfrage. Die Frage nach dem sog. summum bonum („bonum" wurde verstanden als „gut für mich"), d.h. nach den obersten Zielen unseres Wollens, ist daher in der gesamten antiken Ethik geradezu an die Stelle der Frage nach der Moral getreten, *Tugendhat*, Ethik, S. 90; ausführlich zur Einbettung der Moral in die Frage nach dem guten Leben, siehe *Tugendhat*, Ethik, S. 250 ff., 263 ff.

[95] *Demmerling*, S. 141.

[96] Tugendhat fundiert seine moderne Aristoteles-Interpretation durch eine Anknüpfung einerseits an die anthropologische Liebeskonzeption Erich Fromms und andererseits an Adam Smiths Theorie moralischer Gefühle, siehe *Tugendhat*, Ethik, S. 263 ff., 282 ff.; Christoph Demmerling sieht darin gar das „systematische Kernstück der Ethik Tugendhats", *Demmerling*, S. 141 f.

[97] Vgl. *Tugendhat*, Drei, S. 87.

werden muss.[98] Wenn darüber hinaus noch gezeigt werden kann, dass alle anderen bekannten Vorschläge weniger plausibel sind, sind damit die wesentlichen Schritte zur Begründung eines legitimen Moralkonzepts geleistet.

> „Wenn sich aber ein Moralprinzip weder objektiv noch subjektiv absolut begründen lässt, so bleibt doch die Möglichkeit seiner relativen Begründung oder, um es vorsichtiger und negativ zu formulieren, die Möglichkeit zu zeigen, dass es Gegenargumenten weniger ausgesetzt ist als andere Prinzipien […].“[99]

Plausibilität ist demnach das Beste, was man von einer (relativen) Moralbegründung erwarten kann. Plausibilität macht eine Begründung anerkennungswürdig und damit die Geltung eines Moralkonzeptes legitim. In der Plausibilität der Gründe liegt auch der wesentliche Unterschied zum puren Dezisionismus, von dem man allenfalls noch ausgehen könnte, wenn man das Wollen als letzte Grundlage der Geltung anerkennt.

> „Es gibt vielleicht nur bessere und schlechtere Begründungen, und wenn es keine Letztbegründungen gibt, so ist ein reflektiertes, relativ begründetes Verhältnis zu Normen gleichwohl sinnvoll und von einem puren Dezisionismus wesentlich unterschieden.“[100]

Um die Rolle von plausiblen Gründen im Verhältnis zum Wollen zu verdeutlichen: Mit plausiblen Gründen lässt sich die Entscheidung, zu einer bestimmten moralischen Gemeinschaft gehören zu wollen oder nicht, rational abstützen, aber nicht ersetzen. Das Wollen kann nicht vorgefunden und damit vollständig konstruiert werden. Dies würde ja bedeuten, moralische Urteile empirisch begründen zu wollen, also einen naturalistischen Fehlschluss zu begehen. Dass das nicht geht, hat auch David Hume festgehalten: Aus dem Sein folgt kein Sollen.[101] Hier liesse sich das Hume'sche Gesetz gemäss Tugendhat so umformulieren: *„[A]us dem Sein folgt kein Wollen“*[102]. Allein aus dem Umstand, dass etwas so ist wie es ist (auch ich selbst), kann nie zwingend folgen, dass ich das und das will. Es hängt von mir ab, ob ich es will. Das Wollen kann auch für den Wollenden selbst nie ein vorgefundener, empirischer Tatbestand sein.[103] Das „ich will“ bleibt so als letzte Grundlage der Geltung übrig; freilich ist es aber – um es noch einmal zu sagen – nicht ein frei in der Luft schwebendes, rein dezisionistisches „ich will“, sondern

---

[98] So sieht auch Peter Koller das „Erfordernis allgemeiner Zustimmungsfähigkeit […] als eine hypothetische oder kontrafaktische Vorstellung, als eine regulative Idee, die dem Bemühen um eine rationale Rechtfertigung moralischer Prinzipien als Richtschnur dient.“, *Koller*, Begründung, S. 76.

[99] *Tugendhat*, Drei, S. 88.

[100] *Tugendhat*, Drei, S. 87.

[101] Vgl. *Hume*, S. 469.

[102] *Tugendhat*, Ethik, S. 96.

[103] *Tugendhat*, Ethik, S. 96.

ein durch Motive und Gründe abgestütztes; oder um es mit Tugendhat zu sagen: „durch sie abgestütztes, aber nicht erzwungenes“[104].

Manch einer mag sich das menschliche Eingebundensein in die Moral wohl stärker vorstellen, erhofft sich allenfalls objektive Richtigkeit und absolute Begründungen von der Moral, statt lediglich plausible Gründe für relative Konzepte. Dabei sind es gerade die Plausibilitätsgründe, die verständlich machen, wieso etablierte Konzepte in der Moralphilosophie so einleuchtend erscheinen, wie etwa das Unparteilichkeitsprinzip, die Moral der gleichen Achtung oder das Konzept des Nichtinstrumentalisierens. Von Philosophen wird jedoch erwartet, dieses Einleuchtende irgendwoher abzuleiten, ähnlich wie Kant es sich dachte. Aber warum soll man etwas, das einleuchtet noch anderswoher ableiten, statt sich einfach über die Stützen klar zu werden, auf denen diese Plausibilität beruht?[105] Die Erwartung einer schlichten (absoluten) Begründung von anderswoher, wie z.B. von der Vernunft oder einer Autorität, sei gemäss Tugendhat vielleicht ein Residuum der religiösen Moral, in der das Sollen als ein transzendent Vorgegebenes erschien, oder des kindlichen Moralbewusstseins, in dem die elterliche Autorität ähnlich wirkte. Unser moralisches Empfinden liesse sich jedoch weit fruchtbarer rekonstruieren, indem die Plausibilität unserer Gründe aufgezeigt würde.

Die Reflexion auf das „ich will“, das dem „ich soll“ zugrunde liegt, zeigt nur, dass die menschliche Autonomie ernstgenommen wird. Oder könnten wir denn wollen, dass ein absolutes Moralbewusstsein „in uns eingerammt“ wäre? „Kann ich wollen, dass ein Teil meines Wollens mir selbst entzogen sei?“[106] Vielleicht wäre das Leben einfacher, wenn die Moral ein Teil von uns wäre, so wie unser Herz oder unser Rückgrat. Sich die Moral so zu denken, zeugt aber von einem Mangel an Vertrauen in das eigene So-sein-Wollen, in die eigene Autonomie und vor allem in die Plausibilität der Gründe der jeweiligen Moralkonzepte. Aber was immer man sich auch wünschen mag, so schwach ist nun einmal die Basis; und in der Geschichte hat sich immer wieder gezeigt, dass kein Versuch, sie künstlich stärker erscheinen zu lassen als sie ist, die Menschen eher dazu bewegt hat, moralisch zu sein.[107]

---

104 *Tugendhat*, Ethik, S. 96.

105 Vgl. *Tugendhat*, Ethik, S. 87.

106 *Tugendhat*, Ethik, S. 97.

107 *Tugendhat*, Ethik, S. 97.

IV. Kritik an Tugendhats Systematisierung von Moralkonzepten

Ernst Tugendhats Zugang zur Moral hat den Anspruch von einem neutralen Vorverständnis auszugehen, so dass eine Auseinandersetzung zwischen verschiedenen Moralkonzepten möglich bleibt.[108] Dieser Anspruch wird eingeschränkt, indem Tugendhat die Vorstellung konsequent ablehnt, dass es ein unbedingtes Sollen in Form einer absoluten Forderung geben kann. Er kritisiert die gesamte Idee einer apriorischen Moralbegründung – wie etwa diejenige durch Kants Vernunftbegriff[109] – als „philosophische Verstiegenheit"[110], die nichts anderes darstelle als den Wunsch, die Berufung auf die allgewaltige Kraft von Gottes Wort in ein säkulares Denksystem herüberzuretten. Diese Position Tugendhats ist angesichts des prinzipiellen Letztbegründungsproblems und des Münchhausen-Trilemmas nachvollziehbar und vertretbar, ohne dass an dieser Stelle weiter darauf eingegangen werden kann. Vertritt man mit ihm diese Position, wird dadurch jedoch die Offenheit gegenüber allen möglichen Moralkonzepten deutlich eingeschränkt.

Einwände gegen Tugendhats Relativismus bringt etwa Rainer Forst vor: Indem Tugendhats Ansatz ein grosses Gewicht auf die Handlungsmotivation lege – was übrigens keineswegs als verbreitet gilt unter philosophischen Ethiken – blieben moralische Forderungen abhängig davon, ob und wie weit sich deren Adressaten als der moralischen Gemeinschaft zugehörig begreifen wollen. Die Geltung von Moral relativiere sich damit auf die individuelle Bereitschaft zu einem bestimmten Selbstverständnis. So gehe der intersubjektive Charakter der Moral verloren und damit sei die Legitimität moralischer Forderungen nicht mehr reflektierbar als Problem ihrer intersubjektiven Gültigkeit.[111] Nach Forst können daher Handlungen ihre moralische Rechtfertigung nicht allein aus einem Selbstkonzept und den damit verknüpften Werten und Idealen (vom „Gut"-Sein) beziehen.[112] Für ihn wird hier zudem eine Verbindung von Ethik und Moral im Begriff des „guten Menschen" gezogen, die er in Frage stellt. Tugendhats Idee des Bejahtwerdenwollens durch einen unparteilichen moralischen Beobachter schwanke zwischen einer ethischen und moralischen Bewertung des als „gut" geltenden Menschen, was

---

108 *Pauer-Studer*, Andere, S. 245.

109 Tugendhat lehnt lediglich Kants absolute Begründung ab, nicht jedoch Kants inhaltliche Konzeption: Dem Inhalt nach hält Tugendhat ausdrücklich am Kategorischen Imperativ Kants fest, und bescheinigt diesem gar, dass er unmittelbar einleuchte und bloss einer anderen Begründung bedürfe, um als das plausibelste Konzept von allen gelten zu können, *Tugendhat*, Ethik, S. 80 ff., 98 ff.

110 *Tugendhat*, Ethik, S. 15.

111 *Forst*, Kontexte, S. 379.

112 *Forst*, Kontexte, S. 384.

das Anerkanntseinwollen auf eine partikulare Gemeinschaft eingrenze.[113] Herlinde Pauer-Studer bringt Forsts Einwände so auf den Punkt:

> „Der Kern von Forsts Kritik lässt sich dahingehend zusammenfassen, dass Tugendhat die Begründung der Moral ‚auf bestimmten identitätstheoretischen oder anthropologischen Annahmen' aufbaue und insgesamt bei einer falschen Fragestellung ansetze, nämlich bei ‚Wer will ich sein?' und nicht bei der moraltheoretisch entscheidenden Überlegung ‚Was kann ich moralisch rechtfertigen?'"[114]

Diese Kritikpunkte beruhen zu einem Teil auf Missverständnissen, die sich aus dem Festhalten an einer bestimmten Auffassung von Moral und Ethik erklären lassen. Forst übernimmt nämlich die von Jürgen Habermas, seinem Doktorvater, getroffene Trennung von Ethik und Moral, in der er strikt unterscheidet zwischen Fragen des guten Lebens (Ethik) und Fragen des Rechten und der Gerechtigkeit (Moral).[115] Ethische Werte und Konzeptionen des „Guten" gelten demzufolge als Antworten auf die Fragen nach der eigenen Identität und dem subjektiv „guten" Leben. Bei der Moral hingegen gehe es um die universelle Gültigkeit allgemeiner Normen und um das Problem der Rechtfertigung individuellen Handelns gegenüber allen anderen und deren berechtigten Interessen und Bedürfnissen.[116] Diese definitorische Abgrenzung des Moralbegriffs vom „Guten" führt Forst zu seiner Kritik, dass hier moraltheoretische Überlegungen vermischt würden mit identitätstheoretischen oder gar anthropologischen.

Die Unterscheidung von Ethik und Moral, wie sie Habermas in seiner Diskursethik entwickelt, gilt nicht als philosophischer Mainstream.[117] Vielmehr eignen sich diese beiden Begriffe wenig als Orientierungspunkte für die Klarstellung dessen, was wir unter einer Moral oder einem moralischen Urteil verstehen wollen. Von ihrem Ursprung her kann man den Worten „Moral" und „Ethik" jedenfalls nichts über ihre Bedeutung entnehmen.[118] Sie

---

[113] *Forst*, Kontexte, S. 383.

[114] *Pauer-Studer*, Andere, S. 252; Verweis im Zitat auf *Forst*, Kontexte, 384.

[115] *Forst*, Rechtfertigung, S. 100 ff.; *Habermas*, S. 118 f.

[116] *Forst*, Kontexte, S. 53; vgl. auch *Pauer-Studer*, Ethik, S. 14, Fn. 1.

[117] In der modernen philosophischen Literatur unterscheidet man Moral und Ethik oft so: Moral wird als die gebotenen Regeln für das Verhalten verstanden, während Ethik die Theorie, Begründung oder Rechtfertigung dieser Regeln darstellt, *Siep*, S. 262; passend hier auch Luhmanns soziologische Definition von Ethik als „Reflexionstheorie der Moral", *Luhmann*, S. 358 ff.; so nützlich Forsts Unterscheidung auch ist, entspricht sie weder der Wortgeschichte von lat. „mores" und griech. „ethos", „scientia moralis" und „ethike episteme", noch unserem alltäglichen Sprachgebrauch, *Siep*, S. 262; eine differenzierte Unterscheidung von Ethik und Moral, der wohl ein grosser Teil der zeitgenössischen Philosophen in den wesentlichen Punkten zustimmen kann, stammt von Dietmar von der Pfordten, vgl. *von der Pfordten*, S. 33 ff.

[118] Zur Herkunft der Begriffe „Moral" und „Ethik" und zu den Übersetzungsirrtümern in der Philosophiegeschichte siehe *Tugendhat*, Ethik, S. 34 f.

sind heute zu Termini technici geworden, die je nach Theorie spezifisch verwendet werden, weitgehend auch äquivalent.[119] Indem Forst sich an eine Diskursethik hält, die auf Grundsätze des „Rechten" verengt ist, bleibt ihm der Blick für die wesentliche Leistung Tugendhats verstellt.[120]

Pauer-Studer bezeichnet eben jene Leistung Tugendhats als „*Synthese von Regelmoral und Tugendmoral* und der Integration affektiver Haltungen"[121]. Bei Tugendhat kann die Frage nach dem Geltungsgrund einer Regelmoral nur beantwortet werden, wenn sich der Betroffene auch der tugendethischen Grundfrage stellt: „Was für ein Mensch, wer will ich sein?" Forst verkürzt die Theorie Tugendhats auf die Motivationsproblematik und ignoriert seine Differenzierung zwischen blossen Motiven und plausiblen Gründen, mit denen jede Moraltheorie argumentiert.[122] Mit dem Fokus auf plausible Gründe kann Tugendhat sehr wohl Antwort auf die moraltheoretisch zweifellos zentrale Frage geben, welche Handlungen – aber auch Haltungen – vom moralischen Standpunkt her als richtig gelten können. Er konzentriert sich darüber hinaus eben auf eine zweite Problemstellung, mit der sich alle Moralansätze, auch die Diskursethik, konfrontiert sehen; und zwar, wie Pauer-Studer schreibt, auf die Frage

> „[…] welche motivationalen Gründe Individuen zu bewegen vermögen, sich zur moralischen Gemeinschaft zu zählen und ein bestimmtes Moralkonzept zur Grundlage ihres Handelns und ihrer Einstellung zu machen. Der blosse Versuch eines Philosophen, diese Frage überhaupt ernstzunehmen, bedeutet noch keine Reduktion der Moral auf Anthropologie."[123]

Tugendhats Systematisierung von Moralkonzepten hat sich auch weiterer Kritik stellen müssen. Eine der ausführlichsten Auseinandersetzungen mit seiner Theorie stammt sicherlich von Ursula Wolf, die sich in „Das Problem

---

119 *Tugendhat*, Ethik, S. 35; *Pauer-Studer*, Ethik, S. 14.

120 Immerhin gesteht Forst an anderer Stelle ein, dass sich ethische und moralische Gesichtspunkte – auch so wie er sie versteht – bei praktischen Fragen überlagern: „Wichtig ist [bei der Unterscheidung zwischen ethischen und moralischen Kontexten], diese Unterscheidung nicht zu einem strikten Dualismus zwischen abgegrenzten sozialen Sphären bzw. zwischen ‚Werten' und ‚Normen', dem ‚Guten' und ‚Richtigen', dem ‚nur für mich' und dem ‚für alle' Geltenden zu reifizieren, obwohl es im einzelnen sinnvoll ist, diese Begriffe in Bezug auf diese Kontextunterscheidungen anzuwenden. Ohne Zweifel überlagern sich ethische und moralische Gesichtspunkte bei vielen praktischen Fragen, die somit Antworten erfordern, bei denen diese Gesichtspunkte auf begründete Weise gegeneinander abgewogen werden müssen. Damit aber wird diese Kontextunterscheidung nicht obsolet […].", *Forst*, Rechtfertigung, S. 29; siehe dazu auch *Forst*, Rechtfertigung, S. 102.

121 *Pauer-Studer*, Andere, S. 252, Hervorhebung hinzugefügt.

122 Zu Tugendhats Unterscheidung zwischen Gründen und Motiven siehe *Tugendhat*, Ethik, S. 29.

123 *Pauer-Studer*, Andere, S. 253.

des moralischen Sollens" (1984) zu wesentlichen Teilen auf Tugendhats Konzept bezieht.[124] Tugendhat nimmt ausführlich Stellung dazu in seinen „Retraktationen" (1984), deren erstes Kapitel „Auseinandersetzungen mit Ursula Wolf"[125] heisst. Zum Thema der Kritik wird, nicht nur bei Wolf, etwa der Begriff der Moral im Zusammenhang mit Sanktionen.[126] Jürgen Habermas widmet Tugendhat schliesslich einen mehrseitigen Exkurs in seinem bekannten Aufsatz „Diskursethik – Notizen zu einem Begründungsprogramm" (1983), in dem er im Wesentlichen Tugendhats non-kognitivistische Position analysiert und seiner eigenen gegenüberstellt.[127]

V. Fazit

Recht ist – sofern man von einem positivistischen Begriff ausgeht – ein variables Gestaltungsmedium, das unabhängig von bestimmten Normidealen gilt.[128] Wenn Recht jedoch konkret gesetzt oder angewendet wird, findet freilich eine Orientierung an normativen Massstäben statt. Auf die Frage, an welchem normativen Ideal sich das Recht ausrichten soll, kann die Rechtsphilosophie nur mit mehr oder weniger plausiblen Gründen antworten. Solche Gründe, die in den einzelnen Moraltheorien vorgebracht werden, legen dar, weshalb eine bestimmte Vorstellung von Gerechtigkeit (oder auch von Effizienz) Geltung als legitimes Normideal beanspruchen können soll. Ernst Tugendhat hat ein Schema entwickelt mit dem die jeweils vorgebrachten Geltungsgründe sinnvoll geordnet werden können.

Wie sich gezeigt hat, bleibt als letzte Grundlage der normativen Geltung ein „ich will" der Betroffenen übrig. Eine absolute, objektive Geltungsgrundlage konnte (bislang) nicht gefunden werden und ist prinzipiell kaum vorstellbar. Tugendhat setzt mit seinem Schema aber bereits vor diesem Willen zur Normgeltung an, und zwar bei der Motivstruktur und den Gründen, auf die sich der Wille stützt. Er greift dabei bis auf das menschliche Gewissen zurück, auf psychische Zustände wie Scham und Empörung, die mit dem moralischen Verpflichtetsein einhergehen. Aus dieser Perspektive heraus können Moraltheorien systematisch bis zu den entscheidenden Punkten durchdrungen und so die Legitimität ihrer Geltung beurteilt werden. Letztlich zählt dabei die Plausibilität der Gründe, eine bestimmte Auffassung vom „Gut"-Sein in seine Identität aufzunehmen und sich damit als Teil einer moralischen Gemeinschaft zu verstehen.

---

124 Siehe *Wolf*, S. 7 ff.

125 Siehe *Tugendhat*, Retraktationen, S. 132 ff.

126 Vgl. *Pauer-Studer*, Andere, S. 250 f.; *Wolf*, S. 200 ff.

127 Siehe *Habermas*, S. 78 ff.

128 Zur positivistischen Trennungsthese siehe *Blöchlinger*, S. 18 ff.

Literaturverzeichnis

Albert, Hans: Traktat über kritische Vernunft, 3. Aufl., Tübingen 1975.

Alexy, Robert: Begriff und Geltung des Rechts, 4. Aufl., Freiburg 2005.

Aristoteles: Nikomachische Ethik, in: Bekker, Immanuel (Hrsg.), Aristoteles Opera, Bd. 2, Berlin 1831–1870.

Bentham, Jeremy: An Introduction to the Principles of Morals and Legislation, London 1823.

Blöchlinger, Moritz: Normative Legitimität von Recht, Moral und Menschenrechten im Lichte der positivistischen Trennungsthese, Berlin 2022.

Demmerling, Christoph: Richtiges Handeln, Identität und Glück, Zur Moralphilosophie Ernst Tugendhats, in: Deutsche Zeitschrift für Philosophie, Bd. 45 (1997), S. 137 ff.

Forst, Rainer: Das Recht auf Rechtfertigung, Elemente einer konstruktivistischen Theorie der Gerechtigkeit, Frankfurt am Main 2007 (zit.: *Forst*, Rechtfertigung).

Forst, Rainer: Kontexte der Gerechtigkeit, Politische Philosophie jenseits von Liberalismus und Kommunitarismus, Frankfurt am Main 1994 (zit.: *Forst*, Kontexte).

Forst, Rainer: Normativität und Macht, Zur Analyse sozialer Rechtfertigungsordnungen, Berlin 2015 (zit.: *Forst*, Normativität).

Gert, Bernard: The Moral Rules: A New Rational Foundation for Morality, New York 1970.

Habermas, Jürgen: Diskursethik, Notizen zu einem Begründungsprogramm, in: Habermas, Jürgen (Hrsg.), Moralbewusstsein und kommunikatives Handeln, Frankfurt am Main 1983, S. 53 ff.

Höffe, Otfried: Metaethik, in: Höffe, Otfried (Hrsg.), Lexikon der Ethik, 7. Aufl., München 2008, S. 204 ff.

Hume, David: A Treatise of Human Nature, hrsg. von Lewis Amherst Selby-Bigge, Oxford 1951.

Kant, Immanuel: Die Metaphysik der Sitten, in: Königlich Preussische Akademie der Wissenschaften zu Berlin (Hrsg.), Kant's Gesammelte Schriften, Bd. VI, Berlin 1902 ff., S. 203 ff. (zit.: *Kant*, MS AA VI).

Kant, Immanuel: Grundlegung zur Metaphysik der Sitten, in: Königlich Preussische Akademie der Wissenschaften zu Berlin (Hrsg.), Kant's Gesammelte Schriften, Bd. IV, Berlin 1902 ff., S. 385 ff. (zit.: *Kant*, GMS AA IV).

Kant, Immanuel: Kritik der praktischen Vernunft, in: Königlich Preussische Akademie der Wissenschaften zu Berlin (Hrsg.), Kant's Gesammelte Schriften, Bd. V, Berlin 1902 ff., S. 1 ff. (zit.: *Kant*, KpV AA V).

Kelsen, Hans: Hauptprobleme der Staatsrechtslehre, entwickelt aus der Lehre vom Rechtssatze, 1. Aufl., Tübingen 1911.

Koller, Peter: Die Begründung von Rechten, in: Koller, Peter/Varga, Csaba/Weinberger, Ota (Hrsg.), Theoretische Grundlagen der Rechtspolitik, Ungarisch-Österreichisches Symposium der Internationalen Vereinigung für Rechts- und Sozialphilosophie 1990, Stuttgart 1992, S. 74 ff. (zit.: *Koller*, Begründung).

Koller, Peter: Grundlagen der Legitimation und Kritik staatlicher Herrschaft, in: Grimm, Dieter (Hrsg.), Staatsaufgaben, Baden-Baden 1994, S. 739 ff. (zit.: *Koller*, Grundlagen).

Luhmann, Niklas: Ethik als Reflexionstheorie der Moral, in: Luhmann, Niklas (Hrsg.), Gesellschaftsstruktur und Semantik, Bd. 3, Frankfurt am Main 2012, S. 358 ff.

Mackie, John L.: Ethics, Inventing Right and Wrong, Harmondsworth 1977.

Mathis, Klaus: Efficiency as a Normative Principle, in: Kirste, Stephan/van Aaken, Anne/Anderheiden, Michael/Policastro, Pasquale (Hrsg.), Interdisciplinary Research in Jurisprudence and Constitutionalism, Stuttgart 2012, S. 113 ff. (zit.: *Mathis*, Efficiency).

Mathis, Klaus: Effizienz statt Gerechtigkeit?, Auf der Suche nach den philosophischen Grundlagen der Ökonomischen Analyse des Rechts, 4. Aufl., Berlin 2019 (zit.: *Mathis*, Effizienz).

Meyer, Stephan: Juristische Geltung als Verbindlichkeit, Tübingen 2011.

Moore, George Edward: Principia Ethica, Cambridge (UK) 1903.

Neumann, Ulfrid: Recht und Moral, in: Hilgendorf, Eric/Joerden, Jan C. (Hrsg.), Handbuch Rechtsphilosophie, Stuttgart 2017, S. 7 ff.

Ott, Walter/*Mathis*, Klaus: Die Rechtstheorie von Jürgen Habermas: Eine kritische Würdigung, in: Zeitschrift für Schweizerisches Recht, Bd. 121 (2002), S. 203 ff. (zit.: *Ott/Mathis*, Würdigung).

Ott, Walter/*Mathis*, Klaus: Die Rechtstheorie von Jürgen Habermas: Die wichtigsten Thesen im Überblick, in: Zeitschrift für Schweizerisches Recht, Bd. 120 (2001), S. 399 ff. (zit.: *Ott/Mathis*, Thesen).

Pauer-Studer, Herlinde: Das Andere der Gerechtigkeit, Moraltheorie im Kontext der Geschlechterdifferenz, Berlin 1996 (zit.: *Pauer-Studer*, Andere).

Pauer-Studer, Herlinde: Einführung in die Ethik, 3. Aufl., Wien 2020 (zit.: *Pauer-Studer*, Ethik).

Rawls, John: A Theory of Justice, Cambridge (MA) 1999.

Schnüriger, Hubert: Eine Statustheorie moralischer Rechte, Münster 2014.

Siep, Ludwig: Moral, in: Goppel, Anna/Mieth, Corinna/Neuhäuser, Christian (Hrsg.), Handbuch Gerechtigkeit, Stuttgart 2016, S. 262 ff.

Tasioulas, John: Consequences of Ethical Relativism, in: European Journal of Philosophy, Bd. 6 (1998), S. 172 ff.

Tugendhat, Ernst: Drei Vorlesungen über Probleme der Ethik, in: Tugendhat, Ernst (Hrsg.), Probleme der Ethik, Stuttgart 1984, S. 57 ff. (zit.: *Tugendhat*, Drei).

Tugendhat, Ernst: Retraktationen, in: Tugendhat, Ernst (Hrsg.), Probleme der Ethik, Stuttgart 1984, S. 132 ff. (zit.: *Tugendhat*, Retraktationen).

Tugendhat, Ernst: Überlegungen zur Methode der Philosophie aus analytischer Sicht, in: Tugendhat, Ernst (Hrsg.), Philosophische Aufsätze, Frankfurt am Main 1992, S. 261 ff. (zit.: *Tugendhat*, Überlegungen).

Tugendhat, Ernst: Vorlesungen über Ethik, Frankfurt am Main 1993 (zit. *Tugendhat*, Vorlesungen über Ethik)

Tugendhat, Ernst: Vorlesungen über Ethik, 9. Aufl., Frankfurt am Main 2019 (zit.: *Tugendhat*, Ethik).

von der Pfordten, Dietmar: Zur Differenzierung von Recht, Moral und Ethik, in: Sandkühler, Hans Jörg (Hrsg.), Recht und Moral, Hamburg 2010, S. 33 ff.

von Wright, Georg Henrik: The Varieties of Goodness, New York 1963.

Weinberger, Ota: Der Begriff der Sanktion und seine Rolle in der Normenlogik und Rechtstheorie, in: Lenk, Hans (Hrsg.), Normenlogik, Grundprobleme der deontischen Logik, Pullach bei München 1974, S. 89 ff.

Wellman, Carl: Relative Moral Duties, in: American Philosophical Quarterly, Bd. 36 (1999), S. 209 ff.

Wildt, Andreas: Gefühle in der Moralphilosophie von Ernst Tugendhat, in: Deutsche Zeitschrift für Philosophie 45 (1997), S. 119 ff. (zit.: *Wildt*, Gefühle).

Wildt, Andreas: Menschenrechte und moralische Rechte, in: Gosepath, Stefan/Lohmann, Georg (Hrsg.), Philosophie der Menschenrechte, 6. Aufl., Frankfurt am Main 2015, S. 124 ff. (zit.: *Wildt*, Menschenrechte).

Wolf, Ursula: Das Problem des moralischen Sollens, Berlin 1984.

Nudge Efficiency

By *Avishalom Tor*[1]

Only a small portion of the substantial literature on behavioral interventions ("nudges") that developed over the last fifteen to twenty years has considered nudges from an economic perspective. Moreover, despite the importance of the topic for a law and economics assessment of this increasingly common form of regulation, even fewer contributions have examined whether and when behavioral instruments are likely to make an efficient means for increasing social welfare. This chapter therefore offers some basic observations about nudge efficiency: Part I opens with a reminder that behavioral instruments should be implemented only when they are the most efficient means available for advancing a given policy goal. Part II then offers a brief review of typical nudge benefits and costs that policy makers need to account for when assessing the efficiency of behavioral interventions, while Part III describes recent studies that assess the efficiency of nudges and the lessons they offer so far.

I. The Importance of Nudge Efficiency

It is commonly understood, at least in principle, that efficiency is a necessary precondition for regulatory interventions, since inefficient policies do more harm than good.[2] This understanding is manifested through the widespread adoption of cost-benefit analysis (CBA) as an integral part of regulatory impact assessments worldwide. CBA is mandated for U.S. federal regulation[3] and plays an important role in other OECD countries[4] and beyond.[5]

[1] Professor of Law and Director, Notre Dame Research Program on Law and Market Behavior (ND LAMB). This Festschrift contribution draws on the author's recent work in on behavioral regulation, including *Tor*, The Private Costs of Behavioral Interventions, in: Duke Law Journal, Vol. 72 (2023), pp. 1673 et seqq.; *Tor/Klick*, When Should Governments Invest More in Nudging? Revisiting Benartzi et al. (2017), in: Review of Law and Economics, Vol. 18/3 (2022) pp. 347 et seqq.; and *Tor*, The Law and Economics of Behavioral Regulation, in: Review of Law and Economics, Vol. 18/2 (2022), pp. 223 et seqq.

[2] *Ellig/McLaughlin/Morral*.

[3] Exec. Order No. 12,866, 58 Fed. Reg. 51735 (Oct. 4, 1993).

[4] *OECD*.

[5] *De Francesco*; *Dunlop/Radaelli*.

Recognizing the fact that insofar as efficiency is concerned the value of a policy to society is measured by its net social benefits (i.e., its benefits minus its costs), cost-benefit analysis seeks to quantify the social consequences of legal interventions in monetary terms.[6] Based on this assessment, CBA directs those aiming to advance a policy goal in any regulatory domain to select from the instruments available to them those that offer the highest net benefits and to avoid inefficient policies that fail to offer any net benefits vis-à-vis the status quo.[7]

The maxim that only efficient policies deserve adoption applies to behavioral interventions just as it does to traditional policy instruments like mandates or taxes. After all, nudges that are capable of changing people's behavior are also bound to produce private and public benefits and costs. These effects ought to be assessed and tallied to determine whether a particular nudge makes an efficient policy instrument.[8] Until recently, however, the literature has shown little interest in examining the efficiency of behavioral interventions, largely limiting itself to examining the effectiveness of such polices as a means for behavior change.[9]

A number of causes may explain this failing. For one, the systematic study of nudges is a relatively recent enterprise, so the research in this area is still developing. Many of the active participants in the study of behavioral interventions, moreover, are behavioral scientists from fields such as social psychology or behavioral decision making whose focus is on understanding human behavior or establishing the factors that shape it rather than on an economic assessment of the benefits and costs of nudges.

The lack of attention to the welfare effects of behavioral interventions is also due in part to the notion that they are the proverbial "free lunch" – namely, policy instruments that entail only negligible costs and, therefore, are bound to increase social welfare whenever they are effective. For instance, Thaler and Sunstein, the fathers of the behavioral turn in public policy who coined the term "nudge", stated early on in their eponymous book that "many of those [behavioral] policies cost little or nothing; they impose no burden on taxpayers at all".[10] The large body of scholarship and commentary that followed it since has largely adopted this assertion with little examination. Indeed, the low-cost assumption is so pervasive that even critics of nudging hasten to concede that it "impose[s] nearly zero costs on

---

6 *Layard/Glaister*, p. 21.

7 *Boardman/Greenberg/Vining/Weimer*.

8 *Tor*, Law and Economics.

9 *Andor/Fels*; *Bauer/Reisch*; *Byerly* et al.

10 *Thaler/Sunstein*, p. 13.

consumers".[11] Policy makers similarly find the purportedly low costs of nudges an important source of their appeal.[12]

Yet, even if it were true that they entailed only low costs, regulators employing behavioral interventions still should assess their overall welfare effects. After all, a low-cost policy that also produces only limited benefits can still turn out to be inefficient. And even nudges with a propensity to produce some net benefits may turn out to be less efficient than other, more costly, behavioral or traditional intervention that generates larger net social benefits.[13] Without a cost-benefit analysis of competing policy instruments, however, such questions cannot be resolved.

Most significantly, however, a closer examination of nudges' welfare effects reveals the notion that they entail little to no costs to be erroneous. Instead, nudges, particularly when they successfully change behavior, can produce a variety of private and public costs. Policy makers that ignore these costs may therefore overestimate the net benefits of behavioral interventions and risk adopting inefficient, socially harmful, policies.

II. The Factors of Nudge Efficiency

To assess the efficiency of behavioral interventions, one must account for their various benefit and costs. On the benefit side, successful nudges can reduce "internalities," helping individuals better align their actions with their preferences and thereby improving private welfare. Such paternalistic policies might encourage people to save more for retirement, exercise more, eat more nutritious foods, take better care of their health, protect their privacy online, and so on. The behavior changes wrought by public welfare nudges may also reduce harmful externalities, as when behavioral interventions cause consumers to reduce their waste or recycle, conserve more energy or other natural resources, or follow public health recommendations.

The empirical evidence documenting the effectiveness of behavioral policy interventions in the field is limited but growing. Recent reviews based on academic publications show that nudges have already received some testing, mainly with private welfare interventions in domains including consumer choice, education, finance, and health, but also with public welfare policies in the areas of environmental protection and sustainability, prosocial behavior, and more.[14] In the academic literature, nudges have been studied most

11 *Hagmann/Ho/Lowenstein*, p. 484.

12 *Sibony/Alemanno*; *Sunstein/Reisch*.

13 *Tor/Klick*.

14 *Hummel/Maedche*; *Szaszi/Palinkas/Palfi/Szallosi/Aczel*.

extensively in health research, often focusing on dietary behavior, [15] but also evaluating other health-related activities, like self-management by patients with chronic diseases[16] or the promotion of physical activity in the general population.[17]

Broad overviews find a great deal of heterogeneity in the effectiveness of nudging as a means for behavior change. With respect to private welfare nudges, for example, a summary of thirty-nine literature reviews and meta-analyses of behavioral interventions to improve dietary choices reported that "virtually all reviews" found that "nudges hold promise in fostering healthier food choices".[18] At the same time, the substantial differences among the tested interventions in terms of the specific instruments they employed, their settings, and the quality of their designs, repeatedly precluded researchers from drawing general conclusions about nudge effectiveness in the health domain.[19]

A similar picture emerges with respect to policies encouraging pro-environmental behavior – the most common public welfare nudging area. For instance, Byerly et al. reviewed 72 studies that tested 160 different interventions – comparing the effects of nudges to those of educational and incentive-based interventions – using a broad definition of pro-environmental policies that covered areas ranging from family planning and meat consumption, through transportation choices and land management, to waste production and water use. While finding that some nudges produced significant effects, the authors cautioned that the effectiveness of behavioral instruments often depends on factors such as the personal characteristics of their targets, the context of the intervention, and more, thereby indicating they are unlikely to be universally effective.[20]

Following these and similar findings regarding the heterogeneity of nudge effects, a quantitative review by Hummel and Maedche compared the effectiveness of different behavioral instruments to assess the relative importance of both the particular context of the intervention and the specific type nudge it employs. The authors identified 100 higher-quality primary publications with 317 independent effect sizes spanning a broad range of policy that reported sufficient statistical information for quantitative comparisons. They found that about one-third of the policies failed to reach statistical significance, while the remainder were nearly evenly split between low, medium,

[15] *Bauer/Reisch; Vecchio/Cavallo.*

[16] *Mollenkamp/Zeppernick/Schreyögg.*

[17] *Forberger/Reisch/Kampfmann/Zeeb.*

[18] *Bauer/Reisch*, p. 14.

[19] *Bauer/Reisch; Vecchio/Cavallo.*

[20] *Byerly* et al.

and high relative effect sizes.[21] Hummel and Maedche also report that behavioral interventions were most effective in the domains of privacy and the environment (39 %), least effective in the energy use category (13 %), and intermediate for finance (28 %) and health (21 %). The variability in the effect size of different nudge types was more dramatic, however: Defaults, the most common and most effective behavioral instrument in the reviewed literature, showed a large median effect size of 50 %, while that of simplification – the next most common nudge category – was only 20 %. Moreover, reminders and precommitments, for instance, produced only small median effect sizes of 8 % and 7 % respectively.[22]

Finally, an important recent contribution by DellaVigna and Linos provides further insight into the effectiveness of real-world nudging (excluding the use of defaults) by comparing the results of meta-analyses of behavioral interventions in research studies (like those assessed in the reviews of the academic literature discussed above) with those documented for large-scale policies implemented by two governmental "nudge units" in the United States. After narrowing down the dataset to render the included interventions more comparable to one another, DellaVigna and Linos retained a final sample of 126 randomized controlled trials (RCTs) involving 243 nudges and over 23 million target participants, which they compared to a similar subsample from the set of academic studies that Hummel and Maedche reported on. The study found that academic nudges produced an average relative effect size increase of 33.5 % in the desired behavior or an 8.7 % average absolute increase in the frequency of that behavior, while the comparable nudge unit figures were a dramatically smaller 8.1 % and 1.4 % respectively.[23]

When interventions are effective in producing behavior change, they can generate both public and private benefits. Public welfare interventions that produce behavior change can benefit society by reducing harmful externalities through reductions in energy and water use or littering, better compliance with public safety laws (e.g., traffic or parking), or improved adherence to public health advisories (such as self-quarantining to reduce the spread of a pandemic). Similarly, the individuals targeted by paternalistic nudges may benefit from welfare-improving behavior changes. They may benefit, for instance, from increasing their retirement savings contributions, from adopting more healthful lifestyles choices in areas like nutrition, health, or exercise, from better protecting their online privacy, and so on.

---

21 *Hummel/Maedche*.

22 *Hummel/Maedche*.

23 *DellaVigna/Linos*.

Just as they produce benefits, however, behavioral interventions also entail both public and private costs. On the public side of the ledger, nudges involve some – often relatively low – implementation costs. They need to be designed, tested, and delivered to the targeted individuals. Although this process may be challenging, particularly when it comes to overcoming organizational inertia to achieve the actual adoption of the nudge (Dellavigna/Kim/Linos, 2022), it usually entails substantially lower costs than those required to implement more traditional policy interventions like mandates or taxes.

Yet the largest costs of successful behavioral interventions usually are their private costs. Some of these are direct consumer costs, such as the cognitive and sometimes financial judgment or decision costs entailed by nudges that lead people to pay greater attention to their choices, process more information, engage in a more thorough deliberation, or even simply to make a choice they would have avoided but for the nudge.

Some behavioral interventions also involve emotional costs, whether because they operate by activating emotions (e.g., graphic warning labels on cigarette packaging[24]), because they lead their targets to engage in emotionally-laden judgments or decisions (such as about whether to use more energy than one's peers),[25] or even just due to the annoyance they produce (e.g., reminders to donate).[26]

Moreover, behavioral interventions can also impose social or economic costs on those who resist them even when the direct financial costs of avoiding the nudge are small. For instance, individuals who refuse to follow a popular nudge may receive social disapprobation or even social sanctions for failing to conform,[27] particularly for nudges that publicly highlight individuals' performance on a socially-relevant metric [28] "public recognition" interventions.

While these direct nudge costs can be substantial on occasion, the most significant costs of most behavioral regulation are those private opportunity costs – that is, the benefits lost to the successfully nudged from their previous behavior. Some public welfare nudges are required to make individuals privately worse off to succeed, as when consumers are led to reduce their energy consumption and lose some of energy-use benefits they were previ-

24 *Noar* et al.

25 *Allcott/Kessler*.

26 *Damgaard/Gravert*.

27 *Legros/Cisglaghi*.

28 *Butera/Metcalfe/Morrison/Taubinsky*.

ously willing to pay for,[29] to purchase more costly "green" energy, [30] or to donate more than they would otherwise.[31] Regardless of their disparate effects and whether they are publicly beneficial on balance, such nudges succeed by increasing charitable contributions at their targets' expense.

Successful private welfare, paternalistically-motivated, nudges also generate opportunity costs. Those who are led to save more for retirement inevitably sacrifice some current consumption; those who are nudged towards healthier eating habits sacrifice the pleasure they previously obtained from consuming less healthful foods, and so on. But paternalistic behavioral interventions can also harm the successfully nudged, on balance, for a variety of reasons. Policy makers may simply err in the direction or, more likely, in the extent to which they nudge (e.g., setting retirement savings defaults that are too high or too low). They may also nudge consumers – intentionally or unintentionally – towards privately costly behaviors in the guise of paternalistic benevolence,[32] or use behavioral instruments that distort people's beliefs (e.g., by triggering unreasoned behavior or emotional reactions).

Finally, in addition to these direct and opportunity costs for consumers, nudges can also generate costs for private third parties, as when they successfully decrease energy consumption and generate net revenue losses to energy providers.[33] Beyond these immediate third-party effects, moreover, nudges can generate both beneficial and harmful spillover effects to other related behaviors (e.g., when increased water conservation affects energy consumption).[34]

III. The Calculus of Nudge Efficiency

As Part II makes clear, one cannot assess nudge efficiency without considering the various benefits and costs involved. And though the empirical evidence is limited, the handful of recent studies that undertook a more systematic welfare analysis of behavioral interventions are instructive.

In the area of energy conservation, Allcott and Kessler conducted a cost-benefit analysis of natural gas Home Energy Reports (HERs), which compare the energy use of the recipient household to the average and the most efficient among its similar neighbors and displays a box that aims to signal

29 *Allcott*, Social Norms.

30 *Ebeling/Lotz*.

31 E.g. *Altmann/Falk/Heidhues/Jayaraman*; *Damgaard/Gravert*.

32 Cf. *Houde*.

33 *Allcott/Kessler*.

34 Cf. *Dolan/Galizzi*.

normatively desirable behavior with emoticons. The study assessed a program that sent HERs to approximately 10,000 residential natural gas consumers over two heating seasons (winters). The treatment group received standard HERs during one winter, followed by surveys that measured their willingness to pay (WTP) for another season.[35]

Allcott and Kessler estimated the HERs produced an average net benefit of $0.77 per recipient, with a projected overall social value of approximately $600 million when aggregating this minute per-consumer net benefit over millions of recipients globally as of January 2017. The authors' estimates thus suggest these HERs were socially (slightly) beneficial on balance even though they imposed substantial net private costs on their targets. The study also found a great deal of heterogeneity in consumers' WTP for the reports, with only 41% of these households willing to pay more than the marginal public cost of the nudge. However, this sizable minority valued the HERs highly enough to more than make up for the losses incurred by the remaining 59% of the population. Essentially, the nudge functioned as a tax that may have increased overall public welfare and privately benefited a minority of its targets, but at a net private cost to their majority.[36]

Of further note is the dramatic difference between the outcomes of the study's more comprehensive CBA and the approach typically used to assess nudges. Specifically, studies of energy-saving nudges routinely consider implementation costs and direct energy cost savings to consumers only. Taking such an approach here would have erroneously suggested a private welfare gain of $2.69 per consumer and a public welfare gain of $1.22 billion for the HERs globally.[37] In other words, a failure to account for the full range of these policies' benefits and costs would have led to a two-fold overestimation of their net private and public welfare benefits alike.

Importantly, additional unpublished evidence further suggests that the households' net private costs were in fact greater than the study's baseline estimate. Allcott and Kessler report in an Online Appendix that the large majority of consumers in their study dramatically overestimated their energy savings from the HERs.[38] This finding indicates that consumers' elicited WTP for the HERs – the study's measure of consumer welfare – was likely biased upwards and their true net private costs concomitantly greater than the authors' baseline estimate. Given that the study's main estimate of a net social benefit of $0.77 per household, in the probable case that the WTPs' up-

---

[35] *Allcott/Kessler*.

[36] *Allcott/Kessler*.

[37] *Allcott/Kessler*.

[38] *Allcott*, Social Norms.

ward bias was greater than this figure, a corrected CBA would conclude that the HERs were not only privately costly but also socially harmful, in clear contrast to their public welfare goal.

A similar result emerged from recent work by Tor and Klick,[39] who conducted an illustrative CBA of some energy conservation interventions, including the original electricity consumption HERs first studied by Allcott.[40] Following Allcott and Kessler's approach, this reanalysis recognized that energy conservation entails several public and private benefits and costs: Reductions in electricity consumption produce public benefits by reducing harmful externalities and private benefits by lowering household expenditures, but conservation policies entail public implementation costs (excluding financial transfers among consumers and energy providers) and the private costs of both retailer net revenue losses from diminished electricity sales and consumer costs (both direct and opportunity costs).

Previous claims by Benartzi et al. (using cost-effectiveness analysis rather than CBA)[41] that HERs studied by Allcott[42] far outperformed traditional energy conservation policies that used financial incentives. Yet Tor and Klick's illustrative cost-benefit analysis demonstrated that, in fact, these HERs were either slightly less efficient or noticeably more efficient than the competing traditional policies, depends on one's estimate of the consumer costs of the HERs.[43] Moreover, under either set of assumptions, the net social benefits produced by this ubiquitous behavioral intervention, at best amounted (in 2021 U.S. dollars) to $1.73 a month per household and, more likely, to less than half that amount. These findings are notable in indicating that if the HERs' consumer costs were even just slightly underestimated in this case (as suggested by the discussion above) or if the effectiveness of the early HERs studied by Allcott[44] was higher than in the broader population (as revealed by the thorough analysis of Allcott[45]), these instruments could turn out to be altogether inefficient and thus socially costly, notwithstanding their widespread adoption around the globe.

Beyond the findings concerning the ubiquitous energy HERs, two very recent experimental studies shed further light on the question of nudge efficiency while grappling with the conceptual and practical challenges involved

---

39 *Tor/Klick.*

40 *Allcott*, Social Norms.

41 *Benartzi* et al.

42 *Allcott*, Social Norms.

43 *Tor/Klick.*

44 *Allcott*, Social Norms.

45 *Allcott*, Site Selection Bias.

in its measurement. Allcott et al.[46] examine the welfare effects of behaviorally-informed informational labels through two randomized and incentivized experiments in the areas of fuel economy and sugary drinks. The key finding of these authors' theoretical model and experimental results is that the welfare effects of nudges depend not only on their efficacy in countering biases but also on their impact on the variance of choice distortions caused by a combination of these biases and externalities. Most strikingly, the model reveals that efficacious nudges – that is, interventions that move the average behavior of the targeted population in the desired direction – can still diminish overall social welfare when they increase the variance of choice distortions (e. g., by distorting some consumers' beliefs).

Allcott et al.'s experiments further demonstrated such patterns, despite the substantial differences in consumer behavior between the fuel economy and sugary drink contexts (i. e., In the former experiment, relative biases and externalities summed up to only 3% of price on average, while in the latter they amounted to as much as 95% of the same). In both experiments, moreover, the labeling nudges reduced demand for less efficient vehicles or more sugary drinks–that is, operated on average as intended – but also increased the variance of distortions, albeit in different ways. The fuel economy labels simply added noise to consumers' choices, while the sugary drink labels had the adverse effect of reducing willingness-to-pay (WTP) more for those less biased consumers. This increased distortion variance turned out to cause fuel economy labels to reduce total welfare and eliminated much of the surplus gain from sugary drink labels.[47]

In addition, the results of Allcott et al. illustrate how the welfare implications of nudges may not align with their apparent behavioral effects. For example, the point estimates from the sugary drink experiment suggested that graphic warning labels were more effective than standard nutrition fact labels in reducing participants' WTP. Yet the former labels also produced larger increases in the variance of choice distortions, were highly aversive, and exerted a smaller effect on more biased consumers. As a result, the authors concluded that this more effective nudge delivered lower total surplus than the less efficacious nutrition fact label.

The approach developed by Allcott et al. significantly advances the economic analysis of behavioral interventions, offering a framework for evaluating their overall welfare effects that can be used across different contexts. Their findings also make clear that more effective nudges may perform worse in terms of welfare compared to their less efficient counterparts or

---

46 *Allcott/Cohen/Morrison/Taubinsky.*

47 *Allcott/Cohen/Morrison/Taubinsky.*

other competing regulatory instruments and could even turn out to be welfare-reducing. More generally, these authors' model reveals how even the most appealing and well-targeted nudges that directly affect only biased consumers will indirectly change equilibrium market prices, in most realistic market settings. In these cases, therefore, the indirect effects of a nudge also benefit or harm all consumers, with the effect on price typically increasing with the effectiveness of the intervention.

Allcott et al.'s framework also seeks to overcome the limitations entailed by relying on the elicitation of potentially biased WTP, such as that of Allcott & Kessler's gas consumers who likely overestimated their cost savings from HERs, as noted earlier. To this end, these researchers directly estimated their participants' bias prior to the experimental nudge manipulation, an approach that also allows them measure the effects of the tested nudges on the average bias, externalities, and distortion variance. The car experiment measured bias by the extent to which participants failed to maximize their consumer surplus from leasing a car (due to their over- or under-valuing the lease of a less fuel-efficient option). The sugary drinks experiment, on the other hand, used survey-based measures of participants' nutrition knowledge (compared to the average knowledge of nutrition professionals) and self-control (vis a vis a perfect self-control response of person stating they never drink sugar-sweetened beverages more often than they should).

These sophisticated survey instruments tried to produce direct measures of the magnitude of participants' biased (hypothetical) behavior (in the case of the car experiment) or, at least, a proxy of such bias based on the limits of their knowledge and self-control (in the sugary drinks experiment). Although they offer plausible bases for identifying deviations from rationality and their magnitude, however, the measures employed by Allcott et al. still rely on some strong psychological assumptions regarding the behaviors that manifest deviations from rationality, the effects of the tested nudges, and their welfare implications. In the cars experiment, for instance, the experimenters assumed that a given relative WTP has the same welfare consequences regardless of the nature of the nudge tested. Yet the WTP manifested after a nudge that changes a participant's overall assessment of a car's quality (e.g., via a halo effect associated with the EPA SmartWay certification label tested in one of the experimental condition, as in Houde[48]) bears different welfare implications from those of a relative WTP following a standard informational MPG labeling nudge. The underlying psychological assumptions of what makes a bias are even stronger for the sugary drinks experiment, which used the relative shortcomings of participants' knowledge and self-control as proxies,

48 *Houde*.

thereby assuming, for example, that the behavior of more knowledgeable individuals is less biased.

In an effort to avoid making assumptions about which choices are welfare maximizing and how deviations from these choices translate to welfare, Harrison and Ross propose a different approach to assessing the welfare effects of behavioral interventions.[49] Harrison et al.[50] implemented this approach in a controlled laboratory experiment that required participants to make a series of randomized and incentivized decisions following different behavioral interventions. The researchers directly elicited the individual risk preference of their participants some time prior to their choices over a complex insurance product. This allowed for an individualized assessment of participants' welfare gains and losses from their choices, albeit based on (more limited) assumptions regarding the nature of their utility functions and the applicability of the estimated risk preferences to participants' behavior in the experimental insurance decision context.

The results of Harrison et al. show a number of their behavioral interventions increasing the take-up of the insurance product. Intriguingly, however, the tested informational nudges were found not only to improve the quality of participants' decisions in terms of product pricing but also to promote the take-up of both welfare-increasing, high-quality, products and welfare-decreasing, low-quality, products. The latter finding suggests that the informational nudges produce more complex welfare effects than what might have been assumed based on participants' improved understanding alone. It also provides a cautionary note about the risk of drawing inferences from individuals' levels of knowledge or understanding to the welfare effects of their decisions.

Finally, List and colleagues[51] recently conducted a meta-analysis comparing the welfare effects of nudges versus financial interventions in the markets for cigarettes, influenza vaccinations, and household energy. They recognized that there is "[a] general challenge in this literature…that researchers need to make a number of judgment calls as to how biases affect utility and how nudges may correct these biases".[52] Nevertheless, given the novelty of their research, these authors take "an optimistic stance" in assuming that the treatment effects produced by behavioral interventions actually represent a reduction of bias and entail no major psychological costs to consumers. List

49 *Harrison/Ross.*

50 *Harrison/Morsink/Schneider.*

51 *List/Rodemeier/Roy/Sun.*

52 *List/Rodemeier/Roy/Sun*, p. 4.

et al. explain they adopt these assumptions to generate a best-case benchmark of nudges' welfare effects compared to those of taxes.[53]

The meta-analysis covered 311 point estimates of the effects of behavioral interventions and taxes in the markets for cigarettes, influenza vaccination, and household electricity, and included studies employing varied nudge instruments, including social information, reminders, prompts, defaults, informational interventions and more. Overall, List et al. find that while the nudges in all three markets were effective, they were not always the most efficient interventions, even under the optimistic assumptions regarding their beneficial average treatment effects. Specifically, the key factors that predict when nudges dominate taxes in these authors' framework are the heterogeneity in the behavioral bias and the size of the average externality.[54]

According to this account, nudges are potentially better at reducing the heterogeneity of behavioral bias, while taxes are better at internalizing externalities. Hence, when the former effect is larger than the latter, as in the market for cigarettes, nudges outperform taxes. On the other hand, in the market for household energy, which offered the most robust set of estimates, the welfare gains from taxation vastly exceeded those of nudging, because the externalities from electricity consumptions are much larger than the standard deviation of behavioral bias. (Taxes also appeared likely to outperform nudges in the influenza vaccination market, where the average positive externality of vaccination was larger than the standard deviation of the behavioral bias.)

All on all, though the systematic assessment of nudges' welfare effects is in its early stages and faces a number of conceptual and practical challenges, the emerging results are informative. Most importantly, these tentative findings already make clear that nudge effectiveness can be divorced from nudge efficiency, even under assumptions that view successful behavioral interventions as generally beneficial. Insofar as the average treatment effects of some nudges represent private and even social welfare losses,[55] the need to subject these instruments to the same cost-benefit scrutiny required of other regulatory interventions becomes even more apparent, the challenges involved notwithstanding.[56]

---

53 *List/Rodemeier/Roy/Sun.*

54 *List/Rodemeier/Roy/Sun.*

55 *Tor*, Private Cost; *Tor*, Law and Economics.

56 *Tor/Klick.*

List of References

Allcott, Hunt: Site Selection Bias in Program Evaluation, in: Quarterly Journal of Economics, Vol. 130/3 (2015), pp. 1117 et seqq. (cit. *Alcott*, Site Selection Bias).

Allcott, Hunt: Social Norms and Energy Conservation, in: Journal of Public Economics, Vol. 95/9-10 (2011), pp. 1082 et seqq. (cit. *Allcott*, Social Norms).

Allcott, Hunt/*Cohen*, Daniel/*Morrison*, William/*Taubinsky*, Dmitry: When do "Nudges" increase Welfare?, National Bureau of Economic Research, Working Paper Nr. 30740, Cambridge (MA) 2022, pp. 1 et seqq.

Allcott, Hunt/*Kessler*, Judd B.: The Welfare Effects of Nudges, A Case Study of Energy Use Social Comparisons, in: American Economic Journal: Applied Economics, Vol. 11/1 (2019), pp. 236 et seqq.

Altmann, Steffen/*Falk*, Armin/*Heidhues*, Paul/*Jayaraman*, Rajshri: Defaults and Donations: Evidence from a Field Experiment, in: The Review of Economics and Statistics, Vol. 101/5 (2019), pp. 808 et seqq.

Andor, Mark A./*Fels*, Katja M.: Behavioral Economics and Energy Conservation, A Systemic Review of Non-Price Interventions and Their Causal effects, in: Ecological Economics, Vol. 148/C (2018), pp. 178 et seqq.

Bauer, J.M./*Reisch*, L.M.: Behavioral Insights and (Un)healthy Dietary Choices: A Review of Current Evidence, in: Journal of Consumer Policy, Vol. 42/1 (2019), pp. 3 et seqq.

Benartzi, Shlomo et al.: Should Governments Invest More in Nudging?, in: Psychological Science, Vol. 28/8 (2017), pp. 1041 et seqq.

Boardman, Anthony E./*Greenberg*, David H./*Vining*, Aidan R./*Weimer*, David L.: Cost-Benefit Analysis: Concepts and Practice, 5. Edition, Cambridge (UK) 2018.

Butera, Luigi/*Metcalfe*, Robert/*Morrison*, William/*Taubinsky*, Dmitry: Measuring the Welfare Effects of Shame and Pride, in: American Economic Review, Vol. 112/1 (2022), pp. 122 et seqq.

Byerly, Hillary et al.: Nudging Pro-Environmental Behavior, Evidence and Opportunities, in: Frontiers in Ecology and the Environment, Vol. 16/3 (2018), pp. 159 et seqq.

Damgaard, Mette Trier/*Gravert*, Christina: The Hidden Costs of Nudging: Experimental Evidence from Reminders in Fundraising, in: Journal of Public Economics, Vol. 157/C (2018), pp. 15 et seqq.

De Francesco, Fabrizio: Diffusion of Regulatory Impact Analysis Among OECD and EU Member States, in: Comparative Political Studies, Vol. 45/10 (2012), pp. 1277 et seqq.

DellaVigna, Stefano/*Linos*, Elizabeth: RCTs to Scale, Comprehensive Evidence from Two Nudge Units, in: Econometrica, Vol. 90/1 (2022), pp. 81 et seqq.

DellaVigna, Stefano/*Kim*, Woojin/*Linos*, Elizabeth: Bottlenecks for Evidence Adoption, in: NBER Working Paper Series, Cambridge (MA) 2022, Working Paper Nr. 30144.

Dolan, Paul/*Galizzi*, Matteo M.: Like Ripples on A Pond, Behavioral Spillovers and Their Implications for Research and Policy, in: Journal of Economic Psychology, Vol. 47 (2015), pp. 1 et seqq.

Dunlop, Claire A./*Radelli*, Claudio M.: Handbook of Regulatory Impact Assessment, Cheltenham (UK)/Northhampton (MA) 2016.

Ebeling, Felix/*Lotz*, Sebastian: Domestic Uptake of Green Energy Promoted by Opt-Out Tariffs, in: Nature Climate Change, Vol. 5/9 (2015), pp. 868 et seqq.

Ellig, Jerry/*McLaughlin*, Patrick A./*Morrall*, John.: Continuity, Change, and Priorities, The Quality and Use of Regulatory Analysis Across US Administrations, in: Regulation and Governance, Vol. 7/2 (2013), pp. 153 et seqq.

Forberger, Sarah/*Reisch*, Lucia A./*Kampfmann*, Teresa/*Zeeb*, Hajo: Nudging to Move: A Scoping Review of The Use of Choice Architecture Interventions to Promote Physical Activity in The General Population, in: International Journal of Behavioral Nutrition and Physical Activity, Vol. 16/1 (2019), pp. 1 et seqq.

Hagmann, David/*Ho*, Emily H./*Loewenstein*, George: Nudging Out Support for a Carbon Tax, in: Nature Climate Change, Vol. 9/6 (2019), pp. 484 et seqq.

Harrison, Glenn W./*Ross*, Don: Behavioral Welfare Economics and the Quantitative Intentional Stance, in: Harrison, Glenn W./Ross Don (Eds.): Models of Risk Preference: Descriptive and Normative Challenges, Bingley 2023.

Harrison, Glenn/*Morsink*, Karljin/*Schneider*, Mark: Do No Harm? The Welfare Consequences of Behavioral Interventions, Working Paper 2023, p. 1 et seqq. (available at: <https://cear.gsu.edu/files/2020/07/WP_2020_12_Do-No-Harm-The-Welfare-Consequences-of-Behavioural-Interventions_2021_0409.pdf>, last visited on June 25, 2023).

Houde, Sebastien: How Consumers Respond to Product Certification and the Value of Energy Information, in: The RAND Journal of Economics, Vol. 49/2 (2018), pp. 453 et seqq.

Hummel, Dennis/*Maedche*, Alexander: How Effective is Nudging? A Quantitative Review on The Effect Sizes and Limits of Empirical Nudging Studies, in: Journal of Behavioral and Experimental Economics, Vol. 80/C (2019), pp. 47 et seqq.

Layard, Richard/*Glaister*, Stephen: Cost-Benefit Analysis, 2. Edition, Cambridge (UK) 1994, pp. 1 et seqq.

Legros, Sophie/*Cislaghi*, Beniamino: Mapping the Social-Norms Literature, An Overview of Reviews, in: Perspectives on Psychological Science, Vol. 15/1 (2020), pp. 62 et seqq.

List, John A./*Rodemeier*, Matthias/*Roy*, Sutanuka/*Sun*, Gregory K.: Judging Nudging, Understanding the Welfare Effects of Nudges Versus Taxes, Working Paper Nr. 2023-66, Chicago 2023, pp. 1 et seqq. (available at: <https://bfi.uchicago.edu/wp-content/uploads/2023/05/BFI_WP_2023-66.pdf>, last visited on June 25, 2023).

Mollenkamp, Meilin/*Zeppernick*, Maike/*Schreyögg*, Jonas: The Effectiveness of Nudges in Improving the Self-Management of Patients with Chronic Diseases, A Systematic Literature Review, in: Health Policy, Vol. 123/12 (2019), pp. 1199 et seqq.

Noar, Seth M. et al.: The Impact of Strengthening Cigarette Pack Warnings, Systematic Review of Longitudinal Observational Studies, in: Social Science and Medicine, Vol. 164 (2016), pp. 118 et seqq.

OECD: OECD Best Practice Principles for Regulatory Policy, Regulatory Impact Assessment, 25 February 2020, (available at: <https://www.oecd.org/gov/regulatory-policy/regulatory-impact-assessment-7a9638cb-en.htm>, last visited on June 23, 2023).

Sibony, Anne-Lise/*Alemanno*, Alberto: The Emergence of Behavioural Policy-Making, A European Perspective, in: Sibony, Anne-Lise/Alemanno, Alberto (Eds.), Nudge And The Law, a European Perspective, Oxford 2015, pp. 1 et seqq.

Sunstein, Cass R./*Reisch*, Lucia A.: Trusting Nudges, in: Journal of Consumer Policy, Vol. 42 (2019), pp. 325 et seqq.

Szaszi, Barnabas/*Palinkas*, Anna/*Palfi*, Bence/*Szallosi*, Aba/*Aczel*, Balazs: A Systematic Scoping Review of The Choice Architecture Movement: Toward Understanding When and Why Nudges Work, in: Journal of Behavioral Decision Making, Vol. 31/3 (2018), pp. 355 et seqq.

Thaler, Richard H./*Sunstein*, Cass R.: Nudge, Improving Decisions About Health, Wealth, and Happiness, New Haven (CT) 2008.

Tor, Avishalom: The Private Costs of Behavioral Interventions, in: Duke Law Journal, Vol. 72 (2023), pp. 1673 et seqq. (cit. *Tor*, Private Cost).

Tor, Avishalom: The Law and Economics of Behavioral Regulation, in: Review of Law and Economics, Vol. 18/2 (2022), pp. 223 et seqq. (cit. *Tor*, Law and Economics).

Tor, Avishalom/*Klick*, Jonathan: When Should Governments Invest More in Nudging? Revisiting Benartzi et al. (2017), in: Review of Law and Economics, Vol. 18/3 (2022), pp. 347 et seqq.

Vecchio, Riccardo/*Cavallo*, Carla: Increasing Healthy Food Choices Through Nudges, A Systematic Review, in: Food Quality and Preference, Vol. 78 (2019), pp. 1 et seqq.

Law and Economics: Ein interdisziplinärer Ansatz?

Eine sprachphilosophische Perspektive am Beispiel der Hand Rule und Art. 41 ff. OR

Von *Angelo Breda*

I. Einleitung

In diesem Beitrag untersuche ich das Konzept der Interdisziplinarität, verstanden als Übersetzungsvorgang zwischen Disziplinen, anhand einiger Konzepte pragmatisch geprägter Sprachphilosophie. Soweit sich die ökonomische Analyse des Rechts als interdisziplinärer Ansatz versteht, besteht die Transferleistung in erster Linie darin, ökonomische Konzepte in juristischen auszudrücken. Erst dadurch wird ein Vergleich der Konzepte möglich, der Grundlage für eine potenzielle Integration ökonomischer Erkenntnisse in juristische Prozesse bildet.

Nach einer kurzen Begriffsbestimmung von Interdisziplinarität untersuche ich zunächst das Konzept der Übersetzung, verstanden als sozialer Prozess, in welchem Individuen ihre Überzeugungen über die Welt in der Sprache (oder einer anderen Form) koordinieren. Dies bildet den Ausgangspunkt für den zweiten Teil des Aufsatzes, in welchem ich versuche, das ökonomische Konzept einer effizienten Haftungsregel am Beispiel der Hand Rule in die herrschende Dogmatik der Verschuldenshaftung gemäss Art. 41 ff. OR zu integrieren.

II. Interdisziplinarität und Sprachphilosophie

„Immer mehr spezialisierte Forscher wissen immer mehr von immer weniger. Und je mehr das Wissen wächst, desto unwahrscheinlicher wird eine ganzheitliche Erkenntnis der Welt oder auch nur bestimmter Ausschnitte dieser Welt."[1] So beschreibt der Jubilar eine Folge zunehmender wissenschaftlicher Spezialisierung. Bei disziplinärer Arbeit müssten Sichtweisen

---

[1] *Mathis*, Nachhaltige Entwicklung, S. 6.

anderer Disziplinen unweigerlich ausgeblendet werden,[2] oder wie ich es gerne formuliere: Wer Übersicht haben will, muss viel übersehen. Zugegeben, das betrifft zunächst nicht spezifisch die Frage der (Inter-)Disziplinarität, sondern des Abstraktionsgrads. Doch wie sich zeigen wird, dürfte es sich strukturell um dasselbe handeln. Ich werde nun nach einer kurzen Begriffsbestimmung das Konzept der Interdisziplinarität im Hinblick auf die damit angestrebte Übersetzungsleistung mit Bezug auf pragmatisch geprägte sprachphilosophische Theorien näher untersuchen.

1. Disziplinbestimmung anhand Erkenntnisgegenstand, -methode und -interesse

Möchte man zwischen verschiedenen Wissenschaftsdisziplinen unterscheiden, müssen sich diese zunächst bestimmen lassen. Kirste versteht Wissenschaft als methodengeleitete Suche nach Erkenntnis, und sieht darin die Abgrenzung zum blossen Meinen. Disziplinen unterschieden sich ihm zufolge anhand ihrer Erkenntnismethode, ihrem Erkenntnisinteresse und ihrem Erkenntnisgegenstand. Während der Erkenntnisgegenstand nicht das abgrenzende Element sein könne, da sich auch andere Disziplinen als die Rechtswissenschaft mit dem Recht befassten,[3] anerkennt Kirste, dass der Erkenntnisgegenstand durch die Disziplin selbst geformt wird.[4] Dies erscheint paradox, bedingt doch die Erkenntnis einen Gegenstand, den es zu erkennen gilt. Gleichzeitig erscheint es jedoch schlüssig, dass der Gegenstand das Ergebnis seiner Erkenntnis ist; *was* man erkennt, hängt davon ab, *wie* man es erkennt. Die Erkenntnismethoden bezeichnet er unter Bezug auf Kant als „Bedingungen der Möglichkeit von Erkenntnis überhaupt“ und beschreibt sie damit als Grundlage für die Unterscheidung zwischen verschiedenen Wissenschaftsdisziplinen. Das Erkenntnisinteresse gebe schliesslich die Perspektive an, woher ein Erkenntnisobjekt mit einer bestimmten Methode erkannt werden soll.[5]

Neben diesen wissenschaftstheoretischen Aspekten beschreibt Kirste auch institutionelle Aspekte der Disziplinarität: eine spezifische *Sprache* als Mittel der Kommunikation des disziplinspezifischen *Wissens*, die dadurch bedingte *Professionalisierung,* sowie die disziplinspezifische *Organisation* und die Faktoren für *Variation und Innovation* der jeweiligen Disziplin.[6]

---

2 *Mathis*, Nachhaltige Entwicklung, S. 7.

3 *Kirste*, S. 38 f.

4 *Kirste*, S. 40.

5 *Kirste*, S. 42 f.

6 *Kirste*, S. 45 ff.

Auch van Klink/Taekema treffen zur Disziplinbestimmung eine vergleichbare Unterscheidung von fünf Merkmalen, die zwar nicht die einzigen Abgrenzungsmerkmale seien, aber die aus wissenschaftsphilosophischer Sicht massgeblichen: Als erstes Merkmal bezeichnen sie disziplinspezifische Konzepte. Zwar könnten Disziplinen über ähnliche Konzepte verfügen, aber deren Interpretation sei je nach Disziplin unterschiedlich.[7] Als zweites Merkmal nennen sie die Methoden, deren sich eine Disziplin bedient. „A Method can be described as a structured and established way of acquiring knowledge."[8] Wenngleich sich unterschiedliche Disziplinen derselben Methoden bedienten, so sei doch die Art des Gebrauchs und der Entwicklung der Methoden disziplinspezifisch. Das dritte Element sehen sie im Gegenstand der Disziplin: Während dieser für gewisse Disziplinen ein klares Unterscheidungsmerkmal sei (bspw. für Astronomie oder Archäologie), sei der Gegenstand für andere Disziplinen wie die Rechtswissenschaft bestritten, weshalb er für diese nicht dieselbe Spezifizität anzeige.[9] Das vierte Merkmal sei das Problembewusstsein: „Different disciplines perceive different problems."[10] Dies erkläre die verschiedenen Herangehensweisen verschiedener Disziplinen an den grundsätzlich gleichen Gegenstand. Als fünftes Element nennen sie schliesslich die Forschungsziele einer Disziplin; während beispielsweise sowohl die Rechtswissenschaften als auch die Soziologie das Recht untersuchten, so sei Ziel der Soziologinnen die Beschreibung, wie Recht in der Realität funktioniert, während Rechtswissenschaftlerinnen Legalität, Angemessenheit oder Kohärenz des Rechtssystems untersuchten.[11]

Wenngleich theoretische Anhaltspunkte angeboten werden, anhand derer man verschiedene Disziplinen bestimmen und unterscheiden kann, so scheinen sich diese auch zu überlappen. Aus einer historischen Perspektive lässt sich die Entstehung von Disziplinen allerdings als unvermeidbare Folge des wissenschaftlichen Erkenntnisgewinns und der Institutionalisierung durch die Universitäten verstehen.[12] Ein stetig wachsender Fundus der Beschriebe der Welt, deren Ursachen und Wirkungen, macht eine Spezialisierung und die damit einhergehende Arbeitsteilung unvermeidbar. So lassen sich die theoretischen Disziplingrenzen als Folge der historischen Entwicklung erklären. Schliesslich zeigt sich die zunehmende Arbeitsteilung und damit einhergehende Spezialisierung auch innerhalb einer Disziplin („Quantenphysik", „Haftpflichtrecht" oder „Makroökonomie"), mit der Folge, dass bereits die

[7] *van Klink/Taekema*, S. 89 f.

[8] *van Klink/Taekema*, S. 89.

[9] *van Klink/Taekema*, S. 89.

[10] *van Klink/Taekema*, S. 89.

[11] *van Klink/Taekema*, S. 89.

[12] Vgl. *Mathis*, Interdisziplinarität, S. 196.

disziplininterne Erkenntnis zu Kommunikationsschwierigkeiten und (vermeintlich) widersprüchlichen Ergebnissen mit Resultaten anderer Unterdisziplinen führen kann. In der Ökonomie bezeichnet man diese Limitation von Erkenntnis als Informationskosten: „[D]ie Rationalität ist beschränkt und sie beschränkt sich selbst. […] Die Beschaffung von Information ist nicht unentgeltlich; vollständiges Informiertsein wäre – wenn überhaupt möglich – unerschwinglich teuer."[13] So scheint sich die wissenschaftliche Beschreibung der Welt mit zunehmender Spezialisierung tatsächlich in ihre Partikularitäten aufzulösen und eine ganzheitliche Erkenntnis wird unmöglich.[14] Eben: Wer Übersicht haben will, muss viel übersehen.

2. Formen des Zusammentreffens verschiedener Disziplinen

Wie bereits die vorangehenden Ausführungen zur Bestimmung einer Disziplin angedeutet haben, stellt sich beim Begriff der „Interdisziplinarität" die Frage, wie verschiedene Disziplinen aufeinander einwirken und zusammenarbeiten können. Es wird typischerweise unterschieden zwischen Interdisziplinarität, Multidisziplinarität und Transdisziplinarität.[15]

Interdisziplinarität bezeichnet die Zusammenarbeit verschiedener Disziplinen unter Aufrechterhaltung der Disziplingrenzen,[16] wobei sich die Forschung auf ein gemeinsames Thema mit gemeinsamen Problemen bezieht und eine Verknüpfung der verschiedenen theoretischen Methoden bedingt.[17] Bei interdisziplinärer Forschung wird von einer Disziplin aus gearbeitet und es findet ein Austausch mit anderen Disziplinen statt. Angestrebt wird ein Dialog zwischen den Disziplinen, der auf einen Übersetzungsvorgang abzielt.[18]

Auch Multidisziplinarität beachtet die Disziplingrenzen, es bleibt jedoch bei einer vergleichenden Betrachtung der jeweiligen Ergebnisse. Das Wissen anderer Disziplinen dient der Kontextualisierung der anderen.[19] Die jeweiligen Disziplinen beleuchten dabei jeweils spezifische Teilaspekte des Forschungsgegenstandes.[20]

---

13 *Mathis*, Effizienz statt Gerechtigkeit?, S. 26.

14 *Mathis*, Interdisziplinarität, S. 196.

15 *Mathis*, Nachhaltige Entwicklung, S. 9.

16 *Kirste*, S. 55.

17 *Mathis*, Nachhaltige Entwicklung, S. 9; *van Klink/Taekema*, S. 92.

18 *Mathis*, Nachhaltige Entwicklung, S. 9; van *Klink/Taekema*, S. 91.

19 *Kirste*, S. 57.

20 *Mathis*, Nachhaltige Entwicklung, S. 9.

Transdiziplinarität strebt demgegenüber entweder eine Überwindung der Disziplingrenzen an und begründet damit selbst eine neue Disziplin, oder bezeichnet die Unterordnung von Methoden anderer Wissenschaften unter die eigene Disziplin, wie es z. B. die Grundlagenfächer in den Rechtswissenschaften anstreben.[21] Van Klink/Taekema sehen den Hauptunterschied zwischen interdisziplinärer und transdisziplinärer Forschung in der Beteiligung nicht-akademischer Teilnehmer,[22] da transdisziplinäre Forschung vor allem mit praktischen Problemen zu tun habe und weniger mit wissenschaftlich-theoretischer Auseinandersetzung.[23]

Nach dieser kurzen Begriffsbestimmung möchte ich die Idee der Interdisziplinarität, verstanden als Dialog zwischen Disziplinen anhand sprachphilosophischer Überlegungen näher erörtern. Ich gehe dabei der Frage nach, ob und wie der angestrebte Übersetzungsvorgang funktionieren kann. Denn erst, wenn diese Übersetzung gelingt, ist es überhaupt möglich, Erkenntnisse der einen Disziplin für die andere fruchtbar zu machen.

3. Interdisziplinarität aus sprachphilosophischer Sicht

Wie sich bereits gezeigt hat, ist das Abgrenzen der Disziplinen keine „exakte Wissenschaft"[24]. Soweit es einer Disziplin jedoch darum geht, die Welt (oder Teile davon) zu beschreiben und Zusammenhänge zu erklären, scheint es mir angezeigt, diesen grundlegenden Vorgang der Beschreibung näher zu erörtern, ist doch die Gefahr (vermeintlich) interdisziplinärer Forschung, dass man aneinander vorbeiredet. Zur Verdeutlichung: Nur weil die Bezeichnung des Erkenntnisgegenstands sowohl bei der Rechtsökonomie, wie auch bei der Rechtsphilosophie dieselbe ist (nämlich „Recht"), so scheint fraglich, ob dabei auch dasselbe gemeint ist. So könnte die Rechtsökonomie den Begriff „Recht" bspw. im Hinblick auf die Wirkungen von Rechtsnormen, resp. deren Anwendung auf wirtschaftliche Sachverhalte verstehen, während die Rechtsphilosophie nach dem Geltungsgrund oder logischer Kohärenz von Rechtsnormen, resp. deren Anwendung sucht. Behandeln die beiden denselben Gegenstand?

Die Sprachphilosophie widmet sich im Kern dem Verhältnis zwischen Sprache und Wahrheit.[25] Es gab verschiedene Versuche, dieses Verhältnis zu beschreiben, wie z. B. die auf Alfred Tarski zurückgehende semantische The-

---

[21] *Kirste*, S. 57 f.

[22] *van Klink/Taekema*, S. 96.

[23] *van Klink/Taekema*, S. 94.

[24] Das ist ein Wortspiel.

[25] Vgl. *Newen/Schrenk*, S. 11 ff.

orie der Wahrheit, die Sätze hervorbringt wie: „Der Satz ‚Da steht ein Baum.', ist wahr genau dann, wenn da ein Baum steht."[26] Dahinter steht der Versuch, die Frage nach der Wahrheit von der Objekt- in eine Metasprache zu verschieben, was gleichzeitig eine fundamentale Problematik der Sprachphilosophie offenbart: Die Sprache kommt nicht aus sich selbst heraus.[27] Wer die Frage nach der Wahrheit stellt, stellt die Frage nach dem Zugriff darauf und der Verständigung darüber. Doch: Wie soll man wissen, ob man vom gleichen spricht, wenn man mit Wittgenstein in der Sprache übereinstimmen kann, nicht jedoch in den Meinungen?[28]

Die Kluft, die Wittgenstein hier auftut, erleben wir jedes Mal, wenn wir einander missverstehen;[29] manchmal vielleicht sogar, wenn wir einander verstehen. Dem Gedanken liegt die Annahme zugrunde, dass ein Individuum *entscheiden* kann, und damit den (ansonsten determiniert gedachten) Kausalverlauf unterbrechen. Es geht hier aber nicht um die Frage, ob menschliches (oder allgemein „individuelles") Verhalten determiniert ist, sondern darum, dass man dem Individuum zuschreibt, dass andere Individuen keinen Zugriff auf bspw. dessen Erleben oder Gedanken haben. Die Aussage ist im Prinzip banal: Man hört nur, was die anderen sagen, aber nicht, was sie denken; oder „meinen", wie Wittgenstein schreibt. Wie die Welt ist, hat also drei Ebenen: Die Wahrnehmung als individuelle, die Sprache als formale und die Wahrheit als soziale Ebene. Um der Frage der Übersetzung disziplinärer Erkenntnis nachzugehen, muss zunächst das Verhältnis zwischen Wahrnehmung, Sprache und Wahrheit geklärt werden.[30]

a) Wahrnehmung, Sprache und Wahrheit

Gäbe es keinen Unterschied zwischen Wahrnehmung und Wahrheit, könnte man sich nicht irren. Wenn man zudem davon ausgeht, dass man *etwas* wahrnimmt, dass also *da draussen* etwas ist, das auch unabhängig von der eigenen Wahrnehmung existiert, dann stellt sich zunächst die Frage nach dem Verhältnis zwischen dem, was da draussen ist und dem, was man wahrnimmt. Die Frage ist aber kaum zu beantworten; schliesslich kommt man nicht darum herum, das da draussen – die Welt – mit den Sinnen zu erfahren, eben: wahrzunehmen. Die Wahrheit lässt sich also nicht nur im Verhältnis zur Wahrnehmung definieren. Man könnte versucht sein, hier einzuwenden, dass es ja auch Messinstrumente gebe, die bspw. die Temperatur, die Luftfeuchtig-

[26] Siehe zum Ganzen *Newen/Schrenk*, S. 51 ff.

[27] Vgl. *Wittgenstein*, PU, § 10.

[28] *Wittgenstein*, PU, § 241.

[29] Resp. wenn wir merken, dass wir einander missverstanden haben.

[30] Nachher ist alles klar. Versprochen.

keit oder den genauen Farbton der neuen Couch angäben. Doch auch diese Angaben müssen wahrgenommen werden und hier sollte man sich bewusst sein, dass man nicht die Temperatur wahrnimmt, sondern die Angaben auf dem Thermometerdisplay. Das ist nicht spitzfindig, sondern ehrlich.

Der amerikanische Philosoph Donald Davidson verstand Wahrheit als Begriff wie andere Begriffe auch. Einem allgemeinen Konzept der Wahrheit als Übereinstimmung mit einer (von menschlicher Kommunikation unabhängigen) Wirklichkeit (Korrespondenztheorie) stand er skeptisch gegenüber.[31] Ihm zufolge sei es noch niemandem geglückt, aufschlussreich anzugeben, welche Tatsache oder welcher Realitätsausschnitt dafür sorgen soll, dass etwas als wahr in diesem Sinne erkannt werden könnte.[32] Für Davidson war dieses Verständnis von Wahrheit folglich auch kein Ziel, welches erreicht werden kann; weder sei sie als Zielscheibe oder dergleichen sichtbar, noch könne man erkennen, ob man sie erreicht hat.[33] Sätze der Form: „X ist genau dann wahr, wenn X der Fall ist.“, geben zwar die Bedingungen ihres Wahrheitsgehalts selber an. Den Wahrheitsbegriff vermag eine solche Formulierung jedoch nicht zu klären: Einerseits könnte man das Wahrheitsprädikat („ist genau dann wahr, wenn“) weglassen, ohne dass die Bedingungen des Wahrheitsgehalts von X sich ändern würden. Andererseits ist die Aussage insofern nichtssagend, als dass die Wahrheitsbedingungen notwendigerweise vorausgesetzt werden müssen.[34] Der Satz: „Der Satz ‚Schnee ist weiss‘ ist wahr, genau dann, wenn Schnee weiss ist.“, kann daher nur auf seinen Wahrheitsgehalt überprüft werden, wenn man schon weiss, ob Schnee weiss ist. Die Metasprache kann ihr eigenes Wahrheitsprädikat jedoch nicht bereits enthalten.[35]

Den Versuch, die Wahrheit von der Sprache zu lösen, möchte ich daher hier nicht unternehmen. Wahrheit ist ein Begriff einer Taxonomie, in welcher wir Laute und Zeichen als soziale Praxis gliedern: die deutsche Sprache. Dass es wahr ist (oder zumindest sein kann), dass Schnee weiss ist, möchte ich damit keineswegs in Abrede stellen. Aber es ist wichtig, Wahrheit als Begriff der deutschen Sprache zu verstehen. Wer den Versuch unternimmt, die Wahrheit als metaphysisches Konzept von der Sprache zu lösen, verkennt diese grundlegende Eigenschaft des Begriffs „Wahrheit“ und der Begrifflichkeit überhaupt. Die Wahrheit wird damit keineswegs banal. Wenn man auf dieser Zuordnung der Wahrheit zur Sprache beharrt, ist es schliess-

---

[31] *Davidson*, S. 26, 28, 29 und 33.

[32] *Davidson*, S. 28 f. Vgl. auch das Bsp. mit der Entfernung des Mondes.

[33] *Davidson*, S. 31.

[34] Sonst hat das da draussen keinen Bezug mehr zur Wahrnehmung, wie bspw. im Film „The Matrix“.

[35] *Davidson*, S. 37.

lich die Sprache, die bestimmt, was die Wahrheit ist, oder zumindest, was sie sein kann. Die Sprache stellt damit ein Bindeglied zwischen Wahrnehmung und Wahrheit dar. Was es bedeutet, „wahr zu sein", ist damit an die Frage der *Bedeutung von Sprache* gebunden. Dieser Frage möchte ich nun nachgehen.

b) Bedeutung und Sprachgebrauch

Ludwig Wittgensteins Gebrauchstheorie der Bedeutung anerkennt, dass die Bedeutung des Wahrheitsbegriffs Ergebnis seines Gebrauchs in der Sprache ist. Nachdem er im tractatus logico-philosophicus selbst wohl noch eine Form der Korrespondenztheorie der Sprache vertreten hatte, entwickelte er in den erst posthum veröffentlichten Philosophischen Untersuchungen eine Gebrauchstheorie der Bedeutung, in welcher er die „Bedeutung eines Wortes [als] sein Gebrauch in der Sprache" beschreibt.[36] Die Vorstellung, dass die Wörter der Sprache Gegenstände benennen, verwirft er gleich zu Beginn der Philosophischen Untersuchungen als „primitiv".[37] Das mag auch heute noch einigen etwas kontraintuitiv erscheinen; so scheint es doch Dinge zu geben, die man mit Wörtern bezeichnet: Hund, Ball, Kerze, homo-oeconomicus[38]. Die Bedeutung ergibt sich nach Wittgenstein jedoch – wie gesagt – nicht aus dem vermeintlichen Bezug zum Gegenstand, der bezeichnet werden soll, sondern aus der Lebensform, denn das „Sprechen der Sprache ist Teil einer Tätigkeit, oder einer Lebensform".[39] Vereinfacht gesagt, verweist Wittgenstein auf den Kontext eines Sprachspiels, wie er einzelne Sprachverwendungen bezeichnet.[40] Ich denke, die meisten verstehen, was Wittgenstein hier antönt, doch nur wenige dürften die Konsequenzen ziehen: Natürlich ist uns allen klar, dass man mit „Häschen" auch einen Menschen bezeichnen kann, und dass es verschiedene Sprachen gibt. Wenn Sie in der Türkei Wallisser-titsch (ein Dialekt des Schweizerdeutschen) reden, wird Sie kaum jemand verstehen und das würde wohl auch niemand erwarten. Das führt aber zur bereits mit Davidson angetönten Erkenntnis, dass im Wort selbst seine Bedeutung nicht enthalten sein kann: *Was* ein Ball ist, steht eben nicht im Wort „Ball". Die Erkenntnis Wittgensteins ist so trivial, wie sie fundamental ist:

---

[36] *Wittgenstein*, PU, § 43. Es gibt jedoch auch andere Lesarten des Verhältnisses zwischen seiner Früh- und Spätphilosophie. Siehe dazu bspw. die Wittgenstein-Archive der Universität Bergen (WAB), abrufbar unter <http://wab.uib.no/>, zuletzt besucht am 26. Oktober 2022.

[37] *Wittgenstein*, PU, § 1 f.

[38] Wobei zumindest fraglich ist, ob es diesen wirklich gibt; vgl. *Mathis*, Effizienz statt Gerechtigkeit?, S. 21 ff.

[39] *Wittgenstein*, PU, § 23.

[40] *Wittgenstein*, PU, § 23.

Es sind die Menschen, welche die Sprache gebrauchen. Mit dem Fokus auf den Gebrauch der Sprache und nicht die einzelnen Wörter oder Sätze als in sich geschlossene Grössen mit fixem (Welt-)Bezug, wechselt der Untersuchungsgegenstand.

„Da!", sagt die einjährige Esmeralda und zeigt auf einen Ball. „Willst du den Ball?", fragt ihre Grossmutter und gibt Esmeralda den Ball. Esmeralda nimmt den Ball und lacht. Kurz darauf wirft sie den Ball wieder weg und sagt: „Da! Da!", während sie mit dem Finger wieder auf den Ball zeigt. Grossmutter lacht auch (weil Lachen ansteckend ist) und fragt: „Hast du den Ball doch nicht wollen haben?" (Grossmutter ist Schweizerin). Esmeralda gluckst: „Da, da, da!", den Finger immer noch auf den Ball gerichtet. Grossmutter gibt ihr den Ball. Was Esmeralda wohl will?

Einige Sprachphilosophen würden der soeben dargestellten Interaktion wohl absprechen, eine sprachliche zu sein, da es an der Begrifflichkeit fehle.[41] Trotzdem weist das Beispiel auf Wittgensteins fundamentalen Einwand gegen die Korrespondenztheorie hin: „Was *bezeichnen* nun die Wörter dieser Sprache? – Was sie bezeichnen, wie soll sich das zeigen, es sei denn in der Art ihres Gebrauchs? […] Der Ausdruck ‚dieses Wort bezeichnet *das*' müßte also ein Teil dieser Beschreibung werden."[42] Im vorherigen Beispiel bedeutet „Da!" bspw.: „Gib mir den Ball, bittebitte, liebe Grossmutter."

Jetzt könnte man einwenden, dass das Kind die Sprache eben noch nicht erlernt habe und dass die Behauptung daher nicht übertragbar sei auf Menschen, die Deutsch können. Doch diese Argumentation ist etwas verkürzt: Wenn die Bedeutung eines Begriffs in seinem Gebrauch besteht, wird diese von Fall zu Fall neu festgelegt. Fixe Weltbezüge sind dann ein Ding der Unmöglichkeit. Dennoch müsse gemäss Davidson jemand, um einen Satz verstehen zu können, dessen Wahrheitsbedingungen kennen.[43] Dies schliesst eine Gebrauchstheorie der Bedeutung jedoch nicht aus: Der spezifische Gebrauch kann sich aus den Wahrheitsbedingungen ergeben, oder umgekehrt können sich die Wahrheitsbedingungen aus dem spezifischen Gebrauch ergeben.[44] Durch diese gegenseitige Bezogenheit von Wahrheitsbedingungen und Gebrauch liefert die Gebrauchstheorie der Bedeutung keine (semantische) Erklärung sondern ist zirkulär.[45] Entsprechend kann man eine Meinung

41 Vgl. z.B. *Brandom*, S. 71.

42 *Wittgenstein*, PU, § 10.

43 *Davidson*, S. 40; siehe auch die Diskussion auf S. 43f. zur Frage, ob es Sätze ohne Wahrheitswert gibt.

44 *Davidson*, S. 41.

45 *Davidson*, S. 41. Wollte man aus dem Gebrauch bspw. eines Wortes eine Bedeutungstheorie für dieses Wort aufstellen, müsste man den Gebrauch auf bestimmte Situationen beschränken (das heisst: die Wahrheitsbedingungen für zulässigen bzw.

nur haben, wenn man weiss, dass sie wahr sein kann, oder nicht; dass es also nicht von meiner Überzeugung anhängt, ob es bspw. regnet oder nicht.[46] Wenngleich es im Alltag so scheinen mag, als korrespondierten Begriffe mit „der Welt da draussen", dann nur, weil der Sprachgebrauch in seiner sozialen Gliederung eine gewisse Strukturierung erfährt, die zu einer Übereinstimmung im Sprachgebrauch führt. Um nachfolgend anhand Robert Brandoms inferentieller Semantik diese Strukturierung näher zu beleuchten, erscheint es mir hilfreich, zunächst kurz auf den Spracherwerb einzugehen.

c) Sprache lernen[47]

Wie angetönt, hält auch Davidson am Gebrauch der Sprache als Untersuchungsgegenstand fest unter Bezugnahme auf das Erlernen von Sprache. Das Kind lernt zu Beginn seiner Sprachentwicklung zunächst, dass Laute etwas bewirken können. Beispielsweise erlebt es, dass auf ein Schreien hin das Bedürfnis, etwas essen zu können, befriedigt wird, da ihm sein Vater nun einen Löffel mit Bananenbrei vor den Mund hält. Mit der Entwicklung werden diese Laute komplexer und das Kind lernt, einzelne Begriffe zu sprechen. Durch hinweisende Erklärungen der betreuenden Personen (auf einen Ball zeigend: „Willst du den Ball, Esmeralda?"), welche sich in verschiedenen Situationen wiederholen, verknüpft das Kind einzelne Aussagen mit seiner Wahrnehmung der Welt. So entstehen begriffliche Konzepte, und das Kind lernt, diese Konzepte anzuwenden. Es lernt, einen Ball zu benennen und von einem Auto zu unterscheiden. Verlangt das Kind nun nach einem Ball, indem es „Gib mir den Ball!" sagt und die Hand ausstreckt, spiegelt sich darin der propositionale Gehalt[48] seines Denkens.[49] Damit entsteht Raum für einen Irrtum und damit für einen Lernprozess, wenn das Kind eine Kugel als Ball bezeichnet und daraufhin in seinem Sprachgebrauch korrigiert wird. In dieser Interaktion zwischen Kind und (Betreuungs-)Personen liegt schliesslich die Bedingung für das Erlernen von Sprache: Durch die Möglichkeit des Erfolgs, resp. Misserfolgs beim Gebrauch resp. der Interpretation von Sprache klassi-

---

richtigen Gebrauch festlegen). Dies führt jedoch wieder zu einer Art Korrespondenztheorie der Bedeutung. Wieso eine solche abzulehnen ist, wurde bereits dargelegt.

[46] *Davidson*, S. 45.

[47] Die nachfolgende Darstellung ist sehr vereinfacht und dient lediglich dazu, die soziale Ebene des Spracherwerbs zu erläutern, um die soziale Struktur sprachlicher Bedeutung zu veranschaulichen.

[48] Also diejenigen Aspekte der Bedeutung eines Satzes, die bestätigt oder bestritten werden können, wie z.B., dass man diesem Ding da „Ball" sagt und damit, dass es wahr ist, dass das ein Ball ist.

[49] *Davidson*, S. 41.

fiziert das Kind mit zunehmender Komplexität verschiedene Begriffe, deren konzeptueller Gehalt mit jeder Irritation angepasst wird.[50]

Wittgenstein beschreibt diesen Vorgang als „Abrichten“,[51] und verdeutlich dies am Beispiel einer primitiven Sprache, die nur aus den Begriffen „Würfel“, „Säule“, „Platte“ und „Balken“ besteht:

> „Die Sprache soll der Verständigung eines Bauenden A mit einem Gehilfen B dienen. […] B hat ihm die Bausteine zuzureichen, und zwar nach der Reihe, wie A sie braucht. […] A ruft sie aus; – B bringt den Stein, den er gelernt hat, auf diesen Ruf zu bringen.“[52]

Wittgenstein weiter:

> „Wir könnten uns vorstellen, daß die Sprache im § 2 die *ganze* Sprache des A und B ist; ja, die ganze Sprache eines Volksstamms. Die Kinder werden dazu erzogen, *diese* Tätigkeiten zu verrichten, *diese* Wörter dabei zu gebrauchen, und *so* auf die Worte des Anderen zu reagieren. Ein wichtiger Teil der Abrichtung wird darin bestehen, daß der Lehrende auf die Gegenstände weist, die Aufmerksamkeit des Kindes auf sie lenkt, und dabei ein Wort ausspricht; z.B. das Wort ‚Platte‘ beim Vorzeigen dieser Form.“[53]

Solange der Schüler einen Ausdruck noch nicht verstanden hat (d.h. dieser für den Schüler keinen Sinn macht, er nicht weiss, wie den Begriff zu interpretieren, resp. verwenden), kennt er die entsprechenden Wahrheitsbedingungen nicht. Sobald das, was aus der Sicht der Lehrerin Versuch und Irrtum ist, durch etwas ersetzt wird, was aus der Sicht des Schülers Denken und Überzeugung ist, hat auch der Wahrheitsbegriff eine Anwendung. Die Bedeutung eines Satzes ergibt sich für die Leserin in der durch den Lernprozess bedingten Verknüpfungen ihrer Wahrheitsprädikate mit dem entsprechenden Gebrauch gewisser Begriffe.[54] Ob ein Klang rot sein kann, hängt also davon ab, ob eine Sprecherinnengemeinschaft der Auffassung ist, dass ein Klang eine Farbe haben kann.[55] Das mag zunächst belustigend wirken, doch wer einem Sommelier zuhört, erlebt eben diese synästhetische Beschreibung der Eigenschaften eines Weines.

Eine Sprache zu lernen, heisst also, eine soziale Praxis zu lernen. Wenn man sich nun vergegenwärtigt, dass der Rechtschreibduden aktuell nicht nur vier, sondern schätzungsweise rund 148.000 Stichworte in den Grundformen, der gesamte Dudenkorpus (also inkl. zusammengesetzte Wörter wie „Vogelschutzgutachten“), gar über 18 Millionen unterschiedliche Wörter enthält, so

---

50 *Davidson*, S. 42.

51 *Wittgenstein*, PU, z.B. § 206. Vgl. auch *Binz*, S. 87 ff.

52 *Wittgenstein*, PU, § 2.

53 *Wittgenstein*, PU, § 6.

54 *Davidson*, S. 43 f.

55 Vgl. *Davidson*, S. 45.

zeigt sich die Komplexität dieser Praxis. Während der aktive Wortschatz einer durchschnittlichen Muttersprachlerin rund 12.000 bis 16.000 Wörter umfasst, sind es im passiven Wortschatz mindestens 50.000 Wörter.[56] Von diesen 50.000 Wörtern kennt man also wenigstens gewisse Bedingungen ihrer Verwendung, während man 12.000 bis 16.000 Wörter so gut versteht, dass man sie selbst verwendet. Da die meisten, die diesen Text lesen, wohl Akademikerinnen sind, dürften es noch ein paar mehr sein. Schon die schiere Zahl der Wörter zeigt die ungemeine Lernleistung, die der Spracherwerb bedingt. Wie nun der Gebrauch dieser Wörter strukturiert ist und damit das Verhältnis zwischen der subjektiven Wahrnehmung, resp. Meinung oder Überzeugung und der intersubjektiven Wahrheit, möchte ich nun anhand Brandoms inferentieller Semantik erläutern.

d) Semantischer Inferentialismus und logischer Expressivismus

Robert Brandoms Beiträge zur Sprachphilosophie können als Vertiefung und Konkretisierung Wittgensteins Gebrauchstheorie der Bedeutung verstanden werden. Auch nach Brandoms Verständnis ist die Bedeutung anhand des Gebrauchs der Sprache abzuleiten.[57] Er stellt eine pragmatische Theorie auf, die es ermöglicht, den Sprachgebrauch strukturell zu analysieren. Zentral bei Brandom ist dafür das „Spiel des Gebens und Verlangens von Gründen“.[58]

Der Gehalt von Begriffen ergibt sich Brandom zufolge aus ihren jeweiligen inferentiellen Relationen (Folgerungsbeziehungen): „Zustände und Handlungen erlangen dadurch Gehalt, dass sie – als Prämissen und Konklusionen – in Inferenzen eingebunden sind.“[59] Äusserungen wie: „Dieser Ball ist rot.“, können zwar auch nicht auf Folgerungen, sondern auf sinnlicher Wahrnehmung beruhen. Jedoch sind auch nicht-inferentielle Berichte inferentiell gegliedert; so folgt daraus beispielsweise, dass dieser Ball farbig ist, und nicht grün.[60] Das Verstehen eines Begriffs besteht daher im Beherrschen wenigstens einiger seiner inferentiellen Relationen zu anderen Begriffen.[61] Achtung: Brandom möchte hier nicht das semantische Verhältnis zwischen „rot“ und „grün“ oder „farbig“ definieren, sondern auf die Struktur der Verwendung dieser Begriffe aufmerksam machen. Sicherlich gibt es einen

---

[56] Duden Wörterbuch, abrufbar unter <https://www.duden.de/sprachwissen/sprachratgeber/Zum-Umfang-des-deutschen-Wortschatzes>, zuletzt besucht am 26. Oktober 2022.

[57] *Brandom*, S. 13, vgl. auch S. 26 f. und insb. S. 93.

[58] *Brandom*, S. 69, 71.

[59] *Brandom*, S. 68.

[60] *Brandom*, S. 70.

[61] *Brandom*, S. 71.

Sprachgebrauch, der Gleichzeitigkeit von rot und grün erlaubt. Brandom weist zunächst lediglich darauf hin, dass wir Begriffe als zueinander in inferentieller Beziehung stehend verwenden. Dies ergibt sich auch aus der obigen Beschreibung des Spracherwerbs: Beim Erlernen des Begriffs „Ball" dürfte der Begriff „rund" eher dazu in Bezug gesetzt worden sein als der Begriff „quadratisch". Dabei handelt es sich aber (zur Erinnerung) nicht um eine von Sprache unabhängige Eigenschaft eines Balles, sondern um die Übereinkunft über den Sprachgebrauch in gewissen Situationen. Es geht ja beim Verwenden der Sprache nicht darum, die Welt zu *erfassen*, sondern darum, sie zu *beschreiben.*[62]

Hier führt Brandom den Begriff der *materialen Inferenz* ein: „Jene Inferenzen, deren Korrektheiten die begrifflichen Gehalte ihrer Prämissen und Konklusionen bestimmen, lassen sich […] als materiale Inferenzen bezeichnen."[63] Dass aus „dieser Ball ist rot." folgt, dass er farbig und nicht grün ist, ergibt sich aus dem Verständnis der Verwendung der Begriffe „rot" und „farbig", bzw. „grün". Beim Begriff der materialen Inferenz geht es damit nicht um eine Art absolut gültige Wahrheit, sondern um eine gemäss den Umständen geeigneten Anwendung eines Begriffs und darum, die entsprechenden inferentiellen Folgen des Gesagten zu erkennen. Vereinfacht gesagt, spiegelt die materiale Inferenz das Verständnis eines Individuums darüber, wie die Welt funktioniert, resp. wie man das mit Sprache ausdrückt. „Die Billigung dieser Inferenzen ist Teil des Begreifens oder Beherrschens dieser Begriffe, ganz unabhängig von irgendeiner spezifisch *logischen* Kompetenz."[64] Erst durch das Verständnis dieser *materialen* Inferenzen ergebe sich gemäss Brandom die Möglichkeit des *formal gültigen* oder *logischen* Schlusses.[65] „Wenn es die *logische* Form ist, die von Interesse ist, dann muss man zuvor in der Lage sein, einen Teil des Vokabulars als speziell logisches auszuzeichnen."[66]

Statt von einem vorgängigen Zugriff auf die Wahrheit auszugehen, welcher dann herangezogen wird, um die Richtigkeit einer Behauptung zu überprüfen, beschreibt auch Brandom das Verhältnis als umgekehrt: Zunächst wird zwischen guten und schlechten Inferenzen unterschieden, was sich daraus ergibt, ob man die soziale Praxis der Begriffsverwendung einhält, oder nicht. Es geht also bei der Frage, ob eine Äusserung wahr ist oder nicht, zunächst darum, ob eine Äusserung den sozialen Gepflogenheiten des Begriffsge-

---

62 Erst in einem zweiten Schritt wird durch das Interpretieren des Sprachgebrauchs die Aufmerksamkeit gerichtet.

63 *Brandom*, S. 76.

64 *Brandom*, S. 76.

65 *Brandom*, S. 76 ff.

66 *Brandom*, S. 79.

brauchs entspricht oder nicht. Die Frage, ob ein Ball rot ist, ist also die Frage, ob diese Behauptung von der Sprechergemeinschaft gebilligt wird. Ist dies der Fall, ist es wahr, dass der Ball rot ist.[67] So weit, so Wittgenstein.

Manche mögen grausam echauffiert sein ab solch einer Behauptung; absolute Relativität, die Objektivität aus dem Fenster geworfen und theoretische Beliebigkeit der Wahrheit sind die Folge. Wer solche Befürchtungen hegt, der sei an die Beziehung zwischen Wahrnehmung, Sprache und Wahrheit erinnert: Die Wahrnehmung findet ihren Bezug zur Wahrheit über die Sprache, oder allgemeiner: über die Kommunikation. Die Sprache ist dabei die *Form*, in welcher man seine Wahrnehmung oder Überzeugung auszudrücken versucht. Wer also davon ausgeht, dass die Wahrnehmung individuell ist – dass also die einen Individuen keinen Zugriff auf die Wahrnehmung der anderen Individuen haben – kommt gar nicht darum herum, die Wahrheit als eine *Übereinstimmung in der Form* zu begreifen. Ist diese Form eine sprachliche, so kann man mit Wittgenstein in der Sprache übereinstimmen; ist diese Form eine mathematische, so stimmt man eben in der Mathematik überein. Versteht man eine Sprache oder eine mathematische Funktion nicht, dann liegt darin auch keine Wahrheit.[68] Im Konzept der materialen Inferenz bedeutet das letztlich nur, dass man die eigene Wahrnehmung oder Überzeugung in der fraglichen Form nicht wiedererkennt. Wittgenstein bringt dies wie folgt auf den Punkt: „Wie erkenne ich, daß diese Farbe Rot ist? – Eine Antwort wäre: Ich habe Deutsch gelernt."[69]

Die soziale Praxis des Sprachgebrauchs bedient sich also der Form der Sprache (z. B. Deutsch), die sich wiederum daraus ergibt, wie die Sprechergemeinschaft sie verwendet. Dieser Zirkelschluss ist jedoch keineswegs ein Mangel dieser Konzeption, sondern *eine Folge*[70] der Erkenntnis, dass Sprachgebrauch eine *soziale Praxis* ist. Die theoretische Beliebigkeit des Sprachgebrauchs wird dadurch entschärft, dass die Menschen sich der Sprache *zur Kommunikation* bedienen und der Sprachgebrauch in dieser *Funktion* auf eine soziale Koordination und damit Regelgeleitetheit angewiesen ist. Dieses Bedürfnis, den Sprachgebrauch zu koordinieren, kann man erleben, wenn man mit einem Sprachgebrauch konfrontiert ist, der nicht den Konventionen entspricht. Den Satz: „Dass, waser isst Kahlt.", dürften die meisten verstehen; gleichzeitig dürften die meisten auch nicht umhin kommen, die dadurch hervorgerufene Irritation zu erleben. Dahinter steckt ebendieses Bedürfnis, die Form zu koordinieren und in der Erfüllung dieses Bedürfnisses liegt schliesslich ihre Funktion: Die Form macht die materialen Inferenzen

67 Vgl. *Brandom*, S. 23 f.

68 Vgl. *Davidson*, S. 43 f.

69 *Wittgenstein*, PU, § 381.

70 See what I did there?

explizit: „Auf diese Weise werden die materialen inferentiellen Praktiken, die das Spiel des Gebens und Verlangens von Gründen leiten und ermöglichen [...] als explizite Gegenstände von Diskussion und Rechtfertigung eingebracht."[71] Durch dieses Explizitmachen der materialen Inferenzen legt man sich auf die dafür verwendete Form fest. Diese Festlegung besteht Brandom zufolge aus zweierlei: Einerseits aus den Bedingungen, die zum entsprechenden Sprachgebrauch berechtigen (also die Behauptung der Richtigkeit der materialen Inferenz) und andererseits aus den (noch impliziten) Folgen, die sich daraus ergeben.[72] Dadurch wird sprachliche Kommunikation fruchtbar, indem ggf. bestehende Uneinigkeit über die Güte gewisser Inferenzen im Spiel des Gebens und Verlangens von Gründen aufgedeckt wird.[73] Die diskursiven Festlegungen fallen jeweils auf Überzeugungen[74] zurück. Über diese Überzeugungen (und zwar die eigenen und diejenigen, die man den anderen zuschreibt) führen die am Sprachspiel Beteiligten fortlaufend Buch, was Brandom als „deontische Kontoführung" bezeichnet.[75]

Mit diesem grundlegenden Konzept des Explizitmachens der Überzeugungen durch ihre Formulierung in Sprache möchte ich nun die Idee der Folgerung und ihr Verhältnis zur Form näher betrachten. Gemäss Brandom lässt sich „[d]as Konzept *formal gültiger* Inferenzen [...] auf ungezwungene Weise aus dem der *material korrekten* Inferenzen definieren. Die Idee besteht darin, eine besondere Teilmenge des Vokabulars herauszugreifen und jene Merkmale der Inferenz im Auge zu behalten, die unverändert bleiben, wenn das komplette restliche Vokabular ersetzt wird. Auf diese Weise definiert das konstant gehaltene privilegierte Vokabular einen Begriff der *Form.* Demzufolge ist eine Inferenz in Ordnung kraft ihrer Form, wenn sie eine material gute Inferenz ist und keine material schlechte Inferenz herauskommt, wenn substitutionale Transformationen vorgenommen werden, die dem Austauschen von nichtprivilegiertem durch nichtprivilegiertes Vokabular entsprechen."[76]

Ich möchte das beispielhaft an einem Syllogismus erläutern, der diese Substitution besonders deutlich zeigt:

Erste Prämisse: Alle Schwäne haben weisse Federn.

Zweite Prämisse: X ist ein Schwan.

Konklusion: X hat weisse Federn.

---

71 *Brandom*, S. 86, vgl. auch S. 29 und 33 ff.

72 *Brandom*, S. 88 f. Oder anders formuliert: „Der Gebrauch jedes Begriffs oder Ausdrucks schließt eine Inferenz von seinen Gründen auf seine Konsequenzen der Anwendung ein." (S. 96).

73 *Brandom*, S. 85, vgl. auch S. 97.

74 Brandom nennt diese daher „doxastische Festlegungen", siehe *Brandom*, S. 108.

75 *Brandom*, S. 107.

76 *Brandom*, S. 113.

Die Prämissen sind Überzeugungen (doxastische Festlegungen). Sie sind mit der *materialen Inferenz* der ersten Prämisse einverstanden, wenn Sie auch der Auffassung sind, dass alle Schwäne weisse Federn haben. Damit sind Sie einerseits auf deren Richtigkeit festgelegt und andererseits darauf, was daraus folgt (beispielsweise, dass *wenn* etwas ein Schwan ist, es auch weisse Federn hat). Dasselbe gilt für die zweite Prämisse. Dann steht auf unseren deontischen Konti dasselbe. Gehen wir einmal davon aus; es ist ja nur ein Beispiel.

Im Übergang von der ersten Prämisse zur Konklusion wurde „alle Schwäne“ durch „X“ ersetzt (nichtprivilegiertes Vokabular) und „haben (resp. hat) weisse Federn“ ist geblieben (privilegiertes Vokabular). So wurde eine neue Inferenz explizit gemacht (Konklusion). Diese Inferenz drückt aus, was in den beiden Prämissen implizit schon enthalten war: „X hat weisse Federn.“ Die Güte dieser Inferenz misst sich nun an ihrer *materialen Korrektheit.* Wenn X tatsächlich weisse Federn hat, ist die Inferenz der Konklusion also korrekt aufgrund der syllogistischen Form. Nun hat X aber nicht weisse, sondern graue Federn. Dies liegt aber nicht daran, dass die *formale* Folgerung ungültig wäre.[77] Es muss also an den in den Prämissen behaupteten Inferenzen liegen: Entweder haben nicht alle Schwäne weisse Federn oder X ist kein Schwan. Vorliegend ist X ein Jungtier. Wer weiss, dass Jungtiere graues Gefieder haben, wird wahrscheinlich argumentieren, dass das die erste Prämisse nicht stimme und bspw. konkretisiert werden müsse: „Alle Schwäne haben weisse Federn, es sei denn, es handelt sich um ein Jungtier.“[78] Gleichzeitig legt man sich mit diesem Argument auf die (noch implizite) Inferenz fest, dass Jungtiere von Schwänen auch Schwäne sind.

Natürlich geht es hier nicht um Schwäne, sondern um die Rolle der Sprache als Mittel zur Kommunikation: Zur sozialen Struktur des Sprachgebrauchs bringt Brandom also zunächst vor, dass man darauf, was man sagt, festgelegt ist. *Was* man sagt (was das Gesagte bedeutet), ist damit noch nicht gesagt, aber, *dass* man etwas sagt; soviel ist klar. Die Festlegung auf das Gesagte muss im Rahmen des Sprachspiels verstanden werden: Jemand versucht, was er *meint*, mit Sprache auszudrücken;[79] man ist überzeugt, dass

---

[77] Das würde nur behaupten, wer der Auffassung ist, dass was auf alle Schwäne zutrifft, nicht auch auf jeden einzelnen zutrifft. Dies würde aber bedeuten, dass ein Schwan kein Schwan ist; man würde den Begriff (und in gewissem Sinne die Begrifflichkeit selbst) ablehnen.

[78] Dies ist natürlich auch nicht richtig, zumal auch Schwäne mit schwarzem Gefieder gibt, nämlich den Trauerschwan. Ausserdem kann man sich auch Schwäne ohne Gefieder vorstellen, weil sie gerupft wurden oder weil der Schwan gar kein Tier, sondern ein Sitz aus Plastik in einem Karussell ist.

[79] Vgl. *Wittgenstein*, PU, § 501.

sich etwas auf eine bestimmte Art und Weise verhält; nämlich so, wie man es wahrnimmt, resp. wovon man eben überzeugt ist. Dann beschreibt man diese Überzeugung in der Sprache und möchte damit *etwas sagen*. Was man sagt, darauf ist man festgelegt, weil die anderen es hören können.[80] Das Gesagte ist der einzige Anknüpfungspunkt *in der Sprache*. Das Gegenüber versucht, das *Gesagte* zu verstehen. Daran knüpfen die Gesprächspartnerinnen an, wenn es darum geht, ob die Aussage zutrifft im Bewusstsein darum, was sie selbst für zutreffend erachten und wie sie das *zur Sprache bringen* würden. Versteht das Gegenüber das Gesagte nicht, so bildet es immerhin einen Anknüpfungspunkt für die weitere Verständigung. Was man sagen *könnte*, weil es *damit zu tun hat* (inferentielle Relation), das ist eben implizit. Und wenn man es sagt, wird es explizit. Unter Bezugnahme auf das Gesagte können so die eigenen materialen Inferenzen durch Hinzufügen und ersetzen bestimmter Begriffe explizit in das Gespräch (wiederum in Form von Sprache) eingebracht werden.

Neben der explizierenden Rolle von logischem Vokabular konnte an diesem Beispiel ausserdem gezeigt werden, dass materiales Folgern nichtmonotonisch ist, die Hinzunahme weiterer Prämissen die Folgen also verändern kann. „Unser tagtägliches Begründen gestattet immer den Aufbau inferentieller Hierarchien mit oszillierenden Konklusionen […].“[81] Damit ist auch angetönt, was eine Expertin von einem Laien diesbezüglich unterscheidet: Eine Expertin kennt mehrere solcher inferentiellen Hierarchien und kann damit die Welt resp. Teile davon differenzierter unterteilen und beschreiben.[82]

Unter Bezug auf die soziale Ebene der Sprache formuliert Brandom so einen pragmatischen Wahrheitsbegriff. Ausgehend von verstandesfähigen Wesen mit Überzeugungen, bildet der propositionale Gehalt den Ausgangspunkt einer inferentiellen Herleitung von Wahrheit: „Was wir als einen Grund vorbringen können, […] besitzt einen propositionalen Gehalt[.]“[83] Um einen solchen Gehalt verstehen zu können, muss man die Bedingungen begreifen, unter denen er wahr ist.[84] „Die Frage, *worüber* nachgedacht und geredet wird, entsteht überhaupt erst im Kontext von Beurteilungen, wie die Urteile eines Individuums als Gründe für ein anderes Individuum dienen können.“[85] So schlägt Brandom den Bogen von der Inferenz zur repräsentationalen Dimension propositionaler Gehalte und weist dabei auf die soziale Gliederung

---

[80] Explicit content eben, aber nicht so.

[81] *Brandom*, S. 116, vgl. auch Brandoms Beispiel betreffend die Bedingungen, unter welchen sich ein Zündholz (nicht) entzündet.

[82] Vgl. *Brandom*, S. 89.

[83] *Brandom*, S. 206.

[84] *Brandom*, S. 206.

[85] *Brandom*, S. 207.

dieser Gehalte.[86] Die begriffliche Gliederung sprachlicher Festlegung unterliegt einerseits der Forderung nach Rechtfertigung und schliesst andere (Rechtfertigungen von) Festlegungen aus.[87] Im Prozess sprachlicher Kommunikation werden so auf einen Gehalt bezogene Berechtigungen zu Festlegungen interpersonal vererbt.[88] Kommunikation wird dadurch gesichert, „daß man in der Lage ist, die Urteile der anderen als Gründe zu verwenden, als Prämissen in unseren eigenen Inferenzen, […] um deren Signifikanz im Kontext unserer eigenen Begleitfestlegungen zu beurteilen."[89] Brandom definiert so einen diskursiv begründeten Wahrheitsbegriff, in der Erkenntnis, dass die inferentielle Richtigkeit einer Aussage von jedem Gesprächsteilnehmer aus seiner eigenen Perspektive beurteilt wird. Repräsentationale Sprache sortiert Festlegungen in zugewiesene und eingegangene und macht sie so explizit.[90]

Ziemlicher Brocken, dieser Brandom, aber eigentlich nicht kompliziert.

4. Implikationen für Interdisziplinarität

Was bedeuten diese sprachphilosophischen Erwägungen nun für den mit interdisziplinärer Forschung angestrebten Übersetzungsvorgang? Ich möchte zunächst den Aspekt der Repräsentation und wie das Explizieren der inferentiellen Festlegungen Wahrheit generiert, noch etwas näher ausführen, ist es doch eine zentrale Aufgabe der Wissenschaft, Wahrheit zu generieren. Wenn wir uns darüber unterhalten, wie die Welt beschaffen ist, diese also in der Sprache zu *repräsentieren* versuchen, dann besteht die Wahrheit in der Einigung der am Sprachspiel Beteiligten über den Sprachgebrauch, mit welchem sie die Welt beschreiben; das gilt auch in der Wissenschaft.

a) Repräsentation der Welt

Indem man die eigene Wahrnehmung oder Überzeugung (also das, was anderen Individuen nicht zugänglich ist) in der Sprache (oder auch einer anderen *Form*) abzubilden versucht, setzt man erstere in Relation zu letzterer: So, wie man die Wahrnehmung der Welt in Teile zerlegt und in Zusammenhänge strukturiert, verwendet man die Sprache. Möchte man in der Sprache zwischen verschieden Sinneseindrücken oder Konzepten (Überzeugungen) unter-

---

86 Siehe auch *Brandom*, S. 212: „Das Spiel des Gebens und Verlangens von Gründen ist eine wesentlich soziale Praxis."

87 *Brandom*, S. 214.

88 *Brandom*, S. 215.

89 *Brandom*, S. 218.

90 *Brandom*, S. 237.

scheiden, braucht es eine entsprechende Unterscheidung im Sprachgebrauch. Grundlage für Kommunikation mit Sprache ist daher eine Koordination des Sprachgebrauchs, die über die soziale Praxis des Spracherwerbs erlernt und mit jedem Sprachgebrauch aktualisiert wird. Diese Koordination hat daher zwar keinen inhärenten Weltbezug; jedoch erscheint jeder Begriff, resp. jede Behauptung als Vorschlag, die Welt *so* zu beschreiben. Wird dieser Vorschlag von den Gesprächsteilnehmerinnen angenommen, bestätigen sich die individuellen Konzepte des Begriffs (oder allgemeiner: des Sprachgebrauchs) als zur Beschreibung des Gemeinten geeignet. Nur über diese soziale Ebene kann die Sprache als Repräsentation der Welt fungieren. Wird der Vorschlag abgelehnt, so dient der Sprachgebrauch als Anknüpfungspunkt, um diese Koordination herzustellen, wie das Beispiel: „Alle Schwäne haben weisse Federn.", gezeigt hat. Ist man mit dieser Behauptung nicht einverstanden, kann man auf spezifische Elemente des Satzes Bezug nehmen und so diejenigen Aspekte *explizieren*, die man nicht versteht, resp. deren materiale Inferenz man ablehnt: „Nicht *alle* Schwäne sind weiss; Trauerschwäne bspw. haben schwarzes Gefieder." Stimmt man nun den Behauptungen zu, dass es Trauerschwäne gibt, dass es sich dabei um Schwäne handelt, dass diese schwarzes Gefieder haben und dass mit „alle Schwäne" nicht nur eine Teilmenge aller Schwäne bezeichnet wird, dürfte die gewünschte Koordination des Sprachgebrauchs eintreten und die Behauptung: „Alle Schwäne haben weisses Gefieder.", als unwahr zurückgewiesen werden. Stattdessen sind jetzt nicht mehr *alle*, sondern nur noch *einige* Schwäne weiss.

In diesem Modus findet auch die Wissenschaft zur Wahrheit: Menschen erwerben den disziplinspezifischen Sprachgebrauch, indem sie lernen, ihre Wahrnehmung der Welt in diesem Sprachgebrauch zu interpretieren und auszudrücken und ihre Wahrnehmung der Welt wiederum in diesem Sinne zu unterteilen. So können sie ihren Sprachgebrauch und damit ihre material-inferentiellen Festlegungen mit der disziplinären Sprechergemeinschaft koordinieren und den disziplinären Sprachgebrauch in diesem sozialen Rahmen mitgestalten.

Als nächstes scheint es mir angezeigt, die grundlegende Idee der Folgerung, also der inferentiellen Beziehung der Begriffe untereinander, nochmals aufzugreifen.

b) Folgerung

Es ist zunächst eine Frage der Überzeugung, ob und wie man die Welt unterteilt und wie diese Teile zueinander in Beziehung stehen. Ganz allgemein geht es um die Erwartung, die man an die Welt (resp. an die Wahrnehmung derselben) hat. Wenn man etwas kochen möchte, *erwartet* man bspw., dass durch das Drehen des Knopfs der Herd anspringt, man *erwartet*, dass daraufhin die Platte heiss wird und sich diese Hitze auf den Topf und darüber auf das Wasser und darüber auf die Kartoffeln überträgt, damit aus den Kartoffeln Gschwellti[91] werden. Diese Erwartung gewinnt man aus der Erfahrung und so entstehen die Konzepte darüber, was die Welt ist und wie sie funktioniert.[92] Das sind die Überzeugungen, die Brandom als materiale Inferenzen bezeichnet, wenn wir sie mit Sprache ausdrücken. Was Brandom in seiner Theorie der inferentiellen Semantik beschreibt, ist, dass die Menschen die Begriffe folgernd, oder schliessend verwenden, weil sie so auch die Welt interpretierten. Der Sprachgebrauch widerspiegelt damit die Konzepte der Welt, die die Menschen haben. Für Brandom ist der Sprachgebrauch daher in diesem Sinne normativ gegliedert, als dass damit gewisse Erwartungen verknüpft sind, die sich aus der individuellen Erfahrung des Sprachgebrauchs ergeben. Daraus leiten sich die deontischen Unterkonti ab, auf denen steht, worauf man selbst und die Gesprächsteilnehmer festgelegt, resp. wozu sie berechtigt sind.[93]

c) Die disziplinäre Abrichtung

Anhand dieser beiden zentralen Konzepte repräsentationaler Sprache und deren inferentiellen Gliederung möchte ich nun den Bogen zur Interdisziplinarität spannen. Ich beginne bei der Ausbildung: Dabei handelt es sich aus sprachphilosophischer Perspektive um die von Wittgenstein beschriebene Abrichtung. Aufbauend auf dem grundsätzlichen Erfordernis, dass die verwendete Sprache[94] erlernt wurde, also Deutsch, Französisch, Englisch etc., besteht die Abrichtung der Studierenden darin, dass sie die disziplinspezifischen Inferenzen lernen. So müssen angehende Juristinnen zwar nicht „Würfel“, „Säule“, „Platte“ und „Balken“ lernen, aber beispielsweise, dass Verhältnismässigkeit gemäss Art. 36 Abs. 3 BV bedeutet, dass das (dem Staat zurechenbare) Handeln geeignet und erforderlich sein muss, um das mit der Handlung angestrebte öffentliche Interesse zu erreichen und dass der Eingriff der davon betroffenen Person zumutbar sein muss. Das bedeutet, dass zwischen der Einschränkungswirkung auf das private (Grundrechts-)Interesse und dem mit der Handlung zu verwirklichenden öffentlichen Interesse ein vernünftiges Verhältnis bestehen muss, damit ein Grundrechtseingriff rechtmässig ist.[95]

---

91 Pellkartoffeln.

92 Wie genau diese Erwartungen zustande kommen, kann vorliegend nicht im Detail erörtert werden; wen dies jedoch interessiert, dem sei das Werk „Der Baum der Erkenntnis“ von Humberto Maturana und Francisco Varela empfohlen.

93 *Brandon*, Begründen und Begreifen, S. 252 f.

94 Sowie weitere Aspekte der sozialen Praxis, deren Adaption in einem Masse stattgefunden hat, damit man in den sozialen Rahmen aufgenommen wird.

95 Z.B. *Kiener/Kälin/Wyttenbach*, S. 116 ff.

Dies ist eine Ebene der inferentiellen Hierarchie des juristischen Sprachgebrauchs, wenn es um die Zulässigkeit einer Grundrechtseinschränkung geht. Wer sich bei einer Falllösung nicht an den vermittelten Sprachgebrauch hält, wird entsprechend sanktioniert und korrigiert. Darin besteht das spezifisch juristische Rational des Sprachgebrauchs von „verhältnismässig i. S. v. Art. 36 Abs. 3 BV", das es ausschliesst, dass ein Grundrechtseingriff zugleich unzumutbar und erlaubt ist.[96] Dabei sind es die sozialen Strukturen, welche die Richtigkeit, Gültigkeit oder Angemessenheit des Sprachgebrauchs bestimmen: Die Professorin, die unterrichtet, das Lehrmittel, das empfohlen wird, der Gerichtsentscheid, auf den verwiesen wird; ihnen wird typischerweise eine gewisse Autorität zugesprochen. Auch ich habe zur Legitimation (und ggf. zur weiteren Instruktion) auf eine Stelle im Lehrbuch von Kiener/Kälin/Wyttenbach verwiesen; *interpersonale Vererbung* in Brandoms Sprachgebrauch.[97] Daran wird die *soziale Dimension* der Wahrheit deutlich sichtbar. *Was* jeweils als Legitimation gilt, ist selbst Teil des spezifischen Sprachspiels und kann nicht von den Beteiligten losgelöst werden; sonst würde man wieder hinter Wittgenstein zurücktreten. Die universitäre Abrichtung folgt also demselben grundlegenden Prinzip der sprachlichen Koordination, wie sie schon Esmeralda erlernt hat, quasi im richtigen Moment das richtige zu sagen. Und was richtig ist, bestimmt auf der individuellen Ebene die Übereinstimmung der Wahrnehmung mit der Erwartung und im interpersonalen Kontext das soziale Gefüge, vermittelt durch die Form; hier wird es zirkulär.[98]

d) Die impliziten Inferenzen und das nichtmonotone Folgern

Was macht man nun mit all den Texten und anders verformten Informationen und Abhängigkeitsbeschreibungen, die die Wissenschaft produziert hat und weiterhin produziert? In Brandoms Theorie bilden sie zunächst implizite Inferenzen im Rahmen des sozialen Systems, das wir „Wissenschaft" nennen und können als explizit hervorgebrachter Bezug zur Begründung einer Be-

96 Auch das ist natürlich nicht der Weisheit letzter Schluss: Wohl dürfte es niemandem zumutbar sein, sterben zu müssen, aber wenn Leben gegen Leben steht, könnte man sich durchaus vorstellen, dass ein Eingriff unzumutbar und dennoch erlaubt ist. Auf inferentieller Ebene könnte dieser Widerspruch entweder als Ausnahme aufgelöst (es gibt gewisse Fälle, in denen unzumutbare Massnahmen rechtmässig sind), oder integriert (in gewissen Fällen ist sterben zu müssen zumutbar) werden. Vgl. zur Thematik bspw. BVerfG, Urteil des Ersten Senats vom 15. Februar 2006 – 1 BvR 357/05, Rz. 1–156.

97 *Brandom*, S. 215.

98 Siehe zum Problem der Begründung, insbesondere zum Münchhausen-Trilemma *Blöchlinger*, S. 102 ff.

hauptung dienen. Wie die Begriffsbedeutung allgemein wird auch durch die Zuordnung einzelner Beiträge zum Begriff „wissenschaftlich“ dieser selbst geformt und findet seine Wahrheit in der konkreten Gesprächssituation. Die wissenschaftlichen Erkenntnisse bestehen damit nicht in der Literatur oder anderen Quellen, die verfügbar sind *per se*, sondern in der spezifischen Integration dieser Quellen in die Überzeugungen von Individuen und, im sozialen Bereich, deren kommunikative (interpersonelle) Verarbeitung durch diese Individuen. Wenn diesen Text hier niemand liest, bedeutet er auch nichts. Und jedes Mal, wenn ihn jemand liest, bedeutet er etwas anderes. Konnten Sie meine Ausführungen zu Brandoms inferentieller Semantik nachvollziehen? Haben Sie Brandom selber gelesen und konnten dessen Texte in Ihre Überzeugung darüber, wie die Sprache funktioniert, integrieren? Sind Sie auch mit Duzis einverstanden? Findest du, was ich hier geschrieben habe, sei alter Käse, den Luhmann oder Habermass, einfach in anderen Worten, schon lange gesagt haben? Oder sonst jemand? Oder im Gegenteil, macht das alles keinen Sinn, was ich hier geschrieben habe? Habe ich Brandom falsch verstanden? Ist dir Interpunktion wichtig, oder die Anzahl der berücksichtigten Quellen? Wann glaubst du etwas, das du liest? Wie prüfst du nach? Liest du nun Wittgensteins „Philosophische Untersuchungen“? Liest du Brandoms „Begründen und Begreifen“ oder gleich den dicken Schinken „Making it Explicit“? Weisst du dann mehr über die Welt?

Well, that escalated quickly![99] Worum es dabei geht, ist die eingangs vorgebrachte Behauptung, dass Interdisziplinarität auf dieselbe strukturelle Ebene zurückfällt wie die Wissenschaft ganz allgemein: Alles eine Frage der Komplexität der Beschreibung. Die materialen Inferenzen, also die in Sprache ausgedrückten Überzeugungen darüber, wie die Welt funktioniert (die sie unterteilenden Konzepte und wie diese zueinander in Beziehung stehen), können abstrakter oder konkreter sein. Konkret heisst, dass sie verhältnismässig wenige Einzelfälle einer inferentiell-hierarchisch organisierten Weltbeschreibung abbilden möchten, abstrakt das Gegenteil. Brandom erläutert dies am Beispiel des inferentiellen Verhältnisses von „Hund“ und „Säugetier“: „Hund“ ist inferentiell stärker (konkreter) als „Säugetier“, weil alles, was auf Säugetiere zutrifft, auch auf Hunde zutrifft; das ist die *Logik* der inferentiellen Hierarchie der beiden Begriffe.[100] Anders gesagt: Die soziale Praxis, welche die inferentielle Relation der beiden Begriffe definiert, ist durch diese Hierarchie gekennzeichnet. Die meisten von uns dürften *gelernt haben*, dass wir den Sprachgebrauch in dieser Art und Weise koordinieren. Nur aufgrund dieses Lernprozesses ist man *implizit darauf festgelegt*, dass es

---

99 Siehe zum Ursprung dieser Phrase dictionary.com, abrufbar unter <https://www.dictionary.com/e/slang/that-escalated-quickly/>, zuletzt besucht am 26. Oktober 2022.

100 Vgl. *Brandom*, S. 194.

sich beim Hund um ein Säugetier handelt. Wie bereits dargelegt, ist die Frage, ob es *wahr* ist, dass Hunde Säugetiere sind, ebendiese Frage nach der sozialen Koordination. Mit der Gebrauchstheorie der Bedeutung entsteht die Wahrheit im Diskurs über die Welt immer dann, wenn wir den Sprachgebrauch zur Beschreibung der Welt koordinieren. Früher war Pluto eben ein Planet und jetzt nicht mehr, aber vielleicht ist er bald wieder einer[101] und Erdbeeren sind keine Beeren, jedenfalls nicht in der Botanik.[102] Wohl fällt es vielen von uns schwer zu akzeptieren, dass die Erde im Mittelalter eine Scheibe war und aus heutiger sich war sie das auch damals nicht. Aber aus heutiger Sicht war sie es aus damaliger Sicht, was mittlerweile jedoch als Irrtum entlarvt wurde, also war sie es doch nicht. Die These gibt es zwar auch heute noch, doch die meisten von uns können sich die Erde als Scheibe nicht in Kohärenz mit anderen Konzepten ihrer Wahrnehmung der Welt vorstellen. Schliesslich gibt es auch *viele gute Argumente* dafür, dass die Erde eher rund als flach ist.[103] Und das mit den guten Argumenten ist es eben gerade, worum es geht:

> „Die Aufgabe der Aufzucht und Hege jener Begriffe, mit denen wir denken und reden, wird aus dem trüben Zwielicht dessen, was in einer unhinterfragten Praxis implizit bleibt, ans Tageslicht dessen gezerrt, was als kontroverses Prinzip explizit wird. Materiale Gehalte können, sind sie erst einmal explizit gemacht, gemeinsam gestaltet werden, da Gesprächspartner in physikalisch und doxastisch unterschiedlichen Situationen und dennoch aufeinander abgestimmt Einwände und Belege, Ansprüche und Gegenansprüche vortragen und die möglichen Konsequenzen ihrer Behauptungen erforschen sowie die Wege, auf denen sie die Berechtigung zu ihnen erlangen. Die Logik ist das sprachliche Organ des semantischen Selbstbewusstseins und der semantischen Selbstkontrolle. Die durch das logische Vokabular erschlossenen expressiven Ressourcen machen es möglich, unsere Begriffe zu kritisieren, zu kontrollieren und zu verbessern. Dies aufzugeben, hiesse eine ganze Menge aufzugeben."[104]

Die begrifflich-logischen Weltbezüge ermöglichen Kommunikation in ihrer spezifisch sprachlichen Dimension. Wem nicht ganz klar ist, was man aufgeben würde, kann sich ja vorstellen, einen Tag lang auf Kommunikation durch Sprachgebrauch zu verzichten; dann sollte es ziemlich rasch klar werden.

---

[101] Siehe den Beitrag von SWR Wissen, abrufbar unter <https://www.swr.de/wissen/pluto-100.html>, zuletzt besucht am 26. Oktober 2022.

[102] Wikipediaeintrag über Erdbeeren, siehe <https://de.wikipedia.org/wiki/Erdbeeren>, zuletzt besucht am 26. Oktober 2022. Wem Wikipedia hier als Quelle missfällt, sieht darin lediglich sein Konzept von Wahrheitsgenese durch interpersonelle Vererbung und verkennt gleichzeitig die kommunikative Funktion dieses Satzes.

[103] Vgl. den Wikipediaeintrag über die Flache Erde, abrufbar unter <https://de.wikipedia.org/wiki/Flache_Erde>, zuletzt besucht am 26. Oktober 2022.

[104] *Brandom*, S. 196.

e) Erkenntnismethode, Erkenntnisinteresse und Erkenntnisgegenstand

Führt man sich nun die institutionell geprägte *Disziplinierung* von Wissenschaftlerinnen vor Augen, erkennt man rasch, was die Disziplinen voneinander abgrenzt: Es sind die verschiedenen Lernprozesse, die dazu führen, dass sich verschiedene Personen mit unterschiedlichem Fokus mit der Welt befassen und verschiedene Beschreibungen und Abhängigkeiten dieser Konzepte hervorbringen. In den von Kirste formulierten Abgrenzungskriterien bedeutet das: Die Erkenntnismethode entspricht dem Verhalten: Was tu ich, wenn ich erkenne? Das heisst: bestimmte Texte lesen, etwas unter dem Mikroskop anschauen, mir etwas vorstellen, nachdenken, eine Formel auflösen und so weiter; was man eben tut.[105] Die Methode findet ihren Ausdruck auf der sozialen Ebene wiederum in der das Verhalten beschreibenden Form. So verknüpft sich die Lebensform der Disziplin mit ihrem Sprachgebrauch. Eine Art *Filter Bubble*, wenn man so will. Das ist jedoch nicht ein Mangel wissenschaftlicher Kommunikation, sondern Folge der Arbeitsteilung. Und so macht es m. E. auch Sinn, von Disziplinen und Unterdisziplinen zu sprechen; im Hinblick auf ihre *Funktion*. Legt man den Fokus auf die Funktion, ergibt sich der Bezug zu einem *Ziel*, oder mit Kirste: dem Erkenntnisinteresse. Das Erkenntnisinteresse betrifft zunächst die individuelle Ebene jedes einzelnen wissenschaftlichen Beitrags. Man möchte etwas herausfinden, etwas beschreiben, eine Technologie entwickeln, etc. Auf der sozialen Ebene bewegt man sich in den durch den Lernprozess entwickelten Konzepten der Welt und deren Beschreibung; dem disziplinären inferentiellen System, worauf man sich bezieht. In dieser Spezifizität entsteht schliesslich der Erkenntnisgegenstand in der *Form* seiner Beschreibung. Das ist der diskursive Beitrag, der für andere Individuen erfahrbar ist und somit für sie selbst Gegenstand der Betrachtung und Erkenntnis wird. Möchte man den Gegenstand auf der sozialen Ebene von seiner formal-inferentiellen Dimension lösen, müsste man wiederum eine Bezugsgrösse ausserhalb der Form angeben können, die einen Gegenstand von anderen abgrenzt. Dies sei jedoch gemäss Davidson, wie bereits erläutert, noch niemandem gelungen.

Ob eine Behauptung, die in der einen Disziplin als wahr akzeptiert wird, auch in einer anderen als wahr akzeptiert wird, hängt also davon ab, ob sie sich in den Sprachgebrauch der Zieldisziplin einbetten lässt. Um diese Übereinstimmung in der *Form* zu erreichen, müssen die Inferenzen der einen Disziplin in denjenigen der anderen ausgedrückt werden. Das heisst zunächst eine *gemeinsame Bezugsgrösse* zu finden, anhand welcher die disziplinspezifischen Inferenzen miteinander verglichen werden können. Fehlt eine solche, ist der mit der Interdisziplinarität angestrebte Übersetzungsvorgang aus-

[105] Vgl. *Wittgenstein*, PU, § 19 f.

sichtslos, denn wo sich kein Pendant findet, kann auch nichts übersetzt werden. In einem zweiten Schritt muss diese Bezugsgrösse der Ausgangsdisziplin in der inferentiellen Struktur der Zieldisziplin beschrieben werden. Das heisst nicht, dass die materialen Inferenzen der Disziplinen übereinstimmen müssen, um diese Übersetzung zu gewährleisten; im Gegenteil ist ja genau das der potentielle Mehrwert interdisziplinärer Forschung, dass Gemeinsamkeiten und Unterschiede in der Weltbeschreibung verschiedener Disziplinen vergleichbar werden, um ggf. unterschiedliche Konzepte kritisieren, kontrollieren und verbessern zu können.

Im zweiten Teil dieses Beitrags soll nun eben dies versucht werden: Am Beispiel der Hand Rule soll untersucht werden, welche Bezüge zwischen dem Effizienzkonzept der Ökonomie und der Dogmatik der Verschuldenshaftung in der Schweiz bestehen, ob und ggf. welchen Erkenntnisgewinn der Effizienzgedanke für die Rechtsdogmatik haben könnte, indem erkennbare Gemeinsamkeiten und Unterschiede dargestellt werden. Dies ist notwendig, wenn die ökonomische Analyse des Rechts ein *interdisziplinärer Ansatz* sein soll. Denn, wie dargestellt, müssen sich die ökonomischen Konzepte in den juristischen Sprachgebrauch einbetten lassen, um für das Recht nutzbar zu sein. Andernfalls dürfe es sich um rein disziplinäres, ggf. multidisziplinäres Vorgehen handeln, welches das Recht nicht in seinem Selbstverständnis, sondern vonseiten der Ökonomie darstellt. Das Recht ist dann ein Faktor der ökonomischen Analyse eines Sachverhalts, seine Dogmatik bleibt jedoch unberührt. In diesem Fall wird die juristische Dogmatik als gegeben angenommen, wie beispielsweise bei der Frage, ob ein Vertragsbruch im konkreten Fall effizient sei. Erst, wenn davon ausgehend die Dogmatik hinterfragt wird, weil man bspw. nicht möchte, dass ein Vertragsbruch effizient sein kann, fliesst dieser Aspekt in die juristische Dogmatik ein.

III. Die ökonomische Analyse des Rechts

Die ökonomische Analyse des Rechts strebt ein tieferes Verständnis rechtlicher Probleme und eine grössere Rationalität der juristischen Argumentation an.[106] Während im Gesetzgebungsverfahren u. a. in Art. 141 ParlG (also systemimmanent) bereits eine ökonomische Analyse von Erlassen vorgesehen ist, möchte die ökonomische Analyse des Rechts ihren Anwendungsbereich auf die Rechtsprechung ausweiten und ökonomische Konzepte zur Auslegung von Rechtsnormen heranziehen.[107] Damit begibt sie sich in den

[106] *Mathis*, Effizienz statt Gerechtigkeit?, S. 17. Interessanterweise scheinen Kritiker genau das Gegenteil zu befürchten, siehe S. 18 f.

[107] *Eidenmüller*, S. 5.

Kernbereich der Rechtswissenschaften – die Rechtsdogmatik[108] – und verlässt eine rein deskriptive Haltung, indem sie normative Forderungen an die Rechtsdogmatik stellt; allen voran, dass sie die ökonomische Effizienz zu fördern habe.[109] Dazu möchte ich kurz auf das grundlegende Konzept von Kosten und Nutzen eingehen, da dieses für die weitere Analyse vorausgesetzt wird.

1. Kosten und Nutzen in der Ökonomie

In der Ökonomie sind die einzelnen Wirtschaftssubjekte Ausgangspunkt der Analyse.[110] Diese handeln eigennützig und wählen im Rahmen der Möglichkeiten diejenige Option, die ihren Präferenzen am ehesten entspricht. Die Präferenzen werden so aus dem Verhalten der Individuen abgeleitet; die Rationalität der Entscheidung wird daher in erster Linie in Bezug zu den Restriktionen definiert.[111] Das macht Sinn, ansonsten das Konzept des Individuums (des Subjekts) kaum aufrechtzuerhalten wäre. Daraus werden dann kollektive Nutzenvorstellungen abgeleitet als Aggregation der einzelnen Nutzenempfindungen.[112] Die Kosten werden mit dem Opportunitätskostenprinzip als entgangener Nutzen definiert: Welchen Nutzen hätte man durch ein anderes Verhalten? Die Bewertung des tatsächlich erzielten und des theoretisch entgangenen Nutzens findet zwar nicht nur in monetären Grössen statt,[113] doch dürfte es unweigerlich darauf hinauslaufen, den Nutzen als Geldwert auszudrücken. Zumindest braucht es eine Masseinheit, die Vergleichbarkeit ermöglicht. Möchte man nämlich den Spass beim Sex mit dem damit verbundenen Risiko und dem entgangenen potenziellen Nutzen vergleichen,[114] müssen diese Grössen in derselben Einheit ausgedrückt werden. Äpfel und Birnen.

Methodisch ist die Bewertung von Verhalten damit eine Frage des *massgeblichen* Nutzens: Welche Überlegungen werden zur Bestimmung des potenziellen und tatsächlichen Nutzens herangezogen?[115] Bedenkt man ausserdem, dass dem Individuum grundsätzlich unterstellt wird, dass es nutzenmaximierend handelt, so kommt man in eine gewisse Zirkularität der Bewertung: Der Nutzen wird gemessen an der Präferenz, welche aus der Entscheidung im

---

108 *Kirste*, S. 40 f.

109 *Mathis*, Effizienz statt Gerechtigkeit?, S. 19.

110 *Mathis*, Effizienz statt Gerechtigkeit?, S. 21.

111 *Mathis*, Effizienz statt Gerechtigkeit?, S. 27 f.

112 *Mathis*, Effizienz statt Gerechtigkeit?, S. 23.

113 *Mathis*, Effizienz statt Gerechtigkeit?, S. 31 f.

114 Vgl. das Beispiel in *Mathis*, Effizienz statt Gerechtigkeit?, S. 32.

115 *Mathis*, Effizienz statt Gerechtigkeit?, S. 48 und 53 f.

Rahmen der Restriktionen abgeleitet wird.[116] Damit können die Restriktionen bewertet werden, nicht aber die Entscheidung.[117] Man muss hinnehmen, dass es dem Individuum offenbar gerade mehr nützt, Sex zu haben, als Geld zu verdienen. Die Präferenz ist der *Massstab*, der die Restriktionen *bewertet*. Das ist hilfreich, wenn man sich bspw. entscheiden muss, welche Produkte man Konsumentinnen anbietet; ob etwas nützlich ist oder nicht, ist ja keine abstrakte Frage, sondern bezieht sich immer auf bestimmte Ziele. Natürlich wählt man diejenigen Produkte, die den Zielen, die man hat, am ehesten entsprechen; man handelt ja selbst auch nutzenmaximierend.[118] Der Grenznutzen ist also eher eine empirische Tatsache als eine normative Grösse.[119]

Ob sich aus solchen empirisch orientierten Konzepten Ansätze für normative Aussagen ableiten lassen, soll nachfolgend anhand der sog. „Hand Rule" untersucht werden. Die Hand Rule soll zur Bestimmung der haftungsausschliessenden Sorgfalt bei Haftpflichtfragen herangezogen werden. Im ökonomischen Konzept dient das Haftpflichtrecht dabei in erster Linie der Prävention von ineffizientem, d.h. Kosten verursachendem Verhalten.[120] Um dieses Ziel zu verwirklichen, „sollte eine effiziente Haftungsregel verlangen, dass beide an einem Schaden beteiligten Parteien zur Bestimmung ihres optimalen Verhaltens die vollen (internen und externen) Kosten berücksichtigen müssen."[121]

2. Die Hand Rule und Art. 41 ff. OR

Im Folgenden werde ich die Hand Rule zur Dogmatik des schweizerischen Haftpflichtrechts der Art. 41 ff. OR in Bezug setzen. Dazu gehe ich kurz auf die Hand Rule ein und untersuche anschliessend, welchen Einfluss ein so bestimmter Sorgfaltsmassstab auch auf die verschiedenen Haftungsvoraussetzungen und -bedingungen hätte. Dies ist angezeigt, da sich die Bestimmung

---

[116] Vgl. *Mathis*, Effizienz statt Gerechtigkeit?, S. 26.

[117] So jedenfalls im Sinne der Pareto-Effizienz; siehe *Mathis*, Effizienz statt Gerechtigkeit?, S. 54.

[118] Natürlich wird das Konzept des homo oeconomicus bspw. durch die Verhaltensökonomik relativiert. Der Einbezug psychologischer Erkenntnisse in das ökonomische Modell erhöht dessen Komplexität und die Nähe zum Einzelfall. Es kommt eben darauf an: „Drogenkonsum kann die ‚wahren' Präferenzen verzerren." (*Mathis*, Effizienz statt Gerechtigkeit?, S. 28). Es muss dann aber bestimmt werden, ob ein Verhalten nun die wahren oder die falschen Präferenzen ausdrückt, ansonsten das Verhalten keinen Aufschluss über die Präferenzen geben kann. Die Frage nach der Bewertung wird dadurch verlagert, besteht jedoch weiterhin.

[119] Vgl. auch *Mathis*, Effizienz statt Gerechtigkeit?, S. 57 und 61.

[120] *Hammer/Duss*, S. 113.

[121] *Mathis*, Effizienz statt Gerechtigkeit?, S. 96.

des Sorgfaltsmassstabs in inferentiellem Bezug zu den weiteren Haftungsvoraussetzungen befindet, auf welche sich auch die Hand Rule bezieht.

a) Die Hand Rule

Ich verzichte auf entstehungsgeschichtliche Ausführungen zur Hand Rule, zumal diese den meisten bekannt sein dürften, die diesen Beitrag lesen.[122] Gemäss der Hand Rule ist ein Verhalten fahrlässig, wenn die Schadenserwartungskosten (also die Wahrscheinlichkeit des Schadenseintritts multipliziert mit der Schadenshöhe) grösser sind als die Kosten der notwendigen Vorsichtsmassnahmen, um den Schaden zu verhindern. Das optimale Mass an Sorgfalt ist (als Ableitung der Hand Rule) dann erreicht, wenn die Kosten der Vorsichtsmassnahmen exakt den erwarteten Kosten eines (potentiellen) Schadens entsprechen.[123] Das sind die Kosten, die ein Verhalten (bei gleichbleibenden Nutzen) mindestens generiert und damit das gesamtgesellschaftlich effiziente Mass an Sorgfalt darstellen.[124] Die Hand Rule wird in der Formel $B < P * L$ dargestellt, das effiziente Mass der Sorgfalt liege bei $B = P * L$, wobei B für „burden“, also die Kosten der Vorsichtsmassnahmen, P für „probability“, also die Wahrscheinlichkeit des Schadenseintritts und L für „loss“ und damit die Höhe der zu erwartenden Kosten stehen.[125] Über die Parameter „P“ und „L“ muss somit Klarheit bestehen, wenn die Formel tatsächlich zur Bestimmung des optimalen Masses an Sorgfalt herangezogen werden können soll.

Nachfolgend möchte ich daher erörtern, ob und ggf. wie sich die Parameter der Hand Rule in der Verschuldenshaftung nach Art. 41 ff. OR einordnen lassen und die diesbezügliche juristische Dogmatik erweitern oder ergänzen können. Da eine effiziente Haftungsregel aus ökonomischer Perspektive sowohl die internen als auch die externen (gesamtgesellschaftlichen) Kosten des Verhaltens der Beteiligten berücksichtigen muss, wird die Hand Rule auch in dieser Konzeption versucht einzuordnen, zumal ihr dieses Ziel zugeschrieben wird.[126] Soweit die Hand Rule auch Parameter beinhaltet, die in der Dogmatik der Haftung nach Art. 41 ff. OR (auch) an anderer Stelle als der Bestimmung der haftungsausschliessenden Sorgfalt in Erscheinung treten, wird die Hand Rule auch im Lichte dieser Aspekte einzuordnen versucht.

---

[122] Siehe dazu *Mathis*, Effizienz statt Gerechtigkeit?, S. 104 ff., oder *Hammer/Duss*, S. 116 ff.

[123] *Hammer/Duss*, S. 118 f.

[124] *Mathis*, Effizienz statt Gerechtigkeit?, S. 104.

[125] *Hammer/Duss*, S. 118.

[126] *Mathis*, Folgenorientierung, S. 290 und S. 293.

b) Art. 41ff. OR

Gemäss Art. 41 OR müssen vier Voraussetzungen gegeben sein, damit jemand zum Ersatze des Schadens verpflichtet wird, den ein anderer erlitten hat: Ein Schaden, ein natürlicher und adäquater Kausalzusammenhang zwischen Verhalten und Schaden, Widerrechtlichkeit der Schädigung sowie Verschulden seitens des Verursachers.[127]

aa) Schaden

Der Schaden wird nach der Differenztheorie berechnet und besteht im Unterschied zwischen dem Vermögensstand des Geschädigten mit, resp. ohne das schädigende Ereignis.[128] Bereits hier stellt sich die Frage, wie die Hand Rule in die Rechtsdogmatik des Art. 41 OR eingefügt werden soll: Statt zu versuchen, alle gesellschaftlichen Kosten (im ökonomischen Konzept) im Schadensbegriff zu internalisieren,[129] wird der Schaden limitiert auf eine monetär messbare Grösse. Mehr noch legt das Gesetz in Art. 42 OR fest, wer den Schaden zu beweisen hat und die Frage des Ersatzes wird gemäss Art. 43 OR gesondert von der Höhe des Schadens beurteilt: Den Schaden und seine Höhe muss derjenige beweisen, der Schadenersatz beansprucht; das Mass des Ersatzes wird vom Gericht unter Würdigung der Umstände sowie des Verschuldens bestimmt.

Der Schaden wird in der juristischen Dogmatik also nicht gesamtgesellschaftlich ermittelt, sondern als relativ zum Vermögensstand des Geschädigten limitierte Bezugsgrösse definiert. Wollte man den Schaden als gesamtgesellschaftliche Kosten verstehen, hätte die Hand Rule Auswirkungen nicht nur in Bezug auf die Frage des Verschuldens, sondern auch auf die Schadensbemessung und die Ersatzpflicht nach Art. 41 ff. OR. Der Schaden wäre

---

[127] *Kessler*, BSK OR, Art. 41, N 2c.

[128] *Kessler*, BSK OR, Art. 41, N 3. Davon gibt es auch Ausnahmen, bspw. betreffend Tiere, die im häuslichen Bereich gehalten werden: Die Heilungskosten können gemäss Art. 42 Abs. 3 OR auch dann als Schaden geltend gemacht werden, wenn sie den (Verkehrs-)Wert des Tieres übersteigen.

[129] Siehe zur Internalisierung von externen Effekten *Mathis*, Effizienz statt Gerechtigkeit?, S. 34, sowie *Hammer/Duss*, S. 112, Fn. 319, die dem Haftpflichtrecht aus ökonomischer Perspektive die Funktion der Internalisierung negativer Externalitäten zuschreiben, wobei hier offenbar gerade nicht die gesamtgesellschaftliche Perspektive gemeint ist, sondern das Verhältnis zwischen Schädiger und Geschädigtem. Soweit dabei auf das Verursacherprinzip abgestellt wird, erscheint die als „juristisch" bezeichnete Funktion des Haftpflichtrechts des Schadensausgleichs zwischen den Parteien deckungsgleich mit dem ökonomischen Ziel der Internalisierung negativer Externalitäten, sofern der verursachte Schaden im Sinne der Differenztheorie definiert wird.

dann nicht mehr mit der Differenztheorie, sondern als gesamtgesellschaftliche Auswirkung zu ermitteln; Ärgernis über den Unfall, Opportunitätskosten der Aufarbeitung des Unfalls nicht nur für die Parteien, sondern für alle am Verfahren Beteiligten wie die Gerichte oder Versicherungen,[130] ausserdem die weiteren Folgen wie die Präjudizwirkung sowie das damit verbundene Folgenparadoxon[131] und wohl noch viele weitere Parameter müssten berücksichtigt werden. Beschränkt man sich mit der Hand Rule jedoch nur auf die Frage der haftungsausschliessenden Sorgfalt, stellt sich die Frage, worauf sich der Parameter „L" in der Formel beziehen könnte: Ist es der zu erwartende Schaden nach Differenztheorie, die Höhe der Ersatzpflicht oder sind es doch die zu erwartenden gesamtgesellschaftlichen Kosten, welche man zur Berechnung der gebotenen Sorgfalt beiziehen muss?

Die erste Option würde das Rational der Hand Rule auf das Parteienverhältnis beschränken und den weitergehenden gesamtgesellschaftlichen Effizienzgedanken ausblenden. Das würde allerdings bedeuten, dass die Hand Rule kein (makro-)ökonomisches Konzept wäre, soweit sie die weiteren aus ökonomischer Perspektive massgeblichen Folgen ausblendet.[132] Ausserdem führt dieses Verständnis der Hand Rule zu einem zumindest theoretischen Paradoxon, da der zu erwartende Schaden, an dem sich ein potenzieller Schädiger zu orientieren hätte, nicht notwendigerweise mit dem von ihm zu tragenden Ersatz deckt, da die Ersatzbestimmung gemäss Art. 43 OR separat zur Schadensbestimmung erfolgt.[133] Da sich der Anreiz des Schädigers zur Sorgfalt aber auf die Ersatzleistung und nicht den Schaden selbst beziehen dürfte (weil man ja eigennützig handelt), müsste er hinsichtlich dieser Differenz altruistisch handeln, um das im Beteiligtenverhältnis effiziente Mass an Sorgfalt zu erreichen. Man könnte meinen, das konzeptionelle Problem entschärfe sich dadurch, dass damit ja Anreize für den Geschädigten gesetzt würden, selber Vorsichtsmassnahmen zu ergreifen und somit immerhin eine relativ (zwischen Schädiger und Geschädigtem) effiziente Haftungsregelung

130 Hier ist darauf hinzuweisen, dass die Prozesskosten zwar auch verteilt werden, jedoch nicht aufgrund der Haftpflicht an sich, sondern in erster Linie danach, wer im Prozess unterliegt (Art. 106 ZPO). Diesen Punkt bereits als Teilfrage der Schadensermittlung vorwegzunehmen, wäre wohl etwas systemwidrig. Ausserdem werden die Prozesskosten nicht alle Opportunitätskosten beinhalten.

131 Siehe zum Folgenparadoxon *Mathis*, Folgenorientierung, S. 290 ff.

132 Vgl. zur Frage der disziplinären Qualifikation der Beachtung von Mikro- resp. Makrorealfolgen *Mathis*, Folgenorientierung, S. 274.

133 Dabei handelt es sich insofern um ein theoretisches Paradoxon, als dass der wohl grössere Teil der Lehre dafürhält, auch bei leichtem Verschulden i. d. R. vollen Ersatz zu leisten sei (*Kessler*, BSK OR, Art. 43, N. 8). Die Frage ist jedoch nicht ohne praktische Bedeutung, soweit dem Gericht bei der Frage einer Reduktion der Ersatzleistung ein grosses Ermessen zukommt (*Kessler*, BSK OR, Art. 43, N. 6).

bestünde.[134] So sieht Art. 44 Abs. 1 OR auch vor, dass das Gericht die Ersatzpflicht ermässigen oder ganz von ihr entbinden kann, soweit Umstände bestehen, für die der Geschädigte einstehen muss und die auf Entstehung oder Verschlimmerung des Schadens eingewirkt haben. Man könnte die Hand Rule also sowohl auf den Schädiger wie auch den Geschädigten anwenden und so das relative Mass an gebotenen Vorsichtsmassnahmen ermitteln. Das würde im Effekt aber bedeuten, dass sich die Frage nach der erforderlichen Sorgfalt vonseiten des Schädigers an der zweiten Option, also der zu erwartenden Ersatzpflicht orientiert. Das alleine wäre kein Problem, würde sich die Frage der Ersatzpflicht nicht selbst an der Schwere der Sorgfaltspflichtverletzung orientieren.[135] Damit wäre die Hand Rule ein unauflösbarer Zirkelschluss, da die Kosten der zu tragenden Vorsichtsmassnahmen am Verschulden und damit an den Kosten der zu tragenden Vorsichtsmassnahmen gemessen würden, da in $B < P * L$ „L“ aus dem Schaden nach Differenztheorie und dem Verschulden zusammengesetzt wäre, wobei sich das Verschulden ja wiederum auf die Kosten der zu tragenden Vorsichtsmassnahmen beziehen würde. Anders formuliert: „L“ wäre dann abhängig von „B“, also muss „B“ bereits bekannt sein, um „L“ definieren zu können. Damit ist auch klar, wieso die zweite Option innerhalb der Dogmatik um Art. 41 ff. OR nur schwierig einzuordnen ist.

Die dritte Option, also die zu erwartenden gesamtgesellschaftlichen Kosten als „L“ zu nehmen, krankt einerseits an der Unmöglichkeit ihrer Ermittlung.[136] Zwar müssen Gerichte immer einen Endpunkt der Rationalität behaupten, wenn sie eine Entscheidung begründen.[137] Die Problematik ist jedoch nicht zu unterschätzen, da der Schaden durch denjenigen zu beweisen ist, der Schadenersatz beansprucht. Soweit schädigendes Verhalten also mehrere Geschädigte hervorbringt, stellen sich diesbezüglich Fragen betreffend die Verhandlungsmaxime (Art. 55 ZPO) und der Koordination verschiedener potenzieller Ansprüche. Sie widerspricht zudem der vom Gesetz vorgegebenen Dogmatik, die das Verschulden von der Widerrechtlichkeit abgrenzt, wie nachfolgend erörtert wird.

bb) Widerrechtlichkeit

Widerrechtlich ist eine Schadenszufügung gemäss Art. 41 OR dann, wenn sie gegen eine allgemeine gesetzliche Pflicht verstösst, d. h. wenn entweder

---

134 Vgl. *Mathis*, Effizienz statt Gerechtigkeit?, S. 103.

135 *Kessler*, BSK OR, Art. 43, N. 8.

136 Vgl. *Mathis*, Folgenorientierung, S. 276 f.

137 Diesen Endpunkt markieren die Prämissen einer Folgerung, siehe dazu im ersten Teil zur Nichtmonotonie der Folgerung.

ein absolutes Recht des Geschädigten verletzt (Erfolgsunrecht) oder eine reine Vermögensschädigung durch Verstoss gegen eine einschlägige Schutznorm bewirkt wird (Verhaltensunrecht).[138] Das Bundesgericht folgt damit einer objektiven Widerrechtlichkeitstheorie.[139]

Widerrechtlichkeit gemäss Art. 41 OR bezieht sich darauf, ob ein Verhalten (grundsätzlich unabhängig von der konkreten Beziehung zwischen Schädiger und Geschädigtem) erlaubt oder verboten ist und drückt so eine gesamtgesellschaftlich verstandene Wertung aus. Das Widerrechtlichkeitserfordernis widerspiegelt damit die gesamtgesellschaftliche Dimension des Effizienzgedankens als Unterteilung von gesellschaftlich nützlichem (rechtmässigem) und insgesamt Kosten verursachendem (widerrechtlichem) Verhalten.

Doch selbst wenn man bei der dritten Option akzeptiert, dass der juristische Schadensbegriff nach Art. 41 OR nur Vermögensverminderung gemäss Differenztheorie umfasst und weitere Kosten ausschliesst, ist dieser Schaden *per se* in der Gesamtwertung der Haftungsvoraussetzungen des Art. 41 OR noch nicht beachtlich. Im Unterschied zur ökonomischen Idealkonzeption werden auch unter dem Aspekt der Widerrechtlichkeit nicht alle gesellschaftlichen Kosten erfasst, sondern nur diejenigen, die entweder ein absolut geschütztes Rechtsgut betreffen oder durch spezifische Rechtsnormen geschützt werden. Die juristisch relevanten (gesellschaftlichen) Kosten werden damit limitiert auf den gemäss Differenztheorie berechneten Vermögenschaden, *soweit* dieser Folge eines gemäss objektiver Widerrechtlichkeitstheorie widerrechtlichen Verhaltens ist. Damit müssten beim Prüfpunkt des Verschuldens ggf. zu erwartende Kosten abgewogen werden, die aufgrund ihrer rechtmässigen Entstehung gar nicht beachtlich wären und es könnte ein intrinsischer Wertungswiderspruch entstehen.

Allenfalls könnte man sich auch darauf festlegen, dass nur i. S. v. Art. 41 OR widerrechtliche Schäden die gesamtgesellschaftlichen Kosten widerspiegelten. Dann gäbe es immerhin keine Vermischung in der Dogmatik mehr, jedoch wären beim ökonomischen Ideal einige Abstriche zu verzeichnen. Gleichzeitig löst es aber das grundlegende Problem der durch das Gesetz vorgegebenen Anreizstruktur nicht, die bereits der ersten Option zum Verhängnis wurde, sondern verschärft diese noch: Da der Schädiger allerhöchstens den Schaden nach Differenztheorie zu ersetzen hat, wäre es zwar denkbar, das Verhältnis zu den anderen potenziellen Kostenträgern der Gesellschaft hinsichtlich ihrer Vorkehrungen zur Schadensvermeidung ebenso an

---

[138] BGE 141 III 527, E. 3.2.

[139] *Kessler*, BSK OR, Art. 41, N. 31. Vgl. zur subjektiven und weiteren Widerrechtlichkeitstheorien, die sich in der Schweiz nicht durchsetzen konnten N. 32 ff.

der Hand Rule zu messen. Die Zirkularität der Schaden*ersatz*bestimmung aufgrund des Verschuldens des Schädigers bleibt jedoch bestehen. Zudem ist erwähnenswert, dass mit einer Einwilligung des Geschädigten als Rechtfertigungsgrund die Widerrechtlichkeit des schädigenden Verhaltens entfällt.[140] Die gesamtgesellschaftliche Dimension tritt in der rechtlichen Konzeption also hinter die konkrete Beziehung zwischen Schädiger und Geschädigtem;[141] vom Schädiger zu verlangen, diese Dimension hinsichtlich seiner Sorgfaltspflicht zu erwägen, wäre daher systemfremd.

cc) Kausalität

Das Kausalitätserfordernis wird aufgeteilt in den natürlichen und den adäquaten Kausalzusammenhang. Der natürliche Kausalzusammenhang ist gegeben, wenn der Schaden ohne das gerügte Verhalten nicht eingetreten wäre (*conditio sine qua non*). Es muss sich dabei nicht um die einzige oder unmittelbare Schadensursache handeln. Erforderlich ist (soweit ein direkter Beweis nicht erbracht werden kann), dass das Verhalten mit überwiegender Wahrscheinlichkeit zum Schaden geführt hat.

„P" hat auf den ersten Blick eine gewisse Ähnlichkeit mit dem Erfordernis des natürlichen Kausalzusammenhangs. Der Wahrscheinlichkeitsbegriff der juristischen Dogmatik beschreibt jedoch keine empirisch ermittelte Grösse: Erforderlich ist, dass denkbare Alternativen (zum Kausalverlauf) vernünftigerweise nicht massgeblich in Betracht fallen, sodass eine gutachterlich festgestellte Wahrscheinlichkeit von 51 % nicht *per se* als überwiegend gilt.[142] Im Effekt heisst das, dass der natürliche Kausalzusammenhang gegeben ist, wenn es keine näherliegende (plausiblere) Alternative zum behaupteten Kausalverlauf gibt. Das Gericht muss sich unter diesem Prüfpunkt nicht mit der Wahrscheinlichkeit des Schadenseintritts auseinandersetzen, sondern mit der Frage, ob das Verhalten tatsächlich zum Schaden geführt hat. Auf den zweiten Blick zeigt sich also, dass die Wahrscheinlichkeit des Schadenseintritts „P" einen gewissen Zusammenhang zur natürlichen Kausalität hat, insofern „P" 0 % beträgt, ein Kausalzusammenhang zu verneinen ist, da das

---

140 Z.B. BGE 113 Ib 420, E. 4., siehe zum Ganzen *Kessler*, BSK OR, Art. 52, N. 18. Ganz abgesehen davon kommt es im Privatrecht ohnehin nur zum Prozess, wenn dieser durch eine Partei eingeleitet wird (Rechtshängigkeit, Art. 62 ZPO). Es bleibt also dem Einzelnen überlassen, ob für den eingetretenen Schaden überhaupt Ersatz gefordert wird. Dem Gericht ist es zudem bei den meisten Forderungen untersagt, mehr oder etwas anderes zuzusprechen, als gefordert wurde (Dispositionsmaxime, Art. 58 ZPO).

141 Vgl. die in *Hammer/Duss*, S. 125 ff. beschriebene Kritik an der (vermeintlich) gesamtgesellschaftlichen Dimension der Hand Rule.

142 *Kessler*, BSK OR, Art. 41, N. 15.

Verhalten dann nicht Schadensursache sein kann. Jedoch kann „P“ 90% sein; soweit die tatsächliche Ursache für den Schaden eine andere ist und kein näherliegender alternativer Kausalverlauf ersichtlich ist, bleibt „P“ unbeachtlich. Die Dogmatik des natürlichen Kausalzusammenhangs steht der Anwendung der Hand Rule zur Bestimmung der erforderlichen Sorgfalt also nicht im Wege.

Das Erfordernis des adäquaten Kausalzusammenhangs dient der Eingrenzung der kausalen Zurechnung vom Verhalten zum Schaden. Dies erscheint notwendig, da bspw. die Geburt eines Kindes natürlich kausal ist für die von ihm verübten Schäden, man der Mutter aber kaum die vom (handlungsfähigen) Kind verübten Schäden zuschreiben würde. Adäquat kausal für den Schaden ist das Verhalten dann, wenn es nach dem gewöhnlichen Lauf der Dinge und der allgemeinen Lebenserfahrung geeignet ist, einen Erfolg wie den eingetretenen herbeizuführen, oder wenigstens zu begünstigen. Hier wird es heiss: Massgeblich ist die *objektive Voraussehbarkeit* des Schadensereignisses aus der Perspektive einer unabhängigen Drittperson. Die adäquate Kausalität ist damit als retrospektive Prognose unter Auswertung aller *ex post* bekannten Umstände zu ermitteln.[143] Hier sind wir „P“ schon näher, könnte man meinen: Objektiv voraussehbar muss das Schadensereignis sein. Bei näherer Betrachtung zeigt sich jedoch, dass es bei der Adäquanz in erster Linie um eine Wertungsfrage geht:

> „Beim adäquaten Kausalzusammenhang im Sinne der genannten Umschreibung handelt es sich um eine Generalklausel, die im Einzelfall durch das Gericht gemäss Art. 4 ZGB nach Recht und Billigkeit konkretisiert werden muss. Die Beantwortung der Adäquanzfrage beruht somit auf einem Werturteil. Es muss entschieden werden, ob eine unfallbedingte Störung billigerweise noch dem Schädiger oder Haftpflichtigen zugerechnet werden darf.“[144]

Auch die Adäquanz steht somit der Anwendung der Hand Rule zur Bestimmung der haftungsausschliessenden Sorgfalt nicht grundsätzlich entgegen. Anzumerken ist betreffend die Kausalitätslehre jedoch, dass diese eine Risikoverteilung vornimmt, indem sie den Bezug des Verhaltens zum Schaden definiert und damit die Frage der Internalisierung von Externalitäten betrifft.[145] Dies zeigt sich auch an den die adäquate Kausalität unterbrechenden Faktoren (höhere Gewalt, grobes Selbst-, resp. Drittverschulden), wodurch Mitursachen (neben dem gerügten Verhalten) ab einer gewissen Inten-

---

143 *Kessler*, BSK OR, Art. 41, N. 16.

144 BGE 123 III 110, E. 3. a).

145 Siehe BGE 142 III 433, E. 4: Das Bundesgericht erachtete den Erwerbsausfall des Ehemannes, bei dem Aufgrund einer Überlastung infolge eines Autounfalls seiner Ehefrau eine somatoforme Schmerzstörung diagnostiziert wurde, als nicht adäquat kausal zum Fehlverhalten des Unfallverursachers.

sität haftungsausschliessend berücksichtigt werden. Betreffend eine gesamtgesellschaftliche Konzeption der erforderlichen haftungsausschliessenden Kosten-Nutzen-Abwägung stellen sich daher die unter dem Schadensbegriff erläuterten prozeduralen Fragen; darauf kann verwiesen werden.

dd) Verschulden

Ich komme nun zum Kernanliegen der Hand Rule und der diesbezüglichen Dogmatik von Art. 41 OR. Das Verschulden wird in Vorsatz und Fahrlässigkeit unterteilt, wobei die hier interessierende Fahrlässigkeit definiert wird als objektiv zu messender Mangel an Sorgfalt. Die Objektivierung verlangt eine Würdigung des konkreten Verhaltens aufgrund allgemeiner Massstäbe, die anhand einer Typisierung des betreffenden Individuums vorzunehmen ist. Massstab ist dann eine idealtypische Kategorie von Schädigern, also bspw. durchschnittlich sorgfältige Autofahrer, Eltern, oder Ärztinnen *in der Situation des Schädigers*. Man fragt sich: Was würde ein durchschnittlich sorgfältiger (typisierter) Mensch in der Situation des Schädigers tun? Je mehr das Verhalten von der so bestimmten Sorgfalt ins Negative abweicht, umso fahrlässiger ist es.[146] Daraus ergibt sich die Abstufung des Verschuldens zwischen leichter, mittlerer und grober Fahrlässigkeit. Anhand dieser Abstufung kann dem Verschulden bei der Ersatzbestimmung gemäss Art. 43 OR entsprechend Rechnung getragen werden.[147] Weiteres Mass ist die von der Aktivität ausgehende Gefahr; je gefährlicher die Aktivität, umso höher sind die Anforderungen an die Sorgfalt.[148] Zu dieser objektiven Komponente kommt die subjektive Komponente der Urteilsfähigkeit hinzu, bei deren Absenz eine Haftung im Grundsatz ausgeschlossen ist.[149]

Neben diesen allgemeinen Konzepten gibt es aber noch weitere Hilfsmittel, die zur Bestimmung der Fahrlässigkeit herangezogen werden, wie bspw. den Gefahrensatz: Dieser besagt, dass wer einen gefährlichen Zustand schafft, die notwendigen Vorsichtsmassnahmen zur Schadensverhinderung zu treffen hat.[150] Auch betreffend die notwendigen Vorsichtsmassnahmen wird auf durchschnittliche Sorgfalt und Vernunft abgestellt.[151] Wiederum dürften Öko-

---

[146] *Fischer*, Haftpflichtkommentar, Art. 41, N. 166.

[147] *Fischer*, Haftpflichtkommentar, Art. 41, N. 168 ff. In diesem Sinne betrifft auch Art. 43 Abs. 1 OR die Internalisierung externer Kosten, indem bei der Schadenersatzbestimmung die Umstände mitberücksichtigt und das Kostentragungsrisiko damit dem Schädiger oder dem Geschädigten zugerechnet werden.

[148] Vgl. *Kessler*, BSK OR, Art. 41, N. 48 f.

[149] *Fischer*, Haftpflichtkommentar, Art. 41, N. 157.

[150] Urteil des Bundesgerichts 4C.280/1999 vom 28. Januar 2000, E. 2.b).

[151] *Fischer*, Haftpflichtkommentar, Art. 41, N. 105 und 173.

nominnen enttäuscht sein, die „Durchschnitt“ als empirische Grösse verstehen:

> „[Fahrlässigkeit] bedeutet Ausserachtlassung derjenigen Sorgfalt, welche die Verkehrssitte von den mit dem Handelnden in gleichen erkennbaren Lebensverhältnissen stehenden Personen unter den erkennbaren konkreten Umständen fordert. Fahrlässig handelt somit, wer die vorhersehbare Schädigung eines Dritten nicht beachtet, die Sorgfalt vermissen lässt, zu der er nach den Umständen (Ort, Zeit, sonstige Gegebenheiten: Alter, Beruf des Schädigers) verpflichtet ist.“[152]

Das bedeutet im Ergebnis, dass eine Schädigerin hätte bemerken müssen, dass durch ihr Verhalten jemand hätte geschädigt werden können, dies aber nicht getan hat. Die Sorgfaltspflicht fordert also von einer Person, dass sie sich überlegt, welche Gefahren von einem Verhalten ausgehen und wie diesen Gefahren zu begegnen sei.[153] Unsorgfältig und damit fahrlässig handelt eine Person, wenn sie diese Überlegungen nicht anstellt.[154]

Was fordert im Gegenzug die Hand Rule? Gemäss Formel muss man sich bezüglich eines Verhaltens überlegen, was die Wahrscheinlichkeit eines Schadenseintritts ist und wie hoch der potenzielle Schaden ausfällt. Auch hier stellt sich die Frage des Schadensbegriffs, was bei der betreffenden Haftungsvoraussetzung bereits erörtert wurde. Wie dargelegt, würde die Anwendung der Hand Rule lediglich zur Bestimmung der haftungsausschliessenden Sorgfalt in einer gesamtgesellschaftlichen Konzeption zu Widersprüchen im Rational der Rechtsdogmatik oder Abstrichen beim Effizienzideal führen.

Bezüglich Sorgfaltsmassstab stellen sich insbesondere praktische Schwierigkeiten, wenn man die Hand Rule anwenden möchte; selbst wenn man vom theoretisch am einfachsten zu berechnenden Schadensbegriff ausgeht, nämlich dem Schaden gemäss Differenztheorie, der als einzigen Berechnungsfaktor die Differenz im Vermögen des Geschädigten hat. Ein Beispiel: Jemand fährt mit dem Auto zur Arbeit; eine gefährliche Tätigkeit mit Schadenspotential.[155] Diverse Unfälle könnten passieren mit entsprechenden Auswirkungen auf die Schadenshöhe: ein kleiner Kratzer oder ein Totalschaden an einem Aston Martin oder einem alten Opel, mit oder ohne Tod des (im Beispiel sich absolut korrekt verhaltenden) Unfallopfers. Der potenzielle Geschädigte könnte unterhaltspflichtig sein oder nicht, gerade auf dem Weg zu einem

---

[152] *Fischer*, Haftpflichtkommentar, Art. 41, N. 165.

[153] Vgl. Urteil des Bundesgerichts 4A_606/2017 vom 30. April 2018, E. 3.1.1.

[154] Eine Person kann sich auch fahrlässig verhalten, wenn sie diese Überlegungen anstellt und dann im Vertrauen darauf, dass sich die erkannte Gefahr trotz fehlender Vorsichtsmassnahmen nicht verwirklicht (sog. bewusste Fahrlässigkeit). Sobald eine Person jedoch in Kauf nimmt, dass sich die Gefahr verwirklicht, handelt sie (eventual-)vorsätzlich; siehe *Fischer*, Haftpflichtkommentar, Art. 41, N. 163.

[155] Siehe zur Betriebsgefahr schon BGE 84 II 304, E. 2. c), oder BGE 123 III 274, E. 1.

Millionendeal oder nicht. Welche Kausalitätskette muss man sich nun vorstellen, um das erwünschte Mass an Sorgfalt zu bestimmen? Erwägt man den Aston Martin, den alten Opel oder einen Durchschnittlichen Wert? Die Mutter, die ihre Familie finanziell versorgt, oder den Junggesellen ohne entsprechende Verpflichtungen?

Stellt man für die Frage nach der erforderlichen Sorgfalt auf einen Durchschnittswert ab, müsste man den Schadensbegriff der Hand Rule wiederum von demjenigen des Art. 41 OR lösen. Es würde sich dann die Frage stellen, ob die tatsächliche Differenz einen kompletten Haftungsausschluss zur Folge hätte. Das würde bedeuten, dass überdurchschnittlich hohe Schadenssummen komplett vom Geschädigten selber getragen werden müssten. Eine andere Möglichkeit wäre, die Differenz im Rahmen der Ersatzpflicht zu berücksichtigen, dass also der Schaden am Lamborghini nur bis zu demjenigen Betrag vom Geschädigten zu tragen wäre, den er bei funktional gleicher Beschädigung an einem durchschnittlich teuren Fahrzeug verursacht hätte. Damit wäre die Hand Rule aber nicht mehr ein Massstab zur Bestimmung der die Haftung ausschliessenden Sorgfalt, sondern würde lediglich den Inhalt von Art. 43 Abs. 1 OR wiedergeben. Zudem wird das Verhalten des Schädigers nicht alleinige Ursache für den Schaden sein und verschiedene konkrete Faktoren beeinflussen die Wahrscheinlichkeit eines bestimmten Kausalverlaufs, wie das Wetter oder der mentale Zustand des Lenkers. Würde man jedoch auf den tatsächlich entstandenen Schaden gemäss Differenztheorie abstellen, müsste man die Zukunft vorhersehen können, um die erforderliche Sorgfalt bestimmen zu können.

Diese praktischen Schwierigkeiten sind jedoch nicht unbedingt eine Schwäche der Hand Rule, denn die Problematik ist in der schweizerischen Fahrlässigkeits-Dogmatik dieselbe: Welches Verhalten als sorgfältig gilt, entspricht der Frage danach, welche Szenarien man sich überlegen müsste. Dabei versteht sich implizit von selbst, dass nicht adäquat kausale Szenarien gerade nicht erwogen werden müssen, da diese keine zurechenbare Folge des fraglichen Verhaltens sind und so keine Sorgfaltspflichten begründen können. Sich die Wahrscheinlichkeit von Schadensereignissen zu überlegen und ob die damit verbundene Gefahr in zurechenbarer Weise vom eigenen Verhalten ausgeht, verlangt auch das geltende Haftpflichtrecht in gewisser Hinsicht, ohne die damit verbundenen praktischen Probleme zu lösen. Die Dogmatik vertraut darauf, dass die Überzeugung des Gerichts über das Verhalten einer durchschnittlich vorsichtigen typisierten Person ein gesellschaftlich repräsentatives Konzept ist. Die Problematik der aus Sicht des Schädigers relativ zufälligen Schadenshöhe entschärft das schweizerische Haftpflichtrecht durch die angesprochene Unterscheidung zwischen Schadens- und Schadenersatzbemessung. In diesem Rahmen (Art. 43 und 44 OR) kann den Umständen Rechnung getragen werden, wie z. B. den finanziellen Verhältnissen der

Beteiligten, dem Mitwirken des Zufalls, unerwartet hohen Schadenssummen oder Billigkeitsüberlegungen.[156] Zudem ist die zu erwartende Schadenshöhe nicht in gleicher Weise massgeblich wie bei der Hand Rule, wenngleich die von einem Verhalten ausgehende Gefahr diesen Aspekt in gewisser Hinsicht beinhaltet: Je grösser die Gefahr, die von einem Verhalten ausgeht, um so sorgfältiger muss man sein.[157]

Zusammenfassend kann festgehalten werden, dass ein am gesamtgesellschaftlichen Effizienzgedanken orientiertes Verständnis der Hand Rule zu vielen Fragen zum Verhältnis mit anderen Haftungsvoraussetzungen des Art. 41 OR und der Schadens- und Schadenersatzberechnung führen würde. Der so verstandene Sorgfaltsmassstab wäre zudem nicht effizient, da sich die erforderlichen (am Eigennutz orientierten) Anreize zu einem effizienten Verhalten nicht in den weiteren Haftungsvoraussetzungen widerspiegeln. Ohnehin erscheint fraglich, ob Richter Hand tatsächlich den ökonomischen Effizienzgedanken verfolgte, als er die Hand Rule entwickelte und anwendete.

c) Die Hand Rule, das Bundesgericht und das Effizienzideal

Soweit aus dem Urteil ersichtlich, stellte Richter Hand keine gesamtgesellschaftlichen Kosten- und Nutzenüberlegungen an. Zunächst erörterte er die bisherige Rechtsprechung und entwickelte dann die Formel. Im Weiteren spricht das Urteil dann nur von „sinking damages“ und „collision damages“.[158] Hands Subsumtion lässt zudem eine mathematische Anwendung der Hand Rule vermissen:

> „Applied to the situation at bar, the likelihood that a barge will break from her fasts and the damage she will do, vary with the place and time; for example, if a storm threatens, the danger is greater; so it is, if she is in a crowded harbor where moored barges are constantly being shifted about. On the other hand, the barge must not be the bargee's prison, even though he lives aboard; he must go ashore at times. We need not say whether, even in such crowded waters as New York Harbor a bargee must be aboard at night at all; it may be that the custom is otherwise, as Ward, J., supposed in ‚The Kathryn B. Guinan,' supra; and that, if so, the situation is one where custom should control. We leave that question open; but we hold that it is not in all cases a sufficient answer to a bargee's absence without excuse, dur-

---

[156] *Kessler*, BSK OR, Art. 43 OR, N. 14 ff.

[157] Vgl. Urteil des Bundesgerichts 4A_70/2017 vom 14. Juli 2017, E. 2.1. in fine, sowie das Urteil des Bundesgerichts 4C.92/2007 vom 31. Juli 2007, E. 5.7: „Entscheidend ist, dass die festgestellten Windverhältnisse zu einer erhöhten Gefährlichkeit der Schweissarbeiten führten und es daher einer erhöhten Sorgfalt bedurfte.“

[158] United States v. Carrol Towing Co., 159 F.2d, S. 169 ff., insb. S. 174. Konkret ging es um den „loss of the barge's cargo of flour, […] expenses in salving the cargo and barge [und] damage to the barge“, siehe S. 170.

ing working hours, that he has properly made fast his barge to a pier, when he leaves her. In the case at bar the bargee left at five o'clock in the afternoon of January 3rd, and the flotilla broke away at about two o'clock in the afternoon of the following day, twenty-one hours afterwards. The bargee had been away all the time, and we hold that his fabricated story was affirmative evidence that he had no excuse for his absence. At the locus in quo especially during the short January days and in the full tide of war activity barges were being constantly ‚drilled' in and out. Certainly it was not beyond reasonable expectation that, with the inevitable haste and bustle, the work might not be done with adequate care. In such circumstances we hold and it is all that we do hold that it was a fair requirement that the Conners Company should have a bargee aboard (unless he had some excuse for his absence), during the working hours of daylight."[159]

Zur Frage der Sorgfaltspflicht führt Richter Hand im Wesentlichen aus, dass es im Rahmen der konkreten Umstände sicherlich nicht jenseits der vernünftigen Erwartung gewesen sei, dass bei der zu dieser Zeit unvermeidlichen Eile und Hektik beim konstanten Ein- und Ausbooten die Arbeit nicht mit angemessener Sorgfalt habe ausgeführt werden können und daher die Anwesenheit eines Kahnführers geboten gewesen wäre. Hands Subsumtion erinnert sehr an die bundesgerichtliche:

„Schweissarbeiten sind mit erheblichen Risiken verbunden, zumal wenn sie neben einem alten Stall und bei ungünstigen meteorologischen Verhältnissen (starker Nordwind in Richtung des Stalles) vorgenommen werden. Diese konkreten Verhältnisse hat die Vorinstanz zu Recht berücksichtigt und auch zutreffend gefolgert, die ungünstigen Bedingungen hätten ein besonders sorgfältiges Arbeiten erfordert."[160]

Damit ist festzustellen, dass die Hand Rule als Sorgfaltsmassstab für den Einzelfall gerade keine nummerische oder anderweitige Bewertung der Variablen „P" und „L" vornimmt, die eine mathematische Anwendung der Hand Rule ermöglichen würden. Es ist daher nicht davon auszugehen, dass er mit dieser Formel das ökonomische Effizienzideal in die Beurteilung des Sorgfaltsmassstabs hätte einfliessen lassen wollen.[161]

Und das Bundesgericht?

Auch das Bundesgericht kennt eine der Hand Rule entsprechende Formulierung, wonach in Abwägung entgegenstehender Interessen „il faut prendre en considération, d'une part, le degré d'efficacité de la mesure, son coût et ses inconvénients, d'autre part le degré de probabilité du risque et l'importance

---

159 United States v. Carrol Towing Co., 159 F.2d, S. 174.

160 Urteil des Bundesgerichts 4C.92/2007 vom 31. Juli 2007, E. 5.5. Im Urteil ging es um einen beim Verschweissen von Dachpappe ausgelösten Brand.

161 Vgl. *Feldmann/Kim*, S. 537: „So we are led to the conclusion that Judge Hand, in United States v. Carroll Towing Co., did not apply the Hand formula in the conditional-based-on-efficient-behavior sense."

du dommage envisagé."[162] Im Fall ging es darum, ob sich im konkreten Fall der Sockel eines Liftmastes in einem den Sorgfaltsregeln entsprechenden Zustand befand. Doch wird auch in diesem Urteil die entwickelte Formel nicht wirklich angewendet, sondern lediglich erkannt, dass gemäss Gutachten eines Spezialisten keine der beiden Situationen gegeben gewesen sei, die eine Polsterung des Sockels des Skiliftmastens erfordert hätten. Ob das Gutachten selbst aufgrund einer monetär bewerteten Kosten-Nutzen-Abwägung zu diesen Kriterien gelangte, ist aus dem Urteil nicht ersichtlich.[163]

Im Urteil 4P.244/2005 vom 6. Februar 2006 stellte das Bundesgericht mit Bezug auf das vorinstanzliche Urteil eine konkrete Kosten-Nutzen-Rechnung an, um zu beurteilen, ob bei Delirpatientinnen die nötige Sorgfalt eine Sitzwache bedinge.[164] Fraglich war, ob es dem Spital finanziell zumutbar gewesen wäre, Sicherungsmassnahmen zu treffen, die den tödlichen Sturz des Delirpatienten verhindert hätten. Die Vorinstanz setzte die zur Berechnung nötige Bewertung des Menschenlebens auf 20 Millionen Franken pro Leben d.h. 300'000 bis 500'000 Franken pro gerettetes Lebensjahr an und stellte auf eine statistische Wahrscheinlichkeit des konkreten Ereigniseintritts von 1:1'000'000 ab. Dem gegenübergestellt wurden die Kosten für eine einwöchige Sitzwache von knapp 1'700 Franken. Unter Berücksichtigung der Wahrscheinlichkeit des Ereigniseintritts kam die Vorinstanz zum Schluss, dass sich Kosten von mindesten 150 Millionen pro gerettetes Menschenlebensjahr ergäben, was sie als nicht finanziell zumutbar erkannte.

Das Bundesgericht weist zunächst darauf hin, dass die Vorinstanz nicht auf den konkreten Ereignisverlauf hätte abstellen dürfen, sondern die Vorhersehbarkeit in genereller Weise hätte berücksichtigen müssen. Daher sei auch die Berücksichtigung der Wahrscheinlichkeit des Ereigniseintritts nicht gestattet gewesen. Das Bundesgericht errechnete sodann jährliche Kosten für Sitzwachen von 369'600 bis 655'200 Franken, stellte diese Kosten in Bezug zu den weitaus höheren Operationskosten und bejahte so die finanzielle Zumutbarkeit.[165] Man könnte also meinen, das Bundesgericht habe damit das ökonomische Effizienzkriterium zur Bestimmung der Sorgfaltspflicht verworfen. Anschliessend nimmt es jedoch die volkswirtschaftliche Betrachtung des Verwaltungsgerichts auf, ohne dabei die Wahrscheinlichkeit des Ereignisein-

---

[162] BGE 126 III 113, E. 2. b).

[163] BGE 126 III 113, E. 2. c) und d). Die eine Situation erfordert eine Hangsteigung von mindestens 50–60 %, die andere einen Masten so nah an der Skipiste, dass ein Kontrollverlust rasch zu einer Kollision führen würde. Siehe dazu auch *Hammer/ Duss*, S. 134.

[164] Siehe *Seiler*, der dieses Urteil eingehend diskutiert und am vorinstanzlichen Entscheid mitgewirkt hatte.

[165] Urteil des Bundesgerichts 4P.244/2005 vom 6. Februar 2006, E. 4.

tritts zu berücksichtigen und errechnet so Grenzkostenbeträge für Sitzwachen von 3'450'000 bis 5'750'000 Franken, „weshalb auch unter diesem Aspekt die finanzielle Zumutbarkeit ohne weiteres bejaht werden" könne.[166] Diese Argumentation erstaunt: Gemäss Bundesgericht sei bei der Bemessung der Sorgfaltspflicht explizit nicht auf das konkrete eingetretene Ereignis abzustellen, was insofern zu begrüssen wäre, als dass auch über das konkret eingetretene Ereignis hinausgehende Kosten, die eine Sitzwache (oder andere Sicherungsmassnahmen) verhindern könnte, berücksichtig würden. Gleichzeitig ist das konkrete Ereignis dann doch Bezugsgrösse für das *obiter dictum*, was intrinsisch widersprüchlich erscheint. Dass das Bundesgericht zudem die Grenzkosten unabhängig von der Wahrscheinlichkeit des Ereigniseintritts berechnet, lässt einen etwas ratlos zurück.[167]

IV. Fazit

Kosten-Nutzen-Überlegungen sind als Teil der schweizerischen Haftpflichtrechtsdogmatik gängiges Mittel zur Bestimmung des Sorgfaltsmassstabs. Solche Überlegungen dürften ohnehin überall angestellt werden, wo Interessen oder Rechtsgüter kollidieren; bei einer Abwägung muss bewertet werden und in diesem Sinne findet das Konzept von Kosten und Nutzen eine juristische Funktion. Mir scheint jedoch, dass das am ökonomischen Effizienzgedanken orientierte Kosten-Nutzen-Konzept ein anderes Rational verfolgt als dasjenige der Rechtsdogmatik. Sowohl die Hand Rule als auch die vom Bundesgericht entwickelten Formeln dienen nicht der nummerischen Bewertung von Kosten und Nutzen. Selbst dort, wo das Bundesgericht mit konkreten Zahlen hantiert, lässt es den ökonomischen Effizienzgedanken aussen vor, und scheint ein anderes Konzept zu vertreten als die ökonomische Theorie. Zwar könnte man das gerichtliche Vorgehen auch als Annäherung oder Teilintegration ökonomischer Konzepte verstehen. Dann wäre jedoch eine argumentative Auseinandersetzung mit der ökonomischen Theorie wünschenswert, um die oben angesprochenen dogmatischen Schwierigkeiten aufzulösen, resp. die Abstriche am Effizienzideal sichtbar zu machen.

Damit zeigen sich gewisse Schwierigkeiten der Integration von extradisziplinären Konzepten. Vonseiten der Ökonomie mag der Schluss nahe liegen, dass Kosten-Nutzen-Abwägungen in einem Gerichtsentscheid ein ökonomisches Konzept anwendeten. Bei genauer Betrachtung der Haftungsvoraussetzungen von Art. 41 OR zeigt sich jedoch, dass ein am Effizienzideal orientiertes Konzept der Fahrlässigkeit Fragen betreffend die weiteren Haftungsvoraussetzungen aufwirft. Insbesondere der Schadensbegriff müsste über-

---

166 Urteil des Bundesgerichts 4P.244/2005 vom 6. Februar 2006, E. 4.3 in fine.

167 Vgl. *Seiler*, S. 148 ff.

dacht werden, so scheint dieser in der aktuellen Dogmatik kaum an der Integration externer Effekte orientiert. Zudem stellen sich prozessuale Fragen, z. B. des kollektiven Rechtsschutzes,[168] insbesondere wenn es um weitreichende Auswirkungen geht.[169] Akzeptiert man hingegen den geltenden Schadensbegriff als Massstab der Kosten-Nutzen-Abwägung und verzichtet auf weitere Integration externer Effekte, kommt es nicht nur zu wesentlichen Abstrichen beim Effizienzideal, sondern es erscheint auch fraglich, ob ein so bestimmter Sorgfaltsmassstab überhaupt die gewünschten (effizienten) Anreize setzt. Nicht zuletzt aufgrund dieser praktischen Schwierigkeiten der Zuschreibung von Verantwortung und der damit verbundenen Unsicherheit dürfe sich der bisher kaum angesprochene Elefant im Raum – der Versicherungsmarkt – entwickelt haben. Volkswirtschaftlich effiziente Haftungsfolgen können Haftpflichtversicherungen zwar schon deshalb nicht bewirken, weil Versicherungsunternehmen Gewinn erwirtschaften. So scheint die *risk aversion* der Schweizerinnen jedoch immerhin ein passables Geschäftsmodell zu sein. Darauf näher einzugehen ist aber nicht Anspruch dieses Aufsatzes.

Um auf den ersten, theoretischen Teil zurückzukommen: Die Rechtsdogmatik ist die sprachliche Form, die inferentielle Struktur der juristischen Weltbeschreibung. Die Dogmatik bedeutet für das Gericht im Einzelfall, dass es sich mit den darin beschriebenen Wahrheitsbedingungen – den inferentiellen Festlegungen – auseinandersetzen muss. Diese Dogmatik muss die Ebene der materialen Inferenz erreichen. Das heisst, dass die Richterinnen die Beschreibung der Welt durch die Dogmatik verstehen und zumindest als potenziell wahr anerkennen müssen. Erst dann können sie die Einordnung des Sachverhalts unter den Tatbestand vornehmen. Die Dogmatik der Art. 41 ff. OR muss in der Anwendung im Einzelfall die Komplexität des Sachverhalts notwendigerweise reduzieren, ansonsten nie eine Entscheidung gesprochen werden könnte. Angesichts der Problematik der Informations- und Administrativkosten, die bei der Anwendung von Effizienzkonzepten entstünden,[170] ist fraglich, ob damit tatsächlich der angestrebte Rationalitätsgewinn erreicht würde. Zwar mag es gewisse Bereiche geben, die über einige statistisch erhobene Zahlen verfügen[171] und mit gezielten Erhebungen könnten die erforderlichen Daten[172] wohl auch generiert werden. Doch bleibt fraglich, inwiefern darauf abgestellt werden soll, betrifft doch die Frage des Verschuldens die persönliche Vorwerfbarkeit von Verhalten. Soweit man Individuen Hand-

168 Shoutout to Anton Burri.

169 Shoutout to Alexander Baumann.

170 Siehe dazu *Hammer/Duss*, S. 120 ff.

171 *Hammer/Duss*, S. 122.

172 Ich denke hier an die oben angesprochenen zu erwartenden Durchschnittsschadenssummen, auf welche wohl abgestellt werden müsste, wenn das haftungsausschliessende Mass an Sorgfalt nicht durch den Zufall bestimmt werden soll.

lungsfähigkeit zuschreibt, rückt damit die Entscheidung ins Zentrum der Untersuchung und diese gilt es zu bewerten. Als Handlungsorientierung (Anreiz) kann ein Rational nur fungieren, wenn es in die Überzeugung des Individuums integriert wird. Ein Abstellen auf statistische Werte würde damit implizieren, dass von einem Menschen erwartet werden dürfte, dass er die Statistiken kennt, andernfalls er die Kosten-Nutzen-Abwägung gar nicht vornehmen könnte und der gewünschte Anreiz nicht bestünde.

Dasselbe gilt jedoch für das juristische Konzept des typisierten Durchschnittsverhaltens, gerade wenn man sich vor Augen führt, dass dieses ja erst im Verfahren konstruiert wird.[173] Das ist für Rechtsanwendung insofern programmatisch, als dass dabei bereits Geschehenes bewertet werden soll. Der Schwierigkeit, konkrete Kausalverläufe im Vorhinein abzuschätzen,[174] lässt sich wohl kaum in Kenntnis des tatsächlichen Kausalverlaufs begegnen (Stichwort: *Rückschaufehler*). Hier zeigt sich auch eine grundlegende Schwierigkeit der nachträglichen Zuschreibung von Verantwortung: Der Einzelfall ist eingetreten, wenn ihn das Gericht zu beurteilen hat; statistische Wahrscheinlichkeit oder typisierter Durchschnittsmensch hin oder her. Die Frage ist, ob und wie ökonomische Methoden den Rationalisierungsprozess der Rechtsanwendung unterstützen können. Dazu müssen sie zum bestehenden Rational, also insbesondere zur Dogmatik, in Bezug gesetzt werden. Nur so werden Ähnlichkeiten und Unterschiede sichtbar und eine fruchtbare Irritation der juristischen Konzepte überhaupt möglich. Wenn die Ökonomie einen Beitrag zur (gerichtlichen) Entscheidung im Einzelfall liefern soll, muss sie also die bestehenden Grenzen der Rationalität der juristischen Dogmatik überwinden und konkrete Vorschläge für die tatsächlichen Probleme bereitstellen. Das heisst, dass sie diejenigen Elemente der juristischen Dogmatik, die nicht dem Effizienzideal entsprechen (also bspw. die Beschränkungen im Schadensbegriff oder bei der Widerrechtlichkeit), nur dann beeinflussen kann, wenn sie diese nachvollzieht und ihre eigenen Konzepte an den Abwägungen misst, welche die Rechtsdogmatik beschreibt.

Ob ein Verhalten effizient ist oder nicht, ist abhängig von der Frage, was das Ziel ist. Um zu einer Wertigkeit zu gelangen, an welcher der Grad an Effizienz der Zielerreichung gemessen werden kann, braucht es also das Verhältnis aller Optionen zum Ziel. Jede Option stellt das Ziel wiederum in Frage, da beschrieben werden muss, wie sich die spezifische Option auf den Inhalt des Ziels auswirkt. Dies ist Folge der inferentiellen Bezüge des Ziels, da diese durch die Wahl der Mittel der Zielerreichung bestimmt werden. Soll Effizienz in den Parametern Kosten und Nutzen bestimmt werden, müssen die verschiedenen Optionen hinsichtlich der Welt, die sie bewirken, bewertet

---

173 Vgl. *Mathis*, Effizienz statt Gerechtigkeit?, S. 18 f.

174 Vgl. *Mathis*, Effizienz statt Gerechtigkeit?, S. 135 f.

werden. Diese Bewertung im Einzelfall vorzunehmen, ist im Recht Aufgabe insbesondere der Gerichte. Aufgrund der tatsächlichen Beschränkung gerichtlicher Rationalität (u. a. Entscheidungszwang innert nützlicher Frist) stellt sich die Frage, welche externen Effekte eines Verhaltens in die Haftpflicht zu integrieren sind. Der Mehrwert des Effizienzideals für die Rechtsanwendung besteht wohl nicht in erster Linie darin, dass es diese Frage beantworten könnte, sondern vielmehr darin, dass es diese Frage aufwirft.

Literaturverzeichnis

Binz, Elisabeth: Gesetzesbindung aus der Perspektive der Spätphilosophie Ludwig Wittgensteins, Basel 2008.

Blöchlinger, Moritz: Normative Legitimität von Recht, Moral und Menschenrechten im Lichte der positivistischen Trennungsthese, Berlin 2022.

Brandom, Robert: Begründen und Begreifen, Eine Einführung in den Inferentialismus, Übersetzung aus dem Amerikanischen von Eva Gilmer, 2. Auflage, Frankfurt am Main 2004.

Davidson, Donald: Rehabilitierung der Wahrheit, in: Davidson, Donald (Verfasser), Wahrheit, Sprache und Geschichte, Übersetzung aus dem Amerikanischen von Joachim Schulte, Frankfurt am Main 2008, S. 25 ff.

Eidenmüller, Horst: Effizienz als Rechtsprinzip. Möglichkeiten und Grenzen der ökonomischen Analyse des Rechts, 4. Auflage, Tübingen 2015.

Feldmann, Allan/*Kim*, Jeonghyun: The Hand Rule and United States v. Carroll Towing Co. Reconsidered, in: American Law and Economics Review, Bd. 7/2 (2005), S. 523 ff.

Fischer, Willi: Kommentar zu Art. 41 OR, in: Fischer, Willi/Luterbacher, Thierry (Hrsg.), Haftpflichtkommentar – Kommentar zu den schweizerischen Haftpflichtbestimmungen, Zürich 2016 (zit. *Fischer*, Haftpflichtkommentar, Art. 41, N. …).

Hammer, Balz/*Duss*, Sandra: Die Minimierung gesellschaftlicher Kosten von Unfällen am Beispiel der „Hand Rule“, Eine rechtsökonomische Analyse des Sorgfaltsmassstabs im schweizerischen Haftpflichtrecht, in: Maidana-Eletti, Mariela/Toepke, Carly (Hrsg.), Recht und Gesellschaft. Junge Rechtswissenschaft Luzern, Zürich/Basel/Genf 2014, S. 107–140.

Kessler, Martin: Kommentar zu Art. 41 OR, in: Widmer Lüchinger, Corinne/Oser, David (Hrsg.), Basler Kommentar Obligationenrecht I, 7. Auflage, Basel 2020 (zit. *Kessler*, BSK OR, Art. 41, N. …).

Kessler, Martin: Kommentar zu Art. 43 OR, in: Widmer Lüchinger, Corinne/Oser, David (Hrsg.), Basler Kommentar Obligationenrecht I, 7. Auflage, Basel 2020 (zit. *Kessler*, BSK OR, Art. 43, N. …).

Kessler, Martin: Kommentar zu Art. 52 OR, in: Widmer Lüchinger, Corinne/Oser, David (Hrsg.), Basler Kommentar Obligationenrecht I, 7. Auflage, Basel 2020 (zit. *Kessler*, BSK OR, Art. 52, N. …).

Kiener, Regina/*Kälin*, Walter/*Wyttenbach*, Judith: Grundrechte, 3. Auflage, Bern 2018.

Kirste, Stephan: Voraussetzungen von Interdisziplinarität der Rechtswissenschaften, in: Kirste, Stephan (Hrsg.), Interdisziplinarität in den Rechtswissenschaften, Ein interdisziplinärer und internationaler Dialog, Berlin 2016, S. 35 ff.

Mathis, Klaus: Interdisziplinarität und Rechtswissenschaft, in: ius.full, Bd. 6 (2021), S. 196 ff. (zit. Interdisziplinarität).

Mathis, Klaus: Effizienz statt Gerechtigkeit?, Auf der Suche nach den philosophischen Grundlagen der Ökonomischen Analyse des Rechts, 4. Auflage, Berlin 2019 (zit. Effizienz statt Gerechtigkeit?).

Mathis, Klaus: Nachhaltige Entwicklung und Generationengerechtigkeit, Tübingen 2017 (zit. Nachhaltige Entwicklung).

Mathis, Klaus: Folgenorientierung im Recht, in: Kirste, Stephan (Hrsg.), Interdisziplinarität in den Rechtswissenschaften, Ein interdisziplinärer und internationaler Dialog, Berlin 2016, S. 271 ff. (zit. Folgenorientierung).

Maturana, Humberto/*Varela*, Francisco: Der Baum der Erkenntnis, Die biologischen Wurzeln menschlichen Erkennens, 9. Auflage, Frankfurt am Main 2009.

Newen, Albert/*Schrenk*, Markus: Einführung in die Sprachophilosophie, 3. Auflage, Darmstadt, 2019.

Seiler, Hansjörg: Wieviel Sicherheit wollen wir?, Sicherheitsmassnahmen zwischen Kostenwirksamkeit und Recht, in: ZBJV, Bd. 143/2 (2007), S. 140 ff.

Van Klink, Bart/*Taekema*, Sanne: A Dynamic Model of Interdisciplinarity. Moving from Multidisciplinary to Interdisciplinary or Transdisciplonary Legal Research, in: Kirste, Stephan (Hrsg.), Interdisziplinarität in den Rechtswissenschaften, Ein interdisziplinärer und internationaler Dialog, Berlin 2016, S. 87 ff.

Wittgenstein, Ludwig: Philosophische Untersuchungen, Kritisch-genetische Edition, herausgegeben von Joachim Schulte, Frankfurt am Main 2001 (zit. PU, § [Nr.]).

„Every case is a rule to itself"

„William Godwins anarchistische Herrschafts- und Rechtskritik"

Von *Luca Langensand*

„Wer das Buch liest, macht eine wahre Schule ruhigen, zielbewussten, unbeirrten Denkens durch. Godwin hat sowohl die weitesten Ziele wie wahrscheinlichste Zwischenstufen im Auge, die graduelle Verminderung von Uebeln, die man erkannt hat, eine beständige fortschrittliche Evolution. Er sucht den Kommunismus mit dem höchsten Grade individueller ökonomischer Freiheit zu vereinigen. Kleine autonome Distrikte würden ihre wenigen gemeinsamen Angelegenheiten durch gelegentliche allgemeine Versammlungen regeln, bis auch dies als überflüssig betrachtet würde und jede Angelegenheit von Fall zu Fall erledigt wird. Ueberall führt die Einsicht allmählich dazu, der absurden staatlichen Einrichtung und gesetzlichen Festlegung im voraushin, den Boden zu entziehen."[1]

I. Einleitung: Zur Bedeutung von Godwin und „Political Justice"

William Godwin (1756–1836) gilt als radikalaufklärerischer Schriftsteller und Philosoph, der insbesondere mit seinem Hauptwerk „Enquiry Concerning Political Justice" kurz nach der Französischen Revolution für grosse Aufmerksamkeit auf den britischen Inseln sorgte. In seiner umfangreichen und systematischen Abhandlung hinterfragt Godwin herrschaftliche Strukturen in grundsätzlicher Weise hinsichtlich ihrer nützlichen Auswirkungen auf die einzelnen Menschen. Aufbauend auf einem differenzierten und dynamischen Menschenbild und einer utilitaristisch geprägten Gerechtigkeitsethik fordert er eine alternative gesellschaftliche Organisation jenseits von Staat, Kapitalismus, Patriarchat und auf Gewalt und Zwang beruhendem Recht, um jedem einzelnen Menschen ein selbstbestimmtes Leben in einer sich frei entwickelnden und gerechten Gesellschaft zu ermöglichen. Godwins Buch, das in erster Auflage im Jahr 1793 nur wenige Jahre nach Ausbruch der

[1] *Nettlau*, S. 69.

Französischen Revolution erschien, war für kurze Zeit in aller Munde.[2] Es wurde in Arbeitermilieus ebenso gelesen wie von Frauenrechtlerinnen, von revolutionären Demokratinnen und Republikanern, von jungen Poeten und Intellektuellen, die allesamt ebenfalls mit grossem Interesse nach Frankreich schielten. Godwins Zeitgenosse und politischer Mitstreiter, der radikale Schriftsteller und Literaturkritiker William Hazlitt, hielt über die Bedeutung von Godwins Hauptwerk für die Zeit unmittelbar nach Erscheinen der ersten Auflage folgendes fest:

> „Godwin blazed as a sun in the firmament of reputation; no one was more talked of, more looked up to, more sought after, and wherever liberty, truth, and justice was the theme, his name was not far off. […] No work in our time gave such a blow to the philosophical mind of the country as the celebrated Enquiry Concerning Political Justice.“[3]

Es vergingen jedoch nur einige Jahre bis die Stimmung kippte. Die staatliche Repression gegenüber radikalen und progressiven Ansichten und Bewegungen verstärkte sich im Zuge der Auseinandersetzungen zwischen der Britischen Regierung und der jungen Französischen Republik massiv. Auch wenn Godwins Hauptwerk am Ende nie offiziell verboten wurde – weil es dem Premierminister angeblich als zu wenig populistisch erschien – verlor es rasch an Bedeutung, da die radikalen Bewegungen Grossbritanniens und Irlands in wenigen Jahren regelrecht zerschlagen wurden. Von konservativer Seite wurde Godwin darüber hinaus auch wegen seiner Heirat mit der Frauenrechtlerin und feministischen Schriftstellerin Mary Wollstonecraft heftig kritisiert: das Paar äusserte sich öffentlich über ihre selbstdefinierte Form der Beziehung, die nicht auf dem „Besitz“ der anderen Person beruhte und damit den seinerzeit vorherrschenden Wertvorstellungen in keiner Weise entsprach.[4]

Hinzu kam, dass einige der zunächst sehr wohlwollend gestimmten Poeten und Intellektuellen sich – paradoxerweise – wieder von Godwins Ideen abwendeten. Paradoxerweise, weil Godwin stets eine gewaltlose radikale Ver-

---

[2] Die erste Auflage erschien im Februar 1793 und machte Godwin unmittelbar zur Berühmtheit. In kürzester Zeit entwickelte sich eine Art Masseneuphorie um Godwin und sein Buch. In seinem Tagebuch hielt Godwin denn auch fest, wie er sich in London plötzlich nicht mehr bewegen konnte, ohne dass er auf sein Buch angesprochen wurde und wie sich Leute als „Godwinians“ oder „Godwinities“ bezeichneten. Die zweite Auflage erschien im Jahr 1796 und die in diesem Beitrag verwendete dritte Auflage im Jahr 1798. Siehe zum Ganzen die Erläuterungen von *Kramnick*, S. xv f.

[3] *Hazlitt*, S. 19 f.

[4] Die konservative Zeitschrift „Anti-Jacobian Review“ machte sich bspw. in ihrer Ausgabe vom Juli 1797 über Godwin und Wollstonecraft lächerlich, in dem sie „den promiskuitiven Austausch zwischen den Geschlechtern als eines der wichtigsten Erkenntnisse aus Political Justice“ bezeichnete. Siehe dazu *Kramnick*, S. xvii f.

änderung forderte und gerade die autoritären Entwicklungen der Französischen Revolution vehement kritisierte. Dies führte wiederum dazu, dass sich der Teil der englischen Radikalen, der sich vom jakobinisch-etatistischen Revolutionsideal angesprochen fühlte, nicht mehr mit Godwin identifizieren konnte.[5] Dennoch wurden Godwins Positionen und die damit verbundenen Vorstellungen einer radikalen sozialen Veränderung mit der sich rapide entwickelnden Gewaltspirale der Revolution in Frankreich gleichgesetzt. Plötzlich erschienen seine Ansichten und Forderungen als gefährlich und als abstrakt, als träumerisch und nicht realisierbar, da sie die realen Fakten ignorieren würden. So schrieb der zuvor erwähnte Hazlitt schliesslich vom endgültigen „Sonnenuntergang“ von Godwins Ruf und Ansehen bis zur Jahrhundertwende.[6]

Doch verschwand Godwin nicht für lange Zeit vollkommen vom Horizont. Der junge Poet Percy Shelly stiess auf Godwins Hauptwerk und war davon dermassen begeistert, dass er diesen im Jahr 1812 persönlich kontaktierte, woraufhin eine enge Freundschaft zwischen den beiden entstand. Shellys Poesie wurde in der Folge stark von Godwins radikalen philosophischen Positionen beeinflusst und es begann eine allgemeine Wiederentdeckung von Godwins Hauptwerk.[7] Spätestens ab den 1820er-Jahren wurde „Political Justice“ wieder verbreiteter gelesen. Nach wie vor übte es eine grosse Anziehung auf jene sozialen Schichten aus, die soziale Ungleichheiten alltäglich am Meisten zu spüren bekamen. Godwin beeinflusste zahlreiche Akteure und Vordenker der britischen Arbeiterbewegung in der ersten Hälfte des 19. Jahrhunderts, darunter auch den Frühsozialisten Robert Owen, der Godwin als seinen philosophischen Lehrer betrachtete.[8]

Ganz im Gegensatz zu den britischen Inseln wurde Godwin in Kontinentaleuropa jedoch für lange Zeit so gut wie gar nicht aufgegriffen, zunächst nicht einmal von den entstehenden sozialistischen Strömungen des 19. Jahrhunderts.[9] Erst knapp hundert Jahre nach dem Erscheinen von „Political Justice“ wurde Pjotr Kropotkin auf Godwin aufmerksam und erkannte in dessen Hauptwerk erstaunlich viele Parallelen zu seinen eigenen *anarchis-*

---

[5] *Henning.*

[6] *Hazlitt*, S. 19 f.

[7] Im Jahr 1816 heirateten Percy Shelly und Godwins Tochter Mary Godwin. Diese verfasste (bereits als Mary Shelly) im Jahr 1818 im Alter von 21 Jahren den berühmten Roman „Frankenstein“, in dem ebenfalls viele Bezüge zu den sozialen und psychologischen Annahmen in „Political Justice“ ersichtlich sind. Siehe dazu *Kramnick*, S. xviii ff.

[8] *Marshall*, S. 191; *Nettlau*, S. 72.

[9] *Nettlau*, S. 72 f., verweist auf vereinzelte Rezeptionen in Kontinentaleuropa vor Kropotkin.

tischen Positionen.[10] Godwin wird seither ideengeschichtlich regelmässig im Bereich des klassischen Anarchismus angesiedelt und sein Hauptwerk wird nicht selten als philosophische Grundlegung der wesentlichen modernen anarchistischen Prinzipien verstanden.[11] Dies obwohl sein Werk auch nach der „Entdeckung" durch Kropotkin nur wenig entscheidenden Einfluss auf die Entwicklung der anarchistischen Bewegung und des klassischen Anarchismus hatte.[12] Doch Godwin nimmt praktisch alle radikal herrschaftskritischen Thesen und Argumente des klassischen Anarchismus in bemerkenswert similärer Weise zu den meisten typisch anarchistischen Autoren vorweg und bringt viele davon gar am deutlichsten und nachvollziehbarsten zur Sprache. Er formuliert in diesem Rahmen auch eine allgemeine Rechtstheorie, die über eine reine Ablehnung des staatlichen Rechts hinausgeht.

Dennoch findet Godwin in Kontinentaleuropa bis heute fast ausschliesslich' in philosophischen anarchistischen Kreisen Widerhall und auch dort bleibt seine Bedeutung oftmals sehr marginal. Die hier stattfindende Auseinandersetzung mit Godwins herrschafts- und rechtskritischer Philosophie entspringt indes der Auffassung, dass mit Godwin ein originärer, vielschichtiger und zeitloser Denker allgemein (und nicht nur in anarchistischen Kreisen) viel zu wenig Beachtung findet. Godwin beschäftigte sich intensiv und differenziert mit ganz grundlegenden Fragen der menschlichen Koexistenz und der sozialen Regulierung, die sich jede menschliche Gesellschaft stellen sollte. Die systematisch und kritisch dargelegten Positionen in seinem Hauptwerk sind in vielerlei Hinsicht zeitgemäss und anschlussfähig. Er erkannte sowohl die fundamentale Verstrickung von Herrschaft, Eigentum und Recht als auch die grundlegende Bedeutung von Erziehung und Bildung für jegliche gesellschaftliche Organisation oder Veränderung.

In diesem Beitrag wird in der Folge Godwins *anarchistische Herrschafts- und Rechtskritik* anhand der dritten Auflage seines Hauptwerks „Enquiry Concerning Political Justice" dargestellt.[13] Dabei wird zuerst in aller Kürze auf einzelne Denkrichtungen eingegangen, die einen Einfluss auf Godwins Philosophie ausgeübt und diese mitgeprägt zu haben scheinen. Dann erfolgt ein etwas genauerer Blick auf die seiner Herrschafts- und Rechtskritik zugrundeliegenden anthropologischen und epistemologischen Annahmen und ethischen Prinzipien. Im Anschluss daran wird Godwins allgemeine *Rechtstheorie*, die streng genommen zu seiner Ethik gehört, gesondert behandelt.

---

[10] *Woodcock*, S. 59.

[11] Siehe für verschiedene Zeiten *Nettlau*, S. 67; *Carter*, S. 1 und *Codello*, S. 11.

[12] *Woodcock*, S. 59.

[13] Es wurde die dritte und letzte von Godwin revidierte Auflage von 1798 verwendet, weil er dort auf Kritiken hinsichtlich der ersten beiden Auflagen eingeht und seine Positionen in einigen Punkten entsprechend weiter ausführt.

Dies erfolgt sozusagen als Übergang zur Darlegung von Godwins Gesellschafts- und Herrschaftsanalyse, in der wiederum Bezüge zum Recht (in Form einer radikalen *Rechtskritik*) sichtbar werden. Abschliessend erfolgt ein Fazit und ein Ausblick, in dem auf der Grundlage von Godwins Positionen nach der *Möglichkeit von herrschaftslosem Recht* im Hinblick auf eine radikale soziale Veränderung gefragt wird.

II. Prägungen und Einflüsse

In „Political Justice“ erklärt Godwin immer wieder, dass es ihm in seiner Untersuchung in erster Linie darum gehe, die Auswirkungen der sozialen oder politischen Organisation einer Gesellschaft auf die Beschaffenheit und das Verhalten der *einzelnen Menschen* zu beleuchten. Diese Perspektive auf das einzelne und selbstbestimmte Individuum zeichnet sich aber schon viele Jahre vor dem Entstehen seines Hauptwerks ab und scheint sich schon früh in Godwins Denken festgesetzt zu haben. Bereits in jungen Jahren beschäftigt sich der aus einer protestantischen Dissenterfamilie stammende Godwin u.a. mit den radikal kirchenkritischen Ideen der Sandemanians, die die *persönliche Urteilsbildung* jedes einzelnen Menschen weder durch kirchliche Glaubensvorschriften noch durch staatliche Gesetze eingeschränkt sehen wollten.[14]

Später wendet sich Godwin von der Religion ab und er wird ohnehin sein ganzes Leben lang durch eine breite Lektüre der unterschiedlichsten Literatur von vielen verschiedenen Denkströmungen beeinflusst.[15] Eine bedeutende Prägung wird einerseits in seiner sehr kritischen Behandlung verschiedener französischer Philosophen der *Aufklärungszeit* (insbesondere Jean-Jacques Rousseau, Claude Adrien Helvétius, Paul-Henri Thiry d'Holbach und Montesquieu) gesehen. Andererseits übten auch die Arbeiten von britischen *Empiristen* wie David Hume und John Locke grossen Einfluss auf Godwins Denken aus. Insbesondere in anthropologischer und epistemologischer Hinsicht orientiert sich Godwin in „Political Justice“ an vielen Stellen an Hume und teilweise auch an Locke, während er in Bezug auf das Konzept des Gesellschaftsvertrags als Legitimationsgrundlage von Herrschaft Humes Argumente gegen die Vertragstheorien von Hobbes und Locke fast vollständig

[14] Siehe zu Godwins Prägung durch die Dissenter und insbesondere die Sandemanians George *Woodcock*, S. 64 f. und Peter *Marshall*, S. 192 f.

[15] An besagten Stellen (Fn. 14) weisen denn sowohl Woodcock als auch Marshall richtigerweise darauf hin, dass der Einfluss durch die Sandemanians nur einer – wenn auch der erste bedeutende – von vielen geistigen Einflüssen auf Godwins Denken darstellt, das sich in seinem Hauptwerk dann in Form einer philosophischen Grundlegung des Anarchismus widerspiegelt.

übernimmt. Godwin steht sodann ebenso in der geistigen Tradition *liberaler* britischer Philosophen des 18. Jahrhunderts wie Thomas Paine, dem frühen Edmund Burke und Jeremy Bentham, als auch britischer *Frühkommunisten* wie Richard Woodward, Thomas Spence und William Ogilvie.[16]

Die bereits in Godwins jungen Jahren zu erkennende Auffassung, wonach die bestmögliche Förderung der Urteilskraft jedes einzelnen und selbstbestimmten Menschen zu einer freien und gerechten sozialen oder politischen Organisation führen müsse, bleibt in ihrer Essenz stets erhalten. Sie entspricht auch den in seinem Hauptwerk dargelegten philosophischen Grundlagen, auf die nun weiter eingegangen wird.

III. Philosophische Grundlagen

1. Natur- und Menschenbild

a) Dynamik der Natur und des Menschen

Das Universum und die Natur sind gemäß Godwin grundlegend geprägt von unzähligen *dynamischen* Verbindungen: „Alles im Universum ist miteinander verbunden" und gleichzeitig befindet sich alles in einem „kontinuierlichen Fluss".[17] Jeder einzelne *Mensch* ist untrennbarer Teil dieser dynamischen Natur und der darin stattfindenden Vorgänge. Die konkrete Beschaffenheit und die Handlungen der Individuen sind somit stets vor dem Hintergrund äußerer Bedingungen und Ereignisse zu verstehen. Und jegliche menschliche Erfahrung und Entwicklung ist auf eine Abfolge von unzähligen *Ideen* zurückzuführen, die aus der Wahrnehmung oder dem Erleben ebendieser dynamischen Aussenwelt resultieren.[18]

Godwin anerkennt zwar in der dritten Auflage seines Hauptwerks, dass die Menschen bereits bei der Geburt nicht nur körperlich, sondern auch charakterlich alle verschieden sind und unterschiedliche Veranlagungen ins Leben mit sich bringen. Doch ist für ihn diese unterschiedliche Grundkonstitution von verschwindend kleiner Bedeutung für das individuelle menschliche Wesen und Verhalten, wenn man sie mit den unzähligen unterschiedlichen Auswirkungen der Außenwelt vergleicht, die den einzelnen Menschen sein ganzes Leben hindurch beeinflussen.[19]

---

[16] Zu den erwähnten Einflüssen und Prägungen kommen zahlreiche weitere hinzu, die hier nicht spezifisch aufgeführt wurden. Siehe dazu ausführlicher insbesondere bei *Clark* und *Henning*.

[17] *Godwin*, S. 127 und S. 298.

[18] *Godwin*, S. 324.

[19] *Godwin*, S. 43 ff.

Aus dem Gesagten folgert Godwin, dass angeborene und absolute Prinzipien oder Ideen (im Sinne Platons oder Descartes) und unveränderliche menschliche Angewohnheiten nicht existieren können. Überhaupt gibt es Godwin zufolge keine gesicherte Erkenntnis, mit einer gewichtigen Ausnahme: jeder einzelne Mensch hat jederzeit die Gewissheit über die unzähligen internen Vorgänge, die, verursacht durch die äusseren Einflüsse, in seinem eigenen Geist stattfinden. In dieser *Dynamik* entwickelt sich die *individuelle Persönlichkeit* jedes einzelnen Menschen heraus:

> „But, if there be any one thing that we know more certainly than another, it is the existence of our own thoughts, ideas, perceptions or sensations (by whatever term we may choose to express them), and that they are ordinarily linked together so as to produce the complex notion of unity or personal identity. Now it is this series of thoughts thus linked together, without considering whether they reside in any or what substratum, that is most aptly expressed by the term mind.“[20]

Der menschliche Geist besteht für Godwin aus den zwei grundlegenden Fähigkeiten des *Empfindens* und des *Verstehens*.[21] Durch das dynamische Zusammenspiel beider Fähigkeiten ist der Mensch in der Lage, sich fortzuentwickeln, wobei die unmittelbar körperliche oder sinnliche Empfindsamkeit die Basis für alle weiteren Vorgänge darstellt. So empfindet der Mensch permanent Eindrücke der Aussenwelt der unterschiedlichsten Art, er verarbeitet diese und stellt mithilfe seines Verstandes logische Verbindungen her.[22] Die Eindrücke und Verbindungen multiplizieren sich unendlich weiter, wodurch das Individuum Erfahrungen sammelt, Erkenntnisse gewinnt und sich Wissen erarbeitet:

> „The human mind, so far as we are acquainted with it, is nothing else but a faculty of perception. All our knowledge, all our ideas, everything we possess as intelligent beings, comes from impression. All the minds that exist set out from absolute ignorance. They received first one impression, and then a second. As the impressions became more numerous, and were stored by the help of memory, and combined by the faculty of association, so the experience increased, and with the experience the knowledge, the wisdom […].“[23]

b) Mensch als empfindsames, soziales, rationales, perfektionierbares und fehlbares Wesen

Aus dem bisher Gesagten resultiert ein *differenziertes und dynamisches Menschenbild.* Der Mensch ist gemäss Godwin nicht einfach ein *rationales*,

20 *Godwin*, S. 35.

21 *Clark*, S. 86.

22 *Godwin*, S. 41.

23 *Godwin*, S. 78 f.

sondern ebenso sehr ein *empfindsames* Wesen, dass sich zudem als *soziales* Wesen in einer sozialen Gruppe oder Gesellschaft am besten entfalten kann.[24]

Ohne auf banale Weise in Gutartigkeit und Bösartigkeit zu unterscheiden, erachtet Godwin die Menschen zudem gleichermassen als *perfektionierbar* und als *fehlbar*. Ganz im Sinne der Aufklärungsphilosophie attestiert er zwar jedem einzelnen Menschen die Fähigkeit, sich ständig verbessern zu können.[25] Dies bedeutet für ihn jedoch nicht, dass der Mensch einfach gut wäre und noch weniger, dass er je perfekt werden könnte. Jeder einzelne Mensch ist von seinem Wesen her auch stets fehlbar; insbesondere Voreingenommenheit und Vorurteile sind gemäss Godwin latent vorhandene Phänomene im Rahmen menschlicher Erkenntnisgewinnung und menschlichen Verhaltens, die zu zahlreichen negativen Konsequenzen sowohl für den voreingenommenen und von Vorurteilen beeinflussten einzelnen Menschen als auch für dessen Mitmenschen führen können.[26] Godwin betont aber, dass jeder einzelne Mensch grundsätzlich fähig ist, im Sinne einer Retroperspektive auf seine Überlegungen und Handlungen, eigene Fehler zu erkennen und dadurch versuchen kann, sein Verhalten entsprechend anzupassen oder neu auszurichten:

> „By perfectible, it is not meant that he is capable of being brought to perfection. But the word seems sufficiently adapted to express the faculty of being continually made better and receiving perpetual improvement; and in this sense it is here to be understood. The term perfectible, thus explained, not only does not imply the capacity of being brought to perfection, but stands in express opposition to it. If we could arrive at perfection, there would be an end to our improvement."[27]

c) Private Urteilskraft

Die *private Urteilskraft* entspricht Godwins differenziertem und dynamischem Menschenbild und kann als *Wesensmerkmal* jedes einzelnen Menschen bezeichnet werden. Sie ist aber ebenfalls eng verbunden mit Godwins utilitaristisch geprägter Gerechtigkeitsethik und überhaupt von essentieller Natur für seine Philosophie und seine gesamte soziale und politische Theorie. Sie soll hier deshalb noch etwas ausführlicher zur Sprache kommen und dabei gleichzeitig als Überleitung von Godwins Menschenbild zu Godwins Ethik dienen.

---

[24] *Godwin*, S. 101.

[25] *Godwin*, S. 94 f.

[26] *Godwin*, S. 60 ff.; *Clark*, S. 25 f.

[27] *Godwin*, S. 132.

Godwin wurde und wird oft unterstellt, dass seine Annahmen über die private Urteilskraft auf einem zu positiven, weil rein rationalen, Menschenbild beruhen würden. Diese Kritik überzeugt jedoch nicht, ist doch in „Political Justice" an vielen Stellen ersichtlich, dass die Ausübung der privaten Urteilskraft in keiner Weise als rein rationale Tätigkeit zu verstehen ist. Die Ausübung der privaten Urteilskraft resultiert Godwin zufolge aus einer Kette an Vorgängen im menschlichen Geist, wobei Sinnlichkeit (als unmittelbar körperliche Empfindsamkeit), Verstand und Moral (als intellektuell beeinflusste ethische Form der Empfindsamkeit) sich gegenseitig ergänzen und unterstützen. Erst eine dynamische und zugleich harmonische Verbindung beider zentraler Fähigkeiten des Geistes – *Empfinden* und *Verstehen* – führt dazu, dass sich die private Urteilskraft tatsächlich entfalten kann. Ziel ist dabei stets eine umfassende Würdigung jeder einzelnen einzigartigen Situation. Auf dieser Basis vollzieht das Individuum dann im Idealfall Handlungen unter Berücksichtigung all ihrer absehbaren Folgen, wie in der Folge anhand Godwins Ethik noch genauer gezeigt wird.[28]

Mittels der privaten Urteilskraft versucht Godwin, seine deterministischen Annahmen mit einer menschlichen *Wahlfreiheit* bezüglich der abschätzbaren *Folgen* verschiedener Handlungen in Einklang zu bringen.[29] Die Persönlichkeiten, Charaktere und Handlungen der Menschen sind zwar im Wesentlichen das dynamische Produkt von lebenslangen Einflüssen durch die Aussenwelt und unterliegen den grundlegenden Verbindungen im Universum und der Natur.[30] Dies bedeutet für Godwin aber nicht, dass dem Individuum überhaupt keine Wahl bliebe, wie es sich in den einzelnen Situationen verhalten könnte. Godwin vertritt keinen starken oder strengen Determinismus, wonach alle Abläufe der Natur so vorherbestimmt wären, dass den Menschen keinerlei Einflussmöglichkeiten durch *unterschiedliche Handlungsstränge* bleiben würden.[31] Das Individuum hat gemäss Godwins schwachem Determinismus aufgrund der privaten Urteilskraft die Fähigkeit, jede einzelne Situation so umfassend wie möglich zu würdigen und kann somit im Idealfall erkennen, dass sich in der Regel mehrere unterschiedliche Handlungsmöglichkeiten anbieten. Dem einzelnen Menschen bleibt sodann die *freie Wahl*, welche der erkannten Handlungen unter Berücksichtigung ihrer absehbaren Folgen er ausführen will.[32] Grundlegende Bedingung ist für Godwin dabei jedoch, dass jeder einzelne Mensch seine eigene Urteilskraft *frei* und *ohne Zwang* ausüben kann:

---

28 *Godwin*, S. 77 ff.

29 *Marshall*, S. 202.

30 *Godwin*, S. 289.

31 *Miller*, S. 65.

32 *Godwin*, S. 69.

„Man is a being who can never be an object of just approbation, any further than he is independent. He must consult his own reason, draw his own conclusions and conscientiously conform himself to his ideas of propriety.“[33]

2. Ethik

Aufbauend auf seinem Menschenbild entwickelt Godwin eine utilitaristisch geprägte Ethik, die sein Verständnis von Gerechtigkeit in der sozialen Sphäre zur Geltung bringen soll. Doch Godwins *Gerechtigkeitsethik* ist nicht lediglich utilitaristisch, sie ist auch eng mit der privaten Urteilskraft als *Wesensmerkmal* des Menschen verwoben und soll nicht nur zur bestmöglichen Förderung des allgemeinen Nutzens beitragen, sondern ebenso zur freien und zwanglosen Entwicklung jedes einzelnen Individuums. In der Folge werden die wesentlichen Punkte dieser Ethik kurz dargelegt.

a) Gleichheit und Einzigartigkeit der Menschen

Der für Godwin typische spezifische Blick auf den einzelnen Menschen zeigt sich auch in seiner Auseinandersetzung mit unterschiedlichen Konzepten von Gleichheit. Ganz im Sinne der Aufklärungsphilosophie spricht sich Godwin zwar vehement für die *Gleichheit* der Menschen aus.[34] Doch kritisiert er etwa Hélvetius und wirft ihm ein starres und absolutes Konzept von Gleichheit vor, das den individuellen Bedürfnissen und Eigenschaften kaum gerecht werde und anfällig sei für populistische und autoritäre Entwicklungen.[35] Im Gegenzug betont Godwin die *Einzigartigkeit* der Menschen, ihrer Eigenschaften und Bedürfnisse. Es zeigt sich bei ihm insofern ein qualifiziertes Verständnis von Gleichheit als *substantieller* Gleichheit. Diese substantielle Gleichheit manifestiert sich auf körperlich-sinnlicher als auch auf intellektueller und moralischer Ebene:

„We are partakers of a common nature, […] Our senses and faculties are of the same denomination. Our pleasures and pains will therefore be alike. We are all of us endowed with reason, able to compare, to judge and to infer.“[36]

Da alle Menschen entscheidend durch äußere Umstände geformt werden, sie aber alle fähig sind, sich der eigenen privaten Urteilskraft zu bedienen und ihr Handeln entsprechend anzupassen, sind sie alle substantiell *gleich*. Doch ebenso bringen sie alle einzigartige Anlagen mit ins Leben, sind einzigartigen Bedingungen ausgesetzt und machen einzigartige Erfahrungen.

---

33 *Godwin*, S. 132.

34 *Godwin*, S. 116.

35 *Clark*, S. 75 f.

36 *Godwin*, S. 117 f.

Dies gilt es bei allen ethischen und politischen Überlegungen zu berücksichtigen.[37]

b) Utilitarismus

Wie wir bereits gesehen haben, steht zu Beginn jeder menschlichen Erfahrung oder Handlung das unmittelbare *Empfinden* von Ideen oder Eindrücken. Wesentlich für Godwins Ethik ist ebendiese Fähigkeit des einzelnen Menschen, wobei jegliches Empfinden entweder mit *Genuss* oder *Schmerz* in Verbindung steht:

> „Every sensation is, by its very nature, accompanied with the idea of pleasure or pain in a vigorous or feeble degree."[38]

Godwins hedonistischem Utilitarismus zufolge soll in allen Handlungen stets der Genuss gefördert und der Schmerz vermieden werden. Es steht für ihn außer Frage, dass der empfindsame Mensch von Natur aus den Genuss anstrebt und den Schmerz vermeiden will:

> „[...] happiness and misery, pleasure and pain [...] It is immutably true that whatever tends to procure a balance of the former is to be desired, and whatever tends to procure a balance of the latter is to be rejected."[39]

Godwin unterteilt Genüsse sodann in verschiedene Kategorien. Da wären zunächst die elementaren *körperlichen* oder „sinnlichen Genüsse".[40] Sie machen die Basis all unserer Erfahrungen aus, doch sind sie zugleich immer nur von *temporärer* Natur. Für Godwin stehen sie deshalb trotz ihrer grundlegenden Bedeutung keinesfalls über den Genüssen „intellektueller" und „moralischer" Art. Erst eine Kombination aus *sinnlichen*, *intellektuellen* und *moralischen* Genüssen führt zu wahrhaftigem Genuss.[41]

Diese enge *Verschränkung* von Sinnlichkeit, Verstand und Moral passt zu Godwins differenziertem und dynamischem Menschenbild, wonach der in sozialen Gruppen lebende Mensch sowohl empfindsam als auch rational, sowohl perfektionierbar doch stets auch fehlbar ist. Aus dieser Verschrän-

---

37 *Godwin*, S. 118.

38 *Godwin*, S. 66.

39 Godwin, S. 135.

40 Der hier verwendete deutsche Begriff des Genusses steht stellvertretend für die englischen Begriffe „happiness" (Glück), „pleasure" (Freude) und „good" (Wohl), die von Godwin weitgehend synonym verwendet werden. Ausserdem wird vor allem in Bezug auf Godwins Gerechtigkeitskonzept in der sozialen Sphäre in der Folge hauptsächlich der Begriff des Nutzens verwendet, den Godwin dem Genuss gleichsetzt und als „benefit", aber auch als „well-being" (Wohlbefinden) oder „utility" (Nützlichkeit) bezeichnet.

41 *Godwin*, S. 109.

kung wird ausserdem wiederum ersichtlich, dass sich die private Urteilskraft nicht aus einer reinen Verstandestätigkeit ergibt, sondern aus einer Kette an unterschiedlichen Vorgängen im menschlichen Geist resultiert, bei denen eben gerade die rein körperliche Empfindsamkeit des Menschen die grundlegende Rolle spielt und die Moral sich als eine Form der ethischen Empfindsamkeit aus den Vorgängen des körperlichen Empfindens und des intellektuellen Verstehens fortentwickelt. Die Ausübung der privaten Urteilskraft und die Erkenntnis von Wahrheit und Gerechtigkeit (die, wie sogleich gezeigt wird, dem grössten Genuss oder Nutzen aller entspricht) werden so zum *höchsten* Genuss des Individuums überhaupt:

> „That which gives the last zest to our enjoyments is the approbation of our own minds, the consciousness that the exertion we have made was such as was called for by impartial justice and reason; and this consciousness will be clear and satisfying in proportion as our decision in that respect is unmixed with error. Our perceptions can never be so luminous and accurate in the belief of falsehood as of truth.“[42]

Dennoch darf dabei die grundlegende Bedeutung der unmittelbar sinnlichen Erfahrung für jegliches Handeln nie vergessen gehen. Denn ohne das unmittelbar körperliche *Empfinden* von Genuss oder Freude, wäre der Mensch gemäß Godwin vollkommen antriebslos, nicht nur in körperlicher, sondern ebenso in intellektueller und moralischer Hinsicht. Wenn Verstand und Empfinden Gegensätze wären, die um die Vorherrschaft im Geist ringen würden, gäbe es für den Einzelnen gar keinen Grund, seine private Urteilskraft zur Entfaltung zu bringen und sein Handeln moralisch zu werten:

> „Voluntary action cannot exist but as the result of experience. Neither desire nor aversion can have place till we have had a consciousness of agreeable and disagreeable sensations. Voluntary action implies desire, and the idea of certain means to be employed for the attainment of the thing desired. The things first desired by every thinking being will be agreeable sensation, and the means of agreeable sensation. If he foresee anything that is not apprehended to be pleasure or pain, or the means of pleasure or pain, this will excite no desire, and lead to no voluntary action.“[43]

c) Gerechtigkeit als soziale Leitmaxime und Freiheit der Kommunikation

Gerechtigkeit ist das zentrale ethische Prinzip für Godwin. Sie entspricht der „Wahrheit“ in Bezug auf alle Angelegenheiten der sozialen Sphäre und kann aufgrund der freien Ausübung der privaten Urteilskraft erkannt werden. Diese *soziale Wahrheit* kann jedoch stets erst *im konkreten Einzelfall* ermittelt werden: Gerecht handelt nach Godwin jede Person, die in einer konkre-

---

[42] *Godwin*, S. 67

[43] *Godwin*, S. 306.

ten Situation mittels ihrer Handlung die Förderung des größtmöglichen Genusses oder Nutzens für alle in der Situation implizierten oder von der Handlung betroffenen Menschen anstrebt:

> „Justice […] is coincident with utility. I am myself a part of the great whole, and my happiness is a part of that complex view of things by which justice is regulated."[44]

Die so definierte Gerechtigkeit wird auch als „ethisches Prinzip solidarischer zwischenmenschlicher Beziehungen" und ihre Anwendung als die „Ausübung von Menschenliebe" bezeichnet.[45] Sie dient Godwin als „Prinzip der Deduktion" in allen moralischen Fragestellungen und ist als *utilitaristische Handlungsanleitung* für das einzelne Individuum zu verstehen.[46] Typisch für eine utilitaristische Ethik, erfordert das Erkennen von Gerechtigkeit in der konkreten Situation die Einnahme einer *unparteiischen Beobachterperspektive*:

> „[…] the soundest criterion of virtue is to put ourselves in the place of an impartial spectator, of an angelic nature, suppose, beholding us from an elevated station, and uninfluenced by our prejudices, conceiving what would be his estimate of the intrinsic circumstances of our neighbor, and acting accordingly."[47]

Aus dieser möglichst unabhängigen und von Vorurteilen unbeeinflussten Perspektive kann Wahrheit und Gerechtigkeit theoretisch in jeder einzelnen Situation (und eben nur in der jeweiligen konkreten Situation) erkannt werden und somit in allen Handlungen die Förderung des grössten Genusses oder Nutzens für alle angestrebt werden.[48]

Das Gesagte ist jedoch in zweierlei Hinsicht zu relativieren oder wenigstens zu ergänzen. Erstens spricht Godwin zwar oft von *Wahrheit*, er versteht diese aber nicht in dem absoluten Sinne, wie es sein Sprachgebrauch teilweise suggerieren lässt.[49] Wahrheit widerspiegelt den *aktuellen Wissensstand* und es gehört zu ihrem Wesen, dass sie stets revidiert werden kann.[50] Das menschliche Wesen ist eingebettet in unzählige dynamische Verbindungen im Universum. Es ist ihm demnach trotz Fortschritt niemals möglich, alle Zusammenhänge einzelner Situationen komplett zu durchschauen. Auch moralische und (natur-)wissenschaftliche Erkenntnisse führen Godwin zufolge deshalb nie zu *absoluten* Wahrheiten sondern einfach zu höheren oder niedrigeren *Wahrscheinlichkeiten*.[51]

---

44 *Godwin*, S. 134.

45 *Henning*.

46 *Godwin*, S. 102.

47 *Godwin*, S. 107.

48 *Godwin*, S. 49.

49 *Godwin*, S. 76 f.

50 *Godwin*, S. 62 f.

51 *Clark*, S. 11 ff. und S. 40 ff.

Zweitens weist Godwin wiederholt darauf hin, dass es zum Wesen des Menschen gehört, sich zu irren, auch in moralischer Hinsicht (*Fehlbarkeit des perfektionierbaren Menschen*).[52] Diese Fehlbarkeit des Menschen kann gemäss Godwin jedoch durch die permanente Möglichkeit freier Kommunikation und Untersuchung entschärft werden.[53] Da Wissen oder Wahrheit immer nur Wahrscheinlichkeiten ausdrücken, gehört es zu ihrem Wesen, dass sie stets revidiert werden können, sie unterliegen einer „ständigen Überprüfung und Neubewertung".[54] Hierbei kommt der *freien menschlichen Kommunikation* laut Godwin eine grundlegende Funktion zuteil.[55] Unbegrenzte Diskussion und Untersuchung sind die Basis einer fortschrittlichen und freien Entwicklung des Individuums und der Gesellschaft in allen Bereichen. Bleibt der Mensch in Bewegung, lässt er unbegrenzte Untersuchung und Diskussion zu, wird er gleichzeitig am ehesten seiner *dynamischen* Natur gerecht.[56] Das beste Mittel zum Erkennen von Wahrheit und Gerechtigkeit ist neben der freien Ausübung der privaten Urteilskraft deshalb der freie Austausch zwischen den einzelnen Menschen in „*unabhängiger und unparteiischer Diskussion*", der keine Grenzen gesetzt sind.[57]

IV. Allgemeine Rechtstheorie

In seinem Hauptwerk stellt Godwin an vielen verschiedenen Stellen spezifische oder allgemeine Bezüge zum Recht her. Insbesondere in seiner Ethik und in seiner Gesellschafts- und Herrschaftsanalyse befasst er sich mit grundlegenden Fragen des Rechts als Mittel der sozialen Regulierung und Ordnung. Während seine spezifische Kritik am (staatlichen) Recht anhand seiner Gesellschafts- und Herrschaftsanalyse zusammengefasst wird (in der Folge unter V.), soll hier im Folgenden Godwins *allgemeine Rechtstheorie* gesondert dargelegt werden, auch wenn sie streng genommen eigentlich Teil seiner Ethik ist.

1. Autoritäten und Pflichten

Godwin klassifiziert drei mögliche Arten von *Autoritäten* und entsprechend drei mögliche Formen des Gehorsams. Die erste Art der Autorität ist die eigene Vernunft oder *private Urteilskraft*. Die zweite Art der Autorität ist in

[52] Siehe vorne III.1.b).
[53] *Godwin*, S. 356.
[54] *Godwin*, S. 62.
[55] *Godwin*, S. 73.
[56] *Godwin*, S. 74 ff., S. 221 f. und S. 234.
[57] *Godwin*, S. 222.

einer anderen Person zu sehen, die in einem bestimmten Gebiet über mehr *Wissen* oder *Erfahrung* verfügt. Die dritte Art der Autorität besteht in der Ausübung oder Androhung von *Zwang* oder *Gewalt*, um ein bestimmtes Verhalten eines anderen Menschen zu erwirken.[58]

Eine moralische Pflicht zum Gehorsam besteht für Godwin nur der ersten Autorität gegenüber. Diese Form des Gehorsams bezeichnet er als „die reinste Form des Gehorsams".[59] Diese Verpflichtung zur Befolgung der eigenen privaten Urteilskraft folgt für Godwin insbesondere aus der *moralischen Gleichheit* der Menschen.[60] Die Gewissheit über die Handlungsmotive in jeder einzelnen Situation ergibt sich idealerweise aus den unzähligen Informationen, die das Individuum im unbegrenzten und *freien Austausch* mit den anderen Menschen sammelt und verarbeitet. So kann es nach freiem Gewissen seine persönlichen Schlussfolgerungen ziehen und *selbstbestimmt* handeln.[61]

Den Gehorsam gegenüber der zweiten Art von Autorität bezeichnet Godwin als „Vertrauen".[62] Der einzige legitime Grund, dem Wissen oder der Erfahrung einer anderen Person Gehorsam zu leisten, besteht für ihn darin, dass eine Angelegenheit unter Berücksichtigung aller Umstände besser durch diese Person in leitender Funktion gelöst wird. Godwin nennt als Beispiele den Bau eines Hauses oder die Schulbildung, oder allgemein den Gehorsam eines Kindes seinen Eltern gegenüber.[63] Gehorsam aus *Vertrauen* sollte aber stets nur unter Berücksichtigung und Würdigung aller Umstände erfolgen und zudem nicht über die konkrete Situation hinausgehen und auch nicht zur Gewohnheit werden.[64] Denn die zweite Art der Autorität – *Wissens- oder Erfahrungsvorsprung* – stellt für Godwin im Allgemeinen eine besondere Gefahr für die freie Ausübung der privaten Urteilskraft der Menschen dar. Die Gewohnheit, anderen aufgrund eines Wissens- oder Erfahrungsvorsprungs Gehorsam zu leisten, kann dazu führen, dass dies auch in Situationen geschieht, in denen es gar nicht notwendig wäre. Je mehr die Menschen den Informationen oder Schlussfolgerungen anderer gehorchen, desto mehr schwächen sie auf lange Sicht ihre eigene Wissens- und Erfahrungsbasis.[65]

Die dritte Form des Gehorsams umschreibt Godwin folgendermassen:

58 *Godwin*, S. 177.
59 *Godwin*, S. 174.
60 *Godwin*, S. 117.
61 *Godwin*, S. 136 ff.
62 *Godwin*, S. 175.
63 *Godwin*, S. 179 f.
64 *Godwin*, S. 180.
65 *Clark*, S. 138 f.

„[…] where I do that which is not prescribed to me by my private judgement, merely on account of the mischievous consequences that I foresee will be annexed to my omission by the arbitrary interference of some voluntary being.“[66]

Es handelt sich hierbei um Gehorsam aus „Furcht“ vor negativen Folgen für die eigene Person. Eine Handlung wird ausgeführt, weil eine Unterlassung zu Gewalt oder Zwang gegen das Individuum führt (oder entsprechend wird eine Handlung unterlassen, weil ihre Ausübung zu Gewalt oder Zwang führt). Diese Form des Gehorsams ist für Godwin typisch für die Befolgung der staatlichen *Gesetze* und der Akzeptanz von *Herrschaft*.[67] Die dritte Art der Autorität ist aus Godwins Sicht auf alle Fälle zu verwerfen und er macht wiederholt auf die verheerenden Auswirkungen menschlicher Herrschaft aufmerksam: *Eroberung*, *Krieg*, *Ausbeutung* und *Bestrafung* korrumpieren und unterdrücken das menschliche Wesen ihm zufolge gleichermassen wie das Streben nach *Gewinn* und die Akkumulation von *Eigentum*.[68]

Dennoch muss der Gehorsam der dritten Autorität gegenüber nicht zwingend der privaten Urteilskraft entgegenlaufen. Dem Individuum bleibt die Wahl zwischen Unterwerfung oder Schmerz.[69] Gehorsam aus Furcht erachtet Godwin demnach zumindest als ehrlicher als blinder Gehorsam durch Vertrauen. Besonders problematisch wird es für ihn vor allem dann, wenn sich die zweite und die dritte Autorität vermengen und der Gehorsam gegenüber staatlicher Herrschaft und das Befolgen der Gesetze aus blindem Vertrauen resultiert.[70]

Die freie Ausübung der privaten Urteilskraft, und damit die Förderung des größten Nutzens für alle Menschen, ist also die *einzige Pflicht* des tugendhaften Individuums.[71] Dies ergibt sich auch dadurch, dass der einzelne Mensch seine Persönlichkeit, seine Eigenschaften und Fähigkeiten gemäss Godwin am besten entfalten kann, wenn er sich nur seiner eigenen Urteilskraft unterwirft.[72] Dadurch stellt er sich gleichzeitig in den Dienst aller und übt Gerechtigkeit aus:

„Duty is that mode of action on the part of the individual which constitutes the best possible application of his capacity to the general benefit.“[73]

---

[66] *Godwin*, S. 175.
[67] *Godwin*, S. 177.
[68] *Godwin*, S. 21 ff. und S. 27 ff.
[69] *Godwin*, S. 180 f.
[70] *Godwin*, S. 181.
[71] *Godwin*, S. 126 und S. 134.
[72] *Godwin*, S. 108 und S. 141.
[73] *Godwin*, S. 124

2. Rechte

Auf den ersten Blick überraschen mag, dass der radikale Aufklärungsphilosoph Godwin den Menschen keine Rechte zugesteht.[74] Seiner Ethik zufolge darf nämlich keine Handlung ohne die Beachtung ihrer Folgen für das grösstmögliche Wohl aller getätigt werden. Insofern ist die Handlungsfreiheit stets eingeschränkt. Godwins Position bedarf jedoch einer genaueren Betrachtung. Er verwirft die Idee des Rechts nicht in absoluter Weise, sondern unterteilt dieses in zwei grundlegend verschiedene Ausprägungen, die beide anhand ihrer Vereinbarkeit mit seiner utilitaristischen Ethik beurteilt werden können.

In seiner allgemeinen *Rechtstheorie* unterscheidet Godwin zwischen den zwei Grundformen des aktiven und des passiven Rechts. Ein *aktives Recht* kann im Besonderen in der uneingeschränkten *Verfügungsgewalt* über eine Sache bestehen, verbunden mit dem permanenten Anspruch auf den Ertrag dieser Sache und zwar unabhängig davon ob sie sich im wirklichen Besitz des Berechtigten befindet und von diesem tatsächlich genutzt oder für die Ausübung seiner Fähigkeiten oder die Stillung seiner Bedürfnisse benötigt wird oder nicht (*Eigentumsrecht*). Allgemein gesprochen bedeutet aktives Recht, in einem vorgegebenen rechtlichen Rahmen *nach freiem Belieben* handeln zu dürfen ohne dabei von anderen daran gehindert zu werden und ohne Berücksichtigung der ausserrechtlichen Auswirkungen dieses Handelns auf andere Menschen. Der vorgegebene rechtliche Rahmen droht indes Zwang oder Gewalt an, falls das konkrete Handeln ebendiesen überschreitet. Aktives Recht ist insofern *typisch* staatliches Recht.[75]

Passives Recht hat zwei korrespondierende Bedeutungsgehalte. Ein besonderes passives Recht kann darin bestehen, einen unbedingten Anspruch auf *Unterstützung* durch andere zu haben, die mehr Güter zur Verfügung haben, als dass sie für die Sicherstellung ihrer Bedürfnisse und Entwicklung ihrer Eigenschaften und Fähigkeiten tatsächlich benötigen. Dieser Anspruch kann jedoch nicht mit Zwang oder Gewalt durchgesetzt werden (*moralischer Anspruch auf Solidarität*). Allgemein gesprochen bedeutet passives Recht, in einer beliebigen Handlungssphäre frei handeln zu dürfen, wobei die Gerechtigkeit als Leitmaxime stets zu berücksichtigen ist. Im Gegensatz zum aktiven Recht bedeutet es jedoch weder die Rechtmässigkeit aller Handlungen innerhalb dieser Sphäre noch die Nichtberücksichtigung ihrer ausserrechtlichen Konsequenzen. Ein allfällige Beteiligung anderer erfolgt über die freie und unbegrenzte Diskussion und ohne Anwendung von Zwang oder Gewalt,

---

74 *Mathis*, S. 119.

75 *Godwin*, S. 126 ff.

weshalb Godwin die Handlungssphäre des Einzelnen unter dem passiven Recht als „Sphäre der Diskretion“ bezeichnet:

> „[…] each must have his sphere of discretion. No man must encroach upon my province, nor I upon his. He may advise me, moderately and without pertinaciousness, but he must not dictate me.“[76]

Godwins Utilitarismus lässt ihn folgern, dass aktives Recht nicht existieren sollte. Die Existenz aktiven Rechts würde bedeuten, dass eine Handlung unabhängig der Berücksichtigung ihrer Folgen für die Gerechtigkeit bzw. für die allgemeine Nützlichkeit vorgenommen werden könnte. Doch ist das gerechte Handeln gemäss der privaten Urteilskraft und gleichzeitig die Förderung des grösstmöglichen Nutzens aller als einzige Pflicht des tugendhaften Individuums definiert. Insofern ist aktives Recht im oben beschriebenen Sinn für Godwin von willkürlichem Charakter.[77]

Die einzige Art von Recht, die nach Godwin möglich ist, ist diejenige des passiven Rechts, das als eine Art *Naturrecht* verstanden werden kann, auch wenn Godwin nicht explizit von Naturrecht spricht. Im Gegensatz zu Jeremy Bentham, der seinen Utilitarismus auf einer *a priori* Konformität einzelner Prinzipien aufbaut, ist Godwins utilitaristische Ethik geprägt von einer *Fusion* oder Verschränkung verschiedener Prinzipien.[78] So hat gemäss Godwins passivem Recht einerseits jeder Mensch Ansprüche auf bestimmte Güter zur Sicherstellung seiner einzigartigen Bedürfnisse und zur Förderung seiner einzigartigen Eigenschaften und Fähigkeiten.[79] Andererseits hat jeder Mensch stets Anspruch auf eine absolut unantastbare Diskretionssphäre, die auf dem ethischen Primat der privaten Urteilskraft basiert.[80] Diese Diskretionssphäre ist von elementarer Bedeutung für Godwins gesamte politische und soziale Theorie, denn die *Nützlichkeit* der freien Ausübung der privaten Urteilskraft in allen Situationen steht für ihn außer Frage. Es soll dem einzelnen Menschen stets möglich sein, frei zu entscheiden und zu handeln. Gewalt oder Zwang sollte keinesfalls angewendet werden, wenn Gerechtigkeit oder ethisches Handeln angestrebt werden.[81] Gerade weil alle Menschen fehlbar sind, ist die unbegrenzte Diskussion das einzig legitime Mittel um Kontroversen auszutragen und Gerechtigkeit zu erkennen.[82]

Während sich für Bentham das Naturrecht sodann aus Gott oder einer transzendenten Vernunft ergibt, besteht es für Godwin schlicht in der *natür-*

[76] *Godwin*, S. 132.

[77] *Godwin*, S. 128 ff.

[78] *Thévenet*, S. 18.

[79] Siehe dazu die Ausführungen zum Eigentum unter V.2.a).

[80] *Godwin*, S. 131.

[81] *Godwin*, S. 216.

[82] *Godwin*, S. 132 und S. 221 f.

lichen Dynamik des Lebens, in der ständigen Möglichkeit der zwanglosen Veränderung, die er im ganzen Universum und folglich auch in der menschlichen Natur zu erkennen glaubt. Wenn sich die Menschen dementsprechend aus freien Stücken dazu entscheiden, ihre konkreten Angelegenheiten gemäß der privaten Urteilskraft und in freier und unbegrenzter Kommunikation zu regeln, wird aktives und herrschaftliches Recht überflüssig und alle Streitfälle werden im konkreten Einzelfall durch Einbezug aller Beteiligten einvernehmlich zu lösen gesucht.[83]

V. Gesellschafts- und Herrschaftsanalyse

Als soziales Wesen lebt der Mensch Godwin zufolge natürlicherweise in sozialen Gruppen oder Gesellschaften. Er schliesst sich aus utilitaristisch-reziproken Gründen mit anderen Menschen zwecks Förderung des gegenseitigen Wohls zusammen.[84] Menschliche Gesellschaften müssen sich Godwin zufolge aber nicht zwingend in Herrschaftsgebilde wie Staaten transformieren oder in diesen verharren, wenn jegliche *Machtkonzentration* immer nur *temporär* und *fluide* im konkreten Zusammenarbeiten zwecks Förderung des gegenseitigen Nutzens besteht.[85] Dies zeigt sich auch darin, dass Godwin einer menschlichen Gesellschaft keine dem Individuum übergeordneten Attribute oder Werte zumisst.[86]

Godwin betrachtet Politik als einen Teil der Ethik. Politik ist für ihn die Anwendung fundamentaler moralischer Prinzipien auf zwischenmenschliche und gesellschaftliche Verhältnisse und Situationen.[87] Alle politisch-sozialen Problemstellungen fallen demnach unter die fundamentale Maxime der Gerechtigkeit, sprich die Förderung der freien Ausübung der privaten Urteilskraft und damit gleichzeitig des grössten Nutzens aller:

> „[…] what is it that the society is bound to do for its members? Everything that is requisite for their welfare. But the nature of their welfare is defined by the nature of mind. That will most contribute to it which expands the understanding, supplies incitements to virtue, fills us with a generous consciousness of our independence, and carefully removes whatever can impede our exertions.“[88]

Staatliche oder herrschaftliche Strukturen (*permanente und rechtlich garantierte Machtkonzentration*) sind für eine menschliche Gesellschaft inso-

---

83 *Godwin*, S. 611.

84 *Godwin*, S. 101.

85 *Godwin*, S. 431.

86 *Godwin*, S. 109.

87 *Clark*, S. 153.

88 *Godwin*, S. 109.

fern nur dann wünschenswert, wenn sie für alle Menschen von Nutzen sind und zugleich die freie und selbstbestimmte Entwicklung der Menschen – sprich deren private Urteilskraft – fördern.

Godwin erkannte die autoritäre Dimension des *Gemeinwillens*, die sich im zentralistischen Terrorstaat der Jakobiner konkret manifestiert hat.[89] Statt sich zu fragen, wie politische Herrschaft zu legitimieren sei, sollen sich Philosophen besser mit der Frage beschäftigen, was für Konsequenzen die unterschiedlichen Herrschaftsgebilde für das allgemeine Wohl mit sich bringen und wie stark sie in die persönliche Sphäre der einzelnen Menschen eingreifen.[90] Auch dies veranlasste ihn zur Niederschrift seines Hauptwerks, in dem er gesellschaftliche und herrschaftliche Strukturen umfassend und akribisch analysiert. Wie sogleich zu sehen sein wird, verwirft er dabei als erstes alle seinerzeit gängigen Theorien zur Herrschaftslegitimation. Doch fährt er unbeirrt fort mit einer detaillierten Untersuchung der allgemeinen Nützlichkeit der wesentlichen Herrschaftsinstrumente und -objekte und der unterschiedlichen Herrschaftsformen.

1. Herrschaftslegitimation

Godwin untersucht alle seinerzeit geläufigen theoretischen Konzepte, die Herrschaftsstrukturen legitimieren sollen. Althergebrachte Formen der Herrschaftslegitimation, wie ein „*Recht des Stärkeren*" oder ein „*Recht des göttlich Auserwählten*" werden von ihm in kurzen und klaren Worten widerlegt, da sie reine Behauptungen darstellen würden. Ein behauptetes „Recht des Stärkeren", mit welchen Attributen „Stärke" auch immer verbunden sein möge, bedeutet für Godwin schlicht „die totale Negation" von Gerechtigkeit. Es entwertet die private Urteilskraft aller Menschen in absoluter Weise, verfügt über keinerlei Bezug zur Suche nach Wissen und Wahrheit und zerstört die individuelle Autonomie der Menschen. Falls ein behauptetes „Recht des göttlich Auserwählten" so zu interpretieren ist, dass alle „real existierenden" Herrschaften von Gott gewollt seien, fällt es mit dem „Recht des Stärkeren" zusammen und unterliegt der gleichen Kritik. Ansonsten ist es als Kriterium völlig nutzlos, wenn ohne jegliche Beweise behauptet wird, einige Herrschaften seien von Gott gewollt und andere nicht.[91]

Ausführlicher widmet sich Godwin dem Konzept des *Gesellschaftsvertrags*, das zu seiner Zeit aus der Aufklärungsphilosophie sehr bekannt war und bis heute die theoretische Grundlage der modernen Staatlichkeit bildet.

---

89 *Godwin*, S. 431; *Henning*.

90 *Godwin*, S. 100 f., S. 131 ff. und S. 145.

91 *Godwin*, S. 146 f.

Gemäss Godwin resultiert die Unterminierung der privaten Urteilskraft beim Gesellschaftsvertrag aus einem vermeintlichen Konsens. Dies ganz im Gegensatz zu den althergebrachten und augenscheinlich hierarchischen und auf Zwang beruhenden Konzepten. Ein Vertrag, dem alle zustimmen, soll das Herrschaftsverhältnis als frei gewählt legitimieren. Diese Formulierung suggeriert, dass sich jedes einzelne Individuum aufgrund der freien Ausübung der privaten Urteilskraft dazu entschieden hat, dem Gesellschaftsvertrag und damit einem herrschaftlichen System beizutreten bzw. sich diesem unterzuordnen. Doch stellen sich für Godwin mehrere Probleme, die ihn zu einer scharfen Kritik am Konzept des Gesellschaftsvertrags führen, wobei diese Kritik sich hauptsächlich an den von David Hume diesbezüglich vorgebrachten Argumenten orientiert.

So weist auch Godwin auf das unlösbare Problem hin, dass bei allen vorgeschlagenen vertragstheoretischen Konzepten nicht geklärt werde, welche spezifischen Menschen diesem Vertrag überhaupt zugestimmt hätten und weshalb der Vertrag – falls tatsächlich die Zustimmung aller Herrschaftsunterworfenen nachgewiesen werden sollte – auch für *nachfolgende Generationen* bindend sein sollte.[92] Dabei verwirft er zugleich die Fiktion der *stillschweigenden Duldung* eines Herrschaftsverhältnisses. Nach dieser Fiktion stimmt ein Individuum, das innerhalb der räumlichen Grenzen einer bestimmten staatlichen Ordnung lebt, dem Gesellschaftsvertrag und damit der Unterordnung durch „Widerspruchslosigkeit“ zu. So führen beispielsweise die Vertragstheoretiker John Locke und Jean-Jacques Rousseau die stillschweigende Zustimmung auf den Grundbesitz respektive auf das Verbleiben im Land zurück. Godwin erachtet diese Argumentation als ausgesprochen gefährlich, da sie im Endeffekt darauf hinauslaufe, dass jede *erduldete Herrschaft* rechtmässig und durch die Zustimmung der Individuen legitimiert sei, unabhängig ihrer praktischen Ausgestaltung und Auswirkungen auf ebendiese Individuen:

> „It is usually said ‚that acquiescence is sufficient; and that this acquiescence is to be inferred from my living quietly under the protection of the laws‘. But if this be true, an end is as effectually put to all political science, all discrimination of better and worse, as by any system invented by the most slavish sycophant. Upon this hypothesis every government that is quietly submitted to is a lawful government, whether it be the usurpation of Cromwell, or the tyranny of Caligula. Acquiescence is frequently nothing more than a choice on the part of the individual of what he deems the least evil.“[93]

Sodann ist für ihn das *Objekt der Zustimmung* äusserst problematisch. Gerade im modernen Staat werde nicht dem Entscheid in einer spezifischen

---

[92] *Godwin*, S. 148.

[93] *Godwin*, S. 149.

Angelegenheit zugestimmt, sondern einem komplexen hierarchischen Gebilde, das eine Unmenge an Gesetzen hervorbringt, die das Leben der Individuen bis ins kleinste Detail regeln und so gut wie keinen Raum lassen für freie zwischenmenschliche Interaktion ausserhalb der Herrschaftsstrukturen. Eine konkrete Zustimmung könne hier in glaubwürdiger Weise unmöglich angenommen werden:

> „What then can be more absurd than to present to me the laws of England in fifty volumes folio, and call upon me to give an honest and uninfluenced vote upon their contents?“[94]

Das Hauptproblem des Gesellschaftsvertrags stellt sich für Godwin jedoch in grundsätzlicher Weise, und zwar in Bezug auf sein Menschenbild und seine Ethik. Denn sollte ein Herrschaftsgebilde auch erwiesenermassen in der anfänglichen Zustimmung aller Unterworfenen gründen, so kann es gleichwohl keinen legitimen Herrschaftsanspruch gegenüber all den Menschen haben, die ihr diese Zustimmung zu irgendeiner Zeit verweigern. Dies ergibt sich aus dem *ethischen Primat* der freien Ausübung der privaten Urteilskraft und aus der substantiellen Gleichheit aller Menschen.[95]

2. Nützlichkeit von herrschaftlichen Strukturen

Wenn auch Godwin die Legitimation von Herrschaft im Allgemeinen und des modernen Staates im Besonderen als gescheitertes Vorhaben taxiert, erachtet er es für angebracht, weiter nach der Nützlichkeit von (staatlichen) Herrschaftssystemen und -instrumenten zu fragen. Die Frage der moralischen Legitimation von Herrschaft ist demnach getrennt von der Frage ihrer allgemeinen Nützlichkeit zu behandeln.[96] Er unterteilt seine weitere Analyse in verschiedene essenzielle Bereiche politisch-sozialer Regulierung, die in der Folge unter a) „Herrschaftsinstrumente und -objekte“ und b) „Herrschaftsformen“ kurz zusammengefasst werden.

a) Herrschaftsinstrumente und-objekte

Grundlegende Herrschaftsinstrumente sind für Godwin das staatliche Recht im Allgemeinen (und das Strafrecht im Besonderen) sowie die staatlichen Erziehungs- und Bildungseinrichtungen. Als zentrales Herrschaftsobjekt erachtet er das Eigentum, das durch das staatliche Recht garantiert und geschützt wird. Seine Analyse und Kritik dieser Herrschaftsinstrumente- und objekte ist

[94] *Godwin*, S. 150.
[95] *Godwin*, S. 151.
[96] *Clark*, S. 163.

sehr umfassend und betrifft sowohl die zugrundeliegenden sozialen Machtstrukturen und deren rechtliche Ausgestaltung und Absicherung als auch die sich daraus ergebenden konkreten zwischenmenschlichen Machtverhältnisse.

aa) Recht und Bestrafung

Für Godwin gilt das Recht als das zentrale Herrschaftsinstrument einer staatlich organisierten Gesellschaft. Wenn auch das Recht grundsätzlich unterschiedliche Funktionen und Zwecke hat, so besteht gemäss Godwin in allen herrschaftlichen sozialen Gebilden eine grundlegende Funktion des Rechts in der Zementierung oder Vergrösserung von *Macht* und *Ungleichheiten*. Insofern dient herrschaftliches oder staatliches Recht von seinem Wesen her den bereits Mächtigen und Vermögenden einer Gesellschaft.[97]

Doch nicht nur die Grundlagen und der Inhalt des staatlichen Rechts, sondern auch dessen konkrete formelle Ausgestaltung ist geprägt von Ungleichheiten und Ungerechtigkeiten. Durch langwierige, komplizierte und kostenintensive Verfahren wird ein grosser Teil der Bevölkerung *faktisch* von der Wahrnehmung und Erstreitung der eigenen Rechte ausgeschlossen:

> „[the] administration of law is not less iniquitous than the spirit in which it is framed. […] The length of our chancery suits, the multiplied appeals from court to court, the enormous fees of counsel, attorneys, secretaries, clerks, the drawing of briefs, bills, replications and rejoinders, and what has sometimes been called the ‚glorious uncertainty‘ of law, render it frequently more advisable to resign a property than to contest it, and particularly exclude the impoverished claimant from the faintest hope of redress.“[98]

Gesetze sind zudem nie eindeutig und lassen den staatlichen Behörden einen Auslegungsspielraum, den sie in ihrem Sinn nutzen.[99] Ein essenzielles Problem des herrschaftlichen Rechts besteht für Godwin ohnehin in der *Natur des Gesetzesrechts*. Die typische Form der modernen staatlichen Rechtsvorschrift – das *generell-abstrakte Gesetz* – missachtet nämlich in systematischer Weise die Einzigartigkeit jeder Situation oder Handlung indem es das menschliche Verhalten von Grund auf *generalisiert*:

> „There is no maxim more clear than this, ‚Every case is a rule to itself.‘ No action of any man was ever the same as any other action, had never the same degree of utility or injury. It should seem to be the business of justice to distinguish the qualities of men, and not, which has hitherto been the practice, to confound them.“[100]

---

97 *Godwin*, S. 31.

98 *Godwin*, S. 32.

99 *Mathis*, S. 123.

100 *Godwin*, S. 606 f.

Gesetze pressen die Vielfalt menschlicher Erfahrung in ein allgemeines Schema, was der Einzigartigkeit jedes Falles in keiner Weise gerecht wird.[101] Statt die private Urteilskraft zu fördern, verhindern Gesetze die freie Ausübung ebendieser, indem eine vorurteilslose Untersuchung jeder einzelnen Situation rechtlich a priori ausgeschlossen wird:

> „Law tends, no less than creeds, catechisms and tests, to fix human mind in a stagnant condition, and to substitute a principle of permanence in the room of that unceasing progress which is the only salubrious element of mind."[102]

Mit der gleichen Vehemenz wie das staatliche Recht im Allgemeinen attackiert Godwin das *Strafrecht* im Besonderen. Repression wäre für ihn grundsätzlich nur dann überhaupt diskutierbar, wenn dem Menschen ein absolut freier Wille attestiert würde. Dies ist laut Godwin nicht der Fall. Dem einzelnen Menschen bleibt zwar nach Godwins schwachem Determinismus die freie Wahl zwischen unterschiedlichen Handlungssträngen. Diese freie Wahl hat der einzelne Mensch aber nur dann, wenn er sich stets ohne Furcht vor negativen Konsequenzen nur seiner eigenen privaten Urteilskraft unterwerfen kann. Denn nur durch selbst entwickelte Überlegungen und im Rahmen der gewalt- und zwanglosen unbegrenzten Diskussion kann er die unterschiedlichen Handlungsmöglichkeiten, die sich ihm in allen Situationen anbieten, überhaupt erst umfassend erkennen.[103]

Bestrafung und die Androhung und Ausübung von *Gewalt* oder *Zwang* schränken die menschliche Wahlfreiheit hingegen unnötigerweise ein und manifestieren gleichzeitig eine *Verneinung* der einzigartigen Persönlichkeit des menschlichen Wesens. Sie verunmöglichen dem einzelnen Menschen nicht nur die freie Ausübung seiner privaten Urteilskraft und damit die persönliche Einsicht in die Unrichtigkeit seiner Handlung. Darüber hinaus hindern sie ihn daran, sein Verhalten zu ändern, indem sie seine vergangene Handlung und nicht seine Persönlichkeit, die sich in einer ständigen Entwicklung befindet, für massgeblich erklären. So überrascht es auch nicht, dass *Kriminalität* für Godwin in erster Linie die Folge von ungleichen und diskriminierenden sozialen Verhältnissen ist, verursacht durch die herrschaftlichen Gesellschaftsstrukturen, die Ungleichheiten und die prinzipielle Ungerechtigkeit des staatlichen Rechts. Letzteres ist auf die Interessen der Vermögenden und sozial Mächtigen ausgelegt und zwingt die armen, marginalisierten und ausgegrenzten Schichten in die Kriminalität. Soll Kriminalität wirklich wirksam reduziert werden, ist eine radikale Neugestaltung der Eigentumsordnung auf der Basis der substantiellen Gleichheit von Nöten und

---

[101] *Mathis*, S. 123.

[102] *Godwin*, S. 609.

[103] *Godwin*, S. 556.

nicht die unmenschliche und entwürdigende Bestrafung zahlreicher verarmter, marginalisierter und sozial ausgegrenzter Menschen.[104]

All dies führt für Godwin im Ergebnis dazu, dass das staatliche Recht den rationalen und moralischen Fortschritt systematisch behindert, die substantielle Gleichheit missachtet sowie der allgemeinen Nützlichkeit und der Gerechtigkeit prinzipiell entgegenläuft.[105] Wie bereits in der Darlegung von Godwins allgemeiner Rechtstheorie sichtbar wurde, erübrigt sich Godwins Auseinandersetzung mit dem Recht aber nicht in einer blossen Ablehnung desselben. Er verwirft zwar das typisch staatliche Recht, bietet aber gleichzeitig interessante Ansätze für alternative Formen von Recht. Darauf wird insbesondere im abschliessenden Ausblick nochmals zurückzukommen sein.

bb) Erziehung und Bildung

Wie zu Beginn erläutert wurde, werden der Charakter oder die Persönlichkeit des einzelnen Menschen Godwin zufolge im Wesentlichen durch Einflüsse der Außenwelt geformt. Er untersucht hierbei u. a. auch Montesquieus Position, wonach sowohl die Persönlichkeiten der Menschen als auch die herrschaftlichen Strukturen massgeblich durch klimatische Bedingungen geprägt würden. In überzeugender Weise und mit starkem Bezug zu David Hume verwirft Godwin Montesquieus Theorie anhand praktischer Beispiele und zeigt dadurch gleichzeitig auf, dass es im Gegenzug die *politischen Institutionen* sind, die den mit Abstand wirkungsvollsten und prägendsten Einfluss auf die Wesenszüge und das Verhalten der einzelnen Menschen ausüben:

> „In entering upon this investigation nothing can be more useful than to examine into the extent of the influence that is to be ascribed to political institutions; in other words, into the powers of man, as they have modified, or may hereafter modify his social state of existence.“[106]

Gemäss Godwin prägen die „herrschenden“ Werte des politischen Systems die Menschen bis in den persönlichsten Bereich hinein grundlegend. Die Aufrechterhaltung einer Herrschaft ist stets nur möglich, weil sich eine breite Masse der Unterworfenen mit den Herrschaftsstrukturen persönlich so identifiziert, dass sie diese aus vermeintlich innerer Überzeugung akzeptiert:

> „All government is founded in opinion. Men at present live under any particular form because they conceive it their interest to do so. One part indeed of a community empire may be held in subjection by force; but this cannot be the personal force of their despot; it must be the force of another part of the community, who

104 *Godwin*, S. 635 f.

105 *Godwin*, S. 170.

106 *Godwin*, S. 17.

are of opinion that it is their interest to support his authority. Destroy this opinion, and the fabric which is built upon it falls to the ground."[107]

Eine bedeutende Rolle kommt hier dem von der Politik kontrollierten Erziehungs- und Bildungssystem zu. Godwin zufolge benutzt der Staat Erziehungs- und Bildungseinrichtungen als wirkmächtigen Mechanismus der sozialen Kontrolle, um die Macht- und Herrschaftsverhältnisse zu stabilisieren und seine eigenen Institutionen und Praktiken zu verewigen. Der Staat strebt vor allem danach, alles zu verbreiten und zu sichern, was bereits bekannt und vorhanden ist, was das freie Denken unterbindet und Irrtümer zementiert.[108]

Dass Godwin autoritären Erziehungsmethoden und staatlichen Bildungseinrichtungen äusserst kritisch gegenübersteht, mag angesichts seiner Betonung der freien privaten Urteilsbildung und der „Freiheit der Kommunikation" nicht überraschen. Godwin plädiert für alternative Formen der Erziehung und der Bildung, die zum Ziel haben, die private Urteilskraft der Kinder und Schüler zu fördern und sie darauf vorzubereiten eine gerechte Gesellschaft zu gestalten. Die Wissbegierde der Kinder und Schüler ist dabei so zu begünstigen, dass sie den intrinsischen Wert der Bildung selber erkennen.[109]

cc) Eigentum

Godwin setzt sich in seiner Gesellschafts- und Herrschaftsanalyse auch intensiv mit dem Konzept des *Eigentums* als Herrschaftsobjekt und dem Streben nach persönlichen Vorteilen, Gewinn und Luxus als bedeutende Maxime der zwischenmenschlichen Praxis in einer kapitalistischen Herrschaftsordnung auseinander. Ganz allgemein misst er dem Umgang mit Besitz- und Eigentumsansprüchen eine *grundlegende Bedeutung* in der Ausgestaltung jeder sozialen Ordnung zu:

„The subject of property is the key-stone that completes the fabric of political justice. According as our ideas respecting it are crude or correct, they will enlighten us as to the consequences of a simple form of society without government, and remove the prejudices that attach us to complexity. There is nothing that more powerfully tends to distort our judgement and opinions then erroneous notions concerning the goods of fortune. Finally, the period that must put an end to the system of coercion and punishment is intimately connected with the circumstances of property's being placed upon an equitable basis."[110]

Aus diesem Zitat wird ersichtlich, dass Godwin Eigentum einerseits mit der freien Ausübung der privaten Urteilskraft und andererseits mit Gewalt,

---

107 *Godwin*, S. 117.

108 *Mathis*, S. 124 f.

109 *Mathis*, S. 125.

110 *Godwin*, S. 623.

Zwang und Bestrafung (und dadurch auch mit Kriminalität) in Verbindung bringt. In einer herrschaftlich strukturierten Gesellschaft auf Basis einer *kapitalistischen* Eigentumsordnung herrscht für Godwin ein *permanenter Konfliktzustand*. Die Vermögenden versuchen ihr Eigentum zu schützen und zu vermehren während die Armen und Besitzlosen in Feindschaft zu und gleichzeitig in Abhängigkeit von den Ersteren leben:

> „The superiority of the rich, being thus unmercifully exercised, must inevitably expose them to reprisals; and the poor man will be induced to regard the state of society as a state of war, an unjust combination, not for protecting every man in his rights and securing to him the means of existence, but for engrossing all its advantages to a few favoured individuals, and reserving for the portion of the rest want, dependence and misery.“[111]

Gleichzeitig sind alle Menschen durch die herrschenden kapitalistischen Werte der persönlichen Vorteilsmaximierung geprägt und verhalten sich gegenüber ihren Mitmenschen entsprechend unsolidarisch. Godwin folgert, dass nur eine „simple“ Gesellschaftsform auf der Basis einer *egalitären* Eigentums- oder Besitzordnung eine freie Entwicklung aller Menschen ermöglichen und Gewalt, Zwang und Bestrafung auf lange Sicht überflüssig machen könnte. Ihm schwebt eine Gesellschaftsform vor, in der alle Menschen ihre private Urteilskraft frei ausüben und der Besitz entsprechend den einzigartigen Eigenschaften, Fähigkeiten und Bedürfnissen erlangt wird. In einer solchen Gesellschaft würde keine Motivation vorhanden sein, sich zuungunsten von anderen einen Vorteil zu verschaffen und absolute Eigentumsrechte sowie Gewinn- und Luxusstreben hätten keinerlei Bedeutung für die Menschen. Im Gegenzug würden sich *Solidarität*, Güte und Mitgefühl, natürliche Eigenschaften des empfindsamen Menschen, ungehindert entfalten können.[112]

In ökonomischer Hinsicht vertritt Godwin *frühkommunistische* Vorstellungen, wonach jeder Person stets so gut wie möglich die real vorhandenen Mittel zur Verfügung gestellt werden sollen, die sie aufgrund ihrer konkreten persönlichen Situation benötigt. Dadurch würde gleichzeitig der Nutzen aller gefördert, weil ein Mensch, der frei und zwanglos seine einzigartigen Eigenschaften und Fähigkeiten entwickeln kann, am besten zum allgemeinen Wohl beitragen kann:

> „No man can be a useful member of society except so far as his talents are employed in a manner conducive to the general advantage. In every society, the produce, the means of contributing to the necessities and conveniences of its members, is of a certain amount. In every society, the bulk at least of its members contribute by their personal exertions to the creation of this produce. What can be

[111] *Godwin*, S. 28.

[112] *Godwin*, S. 232 und S. 304 ff.

more desirable and just than that the produce itself should, with some degree of equality, be shared among them? What more injurious than the accumulating upon a few every means of superfluity and luxury, to the total destruction of the ease, and plain, but plentiful subsistence of the many?“[113]

b) Herrschaftsformen

Godwin teilt alle möglichen Herrschaftsformen entweder der *Monarchie*, der *Aristokratie* oder der *Demokratie* zu. Auch in diesem Zusammenhang ist seine Analyse und Kritik sehr tiefgreifend und vielschichtig und kann über den politischen Bereich im streng verstandenen Sinne auf alle möglichen sozialen Bereiche ausgedehnt werden. Gerade seine fundierte Kritik an Monarchie und Aristokratie ist anwendbar auf alle gesellschaftlichen Bereiche, in denen sich Macht dauerhaft in einem einzelnen oder in wenigen Individuen konzentriert. Dies kann in einer Regierung oder einem Parlament ebenso zum Thema werden, wie in Behörden der staatlichen Verwaltung. Zu denken ist aber insbesondere auch an privat- oder öffentlich-rechtliche Unternehmen, an Bildungseinrichtungen sowie vor allem an menschliche Zusammenschlüsse aller Art, von eingetragenen Vereinen über lose Gruppierungen bis hin zur Familie.[114]

aa) Monarchie und Aristokratie

Godwin erachtet nur schon die Idee, dass eine einzige Person oder ein Kreis von wenigen Personen alle grundlegenden Angelegenheiten der anderen Menschen zu regeln hat, als ausgesprochen absurd.[115] Die substantielle Gleichheit der Menschen impliziert zwar, dass jeder Mensch einzigartig ist, aber mit Gewissheit nicht, dass ein Mensch derart viele Fähigkeiten besitzen könnte, um über eine Vielzahl von anderen Menschen in *kompetenter* Weise regieren zu können:

„If we contemplate the human powers, whether of body or mind, we shall find them much better suited to the superintendence of our private concerns, and to the administering occasional assistance to others, than to the accepting the formal trust, of superintending the affairs, and watching for the happiness of millions. If we consider the physical and moral equality of mankind, it will appear a very violent usurpation upon this principle to place one individual at so vast an interval from the rest of his species.“[116]

---

113 *Godwin*, S. 408.

114 *Clark*, S. 175.

115 *Godwin*, S. 338 und S. 356.

116 *Godwin*, S. 338 f.

Zunächst umschreibt Godwin die Auswirkungen der Allein- oder Minderherrschaft auf die Person des Herrschenden selber. Die übergeordnete und isolierte Stellung führt ihm zufolge zwangsläufig zu einem massiven *Realitätsverlust* bei der allmächtigen Person. Es ist ihr gar nicht möglich, die unzähligen zwischenmenschlichen und gesellschaftlichen Erfahrungen zu machen, die es braucht, um Wahrheit erkennen und Wissen entwickeln zu können.[117] Sodann sind die Herrscher von Menschen umgeben, die ihr Verhalten und ihre Ratschläge behutsam abwägen müssen um deren Gunst nicht zu verspielen. Insofern verhalten und äussern sie sich nicht ehrlich, was negative Folgen für sie selber als auch für die Person des Herrschers mit sich zieht. Wie bereits *Étienne de la Boétie* folgert auch Godwin, dass gerade der Monarch eigentlich zutiefst zu bedauern ist, da er in seiner Stellung weder Freundschaft noch Vertrauen kennt, ständig unter Angst und Zweifeln lebt und so ausserstande ist, den höchsten Genuss zu erfahren, der sich aus der freien Ausübung der privaten Urteilskraft ergibt. Würde ein Herrscher seine wirklichen Interessen kennen, wäre er der erste, der die Herrschaft aufgeben würde.[118]

Die Auswirkungen von Monarchie oder Aristokratie auf die untergeordneten Menschen erachtet Godwin als besonders dramatisch. Er sieht insbesondere die Monarchie als diejenige Herrschaftsform an, die den Bedürfnissen und Fähigkeiten der einzigartigen Menschen am allerwenigsten gerecht wird.[119] Denn auch wenn der Alleinherrscher tugendhafte und wohlwollende Absichten hätte (was Godwin zufolge historisch gesehen jedoch selten eintrifft), handelt er bei seiner Aufgabe, die Angelegenheiten aller zu regeln, ständig im „Dunkeln“.[120] Er ist abhängig von den Informationen zahlreicher „Miniatur-Herrscher“, von Vertrauensleuten und Ministern, die ihn umgeben und im hierarchischen Gesellschaftssystem nur das persönliche Ziel verfolgen, ihren eigenen Herrschafts- oder Machtbereich zu festigen und zu vergrößern.[121]

Wäre die monarchische oder aristokratische Herrschaftsform in der Natur des Menschen angelegt, müssten einzelne „auserwählte“ Menschen von Natur aus nicht nur vollkommen integer und tugendhaft, sondern auch „allwissend“ und „allmächtig“ sein.[122] Dies ist offensichtlich nicht der Fall, weshalb gerade die Monarchie für Godwin den krassesten Gegensatz zu den natürlichen Formen der menschlichen Koexistenz darstellt:

> „Monarchy, instead of referring every question to the persons concerned or their neighbours, refers it to a single individual, placed at greatest distance possible

[117] *Godwin*, S. 342.

[118] *Godwin*, S. 353.

[119] *Godwin*, S. 373.

[120] *Godwin*, S. 356.

[121] *Godwin*, S. 359.

[122] *Godwin*, S. 356.

from the ordinary members of the society. Instead of distributing the causes to be judged into as many parcels as convenience would admit, for the sake of providing leisure and opportunities of examination, it draws them to a single centre, and renders enquiry and examination impossible."[123]

Das Hauptproblem liegt für Godwin bei beiden Herrschaftsformen in der willkürlichen und dauerhaften *Teilung* der Menschen in Herrschende und Unterworfene. Dadurch entstehen fundamental *gegensätzliche Interessen*, was wiederum die Förderung des grösstmöglichen Nutzens *aller* Menschen von Grund auf verunmöglicht. Die Zweiteilung der Gesellschaft verhindert systematisch die freie Ausübung der privaten Urteilskraft der Menschen und unterläuft die substantielle Gleichheit der Menschen. In der Aristokratie und der Monarchie werden die Menschen nicht anhand ihrer einzigartigen Eigenschaften, Fähigkeiten und Bedürfnisse, sondern anhand ihrer Abstammung oder anderer willkürlicher Kriterien beurteilt und behandelt, was der unendlichen Vielfalt der menschlichen Natur in keiner Weise gerecht wird.[124]

bb) Demokratie

Monarchie und Aristokratie werden von Godwin also in absoluter Weise verworfen, da sie der freien Ausübung der privaten Urteilskraft und damit der allgemeinen Nützlichkeit in zerstörerischem Masse abträglich sind. Weitaus differenzierter verhält es sich mit der demokratischen Herrschaftsform. Die Demokratie birgt für ihn zwar grundsätzlich verschiedene Gefahren in sich. Godwin teilt gewisse Ansichten typischer Demokratiegegner wie bspw. Platon, dass die Demokratie anfällig für *demagogische* und *populistische* Entwicklungen sei.[125] Demokratie kann Godwin zufolge in Unterdrückung von Minderheiten münden, wenn nicht sichergestellt ist, dass Entscheide und Handlungen stets aus einem freien und unbegrenzten Diskurs resultieren.[126] Fehlt dieser Diskurs, führen Voreingenommenheit und Vorurteile der Menschen zu ständig wechselnden Mehrheiten, je nachdem welche politische Kraft gerade mehr Gehör findet.[127] Die Folgen sind politische, wirtschaftliche und soziale Instabilität sowie eine ständig anwachsende Flut willkürlicher Gesetze. Zwischenstaatliche Kriege sind auch in Demokratien nicht auszuschliessen, doch betont Godwin, dass immerhin ihr Ausmass deutlich abzunehmen scheint im Vergleich zu Monarchien und Aristokratien.[128]

123 *Godwin*, S. 356.

124 *Godwin*, S. 390 und S. 397.

125 *Godwin*, S. 411.

126 *Godwin*, S. 465 f.

127 *Godwin*, S. 412.

128 *Godwin*, S. 429 ff.

Aus den Gefahren der Demokratie folgert Godwin jedoch nicht, wie bspw. Platon oder die konfuzianischen Schulen, dass im Gegenzug eine Hierarchisierung der Gesellschaft notwendig wäre, damit die „Weisen" tugendhaft und wohlwollend zugunsten von allen herrschen könnten. Die substantielle Gleichheit der Menschen widerspricht selbstredend dieser elitären und nicht realisierbaren Idee. Alle Menschen sind fehlbar und perfektionierbar zugleich. Für Godwin besteht deshalb der einzige Weg zum rationalen Fortschritt und der Förderung des Nutzens aller in der freien Ausübung der privaten Urteilskraft jedes einzigartigen Menschen und im freien und unbegrenzten Diskurs. Wenn Godwin die Demokratie kritisiert, dann deshalb, weil sie diesen Weg zu wenig befolge. Doch er weist darauf hin, dass gewisse Demokratien die Voraussetzungen schaffen könnten, damit dieser Weg in Zukunft beschritten werden kann:

> „[…] to give each man a voice in the public concerns comes nearest to that fundamental purpose of which we should never lose sight, the uncontrolled exercise of private judgement. Each man will thus be inspired with a consciousness of his own importance, and the slavish feelings that shrink up the soul in the presence of an imagined superior will be unknown."[129]

Die demokratische Staatsform ermutigt den einzelnen Menschen grundsätzlich dazu, seine einzigartige Persönlichkeit als wertvoll zu erachten und seine private Urteilskraft einzusetzen. Sie ist in jedem Fall den beiden anderen Herrschaftsformen vorzuziehen, da sie die Gleichheit der Menschen als Grundmaxime der Herrschaft zumindest postuliert.[130] Weiter weist Godwin darauf hin, dass viele der möglichen negativen Konsequenzen einer demokratischen Herrschaftsform von temporärem Charakter sein könnten.[131] Oftmals gehe bei der Kritik an der Demokratie vergessen, dass die Menschen teils seit Generationen durch monarchische und aristokratische Herrschaftssysteme geprägt sind und grundlegende Änderungen im menschlichen Verhalten nicht abrupt von Statten gehen können:

> „In the estimate that is usually made of democracy, one of the sources of our erroneous judgement lies in our taking mankind such as monarch and aristocracy have made them, and thence judging how fit they are to manage for themselves. […] The thing most necessary is to remove all those restraints which prevent human mind from attaining its genuine strength. Implicit faith, blind submission to authority, timid fear, a distrust of our powers, an inattention to our own importance and the good purposes we are able to effect, these are the chief obstacle to human improvement."[132]

---

[129] *Godwin*, S. 166.

[130] *Godwin*, S. 413.

[131] *Clark*, S. 180.

[132] *Godwin*, S. 414.

Godwin differenziert sodann zwischen verschiedenen Ausprägungen der demokratischen Herrschaftsform. Umso *dezentraler* und umso *direkter* eine Demokratie ausgestaltet ist, umso weniger Gefahren ergeben sich aus Godwins Sicht. Dies jedoch nur, wenn die Machtbereiche der unterschiedlichen Institutionen durch basisdemokratische Mechanismen tatsächlich stark reduziert sind. Probleme sieht er insbesondere in zentralisierten und indirekten Demokratien verortet. Wenn die Menschen ihre Entscheidungsgewalt an Repräsentanten abgeben, tun sie dies unter dem Verlust ihrer privaten Urteilskraft.[133] In repräsentativen oder parlamentarischen Demokratien werde zudem ein „fiktiver Konsens" geschaffen, der aber nicht darüber hinwegtäuschen könne, dass dieser Konsens in der Realität nicht existiert, insbesondere solange das Mehrheitsprinzip gilt.[134] In halbdirekten Demokratien (wie wir sie heute bspw. in der Schweiz finden) mit Mitspracherechten und Entscheidungsgewalt der Staatsbevölkerung auch bei gewissen Sachthemen kommt für Godwin die Problematik der Anonymität der Stimmabgabe hinzu. So würden die Menschen von ihrer Verantwortung für die Folgen ihres Handelns entbunden.[135]

Doch trotz verschiedener positiver Aspekte, die die Demokratie für Godwin im Gegensatz zu Monarchie und Aristokratie mit sich bringt, ist sie *per se* ebenfalls eine *Herrschaft* von Menschen über Menschen. Das Grundübel jeglicher Herrschaft liegt in einer unnatürlichen *Teilung* der Menschen:

> „The system of political imposture divides men into two classes, one of which is to think and reason for the whole, and the other to take the conclusions of their superiors on trust. This distinction is not founded in the nature of things; there is no such inherent difference between man and man as it thinks proper to suppose. Nor is it less injurious than it is unfounded."[136]

In der Demokratie manifestiert sich die gesellschaftliche Teilung anhand von Mehrheiten und Minderheiten im Rahmen von Wahlen oder Abstimmungen. Dies mag Vorteile gegenüber der willkürlichen und dauerhaften Zweiteilung in Monarchien und Aristokratien haben, unterminiert jedoch ebenfalls die freie Ausübung der privaten Urteilskraft aller, indem einzelne Menschen zum Gehorsam gegenüber Entscheiden und Handlungsanweisungen anderer gezwungen werden. Noch problematischer wird es, wenn gewisse Menschen entweder nicht zu Wahlen oder Abstimmungen zugelassen werden oder nicht daran teilnehmen, aus welchen Gründen auch immer.[137] Herrschaft ist für Godwin – unabhängig von ihrem formalen Erscheinungsbild – letztlich immer

133 *Godwin*, S. 166.

134 *Godwin*, S. 469 f.

135 *Godwin*, S. 550.

136 *Godwin*, S. 425.

137 *Godwin*, S. 469.

eine *Verneinung der Freiheit und Individualität* der Menschen und einer freien gesellschaftlichen Entwicklung eindeutig mehr hinderlich als förderlich:

> „Government can with no propriety be compared to the construction of a bridge or a canal, a matter of mere convenience and refinement. It is supposed to be of the most irresistible necessity; it is indisputably an affair of hardship and restraint. It constitutes other men the arbitrators of my actions, and the ultimate disposers of my destiny."[138]

3. Umfassende Ablehnung herrschaftlicher Strukturen und herrschaftsloser sozialer Wandel

Godwin spricht dem Staat und seinen Herrschaftsinstrumenten sowohl die Legitimation als auch die allgemeine Nützlichkeit ab. Der Staat führt erwiesenermaßen zu massivem Leid, zu Eroberung und Krieg, zu Repression und Bestrafung.[139] Auch ökonomische und soziale Ungleichheiten sind auf die herrschaftlichen Institutionen zurückzuführen: sind sie es doch, die mittels Gesetzen die Eigentumsordnung festlegen, die die Akkumulation von Reichtum nicht nur schützt sondern das kapitalistische Gewinnstreben als zwischenmenschliche Maxime postuliert.[140] Soziale und ökonomische Ungleichheit verunmöglicht es vielen Menschen, ihre einzigartigen Eigenschaften und Fähigkeiten zu entwickeln und verdammt sie zu einem menschenunwürdigen Leben. Die Folgen sind verbreitetes soziales und psychisches Elend, Kriminalität und Marginalisierung.[141]

Staatliche Institutionen fördern negative Eigenschaften der Menschen wie Gewalt, Hass, Vorurteil, Gier und Neid, statt ihre positiven Eigenschaften wie Wissensdrang, Kreativität und Solidarität zu begünstigen.[142] Eine ausführliche Untersuchung von Geschichte und Gegenwart menschlicher Herrschaft bringt Godwin deshalb zum Schluss, dass herrschaftliche Institutionen nicht reformierbar sind, weil sie von ihrem Wesen her die Menschen moralisch nicht besser, sondern schlechter machen. So kommt er zur radikalen Folgerung, dass zur Förderung der allgemeinen Moral und zum größten Nutzen aller Menschen, der Staat mitsamt all seinen Herrschaftsinstrumenten abzuschaffen sei:

> „With what delight must every well informed friend of mankind look forward to the auspicious period, the dissolution of political government, of that brute engine which has been the only perennial cause of the vices of mankind, and which […]

---

[138] *Godwin*, S. 173.
[139] *Godwin*, S. 21 ff.
[140] *Godwin*, S. 30 ff.
[141] *Clark*, S. 257.
[142] *Godwin*, S. 27 ff. und S. 49 ff.

has mischiefs of various sorts incorporated with its substance, and not otherwise removable than by its utter annihilation!“[143]

In seiner Analyse der Nützlichkeit herrschaftlicher Institutionen betont Godwin mehrmals, dass das Ziel jeder politischen Neuorganisation darin bestehen müsse, die gesellschaftlichen Strukturen zu *vereinfachen* statt sie weiter zu verkomplizieren. Gleichzeitig gehe es ihm in allen von ihm untersuchten politischen Bereichen in erster Linie darum, *Machtmissbräuche* aufzuzeigen statt Reformierungsvorschläge anzubringen. Godwin hatte wohl keine Intention, die gegebenen herrschaftlichen Gesellschaftsstrukturen zu reformieren. Auch wenn er in seinem Hauptwerk die *Revolution* als Mittel der Befreiung ablehnt, ist er kein Reformist. Er strebt den Aufbau *alternativer* herrschaftsloser Strukturen an, ohne Absicht, die herrschaftlichen Strukturen direkt zu zerstören, aber mit der festen Überzeugung, dass letztere allmählich verschwinden werden, wenn sich immer mehr Menschen den freien Gebrauch ihrer privaten Urteilskraft zu eigen machen und ihr Zusammenleben folglich herrschaftslos organisieren.[144]

Doch führt der Weg in eine herrschaftslose Gesellschaft für Godwin nicht über das seinerzeit typische (gewalttätige) Mittel der Revolution. Die dringend notwendige soziale und ökonomische Veränderung soll keinesfalls mit *Gewalt* herbeigeführt werden, die wiederum zu Unvernunft und Unordnung führt und neue Formen der Herrschaft hervorbringt. Godwin will radikale Veränderung, jedoch mit *herrschaftslosen Mitteln*. Ein solches sieht er insbesondere in der „Freiheit sozialer Kommunikation“. Die bereits seinem Menschenbild und seiner Ethik zugrundeliegende unbegrenzte und herrschaftslose Diskussion soll zu einer *geistigen Revolution* führen, in der die Gesellschaft stetig zum Besseren verändert wird:[145]

> „Political reform cannot be usefully effected but through the medium of truth. But truth will never be investigated in a manner sufficiently promising if violence and passion be not removed to a distance. […] If therefore we are desirous to liberate ourselves and our neighbours from the influence of prejudice, we must suffer nothing but arguments to bear sway in the discussion. […] It follows that the promoting the best interests of mankind eminently depends upon the freedom of social communication. Let us figure to ourselves a number of individuals who, having stored their minds with reading and reflection, are accustomed, in candid and unreserved conversation, to compare their ideas, suggest their doubts, examine their mutual difficulties and cultivate a perspicuous and animated manner of delivering their sentiments.“[146]

---

[143] *Godwin*, S. 476.
[144] *Godwin*, S. 335 f.
[145] *Godwin*, S. 636.
[146] *Godwin*, S. 216 ff.

In ökonomischer Hinsicht schwebt Godwin eine freie Form des *Kommunismus* vor. Er formuliert jedoch keinen fertigen Gesellschaftsentwurf, wofür er zuweilen kritisiert wird.[147] Doch erscheint seine Weigerung, eine ausformulierte Theorie des gesellschaftlichen Wandels und einer alternativen sozialen Ordnung zu präsentieren als kohärent zu seinen philosophischen und ethischen Grundlagen und zu seiner umfassenden Herrschaftskritik. Es ist keinesfalls möglich, dass ein einzelner Mensch die zukünftigen Angelegenheiten zahlreicher anderer Menschen regeln könnte. Da Wahrheit aber schließlich immer obsiegen würde, müsse letztlich darauf vertraut werden, dass die stetige Zunahme von herrschaftsloser Koexistenz langfristig gesehen zu einer flächendeckenden radikalen Veränderung führen werde.[148] Der zunehmende freie Gebrauch der privaten Urteilskraft und die zunehmende Kenntnis der Menschen ihrer eigenen Bedürfnisse, Eigenschaften und Fähigkeiten ebnet somit den Weg zur Schaffung *dezentraler herrschaftsloser Alternativstrukturen* und zum gleichzeitigen gewaltlosen Untergang aller herrschaftlichen Institutionen und Praktiken.[149]

VI. Fazit und Ausblick: Herrschaftsloses Recht für eine herrschaftslose Gesellschaft

Radikale soziale Veränderung kann nicht abrupt vonstattengehen, wie dies zu Godwins Lebzeiten mit dem Mittel der Revolution wiederholt versucht wurde. Soll die Gesellschaft radikal verändert werden, kann dies nach Godwins Ausführungen nur über einen langen Zeitraum im Rahmen der Zunahme praktischer Beispiele herrschaftsloser und gerechter menschlicher Koexistenz und sozialer Regulierung geschehen. Dem *Recht* kann hierbei eine zentrale Funktion zuteil werden. In allen menschlichen Beziehungen und Zusammenschlüssen sind Machtbeziehungen von essentieller Natur.[150] Alle menschlichen Gruppen oder Gesellschaften weisen gleichzeitig ein Mindestmass an sozialer Regulierung und sozialer Ordnung auf.[151] Die Art und Weise, wie die Machtbeziehungen geregelt werden, ist dabei von grundlegender Bedeutung für die konkrete Beschaffenheit der Gesellschaft als auch der einzelnen Menschen.[152] Insofern können ein grundlegend anderes Verständnis und eine entsprechende Praxis von Recht (selbstredend in einem weit verstandenen

147 *Miller*, S. 21.

148 *Godwin*, S. 222.

149 *McLaughlin*, S. 132; *Godwin*, S. 75 f.

150 *Clastres*, S. 19.

151 *Barclay*, S. 19.

152 *Amborn*, S. 227 ff.

Sinne) zu einer wirkungsvollen Veränderung gesellschaftlicher Strukturen und Beziehungen führen.

Dies hat auch Godwin erkannt. Auf lange Sicht erscheint Godwin die jedem Menschen natürlicherweise zustehende und im Rahmen der freien und unbegrenzten Kommunikation frei ausgeübte private Urteilskraft nicht nur als geeignet, das menschliche Verhalten zu regulieren, sondern geradezu als das beste Mittel, um herrschaftslose soziale Ordnung herbeizuführen und aufrechtzuerhalten.[153] Wenn durch die Ausgestaltung der Besitzverhältnisse zugleich jedem einzelnen Menschen ermöglicht wird, seine Bedürfnisse sicherzustellen und sein einzigartiges Potential, seine Eigenschaften und Fähigkeiten zu erkennen und zu entfalten, wird die natürliche zwischenmenschliche Solidarität nicht mehr unterdrückt und die Menschen können in all ihren Angelegenheiten frei *kommunizieren* und *kooperieren* statt diktieren und konkurrenzieren:

> „Man is not originally vicious. He would not refuse to listen to, or to be convinced by, the expostulations that are addressed to him, had he not been accustomed to regard them as hypocritical, and not to conceive that, while his neighbour, his parent, and his political governor pretended to be actuated by a pure regard to his interest or pleasure, they were, in reality, at the expense of his, promoting their own."[154]

Godwins Konzept von herrschaftslosem Recht ist deshalb darauf ausgelegt, die Eigenständigkeit und die Freiheit jedes einzelnen Menschen zu fördern. Wesentlicher Zweck von Godwins gesamter soziopolitischer Untersuchung ist ja gerade die Suche nach derjenigen Gesellschaftsform, in der alle Menschen ihre einzigartigen Eigenschaften und Fähigkeiten so ungehindert wie nur möglich entfalten können.[155] Hierzu soll jedem Menschen zugesprochen, oder gar auferlegt werden, selbständig zu denken und zu handeln. Doch soll diese Eigenständigkeit nicht zu einer Gewissenlosigkeit führen. Deshalb sieht Godwin die Freiheit „so zu handeln wie einem beliebt" stets eingebunden im Kontext der Gerechtigkeit, sprich der allgemeinen Nützlichkeit und des Wohlbefindens der anderen Menschen. Dieses gerechte Handeln soll aber aus eigenen Schlussfolgerungen (im Rahmen der freien Kommunikation) entspringen und weder starren und allgemeinen Gesetzen unterworfen sein noch durch die Androhung oder Ausübung von Gewalt und Zwang herbeigeführt werden.

Es liegt also schliesslich an den einzelnen Menschen, all ihre Beziehungen (die immer auch Machtbeziehungen sind) auf der Basis freier und gewalt- und zwangloser Kommunikation und Kooperation neu zu gestalten. So kann eine herrschaftslose Praxis von Recht und sozialer Regulierung entwickelt

---

[153] *Clark*, S. 87; *Godwin*, S. 134 ff.

[154] *Godwin*, S. 475.

[155] *Godwin*, S. 17.

werden, welche die Menschen vereint, statt sie zu trennen und jedem einzelnen Individuum gleichzeitig den grössten Respekt, nämlich die Anerkennung seiner eigenen, einzigartigen und für das Gemeinwohl wertvollen Persönlichkeit, entgegenbringt. Aufgrund der jahrtausendelangen Prägung durch Herrschaft, Fremdbestimmung und strukturelle Ungleichheiten wird dies ohne Zweifel ein generationenübergreifender Prozess sein. Nur schon die Vorstellung daran sollte jedoch Motivation genug sein, die eigenen alltäglichen und tiefsitzenden Gewohnheiten und Vorurteile zu reflektieren und anzufangen, mit den Mitmenschen herrschaftslose Praktiken der sozialen Interaktion zu erproben.

Literaturverzeichnis

Amborn, Hermann: Recht als Hort der Anarchie, Gesellschaften ohne Herrschaft und Staat, Berlin 2016.

Barclay, Harold: Völker ohne Regierung, Eine Anthropologie der Anarchie, in: Krasser, Cornelia/Schmück, Jochen (Hrsg.), Übersetzung von Cornelia Kasteleiner, Berlin 1985.

Carter, April: The political Theory of Anarchism, London 1971.

Clark, John P.: The Philosophical Anarchism of William Godwin, Princeton 1977.

Clastres, Pierre: La société contre l'État, Recherches d'anthropologie politique [1974], Paris 2011.

Codello, Francesco: Gli Anarchismi, Una Breve Introduzione, Lugano 2009.

Godwin, William: Enquiry Concerning Political Justice, and its Influence on Morals and Happiness, 3. Auflage [1798], London 2015.

Hazlitt, William: The Spirit of Age: or Contemporary Portraits [1825], Oxford 1954.

Henning, Markus: Godwin, William, in: Lexikon der Anarchie (abrufbar unter <http://www.dadaweb.de/wiki/Godwin,_William>, zuletzt besucht am 22.02.2023).

Kramnick, Isaac: Introduction, in: Godwin, William, Enquiry Concerning Political Justice, and its Influence on Morals and Happiness, 3. Auflage [1798], London 2015.

Marshall, Peter: Demanding the Impossible, A History of Anarchism, Oakland 2010.

Mathis, Klaus: William Godwin's Utilitarian Anarchism, in: Mathis, Klaus/Langensand, Luca (Hrsg.), Dignity, Diversity, Anarchy, Stuttgart 2021, S. 117 ff.

Miller, David: Anarchism, London 1984.

Nettlau, Max: Der Vorfrühling der Anarchie, Ihre historische Entwicklung von den Anfängen bis zum Jahre 1864, Berlin 1925.

Thévenet, Alain: William Godwin, justice versus esprit des lois, in: Réfractions, Bd. 37 (2016), S. 17 ff.

Woodcock, George: Anarchism, A History of Libertarian Ideas and Movements, Cleveland 1962.

Anwendungsbereich Unternehmensverantwortung

Remedies for the limited liability of the corporation

By *Michael Faure*

I. Introduction

In the economic analysis of law, the importance of liability rules as an instrument to remedy the market failure caused by negative externalities has been stressed.[1] Liability rules can have the desirable effect of internalising the social costs of accidents. More particularly in the context of corporations causing environmental pollution, this has the advantage that the prices of products and services would reflect the social costs related to pollution. As a result, the competitive process would drive more polluting firms out of the market. In theory, this internalisation can also be reached without an intervention of the legal system if transaction costs are zero, as has been pointed out by Coase.[2] However, more particularly when harm is caused to third parties (as for example the victims of environmental pollution) transaction costs may be prohibitive as a result of which Coasean solutions will not be feasible. Liability rules are then one important step in order to reach the internalisation of the externality.[3]

The working of liability rules, or more particularly their preventive effect, could, however, get into trouble if the potential tortfeasor is insolvent. In other words, this refers to the situation where the damage caused by a particular activity would outweigh the wealth of the tortfeasor. As the costs of care are directly related to the magnitude of the expected damages, an operator will only consider the accident as having a magnitude equal to its wealth. The result is that only the care necessary to avoid an accident equal to its wealth will be taken, which can be lower than the optimal care.[4] In other words: if the tortfeasor is not fully exposed to liability because of insolvency, a problem of under-deterrence arises.[5]

---

[1] More particularly by *Shavell*, 1980 and 1987, but also by many others.

[2] *Coase*.

[3] Obviously also other instruments like command-and-control regulation or market-based instruments could be employed. The choice of instruments has been developed in the seminal paper by *Shavell*, 1984.

[4] *Shavell*, 1984, p. 360.

[5] See generally *Shavell*, 1986.

The danger of insolvency is especially prominent in the case where harm would be caused by a corporate actor. The reason is that corporations in many legal systems benefit from limited liability. This simply means that shareholders having contributed assets to the corporation can only lose the value of their shares, but nothing more than that.[6] As a consequence, when a corporation causes damage of a larger magnitude than the total assets of the corporation, bankruptcy could follow and tort victims can in principle not call upon individual shareholders to recover their losses. Moreover, there is not only the risk that a corporation may accidentally cause harm of a magnitude beyond its assets and thus face insolvency; in fact, there is even a risk that the corporate form is (ab)used when ultra-hazardous activities are carried out in separate legal entities as a result of which the firm in fact organises its own insolvency. Corporate criminal liability would thus be used also to evade increasing liabilities that legislation and case law would impose upon companies.[7]

The limited liability of the corporation can therefore create tensions, both from an economic as well as from a legal perspective. Whereas the limited liability of the corporation has been defended from an economic perspective, as will be shown below, as an efficient mechanism to attract capital for a firm, it raises serious judicial questions as the result may be that corporations could externalise harm to society and leave victims empty-handed. It is typically the type of trade-offs between efficiency and justice that are central to the work of Klaus Mathis.[8] It is therefore this issue that I would like to explore in honour of Klaus Mathis. The dangers of the limited liability of the corporation have not only been recognised in legal literature, but in law and economics as well. In this contribution to honour Klaus Mathis, I will use the economic analysis of law to address the traditional justifications for limited liability, but also to search for a variety of legal remedies, either in legislation or (increasingly) in case law as well. In doing so, I will especially provide examples from the cases where corporations caused environmental harm as these are typically the very hotly debated cases where under-capitalised corporations could also externalize harm to society; but the findings are obviously applicable outside of the environmental context as well. After this introduction, I first provide the basic justifications and dangers of the limited liability of the corporation (II.). I then turn to a variety of remedies that have been advanced, like minimum capital requirements (III.), unlimited shareholder liability in tort (IV.), veil-piercing (V.) and compulsory solvency guarantees (VI.). The first three remedies all fit within the corporate law

[6] *Kraakman* et al., pp. 9–11.

[7] *Bergkamp*, 2016, p. 186.

[8] *Mathis*, 2009 and *Mathis*, 2019.

framework; the last one leaves the corporate law framework basically untouched, but looks for a solution within liability and insurance by mandating the corporation to provide a guarantee to cover its liability. Section VII concludes.

II. Limited liability: justifications and dangers

1. History and ratio of limited liability

Limited liability has certainly not always existed. Although some have already traced limited liability back to ancient Rome,[9] some contractual forms of limited liability emerged in the Middle Ages concerning international shipping ventures.[10] However, until 1850 the general rule was that shareholders would face joint and several unlimited liability.[11] There was a lot of discussion concerning the desirability of limited liability and its introduction was very much debated.[12] It was not until the 1850s that a company's Act in England introduced limited liability[13] and around that time several states in the US also started introducing limited liability.[14]

Posner explains the ratio of limited liability by showing first of all that the corporation is a method of solving problems encountered in raising substantial amounts of capital.[15] The disadvantage of a partnership is that it can easily be dissolved and is automatically dissolved in case of the death of any partner. Moreover, each partner is personally liable without any limit which excludes the possibility for a mere partnership to raise capital from investors. The major advantage of the corporation is that it has perpetual existence and that a shareholder's liability for corporate debts is limited to the value of his shares. As a result, passive investment becomes possible as equity interests in a corporation can be broken up into shares of relatively small value, which can be traded in organised markets. The corporate form therefore enables an investor to make small equity investments and to reduce risk through diversification. The shareholder may have little information about the business in which he has invested. Without limited liability a shareholder would have high costs of monitoring the managers in every corporation in which he invests. Moreover, unlimited joint and several liability of all shareholders for

---

9 *Dari-Mattiacci/Gelderblom/Jonker/Perotti*, pp. 193–236.

10 *Belenzon/Lee/Patacconi*, pp. 7–8.

11 *Halpern*, p. 582.

12 *Halpern*, p. 582.

13 *Belenzon/Lee/Patacconi*, p. 7.

14 *Halpern*, p. 582.

15 *Posner*, p. 536.

corporate debts would equally force all shareholders to monitor each other as well.

Without limited liability, transfer of shares would not be possible either; for example if a shareholder sold his share to an insolvent person, thus increasing the insolvency risk.[16] Limiting the liability of shareholders to their investment was therefore crucial in order to make passive investment possible. Shareholders no longer needed to have detailed information on the performance of the particular firm in which they invested (in order to reduce their risk). By simply diversifying their portfolio (buying shares from many different companies) they could diversify and reduce their investment risk. Limited liability also implied that the specific qualities of the shareholder (very poor or rich) became irrelevant. Limited liability allowed passive, anonymous investment and thus facilitated raising capital for corporations. A major advantage of limited liability is that it can be used to partition investor assets into distinct pools. Limited liability permits firms to isolate different business lines or ventures for purposes of obtaining credit by incorporating them separately.[17]

Compared to unlimited liability with joint and several liability, limited liability has many advantages for investors. It reduces the costs of monitoring for shareholders and limited liability facilitates diversification of portfolios and efficient risk bearing through the stock market.[18] Limited liability also avoids the administrative costs of proceeding against many shareholders in the case of a company's insolvency.[19] Limited liability therefore has many positive attributes. The most important one is that it facilitates the functioning of the capital market. Limited liability tells investors that, in the absence of special circumstances, they will not have to use their personal assets to indemnify creditors if a company becomes insolvent.[20] In short: without the limited liability of shareholders the development of capital markets would have been impossible.

Empirical research also shows that limited liability did indeed promote the development of capital markets and thereby increased social welfare. Belenzon, Lee and Patacconi examined the concept of enterprise liability in a great deal of legal systems and found that the propensity of legal systems to hold an entire group liable for the losses incurred by one of its affiliates, affects the growth of the corporation. They show that weaker enterprise liability (in

---

[16] *Posner*, pp. 540–542.

[17] *Kraakman*, 1998, p. 649.

[18] *Easterbrook/Fischel*, pp. 89–117.

[19] *Kraakman*, 1998, p. 649.

[20] *Cheffins*, pp. 499–501.

other words a stronger reliance on limited liability) encourages corporations to more finely partition their assets into separate legally independent units. This better compartmentalisation of assets also tended to spur investment and growth.[21] They therefore conclude that limited liability spurs entrepreneurship and is therefore likely to increase overall social welfare.[22]

2. Consequences and dangers

So far, it seems as if limited liability of corporations only has advantages: it makes passive investment possible, allows firms to attract capital and thus spurs entrepreneurship and increases social welfare. But a consequence of limiting the liability of a shareholder to its investment is that in a case of insolvency of the corporation, creditors can no longer be (fully) paid back. Limited liability therefore makes risky ventures possible, but in fact shifts the risks from investors to creditors. This may in fact be an efficient risk transfer. Creditors who stand in a contractual relationship with the corporation will be paid to bear the risk (for example via the interest rates paid to a bank). The lender may be a superior risk bearer, compared to a passive shareholder: the lender (for example a bank) can specialise in risk appraisal and may therefore have superior information; second, the shareholder is likely to be more risk averse than the bank.[23] The interest rate charged by the bank (or other creditor) will reflect the risk of default.[24] Problems, however, arise in case of involuntary creditors, such as, for example, victims of environmental pollution. The problem is that they have no *ex ante* opportunity to contract with the corporation and are therefore confronted with the risk that the corporation externalises harm to them.[25] This undesirable consequence of limited liability is widely recognised and discussed in the literature and the environmental case is explicitly mentioned in that respect. In the case of involuntary creditors (such as in the case of damage done to the environment) there are serious concerns over the inadequate incentives to reduce risk provided by limited liability.[26] Involuntary creditors are not compensated for the additional risks that they incur under limited liability.[27] Limited liability may therefore engender a risk of opportunism and moral hazard. Limited liability may encourage entrepreneurs to take on socially excessive levels of risk.

---

21 *Belenzon/Lee/Patacconi*, p. 3.

22 *Belenzon/Lee/Patacconi*, p. 9.

23 *Posner*, p. 541.

24 *Posner*, pp. 541–542.

25 *Posner*, p. 543.

26 *Halpern*, p. 582.

27 *Belenzon/Lee/Patacconi*, p. 10.

This is problematic, especially if the company is undercapitalised, suggesting an intent to externalise losses to others.[28] Limited liability can provide an incentive to shareholders to gamble with creditors' money as shareholders reap all the benefits as residual claimants and involuntary creditors bear the losses.[29] The most familiar inefficiency created by limited liability is the incentive it provides for shareholders to direct the corporation to spend too little on precaution; underdeterrence in other words.[30] Limited liability also encourages overinvestment in hazardous industries as it permits cost externalisation.[31]

The literature also indicates that these dangerous consequences of limited liability depend on two specific issues, these being the creditor classes and the different ownership structures of the firm.[32] Considering the creditor class, I have already indicated that limited liability is generally not problematic for voluntary creditors as they can *ex ante* take into account the default risk, for example in the price they charge for a particular product they deliver or in the interest rate they will charge. Involuntary creditors, and more particularly tort victims, do not have the possibility of this *ex ante* bargaining and therefore the externalities related to limited liability remain with them. As far as the ownership structure is concerned, the danger of externalisation and abuse is, according to some, especially present in cases of closely held corporations and especially sole proprietorships. In that case the owners of the firm are usually also involved in the management and may have large incentives to externalise harm to involuntary creditors. The management in a widely held firm on the contrary generally receives little direct benefit from shifting wealth from creditors to shareholders.[33] Problems of limited liability (and their remedies) are therefore often discussed in the context of the closely held corporation. On the one hand it is held that for most closely held corporations, the entrepreneur has invested a substantial amount of personal wealth in the venture. Often the portfolio is undiversified and the ability to bear losses is limited. Those would at first glance be arguments in favour of limited liability for the closely held corporation.[34] However, the problem is that the owner/manager of the closely held corporation obtains the full benefit of any opportunistic behaviour with respect to involuntary creditors, thus providing him with a strong incentive for such opportunistic behaviour. That

28 *Belenzon/Lee/Patacconi*, p. 10.

29 *Cheffins*, pp. 497–498.

30 *Kraakman*, 1998, p. 650.

31 *Kraakman*, 1998, p. 650.

32 *Halpern*, p. 582.

33 *Halpern*, p. 582.

34 *Halpern*, p. 589.

explains why cases of piercing the corporate veil (enabling a creditor to reach the personal assets of the shareholder) very often involve a closely held corporation.[35]

3. Examples

The fact that companies may abuse the limited liability structure to incorporate hazardous activities into separate legal entities, is also well demonstrated in the literature. Halpern refers to the owner of a fleet of taxicabs who separately incorporated a company for each taxicab. The result is that in case of a tort claim, the liability exposure is limited to the assets within that individual company (which only contains one cab).[36] That obviously can result in an incentive to increase opportunistic behaviour.[37] In hazardous industries, firms often follow a strategy of remaining small in order to minimise the risk that tort liability might reduce investor return.[38] Ringleb and Wiggins found that between 1960 and 1980 the rate of formation of small businesses was significantly higher, when compared to overall trends, in industries characterised by particularly hazardous activities, more specifically in the chemical industry.[39] Alberini and Austin also noticed that the imposition of strict liability in state environmental policies resulted in a greater spill severity and frequency. This was associated with smaller production units and thus reduced assets compared to states following negligence-based liability.[40] The shift to strict liability led firms apparently to organise themselves in smaller production units with reduced assets, thus being able to externalise harm. Also in the maritime industry, this phenomenon is well known in the form of so-called single ship companies. Large shipping companies often create separate legal entities, especially for tankers, which run large risks of third party liability. As a consequence, if a pollution incident happens, creditors can only execute against the company in which the single ship was registered.[41] These few examples show that the risk that especially companies engaging in environmentally hazardous activities would use the limited lia-

[35] *Easterbrook/Fischel*, p. 109.

[36] *Halpern*, p. 590. It concerns the case Walkovszky v. Carlton, 223 N.E.2d6 (N.Y. 1966), which determined under which conditions courts may pierce the corporate veil.

[37] *Halpern*, p. 590

[38] *Kraakman*, 2013, p. 253.

[39] *Ringleb/Wiggins*, pp. 574–595.

[40] *Alberini/Austin*, p. 112.

[41] For a discussion of the legitimacy of this in maritime law, see inter alia *Christodoulou*, 1999 and *Christodoulou*, 2002, pp. 278–279.

bility to create separate entities and to shield their assets from creditors, is not at all imaginary.

4. Remedies

In the remainder of this chapter, I will address a variety of remedies that could be used against the phenomenon of limited liability, some within company law (III.–V.) and some outside of company law. In theory a wide variety of remedies is possible, and also some that I will not discuss within the scope of this study. One possibility is to provide particular claims, for example of tort victims, priority in bankruptcy. That could provide a (partial) remedy, but of course only to the extent that there are at least some assets available to satisfy tort creditors.[42] Another possible remedy is to focus on the liability of companies' directors or controlling officers, holding them liable for excess liability.[43] However, directors' liability is very debated as it is said that it could dilute incentives of directors to engage in beneficial risk-taking to the benefit of the shareholders. That is why most systems (in line with Law and Economics predictions) are relatively restrictive as far as directors' and officers' liability is concerned.[44] Moreover, often there is either indemnification or insurance of directors' liability, which may equally limit deterrence.[45] Some even mention the possibilities of criminal liability of directors.[46]

Some authors are even relativistic and wonder whether limited liability is really such a major problem in practice. Cheffins for example mentions that only a small fraction of tort victims ever seek any form of legal redress, that a vast majority is settled out of court and that a liability insurer will anyway intervene. He therefore concludes that the "presence or absence of limited liability will be irrelevant to the victim".[47] That is true of course only to the extent that, as Cheffins apparently assumes, tort victims will in any case be compensated as he assumes there is a liability insurer present to do so. But that may of course not always be the case, as a result of which he is probably over–optimistic. The literature therefore still pays a lot of attention to the various remedies that tort victims could use to deal with the adverse aspects of limited liability.[48]

---

[42] *Kraakman*, 1998, p. 653.

[43] *Kraakman*, 1998, p. 653.

[44] *Leyens/Faure*, pp. 769–808.

[45] For details, see *Gaber*.

[46] *Ong*, p. 707.

[47] *Cheffins*, p. 506.

[48] See for example *Halpern*, p. 590.

III. Minimum capital requirements

1. Advantages and drawbacks

Minimum capital requirements are mentioned in many of the studies dealing with the problematic aspects of limited liability as one of the potential remedies.[49] The technique is in principle relatively simple: it is based on a statutory duty that specifies that for particular corporations a minimum level of capital needs to be available. It could either be a general lump sum that would be mentioned or the requirement could relate to a fixed ratio of equity to the liabilities.[50] In theory, such a minimum capital requirement could guarantee that at least some capital would be available to satisfy the claims of the creditors, including the involuntary creditors, such as (environmental) tort victims.

Although this proposal sounds attractive, it clearly also has many potential drawbacks. One problem is that it may lead to huge administrative costs and significant difficulties in identifying the correct levels of intervention.[51] After all: if such a general minimum capital requirement was introduced, it would need an administrative agency to control whether the amount was indeed available. Another problem is, moreover, that one would have to determine what, for a specific corporation, given the nature of its activities, an appropriate amount would be. If the amount was fixed at a too high level, it could function as a barrier to market entry which could limit the possibilities of especially small and medium size enterprises to enter the market. It might serve as a barrier to market entry and a reduction in competition would be the result. Theoretically, the amount should not be fixed at a general level determined in the statutes, as the level of risk of the activities of particular corporations can well vary. In the ideal case an administrative authority would have to determine the potential amount of liabilities and determine the minimum capital accordingly. But to do so for each and every separate company would of course lead to huge administrative costs. In addition, the problem is of course that merely requiring minimum capital may not provide adequate protection for creditors, if there was no guarantee that the amount would still be available at the moment of insolvency. In other words: the minimum capital as such could be satisfied, but the relevant question is obviously whether it is sufficient to satisfy the liabilities towards (involuntary) creditors. In order to answer that question that would in theory require an almost permanent monitoring of the financial situation of the company, again

---

49 See inter alia *Kraakman*, 1998, p. 653; *Halpern*, p. 590.

50 *Posner*, pp. 543–544.

51 *Halpern*, p. 590.

leading to huge costs. Minimum capital requirements are therefore often considered too rigid and unlikely to be appropriate for all firms, even in a restricted industry.[52] If they are set low relative to the potential tort liability the problem of cost externalisation is not solved. And if the minimum capital is set relatively high, the coverage requirement can be very intrusive.[53] Moreover, a general minimum capital requirement would not necessarily guarantee that funds are available to restore any environmental harm that has been caused.

2. Effectiveness

For minimum capital requirements to really provide an effective protection to tort creditors, there should be a close monitoring and enforcement which would lead to huge costs. It is, according to Posner, "a statist solution that has thus far been resisted in most financial industries in the United States".[54]

The minimum capital requirement had as a goal to take care of a safety buffer of a minimum magnitude for the creditors. In (European) Member States that had such a minimum capital requirement the effect of this in practice was almost neglectable as the amounts of the minimum capital were relatively limited and therefore did not provide any real protection against company losses, nor against fraudulent creations of corporations.[55] The minimum capital requirement also did not produce a positive impact on the behaviour of shareholders. Given the relatively low amounts of minimum capital, the losses that would result from risky investments were small anyway.[56] The minimum capital requirements also did not prove to be sufficient to prevent the bankruptcy risk.[57] It has already been mentioned that limited liability can especially cause risks of externalisation in the case of closely held corporations.[58] Nevertheless, one can notice that in many European Member States minimum capital requirements only apply to widely held and not to closely held corporations. And in some countries where also for closely held corporations minimum capital requirements apply (such as for example in Belgium and the Netherlands) as a result of recent legislative

52 *Kraakman*, 1998, p. 653.

53 *Kraakman*, 1998, p. 653.

54 *Posner*, p. 544.

55 So *Marescau/Van der Elst*, No. 38.

56 *Marescau/Van der Elst*, No. 38.

57 For an empirical analysis, see *Van der Elst*, pp. 45–68.

58 *Kraakman*, 1998, p. 653.

changes, the minimum capital requirement for closely held corporations was abrogated.[59]

3. Law and policy

Minimum capital requirements were already imposed by the EU since the Second Council Directive 77/91/EEC of 13 December 1976 on coordination of safeguards which, for the protection of the interests of members and others, are required by Member States in respect of the formation of public limited liability companies.[60] The Directive has been amended many times. Originally Article 6(1) of that Directive required that a company in order to be incorporated had to subscribe a minimum amount of € 25.000. But the minimum capital requirement only applied (see Article 1) to the public company limited by shares. The Member States implemented this minimum capital requirement in different ways, that means that there was considerable variation between the Member States as far as the amounts required are concerned.[61] The provision currently in force, providing for a minimum capital requirement, is Article 45 of Directive 2017/1132 of 14 June 2017 relating to certain aspects of company law.[62] The amount is still € 25.000. However, Member States may impose higher requirements and many Member States in fact do. Recall that also this Directive is only applicable to public limited liability companies, not to private companies.

An overview of minimum capital requirements in European Member States was put together by DLA Piper.[63] This overview shows that for closely held corporations, there is either no or a very low minimum capital; only for joint stock companies are there slightly more substantial amounts required, but never higher than € 80.000. It may be clear that these amounts are of such a nature that they can never be able to seriously deal with any substantial tort claims. Not only will the value of a tort claim often be of a much larger magnitude, the minimum capital is also not specifically reserved for environmental claims, but needs to satisfy all creditors in case of insolvency.

---

59 A new Belgian Code of Company Law which entered into force on 1 May 2019 abrogated the minimum capital for closely held corporations (see *Marescau/Van der Elst*, No. 38) and in the Netherlands there is also no longer a minimum capital requirement for closely held corporations since 1 October 2012. See *Schwarz*.

60 OJ L 26 of 31 January 1977.

61 For an overview, see *Dorresteijn* et al., pp. 162–164.

62 OJ L 169/46 of 30 June 2017.

63 DLA Piper, Minimum capital requirements around the world, available at: <https://www.dlapiperintelligence.com/goingglobal/corporate/index.html?t=03-minimum-capital-requirement>, last visited on November 8, 2022.

And as there is no rule under which tort claims would have priority in bankruptcy, it may be clear that in the current regime the minimum capital requirements cannot provide any adequate protection to satisfy environmental liability claims. But given the high costs of information, monitoring and enforcement, it is not likely that this is an attractive remedy at all.

IV. Unlimited shareholder liability for corporate torts

1. Theory

It has already been mentioned that limited liability of the corporation does not so much create problems for voluntary creditors (such as banks and others who stand in a contractual relationship with the corporation) as they can protect themselves *ex ante* via contracting. The situation is, however, different for involuntary creditors such as tort victims. A rather revolutionary proposal has been launched to solve this problem in a famous paper by Hansmann and Kraakman of 1991 where they propose to extend shareholder liability in an unlimited way for corporate torts.[64] In a way it could be considered as a case of piercing the veil of the corporation, i. e. extending liability to shareholders and abrogating the limited liability for corporate torts. Veil piercing cases, as will be discussed in the next section, usually relate to situations of either a small and undercapitalised firm that is managed by a controlling shareholder who holds the real wealth of the enterprise or a parent company of a corporate group which keeps its operating companies thinly capitalised by distributing most of their profits as dividend.[65]

The Hansmann/Kraakman 1991 proposal is a specific case of veil piercing, but only applicable to corporate torts. Their basic idea is that shareholders are the residual claimants of the firms' cash flows. Any savings that result from externalising costs by the corporation accrue to its shareholders. They argue that the traditional doctrine of vicarious liability in tort (of a corporation or an employer for torts committed by his employee)[66] should be extended to a vicarious liability in tort reaching the assets of the shareholder.[67] They argue that the control rights of shareholders would be a sufficient legal basis for extending tort liability to shareholders when a corporate bankruptcy threatens to leave tort victims uncompensated.[68] They argue that it is simply

64 *Hansmann/Kraakman.*

65 *Kraakman*, 2013, p. 251.

66 See generally on vicarious liability, *Kraakman*, 2009, pp. 134–149.

67 *Kraakman*, 2013, p. 252.

68 *Kraakman*, 2013, p. 252.

because involuntary creditors (like tort victims) are politically powerless that limited shareholder liability has generally survived, notwithstanding the inherent inefficiency associated with limited liability.[69]

2. Implementation

Kraakman stresses that the main reason why limited liability was originally introduced was that the alternative under the old regime (or for example with partnerships) is that shareholders were not only liable with all assets, but that there would be joint and several liability as well. Joint and several liability obviously has the disadvantage that it forces every shareholder not only to monitor the management of the corporation, but all other shareholders as well. Joint and several liability leads to high monitoring costs and also makes transferring shares difficult. Limited liability thus reduces shareholder monitoring costs by decoupling the value of the firm from the wealth of its shareholders.[70] But the rule Hansmann and Kraakman argue for in their 1991 paper is a so-called *pro rata* liability, under which each shareholder is personally liable for a tort judgment in proportion to their equity ownership in the company.[71] Unlimited liability should therefore not automatically be equated with joint and several shareholder liability.[72]

Hansmann and Kraakman also distinguish the need for *pro rata* unlimited shareholder liability depending upon the nature of the firm. It has already been mentioned that abuses of the corporate firm are most likely with closely held firms.[73] Investors in small companies often lack access to capital markets, which would rather be an argument to say that they might have higher risk aversion (as shareholders in a closely held company often do not diversify), which would provide an argument for limited liability in closely held companies. However, as mentioned, small undercapitalised closely held corporations are often used as a vehicle for externalising liability costs.[74] Also, small businesses may deal with their risk aversion by obtaining adequate insurance coverage.[75] That would be a strong argument in favour of unlimited shareholder liability particularly in the case of closely held corporations. It may drive some inefficient closely held companies out of business, but in fact that may be a desirable effect as they are effectively being subsidised by

---

69 *Kraakman*, 1998, p. 648.

70 *Kraakman*, 1998, p. 649.

71 *Kraakman*, 1998, p. 650.

72 As for example *Easterbrook/Fischel*.

73 See also *Halpern/Trebilcock/Turnbull*, pp. 117–150.

74 *Ringleb/Wiggins*, pp. 574–595.

75 *Kraakman*, 1998, p. 651.

externalising social costs.[76] The administrative costs of *pro rata* unlimited shareholder liability are, however, more serious in publically traded companies. However, Hansmann and Kraakman argue that these costs should not be prohibitive at all. The *ex ante* possibility to assess the *pro rata* tort liability is, so they hold, not impossible (but in a different way than in the case of joint and several liability). *Pro rata* liability is independent of the wealth of the fellow shareholders. But of course unlimited shareholder liability would lead to a closer monitoring of the company's tort risks, but that may well be a desirable effect. In sum, also for publically held companies they argue that *pro rata* unlimited shareholder liability may have beneficial effects.[77]

3. Drawbacks

Of course there may be difficulties in enforcing unlimited liability as there could be attempts to evade unlimited liability through various strategies, for example selling equity to shareholders in foreign jurisdictions that do not recognise unlimited shareholder liability.[78] It is for this and other reasons that although the proposal by Hansmann and Kraakman has been discussed by many, it has not reached introduction at the policy level. Some argue that enforcement costs of unlimited liability would be huge for tort victims[79] and that evasion techniques are very real. Some individuals referred to as "high rollers" would be ready to purchase the risky assets of companies and thus remove the tort risk exposure from the original company. That already exists under a limited liability regime, but may be more serious in the case of unlimited shareholder liability.[80] Others argue that it may be practically difficult to implement the *pro rata* unlimited shareholder liability.[81]

It is for those reasons that most authors reject the Hansmann/Kraakman 1991 proposal as being too radical.[82] However, they do recognise that especially with closely held corporations, the owner/manager may have strong incentives for opportunistic behaviour towards involuntary creditors, as a result of which veil piercing may be an attractive remedy in that situation. However, in general courts may be more inclined to pierce the veil in order to hold a parent corporation liable for debts of a subsidiary, rather than

76 *Kraakman*, 1998, p. 651.

77 *Kraakman*, 1998, p. 652.

78 *Alexander*, pp. 387–445.

79 *Leebron*.

80 *Halpern*, p. 588.

81 *Alexander*.

82 For example *Bergkamp*, 2001, pp. 324–327 and *Halpern*, pp. 589–590.

reaching the personal assets of shareholders.[83] But generally authors doubt that in the case of mass torts it would be the limited liability of the defendant company that would have a substantial impact on the amount available for recovery.[84] Even in situations where a company may not provide suitable redress for tort victims, allowing them to sue shareholders personally might not be of much benefit in practice as this may lead to important procedural and logistical difficulties.[85] It is therefore that one can, at best, argue that the theoretical proposal of unlimited shareholder liability for corporate torts has sparked off new ideas concerning remedies for limited liability. The idea itself is generally considered too radical and impracticable, but it has led to an increased debate on the social costs of limited liability[86] and to a debate on alternative remedies (other than unlimited shareholder liability) to deal with the inefficiencies created by limited liability.[87]

V. Veil piercing

1. Veil piercing: theory

There are circumstances where the courts will not recognise the limited liability and instead target the assets, for example of an owner/manager in a closely held corporation or a parent company (in a corporate group).[88] Veil piercing is, in the words of Sjåfjell et al., "A doctrine which is marred by confusion and inconsistency".[89] In Law and Economics scholarship piercing the corporate veil is considered to promote efficiency in two situations. The first is where the corporate form is used in order to limit tort liability to accident victims.[90] It would be the example of a taxi corporation incorporating each taxicab separately. Still, Posner argues that permitting tort victims to reach for the shareholders' assets imposes additional risk on the shareholders. Moreover, "piercing the corporate veil is an administrative nightmare when there are many shareholders and shares turn over frequently".[91] An alternative would be to require the corporation engaged in a dangerous activity to post a bond equal to the highest reasonable estimate of the probable

[83] So *Leebron*, p. 1628.

[84] *Cheffins*, pp. 506–507.

[85] *Cheffins*, p. 507.

[86] *Kraakman*, 1998, p. 653.

[87] *Kraakman*, 1998, p. 653 and *Cheffins*, pp. 506–508.

[88] For a discussion of the conditions for veil piercing in the environmental context, see *Bergkamp*, 2001, pp. 306–329.

[89] *Sjåfjell/Johnston/Anker-Sørensen/Millon*, p. 137.

[90] *Posner*, p. 558.

[91] *Posner*, p. 559.

extent of its tort liability.[92] This is to a large extent equal to a compulsory solvency guarantee which is indeed the preferable solution.[93]

The less problematic case for veil piercing is where separate incorporation misleads creditors. Again, Posner distinguishes between the publicly held corporation and the closely held corporation. The case is much stronger with closely held small firms where the danger of abuse of the corporate form is greatest.[94] But even if a large publicly held corporation operates through wholly owned subsidiaries, as long as those subsidiaries are in unrelated businesses, maximisation of the enterprise's profits, will require that the profits of each subsidiary be maximised separately. In other words, the subsidiaries should be treated as if they were in separate firms, as creditors are not prejudiced by being limited to their rights against the particular subsidiary with which they dealt.[95] The situation is different when creditors are misled into thinking that they are dealing with one single corporation (for example when a subsidiary has a name confusingly similar to that of the holding company).[96]

The normal justifications for limited investor liability (like the advantage that shareholders no longer have to monitor the solvency of other shareholders, and the performance of the board and the assurance that their personal assets will not be exposed to liability) do not apply where the shareholder in question is a parent company or a controlling shareholder.[97]

Typical veil piercing cases are those where there is a small and undercapitalised firm that is managed by a controlling shareholder who holds the real wealth of the enterprise or the parent company of a corporate group keeps its operating companies thinly capitalised.[98] Courts are likely to pierce the corporate veil when wealthy shareholders appear to have shifted assets to frustrate creditors. Veil piercing can deter shareholders from externalising harm to tort victims.[99] But legal systems impose strict conditions for veil piercing. Undercapitalisation or undertaking risky but legitimate activities are as such not a sufficient reason to set aside the corporate veil on behalf of tort creditors.[100] Depending upon the legal system, additional requirements are usually necessary, showing that the limited liability of the corporation was "abused"

[92] *Posner*, p. 559.
[93] As I will argue in the next section (VI.).
[94] *Posner*, p. 560.
[95] *Posner*, p. 560.
[96] *Posner*, p. 561.
[97] *Sjåfjell/Johnston/Anker-Sørensen/Millon*, pp. 137–138.
[98] *Kraakman*, 2013, p. 251.
[99] *Kraakman*, 2013, p. 252.
[100] *Kraakman*, 2013, p. 257.

to disadvantage tort creditors. In some cases models of vicarious liability are extended by treating the aggregation of different firms as a single enterprise or an enterprise–wide guarantee of any residual tort liability left unpaid by an asset constrained individual firm is imposed.[101] These types of models encourage integrating related businesses into a single firm and they encourage mutual monitoring between different entities.[102] Piercing the corporate veil is therefore a mechanism whereby the courts ignore the corporate entity and hold shareholders directly liable.[103] The justification is usually an abuse of limited liability, more particularly in relation to involuntary creditors (like tort victims). Again, this type of veil piercing is especially advocated in the context of closely held corporations, but there are always dangers of evasive behaviour to escape the veil piercing.[104] Law and economics scholars hold that veil piercing can be seen as a situation where the courts trade-off the benefits of limited liability against the costs.[105] In other words: when the costs of limited liability (more particularly for involuntary creditors) exceed the benefits, there is a high likelihood that the veil will be lifted.

2. Parental liability

There has been an important evolution in the case law of the Court of Justice of the EU in the domain of competition law. Already for a long time in EU competition law the possibility of holding a parent company liable for violations of competition law by a subsidiary was highly debated. In a landmark judgment of 10 September 2009 (Akzo Nobel)[106] the Court of Justice endorsed the attribution of liability to Akzo Nobel for the conduct of its fully owned subsidiary on the ground that they were part of a "single economic unit". In a later decision the court held "what counts is not whether the parent company encouraged its subsidiary to commit an infringement of the EU competition rules or whether it was directly involved in the infringement committed by its subsidiary, but the fact that those two companies constitute a single economic unit and thus a single undertaking for the purpose of Article 101 TFEU which enables the Commission to impose a fine on the parent company".[107] The Court moreover established in Akzo a rebuttable presump-

[101] *Kraakman*, 2013, p. 258.

[102] *Kraakman*, 2013, pp. 258–259.

[103] *Kraakman*, 2013, p. 653.

[104] *Kraakman*, 2013, p. 653.

[105] *Easterbrook/Fischel*, p. 109.

[106] Judgment of the ECJ of September 10, 2009, Case C–97/08 B, Akzo Nobel v. Commission of the European Communities. For a commentary see *Briggs/Jordan*.

[107] Judgment of the ECJ of January 20, 2011, Case C–90/09, General Quimica and others v. Commission. See *Bellamy/Child*, p. 1142.

tion of decisive influence for fully owned subsidiaries. In that situation, the burden of proof is reversed and the parent company must demonstrate the autonomy of the subsidiary in conducting its commercial policy.[108] The literature has examined to what extent this parental liability based on the "single economic unit" approach is compatible with the principle of personal liability and has found that this is indeed the case, although criticism is formulated as well.[109] Some argue indeed that the parental liability under Akzo Nobel amounts to an almost strict liability as rebutting the assumption of control over its subsidiaries would be almost impossible. Some authors consider this unfair towards the parent company and violating fundamental rights and principles, such as the personal character of the penalty.[110]

Recent case law of the Court of Justice of the EU in the Sumal case[111] has also dealt with the reverse case, i. e. where the question arose of whether subsidiaries can also be held liable for the infringement committed by their parent company. Under the just mentioned single economic entity doctrine, it had already been decided that parent companies can be held liable for their subsidiaries' anti–competitive behaviour. But the question of whether a subsidiary could also be held liable for the anti-competitive behaviour of its parent company, was not yet specifically addressed by the court. In its Sumal judgement of 6 October 2021, the CJEU repeated that when an economic unit infringes the competition rules, it is for that economic unit to answer for such an infringement. As a consequence, it is no longer the decisive influence or control over the infringer (which is most likely in the case of a parent or a subsidiary, but not the other way around) which triggers the application of joint and several liability, but rather the fact that they all belong to the same economic unit. The CJEU only requires that there should be a link between the subsidiaries' economic activities and the subject matter of the anti-competitive conduct carried out by the parent company.[112] This approach is obviously far-reaching as there is, moreover, a presumption of decisive influence (sufficient to justify parental liability) in the case where a subsidiary is fully owned.

So far, the cases (more particularly Akzo Nobel and Sumal) were all competition cases. There have yet not been cases of parental (Akzo Nobel) or subsidiary (Sumal) liability before the CJEU outside of the competition con-

[108] See further *Kalintrini*.

[109] See *Amory*, pp. 69–79.

[110] This is for example argued by *Leupold*, pp. 570–582 and by *La Rocca*, pp. 68–76.

[111] Judgment of the ECJ of October 6, 2021, Case C–882/19 Sumal, S.L. v. Mercedes Benz Truck, España S.L.

[112] See further *Stein*; *López Usatorre*.

text. But theoretically this concept of the single economic unity could also be applied in the tort law context. It has already been suggested in the literature dealing with environmental liability that such a jurisprudential development, whereby a parent would also be presumed to have 100% control over the subsidiary with determinant influence in the environmental domain should be welcomed. This reversal of the burden of proof is in line with suggestions by Antunes[113] and supported by other literature[114] arguing that when a victim of environmental harm had proved that a subsidiary company has caused environmental harm, the company would be required to bring evidence as to whether the challenged decisions have originated from its control or were taken autonomously by the subsidiaries.[115] As a result the parent company would equally be liable to fulfil the environmental obligations of the subsidiary.[116] Others, however, are against expanding environmental liability to parent companies, arguing that it may give parent companies incentives to no longer control the environmental management within a subsidiary in order to avoid parental liability.[117] Given that according to the recent (Sumal) case law it is no longer the control by one corporation (a parent) over the other (the subsidiary) that is decisive for the liability, but rather the existence of economic and organisational links between the different entities and their activities, this argument is probably no longer valid.

Finally, it should be mentioned that the CJEU has not only developed liability of parent and subsidiary companies, but also successor liability. An example of the development of successor liability is the SNIA case adjudicated in 2013. In it, the CJEU *inter alia* decided that successors can be held liable for fines addressed to their predecessors for violations of European competition law.[118] Moreover, the CJEU decided in Case C–343/13 Modelo Continente Hipermercados that a merger requires the transfer to the absorbing company of all the assets and liabilities of the absorbed company, including faults constituting criminal offences.[119]

The CJEU has equally applied the same principles in cases of private claims. For example, in Case C–724/17 Vantaan Kaupunki v. Skanska of

---

113 *Antunes*, pp. 132–384.

114 *Sjåfjell/Johnston/Anker-Sørensen/Millon*, p. 143.

115 Ibidem.

116 This has more particularly been suggested by *Cassotta/Verdure*, pp. 242–243.

117 *Bergkamp/Van Bergeijk*, p. 54.

118 Judgment of the ECJ of December 5, 2013, Case C–448/11, B-SNIA v. European Commission.

119 Judgement of the ECJ of March 5, 2015, Case C–343–13, Modelo Continente Hipermercados SA v. Autoridade Para AS Condições de Trabalho – Centro Local do Lis (ACT).

14 March 2019, the CJEU found that the concept of undertaking has to be interpreted autonomously in competition law and is applicable when claiming for damages inflicted by breaches of EU competition law. Skanska concerned a preliminary ruling requested by the Finnish Supreme Court in a damage claim against a cartel in the Finnish asphalt market. The cartel consisted of several companies which merged with each other and changed names as time progressed. The question concerned whether these new companies were liable for the deeds of their predecessors. The Finnish lower courts followed the basic idea that only the legal entity that caused the damage can be held liable. The CJEU held that the concept of "undertaking" as developed in the CJEU case law is also applicable in national anti-trust damages cases. Thus, for the CJEU economic reality prevails over legal reality meaning that the successor can be held liable for damage caused by its predecessor.[120] The consequence is that the notion of undertaking under EU law prevails over the limited liability in domestic corporate law.[121]

Obviously, there are differences between parental liability (like in the case of Akzo Nobel), subsidiary liability (Sumal) and successor liability after a merger, but the CJEU generally seems to hold both successors parents and subsidiaries (conditionally) liable for the obligations committed by either predecessors or related companies. Apparently the CJEU attaches more importance to the economic reality that continuity exists between the activities of a predecessor and a successor, even if the legal entity that committed offences ceased to exist.

3. Enterprise liability

A situation where an entire group is held liable for the losses incurred by one of its affiliates is usually defined as enterprise liability.[122] There is some confusion concerning this notion: in corporate law enterprise liability is used to describe a situation where several corporate entities within a group can be held jointly and severally liable for the debt of one of the members in the group. The entire group is seen as one enterprise that is made liable. However, in tort law, enterprise liability has also been developed as a way to increasingly introduce strict liability for harms caused by companies within American common law.[123] That development of enterprise liability within tort law has been heavily debated by law and economics scholars such as, for

[120] See *Van Eetvelde/Verhulst*.

[121] See also *De Jong*, p. 220.

[122] See *Bainbridge/Henderson*, pp. 194–198.

[123] See in that respect for example *Keating*.

example, George Priest.[124] That second (tort law) interpretation of enterprise liability is less interesting within the scope of this contribution. I therefore focus on enterprise liability as it is discussed in the corporate law literature. Enterprise liability in that sense is just a form of veil piercing and setting aside the limited liability of the separate corporations.

The literature mentions that a problem with the piercing the corporate veil doctrine (generally, but also in the creation of enterprise liability) is that in many legal systems the specific conditions under which it can be applied are vague and discretionary.[125] Usually (case) law allowing piercing the corporate veil is intended to eliminate the protection of limited liability in cases where owners are considered to abuse the rationales of incorporation. But still, in many countries it is difficult for courts to formulate precise conditions under which this would be possible. Courts prefer to work with a list of variables that can be applied, such as 1) undercapitalisation of the firm; 2) commingling of corporate and personal assets; 3) assets stripping, transfer of assets; 4) disregard for corporate formalities; 5) owners control or domination over management issues; 6) fraud or misrepresentation of business operations.[126] But the conditions under which veil piercing is possible largely differ between the EU Member States.

A country which is representative of a legal system that easily accepts enterprise liability is Germany. The German *Konzernrecht* is recognized as the most sophisticated regulatory scheme applicable to corporate groups with explicit standards for parental liability.[127] German law relatively easily accepts liability of a parent company for the obligations of a controlled subsidiary.[128] At the other end of the spectrum is the United Kingdom which views companies as distinct legal entities, even when they operate under the direction of a parent firm. British courts therefore persistently rejected the application of the enterprise approach.[129] In the UK the role of piercing the corporate veil is therefore very limited and in fact only applied as a sanction against fraudulent behaviour.[130] In Germany to the contrary, when a subsidiary is completely dominated by the parent or subordinated to its interests, the parent will be held liable for losses incurred by the subsidiary.[131]

124 *Priest.*

125 So *Belenzon/Lee/Patacconi*, p. 11.

126 *Belenzon/Lee/Patacconi*, p. 11.

127 So *Sjåfjell/Johnston/Anker-Sørensen/Millon*, p. 138.

128 *Belenzon/Lee/Patacconi*, p. 5.

129 *Belenzon/Lee/Patacconi*, p. 5.

130 *Belenzon/Lee/Patacconi*, p. 13.

131 *Belenzon/Lee/Patacconi*, p. 14.

There is currently no harmonised rule with respect to enterprise (group) liability within the EU. However, a European Company Law Experts (ECLE) group has formulated a proposal for reforming group law in the European Union. But that proposal mostly aims at regulating the relationships between the controlling shareholder (the parent company) and the subsidiary and does not explicitly deal with the potential liability of the group towards third parties.[132] A Draft Proposal for a 9th Company Law Directive was created in the 1970s and eventually abandoned in the 1990s.[133] That seems to be the only piece of major legislation covering corporate groups specifically, but was never formally enacted. Sjåfjell et al. rightly stress that a distinction should be made between on the one hand direct liability schemes (where a parent can be held liable solely on the formal basis of its relationship with its subsidiary) and indirect liability schemes (where the parent company is held liable for its own wrongdoings through the use of the concept of the duty of care).[134]

In an elaborate study Belenzon, Lee and Patacconi analyse enterprise liability in many countries, including many European Member States, and assess their intensity on the basis of the facility with which the corporate veil can be pierced.[135] Some Member States, such as for example Italy, France and the Netherlands, are considered intermediate cases, but with a stronger tendency towards the (German) enterprise approach.[136] Cheffins for example noticed concerning English law that a court can lift the corporate veil and declare a shareholder personally liable for companies' debts when there is evidence of an unlawful purpose or deliberate concealment of the true state of affairs. With public corporations, courts rarely disregard corporate personality; for closely held companies veil piercing suits will be more successful when defendants served as directors or officers.[137] Ong notices that US law and practice regarding veil piercing should alert both UK and continental European companies to the potentialities of far-reaching tendencies of corporate environmental liability affecting an entire group.[138] There could be a positive incentive effect as the possibility of shareholder liability for corpo-

132 European Company Law Experts, A proposal for reforming group law in the European Union. Comparative observations on the way forward, available at: <https://europeancompanylawexperts.wordpress.com/publications/reforming-group-law-in-the-eu/>, last visited on November 8, 2022. See also *ECLE*, pp. 1–49.

133 It only remained in the status of an internal document. See *ECLE*, p. 3.

134 *Sjåfjell/Johnston/Anker-Sørensen/Millon*, pp. 140–141.

135 For details, *Belenzon/Lee/Patacconi*, pp. 12–15.

136 *Belenzon/Lee/Patacconi*, p. 14.

137 *Cheffins*, p. 505.

138 *Ong*, p. 721.

rate environmental damage may lead to pressure from shareholders on company directors.[139]

Belenzon, Lee and Patacconi also analysed the effects of enterprise liability, i.e. the propensity of courts to hold an entire group liable for the obligations of one of the subsidiaries. They found that where enterprise liability is weaker, groups tend to partition their assets more finely into distinct legally independent subsidiaries and grant their subsidiaries more autonomy.[140] Their study does therefore underline the point that there is a relationship between enterprise liability and the internal organisation of corporate groups. In countries with strong enterprise liability asset partitioning into separate legally independent subsidiaries may make less sense, but the contrary is true in legal systems where enterprise liability is weaker.

VI. Compulsory solvency guaranties

1. Solving the insolvency problem directly

So far, I have discussed three possible remedies for the inefficiencies that could result from limited liability, still keeping within the boundaries of company law (minimum capital requirements, unlimited shareholder liability for corporate torts and veil piercing). Even though there are some proponents of those solutions in the literature, each of those also have serious limitations. Another type of solution equally advanced within the literature is to look for remedies not necessarily within company law, but rather in the sphere of tort liability and insurance itself. The problem of potential insolvency related to limited liability (but also in other contexts) could be remedied by *ex ante* forcing corporations, but in fact more generally operators, to provide financial security to cover their third party liabilities. Also in the corporate law literature, the regulatory strategy to require firms pursuing hazardous activities to carry a certain minimum level of insurance is explicitly mentioned.[141] In this section I will review the possibilities and challenges of compulsory solvency guarantees.

---

139 *Ong*, p. 721.

140 *Belenzon/Lee/Patacconi*.

141 *Kraakman* et al., p. 121; *Cheffins*, p. 508; *Halpern*, p. 590.

2. Criteria for mandatory financial security

In law and economics research, several criteria have been advanced to indicate where mandatory financial security may be needed[142] Insolvency is considered the most important reason for introducing mandatory financial security. The law and economics literature pointed out that by introducing a duty to purchase insurance cover for the amount of the expected loss, better results will be obtained than with insolvency, where the magnitude of the loss exceeds the injurer's assets.[143] When an operator is under a duty to provide mandatory financial security (for example liability insurance) the provider of the security (for example an insurer) will have incentives to control the behaviour of the operator. The way in which insurers do this is by controlling the so-called moral hazard risk. Moral hazard will be controlled through a detailed risk differentiation (*ex ante* monitoring and *ex post* adaptation of the premium to the accidents) in combination with exposing the insured still partially to risk (via deductibles).[144] As the provider of financial security will control the moral hazard, incentives are again provided to operators to invest in prevention of environmental liability. Thus under mandatory financial security under-deterrence can be cured and better results can be attained than under a judgment proof scenario.

3. Conditions and challenges

However, the literature has equally formulated a number of conditions and warnings when introducing compulsory financial guarantees.[145] A first issue is that the moral hazard problem should of course be adequately controlled. In the words of Richardson: "The potential for improving deterrence and facilitating compensation may be enhanced by the state if it makes insurance a compulsory condition of engaging in specified developments. To require this, however, insurers must be able to effectively differentiate and price insured risks, and cost-effectively monitor loss prevention".[146] In the normal case, the provider of a solvency guarantee (like a liability insurer) will have incentives to adequately control the moral hazard risk as otherwise the likelihood of the accident occurring would increase. However, an adequate control of moral hazard supposes that the provider of financial security has adequate information in order to be able to control moral hazard. Moreover, when in-

142 For a summary, see *Richardson*, pp. 357–371.

143 See inter alia *Jost* and *Faure*.

144 *Shavell*, 1979.

145 See for a summary of those warnings, *Faure*.

146 *Richardson*, p. 332.

surance markets are highly concentrated, the incentives to adequately control moral hazard might be distorted.[147] If the moral hazard problem could not be adequately controlled the solvency guarantee may do more bad than good and the regulator should in such a case even consider a prohibition of liability insurance.[148]

A second issue is that it may be wise not to limit the duty to provide solvency guarantees to insurance. It is therefore on purpose that I referred to compulsory solvency guarantees and not to compulsory liability insurance only. The disadvantage of just referring to liability insurance is that it may make the policy-maker completely dependent upon the insurance market to fulfil the duty to insure. This could also create an undesirable situation whereby insurers would become *de facto* licensors of the industry which should be avoided from a policy perspective. This may therefore be a strong argument for a flexible approach, i. e. not to limit the provision of mandatory security necessarily to insurance, but to allow the market itself to suggest a wide variety of financial and insurance instruments as long as they can guarantee that the operator still sufficiently invests in preventive measures. Insurance may of course well be able to do so, but there is in addition a wide variety of other instruments that could do so as well, such as self-insurance, using the capital market, guarantees and a variety of risk-pooling schemes. All of those mechanisms may theoretically have advantages and particular limits and are *de facto* also used to cover tort liability.[149] From a policy perspective it is important to keep a wide variety of different instruments available to cover tort liability, which can equally provide incentives to the market to develop further financial security instruments, also beyond (liability) insurance. The advantage of such a broad, flexible, approach is that it makes the policy-maker less dependent upon the insurance market. Otherwise the risk always exists that industry will argue that compulsory solvency guarantees cannot be implemented as there is no sufficient availability of insurance. By opening up the duty to provide solvency guarantees, that even beyond insurance, a more flexible approach is followed, making the policy-maker less dependent on the insurance market.

VII. Concluding remarks

In this contribution to honour Klaus Mathis, I critically discussed the limited liability of the corporation. Traditional economic analysis of corporate

147 *Faure/Van den Bergh*.

148 So *Shavell*, 1986.

149 See for an overview of the employment of those instruments to cover liability following a major offshore pollution accident *Faure/Wang*, pp. 237–265.

law has pointed at the importance of a limited liability as an instrument that enables firms to attract capital, allowing individuals to invest in corporations, even without the need for a detailed control of the behaviour of the managers. At the same time, both lawyers and economists pointed at the negative effects of limited liability in particular cases, more particularly when tort creditors (who do not have a possibility of ex ante bargaining with the corporation) remain uncompensated. In that case, the limited liability leads both to inefficiency (under-deterrence and thus a market failure) as well as to a problem from a justice perspective (lacking compensation of tort victims). Several remedies have been presented in corporate law, but each of those have their own specific problems.

Mandatory capital requirements which are not considered very effective mechanisms to protect the interests of creditors, are moreover considered rigid and either easily avoided or leading to high monitoring and enforcement costs. Unlimited *pro rata* shareholder liability for corporate torts is an interesting thought experiment, but could equally lead to high litigation costs if it would mean that tort victims would have to sue a variety of different shareholders. Also in that case, problems of evasion and enforcement may arise, especially if shares were shifted to foreign jurisdictions. A third possibility, piercing the corporate veil, is applied in some EU Member States (when particular conditions are met), but there are in that respect still large differences between the Member States. Moreover, some consider the litigation related to veil piercing "an administrative nightmare". However, the Court of Justice case law in EU competition cases (Akzo Nobel, Skanska and Sumal) leading to extended liability for competition law violations even beyond the corporation that committed the violation, could lead to inspiration for the particular case of tort liability as well.

Of course, many other solutions within corporate law have been mentioned in the literature as well. One possibility is to focus more strongly on (civil and criminal) liability of directors; another one is to award tort victims a higher priority in case of bankruptcy of the corporation.[150] Each of those different options undoubtedly leads to differing costs and benefits. What is the cheapest option among all available alternatives is by the end also an empirical issue.[151] But the fundamental question can of course be asked of whether it is desirable to fundamentally adapt principles of corporate law to deal with the problem of tort liability of companies. It has already been noticed that in some of the remedies I discussed within corporate law (like veil piercing or minimum capital requirements) solutions between the EU Member States largely diverge. Company law is also a domain of which econo-

150 *Kraakman* et al., p. 120; *Kraakman*, 2013, p. 252.

151 *Halpern*, p. 590.

mists argue that there is great benefit in divergence and many drawbacks from harmonisation.[152] The question arises of whether it is necessary and feasible to adapt corporate law and corporate governance to regulate a problem of tort liability. The last remedy that was discussed, mandating solvency guarantees, seems to be the most attractive one. The advantage of mandatory solvency guarantees is that it directly focuses on the insolvency issue that could be caused by the limited liability of the corporation. That is not to say that some of the other options (like enterprise liability or expanding joint and several liability for corporate torts among related companies) should not be examined as well. But the most promising, and likely to be the most effective, strategy seems to be to focus on supporting the obligations of operators potentially exposed to tort liability with mandatory financial security. That remedy seems to allow the reconciliation of efficiency and justice, which has often been pleaded for in the work of Klaus Mathis.

List of References

Alberini, Anna/*Austin*, David: Liability policy and toxic pollution releases, in: Heyes, Anthonny (Ed.), The Law and Economics of the Environment, Cheltenham 2001, pp. 92 et seqq.

Alexander, J. C.: Unlimited shareholder liability through a procedural lens, in: Harvard Law Review, Vol. 106/2 (1992), pp. 387 et seqq.

Amory, Louis: *Parent Company Liability in EU Competition Law: Peace in the Valley?*, Ghent University, Faculty of Law, Academic Year 2019 (available at: <https://lib.ugent.be/fulltxt/RUG01/002/790/221/RUG01-002790221_2019_0001_AC.pdf>, last visited on November 8, 2022).

Antunes, José Engrácia: Liability of Corporate Groups, Alphen aan den Rijn 1994.

Bainbridge, Stephen M./*Henderson*, M. Todd: Limited Liability, A Legal and Economic Analysis, Cheltenham 2016.

Belenzon, Sharon/*Lee*, Honggi/*Patacconi*, Andrea: Towards a legal theory of the firm, the effects of enterprise liability on asset partitioning, decentralisation and corporate growth, NBER Working Paper Series, Working Paper 24720, 2018. (available at: <http://www.nber.org/paper/w24720>, last visited on Nevember 8, 2022).

Bellamy, C./*Child*, G.: European Union Law of Competition, 7th edition, Oxford 2013.

Bergkamp, Lucas: The Environmental Liability Directive and liability of parent companies for damage caused by their subsidiairies ('enterprise liability'), in: European Company Law, Vol. 13/5 (2016), pp. 183 et seqq. (cit. *Bergkamp*, 2016).

152 See in that respect especially *Enriques*, pp. 59–82.

Bergkamp, Lucas: Liability and Environment, Private and Public Law Aspects of Civil Liability for Environmental Harm in an International Context, The Hague 2001 (cit. *Bergkamp*, 2001).

Bergkamp, Lucas/*Van Bergeijk*, A.: Scope of the ELD regime, in: Bergkamp, Lucas/ Goldsmith, Barbara (Eds.), The EU Environmental Liability Directive, A Commentary, Oxford 2013, pp. 51 et seqq.

Briggs, John/*Jordan*, S.: Developments in the law, the presumption of shareholder liability and the implications for shareholders in private damages actions and otherwise, in: Global Competition Litigation Review, Vol. 2/4 (2009), pp. 203 et seqq.

Cassotta, Sandra/*Verdure*, Ch.: La Directive 2004/35/CE sur la responsabilité environnementale: affinements des concepts et enjeux économiques, in: Revue du Droit de l'Union Européenne 2012, pp. 233 et seqq.

Cheffins, Brian R.: Company Law, Theory, Structure and Operation, Oxford 1998.

Christodoulou, Dimitrios: The single-ship company: the legal consequences from its use and the protection of its creditors, LMCLQ 2002, pp. 278 et seqq. (cit. *Christodoulou*, 2002).

Christodoulou, Dimitrios: The Single-ship Company: The Legal Consequences from its Use and the Protection of its Creditors, Southampton 1999 (cit. *Christodoulou*, 1999).

Coase, Ronald: The problem of social cost, in: Journal of Law and Economics, Vol. 3 (1960), pp. 1 et seqq.

Dari-Mattiacci, Giuseppe/*Gelderblom*, Oscar/*Jonker*, Joost/*Perotti*, Enrico C.: The emergence of the corporate form, in: Journal of Law, Economics & Organisation, Vol. 33/2 (2017), pp. 193 et seqq.

De Jong, N.R.: Civiele aansprakelijkheid voor de 'economische opvolger' van een overtreder van het mededingingsrecht, Noot bij het arrest HvJ 14 maart 2019 in de zaak C–724/17 (Skanska Industrial Solutions Oy), in: Maandblad voor Ondernemingsrecht (2019), pp. 220 et seqq.

Dorresteijn, Adriaan F.M. et al.: European Corporate Law, 3rd edition, Alphen aan den Rijn 2017.

Easterbrook, Frank A./*Fischel*, Daniel R.: Limited liability and corporation, in: Chicago Law Review, Vol. 52/1 (1985), pp. 89 et seqq.

Enriques, L.: Company law harmonisation reconsidered, what role for the EC?, in: Bartman, Steef M. (Ed.), European Company Law in Accelerated Progress, Alphen aan den Rijn 2006, pp. 59 et seqq.

European Company Law Experts (ECLE): A proposal for reforming group law in Europe, in: European Business Organisation Law Review, Vol. 18 (2017), pp. 1 et seqq.

Faure, Michael G.: Economic criteria for compulsory insurance, The Geneva Papers on Risk and Insurance, Vol. 31 (2006), pp. 149 et seqq.

Faure, Michael G./*Van den Bergh*, Roger: Restrictions of competition on insurance markets and the applicability of EC antitrust law, in: Kyklos, Vol. 48 (1995), pp. 65 et seqq.

Faure, Michael G./*Wang*, Hui: The use of financial market instruments to cover liability following a major offshore accident, in: Faure, Michael (Ed.), Civil Liability and Financial Security for Offshore Oil and Gas Activities, Cambridge (UK) 2017, pp. 237 et seqq.

Gaber, Max: The Effect of D&O Insurance on Managerial Risk-taking, A Law and Economics Approach to the Managerial Liability Risk and the Role of D&O Insurance, Maastricht 2015.

Halpern, Paul: Limited and extended liability regimes, in: Newman, Peter (Ed.), The New Palgrave Dictionary of Economics and the Law, London 1998, pp. 581 et seqq.

Halpern, Paul/*Trebilcock*, Michael J./*Turnbull*, Stuart M.: An economic analysis of limited liability in corporation law, in: University of Toronto Law Journal, Vol. 30 (1980), pp. 117 et seqq.

Hansmann, Henry/*Kraakman*, Reinier: Toward unlimited shareholder liability for corporate torts, in: Yale Law Journal, Vol. 100/7 (1991), pp. 1879 et seqq.

Jost, B. J.: Limited liability and requirement to purchase insurance, in: International Review of Law and Economics, Vol. 16/2 (1996), pp. 259 et seqq.

Kalintrini, A.: Revisiting parental liability in EU competition law, in: European Law Review, Vol. 43/2 (2018), pp. 145 et seqq.

Keating, Gregory C.: The theory of enterprise liability and common law strict liability, in: Vanderbilt Law Review, Vol. 54 (2001), pp. 1285.

Kraakman, Reinier: Economic policy and the vicarious liability of firms, in: Arlen, Jennifer (Ed.), Research Handbook on the Economics of Torts, Cheltenham 2013, pp. 234–261 (cit. *Kraakman*, 2013).

Kraakman, Reinier: Vicarious and corporate civil liability, in: Faure, Michael (Ed.), Tort Law and Economics, Cheltenham 2009, pp. 134 et seqq. (cit. *Kraakman*, 2009).

Kraakman, Reinier: Unlimited shareholder liability, in: Newman, Peter (Ed.), The New Palgrave Dictionary of Economics and the Law, London 1998, pp. 648 et seqq. (cit. *Kraakman*, 1998).

Kraakman, Reinier et al.: The anatomy of corporate law. A comparative and functional approach, 2. Edition, Oxford 2009.

La Rocca, Laura: The controversial issue of the parent company liability for the violation of EC competition rules by the subsidiary, in: European Competition Law Review, Vol. 32/2 (2011), pp. 68 et seqq.

Leebron, David: Limited liability, tort victims, and creditor, in: Columbia Law Review, Vol. 91 (1991), pp. 1565 et seqq.

Leupold, Bettina: Effective enforcement of EU competition law going too far? Recent case law on the presumption of parental liability, in: European Competition Law Review, Vol. 34/11 (2013), pp. 570 et seqq.

Leyens, Patrick C./*Faure*, Michael G.: Directors' and officers' liability, economic analysis, in: Deakin, Simon/Koziol, Helmut (Eds.), Directors' & Officers' (D&O) Liability, Berlin/Boston 2018, pp. 769 et seqq.

López Usatorre, Alvaro: Red pill or blue pill? The European Court of Justice makes its choice: subsidiaries can be held liable for the infringements of their parent companies (Case C-882/19 – Sumal), 2021 (available at: <http://competitionlawblog.kluwercompetitionlaw.com/2021/10/12/red-pill-or-blue-pill-the-european-court-of-justice-makes-its-choice-subsidiaries-can-be-held-liable-for-the-infringements-of-their-parent-companies-case-c-882-19-sumal/>, last visited on November 8, 2022).

Marescau, Kristof/*Van der Elst*, Christoph: Het Belgische Wetboek van Vennootschappen en Verenigingen: een verkenning, in: TVOB (2020).

Mathis, Klaus: Effizienz statt Gerechtigkeit? Auf der Suche nach den philosophischen Grundlagen der ökonomischen Analyse des Rechts, 4th edition, Berlin 2019 (cit. *Mathis*, 2019).

Mathis, Klaus: Efficiency instead of justice? Searching for the philosophical foundations of the economic analysis of law, Dordrecht/Heidelberg/London/New York 2009 (cit. *Mathis*, 2009).

Ong, David M.: The impact of environmental law on corporate governance: international and comparative perspectives, in: EJIL, Vol. 12/4 (2001), pp. 685 et seqq.

Posner, Richard: Economic Analysis of Law, 9th edition, New York 2014.

Priest, George L.: The invention of enterprise liability, a critical history of the intellectual foundations of modern tort law, in: Journal of Legal Studies, Vol. 14/3 (1985), pp. 461 et seqq.

Richardson, Benjamin J.: Environmental Regulation through Financial Organisations, Comparative Perspectives on the Industrialised Nations, The Hague 2002.

Ringleb, Al H./*Wiggins*, Steven N.: Liability and large scale, long-term hazards, in: Journal of Political Economy, Vol. 98 (1990), pp. 574 et seqq.

Schwarz, Christian A.: Inleiding tot het nieuwe BV–recht. De belangrijkste wijzigingen per 1 oktober 2012, Zutphen 2012.

Shavell, Steven: Economic analysis of accident law, Cambridge (MA) 1987 (cit. *Shavell*, 1987).

Shavell, Steven: The judgment proof problem, in: International Review of Law and Economics, Vol. 6 (1986), pp. 45 et seqq. (cit. *Shavell*, 1986).

Shavell, Steven: Liability for harm versus regulation of safety, in: Journal of Legal Studies, Vol. 13 (1984), pp. 357 et seqq. (cit. *Shavell*, 1984).

Shavell, Steven: Strict liability versus negligence, in: Journal of Legal Studies, Vol. 9 (1980), pp. 1 et seqq. (cit. *Shavell*, 1980).

Shavell, Steven: On moral hazard and insurance, in: Quarterly Journal of Economics, Vol. 93/4 (1979), pp. 541 et seqq. (cit. *Shavell*, 1979).

Sjåfjell, Beate/*Johnston*, Andrew/*Anker-Sørensen*, Linn/*Millon*, David: Shareholder primacy, the main barrier to sustainable companies, in: Sjåfjell, Beate/Richardson,

Benjamin (Eds.), Company Law and Sustainability, Legal Barriers and Opportunities, Cambridge (UK) 2015, pp. 79 et seqq.

Stein, Daniel: Liability of Enterprise Group Members for Other Group Entities' Anticompetitive Conduct, 2022 (available at: <https://www.law.ox.ac.uk/research-subject-groups/commercial-law-centre/blog/2022/02/liability-enterprise-group-members-other>, last visited on November 8, 2022).

Van der Elst, Christoph: The effectiveness of minimum capital and the financial plan, an empirical study of the Belgian experience, in: Bruloot, Diederik (Ed.), Belgian and European Perspectives on Creditor Protection in Closed Companies, Antwerp 2019, pp. 45 et seqq.

Van Eetvelde, Jasper/*Verhulst*, Michiel: The CJEU Vantaan kaupunki case, piercing the corporate veil via private enforcement of competition law, Corporate Finance Lab, 18 March 2019 (available at: <https://corporatefinancelab.org/2019/03/18/the-cjeu-vantaan-kaupunki-case-piercing-the-corporate-veil-via-private-enforcement-of-eu-competition-law/>, last visited on November 8, 2022).

Milieudefensie et al. v. Royal Dutch Shell – Law and Economics of Corporate Responsibility

By *Alexander Gian-Carlo Baumann*

"Nothing comes from nothing."
Klaus Mathis

I. Introduction

In his PhD thesis, Klaus Mathis thoroughly examines the philosophical foundations of Law and Economics. This endeavour ultimately allows him to critically assess a crucial question: How do efficiency and justice relate? Thanks to his pioneering work, both in the German speaking area and elsewhere, a growing number of people are educated on the simple but powerful insight that efficiency and justice can, but do not have to go together. On a more fundamental level, the two concepts can even be seen as mutual prerequisites.[1]

Early on, Klaus Mathis has anticipated a second crucial stream of research. In his habilitation thesis, he analyses the concept of sustainable development. In a sense, his mastery of the foundations of Law and Economics concludes on an even more fundamental level, highlighting the overarching, temporal dimension.

Another connecting factor is found in the more distant past of Klaus Mathis. As an economics student, he took a class in organisational theory, led by a group of professors. One of the professors allowed the students to start the final oral examination with opening remarks on a freely chosen topic. Klaus Mathis has not just adopted this innovative concept in his own oral examinations, he still remembers today which topic he chose back then: transaction costs.

Consequently, the stage is set for this contribution in honour of Klaus Mathis. As overarching and interconnected the work of the jubilarian, this paper follows the very same ambition and combines Law and Economics, sustainable development and the concept of transaction costs to a holistic,

[1] Cf. *Mathis*, Efficiency Instead of Justice?, pp. 230 et seqq., 248 et seq.

interdisciplinary perspective on corporate responsibility. An ideal stepping-stone to do so is the recent ruling of the District Court The Hague in *Milieudefensie et al. v. Royal Dutch Shell*, issued on 21 May 2021. Based on this decision, the paper develops a law and economics perspective on responsible business conduct.

As a first step, the paper highlights the broader context of climate change litigation, drawing on fundamental insights from climate science (II. 1.). In the following, the essence of the court decision is being unfolded, focusing on its direct implications for the nature of the multinational enterprise (II. 2.). Subsequently, the court decision is being critically discussed, encompassing dogmatic reflections from a Swiss perspective (II. 3.). This legal fundament will pave the way for an economic endeavour into responsible business conduct. This second step starts with introductory remarks to market failures, externalities and their interdependencies with transaction costs (III. 1.). This economic framework is then being applied to the court decision, discussing its potential efficiency impacts (III. 2.). Finally, this law and economics perspective will be followed by a summary and closing remarks (III. 3.).

II. A Legal Perspective on Climate Change

There are numerous possibilities and needs to address climate change from a legal perspective.[2] Within the legal approach, it is not a new, but an uprising and recently even idealised trend to thrive for progress in courts.[3] In this respect, the decision of the District Court The Hague on 21 May 2021 represents a game changer. Before examining its dimensions, it is indispensable to start with a basic understanding of climate change and a brief introduction to climate change litigation.

---

[2] For a comprehensive introduction to climate change and the law see *McEldowney*, pp. 503 et seq., 518.

[3] Impressive proof of evidence for this trend is provided by the Sabin Center for Climate Change Law, an initiative of the Columbia University which serves as a leading center of expertise in climate law and regulation. Its case database for climate change litigation lists the first case filed in 1986, not just a premiere but also a singular exception. Followed by singular cases at irregular intervals, case numbers started to rise steadily after the turn of the millennium, reaching a peak of 162 in the year 2020. The database both for U.S. cases and cases outside the U.S. is available at: <http://www.climatecasechart.com/>.

1. A Brief Overview of Climate Change and Climate Change Litigation

At any time of the day, sunlight brings an enormous amount of energy to Earth. Around a third of the sunlight is reflected to space by clouds, aerosols and bright surfaces, mainly snow and ice. The remaining two thirds reach the Earth and are absorbed by the surface and atmosphere. Most of the incoming energy is radiated back towards space, while some of this radiation is absorbed by greenhouse gases in the atmosphere. These gases in turn re-emit the energy in all directions, warming the Earth again. This greenhouse effect is a necessary condition for life on Earth. Without it, the temperature on Earth would be around 33°C cooler. A rising concentration of greenhouse gases, however, keeps heating the planet, causing *global warming*.[4]

What do global warming and driving an automobile with a heavily delayed accelerator and insufficient brakes have in common? Carbon dioxide, accounting for about 76% of greenhouse gas emissions,[5] stays in the atmosphere for several hundred years before it dissipates naturally. Even if we took our foot off the accelerator and stopped burning fossil fuels – the major source of carbon dioxide in the atmosphere – the planet would continue to warm up for centuries. For now, effective breaks are still under development, as carbon removal technologies require further technological progress to increase their feasibility. Apparently, the two – to answer the question – need to be handled with great care.[6]

An understanding of the linkage of CO_2 in the atmosphere to the burning of fossil fuels was achieved already in the late 19th century, triggering broad awareness by scientists only in the 1960s.[7] Today, the scientific evidence that

---

4 For this basic introduction to the greenhouse effect see *Intergovernmental Panel on Climate Change*, p. 1020. See also *Letcher*, pp. 5 et seq.; *Fletcher/Smith*, pp. 2, 21 et seqq.

5 An even more effective greenhouse gas is water vapor, H_2O, which can be found in the atmosphere in much higher concentration. Water vapor, however, does not control global warming, but instead the amount of water vapor in the atmosphere is controlled by temperature. A higher concentration of CO_2 increases global temperature, which in turn increases – due to evaporation from the oceans – the amount of water vapor. It is precisely this cycle which exerts the most significant influence on global temperature, see *Letcher*, p. 5.

6 See for the used analogy and a thorough introduction to global warming *Fletcher/Smith*, pp. 2 et seqq. Furthermore and specifically on carbon dioxide removal methods, cf. also *Intergovernmental Panel on Climate Change*, pp. 755 et seqq.

7 *Letcher*, pp. 4 et seq. Building upon the work of scientists Joseph Fourier, Macedonio Melloni, John Tyndall, Arvid Gustaf Högbom and many others, the Swedish physicist and chemist Svante Arrhenius calculated in the late 19th century that anthropogenic, industrial emissions might cause global warming in the future. Initially re-

global warming is largely tied to this linkage, a rising CO_2 concentration caused mainly by burning of fossil fuels, is overwhelming.[8] Before the Industrial Revolution, the concentration of CO_2 in the atmosphere stayed always below 280 ppm.[9] In May 2022, this value peaked at 421 ppm, measured at the Mauna Loa Observatory in Hawaii, representing an increase of more than 50%.[10] In view of the natural changes in Earth's climate, which occur in a slow process taking thousands of years, this intensified increase of both CO_2 and global temperature cannot be explained by natural forces.[11] The data since the start of the recordkeeping in 1880 shows that the years 2016 and 2020 tie for the hottest years on record.[12] In November 2022, at the same time as the opening of the 27th Conference of the Parties – the United Nations Climate Change Conference – in Egypt, the World Meteorological Organization announced that the past eight years are on track to be the eight warmest on record. This trend is accompanied by an accelerating sea level rise and glaciers melting at an unprecedented speed.[13]

A stable climate is an indispensable condition for flourishing life on Earth. Global warming poses a serious risk to this essential stability, being a growing threat of environmental collapse in the future.[14] Consequences of global warming are numerous, ultimately turning the Earth into an uninhabitable place due to rising sea levels, increase of wildfires or a rise in extreme weather patterns such a floods, deadly heat waves or droughts.[15] *Mora* et al. identified a total of 467 examples on how global warming and its related climate hazards impact human life.[16] Immediate collective action

---

jected, this early forecast received recognition only after extensive measurements of Charles David Keeling, who showed with the Keeling Curve that CO_2 concentration in the atmosphere was rising rapidly.

[8] *Letcher*, p. 6.

[9] *Fletcher/Smith*, pp. 22 et seqq.

[10] *National Oceanic and Atmospheric Administration*. For a detailed insight into the historic data of the CO_2 concentration in the atmosphere see *Intergovernmental Panel on Climate Change*, pp. 68 et seq.

[11] Cf. *Fletcher/Smith*, pp. 23 et seqq. In comparison to natural increases during the last ice age 11,000 to 17,000 years ago, the annual rate of increase in CO_2 in the atmosphere over the past 60 years is about 100 times faster, see *Lindsey*, para. 4.

[12] See *NASA Jet Propulsion Laboratory*. The numerical data, provided by the NASA Goddard Institute for Space Studies at Columbia University in New York, is available at: <https://data.giss.nasa.gov/gistemp/graphs/graph_data/Global_Mean_Estimates_based_on_Land_ and_Ocean_Data/graph.txt>.

[13] *World Meteorological Organization*.

[14] *Letcher*, p. 10.

[15] Cf. for a non-final overview of the myriad of consequences *Letcher*, p. 15.

[16] *Mora* et al., p. 1062; cf. also *Sindico/Mbengue/McKenzie*, pp. 3 et seq.

is needed to avoid this disastrous development.[17] Another step in this direction is the Paris Agreement on Climate Change. Adopted at the 21st Conference of the Parties on 12 December 2015 in Paris, the international community of states committed to legally binding open-ended phase-out goals to hold the increase in the global average temperature to well below 2°C above pre-industrial levels and pursue efforts to limit the temperature increase to 1.5°C.[18]

The need for action has not only reached policy making, but the entire legal discipline. In the quest of suitable regulatory responses to climate change, one of the paths chosen is litigation. At its core, climate change litigation encompasses court disputes with climate change as the central issue.[19] Differentiation of the disputes is possible according to various factors, however, one central differentiation that has emerged so far is based on the addressee: states or corporations.[20] The epicenter of the phenomenon *climate change litigation* are the United States, followed by Australia.[21] In Europe, it is the Netherlands which serve as pivotal point in climate change litigation, in both the categories mentioned. On 20 December 2019, the Dutch Supreme Court confirmed the rulings of the lower courts and ordered the Netherlands to reduce greenhouse gases by the end of 2020 by at least 25% compared to 1990.[22] With regard to suits against corporations, the Netherlands caused another sensation less than two years later. In *Milieudefensie et al. v. Royal*

---

17 On the difference between climate science and its normative valuation, including the decision to act, cf. *Lawrence*, p. 8.

18 Art. 2 para. 1a Paris Agreement. For a comprehensive introduction to the Paris Agreement and the discussion of its innovative character as an umbrella agreement, combining both soft and hard law, see also *Popovski*, pp. 19 et seqq., 40 et seq.

19 For a definitional frame of climate change litigation see *Peel/Osofsky*, pp. 7 et seqq. Cf. also *Keller/Kapoor/Momah*, pp. 13 et seq., who identify two major categories of disputes: Direct cases where climate change represents the main concern, and indirect cases where climate change is not the driving factor. Finally, on questions of terminology cf. *Rodi/Kalis*, p. 6.

20 See already the classification of the mentioned case database by the Sabin Center for Climate Change Law.

21 Cf. *Peel/Osofsky*, pp. 16 et seqq. Concerning the United States, a lack of regulatory response alongside a litigious culture are key factors that led to the highest number of decided climate cases worldwide. On a per capita basis, however, Australia is in the lead. One important reason is Australia's role in the global carbon economy, being the second largest coal exporter globally.

22 Urgenda Foundation v. The State of the Netherlands, Hoge Raad, decision 19/00135, ECLI:NL:HR:2019:2007 (English version). Cf. also *Keller/Kapoor/Momah*, p. 16, as well as *Payandeh*, p. 65. For an overview of climate change litigation in the Netherlands, discussing the Urgenda case in detail, see *Verschuuren*, pp. 75 et seqq.

Dutch Shell, a civil court in Europe ordered a company for the first time to reduce its CO_2 emissions.[23]

2. The Corporate Regulatory Essence of a Groundbreaking Court Decision

On 26 May 2021, the *Rechtbank Den Haag* – the District Court The Hague, the court of first instance – has ordered Royal Dutch Shell to reduce the CO_2 emissions of the Shell group by net 45 % in 2030, compared to 2019 levels, through the Shell group's corporate policy.[24] Claimants are several Dutch associations, foundations, a youth organisation and a total of 17,379 individual claimants. Led by the association *Vereniging Milieudefensie*, the common objective of the organisations is to promote a sustainable management of the environment.[25] The defendant is Royal Dutch Shell plc, the top holding company of the Shell group, with its head office in The Hague.[26] In this function, it determines the group's general corporate policy, which is implemented by the operating companies across the globe. The operational activities encompass the production and trade in oil, gas or other energy sources, involving the exploitation, production or extraction of oil.[27] In the following, all further reference to the defendant is abbreviated as *Shell*.

Based on the unwritten standard of care pursuant to Book 6 Section 162 Dutch Civil Code, Milieudefensie et al. claim that Shell has the obligation to reduce the CO_2 emissions attributable to the Shell group by at least 45 % or

[23] Cf. *Kieninger*, p. 1. Note that on 22 March 2022, Royal Dutch Shell filed an appeal at The Hague Court of Appeal, cf. *Reuters*, Appeal. The appeal proceedings are still ongoing, cf. already *Jentsch*, Case study, p. 10.

[24] See the Inhoudsindicatie of Rechtbank Den Haag, decision C/09/571932, ECLI:NL:RBDHA:2021:5337. All further reference to the decision is made to the English translation Rechtbank Den Haag, decision HA ZA 19-379, ECLI:NL: RBHA:2021:5339 (subsequently: Rechtbank Den Haag, HA ZA 19-379), provided by the Dutch judiciary itself. All further use of *the court* refers to the District Court The Hague, unless otherwise stated.

[25] For further information to the claimants as well as the differing objective of the foundation Stichting Actionaid see Rechtbank Den Haag, HA ZA 19-379, cons. 2.1.1–2.1.8. All further reference to the claimants is abbreviated as Milieudefensie et al. In line with cons. 4.2.7 of the decision, this abbreviation refers to Milieudefensie, Greenpeace Nederland, Fossielvrij NL, Waddenvereniging, Both Ends and Jongeren Milieu Actief.

[26] In January 2022, Shell officially changed its name to *Shell plc*, following plans to move its head office from The Hague to London, see *Reuters*, Royal Dutch Shell.

[27] For further information to the defendant see Rechtbank Den Haag, HA ZA 19-379, cons. 2.2.1–2.2.3, 2.5.

net 45% in 2030 relative to 2019 levels.[28] The claimants are of the view that Shell violates this reduction obligation with a hazardous and disastrous corporate policy, inconsistent with the global climate target to prevent a dangerous climate change for the protection of mankind, the human environment and nature.[29] In contrast, Shell filed a motion for inadmissibility or to dismiss all claims.[30]

The assessment of the court focuses on the construction of the aforementioned unwritten standard of care and encompasses a total of 14 criteria.[31] Paragraph 1 of Book 6 Section 162 Dutch Civil Code states the general principle of repairment in case of a tortious act. Paragraph 2 specifies that a tortious act is regarded a violation of not just the law, but also of what has to be regarded as proper social conduct according to unwritten law. Finally, paragraph 3 specifies that accountability for a tortious act also results from generally accepted principles, the so-called *common opinion*. Although it remains vague how both the criteria and their order to construct this unwritten standard of care were selected, the court clearly unfolds its guiding principle. By relying on climate science and accompanying international standards, the court attempts to grasp the common opinion on the central question raised – whether Shell has the obligation to reduce the CO_2 emissions of the Shell group.[32] In this attempt, it is, as remains to be shown, a key guideline of the court to assess the level of control and influence of the parent company.

Under the second assessment criterion – *the Shell group's CO_2 emissions* – the court establishes that Shell, as a major player on the worldwide market of fossil fuels, is responsible for significant CO_2 emissions, exceeding the emissions of many states, including the Netherlands.[33] Criteria four and five are dedicated to the legal basis of a potential obligation to reduce CO_2 emissions, in particular human rights and the *United Nations Guiding Principles on Business and Human Rights* (UNGP). As Milieudefensie et al. invoke the right to life and the right to respect for private and family life, the court states that human rights, although they apply in relationships between States and citizens only, might play a role in the relationship between the claimants and the defendant, too. Given the fundamental interest of human rights and their value for society, the court decides to consider human rights in its assessment. From the Urgenda ruling and in reference to the UN special rap-

28 Rechtbank Den Haag, HA ZA 19-379, cons. 3.1–3.2.

29 Rechtbank Den Haag, HA ZA 19-379, cons. 3.2.

30 Rechtbank Den Haag, HA ZA 19-379, cons. 3.3.

31 See Rechtbank Den Haag, HA ZA 19-379, cons. 4.1.3, 4.4.1–4.4.2.

32 Cf. Rechtbank Den Haag, HA ZA 19-379, cons. 4.4.1 and 4.4.27.

33 Rechtbank Den Haag, HA ZA 19-379, cons. 4.4.5.

porteur on human rights, the court concludes that human rights also encompass the protection from anthropogenic climate change.[34]

Regarding the UNGP, the court states that also this instrument does not create any new rights or legally binding obligations for businesses. The court, however, points out that they represent a widely accepted soft law instrument, which is in line with current international expectations for businesses.[35] Consequently, it includes the UNGP as a suitable guideline in the interpretation of the unwritten standard of care.[36] The court concludes: "The responsibility of business enterprises to respect human rights, as formulated in the UNGP, is a global standard of expected conduct for all business enterprises wherever they operate. […] It can be deduced from the UNGP and other soft law instruments that it is universally endorsed that companies must respect human rights."[37] What does this responsibility entail? In light of Shell's size, its policy-setting position in the Shell group, its role as a major player on the worldwide market of fossil fuels, the court states that much may be expected of Shell.[38] This high-reaching expectation is also reflected in the extent of the discussed responsibility. It encompasses not just all own activities, but the company's entire value chain, including its business relationships. Therefore, Shell's responsibility, as the court states, extends also to the CO_2 emissions of its end users, the so-called *Scope 3 emissions*.[39] The court points out that this perception is again in line with what is internationally endorsed, especially considering that Shell's Scope 3 emissions account for approximately 85% of all its emissions.[40]

Already under criterion five, the court specifies that the level of responsibility is related to the extent to which a company has control and influence over the emissions.[41] It is precisely this argument, which is discussed under the next criterion six, *the control and influence of Shell on the CO_2 emissions*

---

34 For the argumentation on human rights see Rechtbank Den Haag, HA ZA 19-379, cons. 4.4.9–4.4.10.

35 On the UNGP, their nature as a soft law instrument and their continuous hardening cf. *Baumann*, pp. 13 et seqq.

36 See for this line of reasoning Rechtbank Den Haag, HA ZA 19-379, cons. 4.4.11. Moreover, cf. cons. 4.5.4, where the court states its approach in including norms of international law, also of soft law nature, in the assessment of the content and scope of Shell's reduction obligation ensuing from the unwritten standard of care pursuant to Book 6 Section 162 Dutch Civil Code.

37 Rechtbank Den Haag, HA ZA 19-379, cons. 4.4.13–4.4.14.

38 Rechtbank Den Haag, HA ZA 19-379, cons. 4.4.16.

39 Rechtbank Den Haag, HA ZA 19-379, cons. 4.4.17–4.4.18. Further level of detail to categorise greenhouse gas emissions can be found in cons. 2.5.4.

40 Rechtbank Den Haag, HA ZA 19-379, cons. 4.4.18–4.4.19.

41 Rechtbank Den Haag, HA ZA 19-379, cons. 4.4.18, 4.4.21.

of the Shell group and its business relations. The court launches the discussion by distinguishing between the direct CO_2 emissions of the Shell group and the emissions of its business relations, including the end-users.[42] The guiding principle is Shell's leverage over the emissions. Given the far-reaching control and influence of Shell over the Shell group, the court expects Shell, as an *obligation of result*, to exercise its leverage and reduce the direct emissions of the Shell group, their so-called Scope 1 emissions.[43]

The obligation of result in case of direct control and influence is being softened to a *significant best-effort obligation* in case of the Scope 2 and Scope 3 emissions of the Shell group. Here, the court expects Shell to take the necessary steps to remove or prevent the serious risks ensuing from the CO_2 emissions generated, and to use its influence to limit any lasting consequences as much as possible.[44] It is not in dispute that Shell exercises control and influence over its suppliers' emissions (Scope 2). With regard to the most disputed Scope 3 emissions – the emissions of Shell's end-users – the court reaches the same result. Shell does not contest that it can exert its influence also on the end-users by the composition of the energy package provided. Despite the current contractual obligations, the court concludes that Shell ultimately determines the energy package of the Shell group. Therefore, it is free to decide whether it further invests in fossil fuels or more eco-friendly energy products.[45]

After clarifying the dimensions of Shell's responsibility, the court further justifies the reduction obligation under criterion eight, *possible reduction pathways*. The court stresses the point that achieving net zero is a collective goal. This means that the energy transition is not left alone to the market, and Shell is not held responsible solely. Each company must independently work towards the goal of net zero, and this is again, as the court states, in line with the broad international consensus. Therefore, also Shell may be expected to do its part, and considering Shell's position, much may be expected.[46] Under criterion nine, *the twin challenge*, the court also considers Shell's special double role. Shell is not just considered a major actor in the

---

[42] Rechtbank Den Haag, HA ZA 19-379, cons. 4.4.22.

[43] Rechtbank Den Haag, HA ZA 19-379, cons. 4.4.23.

[44] Rechtbank Den Haag, HA ZA 19-379, cons. 4.4.24.

[45] See for this final line of argumentation about the Scope 2 and Scope 3 emissions Rechtbank Den Haag, HA ZA 19-379, cons. 4.4.25.

[46] See for this further justification Rechtbank Den Haag, HA ZA 19-379, cons. 4.4.33–4.4.34, 4.4.36–4.4.37. Cf. also the discussion under criterion eleven, the effectiveness of the reduction obligation, Rechtbank Den Haag, HA ZA 19-379, cons. 4.4.49–4.4.50. The court repeats the individual partial responsibility of Shell to do its part, independent also from potential behaviour of competitors. Finally, also under criterion 12, the responsibility of states and society, the court states once more

challenge of reducing CO_2 emissions, but it is also involved in the challenge of meeting the global energy demand of the rapidly growing world population. Given these potential frictions, the court emphasises that the latter must always be served within the context of current climate targets.[47]

In the following, the court includes and anticipates an argument, which flows directly out of its previous considerations. It is a crucial question around the proportionality of the obligation imposed, answered under criteria 13 and 14, *the onerousness of the reduction obligation of Shell* and *the proportionality of Shell's reduction obligation*. The considered adjustment of Shell's energy package may have, as the court acknowledges, far-reaching consequences for Shell, curbing the potential growth of the Shell group. The court values, however, the interest served with the reduction obligation higher than Shell's commercial interests, which are fuelled by ongoing CO_2 emissions. To justify a reduction obligation, it is not just highlighted that Shell's emissions pose a very serious threat, but that Shell is also able to effectuate an emissions reduction by changing its energy package, what ultimately outweighs the negative consequences Shell might face. Finally, the court points out that Shell has total freedom to comply with the reduction obligations and to shape the corporate policy of the Shell group at its own discretion.[48]

As a result of its assessment, the court concludes that Shell is obliged to reduce the CO_2 emissions of the Shell group by net 45% at the end of 2030 (related to 2019) through the group corporate policy.[49] The reduction obligation involves the entire group energy portfolio, encompassing the aggregate volume of all emissions from Scope 1 to Scope 3. Once more, the court highlights that it is up to Shell to design the reduction obligation, granting leeway to develop a reduction pathway at its own discretion.[50] Moreover, it summarises that the responsibility imposed is, with regard to the activities of the Shell group, an obligation of result. With regard to the emissions of its business relations, it is a significant best-effort obligation, meaning that Shell

---

the individual responsibility of Shell, this time independent from potential inaction of states or society, cf. Rechtbank Den Haag, HA ZA 19-379, cons. 4.4.51–4.4.52.

[47] Rechtbank Den Haag, HA ZA 19-379, cons. 4.4.40. In this context, the court also considers The United Nations Sustainable Development Goals, including another widely endorsed international standard in its assessment.

[48] See for this final argumentation Rechtbank Den Haag, HA ZA 19-379, cons. 4.4.53–4.4.54.

[49] Both the scope and the timeline of the reduction obligation ensue, in essence, from the Paris Agreement. Cf. also Rechtbank Den Haag, HA ZA 19-379, cons. 4.4.26–4.4.28 and, in particular, cons. 4.4.38.

[50] Regarding this important aspect of leeway see already Rechtbank Den Haag, HA ZA 19-379, cons. 4.4.39.

may be expected to take the necessary steps to remove or prevent the serious risks ensuing from the CO_2 emissions generated, and to use its influence to limit any lasting consequences as much as possible.[51]

In due consideration of Shell's past and current efforts in the energy transition, the court finally allows itself a last scolding. The court perceives Shell's climate ambitions for the Shell group as rather intangible, undefined and non-binding plans for the distant time of 2050. On top of that, these ambitions are not unconditional, but depend – as Shell puts it – on the efforts of global society in moving towards the climate goals of the Paris agreement, while Shell does not have any emissions reduction targets for 2030 at all.[52] Consequently, the court states that Shell's policy, policy intentions and ambitions for the Shell group are incompatible with the determined reduction obligation. Therefore, the claimed order must be allowed.[53]

3. Some People Won't Eat Anything They Have Never Seen Before, Even Though It Might Taste Exceptional

From a legal perspective, the decision of the District Court The Hague raises various questions. How is the court's reasoning to be qualified under legal dogmatics? Is it the court that is the addressee of the issues raised or is it rather a task for the legislator?[54] In this case, both questions are of great importance, as long as they go hand in hand with an even more fundamental question: How can the law make its contribution to a goal that the international community of states has unitedly agreed upon? This question resolves around the objectives and legitimacy of the law and is of greatest importance. It is also the question of this subchapter and this paper.

Considering this last question, Switzerland has remained rather silent so far. The court decision has only been taken up sporadically and the few analyses are limited to dogmatic aspects.[55] Characteristic is a contribution in

51 See for this final conclusion Rechtbank Den Haag, HA ZA 19-379, cons. 4.4.55.

52 Rechtbank Den Haag, HA ZA 19-379, cons. 4.5.2. Further details to Shell's climate ambitions are found in cons. 2.5.

53 Rechtbank Den Haag, HA ZA 19-379, cons. 4.5.3.

54 On this question, cf. Rechtbank Den Haag, HA ZA 19-379, cons. 4.1.2–4.1.3. The court pointedly states that deciding on the claims made – in casu whether the defendant faces the alleged legal obligation to reduce CO_2 emissions – is pre-eminently the task of the court. For a fundamentally different opinion, cf. *Wagner*, p. 133.

55 In comparison, the contributions in neighbouring Germany, for instance, are more numerous and comprehensive. For a perspective on substantive law, cf. instead of many *Verheyen/Franke*, pp. 630 et seqq. On matters of international private and procedural law cf. *Kieninger*, pp. 3 et seqq. Regarding the category of fundamental criticism rather than thorough legal analysis cf. *Wegener*, pp. 429 et seqq.

which the question is raised whether a similar decision would be possible under Swiss law, discussing the requirements of a standard injunction suit.[56] On a procedural level, it is argued that the claim lacks an interest worthy of protection. This is being justified with the argument that climate change, due to its time lag[57], does not represent an immediate threat to legally protected rights.[58]

On the substantive level, the focus of the mentioned contribution lies on the requirements of unlawfulness and causality.[59] In the discussion around the violation of a general duty of care, it is argued that the behaviour of Shell does not constitute any threat to the claimants.[60] Moreover, it seems questionable if the defendant is able to objectively recognise the imminent violation of the claimant's rights.[61] Would the violation of a general duty of care be affirmed, the law, as it is argued, would create a *liability of each towards each*, because each human is due to its nature an emitter of CO_2 and potentially affected by everyone's emissions.[62] Consequently, it is stated that emitting CO_2 cannot possibly go along with any duty of care and, certainly not, with unlawfulness.

Regarding causality, it is discussed whether the emitting of CO_2 is causal for a hypothetical violation of rights. It is argued that this link is problematic, mainly due to the nature of climate change. Initially and in reference to climate science, it is stated that CO_2 is not the main greenhouse gas in the atmosphere (it is, indeed, water vapor[63]), and it is even, over all the years CO_2 remains in the atmosphere, absorbed by vegetation and the oceans in considerable quantities.[64] Therefore, individual CO_2 emissions can only represent *mini causes* of global warming. Due to reasons of practicability – again because of the threat of potentially involving everybody – causality and ultimately also liability are denied.[65] Moreover, it is stated that up to today, climate science still could not prove the causal link between a specific weather

---

[56] The same question is, with a broader focus, also discussed in another analysis, see *Jentsch*, Climate Change Litigation, pp. 340 et seqq.

[57] On the so-called latency see before, II. 1.

[58] *Roberto/Fisch*, pp. 1232 et seq.

[59] The two aspects are discussed further in two subsequent publications, see on the one hand *Fisch*, Causality, pp. 534 et seqq., and on the other hand *Fisch*, Unlawfulness, pp. 717 et seqq.

[60] *Roberto/Fisch*, p. 1235.

[61] *Roberto/Fisch*, pp. 1235 et seq.

[62] *Roberto/Fisch*, p. 1236.

[63] On climate science see, again, before, II. 1.

[64] *Roberto/Fisch*, p. 1237.

[65] *Roberto/Fisch*, p. 1238.

phenomenon and global warming.[66] Finally, under the requirement of adequacy, it is said that the law should ensure a reasonable limitation of potential persons liable. Again, it is repeated that singular CO_2 emissions of private parties cannot noticeably increase the risk of violation of rights towards another individual.[67]

In conclusion, it is stated that a Shell case would remain illusionary under Swiss law. In contrary, a court would, due to the formal deficits, not even enter the case and surely dismiss all claims from a substantive perspective.[68] Finally, this result is also described as *appropriate*. As everyone emits CO_2, the law should not intend to establish any liability for emitting CO_2. If legally relevant, it would simply overwhelm tort law: "The protection of the general public against dangers that are far away, that are at best diffusely recognizable in the present, and that can only be effectively countered by adjustments in the behaviour of society as a whole, must be left to public law".[69] Thus, the regulation of CO_2 emissions should be left to the lawmaker and not the courts.[70]

The discussed critic is, from a dogmatic perspective, surely well-intentioned. In essence, however, it goes astray and misses the core of the subject. Moreover, it rests on fundamental flaws in reasoning. First of all, the issue of latency is a specific characteristic of global warming. It should not, from a legal perspective, serve as an excuse, why traditional liability concepts might be stretched to their limits. It shall, instead, serve as a foundation of innovative and forward-looking legal development. Then, the next question is if the traditional legal concepts do actually reach their limits in the context of climate change? If the requirement of immediate threat, given the urgent necessity of action based on climate science[71], is not met in the context of climate change, in which context is it met at all? This question reveals how indispensable a thorough understanding of climate science is, also for lawyers and legal scholars.

Second of all, on a substantive level, the flaws in reasoning are revealed further. To deny climate responsibility with the argument of an overwhelming *liability of each towards each* poses not just a shortcoming in the context of climate change, but results in a lack of logic itself. The fact that humans are natural CO_2 emitters is not the crux of the matter – it has not been in the

[66] *Roberto/Fisch*, pp. 1238 et seq.

[67] *Roberto/Fisch*, p. 1239.

[68] *Roberto/Fisch*, pp. 1239 et seq.

[69] Translated freely from German according to *Roberto/Fisch*, p. 1240.

[70] *Roberto/Fisch*, p. 1241.

[71] Cf., once more, before, II. 1.

past and is still not in the present.[72] The major issue is the excessive, ongoing burning of fossil fuels. Consequently, differentiation is advisable, establishing climate responsibility based on the individual quantity of emissions and the individual leverage over the emissions. For significant emitters, such as Shell, which exceed emission levels of states and exercise considerable decision-making power, a corresponding responsibility and duty of care towards others is a necessity in combating global warming. Consequently, it is neither the result nor the intention to establish a liability of each towards each. The issue to be solved, again, is not that humans emit CO_2. The greater the emissions and the influence on the emissions, the greater the responsibility should be and the more should liability be affirmed. To exclude responsibility altogether misses out on the key issue involved.

Furthermore, if the argument of *problematic mini causes* is followed, the law will hardly ever establish any climate responsibility at all. At the same time, this argument neglects another fundamental characteristic of climate change. Due to the immediate and urgent action needed in emissions reduction, every emission counts, no matter the uncertainty involved. This is closely linked to the argument of lacking causality due to inherent uncertainty. The nature of global warming does not allow to wait for pure certainty. The ugly irony of this legal request is that once certainty is here, the time to counter foreseen consequences of global warming will be over long ago.[73] Legal dogmatics is led *ad absurdum*. Action is needed now, also from a legal perspective by establishing climate responsibility and a corresponding liability. This will certainly not overwhelm tort law, but it might overwhelm traditional dogmatics. To call the opposite *appropriate* is not the role the law should aspire. The law would fall short on its essential claim as a facilitator and, instead, nurture the story of the bureaucratic hindrance. In that sense, it also falls short to simply call for the legislator. The role of the facilitator is, not least, also a responsibility of legal scholars. It is both legitimate and important to point out formal deficits, but that is where the work just really begins.

72 Cf. already before, II. 1.

73 On the profound criticism of the argument to wait for more certainty, cf. *Lawrence*, pp. 7 et seq. On the proof of causation as a major legal hurdle in climate change claims, cf. *Pöttker*, pp. 33 et seqq.; *Sindico/Mbengue/McKenzie*, pp. 21 et seq.; *Voigt*, pp. 14 et seq.; *Wagner*, pp. 47 et seqq.

III. An Economic Perspective on Corporate Climate Responsibility

The decision of the District Court The Hague and the discussed criticism call for further assessment. Beyond legal dogmatics and logical reasoning, it is beneficial to ask for the economic dimensions involved. This third chapter is dedicated to this perspective and discusses the economic mechanisms behind the regulation of climate responsibility. This perspective ultimately allows to assess the consequences of legal norms, shifting the usual *ex post* reflection to a more holistic *ex ante* consideration.[74] The insights of this chapter will finally be applied to the Shell case (III. 2.), followed by a summary of the paper and closing remarks (III. 3.).

1. Externalities, Transaction Costs and the Nature of the Firm

In economic terms, CO_2 emissions can be described as an *externality*.[75] CO_2 emissions are *external* in the sense that their consequences are not fully reflected in the market price. According to neoclassical theory, voluntary market transactions lead to an optimal allocation of resources. Ultimately, *efficiency* is reached when improvement through exchange is no longer possible.[76] In reality, however, the perfect market is often an illusion. Welfare economics is aware of the theoretical deficits and developed the theory of market failure. Specific conditions lead to the situation, in which market mechanisms no longer play as intended. The allocation of resources is suboptimal, and markets might even collapse. One of these conditions are externalities. They represent, in essence, a situation where private and economic costs (and benefits) do not align anymore.[77] Prices do not capture all costs (and benefits), leading to false signals and ultimately to misallocation of re-

---

[74] Cf. also *Möllers*, pp. 890 et seq., who highlights how important interdisciplinary approaches are in developing legal solutions to protect the environment. Without an assessment of the consequences of legal norms, the risk of false reasoning increases and the law eventually degenerates into a black box.

[75] Cf. already the famous decision *U.S. Supreme Court*, Massachusetts v. EPA, 549 U.S. 497, of 2 April 2007. In the decision, the U.S. Supreme Court clarified that greenhouse gases fit well within the definition of an air pollutant under the Clean Air Act.

[76] More precisely, this state is called Pareto efficiency. On this and the other mainstream efficiency definitions see *Mathis*, Efficiency Instead of Justice?, pp. 53 et seqq. On the pareto criterion in particular, an early value criterion from the 19th century that allows for normative predictions, cf. also *Faure/Skogh*, pp. 147 et seq.

[77] For this fundamental insight on which the further work about externalities is based cf. *Pigou*, pp. 133 et seqq., 185 et seq. With this early work, and without using the term externality, Arthur Cecil Pigou succeeded in fully grasping the concept. He

sources.[78] This *inefficient* state justifies government intervention in order to internalise external costs. Since also state interventions are not perfect, a follow-up scenario is possible: *state failure*.[79]

Climate change, more precisely the burning of fossil fuels, represents another example of an externality, highlighting the limits of market mechanisms.[80] The costs attributable to the burning of fossil fuels are not borne by the emitter and are not reflected adequately in the price. Consequently, the costs remain with the general public. Even more severe and complex, the costs mainly hit future generations, children and the most vulnerable in the world.[81] In light of this inefficiency, the call for action is well-founded also from an economic perspective. *That* government intervention is justified is one side of the coin. On the other side of the coin, however, remains the question *how* to proceed, or in economic terms: How should the external costs be internalised?

Approaches to answer this question are numerous.[82] Which path should be taken? The discussion around internalising external costs caused by corporations is ultimately a discussion about the regulation of corporate responsibility. Therefore, the crux of the matter is to be found in the question about the very essence of the corporation. In order to adequately regulate corporations, it is indispensable to clarify first their *raison d'être*. The essential, preliminary question is: *What is the nature of the firm?*

A famous contribution of Ronald H. Coase carries precisely this title. In his early work, he attempts to explain why corporations emerged at all. His answer is as simple as it is powerful. Corporations exist because they lower transaction costs. In contractual relations, costs arise due to various reasons:

---

speaks of the marginal private net product in comparison to the marginal social net product, and calls resulting external costs incidental uncharged disservices.

[78] Cf. *Faure/Skogh*, pp. 95 et seq.

[79] For this basic introduction to the market game see *Mathis*, Efficiency Instead of Justice?, pp. 33 et seqq. and 59 et seq., as well as *Mathis*, Sustainable Development, pp. 399 et seqq. Cf. also *Faure/Skogh*, pp. 94 et seqq., 105; *Posner*, pp. 8 et seqq. On the justification of government intervention in case of externalities, cf. already *Pigou*, pp. 192 et seqq.

[80] Fundamentally cf. *Coase*, Social Cost, pp. 41 et seq. Building upon the work of Pigou, he further examines how externalities are dealt with, also in case of environmental pollution. Remarkable is already the first sentence of his contribution: "This paper is concerned with those actions of business firms which have harmful effects on others." With a focus on externalities and environmental policy, cf. also *Faure/Skogh*, pp. 102 et seqq.; and, with a reference to the role of pricing instruments, *Ismer*, pp. 55 et seq.

[81] On the consequences of global warming see already before, II. 1.

[82] Cf. already, and for instance, *Coase*, Social Cost, pp. 41 et seqq. In opposition to Pigou, Coase advocates for market solutions instead of government interventions.

Information needs to be gathered, negotiations are pursued, the contract is being executed, and finally, further costs might arise due to control and enforcement.[83] The way a contract is administered can take different forms. Instead of producing products or provide a service through countless, singular contracts – a market solution – the relationships can be unified within a corporation. The result is a lower number of transactions, while organisation becomes leaner, and costs are reduced.[84]

Apparently, the economic *raison d'être* of a corporation is that it contributes to efficiency. This represents a crucial insight in the attempt to regulate corporate responsibility. Coming back to the regulation of corporate climate responsibility, it can be stated that efficient regulation keeps track on its effects on market dynamics, in this case, on transaction costs. At best, regulation further lowers transaction costs. Conversely, it can already be stated at this point that a lack of corporate responsibility will have a negative impact on efficiency. Assuming that the state will intervene with regulation at a certain point in time, the lack of corporate responsibility will lead to higher costs for a company at a certain point in the future.[85] It can be deduced that these regulatory costs, triggered by the corporation itself, will ultimately also be reflected in the market transaction costs.[86] In contradiction to Coase, the original cost advantage is twisted in a cost burden, compromising the *raison d'être* of the corporation. In the following, this brief economic framework opens the way to discuss the economic implications of the court decision.

2. Back to the Court Decision, From an Economic Perspective

Based on the theory of market failure, the decision of the District Court The Hague is to be welcomed. In essence, the decision attempts to reduce the burning of fossil fuels. From a welfare economics point of view, this is an attempt not to restore the market mechanism, but to prevent the market failure from occurring in the first place. In other words, the decision is not aimed at internalising external costs, but at preventing the externalities from arising. This is to be seen as a contribution to market efficiency as it mitigates the risk of market failure. This conclusion, however, falls short. The mere goal to internalise externalities – or to avoid externalities at all – focuses on the end, while missing out on the means. To define the scope of a

83 *Coase*, Social Cost, p. 15; *Mathis*, Efficiency Instead of Justice?, pp. 75 et seq.

84 *Coase*, Nature of the Firm, pp. 390 et seq. Cf. also *Coase*, Social Cost, pp. 16 et seq.

85 Cf., correspondingly, *van Dam*, p. 727.

86 For the possible link between regulatory costs and transaction costs, cf. also *Ghaleigh*, pp. 87 et seq.

regulation – the reduction of CO_2 emissions – is only the first step. No less important is the way to the goal. If the means to the end reach too far, overburdening the regulated subjects, the regulation could not correct market failure, but would fail itself. In order to prevent *state failure*, the question remains how the regulatory means are to be assessed from an economic perspective.

The described reflections on the nature of the firm highlight that there is a link between the theory of market failure and the concept of transaction costs. It is precisely the positive effect on transaction costs which constitutes the theoretical essence of the corporation. In order to regulate corporations towards a reduction of CO_2 emissions, regulation ideally goes hand in hand with this positive effect on transaction costs. It should, in order to contribute to efficiency, not compromise this effect, but at best further strengthen it. Consequently, it is of interest how the court decision is to be seen from a transaction cost point of view.

The court concludes that Shell is obliged to reduce the CO_2 emissions of the Shell group by net 45% at the end of 2030, related to 2019, through the group corporate policy. The reduction obligation involves the entire group energy portfolio, encompassing the aggregate volume of all emissions from Scope 1 to Scope 3. The court highlights that it is up to Shell to design the reduction obligation, granting leeway to develop a reduction pathway at its own discretion. Moreover, it specifies that the responsibility imposed, with regard to the activities of the Shell group, is an *obligation of result*. With regard to the emissions of its business relations, it is a *significant best-effort obligation*, meaning that Shell may be expected to take the necessary steps to remove or prevent the serious risks ensuing from the CO_2 emissions generated, and to use its influence to limit any lasting consequences as much as possible.[87]

The two categories of obligation, an obligation of result and a best-effort obligation, are a remarkable regulatory approach. They allow for crucial differentiation, depending on what the corporation is actually able to accomplish. Where there is direct control, Shell is expected to *achieve* the ordered emissions reduction. Given Shell's position as the top holding company of the Shell group, determining the group's general corporate policy, this obligation is well in reach. With regard to Shell's entire business relations, the very same obligation would go too far, as the level of control and influence would not correspond anymore with the expected actions to take. That the court considers all emissions involved, from Scope 1 to Scope 3, is in line with the theory of market failure. If the vast majority of the emissions were

[87] See before, II. 2.

left out, the efficiency contribution would be correspondingly smaller. If the leverage on the emissions becomes smaller, however, it is necessary to adjust the extent of responsibility. A best-effort obligation allows Shell to not just do what is necessary, but also to do what is possible. In the opposite case, the costs imposed would rise dramatically, affecting also future transaction costs. Given these considerations on practicability, it is only consistent to grant leeway in the actions to take. As the court factors in that Shell is best suited for the necessary organisational adjustments itself, the imposed climate responsibility intervenes as minimal as possible with business operations. Consequently, the adverse regulatory effects on transaction costs remain minimal, too. At the same time, the regulatory intervention still retains a considerable scope, which in turn lowers future regulatory costs arising from corporate inaction. Thus, from both a perspective of market failure and transaction costs, the court decision is expected to have a positive effect on market efficiency.

The applied economic framework indicates that it is essential to differentiate according to the size and leverage of a corporation, with both criteria relating to the attributable CO_2 emissions. In light of Shell's role as a major player on the worldwide market of fossil fuels, its size and its policy-setting position in the Shell group, but also taking into account what is feasible for Shell based on its business model, the court establishes a climate responsibility that is in line with these theoretical insights.

The court seems to be well aware of the vast scope of its regulatory intervention. Under the assessment criteria 13 and 14, the court discusses the question of proportionality. From a legal perspective, this is the central decision-making tool, as the interests at stake are being weighted up a final, deciding time. In view of the very serious threat of global warming, the court argues that Shell is not just able to effectuate an emissions reduction by changing its energy package, but it has also total freedom to comply with the reduction obligations and to shape the corporate policy of the Shell group at its own discretion. Considering, moreover, Shell's inaction and the lack of emissions reduction targets for 2030, the court summarises that the interest served with the reduction obligation are valued higher than Shell's commercial interests.[88]

The proportionality in economics, the corresponding decision-making-tool, is an assessment of the efficiency impacts. What contributes more to efficiency, is valued higher. The adverse effects of global warming – also on market transaction costs and ultimately on welfare – are expected to increase

---

88 See before, II. 2.

further and will take, in case of inaction, dramatic dimensions.[89] This justifies, also from an economic perspective, a far-reaching regulatory intervention. By applying the discussed economic framework, it is possible to go beyond this justification and assess the means of the intervention. As a result, it becomes clear that the District Court The Hague has not just issued a ground-breaking decision, but also a decision of a well-balanced and impactful nature.

3. Closing Remarks

More than ever, climate science's urgent call for collective action is also directed at the law. As part of the legal answer to global warming, climate change litigation represents the attempt to fight for progress in court. In a groundbreaking decision, the District Court The Hague ordered Shell, a major player on the worldwide market of fossil fuels, to reduce its CO_2 emissions. In this paper, the court decision has been analysed and discussed from various points of view, approaching a new trend from an interdisciplinary perspective. Unfolding the regulatory essence of the decision, it has been highlighted that the court establishes climate responsibility based on the central guidelines of size and leverage.

From a Swiss perspective, reactions to the decision mostly remain in the sphere of legal dogmatics. There is considerable scepticism, pointing out an ostensible incompatibility of climate responsibility with traditional tort law. As clarified, this scepticism ignores the fundamental dynamics of a new legal phenomenon. In order to deepen the legal understanding, this paper has approached this phenomenon from an economic perspective. Based on the theory of market failure and the concept of transaction costs, it could be shown that the court decision is in line with basic economic considerations. Based on this understanding, regulatory responses are assessed in a consequence-oriented manner, ensuring their greatest possible impact.

In his famous paper from 1960, Ronald H. Coase concludes with a forceful plea for a holistic approach, also in economics. In devising and choosing between social arrangements we should – as he writes in the very end – have regard for the total effect.[90] In this very sense and in honour of Klaus Mathis, this paper advocates for a holistic approach in law. The economic analysis of law is capable of contributing to this aspiration. It shifts the attention from the traditional *ex post* reflection to *ex ante* considerations. By assessing the

[89] Cf. already before, II. 1. On the future economic consequences in case of unmitigated climate change, including the question of discounting rates, cf. *Lawrence*, pp. 18 et seqq.

[90] *Coase*, Social Cost, p. 44. Cf. also *Mathis*, Efficiency Instead of Justice?, p. 82.

consequences of regulation, it is not only possible to achieve the regulatory goals, but at the same time, it becomes possible to prevent unintended regulatory effects. Even if efficiency is clearly not a patent solution, it does broaden the legal horizon. In case of the prominent decision of the District Court The Hague, the discussed economic framework could show that the regulatory intervention represents a viable path to establish corporate climate responsibility. As a result, promising regulatory approaches should not be discarded because they are incompatible with traditional concepts of dogmatics. Rather, the old patterns of thinking should be reconsidered in order to make room for necessary legal innovations. In the pursuit of these innovations, much work has already been done, but much more work remains. Or in the words of Klaus Mathis: *Nothing comes from nothing.*

List of References

Baumann, Alexander Gian-Carlo: Unternehmerische Verantwortung und ihre rechtlichen Grundlagen – Law and Economics von Menschenrechten, Master Thesis, St. Gallen 2018.

Coase, Ronald H.: The Problem of Social Cost, in: The Journal of Law and Economics, Vol. 3/1 (1960), pp. 1 et seqq. (cit. *Coase*, Social Cost).

Coase, Ronald H.: The Nature of the Firm, in: Economica, Vol. 4/16 (1937), pp. 386 et seqq. (cit. *Coase*, Nature of the Firm).

Faure, Michael G./*Skogh*, Göran: The Economic Analysis of Environmental Policy and Law, An Introduction, Cheltenham/Northampton 2003.

Fisch, Jürg: Rechtswidrigkeit bei der „Klima-Haftung“, Abermals zum niederländischen Shell-Entscheid, in: AJP (2022), pp. 715 et seqq. (cit. *Fisch*, Unlawfulness).

Fisch, Jürg: Kausalität bei der „Klima-Haftung“, Noch einmal zum niederländischen Shell-Entscheid, in: AJP (2022), pp. 533 et seqq. (cit. Fisch, Causality).

Fletcher, William D./*Smith*, Craig B.: Reaching Net Zero, What It Takes to Solve the Global Climate Crisis, Amsterdam/Oxford/Cambridge (MA) 2020.

Ghaleigh, Navraj Singh: Economics and International Climate Change Law, in: Carlarne, Cinnamon P./Gray, Kevin R./Tarasofsky, Richard G. (Eds.), The Oxford Handbook of International Climate Change Law, Oxford 2016, pp. 72 et seqq.

Intergovernmental Panel on Climate Change: Climate Change 2021, The Physical Science Basis, Contribution of Working Group I to the Sixth Assessment Report of the Intergovernmental Panel on Climate Change, Cambridge (UK)/New York 2021.

Ismer, Roland: Klimaschutz als Rechtsproblem, Steuerung durch Preisinstrumente vor dem Hintergrund einer parallelen Evolution von Klimaschutzregimes verschiedener Staaten, Tübingen 2014.

Jentsch, Valentin: Etappensieg bei Klimaklage zur Reduktion von CO_2-Emissionen gegen Rohstoffunternehmen, Rechtbank Den Haag, 26. Mai 2021 – C/09/571932/HA ZA 19-379 (Klimaatzaak tegen Royal Dutch Shell), in: GesKR (2021), pp. 321 et seqq. (cit. *Jentsch*, Climate Change Litigation).

Jentsch, Valentin: Klimaklagen gegen Rohstoffunternehmen, Eine Fallstudie mit Perspektivenbildung, Zurich 2021 (cit. *Jentsch*, Case study).

Keller, Moritz/*Kapoor*, Sunny/*Momah*, Jacqueline: Climate Change Litigation, The Types of Disputes, the Legal Challenges and the Role of Arbitration, in: SchiedsVZ (2022), pp. 13 et seqq.

Kieninger, Eva-Maria: Das internationale Privat- und Verfahrensrecht der Klimahaftung, in: IPRax (2022), pp. 1 et seqq.

Lawrence, Peter: Justice for Future Generations, Climate Change and International Law, Cheltenham/Northampton 2014.

Letcher, Trevor M.: Why discuss the impacts of climate change?, in: Letcher, Trevor M. (Ed.), The Impacts of Climate Change, A Comprehensive Study of Physical, Biophysical, Social, and Political Issues, Amsterdam/Oxford/Cambridge (MA) 2021, pp. 3 et seqq.

Lindsey, Rebecca: Climate Change: Atmospheric Carbon Dioxide, 23 June 2022 (available at: <https://www.climate.gov/news-features/understanding-climate/climate-change-atmospheric-carbon-dioxide>, last visited on October 17, 2022).

Mathis, Klaus: Effizienz statt Gerechtigkeit? Auf der Suche nach den philosophischen Grundlagen der Ökonomischen Analyse des Rechts, 4th edition, Berlin 2019 (cit. *Mathis*, Efficiency Instead of Justice?).

Mathis, Klaus: Nachhaltige Entwicklung, Tübingen 2016 (cit. *Mathis*, Sustainable Development).

McEldowney, John F.: Climate change and the law, in: Letcher, Trevor M. (Ed.), The Impacts of Climate Change, A Comprehensive Study of Physical, Biophysical, Social, and Political Issues, Amsterdam/Oxford/Cambridge (MA) 2021, pp. 503 et seqq.

Möllers, Thomas M. J.: Green Deal, Greenwashing, Information Overload und der vergessene Good Corporate Citizen als Investor, in: ZHR, Vol. 185 (2021), pp. 881 et seqq.

Mora, Camilo et al.: Broad threat to humanity from cumulative climate hazards intensified by greenhouse gas emissions, in: Nature Climate Change, Vol. 8/12 (2018), pp. 1062 et seqq.

NASA Jet Propulsion Laboratory: Global Temperature (available at: <https://climate.nasa.gov/vital-signs/global-temperature/>, last visited on October 17, 2022).

National Oceanic and Atmospheric Administration: Carbon dioxide now more than 50 % higher than the pre-industrial levels, News release on 3 June 2022 (available at: <https://www.noaa.gov/news-release/carbon-dioxide-now-more-than-50-higher-than-pre-industrial-levels>, last visited on October 17, 2022).

Payandeh, Mehrdad: The role of courts in climate protection and the separation of powers, in: Kahl, Wolfgang/Weller, Marc-Philippe (Eds.), Climate Change Litigation, A Handbook, Munich/Oxford/Baden-Baden 2021, pp. 62 et seqq.

Peel, Jacqueline/*Osofsky*, Hari M.: Climate Change Litigation, Regulatory Pathways to Cleaner Energy, Cambridge (UK) 2015.

Pigou, Arthur C.: The Economics of Welfare, 4th edition, London 1932.

Popovski, Vesselin: 'Hard' and 'soft' law on climate change, Comparing the 1997 Kyoto Protocol with the 2015 Paris Agreement, in: Popovski, Vesselin (Ed.), The Implementation of the Paris Agreement on Climate Change, London/New York 2019, pp. 19 et seqq.

Posner, Richard A.: Economic Analysis of Law, 9th edition, New York 2014.

Pöttker, Erik: Klimahaftungsrecht, Die Haftung für die Emission von Treibhausgasen in Deutschland und den Vereinigten Staaten von Amerika, Tübingen 2014.

Reuters: Shell filed appeal against landmark Dutch climate ruling, 29 March 2022 (available at: <https://www.reuters.com/business/ sustainable-business/shell-filed-appeal-against-landmark-dutch-climate-ruling-2022-03-29/>, last visited on October 17, 2022) (cit. *Reuters*, Appeal).

Reuters: Royal Dutch no more – Shell officially changes name, 21 January 2022 (available at: <https://www.reuters.com/world/uk/shell-officially-drops-royal-dutch-name-2022-01-21/>, last visited on October 17, 2022) (cit. *Reuters*, Royal Dutch Shell).

Roberto, Vito/*Fisch*, Jürg: Zivilrechtliche Klima-Klagen, Der Shell-Entscheid des Bezirksgerichts Den Haag aus schweizerischer Perspektive, in: AJP (2021), pp. 1225 et seqq.

Rodi, Michael/*Kalis*, Michael: Klimaklagen als Instrument des Klimaschutzes, in: KlimR (2022), pp. 5 et seqq.

Sindico, Francesco/*Mbengue*, Makane Moïse/*McKenzie*, Kathryn: Climate Change Litigation and the Individual, An Overview, in: Sindico, Francesco/Mbengue, Makane Moïse (Eds.), Comparative Climate Change Litigation, Beyond the Usual Suspects, Cham 2021, pp. 1 et seqq.

van Dam, Cees: Breakthrough in Parent Company Liability, Three Shell Defeats, the End of an Era and New Paradigms, in: ECFR (2021), pp. 714 et seqq.

Verheyen, Roda/*Franke*, Johannes: Deliktsrechtlich begründete CO_2-Reduktionspflichten von Privatunternehmen, Zum „Shell-Urteil" des Bezirksgericht Den Haag, in: ZUR (2021), pp. 624 et seqq.

Verschuuren, Jonathan: Climate Change and the Individual in the Netherlands, in: Sindico, Francesco/Mbengue, Makane Moïse (Eds.), Comparative Climate Change Litigation, Beyond the Usual Suspects, Cham 2021, pp. 75 et seqq.

Voigt, Christina: Climate change as a challenge for global governance, courts and human rights, in: Kahl, Wolfgang/Weller, Marc-Philippe (Eds.), Climate Change Litigation, A Handbook, Munich/Oxford/Baden-Baden 2021, pp. 1 et seqq.

Wagner, Gerhard: Klimahaftung vor Gericht, Eine Fallstudie, Munich 2020.

Wegener, Bernhard: Menschenrecht auf Klimaschutz? Grenzen grundrechtsgestützter Klimaklagen gegen Staat und Private, in: NJW (2022), pp. 425 et seqq.

World Meteorological Organization: Eight warmest years on record witness upsurge in climate change impacts, Press release on 6 November 2022 (available at: <https://public.wmo.int/en/media/press-release/eight-warmest-years-record-witness-upsurge-climate-change-impacts>, last visited on November 8, 2022).

Regulating Sustainable Finance in Europe

By *Tadas Zukas**

I. Introduction

An invitation from the publishers to contribute a paper to this *Festschrift* volume celebrating the 55th anniversary and some of the most important career milestones of my esteemed colleague Professor Klaus Mathis of the University of Lucerne has been a true honour. As a law practitioner covering the area of sustainability regulation in my daily work, I feel tremendous admiration for the academic pioneers of this field of law such as Professor Mathis. Both the fact that Klaus Mathis holds the first law professorship concentrating on the law of the sustainable economy in Switzerland, as well as the fact that he has authored a major study, a 'habilitation' on the topic entitled "Sustainable development and inter-generational justice"[1], has served and continues to serve as a personal source of inspiration for focusing on sustainability and sustainable finance in particular in my career as a global business lawyer.

It would not be an overstatement to say that the topic of my paper – the European way of approaching the regulation of sustainable finance – is currently the hottest topic in finance regulation in Europe. A field of finance – known under various names such as "sustainable finance", "sustainable investing", "responsible investing", "green finance" and very often simply "sustainability" or just "ESG" (and sometimes misunderstood as a mere "check the box"-exercise) – which has been generally unregulated until very recently, is in process of becoming one of the most densely regulated areas in financial services. This primarily due to the European effort to address the field of sustainable finance which in the course of last years has been in process of constantly moving from a niche area to mainstream, a regulatory effort with an overarching aim to increase market transparency and effi-

* The author would wish to express a special thank you to Dr. Uwe Trafkowski, Frankfurt am Main, as well as to Dr. Egle Svilpaite, Lucerne/Zurich, for their comments on the initial draft of this paper. The views expressed in this paper are the author's personal views. The paper has been submitted for publication in August 2022; it has been updated in January 2023 to reflect the entry into force of CSRD and regulatory developments relating to greenwashing prevention.

1 *Mathis*.

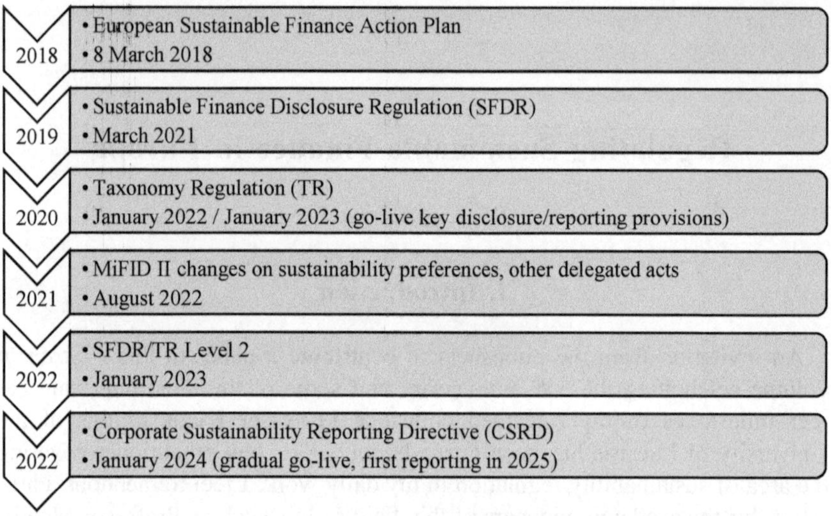

Legend: Year indication on the left – adoption dates; dates on the right – go live dates key provisions.

Timeline overview: EU's emerging sustainable finance regulatory architecture – Key elements

ciency, address sustainability risk and climate risk in particular and thus increase investor protection, channel private funds towards more sustainable economic activities and, very importantly, to prevent greenwashing.

This paper deals with the emerging regulatory architecture for sustainable finance in Europe, with various key concepts and pieces of it still being in flux and transition, their interplay in some parts still being open for conceptualization and (re)interpretation, on all levels. As the field of sustainable finance starts to dominate the practice of financial services regulation as no other, it is important to start conceptualizing it also on the academic level.

In order to fit the format set by the publishers, I will limit the scope of this contribution to asset and wealth management-related regulation, generally excluding insurance-related topics and other areas of finance. For the same reason, I will also focus on key elements of that new regulatory architecture, such as the Sustainable Finance Disclosure Regulation ("SFDR")[2], Taxonomy Regulation ("TR")[3], the Directive on Markets in Financial Instruments

2 Regulation (EU) 2019/2088 of the European Parliament and of the Council of 27 November 2019 on sustainability-related disclosures in the financial services sector, OJ L 317, pp. 1–16.

3 Regulation (EU) 2020/852 of the European Parliament and of the Council of 18 June 2020 on the establishment of a framework to facilitate sustainable investment, and amending Regulation (EU) 2019/2088, OJ L 198, pp. 13–43.

(MiFID II) regulatory framework changes regarding client's sustainability preferences as well as the Corporate Sustainability Reporting Directive ("CSRD")[4], touching upon other topics from the European Union's current legislative pipeline in sustainable finance only briefly, to show their overall role and importance. Throughout the text, references to Europe are to be understood as referring to the European Union.

II. Blueprint of the new Regulatory Architecture: The European Sustainable Finance Action Plan of 2018

In the course of the last few years, the amount, scope, density and pace of regulation in the field of sustainability and sustainable finance in particular has been increasing in a speed unseen before. In expert circles, the term of a regulatory tsunami in sustainable finance is sometimes used to describe this phenomenon. The political document which outlined the first grand contours of the vision of the new regulatory architecture for sustainable finance in Europe is the European Commission's communication dated 8 March 2018. It bears the official title of an "Action Plan: Financing Sustainable Growth", but is best known under its shorter title of the "Sustainable Finance Action Plan", and sometimes simply called an "Action Plan" or "EUAP".

1. The Three Targets: Capital, Risk, Transparency

The Sustainable Finance Action Plan aims to achieve the following three sustainability-related goals[5]:

1. *Reorienting capital flow*: in the European Commission's language, the Action Plan aims to "reorient capital flows towards sustainable investment in order to achieve sustainable and inclusive growth". This is the so-called "*inside-out perspective*" (considering how the firm's activities affect sustainability), which is new as a regulatory tool. In the document, the Commission points out that "current levels of investment are not sufficient to support an environmentally and socially sustainable economic system" and that there is a very substantial investment gap to close if the European Union wants to achieve its climate and energy 2030 targets. The Commission also identifies the circumstance of "lack of clarity among

[4] Directive (EU) 2022/2464 of the European Parliament and of the Council of 14 December 2022 amending Regulation (EU) No 537/2014, Directive 2004/109/EC, Directive 2006/43/EC and Directive 2013/34/EU, as regards corporate sustainability reporting, OJ L 322, pp. 15–80.

[5] Sustainable Finance Action Plan, p. 2.

investors regarding what constitutes a sustainable investment" as a contributing factor behind the above-mentioned investment gap.[6]

2. *Improving financial risk management, integrating environmental and social risks*: "Manage financial risks stemming from climate change, resource depletion, environmental degradation and social issues". The requirement to include environmental and social goals in financial decision-making aims to limit the financial impact of related environmental and social risks ("E/S risks"), such as the world's temperature increase of 2 degrees Celsius, which – in the European Commission's view – are currently "not always adequately taken into account by the financial sector." Climate change-related developments will mean that not only insurance companies experience higher disaster-related costs, but also banks financing companies most exposed to climate change or dependant on certain natural resources will be impacted.[7] Similar logic applies to social factors. This is the so-called "*outside-in perspective*" (considering how sustainability exposures affect the firm), which is typical for financial market regulation and various below discussed measures addressing it.
3. *Increasing market transparency, incentivising long-termism*: "Foster transparency and long-termism in financial and economic activity". Here, the Action Plan puts emphasis on the importance of market transparency for the purposes of a well-functioning financial system. Sustainability-related corporate transparency shall provide the markets with necessary information on their long-term viability and success. It shall also enable investors, including retail investors, to make better informed investment decisions. As the E&S-related investments require long-term orientation, which – according to the European Commission – are too often not supported by current short-time oriented market practices, the Commission expects to reduce those undue pressures for short-term performance in financial and economic decision-making by increasing transparency, which shall enable both corporate and retail investors to take better informed, more responsible decisions.[8]

In addition to these three general goals, on page 1 of the Action Plan, the European Commission states: "The EU is committed to *development that meets the needs of present and future generations*, while opening up new employment and investment opportunities and ensuring economic growth."[9] This note needs to be seen in context of the UN's definition of sustainable

---

6 Sustainable Finance Action Plan, p. 2.

7 Sustainable Finance Action Plan, p. 3.

8 Sustainable Finance Action Plan, p. 3.

9 Sustainable Finance Action Plan, p. 1.

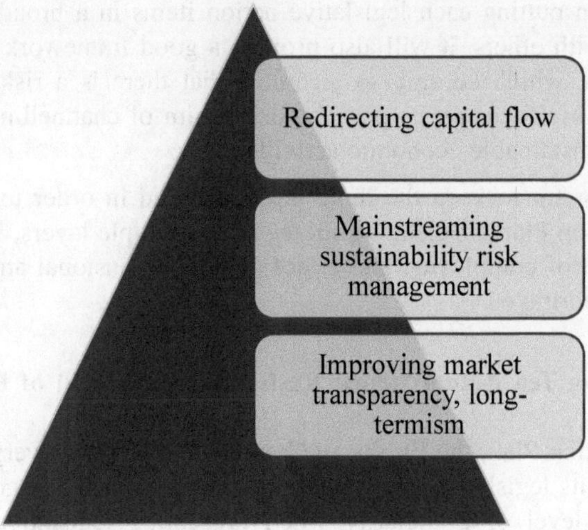

Figure: The three goals of the Sustainable Finance Action Plan 2018.

development as we know it from the UN's Brundtland Report (1987)[10], the Paris Agreement on climate change and the UN 2030 Agenda[11] including the 17 Sustainable Developments Goals (SDGs) to which the Action Plan refers right at the beginning of its considerations on the foundations of the European sustainable finance effort.[12] It is the UN Brundtland Report which provides the globally accepted definition of sustainability/sustainability development, defining it as follows: "*Sustainable development is development that meets the needs of the present without compromising the ability of future generations to meet their own needs.*"[13]

As we will dig deeper into details in the following chapters, it is important to keep these three general aims in mind. Not only will they prove to be

---

10 UN Report of the World Commission on Environment and Development, Our Common Future, 1987.

11 UN General Assembly Resolution: Transforming our world: the 2030 Agenda for Sustainable Development, 25 September 2015, A/RES/70/1.

12 Sustainable Finance Action Plan, p. 1.

13 UN Brundtland Report, p. 15, Section I (The Global Challenges), Sub-section 3 ("Sustainable Development"), Paragraph 27 ("Humanity has the ability to make development *sustainable to ensure that it meets the needs of the present without compromising the ability of future generations to meet their own needs*. The concept of sustainable development does imply limits – not absolute limits but limitations imposed by the present state of technology and social organization on environmental resources and by the ability of the biosphere to absorb the effects of human activities. But technology and social organization can be both managed and improved to make way for a new era of economic growth"). Emphasis added.

helpful when putting each legislative action items in a broader context and connect it with others, it will also provide a good framework to conceptualize the field, which became so technical that there is a risk to get lost in details and lose focus on its post important aim of channelling more investments into sustainable economic activities.

It is important to keep the three goals in mind in order to remain aware that the Action Plan's legislative strategy has multiple layers, includes a substantial level of complexity, and is not as one-dimensional and simplistic as sometimes portrayed.

2. The Ten Action Items: Reshaping the World of Finance

In the Action Plan, the European Commission proceeds very methodically in outlining its legislative agenda in sustainable finance and goes into a relatively high level of granularity when presenting legislative action items which shall help it to achieve its three aims. The planned actions are grouped around 10 action item clusters, which are as follows:

#	**Sustainable Finance Action Plan: Action items**
Action category 1: Reorienting capital flows towards sustainable investment	
1	Establishing an EU classification system for sustainable activities ➜ Taxonomy Regulation (2020)
2	Creating standards and labels for green financial products
3	Fostering investment in sustainable projects
4	Incorporating sustainability when providing financial advice ➜ MiFID II delegated act (2021)
5	Developing sustainability benchmarks
Action category 2: Mainstreaming sustainability into risk management	
6	Better integrating sustainability in ratings and market research
7	Clarifying institutional investors' and asset managers' duties
8	Incorporating sustainability in prudential requirements
Action category 3: Fostering transparency and long-termism	
9	Strengthening sustainability disclosure and accounting rule-making ➜ SFDR (2019) ➜ CSRD (2022)
10	Fostering sustainable corporate governance and attenuating short-termism in capital markets

As already mentioned, the term regulatory tsunami is increasingly used to describe the intensity of legislative and regulatory activity that has been triggered by the Action Plan and the ten action items. While all action items aim to address important aspects of the sustainable finance endeavour, certain legislative items are envisaged to play a particularly important role. Those will be the focus of my analysis in this paper.

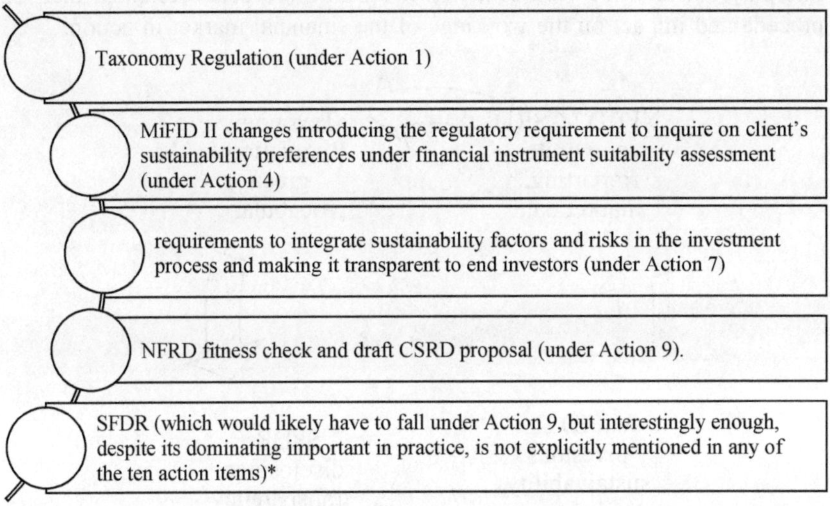

* Explanation: One of the reasons for that may be SFDR's broad scope spanning from financial products and advisory services, to corporate policies and reporting as well as marketing. It might also be its character as a "facilitator" for all other action items, if transparency and thus disclosures are understood as "the best of disinfectants." In the analysis that will follow, I will not only close this gap by analysing its requirements in detail, but also put it in proper context as central piece of the new European sustainable finance regulatory architecture.

Figure: Focus items – Sustainable Finance Action Plan

Very importantly, the Action Plan also provides some useful guidance in terms of political urgency and thus initial prioritization of the environmental aspects ("E"-topics) and the immediate need to address challenge of climate change in particular[14]:

> "While the taxonomy work will begin on climate change mitigation, the scope will be progressively expanded to climate change adaptation and other environmental issues and, later, to social sustainability. Such an *approach reflects the urgency to act against climate change* and to meet our long-term climate and energy targets."

---

14 Sustainable Finance Action Plan, p. 11–12. Emphasis added.

This initial focus on "E" and climate change in particular is a topic to which I will return later, as these are the topics more focus on which was required by the recent special report on ESG investing by The Economist[15].

The above listed focus items have reshaped the regulatory framework of finance regulation to an extent unseen before. In the next sections, we will focus on presenting, analysing and conceptualizing their content as well as interplay between the various action items in more detail, to show their unprecedented impact on the workings of the financial market in action.

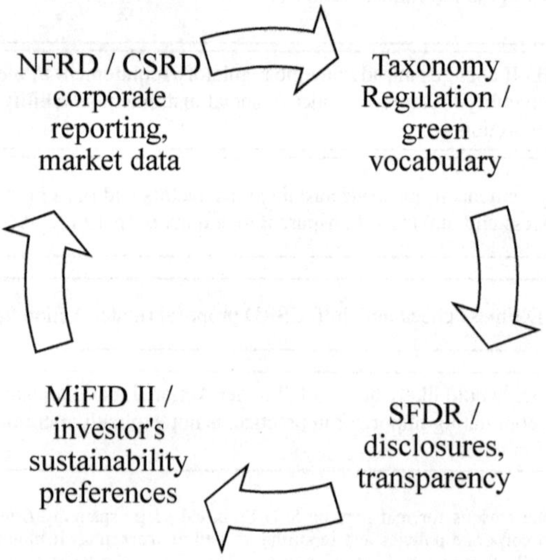

Figure: Interplay of key action items – Sustainable Finance Action Plan

In its new Sustainable Finance Strategy of 2021, the European Commission provides a useful overview of the interplay between key legislative action items under the new/envisaged European sustainable finance disclosure regime[16]:

[15] The Economist Special Report, see in particular the lead article "Three letters that won't save the planet: ESG should be boiled down to one simple measure: emissions", p. 7, and concluding article "The future of ESG: Measure less, but better – It's the environment, stupid", p. 12.

[16] Sustainable Finance Strategy, p. 3.

EU sustainability disclosure regime for financial and non-financial companies			
Instrument	Corporate Sustainability Reporting Directive (CSRD)	Sustainable Finance Disclosure Regulation (SFDR)	Taxonomy Regulation
Scope	All EU large companies and all listed companies (except listed micro enterprises)	Financial market participants offering investment products, and financial advisers	Financial market participants; all companies subject to CSRD
Disclosure	Report on the basis of formal reporting standards and subject to external audit	Entity and product level disclosure on sustainability risks and principal adverse impacts	Turnover, capital and operating expenditures in the reporting year from products or activities associated with Taxonomy
Status	Applies from 2024	Applies from 10 March 2021	Applies from January 2022

Table source: Sustainable Finance Strategy 2021, p. 3 (updated to reflect adoption of CSRD).

In this context and for the sake of clarity, it needs to be added that the concept of investor's sustainability preferences and thus the centrality of client's choice as introduced with MiFID II delegated act's changes which started to apply in August 2022 play an essential role in the new EU's sustainable finance regulatory framework.

3. Defining "Sustainable Finance"

Clarity on definitions is of key importance for the sustainable finance effort. Different people mean different things when they speak of "sustainable finance." The Action Plan is of sure help here as it provides official guidance as to how the term needs to be understood in context of the new European sustainable finance regulatory architecture. The document not only defines the term and by doing so puts emphasis on its key elements. It also provides relatively detailed explanations on what exactly do the "E" (environmental considerations) and the "S" (social considerations) encompass, and also what role the "G" (governance) plays in the European Commission's regulatory thinking on the topic. The Action Plan defines sustainable finance as follows[17]:

---

17 Sustainable Finance Action Plan, p. 2. Emphasis added.

"'Sustainable finance' generally refers to the *process* of *taking due account* of environmental *and* social considerations *in investment decision-making, leading to* increased investments in longer-term and sustainable activities."

Five key elements form the core of this definition: First, it's about the process and thus the definition is process-oriented; "sustainable development" may therefore be a better suitable term to understand the concept sustainable finance than the much used "sustainability" which is static. Second, sustainable finance is about "taking due account" of environmental *and* social considerations (the "E" and "S" in ESG). Third, the definition uses the "and" and not "or" when speaking about those considerations; it is an element of the definition which shall not be underestimated, not only for its conceptual importance, but also for its practical impact. It may be seen as a first indication under the Action Plan's logic that a contribution to either "E" or "S" alone is not enough to qualify an investment as sustainable, the other element – "E" or "S" respectively–needs to be properly taken into account. As we will see, this is exactly what is done when defining the test which needs to be passed under SFDR in order to qualify as "sustainable investment" under Art. 2(17) SFDR. The fourth important element clarifies the material scope of the definition: it speaks of "investment decision-making", the process of making investment decisions. While the first key element of the definition emphasized here makes clear that the definition of sustainable finance is process-oriented and may be understood by some as a pure "check the box"-exercise, the last, fifth element reminds us that that process is result oriented, functional: namely, it should lead to "investments in long-term and sustainable activities"[18].

a) What Falls under "E", "S", "G"? The Action Plan's Guidance

The Sustainable Finance Action Plan's section on the definition of sustainable finance provides some very useful details not only on what each of the letters in "ESG" encompasses content-wise (see figure below), but also some helpful insights on their interplay[19].

b) The Role of "G"

Particularly with regard to the content and role of "G" (governance) in "ESG", the Sustainable Finance Action Plan provides valuable guidance and insight into the European Commission's thinking on the topic. Especially for those seeing "G" as the core or even foundation of all ESG, the Action Plan

---

[18] Sustainable Finance Action Plan, p. 2.

[19] Sustainable Finance Action Plan, p. 2.

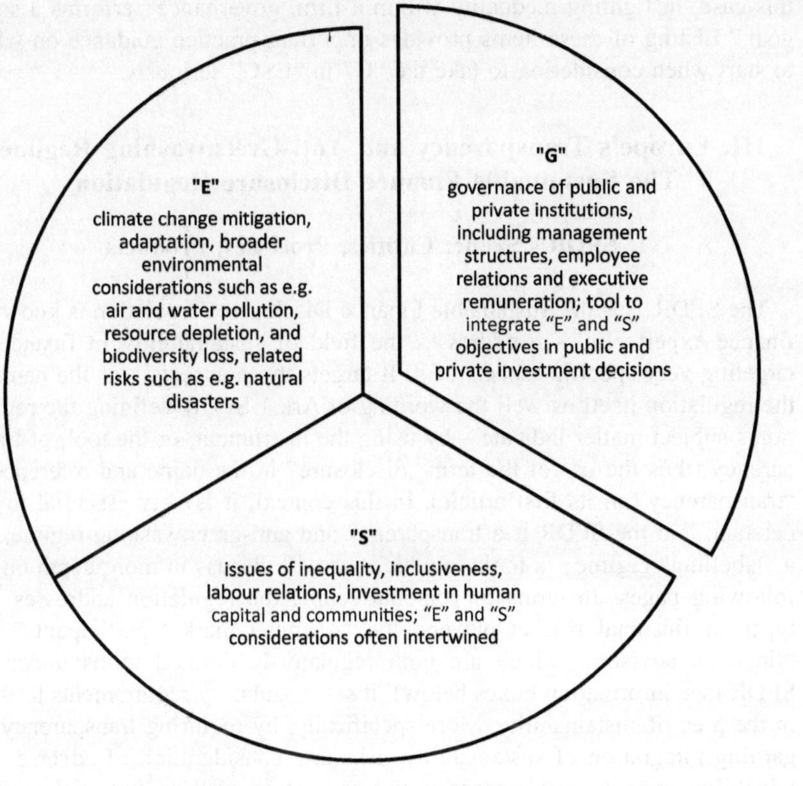

Figure: Core elements of "E", "S", "G" under the Sustainable Finance Action Plan.

not only includes considerations on what the "G" encompasses (see figure above), but also on the role it has in the interplay between "E" and "S." Looking at the content first, "G" is about "governance of public and private institutions, including management structures, employee relations and executive remuneration."[20] As for "G"'s role in context of broader ESG concept and sustainable finance in general, the Action Plan underscores an important point, namely that the "G" shall be seen not as a purpose in itself, but that it is a "*tool to integrate* environmental and social objectives in public and private investment decisions."[21] For example, as the Action Plan further explains, "executive compensation rules or incentives to protect shareholders' rights from managers are tools to ensure equality between the different stakeholders of a firm, i.e. managers, workers, shareholders and so on. In

20 Sustainable Finance Action Plan, p. 2.

21 Sustainable Finance Action Plan, p. 2. Emphasis added.

this case, in fighting inequality within a firm, governance performs a social goal." Listing of these items provides important practice guidance on where to start when considering to take the "G" in "ESG" seriously.

III. Europe's Transparency and Anti-Greenwashing Regime: The Sustainable Finance Disclosure Regulation

1. SFDR's Scope: Entities, Processes, Products

The SFDR – as the Sustainable Finance Disclosure Regulation is known in finance expert circles – addresses the field of sustainability in finance by targeting very specific aspects of it. It targets those aspects – as the name of the regulation itself as well the wording of Art. 1 SFDR defining the regulation's subject matter indicate – by using the instrument, or the tool, of transparency (thus the use of the term "disclosure" in the name and reference to "transparency" in its first article). In this context, it is very essential to understand that the SFDR is a transparency and anti-greenwashing regime, not a "labelling" regime – a topic to which we will discuss in more depth on the following pages. In terms of personal scope, the regulation addresses two types of financial market players: the "financial market participants" and "financial advisors" which are both regulatorily defined terms under the SFDR (see information boxes below). It sets regulatory requirements to them in the area of sustainability. More specifically, by requiring transparency regarding integration of sustainability risks and consideration of adverse sustainability impacts both on entity and process as well as financial product level. The SFDR provides for a regulatory definition of such key terms for the regulation's purpose as the "sustainability risk".[22] It also provides specific rules relating to transparency on sustainability characteristics of financial products. Last but certainly not least, the SFDR provides for a harmonized definition of the term "sustainable investment"[23], a key term in the entire sustainable finance and investing endeavour and debate. As a new regulatory market standard, this term is – just slightly more than a year after the regulation's entry into force – already in process of disciplining, if not revolutionizing, the sustainable finance practice.

---

[22] For further details on the concept of "sustainability risk" under SFDR, see Section III.5.

[23] For further details on the concept of "sustainable investment" under SFDR, see Section III.4.

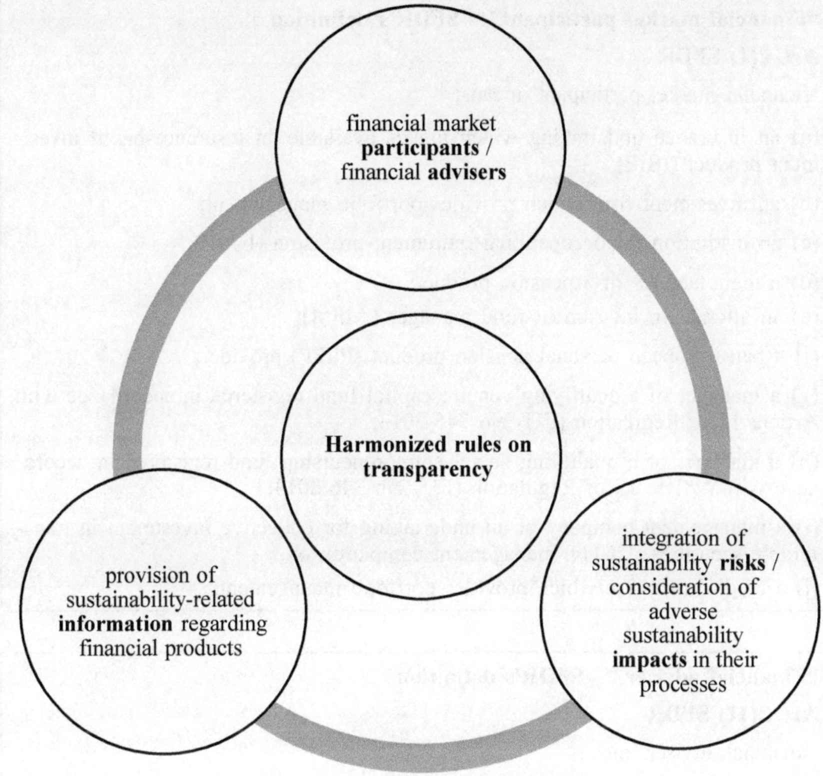

Figure: Overview – SFDR's subject matter.

"Financial market participant" – SFDR's definition

Art. 2(1) SFDR

'financial market participant' means:

(a) an insurance undertaking which makes available an insurance-based investment product (IBIP);

(b) an investment firm which provides portfolio management;

(c) an institution for occupational retirement provision (IORP);

(d) a manufacturer of a pension product;

(e) an alternative investment fund manager (AIFM);

(f) a pan-European personal pension product (PEPP) provider;

(g) a manager of a qualifying venture capital fund registered in accordance with Article 14 of Regulation (EU) No 345/2013;

(h) a manager of a qualifying social entrepreneurship fund registered in accordance with Article 15 of Regulation (EU) No 346/2013;

(i) a management company of an undertaking for collective investment in transferable securities (UCITS management company); or

(j) a credit institution which provides portfolio management;

"Financial adviser" – SFDR's definition

Art. 2(11) SFDR

'financial adviser' means:

(a) an insurance intermediary which provides insurance advice with regard to IBIPs;

(b) an insurance undertaking which provides insurance advice with regard to IBIPs;

(c) a credit institution which provides investment advice;

(d) an investment firm which provides investment advice;

(e) an AIFM which provides investment advice in accordance with point (b)(i) of Article 6(4) of Directive 2011/61/EU; or

(f) a UCITS management company which provides investment advice in accordance with point (b)(i) of Article 6(3) of Directive 2009/65/EC;

"Financial product" – SFDR's definition

Art. 2(12) SFDR

'financial product' means:

(a) a portfolio managed* in accordance with point (6) of this Article;

(b) an alternative investment fund (AIF);

(c) an IBIP**;

(d) a pension product;

(e) a pension scheme;

(f) a UCITS***; or

(g) a PEPP****;

Explanations:

* 'portfolio management' means portfolio management as defined in point (8) of Article 4(1) of Directive 2014/65/EU, which states the following: "'portfolio management' means managing portfolios in accordance with mandates given by clients on a *discretionary client-by-client basis* where such portfolios include one or more *financial instruments*." Emphasis added.

** insurance-based investment product.

*** undertaking for collective investment in transferable securities.

**** pan-European personal pension product.

It is important to understand that the SFDR's scope is not limited to "financial products" and that it is also not limited "investment advice" relating to financial products as the term is defined under the SFDR. The regulation includes provisions which address investment advice in the broad sense as the term defined under MiFID II, which extends beyond investment advice on financial products as that term is defined under the SFDR. This conclusion can be derived from the definition of "investment advice" provided in Art. 2(16) SFDR (see information box below), which refers to MiFID II regulation's definition of the term. In the meantime, also the EU's regulatory authorities provided clarification and thus their point of view on this point.[24]

"Investment advice" – SFDR's definition

Art. 2(16) SFDR defines the investment advice by referring to MiFID II:

(16) 'investment advice' means investment advice as defined in point (4) of Article 4(1) of Directive 2014/65/EU;

MiFID II definition of "investment advice"

Article 4(1)(4) of Directive 2014/65/EU defines the investment advice as follows:

'investment advice' means the provision of *personal recommendations* to a client, either upon its request or at the initiative of the investment firm, in respect of one or more transactions relating to financial instruments. Emphasis added.

24 SFDR Q&A 5/2022, pp. 2, 4.

2. "Let's Talk Sustainability": the Legislative Method

As Recital 8 SFDR puts it, the European Union is "increasingly faced with the catastrophic and unpredictable consequences of climate change, resource depletion and other sustainability-related issues, urgent action is needed to mobilise capital not only through public policies but also by the financial services sector." As one of important measures to address this urgency and problem, the EU chose not generally prohibiting certain unsustainable practices in finance, but increasing market transparency and thus awareness on those, accompanied by an expectation or hope that this would likely lead to market's self-correction, based on more market information made available thanks to regulatory disclosure obligations. Following this line of thinking, the SFDR now requires financial market participants and financial advisers to "disclose specific information regarding their approaches to the integration of sustainability risks and the consideration of adverse sustainability impacts" (Recital 8). Here, the European Union seems to take a general assumption as a starting point in its regulatory endeavour that information asymmetries on sustainability-related questions exist between the financial market participants and financial advisors on one hand (as agents) and the end investors on the other (principals) and that removing those would improve the functioning of the market, nudge its players towards investments into more sustainable economic activities. And so, accordingly, what the SFDR aims at "by requiring financial market participants and financial advisers to make pre-contractual and ongoing disclosures to end investors when they act as agents of those end investors (principals)", is to not simply add an additional administrative check-the-box burden on the market players, but "to reduce information asymmetries in principal-agent relationships with regard to the integration of sustainability risks, the consideration of adverse sustainability impacts, the promotion of environmental or social characteristics, and sustainable investment" (Recital 10).

When addressing the sustainability risk integration, the SFDR generally leaves it up to the financial market players to judge for themselves if sustainability risks are of relevance to them and their product and service offerings. What the SFDR aims to achieve with this regulatory approach is creating market transparency on the market players' approaches to the question of integrating sustainability risks. As Recital 15 SFDR puts it, "[w]here the sustainability risk assessment leads to the conclusion that there are no sustainability risks deemed to be relevant to the financial product, the reasons therefor should be explained. Where the assessment leads to the conclusion that those risks are relevant, the extent to which those sustainability risks might impact the performance of the financial product should be disclosed either in qualitative or quantitative terms." Recital 15 SFDR further describes the information flow on the topic from market participants to financial advisers: "The sustainability risk assessments and related pre-contractual disclosures by financial market participants should feed into pre-contractual disclosures by financial advisers". And, via the financial advisers, to clients: "Financial advisers should disclose how they take sustainability risks into account in the selection process of the financial product that is presented to the end investors before providing the advice, *regardless of the sustainability preferences of the end investors*" (emphasis added). This last aspect that sustainability risks shall be made topic of conversation also with clients having no particular sustainability preferences is sometimes still underestimated and so is its practical importance.

The European legislator's approach under SFDR can be summarized as requiring the financial market players make their stand on sustainability risk and adverse sustainability impacts public and provide explanations if they consider those risks not relevant. "*Comply or explain*" may be a slight simplification describing this approach, but it in fact reflects the core of legislator's approach. It is of paramount importance to understand that the SFDR requires to say what you as a regulated subject in fact do; it does not generally require something more than this. In its essence, the SFDR's regulatory approach is an approach of mandated disclosures, a legal concept or insight that we know for more than 100 years in the form of US Justice's Brandeis insightful observation: "Sunlight is said to be the best of disinfectants".[25]

The SFDR asks the financial market participants and financial advisers to put their "talk" about sustainability in formal pre-contractual client documents and periodic reports, but also make that "talk" available via website channel. With the market not correctly interpreting the SFDR in the initial phase of its rollout as a "labelling regime" seeing SFDR-Article 6, 8, 9-Products as "sustainability labels" and thus jumping onto that "invitation" to formalize the sustainability-related talk and this way flooding the market with sustainability-related statements, the regulator may have already achieved more than anyone may have expected for this short period of time since SFDR's go-live date in March 2021.

---

25 *Brandeis*, p. 92. For the general criticism of that approach under the US law see *Ben-Shahar/Schneider*.

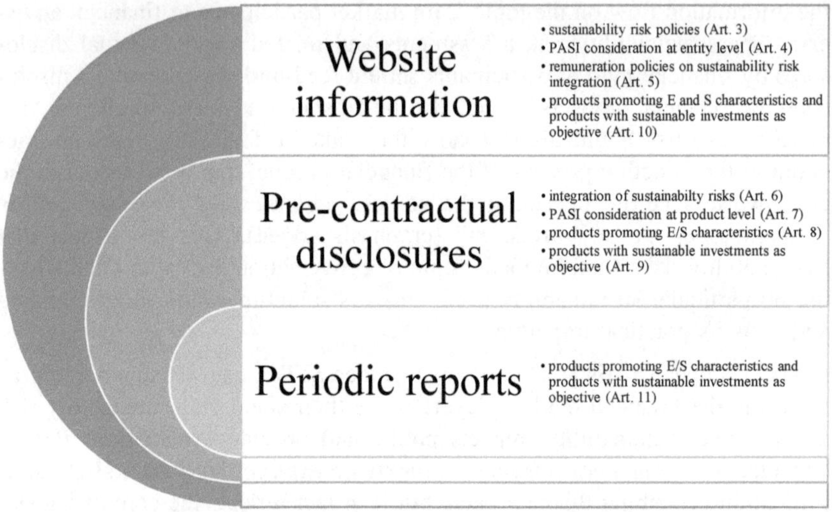

Legend: "PASI" – Principal adverse sustainability impacts; "E" – environmental; "S" – social.

Overview – Transparency obligations and channels under SFDR

3. Legislator's Purpose: Transparency and Anti-Greenwashing, Not Labelling

The title of the regulation, the Sustainable Finance *Disclosure* Regulation, speaks for itself: it's a disclosure regulation, a regulation on "sustainability-related *disclosures* in the financial services sector" (emphasis added).[26] Its first provision outlining the regulation's subject matter reemphasizes this point in other words by stating that the regulation is about sustainability-related "*transparency*" (Art. 1 SFDR). Basically, all SFDR disclosure provisions are structured in such a way that they contribute to making lives of potential "green washers" as difficult as possible on both entity as well as product levels.[27] It is for this reason that the SFDR is sometimes also called Europe's anti-greenwashing regime in sustainable finance.

Recital 10 SFDR clarifies what the primary purpose of those transparency duties is:

> "This Regulation *aims to reduce information asymmetries* in principal-agent relationships with regard to the integration of sustainability risks, the consideration of

---

[26] Regulation (EU) No 2019/2088 of the European Parliament and of the Council of 27 November 2019 on sustainability-related disclosures in the financial services sector ("SFDR"), OJ L 317, pp. 1–16.

[27] *Zukas/Trafkowski*, p. 20.

> adverse sustainability impacts, the promotion of environmental or social characteristics, and sustainable investment, *by requiring* financial market participants and financial advisers *to make pre-contractual and ongoing disclosures to end investors* when they act as agents of those end investors (principals)." (Emphasis added)

In addition to those general disclosure requirements, the regulation includes a dedicated provision specifically addressing the field of organisations' activities traditionally associated with the highest risk of greenwashing exposure, which is marketing communications. That provision is Art. 13 SFDR, which states that "financial market participants and financial advisers shall ensure that their marketing communications *do not contradict the information disclosed* pursuant to this Regulation". It is sometimes described as a basic anti-greenwashing provision under SFDR's regulatory regime.

It is very essential to understand that the SFDR is a transparency and anti-greenwashing regime, not a "labelling" regime. While this observation might look as something self-evident today, it has not been so from the beginning of SFDR's go-live date. It is an interesting practical phenomenon and development illustrating the factual force of market dynamics, which has been addressed by ESMA's chair Verena Ross in her speech at a funds industry conference in May 2022[28]:

> "While SFDR was designed to enhance transparency around sustainability, we have noted that in practice the disclosures are often being used as *product classification*. Status as 'Article 8' or 'Article 9' funds are being used in marketing material by fund managers as *quality labels for sustainability*."

This observation can be seen as culmination of European authorities' efforts over more than a year since SFDR's go-live on 10 March 2021 to make this point and raise market awareness of it. The below list gives an overview of the respective timeline and key official sources regarding this effort (see figure next page).

The circumstance that the market seems to be still somewhat puzzled about this point may raise questions why it is so. One of the reasons for that may be the complexity of the entire Sustainable Finance Action Plan's legislative effort and the interconnectedness and interplay between its various items, which may still be not fully understood in all its conceptual depth by all market players. The following sections give a more in-depth overview as the regulatory efforts aimed at signalling the message on SFDR's purpose and the slowly establishing that view by correcting the view held by large segments of the ESG market.

---

[28] *Ross*, p. 7. Emphasis added.

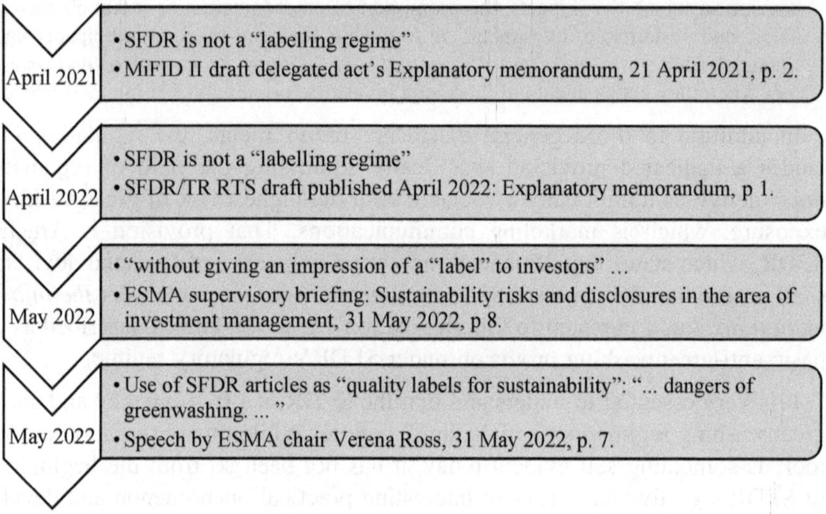

Timeline overview: SFDR is "not a labelling regime" – clarification efforts

a) Signal #1: Draft MiFID II Delegated Act on Sustainability Preferences (April 2021)

The effort to clarify the point that SFDR is not a labelling regime has started in an unexpected place for some: the draft MiFID II delegated act's on sustainability preferences Explanatory memorandum of 21 April 2021[29]. Looking back, that sustainability preferences-related document seems to have been intended to become a true game changer for the SFDR experts in the sense that it made them realize that none of the SFDR-article-product-categories would per se qualify as being eligible as fulfilling clients' sustainability preferences in accordance with the upcoming MiFID II regulatory regime. In other words, the memorandum, as well as the draft legislative provisions of MiFID II on sustainability preferences that it accompanied, made clear that it is not the concepts of Art. 6, 8 or 9 SFDR that will play a decisive role under Europe's new sustainable finance regulatory architecture, particularly for purposes of MiFID II sustainability preferences, but the substance/materiality-oriented provisions such as Art. 2(17) SFDR defining what "sustainable investment" is, Art. 2(1) Taxonomy Regulation defining what "environmentally sustainable investment" is and, lastly but not least importantly, the category of financial instruments/products considering principle adverse sustainability impacts ("PASI"). This last preference category bears resemblance to the PASI concept

29 MiFID II delegated act's draft, April 2021, p. 2.

under Art. 4 SFDR (PASI consideration at entity level) and Art. 7 SFDR (PASI consideration at financial product level), though these two SFDR provisions are not explicitly referred to in the new wording of MiFID II. This observation in MiFID II's Explanatory memorandum started to show first influences on some conceptual SFDR expert debates, especially in context of, or in combination with the EC's SFDR Q&A of July 2021, which made clear that the fact of mere sustainability risk integration is not sufficient to trigger Art. 8 SFDR disclosure obligations and thus qualify the respective product as "promoting" sustainability characteristics[30], it took some time for the argument and insight to gain more traction even in the expert circles focusing on the SFDR implementation.

b) Signal #2: SFDR/TR RTS Final Draft (April 2022)

With the publication of the final draft of SFDR/TR RTS in April 2022, the point that SFDR is "*not a labelling regime*" was made very clear also directly in the SFDR context.[31] It is in this document that the fight against greenwashing has been emphasized even clearer in the SFDR context by stating that SFDR's aim is not only to "improve sustainability-related disclosures, comparability of the disclosures for end investors", but also to reduce "the occurrence of adverse sustainability impacts *and greenwashing*."[32]

Some of the well-known global law firms with particular expertise in sustainable finance regulation such as Simmons & Simmons noted this development and commented it in some detail in their public client note, which also shared the firm's expert observations on the *market practice that diverges from this view* and that the market would likely see this "development" as an unwelcome one.[33]

c) Signal #3: ESMA's Supervisory Briefing and Conference Notes (May 2022)

European authorities' signalling on the point that SFDR is not a labelling regime continued on a more technical level in May 2022. ESMA's supervisory briefing on "Sustainability risks and disclosures in the area of investment management" touched upon the point an a rather indirect manner, by observing that product classification should be conducted "*without giving an impres-*

[30] SFDR Q&A 7/2021, p. 8.

[31] SFDR/TR RTS final draft 4/2022, Explanatory Memorandum, p. 1.

[32] SFDR/TR RTS final draft 4/2022, Explanatory Memorandum, p. 1. Emphasis added.

[33] *Simmons & Simmons*, pp. 1, 3.

sion of a 'label' to investors".[34] ESMA's concerns regarding this point were made public in a much more detailed manner in a speech by ESMA chair Verena Ross, delivered on 31 May 2022 at a fund industry's conference in Dublin, putting those concerns in context of the greenwashing risk topic[35]:

> "… Going beyond the design of the rules, I would like to add a few words on their actual application and the *dangers of greenwashing*. While SFDR was designed to enhance transparency around sustainability, we have noted that in practice the disclosures are often being *used as product classification*. Status as 'Article 8' or 'Article 9' funds are being used in marketing material by fund managers *as quality labels for sustainability*. We are particularly concerned for investors investing in products disclosing under Article 8 SFDR.
>
> It is important to remember that the purpose of Article 8 disclosures is to highlight any kind of environmental or social characteristics promoted by such products – however small it might be. It is therefore very *important that investors do not take the mere presence of an Article 8 disclosure as an indication of sustainability per se*. …"

Implications of this interpretational clarification on SFDR's role and function in the new European sustainable finance regulatory architecture are yet in process of being properly absorbed by the market. Properly understanding the point that SFDR is not a labelling, but a transparency and anti-greenwashing regime makes it clearer why no thresholds for Art. 8 or 9 SFDR products are set by the legislator, a question which has occupied the minds of many sustainable finance practitioners from the very beginning of the SFDR project. It also helps returning the substantive focus to the other, materiality-oriented SFDR's and Taxonomy Regulation's provisions: While Article 6 and particularly Art. 8 and Art. 9 SFDR disclosures play a key procedural role in reaching the Sustainable Finance Action Plan's and SFDR's as its transparency regime's purposes, it is not these provisions that will play a substance/materiality-focused role in sustainable finance endeavour, but Art. 2(17) SFDR (definition of "sustainable investment"), Art. 2(1) Taxonomy Regulation (definition of "environmentally sustainable investment") and, indirectly, Articles 4 and 7 SFDR (consideration of PASI on entity and product levels).[36] This interpretational correction of establishing market practices by Europe's regulators also makes clear that focusing on details and not understanding grand purpose of a regulation may lead to creating greenwashing risks by giving an incorrect impression that SFDR article products are "quality labels" for sustainability. It is obviously of key importance to understand this aspect to properly navigate the new European sustainable finance regulatory architecture in general. But it is also of essential importance to understand this point in order to not trigger additional

34 ESMA's supervisory briefing 5/2022, p. 8. Emphasis added.

35 *Ross*, p. 7. Emphasis added.

36 Explanatory memorandum to MiFID II delegated act's draft, April 2021, p. 2.

greenwashing risks by creating an impression in clients' eyes that SFDR-article-product categories are per se quality labels for sustainability. For in-house legal departments, the even deeper lesson-learned in this context may be to not underestimate the importance of fundamental legal interpretation skills, the importance of independent in-house legal analysis of new regulatory concepts and thus also the importance of in-house legal capabilities for the purpose of enabling financial institutions' to properly navigate the regulatory business transformation challenges posed by the ever more fast-paced and increasingly complex regulatory landscape.

4. Defining "Sustainable Investment"

We explained in Section III.3. that SFDR is not a labelling, but a transparency and anti-greenwashing regime. We also made clear that when it comes to the substance of what qualifies as "sustainable", it is not the disclosure-focused provisions of Art. 6, 8 or 9 SFDR which play central role in defining that, but the initially not so "prominent" technical provision of Art. 2(17) SFDR.

As part of regulatory agenda driven by the regulation's legislative purpose referred to in Art. 1 SFDR to set harmonized rules for sustainable finance, the SFDR provides a definition of the term "sustainable investment." The SFDR's ambition to lay down such harmonized definition of this term is emphasized in Recital 17 SFDR:

> "To ensure the coherent and consistent application of this Regulation, it is necessary to lay down a harmonised definition of 'sustainable investment' …"

The definition of what qualifies as "sustainable investment" under SFDR's regulatory framework is provided in Art. 2 SFDR, which is dedicated to the SFDR's vocabulary and key sustainable finance definitions. It reads as follows:

> **"Sustainable investment" – SFDR's definition**
>
> **Art. 2(17) SFDR**
>
> 'sustainable investment' means an investment in an economic activity that *contributes* to an *environmental* objective, as measured, for example, by key resource efficiency indicators on the use of energy, renewable energy, raw materials, water and land, on the production of waste, and greenhouse gas emissions, or on its impact on biodiversity and the circular economy, *or* an investment in an economic activity that *contributes* to a *social* objective, in particular an investment that contributes to tackling inequality or that fosters social cohesion, social integration and labour relations, or an investment in human capital or economically or socially disadvantaged communities, *provided that* such investments *do not significantly harm* any of those objectives and that the investee companies *follow good governance* practices, in particular with respect to sound management structures, employee relations, remuneration of staff and tax compliance. (emphasis added)

Not only does the definition list the key elements forming the core of what qualifies as "sustainable investment", it also provides some level of detail as to what each of those elements entail. While some uncertainties as to exact meaning of those elements may remain until the relevant supervisory and market practice develops, it can be said already at this stage that clarity on such key definition will help the effort to differentiate which investments qualify as sustainable and which not. The definition also plays a key role in Art. 8 and 9 SFDR disclosures, which ask to identify proportion of investments which qualify as sustainable investments under the SFDR Level 2 templates.

The key elements of SFDR's Art. 2(17) definition of "sustainable investment" can be shown by using the following figure:

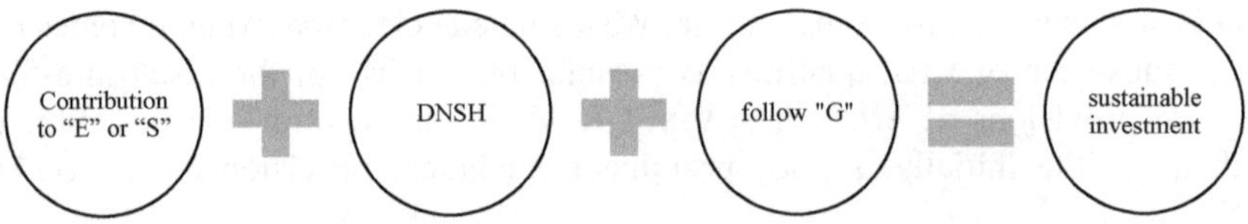

Legend: "E" – environmental objective; "S" – social objective; "G" – good governance; "DNSH" – do no significant harm.

Figure: "Sustainable investment" under SFDR – key elements

5. The Concept of "Sustainability Risk" and its Role

Addressing the topic of sustainability risk and increasing transparency on how financial market players deal with them is at the core of SFDR's purpose, as clearly indicated in Art. 1 SFDR. Numerous other SFDR provisions address the topic. It is therefore of essential importance how the concept of "sustainability risk" shall be understood under SFDR and what the legislator aims to address when setting out rules requiring to disclose how a financial market player deals with the sustainability risk.

The above explained considerations in Section III.3. on SFDR's purpose and the circumstance that it is not a labelling regime also have an impact on proper understanding of sustainability risk integration-related SFDR provisions. These are primarily disclosure-oriented provisions, which may help understanding why the mere fact of sustainability risk integration by a financial product as per Art. 6 SFDR does not only not trigger Art. 8 SFDR disclosure regime[37], but also – naturally – does not suffice to classify that product as "sustainable".

[37] SFDR Q&A 7/2021, p. 8.

How the term "sustainability risk" shall to be understood in context of Europe's new sustainable finance regulatory framework is defined in Art. 2(22) SFDR, which reads as follows:

"Sustainability risk" – SFDR's definition

Art. 2(22) SFDR

'sustainability risk' means an environmental, social or governance *event or condition* that, if it occurs, could cause an actual or a potential *material negative impact* on the *value of the investment*; (emphasis added)

The definition is technical, it is rather narrow in its character and focused on "material negative impact on the value of the investment" that an ESG "event or condition", if it occurs, could cause. For the proper implementation of sustainability risk integration requirements under the SFDR, it is essential to understand that definition's narrow focus. Seeing climate risk as the currently most important sub-category of sustainability risk, realization of one or another climate change scenario development could qualify as an "event or condition" in the sense of Art. 2(22) SFDR.

The following SFDR provisions set explicit requirements on sustainability risk integration and disclosure:

SFDR-Art.	Art.-Title	Topic/Requirement	Transparency channel
General			
Art. 1	Subject matter	– "integration of sustainability risks" ("in their processes") ➜ Applicable to both financial market participants and financial advisers	General requirement
Art. 2(22)	Definitions	Harmonized definition of "sustainability risk"	General requirement
Organisation/Processes			
Art. 3(1)	Transparency of sustainability risk policies	– "integration of sustainability risks" in *investment decisions* ➜ Applicable to financial market participants	Website publication of required information
Art. 3(2)	Transparency of sustainability risk policies	– "integration of sustainability risks" in *investment advice* ➜ Applicable to financial advisers	Website publication of required information

(continue next page)

(Overview continued)

SFDR-Art.	Art.-Title	Topic/Requirement	Transparency channel
Art. 5	Transparency of remuneration policies in relation to the integration of sustainability risks	– "integration of sustainability risks" in *remuneration policies* ➔ Applicable to both financial market participants and financial advisers	Website publication of required information
Products & services			
Art. 6(1)	Transparency of the integration of sustainability risks	– manner of integrating sustainability risks in *investment decisions* and – *impact* of sustainability risks on their products' *returns* ➔ Applicable to financial market participants	Pre-contractual disclosure
Art. 6(2)	Transparency of the integration of sustainability risks	– manner of integrating sustainability risks in *investment advice* and – *impact* of sustainability risks on *returns* of products they advise on ➔ Applicable to financial advisers	Pre-contractual disclosure
Art. 6(1)–(2)	Transparency of the integration of sustainability risks	– if *considered not relevant* – reasons therefor ("Comply or explain") ➔ Applicable to both financial market participants and financial advisers	Pre-contractual disclosure

Overview: SFDR requirements – transparency on sustainability risk integration

Despite the importance of the topic, sustainability risk topic remains to be somewhat overshadowed by other SFDR-related themes such as product qualification, definition of sustainable investment, disclosure contents and channels, requirements for marketing communications and such topics as greenwashing. Proper management of sustainability risk shall be considered part of good risk management and it also adds value to clients, also those with no sustainability preferences. The European Commission's important clarification that integrating sustainability risks per se does not trigger disclosure obligations of Art. 8 SFDR[38], can generally be interpreted as meaning that information on sustainability risk integration can, if done carefully and in a disciplined manner, be provided without triggering the extensive Art. 8 SFDR disclosure obligations.

Art. 6 SFDR on sustainability risk integration transparency at financial product level can also be seen as a "reference" provision for Art. 8 and 9 SFDR product disclosures as both of these base their disclosure regime by referring to Art. 6 SFDR. In this context, it should be made clear that also the category of Art. 6 SFDR products stating that they do not integrate sustainability risks can trigger the Art. 8 SFDR disclosure regime if they use language qualifying as "promotion" of E/S characteristics under that requirement. It needs to be noted that a further enhancement of regulatory requirements on the sustainability risk topic has been added by the "Sustainable Finance April Package" of 2021, most of which started to apply in August 2022.[39]

6. Entity Level Sustainability Disclosures

While the current market debate is strongly focused on SFDR's financial product related disclosures, the entity level sustainability disclosures (though very technical and addressed more to professionals that regular investors) play not lesser role under the SFDR's transparency regime. The relevant provision setting out the requirements for entity level disclosures is Art. 4 SFDR ("Transparency of adverse sustainability impacts at entity level"). As the title of this provision indicates, the norm focuses on the concept of "adverse sustainability impacts", i.e. reducing negative externalities[40] or "negative effects on sustainability factors"[41].

The provision requires entities in scope of Art. 4 SFDR to disclose *on their websites* whether they consider adverse sustainability impacts. Those disclosures shall not only be published on the website in accordance to a regulatory predefined template, but they also need to be constantly maintained. Art. 4 SFDR uses the "*comply or explain*"-*mechanism* for this purpose, which is used in setting the requirement for both financial market participants and financial advisors.

---

38 SFDR Q&A 7/2021, p. 8.

39 European Commission, Communication, Sustainable Finance Package, 21 April 2021 (available at: <https://ec.europa.eu/info/publications/210421-sustainable-finance-communication_en>, last visited on January 15, 2023).

40 SFDR Q&A 7/2021, p. 3.

41 Recital 20, last sentence, SFDR.

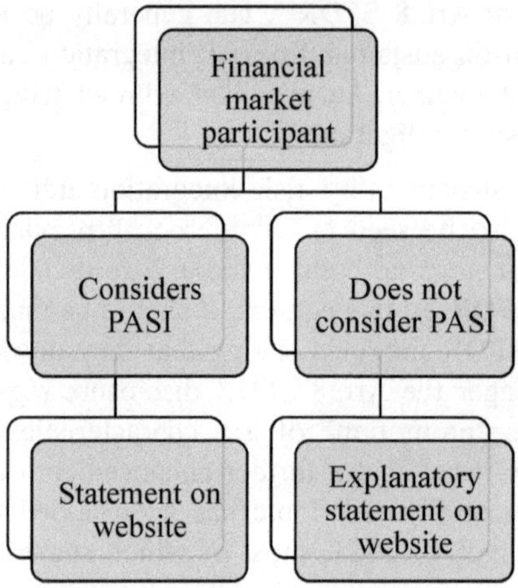

Legend: PASI stands for "principal adverse sustainability impacts", which is an abbreviation for the SFDR's concept "principal adverse impacts of investment decisions on sustainability factors". Note that this "comply of explain"-mechanism does not apply to financial market participants of certain size as per Art. 4(3) and Art. 4(4) SFDR, which shall publish PASI statements mandatorily.

Figure: Overview – PASI statement requirements for financial market participants

Art. 4 SFDR sets requirements for both types of PASI statements to be made by the **financial market participants**:

Financial market participants which *consider* principal adverse impacts of investment decisions on sustainability factors, need to publish and maintain on their website a statement "on due diligence policies with respect to those impacts, taking due account of their size, the nature and scale of their activities and the types of financial products they make available" (see Art. 4(1)(a) SFDR).

Financial market participants which *do not consider* principal adverse impacts of investment decisions on sustainability factors, need to publish and maintain on their website an explanatory statement with "clear reasons for why they do not do so, including, where relevant, information as to whether and when they intend to consider such adverse impacts" (see Art. 4(1)(b) SFDR).

For the financial market participants which consider PASI, the SFDR sets standardized minimum requirements for the PASI statement ("include … at least the following"), which are outlined in Art. 4(2) SFDR:

– information about their policies on the identification and prioritisation of principal adverse sustainability impacts and indicators;

- a description of the principal adverse sustainability impacts and of any actions in relation thereto taken or, where relevant, planned;
- brief summaries of engagement policies in accordance with Article 3g of Directive 2007/36/EC, where applicable;
- a reference to their adherence to responsible business conduct codes and internationally recognised standards for due diligence and reporting and, where relevant, the degree of their alignment with the objectives of the Paris Agreement.

Furthermore, Art. 4(3) and Art. 4(4) SFDR, from 30 June 2021, excludes the possibility to "opt out" from entity-level PASI reporting for a category of financial market *participants* of certain size, using the criterion of the average number of 500 employees during the financial year for this purpose.

In addition to this, the Level 2 act to SFDR, its which went into force per January 2023 sets technical and very detailed requirements on entity level PASI statement, which will need to be made following predefined template as per Annex 1 to the SFDR Level 2 act.

For both types of PASI statements to be made by the **financial advisers**, Art. 4 SFDR sets requirements which are considerably less detailed and technical than the ones set for financial market participants. The financial advisers shall publish and maintain on their websites the following information:

- "information as to whether, taking due account of their size, the nature and scale of their activities and the types of financial products they advise on,

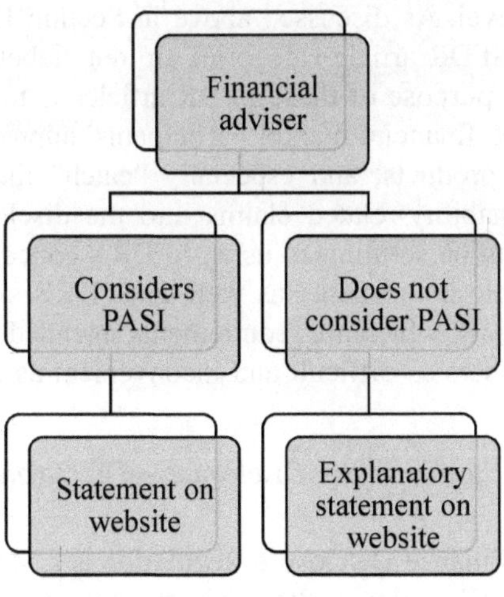

Figure: Overview – PASI statement requirements for financial advisers they consider in their investment advice or insurance advice the principal adverse impacts on sustainability factors"; or

– "information as to why they do not to consider adverse impacts of investment decisions on sustainability factors in their investment advice or insurance advice, and, where relevant, including information as to whether and when they intend to consider such adverse impacts".

In addition to this, the Level 2 act to SFDR, which went into force in January 2023, sets additional technical requirements on entity level PASI statement to be published by the financial advisers. These are by far not as detailed as the ones foreseen for the financial market participants. It also needs to be noted that there are no comparable special rules for large financial advisers as those stipulated in Art. 4(3) and Art. 4(4) SFDR, which are addressed to financial participants.

7. Financial Product Level Sustainability Disclosures

The extensive financial product level disclosure requirements introduced by the Sustainable Finance Disclosure Regulation certainly form a core of this SFDR regulation, especially as it relates to its impact on the market practice. In its approach to product level disclosures, the SFDR proceeds with a strategy, which may be described as a strategy of small steps, or a strategy of gradual expansion, intensification of product-related sustainability disclosures. SFDR Articles 6-7-8-9 perhaps can be best understood as gradual steps revealing financial market participant's approach to sustainability at the financial product level. As discussed above in Section III. 3., it is important to understand that SFDR article categories are not "labels" and not "sustainability labels". The purpose of those SFDR articles is to get the information to the market on the financial market participants' approach to sustainability as relates to their products, and especially "catch" the financial products making any sustainability-related claims into the disclosure framework so that those claims can be scrutinized using SFDR's concepts such as the definition of "sustainable investment" as well as SFDR's standardized periodic reporting requirements, which are requirements intended to make the lives of potential green washers as difficult and inconvenient as possible.

a) Product-Level Sustainability Disclosures: The Strategy of Small Steps

The Sustainable Finance Disclosure Regulation is systematically structured in such a way as to allow demonstrating to the potential investor the varying levels of financial product's – and partly also service's – sustainability-related ambition. Below is an overview of those SFDR product categories, which are sometimes called SFDR-Article-Products:

Art. 6 SFDR products (and advice): Integration of sustainability risks. The first step in approaching the product's sustainability-related ambition topic is through the mechanism of *Art. 6(1) SFDR*, which requires the *financial market participant* to make clear to the potential investor if and how its financial product considers sustainability risks. If these are considered, the financial market participant has to explain how that is done; if not – an explanation as to why not is required to be provided. Products integrating sustainability risks are sometimes called SFDR-Art. 6-products. This term is technically not entirely precise as Art. 6 SFDR also covers and leaves space for products which consider sustainability risks to be not relevant. The European Commission also clarified in its SFDR Q&A of July 2021 that sustainability risk integration does not per se trigger the disclosure requirements of Art. 8 SFDR[42], i. e. does not qualify as "promotion" of "E" and "S" characteristics in the sense of Art. 8 SFDR. Under *Art. 6(2) SFDR*, a comparable regulatory logic as for financial market participants under Art. 6(1) SFDR is applied to *investment advisors* and investment advice. In practice and on the market, though, it is not common to speak of "Art. 6 SFDR investment advice" as that is done with regard to financial products. Note that Art. 7 Taxonomy Regulation sets additional requirements for financial products falling under the scope of Art. 6 SFDR disclosure requirements to include information on Taxonomy-alignment[43].

Art. 7 SFDR products: Consideration of PASI. The provision of Art. 7 SFDR requires the financial market participant to make a disclosure regarding principal adverse sustainability impacts ("PASI") consideration at financial product level. Such disclosure needs to be done in accordance with the requirements of Art. 7 SFDR, which follow and are structured according to the same logic as Art. 6 SFDR on sustainability risk integration. The rule of Art. 7 SFDR is structured in a way which establishes a connection of that rule with the requirement of Art. 4 SFDR, which deals with PASI consideration at entity level. The provision of Art. 7 SFDR is formulated in a way which may be interpreted as leading to a conclusion that only products manufactured by entities which consider PASI at entity level according to Art. 4 SFDR can claim they consider PASI at product level in accordance to Art. 7 SFDR. While interpretative discussion on that may continue for some time, the European Commission clarified in its SFDR Q&A of May 2022 that Art. 7 SFDR does not imply such limitation, meaning that products considering PASI in the sense of Art. 7 SFDR can be manufactured also by entities which do not consider PASI at the entity level in accordance to Art. 4

---

42 SFDR Q&A 7/2021, p. 8.

43 For further details, see Section IV.3.

SFDR.[44] As it was the last SFDR provision to come into force, it was somewhat below the radar until quite recently. It certainly bears substantial potential and room for interpretative debate, particularly in context of its interplay with the third sustainability preference under MiFID II (PASI consideration at financial instrument level).

Art. 8 SFDR products: Promotion of "E" or "S" characteristics. This product category is dedicated to financial products that "promote" the environmental and social characteristics. What exactly is meant by "promotion" has been officially clarified by the European Commission only after SFDR's go-live date, in its SFDR Q&A of July 2021.[45] For SFDR's purposes, the term "promotion" is to be understood in a technical, broad manner and the quoted European Commission's Q&A document provides good overview what the category entails (for the relevant Q&A wording excerpt, see information box below).[46]

Regarding the general characteristics of Art. 8 SFDR products, in the words of the European Commission itself, that provision "lays down transparency rules for financial products that have a sustainability-related ambition lower than the ambition of financial products subject to Art. 9".[47] While there is quite some debate ongoing on what exactly the Art. 8 SFDR shall entail, it can certainly be said that as such it does not qualify to make the product automatically eligible for one of the three MiFID II preferences, i. e. is not a "sustainable investment" for that purpose.

The provision of Art. 8 SFDR is to be treated with particular care also in context of the above outlined debate on the topic that SFDR is not a labelling regime. ESMA's chair Verena Ross reemphasized and once more clarified that point in her May 2022 speech noting that SFDR is not labelling regime and that SFDR article products are not "quality labels" for sustainability, adding that the authority is particularly concerned with regard to how Art. 8 products are positioned vis-à-vis the investor.[48]

Conceptually, Art. 8 SFDR may perhaps be best understood as a "*catch all ESG*"*-provision*, with an intention to cover the entire range of sustainability related claims, starting from the most basic indication or sign of such ambition, and ending with products which include substantial amount of assets flowing into sustainable activities as defined in Art. 2(17) SFDR and Art. 2(1) Taxonomy Regulation. The amount of "sustainable investments" under Art. 8

44 SFDR Q&A 5/2022, p. 1.

45 SFDR Q&A 7/2021, p. 8.

46 SFDR Q&A 7/2021, p. 8.

47 SFDR Q&A 7/2021, p. 7.

48 *Ross*.

SFDR can range from 0% to 100%. To the extent SFDR is seen as an anti-greenwashing regime, it is the Art. 8 SFDR which should be the primary provision for fulfilling that purpose by setting the barrier very low for triggering SFDR's disclosure duties as soon as one "promotes" sustainability characteristics and thus "catch" all the sustainability/ESG "talkers" into the regulation's disclosure framework. The mandated disclosures as tools of that framework then show to the investor, first, what the financial product manufacturer's product-related "talk" exactly means, and second, whether the product indeed "walks" that "talk". That there is no threshold set by the legislator for Art. 8 SFDR products is in line with the legislator's intention – to catch all sustainability-related claims, to capture even the most modest sustainability-related element of the product.[49]

Content-wise, also for purposes of MiFID II client sustainability preferences, a financial instrument/product is only eligible for recommendation as fulfilling such client's sustainability preferences if it includes a minimum proportion in Art. 2(17) SFDR, Art. 2(1) Taxonomy Regulation investments or instruments/products considering PASI, as per investor's individual selection. It its SFDR Q&A 7/2021, the European Commission emphasizes that "where a product has an environmental objective and does not meet the do not significant harm as referred to in Article 2(17) of Regulation (EU) 2019/2088, qualifies as Article 8 product."[50]

The European Commission's SFDR Q&A 7/2021 document provides further useful clarification with regard to the design of the products, by emphasizing that "Article 8 of Regulation (EU) 2019/2088 remains neutral in terms of design of financial products. It does not prescribe certain elements such as the composition of investments or minimum investment thresholds, the eligible investment targets, and neither does it determine eligible investing styles, investment tools, strategies or methodologies to be employed." Due to this neutrality and openness of Art. 8 SFDR product category, there is nothing in the requirements of Art. 8 that would prevent to continue "applying various current market practises, tools and strategies and a combination thereof such as *screening, exclusion strategies, best-in-class/universe, thematic investing, certain redistribution of profits or fees*."[51] This could include approaches aiming at reduction of negative externalities caused by the underlying investments, which would at least in part include Art. 7 SFDR products considering PASI.[52] Positioning a financial product by "promoting", e.g. in the investment policy, the sustainability-related aspect that the product is complying with certain en-

49 For ESMA's view on that last aspect, see *Ross*.

50 SFDR Q&A 7/2021, p. 7.

51 SFDR Q&A 7/2021, p. 8. Emphasis added.

52 SFDR Q&A 7/2021, p. 8.

vironmental, social or sustainability requirements or restrictions laid down by law, including international conventions, or voluntary codes would make such product subject Article 8 disclosure regime. The first "filter" through which Art. 8 SFDR mechanism brings a sustainability-related claim is asking to put it into a form of a pre-contractual disclosure, with an added requirement that those disclosures "must refer" to those environmental or social elements which are "binding during the whole holding period" and "which are used for the description of the extent to which environmental or social characteristics are met."[53]

Art. 8 SFDR and the term "promotion" plays a key role under SFDR's framework, particularly in that framework's purpose to prevent greenwashing, make the life of potential green washers as difficult as possible.[54] Activation of that term triggers the application of the extensive and systematic SFDR disclosure regime. What qualifies as "promotion" under SFDR is therefore of essential importance for properly understanding and applying Art. 8 as a key element in SFDR's system. European Commission's SFDR Q&A of July 2021 explains what "promotion" means, making clear how broad and far-reaching the concept is:

"Promotion" of E/S characteristics – SFDR's concept[55]

"The term 'promotion' within the meaning of Article 8 of Regulation (EU) 2019/2088 encompasses, by way of example, *direct or indirect claims*, information, reporting, disclosures as well as an *impression* that investments pursued by the given financial product also consider environmental or social characteristics in terms of investment policies, goals, targets or objectives or a general ambition in, but not limited to, pre-contractual and periodic documents or marketing communications, advertisements, product *categorisation*, description of investment strategies or asset allocation, information on the *adherence to sustainability-related financial product standards and labels, use of product names or designations*, memoranda or issuing documents, factsheets, specifications about conditions for automatic enrolment or compliance with sectoral exclusions or statutory requirements regardless of the form used, such as on paper, durable media, by means of websites, or electronic data rooms." (emphasis added)

Note that Art. 6 Taxonomy Regulation expands the scope of Art. 8 SFDR disclosure requirements to include information on Taxonomy-alignment.[56]

Art. 9 SFDR products: Sustainable investments as an objective. The Art. 9 SFDR product-level disclosure regime is designed for financial products which have sustainable investments as their objective. It is a disclosure re-

---

53 SFDR Q&A 7/2021, p. 8.

54 *Zukas/Trafkowski*, p. 20.

55 SFDR Q&A 7/2021, p. 8.

56 For further details, see Section IV.3.

gime for products with highest level of sustainability ambition. As the European Commission's SFDR Q&A 7/2021 puts it, "where such financial products do not have 'sustainable investment' as their objective, as referred to in Article 9, they are considered to fall under Article 8."[57] Emphasis of Art. 8 and 9 SFDR disclosure regime's interplay with MiFID II sustainability preferences is important to keep in mind: the different SFDR product sustainability ambition of Art. 8 compared to Art. 9 SFDR is "key to determine the access of end investors to financial products that are ambitious enough to meet their sustainability preferences."[58]

In contrast to Art. 8 SFDR products, Art. 9 SFDR products shall generally only invest in underlying assets which qualify as "sustainable investments" in the sense of Art. 2(17) SFDR.[59] Exceptions can be made from that general principle: "A financial product, in order to meet requirements in accordance with prudential, product-related sector specific rules may next to 'sustainable investments', also include investments for certain specific purposes such as hedging or liquidity", under the condition that these, in order to fit the overall financial product's sustainable investments' objective, have to meet minimum environmental or social safeguards."[60]

According to Recital 19 Taxonomy Regulation, the term "sustainable investments" under Art. 2(17) SFDR includes "environmentally sustainable investments" under Art. 2(1) Taxonomy Regulation, under the condition that those meet the DNSH test under SFDR. The ESAS's position on this additional DNSH test has changed in the course of L2 RTS preparatory works[61] (for the relevant document excerpt, see information box below).

Similar to Art. 8 SFDR, Art. 9 SFDR "remains neutral in terms of the product design, or investing styles, investment tools, strategies or methodologies to be employed or other elements", but the "product documentation must include information how the given mix complies with the 'sustainable investment' objective of the financial product in order to comply with the 'no significant harm principle'" of Art. 2(17) SFDR.[62] "Impact investing" understood as the form of sustainable finance with highest ambition is often given as an example of Art. 9 SFDR product category, thought it has to be kept in mind that not the products name, but whether it fulfils the requirements of Art. 9 SFDR is decisive for purposes of such qualification.

57 SFDR Q&A 7/2021, p. 5.

58 SFDR Q&A 7/2021, p. 5.

59 SFDR Q&A 7/2021, p. 5.

60 SFDR Q&A 7/2021, p. 5.

61 SFDR/TR draft final report 10/2021, p. 8.

62 SFDR Q&A 7/2021, p. 5.

European Commission's SFDR Q&A 7/2021 gives a good overview of what the product category falling under Art. 9 SFDR disclosure regime entails and how it should be differentiated from Art. 8 SFDR products. It needs to be noted that – similar as Art. 8 SFDR products – also Art. 9 SFDR products as such do not figure as one of three sustainability preferences under new MiFID II rules. This means that also Art. 9 SFDR products are only of direct relevance as a product eligible for recommendation for clients with sustainability preferences if and to the extent it includes Art. 2(17) SFDR, Art. 2(1) Taxonomy Regulation investments or consider PASI. It needs to be noted that Art. 9 SFDR disclosure regime is more extensive compared to Art. 8 SFDR disclosure regime allowing the client to check even more thoroughly what he or she gets as compared to what the product claims to be in terms of sustainability-consideration. Note that Art. 5 Taxonomy Regulation expands the scope of Art. 9 SFDR disclosure requirements to include information on Taxonomy-alignment.[63]

"Do No Significant Harm"-Principle: SFDR vs. TR standard – ESAs' changed view 10/2021[64]
"For one of the aspects of the RTS, the ESAs changed their approach in the final report compared to the Consultation Paper. In the Consultation Paper the ESAs had proposed to derogate from the general SFDR RTS relating to the principle of Do No Significant Harm (DNSH) (which require taking into account the adverse impact indicators of Annex I of the RTS) for taxonomy-aligned sustainable investments, which already require the detailed DNSH rules of the TR Technical Screening Criteria. However, *as a result of a legal analysis the ESAs concluded that it is not possible to derogate from the general SFDR DNSH RTS for sustainable investments that are taxonomy-aligned, that derogation has been removed.* As a result, the *DNSH related rules will be applied to all sustainable investments including the taxonomy-aligned investments.* While the ESAs regret this, as they believe this will adversely affect taxonomy-aligned investments, this means that the ESAs' proposal for publication of a statement on taxonomy-alignment, as included in the Consultation Paper, no longer serves any purpose and has therefore been removed from the final report." (*emphasis added*)

b) General Remarks on SFDR-Article-Product Categories

The SFDR-article-product categories are sometimes described as "different shades of green" which is an informal term to show their different levels of sustainability-related ambition. First, by referring to just "green" it is obviously also not covering the entire spectrum of potential sustainability-related

[63] For further details, see Section IV.3.

[64] SFDR/TR draft final report 10/2021, p. 8.

ambition SFDR disclosure regime is able to cover. Art. 8 and Art. 9 SFDR are also sometimes referred to as "light green" and "dark green", even in official EU documents[65]. These are also rather informal terms, with similar limitations as the "shades of green". Second, they should be avoided in today's context due to an additional potential irritation especially with regard to Art. 8 SFDR products implying that "light green" refers to some kind of threshold for "green" content in those products or even sustainability "quality label", while SFDR is not a labelling regime and in fact there may be none of that "green" in the product, especially in a case of Art. 8 SFDR products.[66] Though such colourful informal descriptions may be useful to

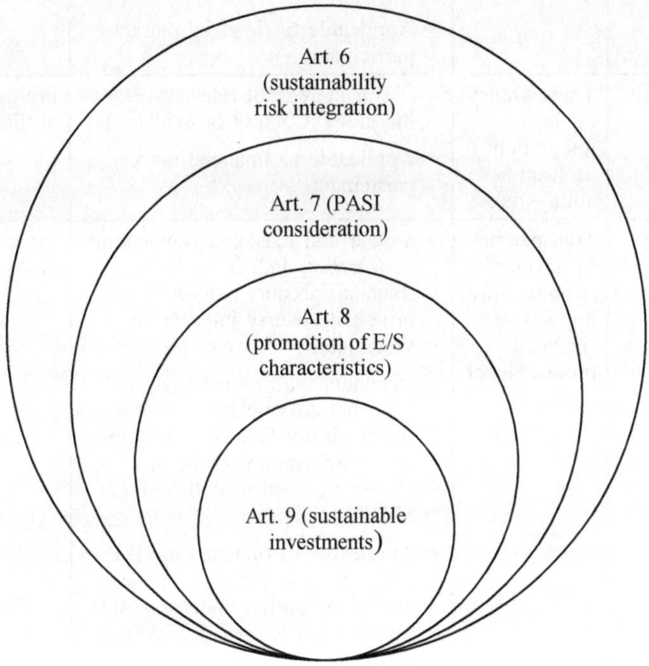

Legend: "PASI" = principal adverse sustainability impacts.

Note that only Art. 9 SFDR products shall, as a matter of principle, consist of sustainable investments in the sense of Art. 2(17) SFDR only. Art. 8 SFDR may include sustainable investments, but may also not include them (no threshold, "catch all"-provision) and is therefore to be seen as a value-neutral provision, which – due to its open character – plays key role in the SFDR's purpose as anti-greenwashing regime.

Figure: Overview SFDR-article-product disclosure categories –
Varying degrees of sustainability-related ambition

65 SFDR RTS final draft report 2/2021, p. 5.

66 See Section III. 3. for more details.

show the general difference in terms of sustainability-related ambition between Art. 8 and Art. 9 SFDR products which indeed conceptually exists, they should be avoided as they create an impression of a sustainability quality labels and thus pose a greenwashing risk.

SFDR-Art.	Art.-Title	Requirement	Transparency channel
Art. 6(1) "*Comply …*	Transparency of the integration of sustainability risks	– manner of integrating sustainability risks in investment decisions and – impact of sustainability risks on their products' returns ➔ Applicable to financial market participants	Pre-contractual disclosure
Art. 6(1) … *or explain*"	Transparency of the integration of sustainability risks	– if considered not relevant-reasons therefor ("Comply or explain") ➔ Applicable to financial market participants	Pre-contractual disclosure
Art. 7(1) "Comply …	Transparency of adverse sustainability impacts at financial product level	– a clear and reasoned explanation of *whether*, and, if so, *how* a financial product considers principal adverse impacts on sustainability factors; – statement that information on principal adverse impacts on sustainability factors is available in the information to be disclosed pursuant to Article 11(2) SFDR ➔ Applicable to financial market participants which have made use of the option under Art. 4(1) (a) SFDR, i. e. consider PASI at entity level	Pre-contractual disclosure

SFDR-Art.	Art.-Title	Requirement	Transparency channel
Art. 7(2) … *or explain*"	Transparency of adverse sustainability impacts at financial product level	– for each financial product, include a statement that the financial market participant (1) does not consider the adverse impacts of investment decisions on sustainability factors and (2) the reasons therefor ➜ Applicable to financial market participants which are eligible for and have made use of the option under Art. 4(1)(b) SFDR, i.e. do not consider PASI at entity level Note that SFDR Q&A 5/2022 clarified that financial market participant allowed to opt-out from Art. 4 SFDR PASI consideration regime "*may,* notwithstanding the criteria set out in Article 7(1), first subparagraph, of Regulation (EU) 2019/2088, *manufacture a financial product that pursues a reduction of negative externalities caused by the investments underlying that product.*"[67]	Pre-contractual disclosure
Art. 8	Transparency of the promotion of environmental or social characteristics in pre-contractual disclosures	– information on *how* those characteristics are met – if an index has been designated as a reference benchmark, information on whether and how this index is consistent with those characteristics. ➜ Applicable to financial market participants	Pre-contractual disclosure
Art. 9	Transparency of sustainable investments in pre-contractual disclosures	– explanation on *how* that objective is to be attained – specific requirements for cases where an index has been designated as a reference benchmark – specific requirements for products having reduction of carbon emissions as an objective	Pre-contractual disclosure

(continue next page)

[67] SFDR Q&A 5/2022, p. 1. Emphasis added.

(overview continued)

SFDR-Art.	Art.-Title	Requirement	Transparency channel
Art. 10 (for Art. 8 and 9 products)	Transparency of the promotion of environmental or social characteristics and of sustainable investments on websites	– a description of the environmental or social characteristics or the sustainable investment objective; – information on the methodologies used to assess, measure and monitor the environmental or social characteristics or the impact of the sustainable investments selected for the financial product, including its data sources, screening criteria for the underlying assets and the relevant sustainability indicators used to measure the environmental or social characteristics or the overall sustainable impact of the financial product; – the information referred to in Articles 8 and 9; – the information referred to in Article 11. ➜ Applicable to financial market participants, Art. 8 and 9 products	Website
Art. 11 (for Art. 8 and 9 products)	Transparency of the promotion of environmental or social characteristics and of sustainable investments in periodic reports	For Art. 8 products: – the extent to which environmental or social characteristics are met For Art. 9 products: – the overall sustainability-related impact of the financial product by means of relevant sustainability indicators; or – where an index has been designated as a reference benchmark, a comparison between the overall sustainability-related impact of the financial product with the impacts of the designated index and of a broad market index through sustainability indicators.	Periodic reports

Overview: Financial product level disclosure requirements under SFDR

In this context, it needs to be reminded that the Taxonomy Regulation includes changes to the original SFDR version and adds an additional, Taxonomy-alignment related disclosure layer to Art. 6, 8 and 9 SFDR disclosures, with substantial level of additional technical detail.[68]

Referring to the point on SFDR as not labelling regime discussed in detail in Section III. 3., it is important to keep in mind that for purposes of assessing a financial product's sustainability-related quality not the SFDR-article-6/8/9-categories shall be utilized, but the substance/materiality-focused provisions defining what qualifies as "sustainable investment" (Art. 2(17) SFDR), "environmentally sustainable investment" (Art. 2(1) Taxonomy Regulation) as well as the legislative ratio behind the SFDR provisions on PASI consideration on entity and product level (Art. 4 and Art. 7 SFDR).

8. Marketing Communications

We explained in Section III. 3. that the Sustainable Finance Disclosure Regulation is not a labelling regime, but a transparency and anti-greenwashing regime. Though marketing communications understood as talking about what a company or a product does (or claims to do) is the organisation's primary touchpoint with the outside world and thus of essential importance for reaching legislator's purpose of preventing greenwashing, this entire area is regulated by SFDR with a rather simple, general rule. That rule is stated in Art. 13 SFDR, titled "Marketing communications". It is addressed to both financial market participants and financial advisers and requires them to "ensure that their marketing communications *do not contradict* the information disclosed pursuant to this Regulation." In other words, saying one thing about the firm's, its services, and especially financial products sustainability-related characteristics in SFDR disclosures on the firm's website, in pre-contractual documents, periodic reporting and different thing in marketing communications may not only bring problems in the relationship with an investor, cause problems under relevant applicable/governing law, but would also mean a regulatory breach in the sense of SFDR. It needs to be kept in mind that this no-contradiction-requirement has potential to cover only part of greenwashing related risks, also because a contradiction between the disclosures made via various disclosure channels will not always mean the firm is "overselling" its green credentials or pretending to be more sustainable that it is actually the case (i. e. committing greenwashing).

68 For more information on this aspect, see Section IV.3.

IV. Europe's "Green Vocabulary": The Taxonomy Regulation

Taxonomy Regulation is an action item number 1 in the EU's Sustainable Finance Action Plan. It describes itself as "*the most important and urgent action envisaged by the action plan*" (Recital 6 TR). That ambition is to set a legal standard on what qualifies as "environmentally sustainable investment" (sometimes also called "green investment" or, even more technically, "Taxonomy-aligned investment").

1. "Let's Get Technical"

In essence, the Taxonomy Regulation does one thing which makes it so fundamental for the world of sustainable finance: It defines what qualifies as an "environmentally sustainable" investment. In the words of the Taxonomy Regulation itself, "*[t]his Regulation establishes the criteria for determining whether an economic activity qualifies as environmentally sustainable for the purposes of establishing the degree to which an investment is environmentally sustainable*" (Art. 1(1)). *What* it does is not less important as compare to *how* it does it: namely, with a highly detailed level of technicality, to which we will return when discussing that definition in more detail.

As for the Taxonomy Regulation's scope, Art. 1(2) TR aims to have it applied to the following areas:

- *measures adopted by Member States or by the Union* that set out requirements for financial market participants or issuers in respect of *financial products or corporate bonds* that are made available as environmentally sustainable;
- *financial market participants* that make available financial products;
- *undertakings which are subject to the obligation to publish a non-financial statement* or a consolidated non-financial statement pursuant to Article 19a or Article 29a of Directive 2013/34/EU (i. e. NFRD) of the European Parliament and of the Council, respectively.

While the first part of the rule makes clear the Taxonomy Regulation's function as a green glossary for both Member States and the Union itself, it also ads an important clarification that the Regulation's scope is not limited to financial products as the term is defined under SFDR and Taxonomy Regulation. The Taxonomy's standard shall also apply to corporate bonds which are made available as "environmentally sustainable" (the so-called "green bonds"). The second part of the rule, addressed to financial market participants "that make available financial instruments", refers to additional disclosures the Taxonomy Regulation prescribes for SFDR products, a disclosure requirement with a very substantial impact, which we discuss in more detail in Section IV.3. Finally, the third part is about so-called "non-financial" corporate reporting (better: corporate sustainability reporting)[69], which the Taxonomy extends with an obligation to report Taxonomy alignment.

2. Defining "Environmentally Sustainable Investment"

The Taxonomy Regulation defines the term "environmentally sustainable investment" in its Art. 2(1). It is a simple definition as the only thing it actually says is that environmentally sustainable investment is an "*investment in one or several economic activities that qualify as environmentally sustainable under this Regulation*". Accordingly, the concept of "environmentally sustainable activity" is a key concept for defining what environmentally sustainable investment is. The concept of environmentally sustainable activity is defined in Art. 3 Taxonomy Regulation, which not only describes the key elements an economic activity needs to fulfil in order to qualify as environmentally sustainable, but also provides extensive, technical guidance on how those elements need to be understood. This is done by cross-referring to other provisions of the Taxonomy Regulation, which describe in detail what each of those elements consists of.

"Environmentally sustainable investment" – Taxonomy Regulation's definition
Article 2. Definitions (1) 'environmentally sustainable investment' means an *investment in* one or several *economic activities that qualify as environmentally sustainable under* this Regulation; …"
Article 3. Criteria for environmentally sustainable economic activities For the purposes of establishing the degree to which an investment is environmentally sustainable, an economic activity shall qualify as environmentally sustainable where that economic activity: (a) *contributes substantially* to one or more of the **environmental objectives** set out in Article 9 in accordance with Articles 10 to 16; (b) **does not significantly harm** *any of the environmental* objectives set out in Article 9 in accordance with Article 17; (c) is carried out in compliance with the **minimum safeguards** laid down in Article 18; and (d) complies with **technical screening criteria** that have been established by the Commission in accordance with Article 10(3), 11(3), 12(2), 13(2), 14(2) or 15(2)." (emphasis added)

---

[69] For the reasons why this term shall be preferred in modern sustainable finance context, see Section VI.4.

Legend: "E" refers to "environmental objectives", a list of objectives as per Art. 9 Taxonomy Regulation. "DNSH" = "Do Not Significant Harm"-principle.

Figure: Definition of "environmentally sustainable investment" – core elements

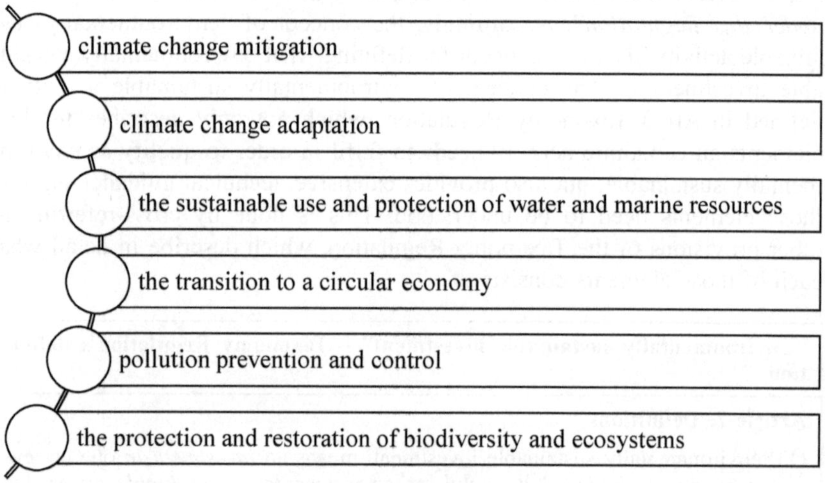

Figure: List of "Environmental objectives" – Taxonomy Regulation

Taxonomy Regulation's disclosure obligations for these environmental objectives come into application gradually, starting from 1 January 2022 and, as a second step, continuing from 1 January 2023, that line of order certainly also serving as a signal as to their prioritization. What qualifies as "substantial contribution" to those is prescribed in detailed fashion in Articles 10 to 16 Taxonomy Regulation, while Art. 17 explains in detail what the "Do not significant harm"-principle means for purposes of the Taxonomy Regulation. Additionally and very importantly, Art. 16 Taxonomy Regulation includes a provision on the so-called "enabling activities", which qualify as "substantially contributing" to one or more environmental objectives set out in Art. 9 Taxonomy Regulation. Taxonomy Regulation's delegated acts provide further details regarding which technical criteria an economic activity needs to fulfill in order to qualify as an environmentally sustainable.

As for the priorities and actions requiring most urgency, the Action Plan states clearly "E" (environmental considerations) should be prioritized, with topics of climate change mitigation and adaptation coming first and the rest to follow afterwards: "While the *taxonomy work will begin on climate change mitigation*, the scope will be progressively expanded to climate change adaptation and other environmental issues and, later on, to social sustainability. Such an *approach reflects the urgency to act against climate change* and to meet our long-term climate and energy targets."[70]

In order to qualify as environmentally sustainable, an economic activity shall not only substantially contribute to one of the environmental objectives as per Art. 9 SFDR and do not significantly harm the other environmental objectives as per Art. 17 of the Taxonomy Regulation. It has also to fulfil the so called "Minimum safeguards"-test as per Art. 18 Taxonomy Regulation. That test is summarized under the below figure.

* Includes the principles and rights set out in the eight fundamental conventions identified in the Declaration of the International Labour Organisation on Fundamental Principles and Rights at Work and the International Bill of Human Rights.

Figure: "Minimum safeguards"-test[71] – Taxonomy Regulation

3. TR/SFDR Interplay

As the full title of the Taxonomy Regulation itself makes clear, beside defining what constitutes an environmentally sustainable activity and investment, what the Taxonomy Regulation does is introducing changes to the SFDR[72]. Those changes to the SFDR require to add further layer of Taxonomy-alignment related information to the SFDR's Article 6, 8 and 9 disclo-

---

70 Sustainable Finance Action Plan, pp. 11–12. Emphasis added.

71 OECD Guidelines for Multinational Enterprises, 2011; UN Guiding Principles on Business and Human Rights (UNGPs), endorsed by the United Nations Human Rights Council on June 16, 2011.

72 Regulation (EU) 2020/852 of the European Parliament and of the Council of 18 June 2020 on the establishment of a framework to facilitate sustainable investment, and amending Regulation (EU) 2019/2088, OJ L 198 pp. 13–43. Emphasis added.

sures. The Taxonomy does that by means of Articles 5, 6 and 7 Taxonomy Regulation, which, accordingly, set requirements for providing that additional level of Taxonomy-alignment related information for the SFDR's Article 9, 8 and 6 disclosure regimes.

SFDR product disclosure category	**Additional Taxonomy-alignment disclosure layer**	**Disclosure channel**	**Additional Taxonomy-alignment disclosure layer content**
Art. 9 SFDR	Art. 5 TR	Pre-contractual and periodic	**Article 5. Transparency of** *environmentally sustainable investments* **in pre-contractual disclosures and in periodic reports** Where a financial product as referred to in Article 9(1), (2) or (3) of Regulation (EU) 2019/2088 *invests in an economic activity that contributes to an environmental objective within the meaning of point (17) of Article 2 of that Regulation*, the information to be disclosed in accordance with Articles 6(3) and 11(2) of that Regulation shall include the following: (a) the information *on the environmental objective or environmental objectives set out in Article 9* of this Regulation to which the investment underlying the financial product contributes; and (b) a description of *how and to what extent the investments underlying the financial product are in economic activities that qualify as environmentally sustainable under Article 3* of this Regulation. The description referred to in point (b) of the first subparagraph of this Article shall specify the *proportion* of investments in environmentally sustainable economic activities selected for the financial product, including details on the proportions of enabling and transitional activities referred to in Article 16 and Article 10(2), respectively, as a percentage of all investments selected for the financial product. *(emphasis added)*

SFDR product disclosure category	**Additional Taxonomy-alignment disclosure layer**	**Disclosure channel**	**Additional Taxonomy-alignment disclosure layer content**
Art. 8 SFDR	Art. 6 TR	Pre-contractual and periodic	**Article 6. Transparency of financial products that** ***promote environmental characteristics*** **in pre-contractual disclosures and in periodic reports** Where a financial product as referred to in Article 8(1) of Regulation (EU) 2019/2088 promotes environmental characteristics, Article 5 of this Regulation shall apply *mutatis mutandis*. The information to be disclosed in accordance with Articles 6(3) and 11(2) of Regulation (EU) 2019/2088 shall be *accompanied by the following statement*: (*emphasis added*) 'The "do no significant harm" principle applies only to those investments underlying the financial product that take into account the EU criteria for environmentally sustainable economic activities. The investments underlying the remaining portion of this financial product do not take into account the EU criteria for environmentally sustainable economic activities.'
Art. 6 SFDR (not subject to Art. 8/9 SFDR)	Art. 7 TR	Pre-contractual and periodic	**Article 7. Transparency of other financial products in pre-contractual disclosures and in periodic reports** Where a financial product is *not subject to* Article 8(1) or to Article 9(1), (2) or (3) of Regulation (EU) 2019/2088, the information to be disclosed in accordance with the provisions of sectoral legislation referred to in Articles 6(3) and 11(2) of that Regulation shall be *accompanied by the following statement*: (*emphasis added*) 'The investments underlying this financial product do not take into account the EU criteria for environmentally sustainable economic activities.'

Overview: TR / SFDR interplay – product level disclosures

Note that Art. 27 Taxonomy Regulation on entry into force and application of the Taxonomy Regulation makes clear that the Regulation's disclosure obligations with regard to the environmental objectives set out in Art. 9 Taxonomy Regulation shall come into application gradually, starting with the environmental objectives of climate change mitigation and climate change adaptation set out in Art. 9(a)–(b) first, per 1 January 2022, following by the environmental objectives set out in Art. 9(c)–(f) per 1 January 2023 (sustainable use and protection of water and marine resources; transition to a circular economy; pollution prevention and control; protection and restoration of biodiversity and ecosystems).

As for the scope of Taxonomy-alignment reporting obligations as per Art. 6 TR, SFDR Q&A 5/2022 adds an important clarification that for triggering the application of Art. 6 Taxonomy Regulation, "it is irrelevant if a financial product commits to invest in economic activities that contribute to an environmental objective within the meaning of Article 2, point (17), of Regulation (EU) 2019/2088."[73] It further clarifies that "a financial product referred to in Article 8(1) of Regulation (EU) 2019/2088 that promotes environmental characteristics must include in the pre-contractual disclosures, based on an assessment of reliable data with regard to whether investments will be in economic activities that contribute to an environmental objective, information according to Article 6 of Regulation (EU) 2020/852 if that is the case." The conceptual implications of this clarification are yet to be fully understood, so are the implications of the European Commission's clarifications in the immediately following paragraph of the same Q&A document regarding reflection of changes of financial product's investments over time in pre-contractual documentation[74].

4. TR/NFRD Interplay

Following a similar logic as for SFDR's product disclosures, the Taxonomy Regulation's Art. 8 adds a requirement to disclose an additional layer of information at entity level for the companies subject to the Non-Financial Reporting Directive's corporate reporting regime. While its current reach is limited to large companies subject to NFRD reporting obligations, this requirement may be seen as first step in the effort to feed the market with sustainability-related data reported by the companies directly.

[73] SFDR Q&A 5/2022, p. 11.

[74] SFDR Q&A 5/2022, p. 11.

NFRD provisions	Additional Taxonomy-alignment disclosure layer	Disclosure channel	Additional Taxonomy-alignment disclosure layer content
Article 19a or Article 29a NFRD	Art. 8 TR	non-financial statement or consolidated non-financial statement	**Article 8. Transparency of undertakings in non-financial statements** 1. Any undertaking which is subject to an obligation to publish non-financial information pursuant to Article 19a or Article 29a of Directive 2013/34/EU shall include in its non-financial statement or consolidated non-financial statement *information on how and to what extent the undertaking's activities are associated with economic activities that qualify as environmentally sustainable under Articles 3 and 9* of this Regulation. 2. In particular, non-financial undertakings shall disclose the following: (a) the *proportion of their turnover* derived from products or services associated with economic activities that qualify as environmentally sustainable under Articles 3 and 9; and (b) *the proportion of their capital expenditure and the proportion of their operating expenditure* related to assets or processes associated with economic activities that qualify as environmentally sustainable under Articles 3 and 9. (*emphasis added*)

Overview: TR / NFRD interplay – entity level disclosures

Art. 8(4) Taxonomy Regulation foresees that the European Commission "shall adopt a delegated act in accordance with Article 23 to supplement paragraphs 1 and 2 of this Article to specify the content and presentation of the information to be disclosed pursuant to those paragraphs, including the methodology to be used in order to comply with them, taking into account the specificities of both financial and non-financial undertakings and the technical screening criteria established pursuant to this Regulation." Such delegated act has been adopted and published in the Official Journal of the EU on 10 December 2021[75]. It supplements Art. 8 Taxonomy Regulation and specifies the content and presentation of information to be disclosed by undertakings subject to Art. 19a and Art. 29a NFRD concerning environmentally sustainable activities and specifying the methodology to comply with that disclosure obligation. Furthermore, it is worth noting that the NFRD has been substantially reshaped as part of the Sustainable Finance Action Plan's "fitness check" (for further details, see Section VI.).

V. Centrality of Client's Choice: MiFID II and the New Duty to Inquire on Client's Sustainability Preferences

Falling under the Sustainable Finance Action Plan's Action category number 1 ("Reorienting capital flows towards sustainable investment"), action item number 4 ("Incorporating sustainability when providing financial advice"), changes to MiFID II delegated regulation 2017/565 ("MiFID II delegated act")[76] on investor's sustainability preferences form an essential legislative change under the new European sustainable finance regulatory architecture.

The changes on client's sustainability preferences introduced by the updated MiFID II delegated act are centered around adding a regulatory requirement of asking the client about its sustainability preferences in general and then inquiring into the specifics of those along three categories of financial instruments which are eligible for clients with sustainability preferences under the MiFID II regime. The new requirement is introduced not only to "*raise sustainable finance*", but also in order for clear signals to be sent to investors regarding their investments so that they can "*avoid stranded assets*" (Recital 2 MiFID II delegated act).

---

[75] Art. 8 TR disclosure delegated act *European Commission*, Commission Delegated Regulation (EU) 2021/2178 of 6 July 2021 supplementing Regulation (EU) 2020/852 of the European Parliament and of the Council by specifying the content and presentation of information to be disclosed by undertakings subject to Articles 19a or 29a of Directive 2013/34/EU concerning environmentally sustainable economic activities, and specifying the methodology to comply with that disclosure obligation, OJ L 443, pp. 9–67.

[76] Commission Delegated Regulation (EU) 2021/1253 of 21 April 2021 amending Delegated Regulation (EU) 2017/565 as regards the integration of sustainability factors, risks and preferences into certain organisational requirements and operating conditions for investment firms, OJ L 277, pp. 1–5.

The updated MiFID II delegated act integrates client's sustainability preferences "*as a top up to the suitability assessment*"[77]. Under the MiFID II regulatory framework known before these changes were introduced, firms providing investment advice and portfolio management were required to obtain information on client's *investment objectives (including risk tolerance)*, *ability to bear losses* as well as client's *knowledge and experience*, which was considered to be necessary in order to be able to provide the client products and services that are suitable to him/her as per Art. 54 MiFID II delegated act ("suitability assessment")[78].

Under that old regulatory regime, information on client's investment objectives was generally limited to financial objectives and did not include information on the so-called "non-financial" objectives, such as sustainability preferences. Existing suitability assessments would generally not include questions on client's sustainability preferences and majority of client would not raise such preferences themselves[79]. The introduction of the updated MiFID II delegated act has changed this, with question on client's sustainability preferences now being introduced as part of the new requirements. Under the new rules, investment firms providing financial advice and portfolio management now must carry out a "mandatory assessment of sustainability preferences" of a client[80].

Those changes have started to apply as this paper is submitted publication in August 2022 and are located in the newly introduced Art. 2(7) MiFID II delegated act. The new provision defines what is to be understood under client's/potential client's "sustainability preferences". What qualifies as sustainability preference is not a simple "Yes" or "No" with regard to ESG or sustainability in general. The definition of sustainability preference takes direct reference to the three listed categories of financial instruments and requires to ask the client/potential client to voice its *choice* with regard to two aspects: first, *whether* and, second, *if yes, to what extent* one or more of those listed financial instrument groups "shall be integrated into his or her investment". Those three groups of instruments eligible to recommend for clients with sustainability preferences do not take SFDR Articles 6, 8 or 9 as criteria determining instrument's eligibility for recommendation to clients/

[77] Explanatory Memorandum to MiFID II delegated act's draft of 21 April 2021, p. 1.

[78] Explanatory Memorandum to MiFID II delegated act's draft of 21 April 2021, p. 1.

[79] Explanatory Memorandum to MiFID II delegated act's draft of 21 April 2021, p. 1.

[80] Explanatory Memorandum to MiFID II delegated act's draft of 21 April 2021, p. 5.

potential clients. In fact, it was the Legal Memorandum to MiFID II delegated act's draft which stated for the first time in April 2021 that SFDR is not a labelling regime[81], a view which has been in the meantime strengthened and confirmed in various other statements by the EU Commission and ESMA (for an in-depth overview of this development, see Section III. 3.). The financial instrument/product related TR and SFDR categories which MiFID II considers relevant for clients with sustainability preferences are the categories of "environmentally sustainable investment" under Art. 2(1) Taxonomy Regulation, "sustainable investment" under Art. 2(17) SFDR and the concept of PASI consideration, with no direct reference to any specific provision, but known as a concept from Art. 4 and Art. 7 SFDR. Additionally, MiFID II speaks of "financial instruments", while SFDR and Taxonomy Regulation are focused on "financial products", both of which are terms with their own, different regulatory definitions. The Explanatory memorandum to MiFID II delegated act's draft clarifies that the term "financial instrument" is used to reflect the circumstance of different product scopes under SFDR, TR and MiFID II and in order to not restrict the sustainability preferences to financial products in the meaning of SFDR and TR[82]. The new MiFID II provisions on sustainability preferences shall allow investment firms to "recommend not only investment funds, but also other relevant financial instruments."[83]

Two of the three categories of financial instruments eligible for recommendation for clients with sustainability preferences under the new MiFID II regulatory regime take the concept of "minimum proportion" to determine if the instrument/product is substantially sufficient to mirror client's sustainability ambition with regard to the concepts of "environmentally sustainable investment" under Art. 2(1) TR and Art. 2(17) SFDR. As for the third category – instruments/products considering PASI – here, the law does not ask the client to provide "minimum proportion", but asks for his/her choice and determination on "qualitative or quantitative elements demonstrating that consideration." In both cases, client/potential client remains in driver's seat and is free to choose his/her sustainability-related ambition.

---

81 Explanatory Memorandum to MiFID II delegated act's draft of 21 April 2021, p. 2.

82 Explanatory Memorandum to MiFID II delegated act's draft of 21 April 2021, p. 5.

83 Explanatory Memorandum to MiFID II delegated act's draft of 21 April 2021, p. 5.

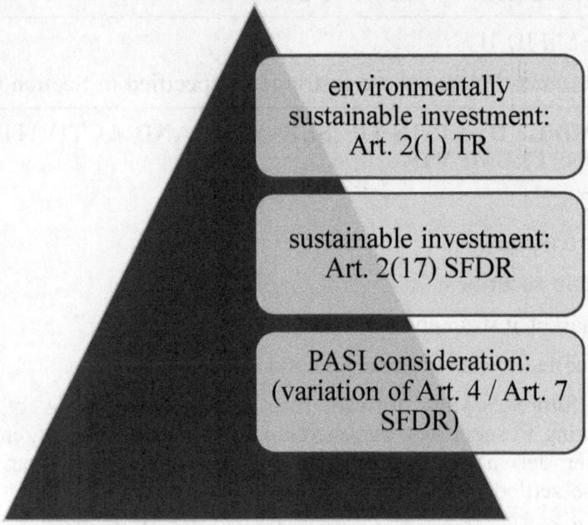

Overview: SFDR/TR concepts – relevance for sustainability preferences under MiFID II

"Sustainability preferences" – MiFID II definition (new)

Art. 2(7) MiFID II delegated regulation

"sustainability preferences" means a client's or potential client's choice as to *whether* and, *if so, to what extent*, one or more of the following *financial instruments* shall be integrated into his or her investment:

(a) a financial instrument for which the client or potential client determines that a *minimum proportion* shall be invested in *environmentally sustainable investments* as defined in Article 2, point (1), of Regulation (EU) 2020/852 of the European Parliament and of the Council;

(b) a financial instrument for which the client or potential client determines that a *minimum proportion* shall be invested in *sustainable investments* as defined in Article 2, point (17), of Regulation (EU) 2019/2088 of the European Parliament and of the Council;

(c) a financial instrument that *considers principal adverse impacts on sustainability factors* where qualitative or quantitative elements demonstrating that consideration are determined by the client or potential client; *(emphasis added)*

"Financial instrument" – MiFID II definition
Art. 4(1)(15) MiFID II 'financial instrument' means those instruments specified in Section C of Annex I;
ANNEX I MiFID II: LISTS OF SERVICES AND ACTIVITIES AND FINANCIAL INSTRUMENTS **SECTION C** **Financial instruments** (1) Transferable securities; (2) Money-market instruments; (3) Units in collective investment undertakings; (4) Options, futures, swaps, forward rate agreements and any other derivative contracts relating to securities, currencies, interest rates or yields, emission allowances or other derivatives instruments, financial indices or financial measures which may be settled physically or in cash; (5) Options, futures, swaps, forwards and any other derivative contracts relating to commodities that must be settled in cash or may be settled in cash at the option of one of the parties other than by reason of default or other termination event; (6) Options, futures, swaps, and any other derivative contract relating to commodities that can be physically settled provided that they are traded on a regulated market, a MTF, or an OTF, except for wholesale energy products traded on an OTF that must be physically settled; (7) Options, futures, swaps, forwards and any other derivative contracts relating to commodities, that can be physically settled not otherwise mentioned in point 6 of this Section and not being for commercial purposes, which have the characteristics of other derivative financial instruments; (8) Derivative instruments for the transfer of credit risk; (9) Financial contracts for differences; (10) Options, futures, swaps, forward rate agreements and any other derivative contracts relating to climatic variables, freight rates or inflation rates or other official economic statistics that must be settled in cash or may be settled in cash at the option of one of the parties other than by reason of default or other termination event, as well as any other derivative contracts relating to assets, rights, obligations, indices and measures not otherwise mentioned in this Section, which have the characteristics of other derivative financial instruments, having regard to whether, inter alia, they are traded on a regulated market, OTF, or an MTF; (11) Emission allowances consisting of any units recognised for compliance with the requirements of Directive 2003/87/EC (Emissions Trading Scheme).

As a consequence of the above-described conceptual change in understanding that SFDR-article-products are neither labels, nor do they play a central role in determining a financial product's eligibility for recommendation to clients with sustainability preferences under the new MiFID II regime, the following overview might be helpful in contextualising the role of SFDR-article-products in the new European sustainable finance regulatory architecture and especially their interplay with the concept of "sustainable investment" under Art. 2(17) SFDR.

Overview – Interplay: SFDR-article-products vs. "sustainable investment"
Art. 6 SFDR products (integrating/not integrating sustainability risks): Art. 6 products *integrating* sustainability risks, as such, do not qualify as "sustainable investments" and this product category per se does in essence not say anything about the amount of "sustainable investment" in the product, i. e. is neutral in that regard. Statement that a product integrates sustainability risks per se does not trigger the application of Art. 8 disclosure regime[84]. An Art. 6 SFDR product stating it does *not integrate* sustainability risks can still trigger Art. 8 SFDR disclosure regime if it includes statements which qualify as "promotion" of environmental or social characteristics (as counter-intuitive as it may sound for some).
Art. 8 SFDR products (promoting environmental or social characteristics): amount of "sustainable investments" in such products can in principle range from none or almost none to substantial amounts or even 100 %. ESMA advises against the use of terms "sustainable" or "sustainability" in such products' names if they do not commit to a minimum proportion of "sustainable investments" – although the SFDR regulation as such does not contain legal grounds to prohibit such practice – "in order to avoid confusion with investors"[85].
Art. 9 SFDR products (sustainable investments as objective): shall generally consist only of "sustainable investments" (with some narrow-defined exceptions permitted in order "to meet requirements in accordance with prudential, product-related specific rules … for certain specific purposes such as hedging or liquidity").[86]

As already indicated above, no market convention seems to have yet emerged with regard to Art. 7 SFDR products. Those products are increasingly defined as products considering PASI and it remains to be seen how the market practice regarding this product category will evolve. Due to the introduction of this sustainability preference category, not only the role of Art. 7 SFDR product level PASI disclosures, but also the role of entity level PASI disclosures under Art. 4 SFDR may continue to gain importance.

84 SFDR Q&A 7/2021, p. 8.

85 ESMA supervisory briefing 5/2022, p. 9.

86 SFDR Q&A 7/2021, p. 5.

VI. More Data for More ESG: The New Corporate Sustainability Reporting Directive

1. Importance of quality ESG data for the sustainable finance effort

As the modern sustainable finance effort puts an ever stronger emphasis on companies' and their products' impact on the environment and society, it becomes increasingly clear that the effort cannot be successful without quality ESG data. And more of it. This important observation was put into a catchy phrase on LinkedIn recently by Deutsche Bundesbank's board member Sabine Mauderer: "*No data – no sustainable finance.*"[87] This statement was made on the occasion of the International Conference on Statistics for Sustainable Finance, jointly organised by the Bank of France, Deutsche Bundesbank and the Irving Fisher Committee on Central Bank Statistics in Paris on 14 September 2021. At the current stage of sustainable finance market development, the availability of quality ESG data indeed pose a major practical challenge. Due to its complexity, importance and related practical challenges, ESG data could be a topic for a separate paper. The purpose of this section to give brief overview of how the enactment of the CSRD contributes to addressing the challenge under the European Sustainable Finance Action Plan's legislative agenda.

The European legislators and regulators undoubtedly understand the importance of ESG data and corporate sustainability reporting as its primary source for the sustainable finance effort. We have already outlined in the above sections that both SFDR and the Taxonomy Regulation entail provisions on entity level sustainability reporting. Those provisions are Art. 4 SFDR on entity level PASI reporting and Art. 8 Taxonomy Regulation on Taxonomy-alignment reporting for large firms falling under the scope of non-financial statement obligations under the Non-Financial Reporting Directive ("NFRD").

---

87 LinkedIn post by Dr. Sabine Mauderer, Member of the Executive Board of the the Deutsche Bundesbank on the occasion of the International Conference on Statistics for Sustainable Finance, jointly organised by the Bank of France, Deutsche Bundesbank and the Irving Fisher Committee on Central Bank Statistics, Paris, 14 September 2021 (available at: <https://de.linkedin.com/posts/sabine-mauderer-7688327_data-finance-sustainable-activity-6843490948400324608-1XwT?trk=public_profile_like_view>, last visited on January 15, 2023).

2. Context and starting point: NFRD's "old" corporate ESG reporting regime

In Section IV.4. on Taxonomy Regulation and its interplay with the Non-Financial Reporting Directive, we have already shown that the Taxonomy Regulation's requirement of Art. 8 ("Transparency of undertakings in non-financial statements") is phrased in such a way that it references to NFRD for defining its personal scope of application. We have also outlined Taxonomy Regulation's additional requirements on Taxonomy-alignment reporting for firms falling under NFRD's personal scope of application for non-financial statement requirement as per Art. 19a NFRD ("Non-financial statement") and Art. 29a NFRD ("Consolidated non-financial statement"). Accordingly, the *NFRD's personal scope of application as relates to the personal scope of application of its non-financial statement requirements under the NFRD* plays a key role in the EU's sustainable finance effort. The "old" Non-Financial Reporting Directive's Art. 19a and Art. 29a personal scope of application covered large public-interest entities with *more than 500 employees*. According to the European Commission's Explanatory memorandum to the CSRD draft[88] and its website information dedicated to corporate sustainability reporting[89], "this *covers approximately 11'700 large companies and groups* across the EU, including listed companies, banks, insurance companies, other companies designated by national authorities as public-interest entities" (emphasis added). Under the new CSRD standard, as per the European Commission's estimates, the number of firms having to report on sustainability *shall grow to "approximately 50'000 companies in total*".

Information to be disclosed in company's/group's non-financial statement as part of management report as per Art. 19a(1)/Art. 29a(1) NFRD had to include, as a minimum, information on *environmental, social and employee matters, respect for human rights, anti-corruption and bribery matters*. This had to be done "to the extent necessary for an understanding of the undertaking's development, performance, position and impact of its activity" relating to the above-mentioned topics. On its website dedicated to this topic, the European Commission also emphases the importance of disclosures on "diversity on company boards (in terms of age, gender, educational and professional background)." In 2017 and 2019, the European Commission published non-mandatory guidelines on, respectively, environmental and social information disclosures as well as climate-related information reporting. As the

---

88 Explanatory memorandum to the CSRD proposal draft 4/2021, p. 1.

89 Available at: <https://finance.ec.europa.eu/capital-markets-union-and-financial-markets/company-reporting-and-auditing/company-reporting/corporate-sustainability-reporting_en>, last visited on January 15, 2023.

European Commission notes in its Explanatory memorandum to CSRD proposal draft, "these guidelines have not sufficiently improved the quality of information companies disclose pursuant to the NFRD."[90]

3. Laying the foundation for CSRD: The Action Plan's "fitness check" of NFRD

Under the Sustainable Finance Action Plan's legislative agenda – Action category 3: "Fostering transparency and long-termism", Action item 9: "Strengthening sustainability disclosure and accounting rule-making" – it was foreseen to conduct a NFRD "fitness check" and make a proposal for a Corporate Sustainability Reporting Directive in order to make Europe's corporate sustainability regime suitable to fulfil its role under the Europe's new sustainable finance regulatory architecture.

The draft proposal of the envisaged Corporate Sustainability Reporting Directive was adopted by the European Commission on 21 April 2021, as part of the "April 2021 Package" in sustainable finance. As per European Commission's website information regarding the role of CSRD proposal, the CSRD aims to "amend the existing reporting requirements of the NFRD" and extend its scope to "all large companies and all companies listed on regulated markets (except listed micro-enterprises)". That extension shall happen gradually as the new wording of Art. 19a NFRD indicated[91] and final adopted text of the CSRD now confirms.

In its Q&A on the occasion of the publication of CSRD's proposal draft[92], the European Commission emphasizes that the CSRD will extend the scope of the existing NFRD corporate sustainability reporting requirements "to include all large companies, whether they are listed or not and without the previous 500-employee threshold."[93] The document also explains that the purpose of such proposed change is to make all large companies "publicly accountable for their *impact* on people and the environment (emphasis added)." The European Commission is also of the view that such changes broadening the sustainability reporting scope "responds to demands from investors for sustainability information from such companies." Very importantly, the European Commission notes that the changes also partly driven by investor protection considerations and stresses that, for reasons of investor protection, "it is especially important that investors have access to sustaina-

---

[90] CSRD proposal draft 4/2021, p. 1.

[91] CSRD proposal draft 4/2021, p. 42 (Art. 19a NFRD replacement).

[92] EC Q&A CSRD proposal 4/2021.

[93] EC Q&A CSRD proposal 4/2021, Section on Scope.

bility information from listed companies." The Commission is also of the that view that, due to changing market environment, "if listed SMEs do not report sustainability information, they may find themselves at risk of exclusion from investment portfolios" and that this risk "will grow as sustainability information becomes ever more important throughout the financial system." The document further states that "many SMEs are facing growing requests for sustainability information – typically from banks that lend them money and large companies that they supply."[94] The new reporting standards would "help SMEs play a full role in transition to a sustainable economy." The Q&A document further observes that changes proposed by CSRD draft are necessary "to ensure alignment with other EU initiatives on sustainable finance, in particular the Sustainable Finance Disclosure Regulation (SFDR) and the Taxonomy Regulation."[95] As to the rising costs of reporting, the Q&A document states that "most companies will face an increase in costs anyway because of growing demand from investors and other stakeholders for corporate sustainability information."[96]

It is worth noting that the European Commission's Explanatory memorandum reminds of and (re)emphasizes the importance of the principle of "double materiality" for the EU's sustainability reporting regime under NFRD[97]:

> "The NFRD introduced a requirement for companies to report both on how sustainability issues affect their performance, position and development (the '*outside-in*' *perspective*), and on their impact on people and the environment (the '*inside-out*' *perspective*). This is often known as '*double materiality*'."

This principle plays an increasingly important role in modern sustainable finance debate shaped by the legislative agenda of the Sustainable Finance Action Plan, with the principle's key conceptual role being once more reemphasized by the new Sustainable Finance Strategy[98]. This aspect is particularly highlighted also in European Commission's already quoted Q&A on CSRD draft[99], which states that "EU sustainability reporting standards need to be consistent with the European Green Deal and with Europe's existing legal framework, the Sustainable Finance Disclosure Regulation and the Taxonomy Regulation". All of them need to cover "*not just the risks* to companies *but also the impacts* of companies on society and the environment (the so-called 'double materiality' principle)", at the same time emphasizing the

---

94 EC Q&A CSRD proposal 4/2021, Section on SMEs.

95 EC Q&A CSRD proposal 4/2021, Section on Coherence.

96 EC Q&A CSRD proposal 4/2021, Section on Costs.

97 Explanatory memorandum to CSRD proposal draft 4/2021, p. 1. Emphasis added.

98 Sustainable Finance Strategy, pp. 3, 11.

99 EC Q&A CSRD proposal 4/2021.

importance that the European sustainability reporting standards are "globally aligned".[100]

The Explanatory memorandum to CSRD draft proposal also emphasizes the importance of interplay of various corporate reporting provisions under the new European sustainable finance regulatory framework:[101]

> "The NFRD, together with the Sustainable Finance Disclosure Regulation (SFDR) and the Taxonomy Regulation, are the central components of the sustainability reporting requirements underpinning the EU's sustainable finance strategy. The purpose of this legal framework is to create a consistent and coherent flow of sustainability information throughout the financial value chain."

The CSRD proposal "builds on and revises the sustainability reporting requirements set out in the NFRD, in order to make sustainability reporting requirements more consistent with the broader sustainable finance legal framework, including the SFDR and the Taxonomy Regulation, and to tie in with the objectives of the European Green Deal."

4. CSRD: Europe's new corporate sustainability reporting regime

The CSRD has been formally adopted in November 2022 and published in the EU Official Journal on the 16th of December 2022. As envisaged, it gradually extends the corporate sustainability reporting duties to an ever larger spectrum of companies, broadens the scope of matters to be reported on and thus will feed the market with ever more sustainability-related information needed to make investment decisions enabling the transition to a more sustainable economy.

Conceptual evolution: from "non-financial" to "sustainability". The CSRD marks a major step in conceptual evolution of the area which is mostly still called "non-financial" corporate reporting by (too) many. On the regulatory front, it marks the end of generally qualifying corporate ESG reporting as "non-financial" and indicates a shift in how reporting on sustainability matters will be seen going forward. The choice of words and thus a switch in title of the overall EU Directive 2022/2464 of 14 December 2022 – which among other laws also changes the *Non-Financial* Reporting Directive as that legislative package's key item – to Corporate *Sustainability* Reporting Directive gives a clear sign of this conceptual shift, but is easy to oversee if one is too focused on the technicalities of corporate reporting alone. Also the new title of Article 19a of the amended Directive 2013/34/EU reflects this

---

[100] EC Q&A CSRD proposal 4/2021, Section on International. Emphasis added.

[101] Explanatory memorandum to CSRD proposal draft 4/2021 (section on "Consistency with existing policy provisions in the policy are"). Emphasis added.

conceptual change (old version of that article was titled "Non-financial statement"). Recital 8 CSRD clarifies the logic underlying this conceptual change:

> "Many stakeholders consider the term 'non-financial' to be inaccurate, in particular because it implies that the information in question has no financial relevance. Increasingly, however, such information does have financial relevance. Many organisations, initiatives and practitioners in the field of sustainability reporting refer to 'sustainability information'. It is therefore preferable to use the term 'sustainability information' in place of 'non- financial information'. Directive 2013/34/EU should therefore be amended to take account of that change in terminology."

This terminological change suits well into the EUAP regulatory framework, especially next to the SFDR as it dominant piece in practice, which aims at creating comparable levels of sustainability-related transparency on product level as the CSRD does on corporate level. Both the title of the SFDR (i.e. that fact that it is called *Sustainable Finance* Disclosure Regulation and not *Non-Financial* Disclosure Regulation) and well as how the regulation defines the term "sustainability risk" as its key concept indicates at least in part that the key concepts at the core of it are not considered being "non-financial" by the legislator. Farewell to the terminology of the old era (i.e. talking of "sustainability" rather than "non-financial") may be not as "noticeable" under the SFDR as it is under the CSRD, but its impact on practice is likely to be not less significant. Beside taking on the technical CSRD implementation challenges, conceptualizing the impact of this evolution in how we think about sustainability will certainly require substantial effort in coming years both in practice and academia.

The requirement of the new Art. 19a(1) of the amended Directive 2013/34/EU to publish sustainability information as part of the management report (in a dedicated, clearly identifiable section), removing the previously existing option of publishing the information in a separate report, shall be seen as part of the same conceptual shift. As Recital 57 CSRD explains:

> "Publication in a separate report can also give the impression, internally and externally, that sustainability information belongs to a category of less relevant information, which can impact negatively on the perceived reliability of the information. Undertakings should therefore report sustainability information in a clearly identifiable dedicated section of the management report and Member States should no longer be allowed to exempt undertakings from the obligation to include in the management report information on sustainability matters."

Broadening the reporting's substantive scope. Compared to NFRD, the CSRD marks an evolution in terms of what is understood as "sustainability matters" relevant for corporate reporting purposes. It is the scope of those matters taken together with the level of required detail and nuance in corporate reporting which marks a substantial step forward compared to the NFRD standard. As its foundation and key reference point, the CSRD takes reference to SFDR's definition of "sustainability factors", emphasizes importance of alignment with that definition, while making clear that that SFDR's definition does not explicitly include governance matters – "G" under "ESG" – and underscoring that the definition of "sustainability matters" under CSRD shall cover that important element as well.[102]

Recital 28 CSRD provides further useful guidance on the role of "E", "S" and "G" and thus the concept of "ESG" in European sustainable finance regulatory context, officially positioning it as reflecting the needs and expectations of users and undertakings and thus recognizing its role as a practical tool of operationalizing the rather abstract concept of sustainability in practice of corporate sustainability reporting:

> "That list should also correspond to the needs and expectations of users and undertakings, who often use the terms '*environmental*', '*social*' and '*governance*' as a means of categorising the *three main sustainability matters. ...*" (*emphasis added*)

"Sustainability matters" – CSRD's definition
New Art. 2(17) amended Directive 2013/34/EU: "sustainability matters" means environmental, social and human rights, *and governance* factors, including sustainability factors defined in point (24) of Article 2 of Regulation (EU) 2019/2088 [=SFDR]; (*emphasis added*)

"Sustainability factors" – SFDR's definition
Art. 2(24) SFDR: 'sustainability factors' mean environmental, social and employee matters, respect for human rights, anti-corruption and anti-bribery matters.

The expanded list of sustainability matters to be reported under the new CSRD corporate sustainability reporting standard covers the following areas:

- *General:* information necessary to understand 1) undertaking's impact on sustainability matters and 2) how sustainability matters affect undertaking's development, performance and position;
- *Business model and strategy:* 1) resilience of business model and strategy in relation to sustainability matters-related risks; 2) sustainability matters-related opportunities; 3) plan and implementing actions regarding Paris-aligned transition and net zero 2050 target, exposure to fossil fuel activities; 4) taking into account of stakeholders' interests and impacts on sustainability matters; 5) implementation of the sustainability matters-related strategy;

102 See Recital 28 CSRD.

- *Time-bound sustainability matters-related targets* such as absolute greenhouse gas emission reduction targets at least for 2030 and 2050, including progress and whether targets are based on conclusive scientific evidence;
- *Role of administrative, management and supervisory bodies* regarding sustainability matters, including their own expertise and skills in this area or access to bodies with such expertise;
- *Policies* in relation to sustainability matters;
- *Incentive schemes* linked to sustainability matters offered to administrative, management and supervisory bodies;
- *Due diligence process* regarding 1) sustainability matters; 2) principal actual or potential adverse impacts connected to undertaking's own operations and value chain, including products and services, business relationships and supply chain, actions taken to identify and monitor those impacts; 3) actions taken to prevent, mitigate, remediate or end actual or potential adverse impacts, including results of such actions;
- *Principal risks* related to sustainability matters, including principal dependencies and how undertaking manages them;
- *Indicators relevant* for all the above points;
- *Process carried out to identify* information reported as per points above.

Information box below gives the relevant text excerpt from the CSRD provision dedicated to the scope of sustainability reporting.

"Sustainability matters" to be reported under the new CSRD standard

Amended Directive 2013/34/EU Article 19a: Sustainability reporting (excerpt)

1. Large undertakings, and small and medium-sized undertakings, except micro undertakings, which are public- interest entities as defined in point (a) of point (1) of Article 2 shall include in the management report information necessary to understand the undertaking's impacts on sustainability matters, and information necessary to understand how sustainability matters affect the undertaking's development, performance and position.

The information referred to in the first subparagraph shall be clearly identifiable within the management report, through a dedicated section of the management report.

2. The information referred to in paragraph 1 shall contain:

(a) a brief description of the undertaking's business model and strategy, including:

(i) the resilience of the undertaking's business model and strategy in relation to risks related to sustainability matters;

(ii) the opportunities for the undertaking related to sustainability matters;

(iii) the plans of the undertaking, including implementing actions and related financial and investment plans, to ensure that its business model and strategy are compatible with the transition to a sustainable economy and with the limiting of global warming to 1,5 °C in line with the Paris Agreement under the United Nations Framework Convention on Climate Change adopted on 12 December 2015 (the 'Paris Agreement') and the objective of achieving climate neutrality by 2050 as established in Regulation (EU) 2021/1119 of the European Parliament and of the Council (*), and, where relevant, the exposure of the undertaking to coal-, oil- and gas-related activities;

(iv) how the undertaking's business model and strategy take account of the interests of the undertaking's stakeholders and of the impacts of the undertaking on sustainability matters;

(v) how the undertaking's strategy has been implemented with regard to sustainability matters;

(b) a description of the time-bound targets related to sustainability matters set by the undertaking, including, where appropriate, absolute greenhouse gas emission reduction targets at least for 2030 and 2050, a description of the progress the undertaking has made towards achieving those targets, and a statement of whether the undertaking's targets related to environmental factors are based on conclusive scientific evidence;

(c) a description of the role of the administrative, management and supervisory bodies with regard to sustainability matters, and of their expertise and skills in relation to fulfilling that role or the access such bodies have to such expertise and skills;

(d) a description of the undertaking's policies in relation to sustainability matters;

(e) information about the existence of incentive schemes linked to sustainability matters which are offered to members of the administrative, management and supervisory bodies;

(f) a description of:

(i) the due diligence process implemented by the undertaking with regard to sustainability matters, and, where applicable, in line with Union requirements on undertakings to conduct a due diligence process;

(ii) the principal actual or potential adverse impacts connected with the undertaking's own operations and with its value chain, including its products and services, its business relationships and its supply chain, actions taken to identify and monitor those impacts, and other adverse impacts which the undertaking is required to identify pursuant to other Union requirements on undertakings to conduct a due diligence process;

(iii) any actions taken by the undertaking to prevent, mitigate, remediate or bring an end to actual or potential adverse impacts, and the result of such actions;

(g) a description of the principal risks to the undertaking related to sustainability matters, including a description of the undertaking's principal dependencies on those matters, and how the undertaking manages those risks;

(h) indicators relevant to the disclosures referred to in points (a) to (g). Undertakings shall report the process carried out to identify the information that they have included in the management report in accordance with paragraph 1 of this Article. The information listed in the first subparagraph of this paragraph shall include (...) information related to short-, medium- and long-term time horizons, as applicable.

A special, simplified regime is foreseen for SMEs (see Art. 19a(6)–(7)), with a possibility to opt out from it until 2028.

CSRD's outline of key items to be covered under the upcoming sustainability reporting standards serves as a good general guidance on what falls under "E", "S" and "G" under European corporate sustainability reporting standard as part of the European Sustainable Finance Action Plan's new regulatory framework for sustainable finance:[103]

Key elements of "E", "S" and "G" under new CSRD's reporting standard – CSRD's outline		
"E"	"S"	"G"
– climate change mitigation, including as regards scope 1, scope 2 and, where relevant, scope 3 greenhouse gas emissions; – climate change adaptation; – water and marine resources; – Resource use and the circular economy; – pollution; – biodiversity and ecosystems.	– equal treatment and opportunities for all, including gender equality and equal pay for work of equal value, training and skills development, the employment and inclusion of people with disabilities, measures against violence and harassment in the workplace, and diversity; – working conditions, including secure employment, working time, adequate wages, social dialogue, freedom of association, existence of works councils, collective bargaining, including the proportion of workers covered by	– the role of the undertaking's administrative, management and supervisory bodies with regard to sustainability matters, and their composition, as well as their expertise and skills in relation to fulfilling that role or the access such bodies have to such expertise and skills; – the main features of the undertaking's internal control and risk management systems, in relation to the sustainability reporting and decision-making process;

(continue next page)

[103] See newly inserted Chapter's 6a Art. 29b "Sustainability reporting standards" of the amended Directive 2013/34/EU.

(Table continued)

"E"	"S"	"G"
	collective agreements, the information, consultation and participation rights of workers, work- life balance, and health and safety; – respect for the human rights, fundamental freedoms, democratic principles and standards established in the International Bill of Human Rights and other core UN human rights conventions, including the UN Convention on the Rights of Persons with Disabilities, the UN Declaration on the Rights of Indigenous Peoples, the International Labour Organization's Declaration on Fundamental Principles and Rights at Work and the fundamental conventions of the International Labour Organization, the European Convention for the protection of Human Rights and Fundamental Freedoms, the European Social Charter, and the Charter of Fundamental Rights of the European Union.	– business ethics and corporate culture, including anti-corruption and anti-bribery, the protection of whistleblowers and animal welfare; – activities and commitments of the undertaking related to exerting its political influence, including its lobbying activities; – the management and quality of relationships with customers, suppliers and communities affected by the activities of the undertaking, including payment practices, especially with regard to late payment to small and medium-sized undertakings.

Special emphasis on "double materiality". Recital 29 CSRD explicitly (re) emphasizes the importance of the principle of the so-called "double materiality". The principle of "double materiality" refers to reporting "*not only* on information to the extent necessary for an understanding of the undertaking's development, performance and position, *but also* on information necessary for an understanding of the impact of the undertaking's activities on environmental, social and employee matters, respect for human rights, anti-corruption and bribery matters". That same Recital 29 CSRD also notes that while the principle of double materiality itself was known under the "old" European corporate ESG reporting standard, it was apparently often not well understood and applied, which CSRD shall correct:

> "Those Articles [Article 19a(1) and Article 29a(1) of Directive 2013/34/EU] therefore require undertakings to report both on the impacts of the activities of the undertaking on people and the environment, and on how sustainability matters affect the undertaking. That is referred to as the double materiality perspective, in which the risks to the undertaking and the impacts of the undertaking each represent one materiality perspective. *The fitness check on corporate reporting shows that those two perspectives are often not well understood or applied. It is therefore necessary to clarify that undertakings should consider each materiality perspective in its own right*, and should disclose information that is material from both perspectives as well as information that is material from only one perspective."

This emphasis on the importance of the "double materiality" principle for purposes of corporate ESG reporting is in line with the European Commission's focus on the importance of this principle for the overall EU's sustainable finance effort as reflected in its Sustainable Finance Strategy of 2021.

Enhancing the level of assurance for ESG data. Taking note of the rapidly growing market for sustainability information, Recital 10 CSRD voices the legislator's expectation that the CSRD's amendments to Directive 2013/34/EU "are expected to increase the comparability of data and harmonise standards." Recital 11 CSRD further observes "a very significant increase in demand for corporate sustainability information in recent years", particularly in the investment community. This is partly driven by the "changing nature of risks to undertakings" as well as "growing investor awareness of the financial implications of those risks". In this context, the CSRD emphasizes the importance of climate-related financial risks. Recital 11 CSRD further notes that the "increase in demand for sustainability information is also driven by the growth in investment products that explicitly seek to meet certain sustainability standards or achieve certain sustainability objectives and to ensure coherence with the ambition" (such as, for example the Paris agreement). Though noting that the increase in demand can be seen as logical consequences of the adoption of the SFDR and Taxonomy Regulation, the legislator is of the view that "some of that increase would have happened in any case, due to fast-changing citizen awareness, consumer preferences and market practices."

In context of these developments and while discussing the findings of the NFRD's "fitness check" for EUAP purposes, Recital 13 CSRD explains that "there is a clear need for a *robust and affordable reporting framework* that is *accompanied by effective auditing practices to ensure the reliability of data* and *avoid greenwashing* and double counting" (emphasis added). After explaining the difference between "limited assurance engagements" and "reasonable assurance engagements", emphasizing the importance of assurance requirement for sustainability reporting in order to not threaten the credibility of the sustainability information disclosed, Recital 60 CSRD makes clear that the objective of the legislator is to "have similar level of assurance for financial and sustainability reporting". However, what is currently missing is a "commonly agreed standard for sustainability reporting." CSRD foresees "a progressive approach to enhancing the level of the assurance required for sustainability information", with the adoption of assurance standards for reasonable assurance of sustainability reporting scheduled to happen by "no later than 1 October 2028", following a practical feasibility assessment on both auditors' and undertakings' side. Recital 61 CSRD reminds that auditors "already verify the financial statements and the management report." The legislator is of the view that the "assurance of sustainability reporting by the statutory auditors or audit firms would help to ensure the connectivity between, and consistency of, financial and sustainability information, which is particularly important for users of sustainability information."

Key element of the Action Plan's anti-greenwashing effort. Though the CSRD does not include its own definition of greenwashing, the directive is intended to play an important role in new European sustainable finance regulatory architecture's anti-greenwashing effort.[104] Two of CSRD's recitals address the phenomenon of greenwashing:

- Recital 2 CSRD, discussing the Sustainable Finance Action Plan's legislative action items, reminds that the Taxonomy Regulation "creates a classification system of environmentally sustainable economic activities *with the aim of* scaling up sustainable investments and *combatting greenwashing* of financial products that *unduly claim to be sustainable*" (emphasis added). As explained in Section IV.4., EU's corporate ESG reporting regime in the form of NFRD, as "upgraded" by the CSRD is closely interlinked with the Taxonomy Regulation, via the instrument of Art. 8 Taxonomy Regulation.
- Discussing NFRD's "fitness check" for the purposes of Sustainable Finance Action Plan, Recital 13 CSRD explains that "there is a clear need for a robust and affordable reporting framework that is accompanied by effective auditing practices to *ensure the reliability of data* and *avoid greenwashing* and double counting."

Under the header "Addressing greenwashing", the Sustainable Finance Strategy of 2021 explicitly lists (next to the Taxonomy Regulation and the SFDR), the proposed CSRD as part of the EU's disclosure regime created

104 For further details on the EU's anti-greenwashing effort in sustainable finance, see Section VII.

"to prevent greenwashing" and, through the increased level of transparency, help investors to identify "credible investment opportunities".[105] Accordingly, the CSRD's enactment closes the circle under the Sustainable Finance Action Plan's legislative agenda also in the increasingly important field of tackling greenwashing.

Extending the personal scope of application. Extending a law's personal scope of application might seem like a formality, but the move's effects in case of the CSRD on the ESG data market are expected to be of major impact: the reporting duty will be extended from approximately 11.700 to approximately 50.000 firms, filling the sustainable finance market with the much-required corporate sustainability/ESG data. The plan to reach third-country firms with significant activity on the EU's territory means that the new reporting standard will likely gain in relevance also outside of Europe. Market's voluntary take-up of the EU's new corporate sustainability reporting standard is another field where important developments can be expected in the coming years.

Gradual go-live. As per EU Council's press release of 21 June 2022 announcing provisional political agreement between the Council and the European Parliament on CSRD, it is envisaged that the go-live of the regulation will take place in three stages.[106] This pre-announced timeline has been confirmed in the final text of the CSRD as published in the EU Official Journal on the 16 December 2022. The corporate sustainability reporting obligation according to CSRD will start applying according to the following timeline.

- 1 January 2024 for companies already subject to the NFRD, i.e. large public-interest companies with over 500 employees (with first reports due in 2025, for financial year 2024);
- 1 January 2025 for large companies that are not presently subject to the NFRD, i.e. companies exceeding two of the following three criteria: 250 employees; € 40 million in turnover; € 20 million in total assets;
- 1 January 2026 for listed SMEs and other undertakings in scope;
- Transition period until 2028: an opt-out possible for SMEs.

It needs to be noted that certain third country-undertakings with significant activity on the EU's territory will fall under the scope of CSRD reporting duty and will have to deliver a sustainability report according to the reporting standards to be adopted by the European Commission by 30 June 2024.

Furthermore, Recital 21 para 2 CSRD explicitly highlights the possibility and optionality of voluntary reporting.

---

105 Sustainable Finance Strategy, p. 16.

106 EU Council Press Release on CSRD 6/2022.

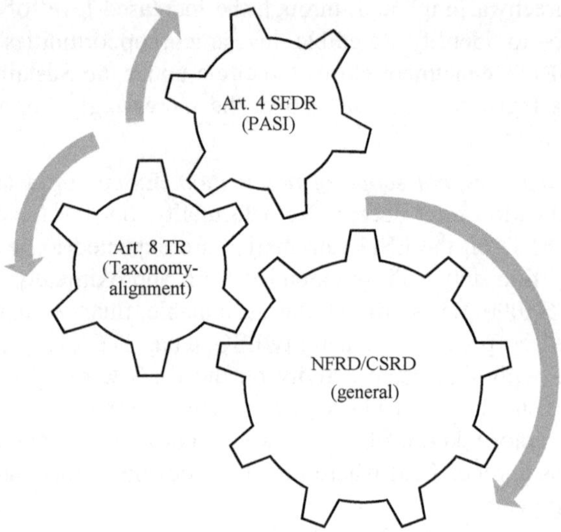

Figure: Overview – Key components corporate sustainability reporting

The above figure gives a general overview of central elements in Europe's sustainability reporting regime, focusing on Level 1 provisions, while it need to be kept in mind that substantial level of detail and quantitative elements are/will be added to that by Level 2 acts (both on Art. 4 SFDR as well as on Art. 8 TR), which are in process of gradual application roll-out.

The SFDR/TR final RTS, in form of the Commission's Delegated Regulation (EU) 2022/1288 of 6 April 2022, which includes detailed provisions and a dedicated template in form of Annex 1 on Art. 4 SFDR PASI reporting, has been published in the Official Journal of the European Union on 25 July 2022 and has started applying from 1 January 2023,[107] while the delegated act supplementing Art. 8 TR and specifying contents and presentation of Taxonomy-alignment information for company's subject to Art. 19a and 29a NFRD was already in force and applicable from 1 January 2022. In this

107 Commission Delegated Regulation (EU) 2022/1288 of 6 April 2022 supplementing Regulation (EU) 2019/2088 of the European Parliament and of the Council with regard to regulatory technical standards specifying the details of the content and presentation of the information in relation to the principle of 'do no significant harm', specifying the content, methodologies and presentation of information in relation to sustainability indicators and adverse sustainability impacts, and the content and presentation of the information in relation to the promotion of environmental or social characteristics and sustainable investment objectives in pre-contractual documents, on websites and in periodic reports, OJ L 196, pp. 1–72.

context, it is worth noting that such established voluntary global corporate responsibility frameworks from the "pre-Action-Plan"-era as the UN Global Compact of 2000[108] seem to be in process of reinventing themselves as corporate sustainability reporting regimes, which adds complexity in terms of *moving parts* to the already complex and fast-evolving regulatory landscape for sustainability.

VII. Tackling Greenwashing

The disclosure requirements under the Sustainable Finance Action Plan are introduced to help preventing greenwashing[109]. A common definition of sustainability introduced under the Action Plan's legislative agenda shall also provide "protection against greenwashing."[110] While the first regulatory definitions of greenwashing under Sustainable Finance Action Plan's regulatory framework have started to emerge before the publication of the EU's Sustainability Finance Strategy in July 2021,[111] it seems that it was with that publication when everyone's focus started to turn to the objective of tackling greenwashing. Besides adding its own definition of greenwashing[112], the Strategy emphasizes that "the effectiveness of sustainable finance policies also depends on an adequate level of enforcement across the EU"[113]. Five definitions of the regulatory concept of greenwashing under EU sustainable finance law have emerged in the meantime, as presented in the analysis of Zukas/Trafkowski[114] (see overview table below). Here, it needs to be noted that SFDR/TR RTS published in final form on 25 July 2022 take over the definition of greenwashing as it was known under the February 2021 SFDR L2 RTS draft, right in parallel with MiFID II changes introducing the concept of client's sustainability preferences going live.

---

108 UN Global Compact, The Ten Principles, 2000.

109 Sustainable Finance Strategy, p. 16.

110 Sustainable Finance Strategy, p. 3.

111 For an in-depth overview, see *Zukas/Trafkowski*.

112 Sustainable Finance Strategy, p. 3, fn 11 (greenwashing: "The use of marketing to portray an organisation's products, activities or policies as environmentally friendly when they are not").

113 Sustainable Finance Strategy, p. 17.

114 *Zukas/Trafkowski*, pp. 3, 13.

#	Definition	Source	Date
1	"greenwashing refers to the practice of gaining an unfair competitive advantage by marketing a financial product as *environmentally friendly*, when in fact *basic environmental standards* have not been met."	Taxonomy Regulation	2020/6
2	"'greenwashing' … is, in particular, the practice of gaining an unfair competitive advantage by recommending a financial product as *environmentally friendly or sustainable*, when in fact that financial product does not meet *basic environmental or other sustainability-related standards*."	SFDR/ TR RTS	2022/7
3	making "unsubstantiated sustainability claims"; "the use of marketing to portray an organisation's products, activities or policies as *environmentally friendly when they are not*."	Sustainable Finance Strategy	2021/7
4	"conveying a false impression, or providing misleading information about *how* a financial product is performing in terms of *ESG sustainability*."	EC SFDR Q&A	2021/7
5	"the practice of gaining an unfair competitive advantage by recommending a financial instrument as *environmentally friendly or sustainable*, when in fact that financial instrument does not meet *basic environmental or other sustainability-related standards*."	MiFID II delegated act	2021/8

Overview – Greenwashing definitions[115]

Based on the analysis and findings of Zukas/Trafkowski[116], the key elements of the definition of greenwashing under the EU's sustainable finance regulations can be grouped as follows:

Key elements – regulatory concept of greenwashing/EU sustainable finance[117]
1. *General elements*: practice of gaining "unfair competitive advantage" (Taxonomy Regulation, SFDR/TR RTS, MiFID II delegated act), making "unsubstantiated ESG claims" (Sustainable Finance Strategy);
2. *Activities in scope*: marketing (Taxonomy Regulation, Sustainable Finance Strategy), recommending (SFDR/TR RTS, MiFID II delegated act), performance reporting (EC SFDR Q&A);

115 Table adapted from (updated): *Zukas/Trafkowski*, p. 13.

116 *Zukas/Trafkowski*.

117 Overview adapted from (updated): *Zukas/Trafkowski*, pp. 12–13.

3. *Relevant offerings, corporate communication*: financial products (Taxonomy Regulation, SFDR RTS, EC SFDR Q&A); organisation's products, activities, policies (Sustainable Finance Strategy); financial instruments (MiFID II delegated act);
4. *Claims in scope*: "environmentally friendly" (Taxonomy Regulation, Sustainable Finance Strategy); "environmentally friendly or sustainable" (SFDR/TR RTS, MiFID II delegated act); "ESG sustainability" (EC SFDR Q&A);
5. *Relevant standards*: "basic environmental" (Taxonomy Regulation), "basic environmental or other sustainability-related" (SFDR/TR RTS, MiFID II delegated act).

The increasing focus on greenwashing prevention has been confirmed in the ESMA's 2022 Annual Work Programme published in September 2021[118]. Following that, ESMA sent a very clear signal starting the year 2022 by publishing its Sustainable Finance Roadmap 2022–2024, which listed fight against greenwashing as its priority number one for the coming three years ("Tackling greenwashing and promoting transparency")[119]. Adding to the 5 regulatory definitions of greenwashing known under EU sustainable finance law until then, the Sustainable Finance Roadmap provides what it seems like an attempt to conceptualize the phenomenon of greenwashing on a more general level[120]:

> "The term greenwashing *may be defined in a number of ways*, but it intuitively refers to market practices, both *intentional and unintentional*, whereby the publicly disclosed *sustainability profile of an issuer* and the characteristics and/or objectives of a *financial instrument* or a *financial product* either by action or omission do not properly reflect the underlying sustainability risks and impacts associated to that issuer, financial instrument or financial product.
>
> As such, greenwashing typically gives rise to potential detriment to investors who wish to allocate resources to sustainable investments. Greenwashing could, therefore, be generally identified as a *misrepresentation, mislabelling, mis-selling and/ or mis-pricing* phenomenon. However, *these terms may only represent the ultimate symptoms*, since the causes of greenwashing may relate to multiple aspects of the functioning of the investment value chain, sometimes affecting nodes of that chain long before a certain financial product reaches the final investor. This is the case, for example, of *issuers' disclosures misrepresenting the real sustainability profile of a listed entity* or the *poor quality of data available to an EU investment fund on investee companies located within or outside the EU.*" Emphasis added.

---

118 ESMA 2022 Annual Work Programme, 27 September 2021, pp. 9–10.

119 ESMA Roadmap 2022, p. 8.

120 ESMA Roadmap 2022, p. 8, point 10 a.

This definition is undoubtedly broad and adds an important layer to the already existing ones summarized in the above-quoted study by Zukas/Trafkowski[121], with some elements, such as focus on gaining unfair competitive advantage or making unsubstantiated sustainability claims, which are at those definitions' core[122] being not reflected in the ESMA Roadmap's attempt to conceptualise it. On the other hand, the ESMA Roadmap gives useful insights into ESMA's thinking with regard to such important aspects as the intentionality, additional emphasis on publicly disclosed sustainability profile of an issuer (i. e. entity level disclosures/communication), role of omission, importance of sustainability risk and impact elements in disclosures. The Roadmap provides further useful observations into ESMA's thinking on the roots of the problem[123]:

> "… the combination of growing investor demand, a fast-evolving market and legislative/regulatory measures which can only apply with a certain time lag creates room for misalignment between demands for investments that can make a sustainability impact and the available investing opportunities marketed as sustainable. There are multiple consequences of this misalignment which can ultimately be reconnected to the risk of mis-selling. However, greenwashing does not necessarily originate only at the moment a product is offered to the final investors. In fact, different steps of the investment chain may well contribute to the ultimate misrepresentation of the real sustainability profile of a certain investment to the end investors."

Furthermore, the Roadmap states "this topic as a main supervisory risk" and notes that coordinated response at EU level is necessary to tackle it[124]. The Roadmap also observes that NCAs note that "there is *no common understanding of what greenwashing is*"[125]. As ESMA proceeds with its analysis of the greenwashing phenomenon, it lists its considerations and case scenario examples with greenwashing risk for the areas of asset management, investment services, corporate disclosure and benchmarks[126]. Those considerations show how broad ESMA's understanding of the greenwashing phenomenon is. ESMA notes the need of "*Arriving at a definition* of the greenwashing phenomenon" for purposes of driving supervisory work in a coordinated and efficient manner bases on clear rules across the EU[127]. This analysis is shared by the study of Zukas/Trafkowski which noted that while we have seen five definitions of greenwashing recently emerged in the framework of the new

---

121 *Zukas/Trafkowski.*

122 *Zukas/Trafkowski*, pp. 12–13.

123 ESMA Roadmap 2022, p. 11, point 17.

124 ESMA Roadmap 2022, p. 12.

125 ESMA Roadmap 2022, p. 12, point 22. Emphasis added.

126 ESMA Roadmap 2022, p. 12–13, point 22.

127 ESMA Roadmap, 2022, p. 12, point 24. Emphasis added.

European sustainable finance regulatory architecture and that these definitions share certain common core elements, there is no general, uniform and official definition of the regulatory greenwashing concept in sustainable finance.[128] Moreover, it needs to e added that the final version of CSRD as published in the EU Official Journal on 16 December 2022 now also includes Recital 13, which emphasizes the importance of reliability of corporate ESG data for purposes of preventing greenwashing.[129]

Signalling its seriousness about tackling the topic and understanding the phenomenon of greenwashing in-depth, in May 2022 the European Commission issued a request for input to the European Banking Authority (EBA), the European Insurance and Occupational Pensions Authority (EIOPA) and the European Securities and Markets Authority (ESMA) related to greenwashing risks and supervision of sustainable finance policies[130]. The paper includes valuable insights into the development of European Commissions thinking on the topic and the outcomes of that process are expected to provide valuable empirical insights.

The continued regulatory uncertainty on this important topic adds to the sometimes observed general tendency to call almost everything one does not like in sustainable finance practice "greenwashing". This tendency can sometimes be observed even among finance and sustainable finance experts. This simplified approach to such complex topic certainly does not help for the healthy development of sustainable finance market, especially as it is currently in phase of transition, based on the changing, fast-evolving regulatory landscape. It is essential that the process of developing proper understanding of greenwashing remains focused on legal core elements of the concept as they already exist in various legislative and regulatory items and documents under the Action Plan's new sustainable finance regulatory framework and accompanying official statements.

With the European Commission and ESMA signalling how seriously they take the tasks of understanding and tackling the greenwashing phenomenon, substantial amount of supervisory and perhaps even regulatory activity in this field may be expected in the coming few years, with a need to conceptualize it on the academic level. In their joint call for evidence on greenwashing of 15 November 2022, the European Supervisory Authorities (ESAs) indicated they will publish their first findings in form of an interim/progress

---

[128] *Zukas/Trafkowski*, pp. 14, 28.

[129] For further details on this aspect, see Section VI.4.

[130] European Commission, Request for input to the European Banking Authority (EBA), the European Insurance and Occupational Pensions Authority (EIOPA) and the European Securities and Markets Authority (ESMA) related to greenwashing risks and supervision of sustainable finance policies, May 2022.

report in May 2023, which will then be followed by a final report in May 2024.[131] The risk dimension of the topic become even more complex after it has been clarified that SFDR is not a labelling regime and thus positioning SFDR products as such as some kind of quality labels in the eyes investors poses an additional risk of greenwashing.[132]

VIII. Concluding Observations

Over the past several years, sustainable finance has not only continued its rapid development into a separate academic discipline within the broader area of finance, but also went from niche to mainstream in business practice. Today, world-leading universities are successfully running and establishing graduate programs, general continuing education and executive courses in sustainable finance. A vibrant community of practitioners, enthusiasts but also critical voices intensely debates general and particularly also regulatory developments in the ESG field. The emerging academic literature on sustainable finance and sustainable investing tries to not only describe the existing market practices, but also provide conceptual foundations to further develop them,[133] with renowned former central bankers adding their insights and conceptual observations on the topic in form of lectures and books admirable for their scope, depth and intellectual ambition[134]. Those conceptual foundations are particularly important if we understand the sustainable finance not only as a mere check-the-box exercise, but an effort or process, which shall lead "to increased investments in longer-term and sustainable activities" as the European Sustainable Finance Action Plan makes clear when defining the concept[135].

In parallel to that, the field is in process of experiencing a true regulatory tsunami. A phenomenon, which will take time to be properly reflected in legal coursebooks on banking and financial markets law, with notable and rare exceptions addressing this ongoing shift at least in part already now.[136] While

---

131 European Supervisory Authorities, ESAs Call for evidence on better understanding greenwashing, 22 November 2022, p. 2 (available at: <https://www.esma.europa.eu/press-news/consultations/esas-call-evidence-greenwashing>, last visited on January 15, 2023).

132 *Ross*, p. 7; see also Section II. 3. above.

133 To name just a few examples from the emerging academic literature in this field, trying not only describe the existing market practices, but also provide conceptual foundations to further develop them: *Schoenmaker/Schramade*; *Silvola/Landau*.

134 For illustration, see *Carney*, How We Get What We Value; *Carney*, Value(s).

135 Sustainable Finance Action Plan, p. 2. See also Section II.3.

136 *Alexander*, Chapter 13 on "Environmental Sustainability", pp. 347–373 and Chapter 15 on "Future Challenges for Banking Regulation", pp. 395–416.

the field of general legal studies has produced impressive works on the legal concept of sustainability and sustainable development[137], the current regulatory wave, its detailed and technical character requires attention of legal scholars also on the technical level of banking, financial services and general business law and regulation, with such new topics in this field as the regulatory concept of greenwashing acquiring particular practical relevance and thus requiring legal analysis and conceptualization.[138] The field finds itself in transition also in the sense of evolving from an area dominated by self-regulation and voluntary initiatives to the field governed by "hard law", regulatory instruments which conceptually mostly fall into the area of administrative business law, with its functional interplay with and impact on general private and business law.

With the enactment of key action items under the European Union's Sustainable Finance Action Plan such as the Sustainable Finance Disclosure Regulation, the Taxonomy Regulation, the MiFID II delegated act on sustainability preferences as well as the Corporate Sustainability Reporting Directive, key pieces of the new European sustainable finance regulatory framework are now in place and start to be applied. The test of practice will show how successful the European Union's approach will be in terms of achieving real world results.

This contribution is an attempt to demonstrate the scope and technical detail of the wave of regulation transforming the world of finance in Europe. It is also an attempt to start conceptualizing the field, but also give an insight into this vibrant new area of practice, which is yet in process of finding its proper place in universities and coursebooks of banking, finance and general business law. The emerging field of sustainable finance law and regulation is in process of touching all aspects of finance business, from technical aspects of product and corporate reporting to such topics as strategy and corporate purpose. To fully grasp the impact of this rethinking of banking and business regulation and properly navigate the field, a holistic, specialized "master generalist" perspective is required, beside the absolutely necessary but narrower technical specialist perspective.

The recent critical report on ESG investing by the Economist suggested for the "term ESG to be scrapped" as it sounds "more like a pious mantra than a force for change."[139] At the same time, the report noted that the field

---

[137] To list just a few illustrative examples (all in German): *Mathis*; *Gehne*; *Kahl*.

[138] For an effort in this direction, see *Zukas/Trafkowski*.

[139] The Economist Special Report, The future of ESG: Measure less, but better, p. 12.

of "sustainable investing is not about to disappear"[140], adding that "more regulation may make it more credible"[141] as "investors continue to care not just about returns but about the world they live it". The European regulator's effort to create a new regulatory framework for sustainable finance, which is both conceptually ambitious and rich in detail, shall be seen in this context. With its initial focus on "E" and climate urgency in particular, it seems to have the right initial focus, while at the same understanding the importance of "S" and "G", thus trying to give them proper consideration when setting the standard for what qualifies as "sustainable investment." The European regulatory approach to the topic seems to be reflecting the cutting-edge of sustainable finance market expert insights that while "the last 10–15 years have been about the impact of environmental and social issues on a portfolio", "the next ten years will be as much about the impact of investment on the environment."[142]

An important critical observation and proposal has been recently made in a Financial Times opinion piece that "ESG must be split in two"[143]: "ESG input" and "ESG output" approaches. While the European approach to regulating the field of sustainable finance leaves room for this important conceptual nuance and differentiation within SFDR's product-related disclosures regime, this new regulatory regime's definitions of "sustainable finance" and "sustainable investment" at the same time make clear that it generally understands these concepts as "ESG output" approaches.

With an intensive timeline in implementing the detailed and complex technical standard yet awaiting the test of practice, it remains to be seen if the entire machine of the new sustainable finance framework architecture will pass the test of practice. The same applies to the ambition to address such grand themes as improving market efficiency and contributing to the effort of ensuring that we not only make the world a better place now, but also ensure that the interests of the next generation are properly taken into account and considered.

---

140 The Economist Special Report, The future of ESG: Measure less, but better, p. 12.

141 The Economist Special Report, The future of ESG: Measure less, but better, p. 12.

142 The Economist Special Report, Rating agencies: The signal and the noise, p. 10, quoting Michael Jantzi, the founder of Sustainalytics, an ESG research firm.

143 *Kirk.*

List of References

Alexander, Kern: Principles of Banking Regulation, Cambridge (UK) 2019.

Ben-Shahar, Omri/*Schneider*, Carl E.: More Than You Wanted to Know, The Failure of Mandated Disclosure, Princeton 2014.

Brandeis, Louis D.: Other People's Money, And How Bankers Use it, New York 1913.

Carney, Mark: Value(s), Building a Better World for All, London 2021 (cit. *Carney*, Value(s)).

Carney, Mark: How We Get What We Value, BBC Reith Lectures, Episodes 1–4, December 2020 (available at: <https://www.bbc.co.uk/programmes/m000py8t>, last visited on January 15, 2023) (cit. *Carney*, How We Get What We Value).

The Economist: Special Report, ESG investing, Special Report, July 23rd–29th 2022 (available at: <https://www.economist.com/special-report/2022-07-23>, last visited on January 15, 2023).

Gehne, Katja: Nachhaltige Entwicklung als Rechtsprinzip, Tübingen 2011.

Kahl, Wolfgang: Nachhaltigkeitsverfassung, Tübingen: 2019.

Kirk, Stuart: ESG must be split in two, in: Financial Times, September 2, 2022 (available at: <https://www.ft.com/content/4d5ab95e-177e-42d6-a52f-572cdbc2eff2>, last visited on January 15, 2023).

Mathis, Klaus: Nachhaltige Entwicklung und Generationengerechtigkeit, Eine interdisziplinäre Studie aus rechtlicher, ökonomischer und philosophischer Sicht, Tübingen 2017.

Ross, Verena: Key priorities for EU retail fund investors, Speech at the Irish Funds Annual Global Funds Conference 2022, 31 May 2022 (available at: <https://www.esma.europa.eu/sites/default/files/library/esma34-466-284_verena_ross_speech_-_irish_funds_2022.pdf>, last visited on January 15, 2023).

Schoenmaker, Dirk/*Schramade*, Willem: Principles of Sustainable Finance, Oxford (UK) 2019.

Silvola, Hanna/*Landau*, Tiina: Sustainable Investing: Beating the Market with ESG, Basingstoke 2021.

Simmons & Simmons: SFDR, regulatory technical standards (RTS) published, Top 10 talking points, April 2022 (available at: <https://www.simmons-simmons.com/en/publications/cl1qklcg61r6c0a67rbt3x98o/esg-new-simmons-client-note-on-the-sfdr-rts>, last visited on January 15, 2023).

Zukas, Tadas/*Trafkowski*, Uwe: Sustainable Finance, The Regulatory Concept of Greenwashing under EU Law, in: Zeitschrift für Europarecht, Vol. 2/2022.

Laws, Regulations, Official Documents

Council of the EU: New rules on corporate sustainability reporting: provisional political agreement between the Council and the European Parliament (Press release updated on 30 June 2022 to include a link to the text following approval by Coreper), Press release, 21 June 2022 (available at: <https://www.consilium.europa.eu/en/press/press-releases/2022/06/21/new-rules-on-sustainability-disclosure-provisional-agreement-between-council-and-european-parliament/>, last visited on January 15, 2023) (cit. EU Council Press Release on CSRD 6/2022).

ESMA: Supervisory briefing, Sustainability risks and disclosures in the area of investment management, 31 May 2022 (available at: <https://www.esma.europa.eu/document/supervisory-briefing-sustainability-risks-and-disclosures-in-area-investment-management>, last visited on January 15, 2023) (cit. ESMA supervisory briefing 5/2022).

ESMA: Sustainable Finance Roadmap 2022–2024, 10 February 2022 (cit. ESMA Roadmap 2022).

European Commission: Questions related to Regulation (EU) 2019/2088 of the European Parliament and of the Council of 27 November 2019 on sustainability-related disclosures in the financial services sector (SFDR), May 17, 2022 (cit. SFDR/TR Q&A 5/2022).

European Commission: EC Q&A on sustainability-related disclosures, Question[s] related to Regulation (EU) 2019/2088 of the European Parliament and of the Council of 27 November 2019 on sustainability-related disclosures in the financial services sector (Sustainable Finance Disclosure Regulation 2019/2088), Ref. Ares(2021)4556843, July 14, 2021 (cit. SFDR Q&A 7/2021).

European Commission: Communication from the Commission to the European Parliament, the European Council, the Council, the European Central Bank, the European Economic and Social Committee and the Committee of the Regions, Strategy for Financing the Transition to a Sustainable Economy, COM/2021/390 final, Strasbourg, July 6, 2021 (cit. Sustainable Finance Strategy).

European Commission: Proposal for a Directive of the European Parliament and of the Council amending Directive 2013/34/EU, Directive 2004/109/EC, Directive 2006/43/EC and Regulation (EU) No 537/2014, as regards corporate sustainability reporting, COM(2021) 189 final, 2021/0104 (COD), Brussels, April 21, 2021, including Explanatory memorandum (cit. CSRD proposal draft 4/2021, CSRD proposal, or CSRD draft).

European Commission: Questions and Answers, Corporate Sustainability Reporting Directive proposal, Brussels, April 21, 2021 (cit. EC Q&A CSRD proposal draft 4/2021).

European Commission: Communication from the Commission to the European Parliament, the European Council, the Council, the European Central Bank, the European Economic and Social Committee and the Committee of the Regions, Action Plan, Financing Sustainable Growth, COM/2018/097 final, Brussels, March 8, 2018 (cit. Sustainable Finance Action Plan or Action Plan).

From "Corporate Social Responsibility" to "Corporate Social Liability"?

By *Karl Hofstetter*

I. Introduction

The term "Corporate Social Responsibility" and its acronym "CSR" are omnipresent in today's discussions about Corporate Governance. They represent the shift from an almost exclusive focus on shareholders to the emphasis on other company stakeholders. These include such diverse groups as employees, customers, suppliers, debtors or local and national communities. Since the dawn of the global climate debate, humanity or even the earth as such have become corporate stakeholders as well.

The arrival of CSR has affected a whole array of issues in the field of Corporate Governance, e.g. the remit of managers and the board of directors, the role of ethics and legal compliance or the say of shareholders in shaping the CSR of companies.[1] More recently, however, the CSR-debate has started to move into new territory: the declaration and implementation of what may be called "*Corporate Social Liability*" or "*CSL*".[2] The global mushrooming of NGOs and their legal as well as political campaigns have been quite successful in making companies responsible and potentially liable for a myriad of social ills. The new CSL goes beyond classical tort and company law and may result in vicarious liability of parent companies for subsidiaries and third-party business partners. Its main focus has been on human rights and the environment, e.g. forced or child labor, environmental pollution or even passivity in the face of the global climate crisis.[3]

How is the foray into these new forms of company liability to be assessed? Is it overall socially beneficial or socially harmful? Are there elements in it which deserve to be supported and others which need to be avoided?

---

[1] *Bebchuk/Tallarita*, pp. 91 et seq.; *Mayer*, pp. 1 et seq.; *Elhauge*, pp. 733 et seq.; *Hart/Zingales*, pp. 247 et seq.

[2] About the link between CSR and CSL: cf. *Hofstetter*, Compliance, pp. 21 et seq.

[3] *Weber/Baisch*, pp. 685 et seq.; *Spitzer/Burtscher*, pp. 137 et seq.

Chapter II starts out by summarizing various legislative projects and court cases that have contributed to the recent rise of CSL. Chapter III distills the novel elements seen in these international developments. Chapter IV assesses the new trends with a particular emphasis on their social efficiency implications. Chapter V concludes with some general observations.

II. Examples of the Recent Trend Towards CSL

1. Legislators

a) France: Loi de Vigilance (2017)

France was one of the pioneer countries in the recent trend to engage multinational corporations in the fight against human rights abuses around the world. The "Loi de Vigilance" of 2017 requires French corporate groups with more than 5000 employees in France or more than 10'000 employees worldwide to establish, publish and implement a plan on preventing human rights abuses within their organization as well as their supply chain.[4] French Parliament specifically rejected proposals for liability rules to be included in the law. Hence, general tort law principles apply, without any per se parent company liability for subsidiaries or third parties and no shifting of any burdens of proof.[5] But at least theoretically, a company could be sued in tort for a violation of its (self-defined) duties by victims of human rights abuses.[6]

b) Switzerland

aa) Constitutional Referendum on Multinational Enterprise Liability (2020)

Given its unique system of constitutional referenda, Switzerland was used as a test field by a broad coalition of Swiss and international NGOs to introduce a new concept of CSL. The constitutional initiative, which had met the requirement of being signed by at least 100'000 citizens, was put to a popu-

4 Loi no. 2017-399 du 27 mars 2017 relative au devoir de vigilance des sociétés mères et des entreprises donneuses d'ordre.

5 Cf. Conseil Général d'économie, Evaluation de la mise en oeuvre de la loi no. 2017-399 du 27 mars 2017, relative au devoir de vigilance des sociétés mères et des entreprises donneuses d'ordre, Paris 2020, pp. 13, 26.

6 The practical implications of the law are still being tested in courts, cf. Cass. Com, December 15, 2021, Nr. 21-11882 and 21-11957; the Tribunal Judiciare de Paris rejected two lawsuits by NGOs on February 28, 2023 (TJ Paris, 28. February 2023, Nr. 22/53942, 22/53943).

lar vote in the fall of 2020. It aimed at amending the Swiss constitution with a legislative mandate to implement a new tort law for violations of "internationally recognized human rights and environmental protection standards". Swiss parent companies of international groups were to be subjected to a concomitant "duty of care" covering subsidiaries and third-party business partners. As a result, they were to become liable for violations of international human rights and environmental protection standards if committed by such third parties. To the extent parents "controlled" a third party, the violation of their own duty of care was to be presumed.[7]

Even though a slim majority of the overall popular vote supported the initiative, it was nonetheless rejected because it failed to be approved by a majority of the Swiss cantons.[8]

bb) Implementation of Counterproposal by Parliament (2020)

Swiss Parliament recommended to the voters that they turn down the constitutional initiative as too extreme. It enacted a counterproposal in the form of a more moderate law that entered into force on Jan. 1, 2022, as a consequence of the rejection of the initiative. The law is based on two main pillars: (i) an annual disclosure obligation for listed and other large corporations about their impact on "environmental matters, in particular their carbon dioxide targets, social and employee matters, the respect for human rights as well as the fight against corruption" and; (ii) a duty of care for Swiss (parent) companies covering their subsidiaries as well as their global supply chain towards preventing child labor and the trade with "conflict minerals". Violations of the new duties of care give victims from around the world a potential cause of action against Swiss companies in Switzerland. The burden of proof remains, however, with them.[9]

c) European Union

aa) Study on "Access to legal remedies for victims of corporate human rights abuses in third countries" (2019)

In February 2019 the EU Directorate General of External Policies issued a "Study" requested from it by the Subcommittee on Human Rights of the EU

[7] *Hofstetter*, Konzernverantwortungsinitiative, pp. 271 et seq.

[8] *Hofstetter*, Gegenvorschlag, pp. 571 et seq.

[9] *Hofstetter*, Gegenvorschlag, pp. 577 et seq.

Parliament (DROI).[10] It focused on the trend to bring actions against European-based multinational corporations in their home country for human rights abuses in third countries. It analyzed in total 35 cases filed in EU member states and made a number of recommendations based thereon to improve access to legal remedies for victims. The Study proposed, inter alia, the following amendments to EU law:

- Strengthening human rights due diligence requirements across sectors through the adoption of a new law at the EU level. Such legislation was to include a legal duty of parent companies to carry out due diligence throughout the supply chain. It was to be drawing on the model provided by the French "Loi de Vigilance", but "with a wider scope of application and a reversed burden of proof".
- Extending the jurisdiction of the courts of the EU member states in which EU parent companies are domiciled. Their jurisdiction over parents was to extend to foreign subsidiaries and business partners if "the claims are so closely connected that it would be expedient to hear and rule on them together". The intended purpose of the recommendation was to "foster greater legal certainty and predictability and ensure access to the European fora for victims of corporate human rights abuses by foreign subsidiaries or business partners in third countries".
- The establishment of a "forum necessitatis" on the basis of which the courts of an EU member state could hear cases of human rights abuses in third countries if "the right to a fair trial or the right to access to justice so requires, and the dispute has a sufficient connection with the EU member state court seized".
- Interpreting and/or amending the EU conflict of law rules laid down in the "Rome II Regulation" which provides that the law applicable to civil liability claims is basically the law of the place where the damage occurred, i.e. the third country. EU member state courts were to be encouraged to use the "public policy exception" and victims given a choice "to substitute the law normally applicable to the dispute" for the law of the forum "if the former does not offer sufficient protection for the human rights of the victims".

[10] European Parliament, Policy Department for External Relations, Directorate General for External Policies of the Union, Study, Access to legal remedies for victims of human rights abuses in third countries, PE 603.475, February 2019, pp. 6/7.

bb) Directive on Corporate Sustainability Due Dilligence (2022)

In February 2022, the EU Council and the EU Parliament as co-legislators agreed on a final proposal of the "Directive on Corporate Sustainability Due Diligence".[11] The Directive implements certain recommendations of the 2019 Study by the DG of External Policies, in particular an obligation of parent companies of large international groups to operate a human rights and environmental due diligence system across their group structures and value chains.[12] In its Annex the Directive lists a myriad of relevant human rights violations, including child labor, forced labor, violations of other basic employee rights, e.g. the right to unionize and the right to equal treatment in employment, violations of "the prohibition of causing any measurable environmental degradation" etc.

In addition, Art. 15 of the Directive provides that companies "shall adopt a plan to ensure that the business model and strategy of the company are compatible with the transition to a sustainable economy and with the limiting of the global warming to 1.5 degrees Celsius in line with the Paris Agreement".

Art. 22 of the Directive contains specific provisions about civil liability. Besides the basic principle that violations of the due diligence obligations by parent companies should be subject to civil liability, the article also specifies, inter alia, that:

- Civil liability should not attach with the parent if the violation was caused by an "indirect partner with whom it has an established business relationship, unless it was unreasonable, in the circumstances of the case, to expect that the action actually taken … would be adequate to prevent … or minimize" the damage.[13]
- The liability rules based on the Directive should preempt the laws of non-EU member states.[14]

The Directive, which is currently before the European Parliament and still disputed, awaits its final approval by the co-legislators. It will have to be implemented by EU member states within two years after its publication in the Official Journal of the European Union.[15]

---

[11] European Commission, Proposal for a Directive of the European Parliament and of the Council on Corporate Sustainability Due Diligence and amending Directive (EU) 2019/1937, COM (2022) 71 final, 2022/0051 (COD), Brussels, February 23, 2022.

[12] Art. 4 et seq.

[13] Art. 22.2.

[14] Art. 22.5.

[15] Art. 31.

2. Courts

a) Netherlands

In 2019, The Dutch NGO Milieudefensie, together with co-plaintiffs, filed a civil lawsuit against Royal Dutch Shell plc. in the Hague District Court. The plaintiffs alleged that Shell's contribution to climate change violated its duty of care under Dutch law. The plaintiffs did not assert damages, but claimed that Shell must reduce its CO2 emissions by 45% until 2030 and to zero until 2050, in line with the Paris Climate Treaty.

The case built on a former Dutch court decision which had found that the Dutch government's actions against climate change were inadequate and violated its duties vis-à-vis Dutch citizens. The extension of the argument to private companies was based on article 162 (book 6) of the Dutch Civil Code and articles 2 (right to life) and 8 (right to private life, family life, home etc.) of the European Convention on Human Rights. Art. 162 of the Dutch Civil Code makes it a tort to violate a "rule of unwritten law pertaining to proper social conduct".

In 2021 the court issued its decision in favor of plaintiffs and ordered Shell to reduce its emissions by 45% in 2030 as compared to 2019.[16] The ruling was directed to the parent company of the Shell group and included "all the companies it commonly includes in its consolidated annual accounts". The court acknowledged that Shell cannot solve the global climate change problem on its own. It maintained, however, that the Shell parent bore "its individual partial responsibility to do its part regarding the emissions of the Shell group which it can control and influence". Shell appealed the decision.

b) United Kingdom

The Shell parent company was also the defendant in a landmark decision by the UK Supreme Court in 2021.[17] It involved a civil action for damages by Mr. Okpabi and other alleged Nigerian victims of an oil spill in Nigeria. A Nigerian subsidiary of the UK-based Shell parent company was operating the oil pipelines of an unincorporated joint venture between the state-owned Nigerian National Petroleum Corp., as majority shareholder, and other oil companies.

---

[16] Rechtbank Den Haag, C/09/571932/HA-ZA 19-379, May 26, 2021 (English version).

[17] Okpabi and others v. Royal Dutch Shell Plc and another, Hilary Term (2021) UKSC 3, February 12, 2021.

The case before the UK Supreme Court touched on two major issues: (i) the question of jurisdiction of UK courts over Shell's Nigerian subsidiary and (partially related thereto) (ii) the question of whether the UK parent company of Shell owed a direct duty of care to the Nigerian victims of the oil spill.

The UK Supreme Court came out in favor of the Nigerian plaintiffs on both issues. The jurisdictional issue depended on whether Shell's Nigerian subsidiary was a "necessary and proper party" to the claims brought against the parent in the UK. That, in turn, depended on whether the claims against the parent had "a real prospect of success". This brought into play the question of whether the parent owed the plaintiffs a direct duty of care.

The Supreme Court, after a long analysis of relevant facts and precedents, affirmed such a duty under common law. Referring to its 2019 decision in Vedanta[18] it mentioned the control of the parent over its subsidiary as a starting point. It continued:

> "The issue is the extent to which the parent did take over or share with the subsidiary the management of the relevant activity (here the pipeline operation) .... In a sense, all parents control their subsidiaries. That control gives the parent the opportunity to get involved in management. But control of a company and de facto management of part of its activities are two different things."

Referring to the fact that the Shell group was organized and run along "Business and Functional lines rather than simply according to corporate status", the Supreme Court found that group management had, inter alia, a responsibility for "the safe condition and environmentally responsible operation of Shell's facilities and assets". Even though the Court observed "that there is currently no pleaded identification of systemic errors" in the policies and standards of the parent's exercise of management, it considered the factual issues triable and remanded the case to the Court of Appeals.

c) Other Juridictions

In Canada, the Supreme Court in Nevsun Ltd. v. Araya[19] dealt with a case of Eritrean workers that had allegedly been subjected to forced labor and other violations of human rights. The Canadian parent company of the local mining operation was sued for complicity with the Eritrean state in violating customary international law. The court ruled that the actions could proceed and be tried. It held that corporations today do not enjoy a "blanket exclu-

[18] Vedanta Resources v. Lungowe and others (2019) UKSC 20, April 10, 2019.

[19] Nevsun Resources Ltd. v. Araya, 2020 SCC 5, February 28, 2020.

sion … from direct liability" for complicity in violations of universal norms of international law.

In Australia, another common law jurisdiction, the issue of a parent company's duty of care vis-à-vis its subsidiaries came up in several cases. Even though the cases did not deal specifically with human rights or the environment, the courts developed a test similar to that of the UK Supreme Court. It focuses on the "salient features" of the relationship between the parent and its subsidiary, including the degree and nature of the control exercised by the parent, the foreseeability of the harm etc.[20]

In Switzerland, the parent company of the Holcim group was recently sued for contributing to global warming by fisherman from Indonesia. The plaintiffs, supported by NGOs, claim damages as a consequence of their significantly reduced income opportunities on their island due to the rising sea level and frequent flooding.[21] A similar action was filed in Germany against the German parent of RWE by a Peruvian farmer arguing that climate change contributed to the melting of a glacier that now jeopardized his house.[22]

The US had initially been the primary jurisdiction in which actions against corporations for alleged complicity in human rights violations were filed and tested. These actions were brought under the Alien Tort Statute, a law from the 19th century that NGOs and plaintiff lawyers tried to harness for their purposes. In the meantime, however, the US Supreme Court has significantly curtailed the applicability of the law.[23] Most recently, the Court, e.g., threw out an action against the US subsidiary of Nestlé for allegedly not having done enough to prevent forced and child labor by cocoa suppliers in Ivory Coast.[24]

III. Novel Legal Elements in CSL

Overlooking trends in the recent international rise of CSL, there are, not surprisingly, differences in how jurisdictions are treating the subject. Some jurisdictions are more cautious, others are more activist. Some deal with the topic more on the legislative front, others leave the development of new

---

20 Cf. Perre v. Apand Pty Ltd., (1999) 198 CLR 180, August 12, 1999; CSR Ltd. v. Wren (1997) 44 NSWLR 463, August 8, 1997.

21 Luzerner Zeitung, July 13, 2022, Erste Klimaklage gegen Schweizer Konzern, Wie vier indonesische Inselbewohner von Holcim Gerechtigkeit fordern.

22 Neue Zürcher Zeitung, July 28, 2022, Konzerne sollen für Klimaschutz zahlen.

23 Jesner et al. v. Arab Bank, 584 U.S.__(2018), April 24, 2018.

24 Nestlé USA, Inc. v. Doe, 593 U.S.__(2021), June 17, 2021.

standards to the case law of the courts. Differences notwithstanding, the new forms of CSL seem to develop along three axes:

1. New Duties of Care of Companies for Human Rights and the Environment

The new forms of CSL focus mainly on human rights and the environment. Both are hot topics in the current political discourse of Western democracies and both are broadly recognized as crucial to the Western value system and the future of our societies. That, of course, still leaves open the question of which human rights and environmental standards should apply to companies and – if yes – how.

Whereas some recent developments try to apply human rights and environmental standards enshrined in international law outright to corporations,[25] others take a more cautious approach. They elaborate on the duty of care of companies in the context of existing tort laws.[26]

2. Potential Parent Company Liability for Subsidiaries and Business Partners

Typically, the newly emerging corporate duties hark in vicariously at the parent company level. They require overseeing subsidiaries, but may also extend to monitoring third-party business partners. The corollary of these new obligations is a liability risk in the form of negligence or even strict liability.

The newly emerging liability risks of parents with regard to their subsidiaries obviously go beyond those of classic shareholders. How this feature can be squared with the limited liability principle of subsidiary corporations represents a major conceptual challenge.

To the extent the liability of the parent goes further than its existing corporate group and includes the conduct of third-party business partners, the issue is similarly challenging.

---

[25] Cf. supra II.1.b)aa).

[26] Cf. supra II.2.b).

3. Expanded Jurisdiction of Home Countries

Even though the newly emerging human rights and environmental duties of parent companies are topics of substantive law, jurisdictional issues play a part in them as well.

The first set of jurisdictional issues concerns the choice of law. Traditional conflict rules in corporate and tort law would give preference to host country law for judging torts committed by subsidiaries or local third-party business partners of a corporate group. By the creation of specific parent company obligations to monitor events in host countries, the territorial jurisdiction of the host country is at least partially substituted by the laws of the home country.

Related to that is the issue of the proper forum. Based on traditional legal concepts, the acts and omissions of a corporate group acting through its host country subsidiary were to be judged in host country courts. The creation of direct parent company obligations vis-à-vis potential victims in host countries opens up home country courts to them. As demonstrated in the Okpabi case before the UK Supreme Court, this might, in turn, allow them to sue the host country subsidiary jointly with the parent in home country courts, thereby further cutting into traditional jurisdictional powers of the host country.

IV. Assessing CSL

1. Political Perspectives

The three novel elements of the newly emerging international CSL can be assessed from different angles. From a political vantagepoint it could be argued that they reflect the challenges of globalization, the growing power of large corporate groups or the increased international consensus on human rights and global warming. It could be added that the new developments are taking place in the context of a broad democratic discourse in Western countries and are therefore highly legitimized. Different approaches to CSL in different jurisdictions also allow for a comparison of results and an international learning process.

On the other hand, a sceptical assessment might point to the fact that the debate leading to the new forms of CSL mainly reflects Western thought and preferences. It could be argued that an inflation of human rights and environmental goals is not on the priority list of host countries in the Third World. Together with the substitution of jurisdictional powers of host countries by home country rule, the new CSL trends could be interpreted as another tutelage of the developing World by the West.

Given the vast gap between these political perspectives, the ongoing debate about CSL is at the risk of becoming ideological or emotional. Hence, it could be useful to assess the new forms of CSL from the more technical standpoint of business law, i. e. economic efficiency and legal security.

2. CSL as a Reasonable and Efficient Addition to Traditional Tort and Company Law?

a) Duties of Care of Companies for Human Rights and the Environment

Duties of care and the concomitant liability should, in principle, be imposed in clear and predictable forms on those business actors who are relatively best positioned to fulfill them efficiently. In a simple environment, this would be the "cheapest cost avoider", i. e. the actor who has the least monitoring cost in preventing the targeted risks.[27] In more complex environments, this speaks for allocating proper risk prevention duties to those actors with an influence on specific chains of events in accordance with their relative control over them. All actors should, in principle, be incentivized to use their comparative advantages in minimizing the relevant risks.[28] Liability should, in other words, be allocated in accordance with the failure of each party to use its relative monitoring advantages and its potential to control those risks ("*congruence of liability and control*").[29]

Besides relative monitoring advantages, relative risk attitudes, but also the control over the level of risky activities are factors to be considered in allocating liability.[30] Both can be neglected in the present context for the following reasons:

- Large corporate groups are, in principle, risk neutral and might even be able to insure some of their CSL risks. Hence, there is no reason to limit their liability based on relative risk attitudes.[31]

---

27 *Shavell*, p. 189.

28 *Shavell*, p. 189.

29 *Shavell*, pp. 184 et seq.

30 *Shavell*, pp, 193, 258 et seq.; cf. also *Hofstetter*, Neues Deliktsrecht, pp. 322 et seq.

31 The risk-neutrality thesis might not apply to small and medium sized companies, incl. start-ups, because the entrepreneurs and families owning such companies have often the bulk of their wealth invested in the company and are therefore underdiversified; cf. *Hofstetter*, Neues Deliktsrecht, p. 324. Exceptions for SME from CSL,

– The activities targeted by CSL are, at least in general, not inherently dangerous.[32] Hence, the extent of engaging in them, i. e. in foreign direct investment that could lead to the violation of human rights and environmental standards, is hardly of major concern. If it were, there would be other and likely more efficient ways to trim them than liability rules, incl. restrictions on relevant forms of foreign direct investment (e. g. mining, oil production) or direct industry regulations by either home countries, host countries or international treaties.

Violations of human rights and environmental standards in the context of activities by international corporate groups in host countries can, in principle, be influenced or prevented by a myriad of actors: the corporate group through its monitoring of local subsidiaries and business partners, the host country government through regulation, third-party business partners and the victims themselves through precautionary measures. From an efficiency point of view, liability rules should reflect the relative influence of all those actors on the targeted risks.

As a consequence, imposing strict and exclusive liability on companies for any such violations in the context of their activities in host countries – without any defense reflecting the limits of their relative monitoring advantages – would create massive moral hazard. A negligence liability rule, on the other hand, that imposes realistic and practical monitoring duties on corporations, including their parents, would not be subject to the same moral hazard risks. In addition, such duties of care could efficiently be combined with defenses or reductions in liability reflecting the failure of third-party business partners, the host country governments or even alleged victims in countering the risks.[33]

b) Parent Company Liability for Subsidiaries and Business Partners

The newly emerging CSL puts high emphasis on the duties of care of parent companies. Their obligations span beyond the borders of traditional company law and cover all their subsidiaries and sometimes even third-party

as e. g. provided for in the Swiss counterproposal (supra II. 1. b) bb)), can be justified on those grounds; cf. *Hofstetter*, Gegenvorschlag, pp. 572, 575, 580.

32 That would be the principal reason to limit activity levels by means of liability law; cf. *Hofstetter*, Neues Deliktsrecht, p. 324.

33 Cf. *Shavell*, pp. 186 et seq. There are remaining moral hazard risks associated with, e. g., the vicarious liability of the corporation for its employees and managers. Those risks are due to the perennial agency problems in corporations and are present in all types of corporate liability. There is nothing particular about them in the context of CSL.

business partners. How is this particular feature to be assessed from an efficiency perspective?

Looking at relative monitoring advantages, parent companies as controlling shareholders certainly are in a position to influence the conduct of their subsidiaries through the shareholders meeting. In practice, the influence is often being exerted much more directly through strategic or even operational interventions by group management. The monitoring advantages associated therewith can, in principle, be harnessed legitimately and efficiently by CSL.[34] However, there are two important caveats to be made:

- Any monitoring advantages of parents depend on the degree of their involvement with the subsidiary. A parent limiting itself to a mere shareholder role is in a less advantageous position to control the events at a subsidiary than a parent that takes charge of subsidiary operations through group management. The standard of care should, at least to some extent, reflect such differences, as exemplified in decisions by the UK Supreme Court or the Australian courts.[35] If this were not the case, the efficiency potentials of decentralized international group management techniques might be wasted.
- Parent companies, in setting up subsidiary corporations, are typically granted limited liability for the subsidiary’s debt. This arrangement between the parent, as foreign direct investor, and the host country, as recipient thereof, should not be lightly thrown overboard. It reflects a basically efficient contractual allocation of political and business risks tested by world markets: the parent puts down a (sufficient) bond in the form of the subsidiary’s equity to cover business risks and the host country, in return, grants the subsidiary limited liability to shield the parent from political risks.[36] Any parent company liability in the context of CSL should therefore be limited in scope and only cover the parent’s own negligence outside its shareholder role.[37]

It is obvious that the arguments for caution in construing parent company liability standards for subsidiaries weigh even heavier in the context of third-party business partners. The monitoring advantages of parent companies are more limited with regard to them while the monitoring advantages of the host country government are, if anything, greater for its local business com-

34 Cf. the general analysis in *Hofstetter*, Parent Responsibility, pp. 576 et seq. and *Hofstetter*, Multinational Enterprise, pp. 299 et seq.

35 Supra II. 2. b) and c).

36 Cf. the detailed analysis of the efficiencies of this arrangement in *Hofstetter*, Haftungsregeln, pp. 69 et seq. and also in *Hofstetter*, Multinational Enterprise, pp. 309 et seq.

37 *Hofstetter*, Haftungsregeln, pp. 89 et seq.

munity. Any duty of care or due diligence standards of parent companies with regard to business partners in the host country should therefore be very limited and reflect political as well as business realities. The caution applied in Art. 22 of the draft of the new EU Sustainability Due Diligence Directive with regard to "indirect business partners" is a proper upshot of this.

c) Shifting the Burden of Proof?

In principle, properly tailored standards of CSL are based on negligence liability.[38] However, strict liability combined with a compliance defense could be an option, too. The optimal choice among the two depends, inter alia, on the standard of care. If the standard required only the operation of a specifically defined best practice compliance system, company groups and their parents would be in the relatively best position to document its proper implementation.[39] From an efficiency perspective, the burden of proof for having fulfilled the duty of care could in this case be shifted to the company.

3. Expanded Jurisdiction of Home Countries

a) General Observations

Liability risks, perceived from a business perspective, are not limited to substantive legal rules. Jurisdictional and conflict of laws rules are part and parcel of the risk exposure.[40] Companies prefer very high predictability with regard to all three sets of rules: a known forum (in principle at the domicile of the defendant entity), a predictable choice of the applicable law (in principle the law of the jurisdiction in which the defendant entity acted and committed an alleged tort) and a substantive law honoring the legitimate expectations of the company while doing business in the respective jurisdiction.

The perspective of potential plaintiffs mirrors this holistic view from the opposite angle. For them, too, liability protection does not only include substantive law, but also the available fora and the applicable conflict of laws rules. The perspective of plaintiffs should, in principle, favor an individual choice among fora and substantive liability rules. That would allow them to shop for the most promising liability protection available.

---

38 Supra IV.2.a).

39 *Hofstetter*, Haftungsregeln, pp. 230 et seq.

40 *Hofstetter*, Haftungsregeln in great detail, pp. 100 et seq., 160 et seq., 245 et seq.

Converging the two views, social efficiency considerations can again be a guide to finding an optimal balance between these differing views. From such perspective, the choice of the forum and the choice of applicable law would depend on several factors[41], incl.:

- the comparative advantages of relevant legislators and courts to regulate a given legal issue;
- existing arrangements between corporations and relevant jurisdictions about the allocation of legislative and court powers;
- default rules (e.g. in the form of "public exceptions") by alternative jurisdictions in case the primary jurisdiction is considered dysfunctional.

Based on the above, the following conclusions can be drawn for the choices of forum and law in CSL actions against multinational corporations:

b) Forum

The comparative advantage of home countries in regulating and judging parent companies is obvious. The same is true for host countries and the subsidiary corporations operating therein. In principle, subsidiaries should, therefore, be sued in host country courts.

At the maximum, a narrow exception for suing a subsidiary at its parent's domicile could be justified on cost-efficiency grounds if the subsidiary were a "necessary and proper party" to an action against the parent. This was the argument in the Okpabi litigation against Shell.[42]

Alternatively, a "forum non conveniens" rule might be implemented. It would allow home country courts to transfer an action against the parent to host country courts if it can be assumed that they are in a better position to judge the case. The rule was applied in the parent liability context involving the US company Union Carbide after the chemical catastrophe in Bhopal, India. It led to the transfer of the entire litigation from US courts to Indian courts.[43]

Grave enforcement difficulties of victims in the host country might in exceptional circumstances justify a "forum necessitates" for actions against the subsidiary in home country courts as proposed in the EU Policy Study of 2019.[44]

---

41 *Hofstetter*, Haftungsregeln, pp. 100 et seq.

42 Supra Fn. 17.

43 *Hofstetter*, Haftungsregeln, pp. 27 et seq.

44 Supra II.1.c).

c) Choice of Law

The limited liability of subsidiaries, in return for providing them with sufficient equity, guarantees that the parent will not be subject to host country legal liability as long as it constrains itself to a mere shareholder role.[45] In order not to intrude on that arrangement, the home country itself should, in principle, not preempt host country law by imposing liability on parents as shareholders of their foreign subsidiaries.

While tort law for all host country operations by corporate groups, including parent activity going beyond its shareholder role, should basically be subject to host country rule, narrow exceptions established by home country law can be justified.[46] They should, however, not entirely undercut the liability arrangement between the corporate parent and the host country. Hence, they should be limited and narrow enough to not encroach upon the basic host country rule over the group's host country activities.

Given the potential dysfunctionalities of host country legislation and courts, there is a legitimate case for default rules in home country law, e.g. a "public exception", if relevant host country laws are in violation of basic principles of the rule of law or of a civilized society.[47]

While international law may be used by home countries as a compass for their own legislation, predictability and the uncertain applicability of many international law standards to corporations militate against using them as a direct basis for tort actions.[48]

V. Conclusion

The recent international attempts to morph specific areas of CSR into new forms of CSL should not be dismissed entirely. If crafted diligently, CSL could contribute to the worthy causes of human rights and a sustainable environment. However, if rushed with idealistic fervor by either legislators or courts and without a view to social efficiency, they might produce too many counterproductive effects. These could show in the form of excessive liability, inefficient corporate structures, stymied corporate investment in third world countries and more.

---

[45] Supra IV.2.b); *Hofstetter*, Haftungsregeln, pp. 77 et seq.

[46] *Hofstetter*, Haftungsregeln, pp. 89 et seqq.

[47] Cf. The EU study summarized in supra II.1.c)aa).

[48] From this perspective, the constitutional proposal for a Multinational Enterprise Liability in Switzerland (supra II.1.b)aa)) and the Canadian Supreme Court's holding in Nevsun v. Araya (supra II.2.c)) seem ill-conceived.

In order to avoid throwing out the baby with the bathwater, CSL should be sufficiently predictable and reflect relative monitoring advantages of (parent) companies. Any parent company liability relating to subsidiaries or even third party business partners should reflect the nature and degree of the parent's realistic compliance control. In addition, liability rules should be narrow and not fundamentally undercut limited liability arrangements for subsidiaries with host countries.

Emerging concepts of CSL should also be sensitive to their jurisdictional and conflict of laws implications. Any assertion of home country jurisdiction should be an exception and not the rule.

If the outlined cautions are taken seriously, CSL may well develop into the social virtue its proponents are aspiring to achieve. If not, CSL runs the danger of turning into the opposite: a social vice.

List of References

Bebchuk, Lucian A./*Tallarita*, Roberto: The Illusory Promise of Stakeholder Governance, in: Cornell Law Review, Vol. 106/1 (2020), pp. 91 et seqq.

Elhauge, Einer: Sacrificing Corporate Profits in the Public Interest, in: New York University Law Review Vol 80/3 (2005), pp. 733 et seqq.

Hart, Oliver/*Zingales*, Luigi: Companies Should Maximize Shareholder Welfare Not Market Value, in: Journal of Law, Finance, and Accounting, Vol. 2/2 (2017), pp. 247 et seqq.

Hofstetter, Karl: Gegenvorschlag zur Konzernverantwortungsinitiative und Unternehmenshaftung, in: Schweizerische Juristen-Zeitung, Vol. 117/12 (2021), pp. 571 et seqq. (cit. *Hofstetter*, Gegenvorschlag).

Hofstetter, Karl: Compliance und Corporate Governance, Der realistische Umgang mit der Unternehmensverantwortung, in: von Orelli, Lukas/Schwabe, Frank J./ Hofstetter, Karl (Eds.), Compliance, Rechtliche und psychologische Aspekte, Tagungsband zum Symposium vom 12. April 2019 an der Universität Zürich, Bern 2020, pp. 21 et seqq. (cit. *Hofstetter*, Compliance).

Hofstetter, Karl: Konzernverantwortungsinitiative und Geschäftsherrenhaftung, in: Schweizerische Juristen-Zeitung, Vol. 115/9 (2019), pp. 271 et seqq. (cit. *Hofstetter*, Konzernverantwortungsinitiative).

Hofstetter, Karl: Neues Deliktsrecht für Unternehmen, Die Organisations- und Gefährdungshaftung im Vorschlag OR 2020, in: Schweizerische Zeitschrift für Wirtschafts- und Finanzmarktrecht (2015), pp. 322 et seqq. (cit. *Hofstetter*, Neues Deliktsrecht).

Hofstetter, Karl: Sachgerechte Haftungsregeln für Multinationale Konzerne, Tübingen 1995 (cit. *Hofstetter*, Haftungsregeln).

Hofstetter, Karl: Multinational Enterprise Parent Liability, Efficient Legal Regimes in a World Market Environment, in: North Carolina Journal of International Law &

Commercial Regulation, Vol. 15/2 (1990), pp. 299 et seqq. (cit. *Hofstetter*, Multinational Enterprise).

Hofstetter, Karl: Parent Responsibility for Subsidiary Corporations, Evaluating European Trends, in: The International and Comparative Law Quarterly, Vol. 39/3 (1990), pp. 576 et seqq. (cit. *Hofstetter*, Parent Responsibility).

Mayer, Colin: The Future of the Corporation and the Economics of Purpose, ECGI Working Paper Series in Finance, No. 710/2010, November 2020, pp. 1 et seqq.

Shavell, Steven: Foundations of Economic Analysis of Law, Cambridge (MA) 2004.

Spitzer, Martin/*Burtscher*, Bernhard: Liability of Climate Change: Cases, Challenges and Concepts, in: Journal of European Tort Law, Vol. 8/2 (2017), pp. 137 et seqq.

Weber, Rolf H./*Baisch*, Rainer: Liability of Parent Companies for Human Rights Violations of Subsidiaries, in: European Business Law Review, Vol. 27/5 (2016), pp. 685 et seqq.

Anwendungsbereich Umwelt

The Law and Economics of Freshwater

By *Bruce Huber*

Economic analysis has long pervaded the field of natural resource management.[1] But freshwater is a resource unlike any other, and inefficiency and inequality in water allocation are persistent. The essay will provide an overview of the major water policy issues associated with the consumptive use of freshwater and survey how the principles and methods of economics have addressed these issues. These objectives are chosen in honor of Prof. Dr. Klaus Mathis, whose career has significantly enriched the study of law by bringing economics to bear on legal questions. This essay will also endeavor to carry forward several commendable features of Professor Mathis's work, namely, his commitment to interdisciplinary study, his attention to the philosophical foundations of economic analysis, and his patient recognition of the limits of economics in political deliberation and policy choice.[2]

Part I. provides a general contextual overview of the fundamental problems associated with water policy around the world. Part II. applies conventional economic concepts to analyze and diagnose certain aspects of these problems, exploring in particular why property rights in water are poorly defined and why transaction costs in water are so difficult to overcome. Part III. suggests several avenues for economic inquiry that extend beyond conventional economics. Part IV. concludes.

I. Introduction

An abundance of water is a distinguishing attribute of our planet. Water is essential to life in every form. Nearly all the earth's water is contained in its vast oceans. Ocean water contains dissolved salts, the result of the hydrological cycle operating over countless millenia: as water evaporates from oceans, forms clouds, and precipitates over land, it returns to the ocean having collected salts and other soluble minerals. Human life, of course, is ut-

---

1 *Hoteling*; *Solow*.

2 To survey an exemplary set of works – and ones not even in Prof. Dr. Mathis's native language! – the reader may consult: *Mathis*, 2018; *Mathis*, 2017; *Mathis*, 2015; *Mathis/Huber*, 2018; *Mathis/Huber*, 2017; *Mathis/Steffen*.

terly dependent on freshwater, and thus the irony of a planet covered with water of which only about 1–2% is fit for basic human needs such as drinking and irrigation. Moreover, most freshwater is locked in glaciers, icesheets, and subterranean aquifers. Just as precipitation patterns vary enormously across locales, so also the planet's freshwater rivers, lakes, and aquifers are not evenly distributed. Swampland must be drained of excess water to be made arable, but water in arid areas must be carefully stewarded and often transported long distances to irrigate dry land.

Whether locally abundant or scarce, water shaped the formation of early societies. Mesopotamian and Egyptian cultures flourished by mastering the flood cycles of local rivers and developing irrigation techniques that exploited unpredictable natural variation. Some of the most important technological developments in human history have involved water works. Early water infrastructure, from Roman aqueducts to Mayan canals, testifies to the importance of water distribution to economic growth, social organization, and political power. Even today, some of humanity's most awe-inspiring feats of engineering involve water management. From massive hydroelectric dams to tunnels passing through mountain ranges to dike and canal systems stretching many hundreds of miles, the public expenditures represented by such works demonstrate the centrality of water policy to modern life.

Although societies have made enormous technical progress in the storage and manipulation of water flows, sizeable problems of water governance remain. Billions of people lack reliable access to clean water, raising issues of public health and food insecurity.[3] Water is a perpetual subject of regional political conflict and social unrest.[4] High-profile disputes between Sudan and Egypt or China and its Southeast Asian neighbors are only the most prominent in a set of ongoing disagreements in which no basis for resolution is readily apparent. Distributional issues are equally pronounced within individual jurisdictions. Community-level water poverty sometimes occurs adjacent to, and as a result of, water-intensive agricultural or industrial operations.[5] Even in wealthy societies, aging or inadequate water infrastructure can pose a hazard to public health.[6] Water delivery networks, wastewater treatment facilities, and stormwater capture systems are extraordinarily expensive to build and maintain, and system conditions vary widely.[7]

---

[3] *Larson.*

[4] *Gleick.*

[5] *Gasechko/Perrone.*

[6] *Bellinger.*

[7] *Rouse.*

Groundwater poses special problems. Groundwater "mining", where withdrawal regularly outpaces recharge, is a matter of great concern. Aquifer depletion not only causes a resource race among common users but can lead to subsidence or exacerbate groundwater contamination. Overpumping can cause saltwater to intrude into freshwater aquifers, rendering them unusable.[8] In several notable agricultural regions around the world, groundwater supplies are on pace to disappear within the century.[9]

The discussion thus far has focused on the human aspects of freshwater scarcity, but freshwater habitats are of inestimable ecological importance as well. Human alteration and depletion of waterways has decimated fish runs, in some cases triggering cascades of species collapse.[10] Flood management sometimes sacrifices animal populations to protect human ones. Predictable conflicts arise where laws protecting endangered species compel reductions in water use.[11] Groundwater depletion can dry up springs or other surface waters and thereby lead to additional habitat loss. And, needless to say, freshwater contamination is also a principal ecological concern.

All of these issues are exacerbated or complicated by climate change. The effect of greenhouse gas emissions on precipitation patterns is regionally variable and not easily predictable, but leading scientists agree that water issues are certain to be a focal area of climate concern and contestation.

II. Water Law and Conventional Economic Analysis

The enduring problem of freshwater is its scarcity, which is of course a central concept in conventional economic study. If clean water could easily and cheaply be manufactured, or if saltwater could be desalinated and transported globally without cost, few of the problems described above would remain. In most economic contexts, scarcity drives up the price of a resource, reducing demand. But because water is a strict necessity, demand is far less elastic than for many other resources; one cannot simply find a substitute for drinking water. Moreover, a rise in the value of an asset in turn typically encourages the development of property rights and market activity in that resource.[12] Market transactions tend to put assets in the hands of those who value them most, which in turn tends toward an efficient allocation of the relevant resource. But in the case of freshwater, the dynamics are very differ-

8 *Ketabchi/Mahmoodzadeh/Ataie-Ashtiani/Simmons.*

9 *Konikow/Kendy.*

10 *White.*

11 *Doremus/Tarlock.*

12 *Demsetz.*

ent. Water is not readily capable of ownership; as we will see, water rights require not simply possession, but the development of intricate doctrines and of institutions capable of implementing them. In short, water rights are difficult to define and even more difficult to enforce, constraining the development of active markets. The absence of effective price signals can lead to inefficient use or overconsumption. In sum, where freshwater is scarce, demand does not necessarily decline; price does not necessarily increase; and market activity does not necessarily alleviate scarcity.

Of course, efficiency is not the sole objective of water law and policy; equity and justice considerations appropriately bear on, and sometimes dominate, the allocation of freshwater resources. Nonetheless, conventional economic analysis can shed a great deal of light on the policy difficulties that plague freshwater resources. Two key points stand out immediately: first, as noted above, most of the entitlements in water law are poorly defined; and second, transaction costs in the context of water are exceedingly high. The discussion that follows examines both points.

1. Property Rights in Water

Economists regard voluntary transactions as a central means of resource allocation. Economic transactions, in turn, typically require clearly demarcated and legally enforceable property rights. But water rights – whether the rights of states to jurisdiction or the rights of individuals to water use – elude precise definition and demarcation.

a) Rights Among Users

Let us begin with the obvious: from a policy standpoint, the ownership of water refers not to particular molecules or drops of water, but to a recurring right to extract or make use of water in a water body, such as a lake, river, or aquifer. When you buy a plastic bottle of water at a store, we could trivially but meaningfully say you own the water within, and indeed, there is a thriving market for bottled water. But the far larger policy issues are, how does one acquire the right to extract water from nature? How is such a right defined or delimited?

Although legal systems regularly resolve conflicts among water users, they struggle to furnish clear legal principles by which users can establish and defend firm water rights. One fundamental problem is that water bodies, unlike water bottles, are neither completely static nor completely separable. Rivers and lakes are constantly in motion. Their level or rate of flow depends on numerous variables, such as precipitation, evaporation, transpiration from vegetation, snow and ice melt, inflow or outflow from connected aquifers or other water bodies, and user withdrawals and return flows. Furthermore, the resource takes the form of a pool, such that the units of the resource within the pool are fungible. Economists speak of such resources as common pool resources; an important attribute of such resources is that individual users of the resource have great difficulty excluding others from the resource.[13] This attribute is especially salient on long rivers, where there is a great deal of inherent uncertainty about the effect of an upstream user's withdrawals on another user far downstream. In such a context, ownership is a concept not easily applied. If a downstream user of water encounters a diminished stream flow, it is unlikely to be clear whether any other given user has interfered with a property right. Yet courts entertain suits about such scenarios regularly and must, at a minimum, articulate decisional principles to resolve particular conflicts. Ideally, such principles would also be more broadly applicable and would provide clarity to other water users.

As we will see, judicial decisions have tended to emphasize either a principle of reasonableness or a principle of temporal priority, but neither principle specifies the nature of water ownership clearly enough to facilitate and normalize regular market transactions. The following sections will examine these principles before turning to a discussion of groundwater rights, which differ in critical respects.

aa) Riparian Rights Systems

Early articulations of legal principles involving water rights focused on the rights of riparian landowners. A common understanding, apparently originating in Roman law, was that riparian landowners were entitled to the ordinary, natural, and unaltered flow of the stream to which they were adjacent. This conception derived from private law concepts of nuisance, tort, and property: an owner had the right to enjoy her property free of external interference. Indeed, in locales with abundant water, disputes over water did not focus on the limited availability of a scarce resource; rather, disputes tended to involve allegations of injury attributable to, or in derogation of, a particular use of water. For example, did a mill owner have the right to enlarge a mill dam, and thus inundate a marginally greater portion of the land of his upstream neighbors, without their consent? In such contexts, legal analysis eventually departed from the idea of natural flow and came instead to focus on the reasonableness of the parties.[14] Riparian landowners shared the right to use a particular body of water in common, and disputes about the reasonableness

---

[13] *Ostrom*, 1990.

[14] *Getzler*.

of any given use involved a range of variables, including fairness, the nature and extent of settled expectations about water use, the social value of the several uses, the appropriateness of the water use in the given locale and watershed, and so forth.[15] Unreasonable uses of water, or even uses deemed relatively less reasonable than a conflicting use, could be ordered to restrict water consumption or to otherwise minimize the impact on the complaining user.[16]

This form of analysis was familiar to courts because of its similarity with ordinary principles of tort law. Courts resolving disputes over private behavior frequently had to invoke the concept of reasonableness. Such principles are at the very core of private law, but because of their malleability – a feature, not a bug, from the standpoint of the private law –they do little to enhance the marketability of water. As water uses became more numerous and more intensive, and as conflicts increased, industrial users in particular found that they could not rely on a stable water right. That a water use was long established and had once seemed unobjectionable did not necessarily confer an ongoing right.

Case-by-case, ad hoc resolution of disputes, in the typical fashion of the common law, did not produce clear forward-looking principles that could be applied easily elsewhere. Consistency and predictability were especially lacking in the United States where water law is largely the responsibility of individual states; any particular state court's pronouncement in a given conflict did not carry binding weight in other jurisdictions. Moreover, a system explicitly based on shared, relative rights, such as the system of riparian water rights that emerged in England and the eastern United States, necessarily evolved with time as courts sought to balanced increasingly intensive uses. The *Harvard Law Review* in 1914 famously referred to the riparian scheme as "water socialism", an epithet intended to indict the eastern states for going too far with an unAmerican principle.[17] At the end of the day, the point is that water-related transactions in the name of conservation and efficiency could not easily be undertaken. No market for voluntary water restrictions emerged. Firms and water users could not easily purchase or contract their way to a secure legal entitlement to water.

In the United States, this changed somewhat beginning in the 1960s–70s with the advent of what has been called "regulated riparianism". In regulated riparian systems, the basis for a right to use water – riparian landownership – remains unchanged, but an administrative agency, tasked with monitoring

---

15 Restatement (Second) of Torts § 855.

16 *Getzler*.

17 *Weil*, p. 542.

state water resources, operates a permit system.[18] Permits are granted only if sufficient water remains in the relevant water body. Florida is perhaps the state best known for employing regulated riparianism. In adopting this system, the state included a transition period during which owners of unused water rights were assured of a permit if they wished to assert their right; thereafter, permits could be withheld at the discretion of the state. One might assume that the move to a permit system could facilitate market transactions among permit holders, just as many other permit systems – such as those addressing the emission of various air pollutants, for example, as under the Acid Rain Program (US) or the Emissions Trading System (EU) – were explicitly designed to facilitate and encourage trading within the regulated community. But in Florida and other regulated riparian states, trading is not anticipated. State water resources agencies expressly reserve the right to disapprove of permit transfers, making water transfers difficult.

Riparian principles are dominant in locales where fresh water is relatively abundant. Allocative problems, therefore, are generally not as acute as in arid regions. The absence of clearly demarcated property rights in water in riparian systems has not, to this point, led to widespread water shortages. If such shortages do arise, riparian principles will be ill-suited to resolve them.

bb) Systems of Temporal Priority

Where freshwater is scarce, riparian principles are a considerably less useful foundation for consumptive water rights. Courts furnished another basis for such rights in the principles of appropriation and temporal priority, which proved more suitable for arid locales.[19] The most famous modern instantiation of these principles is found in the system of "prior appropriation" that has proliferated across the American West.[20] The system provides a clear hierarchy of water users of a particular water body based on the "priority date", the date of first use. The underlying water right in prior appropriation systems is defined by its quantity, its seasonality or time of use, and its location; owners of water rights are not entitled to make substantial modifications to these attributes without creating an entirely new water right. For a senior user whose right was based on a late summer crop, for example, a change to a springtime crop would not entitle that user to the same amount of water at that time of year. In short, prior appropriators acquire a right only to keep doing what they have historically done.

---

[18] *Dellapenna.*

[19] *Getzler*, pp. 193 et seqq.

[20] *Schorr.*

Many disputes in prior appropriation jurisdictions can be easily and clearly resolved: the senior user wins. In other respects, however, this clarity is a mirage. First, seniority is distinct from one's position along a water body; junior users downstream of a senior user cannot do anything to make up for a shortfall facing that senior user, and may in fact benefit from the senior user's assertion of rights. Second, in many areas of the Western US, identifying the senior rights holder is not as easy as it sounds due to the emergence of a relative newcomer to the water rights stage: the federal reserved water right. In the early 20th century, long after some of the first settlers acquired western water rights under state law, the US Supreme Court decided that native American tribal reservations were entitled to an amount of water necessary to give effect to the reservation.[21] In later decades, this doctrine was expanded to apply to other reservations of federal land, including national parks and, national scenic rivers. These water rights arise under federal law and are thus often unaccounted for by state administrative systems. Moreover, such rights are often latent and undefined yet have priority by virtue of their relatively early dates and their status under federal law (which allows them to jump the line, as it were, creating "new" rights that are inserted into a state-law hierarchy). In western waterways in which federal reserved rights may exist but are not yet thoroughly defined, many other water rights holders are in a position of substantial insecurity.

Finally, the unwieldiness of the remedies available to a senior user may well diminish the utility of a senior right. To claim a water right as against a particular junior user, a senior user must initiate a lengthy administrative proceeding – a "water call" or a "call on the river" – that may result in an order, if at all, only after the momentary shortage has passed. In this respect, even an old priority date may not be as secure as the date would suggest. For this reason, water calls are invoked only infrequently.

Nonetheless, prior appropriation systems do facilitate at least a modest amount of water marketing. The number of transactions is relatively small and transaction costs are quite high, as will be discussed in a subsequent section.[22] There are also doctrinal hurdles that make transfers of water difficult and uncertain. One of the most prominent of these hurdles has to do with the physical location of the water right. Because appropriative water rights are created and defined by a diversion of water out of a watercourse for a particular use, moving the point of diversion and changing the use necessarily alters the nature of the right and its effect on other users of the waterway. Most jurisdictions account for this alteration by way of a "no-injury" rule that bars water transfers if they will injure another user. The prac-

21 Winters v. United States, 207 U.S. 564 (1908), January 6, 1908.

22 *Womble/Hanemann*, 2020a.

tical consequence of such a rule is to diminish the effective scope of the water right during a transfer.[23] This and similar rules depress especially transfers across long physical distances or among widely divergent water uses, making it difficult to accomplish the economist's goal of increased efficiency.

cc) Rights to Groundwater

The legal rules pertaining to groundwater are, at least in certain jurisdictions, substantially different than those discussed above. The mere existence of such differences is worthy of an initial comment. Basic hydrology teaches that many subterranean aquifers are not hydrologically distinct from surface water bodies, nor are water-retaining geological formations absolutely sealed from each other.[24] Thus there are often important interconnections between the various freshwater resources of a particular area. The fact that law may treat groundwater withdrawals differently than surface water withdrawals from a contiguous water body can distort both the law and the behavior of water users. For example, users may be able to skirt onerous restrictions on surface water by lawfully obtaining connected groundwater. Such distortions can undermine both the security of water rights and the efficacy of conservation efforts.

The law of groundwater is varied and reflects much of the same complexity that affects the allocation of rights to surface waters. Like rivers and lakes, aquifers are common pool resources whose boundaries do not map easily onto the tracts of relevant landowners. Water withdrawals from wells on one tract can thus affect other landowners' ability to access the same aquifer. But in a departure from the law of surface waters, some jurisdictions have created rules of groundwater access that are relatively absolute and thus readily specified specify as a matter of law. Ironically, the very clarity of those rules can at times imperil the common resource because constitutional rules against expropriation without compensation may be triggered by legislative attempts to regulate groundwater withdrawals.

Groundwater doctrine began with relatively straightforward principles of noninjury that resembled the natural flow concept in the law of surface water.[25] As courts confronted claims of injury from landowners whose wells had run dry, they developed legal principles intended to clarify the extent of each landowner's right to pump water from the hidden formations beneath

---

23 E.g. Central Colorado Water Conservancy District v. City of Greeley, 147 P. 3d. 9 (2006), November 6, 2006.

24 *Charalambous*.

25 *Trelease*.

the soil. An attractive and easily administrable principle was initially adopted in a number of jurisdictions, namely, that each landowner was absolutely free to withdraw groundwater from beneath their land, as an incident of land ownership. This rule essentially mimicked the rule of capture which proved so vital in the context of oil and gas production. And just as excessive oil drilling necessitated legislative adjustments to the rule of capture, courts of law came to adopt a set of principles limiting the right to capture groundwater. Some courts declared that groundwater could only be used on the landowner's overlying tract; others declared that uses of groundwater had to be reasonable; others experimented with rules of temporal priority.

Even though the capture rule of absolute ownership has been weakened and amended, it remains the case that an owner of land is often more secure in his or her groundwater rights than in any rights to surface water. This has several important implications. First, as noted above, groundwater users can sometimes escape and frustrate carefully constructed and historic systems of surface water allocation, creating economic uncertainty even for holders of senior surface water rights. Second, the relative laxity of groundwater restrictions means that social dynamics pertaining to a particular aquifer may begin to resemble a tragedy of the commons. Although aquifers bounded by permeable geological formations can be recharged by precipitation or surface water bodies, other groundwater resources – so-called "fossil water" resources – are nonrenewable. Resource races involving nonrechargeable aquifers are thus permanently diminishing the availability of groundwater to "back up" agricultural and other uses of surface water. Finally, excessive groundwater pumping is associated with a growing set of negative externalities, including land subsidence and saltwater intrusion of freshwater aquifers.[26] All too often, landowners have no incentive to diminish their reliance on groundwater in order to abate these effects, and instead have tragic incentives to overuse the resource, believing it would otherwise fall into a neighbor's hands. Nobel laureate Elinor Ostrom's work makes abundantly clear that these dynamics are not predestined and unavoidable, but it remains the case that numerous aquifers around the world are being depleted at an unsustainable rate.[27]

Efforts to regulate groundwater pumping are in their relative infancy and have encountered an array of legal, practical, and political constraints. On the practical side, groundwater pumping has historically been difficult to monitor. In some contexts, scientists estimate that the majority of wells tapping into a given aquifer are unpermitted and unregistered. Only recently have jurisdictions begun to impose permit requirements and to demand me-

---

26 *Rahman* et al.

27 *Ostrom*; *Charalambous*.

tering data from groundwater wells, and even these efforts sometimes engender significant opposition. Pumping data can increasing be estimated by remote sensing and other technologies, but these data streams have yet to be fully incorporated into regulatory workflows. In many places, regulators lack the legal authority to inspect groundwater wellheads. Without effective monitoring and withdrawal data, groundwater use simply cannot be regulated effectively. Other difficulties are of the political variety. Lawmakers in some jurisdictions encounter significant opposition from agricultural interest groups for proposing any legislative modification that could lead to groundwater regulation. These interest groups can wield an outsized influence over such debates because they are relatively obscure and fail to attract the attention of urban residents.

As to law, legislators and regulators in several US states have run up against constitutional rules that forbid the taking of private property without compensation.[28] There are ample reasons to regard such rules as largely inapplicable to groundwater, especially where the overlying land retains substantial value apart from the water beneath.[29] As long as groundwater development is regarded as an incident of landownership, takings challenges may persist and meet with occasional success.

There is perhaps no example that better conveys the spirit of groundwater development than that of commercial water bottling operations. For several reasons, these operations tend to meet with controversy wherever they are located. Few other water uses make so clear that *any* consumptive water use amounts to a free grant of a public resource to a private entity, which may then turn and use the resource to generate a profit. Most commercial water bottlers pay only a trivial permit fee rather than a fee based on the volume of groundwater pumped. Of course, firms that install groundwater wells only to turn and sell that water to the public for a price many multiples of the marginal cost of production differ from other commercial users of groundwater only in the transparency of the arrangement. This raises another economic question to which we now turn: how does water law give effect to the public interest in the earth's fresh water?

dd) The Public Interest in Private Water Rights

This brief section deals, in effect, with the negative externalities of systems of private water rights. The systems we have examined thus far address

[28] E.g, Edwards Aquifer Authority v. Day, 369 SW 3d 814 (Texas 2012), June 8, 2012, but see Diamond Nat. Res. Prot. & Conservation Ass'n v. Diamond Valley Ranch, LLC, 138 Nev. Adv. Op. 43 (Nev. 2022), June 16, 2022.

[29] *Owen*; *Klein*.

principally the allocation of private rights among a fixed universe of private users. But as water use has become more intensive, lawmakers have supplemented systems of water rights with other legal arrangements that give effect to the public's general, nonconsumptive interests in freshwater. These other laws generally serve goals of resource management apart from allocation – goals such as resource conservation, ecological protection, environmental well-being, and public governance (including budgetary concerns).

Bodies of freshwater are not like mineral or commodity lodes which can be drawn down to zero with little external effect. Water bodies have enormous visual and recreational appeal. They serve as essential habitat for vast numbers of species. And they are properly regarded as the heritage of humankind rather than the special tool of particular owners. In furtherance of these benefits, lawmakers have imposed general limits on consumptive water use that sweep across systems of water allocation. These broad legal rules add further complexity to the property entitlements of water owners. From an economic standpoint, they make it even more difficulty to identify what, exactly, a water right is. For example, systems of prior appropriation have no internal mechanism to maintain instream flow in a given stream; the logic of the system would permit the complete appropriation of every drop in the waterway. In order to ensure that some water would remain in the stream for habitat and other purposes, lawmakers in those systems had to impose entirely new legal rules that, as a general matter, established minimum stream flows which had to be maintained at all times.[30] Water permitting bodies were forbidden to grant water rights that would impair those flows – an idea which was reasonable and logical enough, but which cuts entirely against the grain of prior appropriation. Law that protect aquatic or wetland biodiversity, such as the Endangered Species Act (ESA) in the US, operate very differently but have a similar, unsettling effect on water rights. The ESA and its brethren typically block resource management agencies from taking actions that could impair the habitat of, or otherwise jeopardize, designated species. The ESA's interference with long-established systems of water allocation has played a significant role in titanic battles especially in the Western US.[31] To say that property rights are unsettled by such legal instruments is not at all to say that they are illegitimate or unwise. It is only to suggest that, from the standpoint of classical economics, these laws complicate further the possibility of secure, voluntary exchanges of private water rights.

As the previous example of water bottling illustrates, economic concerns are also implicated by the initial creation of a free private right to a natural resource, especially one so essential to human survival and flourishing. Of

30 *Gillinan/Brown.*

31 *Doremus/Tarlock*; *Sax.*

course, humans constantly extract natural resources from earth systems and make no payment to any government. On the other hand, a government would expose itself to justifiable criticism were it to convey some of its land to a private individual for no compensation.[32] Likewise, the creation of what amounts to a private monopoly over a valuable water resource, without compensation, sometimes awakens economic and political concern. Consider the free grant of groundwater rights to water bottlers: although few jurisdictions levy a per-unit charge for water access, the mere fact of recurrent public opposition raises two items of economic relevance. First, the existence of strongly held political views may induce policymakers one day to impose a charge or fee on such users. Second, and more fundamentally, economic theory would suggest that a resource given away for free will be overused. In times to come, states may choose to subject the initial allocation of water rights to a fee, by way of, for example, an auction. Auctions are presently employed to dispense rights to portions of the electromagnetic spectrum. Though they reap billions of dollars from telecommunications firms, such auctions are still criticized for giving away a valuable public resource too cheaply.

The previous sections have explained several respects in which private ownership of water differs from the ownership of other resources. The features described above cut against voluntary exchanges of water rights. But these features are only a small part of the law-and-economics story of water. We turn now to the analogous difficulties associated with determining jurisdiction among neighboring states over shared waterways.

b) Rights Between States

Many of the world's most important water bodies cross or constitute jurisdictional boundaries. From the standpoint of law and economics, the ambiguities that attend the allocation of water across these boundaries are every bit as important as, and possibly more vexing than the difficulties faced by individual jurisdictions as they allocate rights among particular users. The same inefficiencies may result from misallocation, and moreover, the indefinite nature of jurisdiction over water – in stark contrast to the relative clarity as to land – can provoke conflict, incentivize distortionary behavior, and lead to the over- or underuse of water resources. This section will explore transboundary water issues both as to surface waters and as to groundwater.

---

32 *Huber*.

aa) Surface Waters

The Nile River basin drains nearly one-tenth of the African continent, an area including parts of eleven different countries. The Mississippi River drainage includes 32 of the 50 US states and portions of two Canadian provinces. The allocation of these vital waters among the relevant jurisdictions is far from clear. Where there exists a superior jurisdiction capable of resolving interjurisdictional disputes, such as the United States Supreme Court in the context of competing states, the problem is somewhat less severe, though by no means trivial. Through the twentieth century, the US high court has developed a body of doctrinal principles to resolve interstate conflicts about transboundary rivers in particular.[33] The relevant doctrine, known as the "equitable apportionment" doctrine, is notable for its relative vagueness and lack of development.[34] In fact, the doctrine is imprecise enough that its principal effect is to explain and rationalize the decisions of the court, rather than to serve as a framework which can be applied by other states to resolve disputes among themselves. Few states make major water policy decisions in light of equitable apportionment doctrine; moreover, the private water rights doctrines in many states would make it difficult for states to limit private claimants' rights to water in the first place. The eternal wrangling over the allocation of the Colorado River, one of the most thoroughly contested rivers in the world, demonstrates the difficulty of reaching agreement even among relatively cooperative parties. Nonetheless, the Supreme Court's ability to render a decision in such cases means that, as between the fifty US states, there is an ultimate arbiter and, therefore, correspondingly less uncertainty about the legal status of water rights within opposing jurisdictions.

In the international transboundary context, there is no real parallel to the US Supreme Court, and the principles of international law are obviously quite different from the principles of federalism that apply internally within the United States. Typically international states are subject to international water law only to the extent that those states affirmatively enter into treaty arrangements.[35] (There are binding principles of customary international law that apply to all states regardless of treaty ratification, but the applicability of such principles to water allocation is relatively attenuated and imprecise and has not often been clarified in litigation.) International tribunals are empowered to resolve transboundary disputes only to the extent that such treaties allow, and even then, it remains open to states to decline either to invoke the

---

[33] E.g., Florida v. Georgia, 141 S. Ct. 1175 (2021), April 1, 2021.

[34] *Tarlock.*

[35] E.g., UN Convention of 21 May 1997 on the Non-navigational Uses of international Watercourses, United Nations, General Assembly Resolution 51/229, Annex.

tribunal in the first place, or to fail to submit to the judgment of the tribunal should it render an undesirable judgment.[36]

With those limitations in view, then, let us turn to the substantive principles by which international transboundary water allocation treaties are developed and disputes are resolved. Interestingly, the doctrinal formulations invoked in such instances draw heavily from the equitable apportionment jurisprudence of the US Supreme Court. Because the US court's early cases in this domain predated the seminal international conflicts, and because those early cases also involved sovereign entities entitled to comity and equal respect (at least to a limited degree), the principles that emerged were regarded as useful precedents for the international context. Thus the international law of allocation mirrors quite closely the domestic law of the United States as regards interstate water allocation, and even surpasses it in clarity, due to the negotiated expansion of the relevant doctrine during the treaty-writing process.

The principal international instrument regarding the consumptive use of freshwater is the 1997 UN Watercourses Convention, which has been ratified by fewer than 40 states and took some 17 years to enter into force. As with many international instruments, the text articulates general principles (in this case, equity and reasonableness) and then identifies a series of factors to be used in evaluating and applying those principles. The emphasis on reasonableness and the unweighted balancing of various factors calls to mind the early law of riparian rights discussed above. The Convention follows the US law of equitable apportionment in subordinating existing imbalances in water use to the overarching principle of equity. Where states have not yet utilized the resources of a shared watercourse, they retain the right to do so under the principle of equity, even if that state's instigation of new water withdrawals is likely to cause harm to existing users of the watercourse in other states.[37]

Various other bi- and multilateral agreements, usually focused on particular watercourses, both pre- and postdate the Convention, but it is well worth noting that transboundary water agreements of this sort are limited in important respects. Those agreements are seldom tested or litigated; enforcement actions pursuant to such treaties are few; published decrees from the relevant tribunals are even fewer. Thus the published caselaw in this important space is minimal. Moreover, there remain countless transboundary rivers that are not covered by a treaty. Finally, we have here been speaking only about transboundary surface waters. If we turn our attention to transboundary aqui-

---

36 *Caflisch.*

37 *Caflisch*, pp. 30 et seqq.

fers, we find that there is almost a complete dearth not only if international legal principles, but even of international agreements.

bb) Groundwater

There are but a handful of treaties that explicitly address transboundary aquifers.[38] And the more we look for such aquifers, the more of them we find.[39] As noted previously, groundwater formations are often connected to surface waters, yet diplomacy related to even the world's most important rivers has often neglected the associated aquifers. The UN initiated a treaty-making process intended to leverage progress on the Watercourses Convention for the benefit of groundwater policy, but the process thus far has resulted only in the 2008 publication of Draft Articles on the Law of Transboundary Aquifers.[40]

Again, the US Supreme Court, by virtue of its original jurisdiction over disputes between the US states, has the authority to resolve interstate disputes about transboundary groundwater bodies. In 2021, the Court rendered its first ever opinion in such a case.[41] The state of Mississippi had sued Tennessee over municipal water use in the city of Memphis, which is situated just north of the Tennessee's border with Mississippi. Mississippi argued that groundwater which would remain within the state's boundaries but for pumping outside the state (namely, Memphis's pumping for municipal groundwater supply) was owned by Mississippi. The Court disagreed, declaring that the doctrine of equitable apportionment, discussed above, applies also to the context of transboundary aquifers. Mississippi does not 'own' or have exclusive rights to the groundwater currently located within its borders and may not recover when other states tap into such reserves. In the years to come, no doubt other states, US as well as foreign, will be required to adapt local groundwater pumping rules to account for expanding groundwater usage in neighboring jurisdictions. Because some states conceive of landowners as having a relatively unfettered right to groundwater access, these developments portend additional unsettlement with regard to property rights to groundwater.

There are good reasons to assume that groundwater treaties will be more difficult to conclude and to enforce than surface water treaties. This is because groundwater pumping is largely unobservable to a neighboring state

---

[38] *Barberis*; *Eckstein.*

[39] *Sanchez/Rodriguez.*

[40] United Nations, Report of the International Law Commission, Sixty-Third Session, Official Records of the UN General Assembly, Supplement No. 10 (A/63/10).

[41] 141 S. Ct. 2882 (2021), July 2, 2021.

and compliance monitoring is infeasible. Information costs, in other words, are exceedingly high. Moreover, resource race dynamics may incentivize groundwater-dependent states to maximize current withdrawals. If neither side can be confident that the other is abiding by negotiated pumping limitations, then what good is an agreement? These challenges are not insurmountable, however. Increasingly, remote sensing technologies reduce monitoring costs and can determine, with surprising precision, the amount of water extracted from an aquifer.[42] Groundwater agreements modeled on the existing Genevese Convention, the Guarani Agreement, and the Al-Disi Agreement may one day incorporate third-party monitoring provisions as a matter of course in order to increase inter-party trust and minimize the risk of defection.

Diplomatic success, global equity, and economic efficiency are, of course, different concepts, and it is not clear that the expansion of international law into transboundary aquifers will increase the sustainability of subterranean water resources.[43] For the time being, the dearth of legal enactments in this space means that international groundwater policy remains an undeveloped frontier.

2. Transaction Costs

In addition to ill-defined property rights, voluntary transactions in freshwater suffer from very high transaction costs.[44] It goes without saying that the costs of long-distance water shipment are prohibitive. Perennial efforts to construct truly world-altering waterworks – such as bringing water from Canada's Fraser River or the Great Lakes water to the US Southwest by canal or pipeline – regularly founder on the shoals of their unimaginable expense.[45] Even in an age of technological mastery, the world's largest man-made water delivery systems extend across, say, the State of California – but not from Canada to Africa or Hawaii to Australia. Canal systems, such as the California Water Project, require extraordinary capital investment and entail massive ongoing energy costs for pumping water over and across undulating terrain, to say nothing of the evaporative loss inherent in shipment by canal. Water can sometimes be shipped cost-effectively in niche consumer contexts, such as when Evian bottled water appears on shelves in Los Angeles or Sydney, but high-volume consumptive water rights can only be meaningfully transferred short distances. Even local transfers in which delivery can be

---

42 *Avisse/Tilmant/Müller/Zhang.*

43 *Conti/Gupta.*

44 *Casado Pérez.*

45 *Reisner.*

accomplished naturally (by allowing water to flow farther down a river, for example) involve high transaction costs, such as legal fees, hydrological consultant fees, agent commissions, search costs, and so forth. This is so even in jurisdictional contexts in which property rights are relatively clear.[46] A recent study of water transfers in Colorado reported legal fees of between roughly US$50,000 and $150,000 and hydrologist fees of a similar magnitude, per transaction.

Water "transactions" between sovereign states meet with even greater (and possibly insurmountable) friction. For all practical purposes, transactions as such do not occur.[47] Negotiations between or among states typically serve to establish an *ex ante* baseline and do not purport to transfer rights in a transactional sense, even if their practical effect is in fact to shift the balance of water use towards one state or another. Water treaties or compacts can of course be renegotiated, but the costs of doing so are extraordinary, as evidenced by recent rumblings about revisiting the 1960 Indus Water Treaty between Pakistan and India. Some water treaties explicitly incorporate the possibility of exit or renegotiation.[48] But the general point is clear: water allocations among states, once fixed, are exceedingly rigid, and the economist's ideal of free, voluntary, frictionless exchange is distant indeed.

It also bears mention here that the complexity of the transactional context, as well as legal uncertainty and even uncertainty about the extent of transaction costs themselves, represent nonmonetary costs that further suppress market activity. Precisely because water rights tend to be ill-defined, sales of those rights entail risk to both the purchaser and the seller. Administrative, judicial, or diplomatic processes that result in more precise quantification of an existing right can cut both ways, helping or harming the parties involved. Doctrinal flux adds further uncertainty to the process as parties bargain in light of the possibility of unknown doctrinal change.[49] Because most intra-jurisdictional water transfers initiate an adjudicative or quasi-judicial process, parties are made aware immediately of the possibility that the process will expand into full-fledged adversarial litigation, with all the attendant expenses. All these factors combine to make transfers of water rights expensive and uncommon.

---

[46] *Womble/Hanemann*, 2020a; *Womble/Hanemann*, 2020b.

[47] See *Charalambous*, p. 91, noting that the only examples of such transactions involve isolated instances of single water shipments to alleviate short-term water shortages.

[48] *Brady/Li/Yoder*.

[49] *Womble/Hanemann*, 2020b.

III. Beyond Conventional Economics

The foregoing discussion has illuminated several important and largely irreducible respects in which water is physically and legally different from other commodities in global commerce. Many of these differences help explain, using the conceptual toolkit of the law-and-economics approach, the global and regional misallocation of water. A single attribute – the high cost of long-distance water transfer – by itself goes a long distance towards explaining the enduring inequities in global water distribution. To be sure, there are other frameworks one can apply in analyzing water policy. Many examine water solely through the lens of human rights.[50] Others apply theological or ethical frames.[51] Others explicitly invoke a range of viewpoints, appealing ultimately to the raw human need for water as the critical baseline for non-market decision making.[52]

Given that the difficulties of defining high-volume property rights in the consumptive use of fresh water and the high transaction costs involved in transferring water rights are likely to persist, what other insights might law-and-economics bring to bear on the water policy challenges described in Part I.? They are, of course, far too numerous to list here. The discussion that follows has the more modest goal of calling attention to several analytical and normative pathways that have not often received pride of place in the literature, but that may yet bear important fruit in the future.

First, it is worth bearing in mind that many high-volume water allocation problems are versions of common pool resource problems. Such problems need not have tragic outcomes. The Institutional Analysis and Development (IAD) framework developed by Elinor Ostrom and her colleagues suggests a rich, structured set of analytical directions for further work on water resources.[53] The IAD framework, and Ostrom's analytical perspective more generally, is deeply grounded in microeconomic theory and in the broader conventions of the social sciences. Perhaps because Ostrom's early work focused on informal self-organization or remote geographical contexts, or perhaps because the IAD framework requires the researcher to contend with a broad array of variables and measures, contemporary analysts often neglect its use. But the IAD toolkit is explicitly and carefully designed to provide insight into complex institutional contexts in which resource users have heterogeneous objectives and property rights are weak or poorly defined or structured. If the law-and-economics approach is to deliver ongoing insights into real-

---

[50] *Fiechter-Widemann.*

[51] *Zenner.*

[52] *Glennon*; *Christian-Smith/Gleick/Cooley/Allen/Vanderwarker/Berry.*

[53] *Ostrom*, 2005; *Ostrom*, 1990; *Ostrom/Gardner/Walker*, 1994.

world water crises of extraordinary political and social sensitivity, the simple, intuitive, and highly reductive models of its early renown must give way to less elegant and less parsimonious but more realistic modes of analysis. Severe groundwater depletion problems in particular, in which resource users seem locked in tragic equilibrium developing higher and higher value agricultural products while depleting fossil water reserves, lend themselves to the more elaborate designs of IAD. Straightforward resource trading and banking approaches, though useful in single-jurisdiction scenarios, are unlikely to be of significant utility in transboundary contexts.[54]

Another relatively unexamined, though perhaps extreme, solution to water problems involves using government's eminent domain power to purchase water rights, or other property rights related to water such as rights to riparian land, where private ownership interferes with public needs. In many jurisdictions, the right of private parties to appropriate unappropriated water from nature is a given; only backstop restrictions such as minimum stream flows prevent the overappropriation of water bodies. But when minimums are ineffective or infeasible, such as in groundwater contexts in which landowners own a virtually unlimited right to extract groundwater as an incident to land ownership, regulatory limitations on private consumption may prove legally vulnerable (not to mention politically difficult). To be sure, substantial public condemnation of water resources would represent an extraordinary measure that too would confront profound political headwinds. But sometimes water users realize that they are locked in an unsustainable battle, and perhaps a cooperative submission to coercive authority is required in order for a stable, sustainable equilibrium to arise. Moreover, there are various mitigating tactics available that could soften the roughest edges of eminent domain. For example, eminent domain could be employed not to purchase full-scale water rights, but only to purchase a right of access to water meters, pumps, observational wells, or other monitoring equipment that could fortify the ability of public authorities to address water shortages. Alternatively, ownership of water rights could be placed in a trust entity, with strict and specific fiduciary obligations, and a separate governance and accountability structure more likely to appease large-volume users. (A structure of this sort would resemble early efforts in the western US to regulate and allocate grazing rights where grazing had previously been open access, and grazing rights came under the supervision of local grazing advisory boards.) Finally, condemnation could be limited to marginal and incremental rights sufficient only to allow for the operation of an accompanying regulatory structure. In other words, a public regulator would limit water withdrawals, and an incremental purchase of water rights would take place solely to the degree neces-

54 *Young*; *Schlager*.

sary to overcome legal challenges against uncompensated takings. Presumably the quantum of the water right necessary to withstand such a challenge would be considerably less than the entire water right, which itself would be but a portion of the value of the accompanying land. There are legal precedents for the large-scale purchase of incremental property rights in other contexts. For example, railways were constructed on strips of land regularly obtained by compelled sales of limited easements rights rather than fee simple purchases. The construction of tunnels for urban subways sometimes involves a grant of modest compensation to landowners above, representing the purchase of the minimal volume underneath the overlying landowner. These sorts of public infrastructure projects required limited public ownership rights; in the same way, perhaps acute water distress could justify public acquisition of water for conservation or emergency distribution.

IV. Conclusion

The field of economics has long been critical to the analysis of natural resource policy; in more recent years, it has become a valuable complement to law and to legal scholarship. By illuminating and clarifying the effects of legal rules and the incentives they create, economic analysis has enabled judges and legislators to improve the efficiency of public systems, to craft rules that allocate resources and public benefits more justly and equitably, and to evaluate legal and policy proposals with reference to systemic effects otherwise hidden. The language and concepts of economics have pervaded the field of law and are now commonplace in legal education and scholarship.

The domain of water law and policy has been the subject of great economic interest, yet water's unique attributes complicate its study in interesting and sometimes unexpected ways. As a subfield, water law is characterized by enormous variation between jurisdictions and by malleable rules that, in some cases, remain very much in a place of evolutionary progress. For this reason at least, legal scholars would do well not only to retain their now-familiar toolkit of typical economic concepts, but also to edge towards the frontiers of the discipline, drawing not only on Elinor Ostrom and her IAD framework, but also on the insights of behavioral economics.[55]

Wherever the field moves, this author is confident that the remarkable body of scholarship produced by Prof. Dr. Klaus Mathis will be there to aid future researchers. Perhaps even more importantly, the interdisciplinary inquiry that will be required to make progress in water policy will doubtless

---

[55] *Mathis*, 2015.

benefit from the legions of scholars that have received direct encouragement and benefit from Professor Mathis and his rightly-celebrated record of interdisciplinary engagement, emblemized most obviously by the annual law-and-economics conferences he has so generously hosted at Lucerne over the past years. The present author wishes to conclude only by thanking Professor Mathis for his personal generosity and by extending heartfelt congratulations for his remarkable scholarly and professional accomplishments.

List of References

Avisse, Nicolas/*Tilmant*, Amaury/*Müller*, Marc François/*Zhang*, Hua: Monitoring small reservoirs' storage with satellite remote sensing in inaccessible areas, in: Hydrology and Earth System Sciences, Vol. 21 (2017), pp. 6445 et seqq.

Barberis, Julio: The Development of International law of Transboundary Groundwater, in: Natural Resources Journal, Vol. 31 (1991), pp. 167 et seqq.

Bellinger, David: Lead Contamination in Flint, An Abject Failure to Protect Public Health, in: New England Journal of Medicine, Vol. 374 (2016), pp. 1101 et seqq.

Brady, Michael/*Li*, Tongzhe/*Yoder*, Jonathan: The Columbia River Treaty Renegotiation from the Perspective of Contract Theory, in: Journal of Contemporary Water Research and Education, Vol. 155/1 (2015), pp. 53 et seqq.

Caflisch, Lucius: The law of international watercourses, achievements and challenges, in: Boisson de Chazournes, Laurence/Leb, Christina/Tignino, Mara (Eds.), International Law and Freshwater, The Multiple Challenges, Cheltenham (UK)/Northampton (MA) 2013, pp. 24 et seqq.

Casado Pérez, Vanessa: The Role of Government in Water Markets, Abingdon/New York 2017.

Charalambous, Andreas: Transferable Groundwater Rights, Integrating Hydrogeology, Law and Economics, Abingdon 2013.

Christian-Smith, Juliet/*Gleick*, Peter/*Cooley*, Heather/*Allen*, Lucy/*Vanderwarker*, Amy/*Berry*, Kate A.: A Twenty-First Century U.S. Water Policy, Oxford 2012.

Conti, Kirstin/*Gupta*, Joyeeta: Global governance principles for the development of groundwater resources, in: International Environmental Agreement, Vol. 16 (2016), pp. 849 et seqq.

Dellapenna, Joseph: The Evolution of Riparianism in the United States, in: Marquette Law Review, Vol. 95 (2011), pp. 53 et seqq.

Demsetz, Harold: Toward a Theory of Property Rights, in: The American Economic Review, Vol. 57 (1967), pp. 347 et seqq.

Doremus, Holly/*Tarlock*, Dan: Water War in the Klamath Basin, Macho Law, Combat Biology, and Dirty Politics, Washington D.C. 2008.

Eckstein, Gabriel: The International Law of Transboundary Groundwater Resources, Abingdon/New York 2017.

Fiechter-Widemann, Evelyne: The Human Right to Water, Justice … or Sham?, Eugene (OR) 2017.

Getzler, Joshua: A History of Water Rights at Common Law, Oxford 2004.

Gillinan, David/*Brown*, Thomas: Instream Flow Protection, Seeking a Balance in Western Water Use, Washington D.C. 1997.

Gleick, Peter: Water and Conflict, Freshwater Resources and International Security, in: International Security, Vol. 18 (1993), pp. 79 et seqq.

Glennon, Robert: Unquenchable, America's Water Crisis and What To Do About It, Washington D.C. 2009.

Hotelling, Harold: The Economics of Exhaustible Resources, in: Journal of Political Economy, Vol. 39 (1931), pp. 137 et seqq.

Huber, Bruce: The Fair Market Value of Public Resources, in: California Law Review, Vol. 103 (2015), pp. 1515 et seqq.

Jasechko, Scott/*Perrone*, Debra: California's Central Valley Groundwater Wells Run Dry During Recent Drought, in: Earth's Future, Vol. 8 (2020), e2019EF001339.

Ketabchi, Hamed/*Mahmoodzadeh*, Davood/*Ataie-Ashtiani*, Behzad/*Simmons*, Craig T.: Sea-level rise impacts on seawater intrusion in coastal aquifers, Review and integration, in: Journal of Hydrology, Vol. 535 (2016), pp. 235 et seqq.

Klein, Christine: Groundwater Exceptionalism, The Disconnect Between Law and Science, in: Emory Law Review, Vol. 71 (2022), pp. 487 et seqq.

Konikow, Leonard/*Kendy*, Eloise: Groundwater Depletion, A Global Problem, in: Hydrogeology Journal, Vol. 13 (2005), pp. 317 et seqq.

Larson, Rhett: Just Add Water, Solving the World's Problems Using Its Most Precious Resource, Oxford 2020.

Mathis, Klaus: Sustainability Strategies and the Problem of the Rebound Effect, in Mathis, Klaus/Huber, Bruce (Eds.), Energy Law and Economics, Cham/Heidelberg/New York/Dordrecht/London 2018, pp. 3 et seqq. (cit. *Mathis*, 2018).

Mathis, Klaus: Sustainable Development, Economic Growth and Environmental Regulation, in Mathis, Klaus/Huber, Bruce (Eds.), Environmental Law and Economics, Cham/Heidelberg/New York/Dordrecht/London 2017, pp. 3 et seqq. (cit. *Mathis*, 2017).

Mathis, Klaus (Ed.): European Perspectives on Behavioural Law and Economics, Cham/Heidelberg/New York/Dordrecht/London 2015 (cit. *Mathis*, 2015).

Mathis, Klaus/*Huber*, Bruce (Eds.): Energy Law and Economics, Cham/Heidelberg/New York/Dordrecht/London 2018 (cit. *Mathis/Huber*, 2018).

Mathis, Klaus/*Huber*, Bruce (Eds.): Environmental Law and Economics. Cham/Heidelberg/New York/Dordrecht/London 2017 (cit. *Mathis/Huber*, 2017).

Mathis, Klaus/*Steffen*, Ariel: From Rational Choice to Behavioural Economics, Theoretical Foundations, Empirical Findings and Legal Implications, in: Mathis, Klaus (Ed.), European Perspectives on Behavioral Law and Economics, Cham/Heidelberg/New York/Dordrecht/London 2015, pp. 31 et seqq.

Ostrom, Elinor: Understanding Institutional Diversity, Princeton 2005 (cit. *Ostrom*, 2005).

Ostrom, Elinor: Governing the Commons, The Evolution of Institutions for Collective Action, Cambridge (UK)/New York 1990 (cit. *Ostrom*, 1990).

Ostrom, Elinor/*Gardner*, Roy/*Walker*, James: Rules, Games, and Common-Pool Resources, Ann Arbor (MI) 1994.

Owen, Dave: Taking Groundwater, in: Washington University Law Review, Vol. 91 (2014), pp. 253 et seqq.

Rahman, Mohammed et al.: Salinization in large river deltas, Drivers, impacts and socio-hydrological feedbacks, in: Water Security, Vol. 6 (2019), pp. 100024 et seqq.

Reisner, Marc: Cadillac Desert, The American West and its Disappearing Water, New York 1993.

Rouse, Michael: The Worldwide Urban Water and Wastewater Infrastructure Challenge, in: International Journal of Water Resources Development, Vol. 30 (2014), pp. 20 et seqq.

Sanchez, Rosario/*Rodriguez*, Laura: Transboundary Aquifers between Baja California, Sonora and Chihuahua, Mexico, and California, Arizona and New Mexico, United States, Identification and Categorization, in: Water, Vol. 13 (2021), pp. 2878 et seqq.

Sax, Joseph: Environmental Law at the Turn of the Century, A Reportarial Fragment of Contemporary History, in: California Law Review, Vol. 88 (2000), pp. 2375 et seqq.

Schlager, Edella: Challenges of governing groundwater in U.S. western states, in: Hydrogeology Journal, Vol. 14 (2006), pp. 350 et seqq.

Schorr, David: The Colorado Doctrine, Water Rights, Corporations, and Distribute Justice on the American Frontier, Yale 2012.

Solow, Robert: The Economics of Resources or the Resources of Economics, in: The American Economic Review, Vol. 64 (1974), pp. 1 et seqq.

Tarlock, Dan: The Law of Equitable Apportionment Revisited, Updated, and Restated, in: University of Colorado Law Review, Vol. 56 (1984), pp. 381 et seqq.

Trelease, Frank: Legal Solutions to Groundwater Problems, A General Overview, in: Pacific Law Journal, Vol. 11 (1980), pp. 863 et seqq.

Weil, Samuel: Theories of Water Law, in: Harvard Law Review, Vol. 27 (1914), pp. 530 et seqq.

White, Richard: The Organic Machine, The Remaking of the Columbia River, New York 1995.

Womble, Philip/*Hanemann*, Michael: Water markets, water courts, and transaction costs in Colorado. Water Resources Research, Vol. 56 (2020), e2019WR025507 (cit. *Womble/Hanemann*, 2020a).

Womble, Philip/*Hanemann*, Michael: Legal change and water market transaction costs in Colorado, in: Water Resources Research, Vol. 56 (2020), e2019WR025508 (cit. *Womble/Hanemann*, 2020b).

Young, Michael: Unbundling Water Rights, A Blueprint for Development of Robust Water Allocation Systems in the Western United States, Report NI R 15-01, Nicholas Institute for Environmental Policy Solutions, Durham (NC) 2015.

Zenner, Christiana: Just Water, Theology, Ethics, and Fresh Water Crises, Revised Edition, Maryknoll (NY) 2018.

Technologieneutralität im Energierecht

Wirtschaftlich-rechtlicher Anspruch und politische Wirklichkeit

Von *Markus Schreiber*

I. Einleitung

Die Bekämpfung des Klimawandels erfordert unter anderem einen massiven Ausbau der Stromerzeugung aus erneuerbaren Energien[1] sowie eine Reduktion des Energieverbrauchs, insbesondere im Gebäudebereich.[2] Hierfür sind neben Verhaltensänderungen der Marktakteure auch technologische Innovationen notwendig.[3]

Eine entsprechende Technologieförderpolitik kann entweder darin bestehen, innovative Technologien hinsichtlich hemmender rechtlicher Vorgaben zu privilegieren (z. B. indem von Abgaben befreit wird), oder es kann eine direkte Förderung (meist in Form von Subventionen bis hin zu rechtlichen Vorgaben, die eine Verwendung der innovativen Technologie vorschreiben) erfolgen.[4] Diese Rechtsvorschriften zielen darauf ab, die innovative, klimafreundliche Technologie gegenüber den klimaschädlichen fossilen Alternativen zu bevorzugen. Wird die Vorschrift zu eng formuliert, kann es jedoch passieren, dass auch andere, ebenso klimafreundliche Optionen benachteiligt werden. Die Vorschrift ist dann nicht technologieneutral.[5] Ebenso ist es

---

1 *Fifita/Forster/Ginzburg* et al., S. 129 ff. Siehe auch für die Schweiz *Prognos AG/ Infras AG/TEP Energy GmbH* et al., S. 2.

2 Siehe dazu *BFE*, Gebäudepark 2050.

3 Vgl. zur Präferenz der Konsumentinnen und Konsumenten für technisch effizientere Produkte anstelle von Verhaltensänderungen *Steg/Dreijerink/Abrahamse*, S. 94 f.

4 Ein Überblick zu rechtlichen Instrumenten der Innovationsförderung findet sich bei *Schreiber*, Rechtliche Innovationssteuerung am Beispiel der Power-to-Gas-Stromspeichertechnologie, Rn. 368 ff.

5 Zum Begriff *Schreiber*, Rechtliche Innovationssteuerung am Beispiel der Power-to-Gas-Stromspeichertechnologie, Rn. 1384 ff.; vgl. zur Forderung nach Technologieneutralität gesetzlicher Vorgaben im Rahmen der Energiewirtschaft auch *Decurtins*, S. 234; *Hettich/Walther/Wohlgemuth/Camenisch/Drittenbass*, S. 177 ff.; *Vettori/Iten/ Küng*, Regulierungsfolgenabschätzung zur Revision des Stromversorgungsgesetzes,

wichtig, dass die Vorschrift offen genug formuliert ist, um auch zukünftige technologische Entwicklungen abzubilden. Man spricht insofern von der Technologieoffenheit.[6] Diese ist mit der Technologieneutralität eng verwandt. Sie unterscheidet sich von dieser jedoch dadurch, dass nicht aktuell existierende technologische Alternativen benachteiligt werden, sondern solche, die zum Zeitpunkt des Inkrafttretens der Vorschrift noch gar nicht auf dem Markt vorhanden sind.

Im Folgenden wird zunächst aufgezeigt, weshalb Technologieneutralität und -offenheit rechtlicher Vorschriften für eine innovative Volkswirtschaft von Bedeutung sind und weshalb diesem Anspruch dennoch häufig nicht genügt wird (II.). Im Anschluss wird demonstriert, dass Technologieneutralität und -offenheit nicht nur wirtschaftlich vorteilhaft, sondern teilweise auch rechtlich gefordert sind (III.). Im Hauptteil des Beitrags wird schliesslich analysiert, inwiefern die bestehenden und aktuell geplanten Vorgaben im Schweizer Energierecht diesen wirtschaftlichen und rechtlichen Anforderungen gerecht werden (IV.).

II. Wirtschaftspolitischer Hintergrund

Die Technologiepolitik im Energiesektor soll die klimafreundlichsten Technologien zur Anwendung bringen. Die entsprechenden Eingriffe in den Markt werden meist mit einem Marktversagen begründet.[7] Im Bereich des Klimaschutzes lassen sich hier insbesondere Externalitäten anführen.[8] So verursachen z. B. fossile Energieträger negative Externalitäten; d. h., die negativen Auswirkungen der Emissionen auf die Allgemeinheit sind nicht in den Kosten der fossilen Energieträger eingepreist.[9] Gleichzeitig weist der Einsatz erneuerbarer Energieträger oder anderer klimafreundlicher Technolo-

---

S. 65 (diese Formulierung findet sich nicht in der späteren Fassung des Berichts von 2017).

[6] Zum Begriff *Schreiber*, Rechtliche Innovationssteuerung am Beispiel der Power-to-Gas-Stromspeichertechnologie, Rn. 1381 ff.; vgl. auch *Sailer/Reuter*, S. 13. Teilweise wird der Begriff der Technologieoffenheit auch für die hier als „Technologieneutralität" bezeichnete Eigenschaft rechtlicher Vorgaben verwendet, so offenbar bei *Schenuit/Heuke/Paschke*, S. 58. Aufgrund der unterschiedlichen Zielrichtung empfiehlt es sich jedoch, auch begrifflich zwischen Technologieneutralität und -offenheit zu unterscheiden.

[7] *Borenstein*, S. 67; *Heine*, S. 345; *OECD*, The Innovation Imperative, S. 27; ausführlich *Schreiber*, Rechtliche Innovationssteuerung am Beispiel der Power-to-Gas-Stromspeichertechnologie, Rn. 322 ff. m. w. H. Vgl. auch *Winistörfer*, S. 361 ff.

[8] Allgemein zur Legitimation der Innovationssteuerung durch Externalitäten *Schreiber*, Rechtliche Innovationssteuerung am Beispiel der Power-to-Gas-Stromspeichertechnologie, Rn. 323 ff.

[9] Ausführlich zu den externen Kosten fossiler Energieträger *Krewitt*.

gien teilweise positive Externalitäten auf, etwa in Form von Lerneffekten, von denen weitere Marktteilnehmer (und damit letztlich das Klima) profitieren können,[10] die den Verwendern der erneuerbaren Energien aber nicht vergütet werden. Die Eingriffe zugunsten der erneuerbaren Energieträger dienen also dazu, ein Marktversagen zu kompensieren und für faire Wettbewerbsbedingungen zugunsten innovativer Wirtschaftstätigkeit zu sorgen.[11] Negative externe Effekte bestehen indes auch bei den erneuerbaren Energieträgern, etwa in Form unerwünschter Landschaftsauswirkungen von Windenergieanlagen oder den lokalen Emissionen von Biomasseanlagen,[12] was bei der Ausgestaltung der Vorschriften ebenfalls zu beachten ist.

Fördern eng gefasste Vorschriften aufgrund der fehlenden Technologieneutralität jedoch nur bestimmte Technologien, so werden sämtliche klimafreundlichen Technologien, die nicht unter die Vorschrift fallen, benachteiligt. Obwohl sie ebenfalls kaum negative Externalitäten aufweisen, können sie von den Rechtsvorgaben nicht profitieren. Der Wettbewerb zwischen den klimafreundlichen Technologien wird somit verzerrt. Letztlich bestimmt hier also der Gesetzgeber (oft unabsichtlich), welche Technologie sich am Markt durchsetzen wird, obwohl dies nicht in spezifischen Vorteilen dieser Technologie, sondern allein im Zuschnitt der Rechtsvorschrift begründet liegt. Man spricht insofern deshalb auch davon, der Gesetzgeber wähle die Gewinner („*picking winners*").[13] Im Falle der fehlenden Technologieneutralität fehlt es also gerade an den fairen Wettbewerbsbedingungen, die für eine innovative Volkswirtschaft von grosser Bedeutung sind.[14]

Im Falle fehlender Technologieoffenheit kann zwar im Zeitpunkt des Inkrafttretens der Vorschrift möglicherweise noch effektiver Wettbewerb zwischen den klimafreundlichen Technologien stattfinden. Im weiteren Verlauf der technologischen Entwicklung werden jedoch alle Technologien benachteiligt, die nicht mehr in den Anwendungsbereich der Vorschrift fallen. Dies könnte dazu führen, dass der technische Entwicklungsstand auf demjenigen des Inkrafttretens der Vorschrift „eingefroren" wird, was als eine Form des

---

[10] Vgl. zu erneuerbaren Energien *Bergek/Jacobsson/Sandén*, S. 585 ff.

[11] Vgl. zur Bedeutung eines fairen Wettbewerbsumfelds für Innovation *OECD*, The Innovation Imperative, S. 70.

[12] Zu den negativen Externalitäten erneuerbarer Energieträger *von Möllendorf/Welsch*; zur Windenergie auch *Dröes/Koster*.

[13] Zur Förderung klimafreundlicher Fahrzeuge *Fox/Axsen/Jaccard*; im Kontext der Förderung erneuerbarer Energien *Simpson/Clifton*, S. 131 ff.; vgl. aber auch *Roberts*, S. 135, die darauf hinweist, der Gesetzgeber habe zuvor fossile Energieproduzenten als „winners" ausgewählt, weshalb dies jedenfalls kein entscheidendes Argument gegen die Förderung erneuerbarer Energien sei.

[14] *OECD*, The Innovation Imperative, S. 70.

sog. „*Lock-in*-Effekts" im Sinne einer „Pfadabhängigkeit" angesehen werden kann.[15]

Der fehlerhafte, d. h. zu enge, Zuschnitt der Vorschrift wird meist auf einem von zwei Gründen beruhen: Am bedeutsamsten dürfte das Wissensproblem sein, d. h. die fehlenden Kenntnisse des Gesetzgebers in Bezug auf die zu regelnden technologischen Innovationsprozesse.[16] Hinsichtlich der Technologieneutralität hiesse dies, dass dem Gesetzgeber nicht bewusst ist, dass andere klimafreundliche Technologien existieren, oder dass übersehen wird, dass diese nicht unter die Vorschrift fallen. Im Hinblick auf die Technologieoffenheit wird das fehlende Wissen des Gesetzgebers noch bedeutsamer, da Prognosen hinsichtlich der technologischen Entwicklung auch für Expertinnen und Experten sehr schwierig sind.[17] Ebenfalls denkbar ist jedoch, dass der Gesetzgeber bewusst bestimmte Technologien bevorzugt und andere ausschliesst. Dies kann etwa aufgrund erfolgreichen Lobbyings starker Interessengruppen geschehen und somit Teil des sog. Machtproblems des Gesetzgebers bei der Innovationssteuerung sein.[18] Diese Interessengruppen würden sich im Falle der fehlenden Technologieneutralität gegenüber bestehenden Konkurrenten Vorteile erstreben, während sie sich im Falle der fehlenden Technologieoffenheit vor zukünftigen technischen Entwicklungen abzuschirmen versuchten.

Die Technologieneutralität und -offenheit rechtlicher Vorschriften zur Förderung innovativer, klimaschonender Technologien ist somit wirtschaftspoli-

---

[15] In Form des sog. regulatorischen Lock-Ins, siehe *Schreiber*, Rechtliche Innovationssteuerung am Beispiel der Power-to-Gas-Stromspeichertechnologie, Rn. 249 ff.; vgl. für Energiespeicher *EFZN*, Eignung von Speichertechnologien zum Erhalt der Systemsicherheit, S. 227; siehe auch allgemeiner *Stewart*, S. 1296 ff.; ausführlich zu Pfadabhängigkeiten in der Technologiepolitik *Wieland*; allgemein zu Pfadabhängigkeiten im öffentlichen Recht die Beiträge bei *Wagner/Grosche/Bierschenk* et al.

[16] Vgl. allgemein zur Innovationssteuerung *Hoffmann-Riem*, Rückblick auf das Projekt „Recht und Innovation", S. 316; ausführlich *Schreiber*, Rechtliche Innovationssteuerung am Beispiel der Power-to-Gas-Stromspeichertechnologie, Rn. 221 ff.; vgl. auch *Stewart*, S. 1275; allgemein zu Machtproblemen des Gesetzgebers bei der Innovationssteuerung *Hoffmann-Riem*, Governance im Gewährleistungsstaat, S. 213 ff.; vgl. ausserhalb dieses Kontextes auch *Spescha*, S. 31 ff.; allgemein zum Einfluss von Interessengruppen *Schott*, S. 59 f.

[17] Siehe bereits *Schreiber*, Rechtliche Innovationssteuerung am Beispiel der Power-to-Gas-Stromspeichertechnologie, Rn. 223 ff.; vgl. zum damit verbundenen „legal lag", d. h. der verzögerten Reaktion des Gesetzgebers auf die technische Entwicklung, *Vieweg*, S. 36; allgemein zur Schwierigkeit von Prognosen in einem volkswirtschaftlichen Kontext *SECO*, Konjunkturtendenzen Sommer 2014, S. 33 ff., insbesondere dort S. 46.

[18] Dazu *Hoffman-Riem*, Governance im Gewährleistungsstaat, S. 213 ff.; *Schreiber*, Rechtliche Innovationssteuerung am Beispiel der Power-to-Gas-Stromspeichertechnologie, Rn. 252 ff., insbesondere dort Rn. 254.

tisch geboten. Dies gilt einerseits, um einen fairen Wettbewerb zuzulassen, der den tatsächlich innovativsten Lösungen zum Durchbruch verhilft, und andererseits, um den technischen Stand nicht „einzufrieren", sondern zukünftigen, noch innovativeren Ansätzen gegenüber offen zu sein.

III. Rechtliche Rahmenbedingungen

Über die wirtschaftspolitischen Vorteile hinaus sind Technologieneutralität und -offenheit jedoch teilweise auch rechtlich gefordert. Die Forderung nach technologieneutralen Regelungen lässt sich insbesondere auf den Gleichheitssatz des Art. 8 Abs. 1 BV stützen.[19] Dieser verlangt, Gleiches nach Massgabe seiner Gleichheit gleich und Ungleiches nach Massgabe seiner Ungleichheit ungleich zu behandeln.[20] Das Gleichbehandlungsgebot bindet trotz der Formulierung „vor dem Gesetz" in Art. 8 Abs. 1 BV auch den Gesetzgeber.[21] Angesichts des weiten Beurteilungsspielraums des Gesetzgebers bei der Einordnung verschiedener Sachverhalte beschränkt sich der materielle Gehalt im Ergebnis in den meisten Fällen[22] darauf, sachliche und vernünftige Gründe für die Ungleichbehandlung zu verlangen.[23]

---

19 Siehe im Kontext der Energiespeichertechnologien *Schreiber*, Rechtliche Innovationssteuerung am Beispiel der Power-to-Gas-Stromspeichertechnologie, Rn. 1387 sowie allgemein zur Innovationssteuerung dort Rn. 307 ff.; ausführlich *Walther*, S. 27 ff. Dagegen bezweifelt *Schulze-Fielitz*, S. 328 f., dass der Gleichheitssatz den Gesetzgeber bei der Innovationssteuerung merklich beschränkt. Siehe dazu bereits *Schreiber*, Rechtliche Innovationssteuerung am Beispiel der Power-to-Gas-Stromspeichertechnologie, Rn. 307 m. Fn. 688.

20 So die wohl häufigste Formulierung, vgl. etwa BGE 135 V 361, E. 5.4.1. Teilweise wird der Gehalt des Gleichheitssatzes bei ansonsten identischem Wortlaut auch negativ formuliert, so etwa in BGE 136 I 1, E. 4.1.

21 *Rhinow/Schefer/Uebersax*, Rn. 1838; *Tschannen/Zimmerli/Müller*, S. 184 Rn. 4; im Kontext der Innovationsoffenheit auch *Camenisch*, S. 247. Siehe dazu bereits *Schreiber*, Rechtliche Innovationssteuerung am Beispiel der Power-to-Gas-Stromspeichertechnologie, Rn. 308, Fn. 690.

22 Strenger werden gesetzliche Regelungen überprüft, die an einem verpönten Diskriminierungsmerkmal im Sinne des Art. 8 Abs. 2 BV anknüpfen; siehe dazu BGE 138 I 265, E. 4.2.1; BGE 136 I 121, E. 5.2; jeweils m. w. H.; *Waldmann*, Basler Kommentar BV, Art. 8, Rn. 46 und 56 ff. „Bei sog. externen Regelungszielen (wie dem Klimaschutz) wird darüber hinaus nach der jüngeren Rechtsprechung auch eine Verhältnismässigkeitsprüfung verlangt; BGE 136 I 1 E. 4.3.2 mit Nachweisen zur Lehre."

23 Die Formulierungen variieren hier teilweise, siehe etwa BGE 136 I 1, wo in E. 4 von „sachlichen Gründe[n]" die Rede ist, in E. 4.1 hingegen von einem „vernünftige[n] Grund". Im Ergebnis wird zu fordern sein, dass die vom Gesetzgeber angeführten Gründe sowohl sachlich als auch vernünftig sind; ebenso *Schweizer*, St. Galler Kommentar BV, Art. 8, Rn. 38; vgl. auch *Waldmann*, Basler Kommentar BV, Art. 8, Rn. 30, bei dem die Begriffe „vernünftig", „sachgerecht" und „sachlich" Verwendung finden.

Im Falle der Förderung klimafreundlicher Technologien könnte z.B. der Treibhausgasausstoss einer Technologie einen sachlichen und vernünftigen Grund für eine unterschiedliche gesetzliche Behandlung darstellen. Ein weiterer sachlicher Differenzierungsgrund wären unterschiedliche negative Auswirkungen verschiedener Technologien auf die Landschaft oder das Ortsbild. So liesse es sich etwa begründen, Windenergieanlagen gesetzlich schlechter zu stellen als an Gebäude angebrachte Solaranlagen. Einzelne Technologien können auch spezifische Vorteile aufweisen, die eine rechtliche Besserstellung rechtfertigen. So produzieren Windenergieanlagen besonders viel Strom im Winter,[24] in dem gleichzeitig der Strombedarf höher liegt[25] und Solaranlagen weniger Strom erzeugen[26]. Dies könnte Windenergieanlagen trotz ihrer Auswirkungen auf Raum und Umwelt[27] als förderungswürdig erscheinen lassen.

Darüber hinaus ist die Technologieneutralität als Wettbewerbsneutralität auch von der Wirtschaftsfreiheit in ihrer Ausgestaltung als Grundrecht und Ordnungsprinzip (Art. 27 Abs. 1 i.V.m. Art. 94 Abs. 1 und Abs. 4 BV[28]) umfasst.[29] Die Rechtsprechung diskutiert dies unter dem Gesichtspunkt der „Gleichbehandlung der Gewerbegenossen", wonach „[…] Massnahmen verboten [sind], die den Wettbewerb unter direkten Konkurrenten verzerren bzw. nicht wettbewerbsneutral sind".[30] Zu vermeiden sind danach „spürbare Wettbewerbsverzerrungen",[31] wobei jedoch auch solche durch öffentliche Interessen gerechtfertigt werden können.[32] Die Gleichbehandlung der „Gewer-

---

24 *EnergieSchweiz*, Winterstrom für die Schweiz, S. 5.

25 *Schwarz*, S. 6.

26 *Bucher/Schwarz*, S. 2 Abb. 1.

27 Hier sind neben ästhetischen Aspekten vor allem Lärmemissionen, Schattenwurf sowie die Auswirkungen auf Vögel und Fledermäuse zu nennen, siehe *Aschwanden/Liechti*; *Dällenbach/Wüstenhagen*; *Scherhaufer/Höltinger/Salak* et al.; vgl. auch aus rechtlicher Sicht *Jäger*, Windenergieanlagen, S. 17ff.; *Schreiber*, Die Nutzung des Alpenraums zur nachhaltigen Stromerzeugung; *Zumoberhaus*, Das Bewilligungsverfahren von Windenergieanlagen, Rn. 6ff.

28 Vgl. genauer zur dogmatischen Anknüpfung an diese beiden Normen *Reich*, Rn. 967.

29 *Schreiber*, Rechtliche Innovationssteuerung am Beispiel der Power-to-Gas-Stromspeichertechnologie, Rn. 1387 sowie allgemein zur Innovationssteuerung dort Rn. 311ff.; sehr weitgehend *Winistörfer*, S. 284, wonach eine Privilegierung bestimmter Technologien vor Art. 94 Abs. 1 BV nicht standhalte; vgl. auch allgemein zur Bedeutung der Wirtschaftsfreiheit für die Innovationstätigkeit *Camenisch*, S. 273ff. und S. 301ff.

30 BGE 125 I 431, E. 4b S. 435.

31 BGE 125 II 129, E. 10b S. 150; BGE 125 I 431, E. 4b S. 436.

32 Siehe im Umkehrschluss BGE 130 I 26, E. 6.3.3.1; vgl. auch den Hinweis auf eine Interessenabwägung in den Nachweisen in Fn. 31.

begenossen" oder auch – dem heutigen Sprachgebrauch besser entsprechend – der direkten Konkurrentinnen und Konkurrenten[33] soll Anforderungen aufstellen, die über die allgemein aus Art. 8 Abs. 1 BV folgenden hinausgehen.[34] Dies bedeutet, dass im Einzelfall Ungleichbehandlungen, die auf sachlichen und vernünftigen Gründen im Sinne des Art. 8 Abs. 1 BV beruhen, aufgrund der Wettbewerbsverzerrung dennoch verfassungswidrig sein können.[35]

Die mögliche Bedeutung der Gleichbehandlung direkter Konkurrentinnen und Konkurrenten wird jedoch durch die enge Definition der direkten Konkurrenz durch das Bundesgericht relativiert.[36] Danach handelt es sich nur um direkte Konkurrenz, wenn sich „[...] Angehörige der gleichen Branche [...] mit den gleichen Angeboten an das gleiche Publikum richten, um das gleiche Bedürfnis zu befriedigen [...]".[37] Bei verschiedenen klimafreundlichen Technologien wird es sich häufig bereits nicht um dieselbe Branche, jedenfalls aber nicht um „gleiche Angebote", sondern lediglich vergleichbare Angebote handeln.[38] Da sich, wie die genannten Beispiele aus diesem Abschnitt zeigen, nicht nur bei gleichen, sondern auch bei vergleichbaren Angeboten die Gefahr von Wettbewerbsverzerrungen ergibt, erscheint es vorzugswürdig, auch in diesen Fällen eine direkte Konkurrenz anzunehmen. Entscheidend sollte allein sein, dass die Angebote das gleiche Bedürfnis auf dem Markt befriedigen,[39] im Falle von Windenergie- und Solaranlagen also beispielsweise die Nachfrage nach Elektrizität aus erneuerbaren Energieträgern.

Sollte trotz der engen Definition durch die Rechtsprechung einmal eine direkte Konkurrenz anzunehmen sein, so ist entscheidend, ob mit der Massnahme Ziele verfolgt werden, die nicht unmittelbar mit dem Wettbewerb selbst in Zusammenhang stehen.[40] Als Rechtfertigung kommen insofern ins-

---

33 Vgl. die Formulierungen in BGE 138 I 289, E. 2.3 ff.

34 Siehe etwa Reich, Rn. 964 unter Verweis auf BGE 121 I 129, E. 4d und BGE 121 I 279, E. 4a.

35 Siehe zu Art. 4 und Art. 31 aBV BGE 121 I 129, E. 4d; BGE 121 I 279, E. 4a; im Kontext der Innovationssteuerung bereits *Schreiber*, Rechtliche Innovationssteuerung am Beispiel der Power-to-Gas-Stromspeichertechnologie, Rn. 311.

36 So auch *Reich*, Rn. 964.

37 BGE 121 I 279, E. 4a; ebenso BGE 121 I 129, E. 3b S. 132; BGE 132 I 97, E. 2.1 S. 100.

38 Siehe bereits allgemein zur Innovationssteuerung *Schreiber*, Rechtliche Innovationssteuerung am Beispiel der Power-to-Gas-Stromspeichertechnologie, Rn. 312.

39 Vgl. bereits *Schreiber*, Rechtliche Innovationssteuerung am Beispiel der Power-to-Gas-Stromspeichertechnologie, Rn. 312. *Richli*, Rn. 332 schlägt vor, auf den kartellrechtlich relevanten Markt abzustellen; dem folgend *Vallender*, St. Galler Kommentar BV, Art. 27, Rn. 32; in diese Richtung offenbar auch *Reich*, Rn. 970.

40 Kritisch zur Massgeblichkeit des Eingriffsmotivs *Winistörfer*, S. 341 ff. mit umfangreichen Nachweisen zur von ihm kritisierten herrschenden Lehre; vgl. auch dort S. 615 ff. zur Zulässigkeit wettbewerbspolitischer Massnahmen.

besondere polizeiliche Schutzgüter in Betracht, wozu auch der Umwelt- und Klimaschutz zählen kann.[41] Unzulässig wären dagegen Massnahmen, die gerade auf den Wettbewerb abzielen,[42] etwa, um einheimische Wettbewerber oder staatliche fiskalische Interessen zu schützen.

IV. Aktuelle Situation im Energierecht

1. Überblick

Vor dem skizzierten wirtschaftspolitischen und rechtlichen Hintergrund wird im Folgenden untersucht, inwiefern einzelne Vorschriften im geltenden Energierecht technologieneutral und -offen sind. Problematisch wirkt sich dabei aus, dass der Gesetzgeber insbesondere bei der Förderung erneuerbarer Energieträger sehr konkret nach der Art der Technologie differenziert. So sind die Fördersätze für die Einspeisevergütungen und Investitionsbeiträge nach dem Energiegesetz in den Anhängen der Energieförderungsverordnung (EnFV)[43] nach Technologien geordnet und unterscheiden innerhalb der jeweiligen Anhänge teilweise noch weiter nach technischen Merkmalen.[44] Diese Differenzierung ist sehr bewusst erfolgt und orientiert sich vorrangig an den Stromgestehungskosten (d.h. Produktionskosten) der einzelnen Technologien.[45] In diesem Beitrag werden stattdessen Vorschriften betrachtet, bei denen die Differenzierung nicht offen als Teil eines bewusst gestalteten Gesamtfördersystems vorgenommen wird, sondern sich aus dem engen Zuschnitt einer spezifischen Vorschrift ergibt.

---

[41] Vgl. BGE 136 I 1, E. 5.5.2 („[…] polizeilich und umweltpolitisch gerechtfertigte Massnahmen […]"); siehe dazu bereits *Schreiber*, Rechtliche Innovationssteuerung am Beispiel der Power-to-Gas-Stromspeichertechnologie, Rn. 313; vgl. auch *Winistörfer*, S. 607 ff.

[42] Siehe *Vallender*, St. Galler Kommentar BV, Art. 27, Rn. 41; vgl. auch *Reich*, Rn. 972.

[43] SR 730.03.

[44] So unterscheidet der Anhang 1.4 EnFV zu Geothermieanlagen in Ziffer 4 hinsichtlich der Vergütungssätze zwischen hydrothermalen und petrothermalen Anlagen. Siehe zu diesen Technologien die Definitionen in Ziffer 2 Anhang 1.4 EnFV sowie *Umwelt und Energie Kanton Luzern*, Geothermie im Kanton Luzern, S. 12 ff.

[45] Siehe dazu die Botschaft zum ersten Massnahmenpaket der Energiestrategie 2050, BBl 2013 7561, S. 7625 f.

2. Fassaden- und Dachsolaranlagen

Um die Nutzung der Solarenergie sowohl für die Stromproduktion (Photovoltaik)[46] als auch die Wärmeerzeugung (Solarthermie)[47] zu fördern, hat der Bundesgesetzgeber – wohl kompetenzwidrig[48] – in das Baupolizeirecht der Kantone eingegriffen und mit Art. 18a des Raumplanungsgesetzes (RPG)[49] eine Verfahrenserleichterung für bestimmte Solaranlagen geschaffen. In seiner aktuellen Fassung sieht Art. 18a Abs. 1 RPG vor, dass in der Bau- und Landwirtschaftszone auf Dächern genügend angepasste Solaranlagen keiner Baubewilligung bedürfen und lediglich der zuständigen Behörde zu melden sind.

Die Beschränkung des Wortlauts auf Solaranlagen „auf Dächern" verwundert angesichts der zunehmend genutzten Möglichkeit, Photovoltaikanlagen (PVA) auch in Fassaden zu integrieren. Diese Fassaden-PVA sind häufig optisch weniger auffällig als Dachanlagen.[50] Angesichts des Gesetzeszwecks, ästhetisch[51] sorgfältig in ein Gebäude integrierte Solaranlagen zu privilegieren,[52] könnte man auf den ersten Blick versucht sein, eine teleologisch weite Auslegung der Vorschrift vorzunehmen und entgegen des Wortlauts eine Anwendung auf Fassadenanlagen zu befürworten.

Dem stehen allerdings sowohl die Gesetzeshistorie als auch systematische Argumente entgegen. In historischer Hinsicht ist zu beachten, dass es sich bei der aktuellen Fassung des Art. 18a RPG um die bereits zweite Version der Vorschrift handelt. Der ursprüngliche, vom 1. Januar 2008 bis 1. Mai 2014 in Kraft befindliche[53] Art. 18a RPG sah vor, dass in Bau- und Landwirtschaftszonen „[…] sorgfältig in Dach- und Fassadenflächen integrierte Solaranlagen"

---

46 Siehe dazu etwa *Mertens*.

47 Siehe dazu etwa *Stieglitz/Heinzel*.

48 *Joss/Schreiber*, Rn. 10. Jedenfalls als von Art. 75 BV nicht abgedeckt sieht die Vorschrift *Griffel*, Basler Kommentar BV, Art. 75, Rn. 43; kritisch auch *Hettich/Peng*, S. 1433 f.; *Jäger*, Praxiskommentar RPG, Art. 18a, Rn. 8; *Ruch*, St. Galler Kommentar BV, Art. 75, Rn. 26.

49 SR 700.

50 Siehe zum Beispiel das energieautarke Mehrfamilienhaus der Umwelt Arena Schweiz in Brütten ZH, das sowohl mit Fassaden- als auch Dach-PVA ausgestattet ist, wobei Erstere nur auf den zweiten Blick erkennbar sind. Fotos sind abrufbar unter <https://www.umweltarena.ch/ueber-uns/architektur-und-bauprojekte/>, zuletzt besucht am 22. Juni 2023.

51 Anders als die Definition der „integrierten" PV-Anlage im Fördersystem des Energiegesetzes (siehe dort Art. 6 Abs. 2 EnFV) verlangt Art. 18a RPG keine funktionale, sondern lediglich eine optische Integration in das Gebäude.

52 Siehe dazu die Diskussion in der Sitzung des Nationalrats vom 1. März 2012, AB 2012 N 138 ff.

53 AS 2007 6095, S. 6107; AS 2014 899, S. 902 f.

zu bewilligen sind, wenn sie keine Kultur- und Naturdenkmäler von kantonaler oder nationaler Bedeutung beeinträchtigen. Die ausdrückliche Nennung von Fassadenanlagen in der alten Fassung zeigt, dass dem Gesetzgeber deren Existenz bekannt war. Hätte der Gesetzgeber auch in der neuen Fassung Fassadenanlagen in die Vorschrift einbeziehen wollen, hätte es nahe gelegen, den Wortlaut insofern von der Vorgängerfassung zu übernehmen.[54] Aus gesetzessystematischer Sicht bietet die nähere Ausgestaltung der Anforderungen an eine „sorgfältige Integration" in Art. 32a Abs. 1 Raumplanungsverordnung (RPV)[55] Anhaltspunkte für den Anwendungsbereich. Auch wenn es sich hierbei um eine Regelung des Bundesrats als Verordnungsgeber und nicht des parlamentarischen Gesetzgebers handelt, wird hierin zumindest die Auffassung der Exekutive deutlich. Art. 32a Abs. 1 RPV regelt allein die Anpassung an ein Gebäudedach, was auch in den einzelnen Anforderungen der Buchstaben a. und b. zum Ausdruck kommt. Somit ging der Verordnungsgeber – dem Wortlaut des Art. 18a Abs. 1 RPG entsprechend – von einer Anwendbarkeit allein auf Dach-, nicht jedoch auf Fassadenanlagen aus. Der Bundesrat hat auch bei der jüngsten Anpassung der Raumplanungsverordnung lediglich Flachdächer neu erfasst (vgl. aber zu den jüngsten Gesetzgebungsvorhaben sogleich weiter unten in diesem Abschnitt).[56]

Somit werden Dach-Solaranlagen gegenüber Fassaden-Solaranlagen nach geltendem Recht baurechtlich bessergestellt. Zwar bestünde die Möglichkeit für die Kantone, in bestimmten, ästhetisch wenig empfindlichen Typen von Bauzonen (etwa Industriezonen) nach Art. 18a Abs. 2 lit. a RPG auch Fassadenanlagen von der Baubewilligungspflicht auszunehmen.[57] Jedenfalls auf bundesrechtlicher Ebene bleibt die Ungleichbehandlung jedoch bestehen. Die Privilegierung in Art. 18a Abs. 1 RPG setzt Anreize für die Installation von Dach-Solaranlagen anstelle von Fassadenanlagen. Die Regelung ist daher nicht technologieneutral.

Welche Gründe für diese Ungleichbehandlung angeführt wurden, ist schwer zu überprüfen, da die Änderung des Art. 18a RPG in der Botschaft[58] noch nicht vorgesehen war und sich auch die parlamentarischen Voten nicht hierzu äussern.[59] Aus ästhetischer Sicht könnte man der Ansicht sein, Dach-

---

54 Ebenso im Ergebnis bereits *Hettich/Peng*, S. 1432; *Schreiber*, Rechtsprechung zur Photovoltaik, Rn. 75.

55 SR 700.1.

56 Art. 32a Abs. 1 und Abs. 1bis in der am 1. Juli 2022 in Kraft getretenen Fassung.

57 Siehe dazu bereits *Joss/Schreiber*, Rn. 32; eine Auflistung der kantonalen Sonderregelungen findet sich bei *Stickelberger/Moll*, S. 48 ff., Anhang 5.

58 BBl 2010 1049.

59 Erwähnung finden die Fassadenanlagen in der Sitzung des Nationalrats vom 29. September 2011, AB 2011 N 1797 ff. Auch die dortigen Voten erlauben jedoch

anlagen seien vom Strassenniveau aus schlechter einsehbar und fügten sich daher besser in das Ortsbild ein. Je nach Neigung der Dachfläche ist dies jedoch bereits zweifelhaft, und in der Praxis sind Fassadenanlagen wie bereits erwähnt häufig sogar unauffälliger.[60] In technischer Hinsicht liesse sich anbringen, dass Fassadenanlagen je nach Ausrichtung des Gebäudes typischerweise eine etwas geringere Stromproduktion aufweisen, was bei zugleich höheren Kosten der Fassadenanlagen zu einer deutlich längeren Amortisationsdauer führt.[61] Gerade die höheren Kosten könnten jedoch auch dafür sprechen, Fassadenanlagen besonders zu fördern, um das zusätzliche Stromerzeugungspotenzial zu nutzen.[62] Angesichts des weiten Spielraums des Gesetzgebers bei der Ungleichbehandlung vergleichbarer Sachverhalte[63] dürfte die bestehende Privilegierung von Dachsolaranlagen im Baurecht gerade noch vor dem Gleichheitsgrundsatz bestehen.

Im Vernehmlassungsentwurf für eine Änderung des Energiegesetzes vom Februar 2022 („Beschleunigungsgesetz"[64]) war auch eine Anpassung des Raumplanungsgesetzes vorgesehen.[65] Danach sollten in Art. 18a Abs. 1 RPG neben Dachanlagen neu zusätzlich Fassadenanlagen erfasst werden („[…] auf Dächern oder an Fassaden genügend angepasste Solaranlagen […]"). Mit dieser Änderung würde eine Motion aus dem Nationalrat umgesetzt.[66] In den Materialien hiess es hierzu lediglich, das Meldeverfahren für Dachanlagen habe sich bewährt und sei daher auf Fassadenanlagen auszuweiten.[67] Das Bundesgesetz über die Beschleunigung der Bewilligungsverfahren für Wind-

---

keine Rückschlüsse darauf, weshalb letztlich gerade nur Dachanlagen geregelt wurden. Der Antrag der Minderheit II sowie der Antrag Fluri hatten Fassadenflächen erwähnt, wollten jedoch grundsätzlich von der völligen Bewilligungsfreiheit abrücken.

60 Siehe bereits oben Fn. 50.

61 Siehe den ausführlichen Vergleich bei *Brito/Freitas/Guimarães/Catita/Redveik*. Vgl. zu Fassadenanlagen auch *Freitas/Brito*; *Lai/Hokoi*.

62 Zu den Vorteilen einer zusätzlichen Nutzung von Fassaden- zusätzlich zu Dach-Solaranlagen *Freitas/Brito*, S. 75.

63 Siehe dazu insbesondere BGE 136 I 1, E. 4.1 S. 6 m. w. H.

64 Die Vernehmlassungsvorlage dient vor allem der Beschleunigung der Planungs- und Bewilligungsverfahren für Wind- und Wasserkraftanlagen, siehe dazu auch unten 4.

65 Vernehmlassung 2022/4, Änderung des Energiegesetzes, Vernehmlassungsentwurf vom 2. Februar 2022, abrufbar unter <https://fedlex.data.admin.ch/eli/dl/proj/2022/4/cons_1>, zuletzt besucht am 15. Juli 2022.

66 Motion 21.3518 Cattaneo Rocco „Weniger Bürokratie für neue Solaranlagen. Das Meldeverfahren muss ausgeweitet werden". Die Motion wurde am 1. Oktober 2021 vom Nationalrat angenommen. Im Ständerat wurde sie bislang noch nicht behandelt.

67 *ARE*, Änderung des Energiegesetzes vom 30. September 2016, Vorentwurf vom 2. Februar 2022, S. 14.

energieanlagen vom 16. Juni 2023[68], das in gewisser Hinsicht die Nachfolge des Vernehmlassungsentwurfs zu einem „Beschleunigungsgesetz“ darstellt,[69] sieht eine solche Anpassung des Raumplanungsgesetzes nicht vor. Im Zuge des Bundesgesetzes über eine sichere Stromversorgung mit erneuerbaren Energien soll Art. 18a RPG jedoch (endlich) um Fassadenanlagen ergänzt werden.[70]

3. Pumpspeicherkraftwerke und Netznutzungsentgelte

Der Betrieb von Elektrizitätsnetzen ist mit enormen Investitionen verbunden.[71] Die entsprechenden, sog. anrechenbaren Kosten (Art. 15 Stromversorgungsgesetz, StromVG[72]) werden den Netzbetreibern über die Netznutzungsentgelte nach Art. 14 StromVG erstattet. Dabei werden die Kosten von der höchsten Netzebene[73] (Netzebene 1, Übertragungsnetz) bis zur niedrigsten Netzebene (Netzebene 7, lokales Verteilnetz) gewälzt und schliesslich gemäss Art. 14 Abs. 2 StromVG von den Endverbraucherinnen und Endverbrauchern über ihre Stromrechnungen gezahlt.[74] Dabei sind die Netznutzungsentgelte je nach Netzgebiet für gewöhnlich der grösste Einzelrechnungsposten für Privathaushalte; sie stellen also einen grösseren Teil der Stromrechnung dar als die Kosten der Elektrizität selbst.[75]

Vor diesem Hintergrund sind auch Stromspeicher mit enormen Zusatzkosten konfrontiert, sofern sie für die aus dem Netz bezogene und eingespei-

---

[68] Die Gesetzesänderung war zum Zeitpunkt der Drucklegung noch nicht in der Amtlichen Sammlung veröffentlicht.

[69] Aus diesem Grund verzichtete der Bundesrat insofern auf eine erneute Vernehmlassung, siehe den Bericht der Kommission für Umwelt, Raumplanung und Energie des Nationalrates vom 23. Januar 2023, BBl 2023 344, S. 6. An derselben Stelle weist der Bericht aber darauf hin, dass die parlamentarische Initiative nicht alle Regelungsgehalte des Vernehmlassungsentwurfs aufgreift.

[70] Die jeweils aktuelle Fahne ist auf <www.parlament.ch> unter der Geschäftsnummer 21.047 abrufbar.

[71] Im Übertragungsnetz wird bis 2025 mit jährlichen Investitionen von 150 bis 200 Millionen Franken gerechnet, im Verteilnetz betrugen die Investitionen von 2009 bis 2018 ca. 1.4 Milliarden Franken pro Jahr, *ElCom*, Stromversorgungssicherheit der Schweiz 2020, S. 26 f.

[72] SR 734.7.

[73] Eine Übersicht zu den Netzebenen in der Schweiz ist abrufbar unter <https://www.swissgrid.ch/de/home/operation/power-grid/grid-levels.html>, zuletzt besucht am 15. Februar 2023.

[74] Ausführlich zu den Netznutzungsentgelten *Scholl/Flatt*, Energiewirtschaft Schweiz, S. 124 ff.

[75] Die konkreten Preise für die einzelnen Komponenten finden sich in der schweizweiten Übersicht auf <https://www.strompreis.elcom.admin.ch/>, zuletzt abgerufen am 22. Juni 2023; siehe auch *Scholl/Flatt*, S. 13, Rn. 27 sowie S. 125 Abb. 2.

cherte Elektrizität Netznutzungsentgelte zahlen müssten. Diese zusätzliche Kostenbelastung könnte insbesondere innovative Speichertechnologien mit noch hohen Kosten faktisch vom Markt ausschliessen.[76] Dies könnte problematisch sein, da die Umstellung auf erneuerbare Energieträger wie Wind- und Solarenergie, deren Produktion mit den Wetterbedingungen schwankt, mittelfristig auch Speicherkapazitäten erfordern könnte.[77]

Bislang sind die einzigen im grossen Massstab eingesetzten Speichersysteme Pumpspeicherkraftwerke.[78] Diese nutzen zu Zeiten niedrigen Strombedarfs (und damit niedriger Elektrizitätspreise) die elektrische Energie aus dem Netz, um Wasser aus einem niedrig gelegenen Unterbecken in ein höher gelegenes Oberbecken zu pumpen. In Zeiten hohen Strombedarfs (und damit hoher Strompreise) lassen sie das Wasser aus dem Oberbecken durch Turbinen zurück in das Unterbecken strömen und erzeugen so wieder Strom.[79] Just diese ohnehin marktdominanten[80] Pumpspeicherkraftwerke sind nach Art. 4 Abs. 1 lit. b Satz 2 StromVG von den Netznutzungsentgelten befreit, da hiernach der Stromverbrauch ihrer Pumpen nicht als Endverbrauch anzusehen ist und die Netznutzungsentgelte gemäss Art. 14 Abs. 2 StromVG nur von den Endverbrauchern zu zahlen sind.

Angesichts des klaren Wortlauts und der Zurückhaltung, die bei der erweiternden Auslegung von Ausnahmevorschriften geboten ist,[81] dürfte eine analoge Anwendung dieser Bestimmung auf andere Speichertechnologien

---

76 Siehe für die Power-to-Gas-Technologie, bei der aus der Elektrizität per Elektrolyse Wasserstoff und allenfalls in einem zweiten Schritt Methan als Energieträger hergestellt werden, *Schreiber*, Rechtliche Innovationssteuerung am Beispiel der Power-to-Gas-Stromspeichertechnologie, Rn. 599 ff. und 715 ff.

77 Ausführlicher bereits *Schreiber*, Rechtliche Innovationssteuerung am Beispiel der Power-to-Gas-Stromspeichertechnologie, Rn. 502 ff.; vgl. auch *Hewicker/Raadschelders/Werner* et al., S. 137 ff.; *Hofstetter/Battke/Cox/Hughes*, S. 19 ff.

78 Im Jahre 2016 wurden in Europa mehr als 98 % der Speicherkapazität von Pumpspeicherkraftwerken bereitgestellt, *EASAC*, Valuing dedicated storage in electricity grids, S. 11. Dasselbe galt 2012 weltweit, *Anuta/Taylor/Jones* et al., S. 493. Dabei werden Wasserspeicherkraftwerke ohne Pumpensystem nicht als Stromspeicher eingeordnet, da sie keinen Strom aus dem Netz einspeichern, sondern lediglich das im Stausee angestaute Wasser bereithalten.

79 *Fraunhofer-Institut*, S. 84; *Krzikalla/Achner/Brühl*, S. 59.

80 Siehe Fn. 78.

81 „Singularia non sunt extendenda“. Diese Auslegungsregel gerät in ihrer Absolutheit zunehmend in Kritik, siehe etwa *Canaris*, S. 155; *Honsell*, Basler Kommentar Zivilgesetzbuch, Art. 1, Rn. 15; vgl. aber *Würdinger*, S. 961, der trotz Ablehnung eines absoluten Analogieverbotes (siehe dort S. 956 ff.) in diesen Fällen nur von einer „schmalen Analogiebasis“ ausgeht; vgl. auch *Hemke*, S. 55; siehe dazu in diesem Kontext bereits *Schreiber*, Rechtliche Innovationssteuerung am Beispiel der Power-to-Gas-Stromspeichertechnologie, Rn. 824 ff. m. w. H.

ausscheiden.[82] Parlamentarischen Vorstössen, diese Ausnahmebestimmung auch auf andere Speichertechnologien auszuweiten, standen Bundesrat und Bundesversammlung bislang ablehnend gegenüber.[83] Zugleich beabsichtigte der Bundesrat, in einer Teilrevision der Stromversorgungsverordnung (StromVV[84]) klarzustellen, dass andere Speichertechnologien als Pumpspeicher gerade nicht von der Ausnahme erfasst sind.[85] Diesen Vorschlag rechtfertigte der Bundesrat mit der Ansicht, nur Pumpspeicherkraftwerke wiesen aufgrund ihrer Orientierung an den Grosshandelspreisen einen Anreiz zum system- und netzdienlichen Betrieb auf, da die Grosshandelspreise die Netzlast widerspiegelten.[86] In Bezug auf die Systemdienlichkeit, d.h. die Reaktion auf die Situation im Übertragungsnetz[87], erscheint diese Argumentation nachvollziehbar.[88] Im Zuge der Energiestrategie 2050 können sich Netzbelastungen aber gerade auch lokal begrenzt im Verteilnetz ergeben.[89] Hier könnten kleinere, dezentrale Speicher eine wichtige Rolle spielen.[90]

Insofern ist es wenig verwunderlich, dass die Stellungnahmen in der Vernehmlassung sehr kritisch ausfielen[91] und die entsprechende Bestimmung letztlich keinen Eingang in die Stromversorgungsverordnung fand. Gleichwohl

---

[82] Siehe bereits *Schreiber*, Rechtliche Innovationssteuerung am Beispiel der Power-to-Gas-Stromspeichertechnologie, Rn. 823 ff., 838.

[83] So wurde die Motion 16.3265 („Gleichbehandlung der Speichertechnologien beim Netzentgelt“) am 16. Juni 2016 auf Antrag des Bundesrats vom Nationalrat abgelehnt, AB 2016 N 1135. Die Interpellation 18.4055 („Stromspeicher bezüglich Netznutzung technologieneutral und somit gleichbehandeln“) wurde, nachdem die Diskussion im Nationalrat am 14. Dezember 2018 verschoben wurde (AB 2018 N 2249), am 25. September 2020 abgeschrieben.

[84] SR 734.71.

[85] Art. 2 Abs. 3 StromVV in der Fassung des Vernehmlassungsentwurfs vom 8. Juni 2018 (Vernehmlassung 2018/40), abrufbar unter <https://www.fedlex.admin.ch/de/consultation-procedures/ended/2018#UVEK>, zuletzt besucht am 15. Februar 2023.

[86] *UVEK*, Bundesgesetz über den Um- und Ausbau der Stromnetze (Strategie Stromnetze), Teilrevision der Stromversorgungsverordnung, Erläuternder Bericht, S. 7.

[87] Vgl. zum Begriff der Systemdienlichkeit *VSE*, Flexibilitäten, S. 4.

[88] Vgl. aber zum zukünftig möglicherweise veränderten Betriebsverhalten von Pumpspeichern *Kratz*, Speicher als Schlüsselkomponente der Energiewende, S. 104.

[89] Vgl. *BFE*, Energiestrategie 2050, S. 6 f.

[90] Vgl. *KEMA Consulting GmbH*, S. 23 f.; *Sterner/Eckert/Thema/Bauer*, S. 10 ff.; *VSE*, Dezentrale Speicher, S. 17; vgl. ferner *SATW*.

[91] Die Ergebnisse der Vernehmlassung sind abrufbar unter <https://www.fedlex.admin.ch/de/consultation-procedures/ended/2018 – UVEK>, zuletzt besucht am 15. Februar 2023, Vernehmlassung 2018/40 – Dokumente: Stellungnahmen; siehe etwa die Stellungnahmen des Kantons Bern, S. 4; der CVP, S. 2; der FDP, S. 2; der Grünliberalen, S. 2; des Schweizerischen Städteverbands, S. 1; der SP, S. 4 f.; des Kantons Thurgau, S. 2; des Kantons Zürich, S. 2. Siehe auch *BFE*, Bericht über die

beabsichtigte der Bundesrat im Botschaftsentwurf für einen Mantelerlass zur Änderung des Stromversorgungs- und des Energiegesetzes zunächst, die Ungleichbehandlung der Speichertechnologien ausdrücklich festzuschreiben; die aktuellen parlamentarischen Beschlüsse sehen demgegenüber in Art. 14 StromVG ein differenziertes Netzentgeltsystem für Speicher vor.[92]

Zwischenzeitlich hat der Verband Schweizerischer Elektrizitätsunternehmen (VSE) in einem Branchendokument stipuliert, dass Speicher, die an derselben Stelle den Strom wieder in das Netz zurückspeisen, ohne dass Endverbraucher an den Speicher angeschlossen sind („reine Speichereinheiten"), keine Netznutzungsentgelte zahlen sollen.[93] Da es sich bei solchen Branchendokumenten um kein hoheitliches Recht handelt,[94] das Stromversorgungsrecht der Branche jedoch eine wichtige Rolle bei der Selbstregulierung zuweist,[95] ist fraglich, ob die Gerichte dieser Ansicht folgen müssten.[96] Jedenfalls wird zu verlangen sein, dass sich das Gericht mit der im Branchendokument vertretenen Auffassung auseinandersetzt und begründet, weshalb diese gegen das Gesetz verstösst oder aus anderen Gründen nicht zweckmässig erscheint.[97]

Zusammenfassend lässt sich somit feststellen, dass nach Ansicht des Bundesrates[98] sowie eines Teils der Lehre[99] aus dem geltenden Recht eine Ungleichbehandlung zwischen Pumpspeichern und anderen Speichertechnologien hinsichtlich der Netznutzungsentgelte folgt. Teilweise wird hierin eine unzulässige Diskriminierung gesehen.[100] Indes erscheint der geltende Recht-

---

Ergebnisse des Vernehmlassungsverfahrens zur Umsetzung der Strategie Stromnetze: Änderungen auf Verordnungsstufe, S. 26.

[92] Siehe zur Fassung des Botschaftsentwurfs BBl 2021 1667, S. 11; zur jeweils aktuellen Fahne oben Fn. 70.

[93] *VSE*, Handbuch Speicher, S. 8 und 11.

[94] *ElCom*, Rechtsnatur von Richtlinien und Branchendokumenten, S. 4 f.; *Kratz*, Die Praxis der ElCom zu Fragen der Netzebenenzuordnung, Rn. 18 ff.; *Schreiber*, Rechtliche Innovationssteuerung am Beispiel der Power-to-Gas-Stromspeichertechnologie, Rn. 844 ff.

[95] Siehe insbesondere Art. 3 StromVG.

[96] Siehe dazu *Schreiber*, Rechtliche Innovationssteuerung am Beispiel der Power-to-Gas-Stromspeichertechnologie, Rn. 865 ff.

[97] So bereits *Schreiber*, Rechtliche Innovationssteuerung am Beispiel der Power-to-Gas-Stromspeichertechnologie, Rn. 874 f.

[98] *UVEK*, Bundesgesetz über den Um- und Ausbau der Stromnetze (Strategie Stromnetze), Teilrevision der Stromversorgungsverordnung, Erläuternder Bericht, S. 6.

[99] *Schreiber*, Rechtliche Innovationssteuerung am Beispiel der Power-to-Gas-Stromspeichertechnologie, Rn. 721 ff., 839; a.A. *Walther*, S. 30; differenziert *Kratz*, Speicher als Schlüsselkomponente der Energiewende, S. 73, 108 und 158.

[100] So zum Vernehmlassungsentwurf der StromVV *Walther*, S. 34. Der Begriff der Diskriminierung wird dabei für jede ungerechtfertigte Ungleichbehandlung verwen-

zustand angesichts des weiten Gestaltungsspielraums des Gesetzgebers wohl gerade noch als nicht gleichheitswidrig im Sinne des Art. 8 Abs. 1 BV. Nähme man einen weiteren Anwendungsbereich des Gleichbehandlungsgebots der direkten Konkurrenten an,[101] der auch Pumpspeicher- und andere Speicherbetreiber als Anbieter von Flexibilität im Stromnetz erfassen würde, käme man allenfalls angesichts des dort strengeren Massstabs zu einem anderen Ergebnis. Aus rechtspolitischer Sicht erscheint eine Neuregelung aus Gründen der Technologieneutralität und (angesichts möglicher neuer Speichertechnologien) -offenheit jedenfalls als stark vorzugswürdig.[102]

4. Photovoltaik- und Windenergieanlagen im Raumplanungsrecht

Während im Recht der finanziellen Förderung erneuerbarer Energieträger wie oben (IV.1.) gezeigt die Differenzierung nach Technologien einem bewussten Vorgehen des Gesetzgebers entspricht, gibt es im übrigen Recht der erneuerbaren Energien teilweise Regelungen, die einen anderen Eindruck vermitteln. Hier scheint es, als hätte der Gesetzgeber die möglichen Anwendungsfelder bestimmter Technologien nicht richtig eingeschätzt. Ein Beispiel hierfür ist die unterschiedliche Behandlung von Photovoltaik- und Windenergieanlagen im Raumplanungsrecht.

Der Bund unterstützt den Ausbau der Windenergie mit dem Konzept Windenergie.[103] Dieses ist ein Konzept im Sinne des Art. 13 Raumplanungsgesetz (RPG)[104]. Es zeigt insbesondere auf, welche Gebiete sich aufgrund der dort erreichten Windgeschwindigkeiten als Standorte eignen, und welche Gebiete aufgrund von entgegenstehenden Interessen (wie dem Landschafts- oder Moorschutz) ausscheiden.[105] Diese Gebietsausscheidungen sind für die Kantone gemäss Art. 23 Abs. 1 Raumplanungsverordnung (RPV)[106] nicht unmittelbar verbindlich, da dem Bund im Bereich der erneuerbaren Energien nach Art. 89 Abs. 2 BV nur eine Grundsatzgesetzgebungskompetenz zu-

---

det, siehe dort S. 27. Vorzugswürdig erscheint, den Begriff der Diskriminierung für die Fälle des Art. 8 Abs. 2 BV zu reservieren. Siehe dazu auch *Walther*, Regulierung von Energiespeichern in der Schweiz, S. 27 Fn. 113.

101 Siehe dazu oben III.

102 Überlegungen hinsichtlich einer möglichen Ausgestaltung finden sich bei *Kratz*, Speicher als Schlüsselkomponente der Energiewende, S. 183 ff.; *Schreiber*, Rechtliche Innovationssteuerung am Beispiel der Power-to-Gas-Stromspeichertechnologie, Rn. 1440 ff.

103 *ARE*, Konzept Windenergie.

104 SR 700.

105 Siehe hierzu insbesondere *ARE*, Konzept Windenergie, Anhänge A–1 bis A–3.

106 SR 700.1.

kommt.[107] Allerdings haben sie das Konzept nach Art. 6 Abs. 4 RPG bei der Erstellung der Grundlagen für ihre Richtplanung zu berücksichtigen.

Neben dem Konzept als Planungshilfe für die Kantone kommt den Vorhabenträgern zudem zugute, dass das Bundesamt für Energie (BFE) für die Windenergie als einzige Anlaufstelle („guichet unique") die verschiedenen Stellungnahmen der oft zahlreichen beteiligten Behörden[108] koordiniert.[109]

Schliesslich profitieren Windenergieanlagen vom nationalen Interesse, das ihnen in Art. 12 Abs. 1 und Abs. 2 EnG zugesprochen wird. Danach sind einzelne Windenergieanlagen von nationalem Interesse, wenn sie eine bestimmte Grösse und Bedeutung erreichen, wobei die zu erreichende Schwelle vom Bundesrat nach Art. 12 Abs. 4 EnG festgelegt wird. In Art. 9 Abs. 2 der Energieverordnung (EnV)[110] hat der Bundesrat diese Schwelle für neue Anlagen auf eine mittlere erwartete Produktion von jährlich mindestens 20 GWh festgesetzt. Dabei werden mehrere Anlagen eines Windparks unter den Voraussetzungen von Art. 9 Abs. 1 EnV hinsichtlich der Produktion zusammengerechnet.

Das nationale Interesse ist von Bedeutung, da Windenergieanlagen häufig Auswirkungen auf geschützte Objekte in Bundesinventaren wie dem Bundesinventar der Landschaften und Naturdenkmäler (BLN)[111] haben werden. Diese sind gemäss Art. 6 Abs. 1 Bundesgesetz über den Natur- und Heimatschutz (NHG)[112] grundsätzlich ungeschmälert zu erhalten. Ein Abweichen hiervon ist nach Art. 6 Abs. 2 NHG bei Erfüllung einer Bundesaufgabe[113] nur denkbar, wenn entgegenstehende mindestens gleichwertige Interessen ver-

---

[107] Siehe dazu *Kern*, Basler Kommentar BV, Art. 89, Rn. 14; *Schaffhauser/Uhlmann*, St. Galler Kommentar BV, Art. 89, Rn. 11; *Schreiber*, Verfassungsrechtliche Grundlagen, Rn. 13.

[108] Im Bereich des guichet unique das ARE, BAFU, BAKOM, BAZL, ESTI, MeteoSchweiz, skyguide und VBS, siehe <https://www.bfe.admin.ch/bfe/de/home/foerderung/erneuerbare-energien/guichet-unique-windenergie.html>, zuletzt besucht am 15. Februar 2023; sowie *Zumoberhaus*, Das Bewilligungsverfahren von Windenergieanlagen, Rn. 16; *Zumoberhaus*, Windenergie, Rn. 16.

[109] <https://www.bfe.admin.ch/bfe/de/home/foerderung/erneuerbare-energien/guichet-unique-windenergie.html>, zuletzt besucht am 15. Februar 2023.

[110] SR 730.01.

[111] <https://www.bafu.admin.ch/bafu/de/home/themen/landschaft/fachinformationen/landschaftsqualitaet-erhalten-und-entwickeln/landschaften-von-nationaler-bedeutung/bundesinventar-der-landschaften-und-naturdenkmaeler-von-national/beschreibungen-der-bln-objekte.html>, zuletzt besucht am 15. Februar 2023.

[112] SR 451.

[113] Der Bestimmung kommt nach der Rechtsprechung jedoch auch Bedeutung ausserhalb der Erfüllung von Bundesaufgaben zu; grundlegend BGE 135 II 209, E. 2.1 S. 213, siehe dazu auch *Leimbacher*, Kommentar NHG, Art. 6, Rn. 23.

folgt werden, die ebenfalls von nationaler Bedeutung sind. Bei Windenergieanlagen von nationaler Bedeutung darf somit eine Abwägung mit den Schutzinteressen am Inventarobjekt stattfinden, wenngleich Art. 12 EnG das Abwägungsergebnis noch nicht vorwegnimmt und in vielen Fällen dennoch das Schutzinteresse überwiegen könnte.[114]

Photovoltaikanlagen werden im Raumplanungsrecht zwar stellenweise adressiert und gefördert. So sieht Art. 18a Abs. 1 RPG vor, dass ausreichend an Dächer in der Bau- und Landwirtschaftszone angepasste Solaranlagen[115] keiner Baubewilligung bedürfen. Diese Vorschrift hat aber keine Relevanz für grössflächige (Freiflächen-)Photovoltaikanlagen, deren landschaftliche Auswirkungen mit denjenigen von Windenergieanlagen vergleichbar sein können. Grosse Photovoltaikanlagen würden ebenfalls von einer übergreifenden Planung profitieren, es existiert jedoch kein dem Konzept Windenergie vergleichbares Konzept für Photovoltaikanlagen. Zwar hat der Bundesrat eine Gesetzesrevision in die Vernehmlassung gegeben,[116] die neu ein „Konzept für erneuerbare Energien" vorsehen würde, welches das Konzept Windenergie ersetzen soll.[117] Auch dieses erfasst neu jedoch lediglich zusätzlich die Wasserkraft, während die Photovoltaik weiterhin ausgespart bleibt.[118] Dementsprechend besteht bei Photovoltaikanlagen auch kein „guichet unique" als zentrale Anlaufstelle für Vorhabenträger.

Zudem ist für Photovoltaikanlagen kein Schwellenwert hinsichtlich der Grösse und Bedeutung vorgegeben, ab dem von einem nationalen Interesse an der einzelnen Anlage im Sinne des Art. 12 Abs. 2 EnG auszugehen wäre. Zwar sieht die Verordnungsermächtigung in Art. 12 Abs. 4 Satz 3 EnG die Möglichkeit für den Bundesrat vor, auch für andere Technologien als die Wind- und Wasserkraft einen solchen Schwellenwert festzulegen. Der Bundesrat hat hiervon bislang jedoch keinen Gebrauch gemacht. Auch ohne einen gesetzlichen Schwellenwert kann einem Vorhaben im Einzelfall von Behörden und Rechtsprechung ein nationales Interesse zuerkannt werden. Dafür ist nach bundesgerichtlicher Rechtsprechung jedoch erforderlich, dass die Anlage „einen mengenmässig bedeutenden Beitrag zur Erzeugung erneu-

---

[114] Ausführlich zur rechtlichen Wirkung des Art. 12 EnG *Föhse*; *Gerber*; siehe auch *Griffel*, Grundsätzlich gleichrangig = gleichrangig; Denkfehler erlaubt!; sowie allgemein zu Interessenabwägungen im Raumplanungsrecht *Tschannen.*

[115] Dieser Begriff ist weiter als derjenige der Photovoltaikanlagen und erfasst auch Solarthermieanlagen zur Wärmegewinnung.

[116] Vernehmlassung 2022/4, Änderung des Energiegesetzes, abrufbar unter <https://www.fedlex.admin.ch/de/consultation-procedures/ended/2022 – UVEK>, zuletzt besucht am 22. Juni 2023.

[117] Art. 9a VE-EnG.

[118] Art. 9a Abs. 1 VE-EnG.

erbarer Energie zu angemessenen Kosten" leistet.[119] Diese Anforderung konnte von Wind- und kann erst recht von Photovoltaikanlagen praktisch nicht erfüllt werden.[120] Während die Regelung einer (vergleichsweise niedrigen) Schwelle für das nationale Interesse an Windenergieanlagen gegenüber dem zuvor geltenden Recht somit eine Privilegierung darstellt, findet sich keine entsprechende Erleichterung für Photovoltaikanlagen. Eine Ausnahme besteht seit Oktober 2022 lediglich übergangsweise (bis Ende 2025) nach Art. 71a Abs. 1 lit. b EnG für bestimmte grosse Photovoltaikanlagen, die einen hohen Winterproduktionsanteil aufweisen. Nach derzeitigem Stand sind Photovoltaikanlagen mit erheblichen Auswirkungen auf Inventarobjekte – anders als Windenergieanlagen – somit in den meisten Fällen von vornherein ausgeschlossen.

Diese Ungleichbehandlung beruht wohl darauf, dass der Gesetzgeber die mögliche Rolle unterschätzt hat, die grosse Photovoltaikanlagen für die Energieversorgung der Schweiz spielen könnten.[121] Diese wurden offenbar allein als dezentrale Technologie, die in Städten auf Dächern und allenfalls an Fassaden genutzt wird, angesehen. Zudem standen auch die zuständigen Bundesbehörden Freiflächenphotovoltaikanlagen lange Zeit sehr kritisch gegenüber.[122] Erst in jüngster Zeit konnte insbesondere durch ein Projekt in Davos gezeigt werden, dass grosse Photovoltaikanlagen in den Alpen aufgrund der Reflexion des Schnees und weiterer Faktoren deutlich mehr Strom im Winter produzieren als solche im Mittelland, weshalb sie einen Beitrag gerade in den für die Versorgungssicherheit so kritischen Wintermonaten leisten könnten.[123]

Angesichts der erheblichen technischen Unterschiede zwischen Windenergie- und Photovoltaikanlagen sowie den damit verbundenen sehr unterschiedlichen Auswirkungen auf Raum und Umwelt dürften sich ohne Weiteres sachliche Gründe anführen lassen, die eine Ungleichbehandlung im Sinne des Art. 8 Abs. 1 BV rechtfertigen würden. Aufgrund der neuen Erkenntnisse zugunsten der Photovoltaik und im Sinne der Technologieneutralität wäre es jedoch überlegenswert, ob nicht für sämtliche grossflächigen Technologien zur Erzeugung von Strom aus erneuerbaren Energieträgern (also Windenergie, Wasserkraft und Freiflächenphotovoltaik) ähnliche rechtliche Rahmenbe-

---

119 BGer, Urteil 1A.151/2002, E. 4.3.

120 Siehe *Gerber*, Rn. 31.

121 Entsprechende Berechnungen finden sich bei *Schwarz*. Auch der Verfasser dieses Beitrags hat die mögliche Bedeutung grosser Photovoltaikanlagen erst aufgrund der sogleich besprochenen neuen Forschungsergebnisse erkannt.

122 ARE/BAFU/BFE/BLW, Positionspapier freistehende Photovoltaik-Anlagen.

123 Siehe dazu <https://www.zhaw.ch/de/lsfm/institute-zentren/iunr/oekotechnologien-energiesysteme/erneuerbare-energien/solarenergie/alpenstrom-davos/>, zuletzt besucht am 22. Juni 2023.

dingungen gelten sollten. Hierzu könnten Photovoltaikanlagen in einem allfälligen zukünftigen Konzept für erneuerbare Energien berücksichtigt werden, und der Bundesrat könnte gestützt auf Art. 12 Abs. 4 Satz 3 EnG definieren, ab welcher Grösse ihnen ein nationales Interesse zukommt.[124] Beide Räte beantragen im Rahmen der aktuellen Revision des Energiegesetzes[125] mit Unterschieden im Detail, den Art. 12 Abs. 2 EnG dahingehend zu ergänzen, dass auch Photovoltaikanlagen ab einer bestimmten (vom Bundesrat zu regelnden) Grösse und Bedeutung von nationalem Interesse wären.[126]

5. Schwerverkehrsabgabe und emissionsfreie Antriebe

Nicht direkt dem Energierecht im engeren Sinne entnommen, aber stark mit Energieträgern und technischer Innovation zur Bekämpfung des Klimawandels verknüpft ist das folgende Beispiel. Der Leistungsabhängigen Schwerverkehrsabgabe (LSVA) unterliegen gemäss Art. 2 und Art. 3 Schwerverkehrsabgabegesetz (SVAG)[127] sowie Art. 2 Schwerverkehrsabgabeverordnung (SVAV)[128] bestimmte Transportmotorwagen und -anhänger mit einem Gesamtgewicht von mehr als 3.5 Tonnen, welche das Schweizer Strassennetz benützen. Die LSVA soll die Kosten decken, die der Allgemeinheit durch die Benützung der öffentlichen Strassen durch solche Fahrzeuge entstehen,[129] und stellt daher ein Beispiel für die Internalisierung negativer Externalitäten dar.

Da die negativen Externalitäten auch von den Emissionen der Fahrzeuge abhängen, berücksichtigt die LSVA die Abgaskategorie der Fahrzeuge für die anzuwendenden Tarife.[130] Um einen besonderen Anreiz für die Verwendung emissionsfreier Antriebe zu setzen, sind Fahrzeuge mit elektrischem Antrieb nach Art. 3 Abs. 1 lit. j SVAV von der Abgabepflicht ausgenommen. Hiervon profitieren in der Praxis vor allem LKW mit Wasserstoff-Brennstoffzellenantrieb,[131] wenngleich zukünftig auch batterieelektrische Antriebe für LKW relevant wer-

---

[124] Siehe zu diesen Vorschlägen *Schreiber*, Die Nutzung des Alpenraums zur nachhaltigen Stromerzeugung.

[125] Bundesgesetz über eine sichere Stromversorgung mit erneuerbaren Energien, Geschäft 21.047.

[126] Die Fahne ist abrufbar unter <https://www.parlament.ch/de/ratsbetrieb/suche-curia-vista/geschaeft?AffairId=20210047>, zuletzt besucht am 22. Juni 2023.

[127] SR 641.81.

[128] SR 641.811.

[129] Siehe dazu die Botschaft, BBl 1996 V 521, S. 524.

[130] Über die Abgabekategorien nach Art. 14 Abs. 1 SVAV, die wiederum gemäss Anhang 1 SVAV von den Abgasvorschriften abhängen.

[131] Siehe etwa *BFE*, Erster Einsatz eines Brennstoffzellen-Lastwagens im 34 Tonnen Anhängerzug-Betrieb, S. 49.

den könnten.[132] Diese Ausnahmebestimmung stellt einen erheblichen Kostenvorteil für Brennstoffzellen-LKW dar, weil die LSVA bei einem 35-Tonnen-Diesel-LKW je nach Fahrleistung jährlich ca. CHF 50'000.00 beträgt.[133] Damit können Brennstoffzellen-LKW teilweise schon heute über die gesamte Lebenszeit hinweg wirtschaftlicher sein als vergleichbare Diesel-LKW.[134]

Dem Wortlaut nach findet diese Ausnahmebestimmung nur auf elektrische Antriebe Anwendung. Hierzu gehören neben batterieelektrischen Antrieben auch Wasserstoff-Brennstoffzellen, da die Brennstoffzelle letztlich dem Betrieb eines Elektromotors dient.[135] Keinen elektrischen Antrieb stellen hingegen Wasserstoff-Verbrennungsmotoren dar. Hier wird direkt Wasserstoff verbrannt, wobei nur sehr geringe lokale Emissionen entstehen.[136] Sollten solche alternativen Antriebe, obwohl sie keine fossilen Energieträger verbrennen, nicht von der LSVA-Befreiung profitieren, würde die zukünftige Entwicklung der Antriebe im Schwerlastverkehr weniger von den technischen, ökonomischen und ökologischen Potenzialen der verschiedenen Optionen abhängen als von diesem politischen Richtungsentscheid.

Am 9. März 2021 hat der Ständerat eine von der Kommission für Verkehr und Fernmeldewesen des Ständerats (KVG-SR) eingebrachte und vom Nationalrat angepasste Motion angenommen.[137] Danach sollen künftig „Nutzfahrzeuge mit fossilfreiem Antrieb" von einer Reduktion der LSVA profitieren. Die vollständige Befreiung von der LSVA für elektrische Antriebe würde voraussichtlich im Gegenzug wegfallen, auch wenn sich das aus dem Text der Motion selbst nicht unmittelbar ergibt.[138]

Im Vernehmlassungsentwurf für ein revidiertes CO_2-Gesetz, den der Bundesrat nach Ablehnung des totalrevidierten CO_2-Gesetzes in der Refe-

---

132 Vgl. *Nykvist/Olsson.*

133 In einem Pilotprojekt eines Supermarktbetreibers wurde als Vergleichsmassstab bezüglich der Wirtschaftlichkeit davon ausgegangen, dass ein vergleichbarer Diesel-LKW jährlich eine LSVA in Höhe von CHF 54'264 zu entrichten hätte, *BFE*, Erster Einsatz eines Brennstoffzellen-Lastwagens im 34 Tonnen Anhängerzug-Betrieb, S. 41, Tab. 4.

134 Zu diesem Ergebnis kommt *BFE*, Erster Einsatz eines Brennstoffzellen-Lastwagens im 34 Tonnen Anhängerzug-Betrieb, S. 41. Man beachte jedoch die technischen Probleme mit der Brennstoffzelle, welche die Betriebsfähigkeit deutlich einschränkten, siehe dort S. 40 und 43 ff.

135 Siehe zum Antriebssystem eines Brennstoffzellen-LKW *Ferrara/Jakubek/Hametner*, S. 3.

136 Vgl. *Verhelst/Wallner*, S. 519 f., wonach selbst ein Mischbetrieb mit Erdgas „Zero emission vehicle"-Standards einhalten kann.

137 Motion 19.4381 („Rahmenbedingungen für emissionsärmere Nutzfahrzeuge").

138 Siehe hierzu aber insbesondere das Votum von Bundespräsidentin Sommaruga, AB 2020 N 2642.

rendumsabstimmung vom 13. Juni 2021[139] vorgelegt hat,[140] soll die Befreiung neu auf Gesetzesstufe geregelt werden. Dabei soll in Art. 4 Abs. 1bis VE-SVAG geregelt werden, dass Fahrzeuge, die mit Elektrizität oder Wasserstoff ausschliesslich elektrisch angetrieben werden, bis zum 31. Dezember 2030 von der LSVA befreit sind. Der Vernehmlassungsentwurf verwundert insofern, als erneut – und sogar noch deutlicher – auch bei der Verwendung von Wasserstoff nur elektrische Antriebe befreit sind.[141] In der Fassung der Botschaft des Bundesrats vom 16. September 2022 spricht der Entwurf eines Art. 4 Abs. 1bis E-SVAG sogar gar nicht mehr von Wasserstoff, sondern befreit wiederum lediglich „Fahrzeuge, die elektrisch angetrieben werden".[142] In der Botschaft selbst nimmt der Bundesrat aber auch Bezug auf (elektrische) Wasserstoffantriebe, jedoch nicht auf Wasserstoffverbrennungsmotoren.[143]

Deutlich vorzugswürdiger erscheint demgegenüber, auf die gewünschte Wirkung und nicht die verwendete Technologie abzustellen. Entscheidend sollte sein, ob die Antriebstechnologie klima- und umweltfreundlich ist, was entweder anhand der lokalen Emissionen oder – aufwändiger, aber sehr viel präziser – anhand der gesamten Klimabelastung von der Gewinnung der Energieträger bis hin zum Verbrauch auf der Strasse[144] gemessen werden könnte. Es bleibt vorerst abzuwarten, inwiefern die Annahme der oben besprochenen Motion tatsächlich zu einer weitergehenden Abgabereduktion für sämtliche fossilfreien Energieträger führen wird.

6. Zulässige Anbieter von Regelenergie

Aufgrund der physikalischen Besonderheiten der Elektrizitätsversorgung müssen sich Einspeisungen und Ausspeisungen in einem Netzgebiet grundsätzlich die Waage halten, um Netzinstabilitäten zu vermeiden.[145] Die Toleranz für durch zu geringe Einspeisungen verursachte Unterfrequenzen und

---

139 BBl 2021 2135, S. 7.

140 Vernehmlassung 2021/123 vom 17. Dezember 2021, abrufbar unter <https://fedlex.data.admin.ch/eli/dl/proj/2021/123/cons_1>, zuletzt besucht am 15. Februar 2023.

141 Vgl. dazu etwa die Stellungnahme der Allianz Fossilfreie Logistik, S. 4 f. Die Stellungnahmen zum Vernehmlassungsentwurf sind ebenfalls unter der in Fn. 140 angegebenen URL abrufbar.

142 BBl 2022 2652, S. 24.

143 BBl 2022 2651, S. 48 und 89.

144 Vergleiche verschiedener Antriebstechnologien anhand dieses sog. „well-to-wheel"-Ansatzes finden sich bei *Liu/Reddi/Elgowainy* et al.; *Yazdanie/Noembrini/Dossetto/Boulouchos*.

145 *Swissgrid AG*, Überblick Systemdienstleistungen, S. 3. Siehe auch *Scholl/Flatt*, S. 30, Rn. 7.

durch übermässige Einspeisungen verursachte Überfrequenzen ist dabei sehr gering.[146] Trotz aller Versuche, mittels einer Auswertung typischer Lastprofile im Tages- und Wochenlauf, Wetterprognosen etc. die Ein- und Ausspeisungen korrekt vorherzusagen und aufeinander abzustimmen,[147] werden sich kurzfristig oft Abweichungen ergeben.

Aus diesem Grund bedarf es der Möglichkeit, innert kurzer Frist zusätzliche Elektrizität bereitzustellen oder die Produktion herunterzufahren. Hierzu dient die sog. Regelenergie, wobei man die zusätzliche Produktion von Elektrizität im Falle einer Unterfrequenz (positive Regelenergie) von der Produktionsdrosselung im Falle einer Überfrequenz (negative Regelenergie) unterscheidet.[148] Die Regelenergie lässt sich anhand der Zeitspanne, innerhalb derer sie zur Verfügung gestellt werden kann, weiter in die Primär- (innert Sekunden), Sekundär- (von wenigen Sekunden bis ca. 15 Minuten) und Tertiärregelung (ab 15 Minuten) unterscheiden.[149] Als Anbieter von Regelenergie kommen neben Kraftwerken auch Grossverbraucher, wie etwa Kühlhäuser, oder auch Stromspeicher in Betracht.[150] Diese können im Fall einer Überfrequenz kurzfristig zusätzliche Elektrizität beziehen oder im Falle einer Unterfrequenz ihren Elektrizitätsbezug vorübergehend verringern. Man spricht insofern, da es sich um eine Reaktion auf die Netzsituation durch Marktakteure auf der Verbrauchsseite handelt, von *demand side response*[151] oder *demand side management*[152].

In der Schweiz ist für die vertragliche Sicherung entsprechender Kapazitäten für die Bereitstellung von Regelenergie und deren Abruf im Bedarfsfall

---

[146] Siehe dazu bereits *Schreiber*, Rechtliche Innovationssteuerung am Beispiel der Power-to-Gas-Stromspeichertechnologie, Rn. 504. Schon bei einer Abweichung von der gewöhnlichen europäischen Netzfrequenz von 50 Hertz (Hz) um 200 mHz müssen innert 30 Sekunden sämtliche Reserven für die Netzstabilisierung aktiviert werden, siehe Art. 154 Abs. 7 lit. c Verordnung (EU) 2017/1485 der Kommission vom 2. August 2017 zur Festlegung einer Leitlinie für den Übertragungsnetzbetrieb, OJ L 220, S. 1–120.

[147] Dazu *VSE*, Beiträge der Erzeugungstechnologien zur Stromversorgung und Stabilität des elektrischen Systems, S. 2.

[148] Siehe bereits *Schreiber*, Rechtliche Innovationssteuerung am Beispiel der Power-to-Gas-Stromspeichertechnologie, Rn. 1200 f.; siehe auch <https://www.swissgrid.ch/de/home/operation/grid-data/balance.html>, zuletzt besucht am 22. Juni 2023; vgl. auch zu weiteren Instrumenten der Versorgungssicherheit *Scholl/Flatt*, S. 32 f., Rn. 14 ff.

[149] *Schreiber*, Rechtliche Innovationssteuerung am Beispiel der Power-to-Gas-Stromspeichertechnologie, Rn. 1203 f. m. w. H.; *Swissgrid AG*, Überblick Systemdienstleistungen, S. 4 f.

[150] Vgl. *Kühling/Klein*, S. 39.

[151] So etwa bei *Antonopoulos/Robu/Couraud* et al.

[152] So etwa bei *Kühling/Klein*.

gemäss Art. 20 Abs. 2 lit. b StromVG die nationale Netzgesellschaft Swissgrid AG als Betreiberin des Übertragungsnetzes (Höchstspannungsnetzes) zuständig. Der Begriff der Regelenergie ist in Art. 4 Abs. 1 lit. e StromVG legaldefiniert als „[a]utomatischer oder von Kraftwerken abrufbarer Einsatz von Elektrizität zur Einhaltung des geplanten Elektrizitätsaustausches und zur Gewährleistung des sicheren Netzbetriebes“. Der Wortlaut nennt ausdrücklich nur Kraftwerke als Anbieter von Regelenergie. Dies wirft die Frage auf, ob Verbrauchslasten (*demand response*) gesetzlich überhaupt als alternative Anbieter in Betracht kommen, auch wenn der Wortlaut „oder von Kraftwerken“ insofern nicht ganz eindeutig erscheint.[153] In der Praxis werden flexible Verbrauchslasten bereits heute durch Swissgrid zur Bereitstellung von Regelenergie zugelassen.[154] Im Entwurf für einen Mantelerlass zur Revision des Energiegesetzes und des Stromversorgungsgesetzes[155] ist die Regelenergie in Art. 4 Abs. 1 lit. e E-StromVG neu definiert als „automatisch oder manuell abrufbarer Einsatz von Elektrizität zur Einhaltung des geplanten Elektrizitätsaustausches und zur Gewährleistung des sicheren Netzbetriebes“. Der Verweis auf Kraftwerke entfiele also völlig, und die Vorschrift wäre damit vollständig technologieneutral und -offen.

Bereits unter dem geltenden Recht liesse sich vertreten, dass neben Kraftwerken auch Verbraucher als Anbieter von Regelenergie in Betracht kommen.[156] Dass der Bundesrat dennoch eine Anpassung für wünschenswert erachtet, zeigt jedoch, dass der geltende Wortlaut zu eng formuliert ist. Dem Bundesrat ist dabei bewusst, dass in der Praxis bereits heute auch Verbraucher Regelenergie anbieten.[157] Es handelt sich seiner Auffassung nach daher lediglich um „[…] eine Klarstellung, um die gelebte Realität abzubilden“.[158] Das Beispiel zeigt also, dass der Gesetzgeber (bzw. im Falle des Botschaftsentwurfs zum Mantelerlass der Bundesrat) teilweise nachträglich eine Korrektur vornimmt, um eine Vorschrift technologieneutraler zu gestalten. Bezeichnend ist allerdings, dass dies in diesem Fall vor allem deshalb erfolgte, weil die Praxis den zu engen Wortlaut zuvor schlicht ignorierte.

---

[153] Ausführlich zu dieser Frage *Schreiber*, Rechtliche Innovationssteuerung am Beispiel der Power-to-Gas-Stromspeichertechnologie, Rn. 1222 ff.

[154] BBl 2021 1666, S. 75; vgl. auch VSE, Branchenempfehlung Strommarkt Schweiz, S. 10, Ziffer 3.6 Abs. 1.

[155] Bundesgesetz über eine sichere Stromversorgung mit erneuerbaren Energien (Änderung des Energiegesetzes und des Stromversorgungsgesetzes), BBl 2021 1667.

[156] So bereits *Schreiber*, Rechtliche Innovationssteuerung am Beispiel der Power-to-Gas-Stromspeichertechnologie, Rn. 1222 ff., 1245.

[157] Siehe die Botschaft zum Mantelerlass, BBl 2021 1666, S. 75.

[158] BBl 2021 1666, S. 75.

7. Entwurf eines Gasversorgungsgesetzes

Abschliessend soll noch ein Positivbeispiel vorgestellt werden, bei dem bereits zu Beginn des Rechtsetzungsprozesses eine möglichst technologieneutrale und -offene Regelung beabsichtigt ist. Bereits 2019 ist der Vernehmlassungsentwurf für ein Gasversorgungsgesetz (GasVG) vorgelegt worden.[159] Das Gasversorgungsgesetz soll den bislang im Wesentlichen gestützt auf das Kartellgesetz (KG)[160] regulierten[161] Gasmarkt erstmals einer sektorspezifischen Marktordnung unterwerfen und orientiert sich in weiten Teilen am bereits bestehenden Stromversorgungsgesetz.

Zentrale Weichenstellung für den zukünftigen Anwendungsbereich eines solchen Gesetzes ist die Frage, welche Gase von der entsprechenden Marktregulierung erfasst sind. Neben dem traditionell verwendeten fossilen Erdgas kommen hier in Zukunft möglicherweise auch Biogas[162] sowie aus erneuerbaren Energieträgern synthetisch hergestellte Energieträger wie Wasserstoff oder Methan[163] in Betracht. Eine zu enge Definition des Anwendungsbereichs könnte hier bestimmte innovative Energieträger von vornherein aus der Marktordnung ausschliessen und so erheblichen Einfluss auf die letztlich erfolgreichen Technologien nehmen.

Der Bundesrat hat sich hier entschieden, den Gasbegriff nicht zu definieren. Das Gesetz selbst spricht lediglich von der „Gasversorgung"[164] bzw. dem „Gas"[165]. Dies ist offenbar bewusst geschehen und soll sicherstellen, dass alle denkbaren Gase – neben fossilem Erdgas werden ausdrücklich Biogas, synthetisch erzeugtes Methan und Wasserstoff erwähnt[166] – erfasst werden. Auch wenn die Materialien selbst es nicht so konkret benennen, hat der Bundesrat hier also eine bewusst technologieneutrale Regelung vorgeschla-

---

159 Vernehmlassung 2019/75, abrufbar unter <https://fedlex.data.admin.ch/eli/dl/proj/6019/75/cons_1>, zuletzt besucht am 15. Februar 2023.

160 SR 251.

161 Hier ist insbesondere der Entscheid der Wettbewerbskommission (WEKO) zum Zentralschweizer Gasmarkt zu nennen, siehe dazu <https://www.admin.ch/gov/de/start/dokumentation/medienmitteilungen.msg-id-79324.html>, zuletzt besucht am 15. Juli 2022.

162 Der Gesetzgeber spricht insofern teilweise von biogenem Gas, siehe etwa Art. 2 lit. c Energieförderungsverordnung (EnFV), SR 730.03.

163 Ausführlich zu den Chancen synthetischer Gase in der Schweiz *Kober/Bach/Bauer* et al., Perspectives of Power-to-X Technology in Switzerland, sowie der dazugehörige Hintergrundbericht.

164 Etwa in Art. 1 und Art. 2 Abs. 1 VE-GasVG.

165 Etwa in Art. 3 lit. c VE-GasVG.

166 *UVEK*, Gasversorgungsgesetz, Erläuternder Bericht zur Vernehmlassungsvorlage, S. 33.

gen, die sich zudem auch zukünftigen Entwicklungen gegenüber nicht verschliesst und damit auch als technologieoffen gelten kann.

Die Arbeiten am Gasversorgungsgesetz haben sich zwischenzeitlich verzögert und ein Botschaftsentwurf soll erst bis Ende August 2024 vorgelegt werden.[167] Es bleibt zu hoffen, dass dieser den technologieoffenen Ansatz des Vernehmlassungsentwurfs beibehalten wird.

V. Fazit

Die technologieneutrale und technologieoffene Formulierung gesetzlicher Vorschriften ist von grosser Bedeutung, da andernfalls ein gesetzgeberischer Vorentscheid zugunsten bestimmter Technologien droht, der effektiven Wettbewerb verhindert („*picking winners*"). Die wirtschaftspolitische Forderung nach technologieneutralen Vorgaben ist durch das allgemeine Gleichbehandlungsgebot sowie insbesondere das Gebot der Gleichbehandlung direkter Konkurrentinnen und Konkurrenten teilweise auch rechtlich verankert. Abgeschwächt werden diese rechtlichen Anforderungen jedoch einerseits durch den weiten Spielraum, der dem Gesetzgeber bei der Regelung vergleichbarer Sachverhalte zugebilligt wird, und andererseits durch die vom Bundesgericht sehr eng gefasste Definition der direkten Konkurrenz.

Wie die besprochenen Beispiele gezeigt haben, wird das geltende Energierecht den dargestellten rechtspolitischen Grundsätzen leider in vielen Fällen nicht gerecht. Immerhin finden sich in jüngerer Zeit gesetzgeberische Bestrebungen, bestehende Vorgaben technologieneutraler zu formulieren. Teilweise wird hiermit jedoch lediglich eine gelebte Praxis gesetzlich fixiert, welche die zu eng formulierten gesetzlichen Vorgaben schlicht ignoriert hat. Positiv fällt der Vernehmlassungsentwurf für ein Gasversorgungsgesetz auf, der von Anfang an in Bezug auf die erfassten Gase technologieneutral und -offen ausgestaltet wurde. Es bleibt abzuwarten, ob hierin die Anfänge einer stärkeren gesetzgeberischen Auseinandersetzung mit dieser Thematik zu sehen sind.

Zukünftig wäre es wünschenswert, bereits bei den vorbereitenden Arbeiten an einem Gesetz, etwa im Rahmen der Wirkungsanalyse eines Vernehmlassungsentwurfs,[168] sowie bei allfälligen späteren Gesetzesevaluationen[169]

---

[167] Siehe die Medienmitteilung des Bundesrates vom 21. Juni 2023, abrufbar unter <https://www.bfe.admin.ch/bfe/de/home/news-und-medien/medienmitteilungen/mm-test.msg-id-95890.html>, zuletzt besucht am 22. Juni 2023.

[168] Siehe dazu *BJ*, Gesetzgebungsleitfaden, Rn. 179 ff.

[169] Vgl. Art. 170 BV; siehe dazu *BJ*, Gesetzgebungsleitfaden, Rn. 1136 ff. sowie allgemein (d. h. nicht nur zur Evaluation von Gesetzen, sondern aller staatlichen Massnahmen) *Widmer*.

auch die Auswirkungen auf den Wettbewerb zwischen verschiedenen Technologien sowie die Offenheit der Regelung gegenüber zukünftigen technischen Entwicklungen stärker in den Blick zu nehmen. Allenfalls könnten Hinweise zur technologieneutralen und -offenen Gesetzesformulierung zukünftig auch in den Gesetzgebungsleitfaden des Bundesamts für Justiz (BJ)[170] einfliessen. Voraussetzung hierfür dürfte sein, dass die Problematik der Auswirkungen rechtlicher Vorgaben auf Innovationsprozesse[171] weiterhin rechtswissenschaftlich analysiert und bestehende wie geplante Regelungen dabei kritisch auf ihre Technologieneutralität untersucht werden.

Literatur- und Materialienverzeichnis

Antonopoulos, Ioannis/*Robu*, Valentin/*Couraud*, Benoit/*Kirli*, Desen/*Norbu*, Sonam/*Kiprakis*, Aristides/*Flynn*, David/*Elizondo-Gonzalez*, Sergio/*Wattam*, Steve: Artificial intelligence and machine learning approaches to energy demand-side response, A systematic review, in: Renewable and Sustainable Energy Reviews, Bd. 130 (2020), Artikel 109899 (zit. *Antonopoulos/Robu/Couraud* et al.).

Anuta, Oghenetejiri Harold/*Taylor*, Phil/*Jones*, Darren/*McEntee*, Tony/*Wade*, Neal: An international review of the implications of regulatory and electricity market structures on the emergence of grid scale electricity storage, in: Renewable and Sustainable Energy Reviews, Bd. 130 (2014), S. 489 ff. (zit. *Anuta/Taylor/Jones* et al.).

Aschwanden, Janine/*Liechti*, Felix: Vogelzugintensität und Anzahl Kollisionsopfer an Windenergieanlagen am Standort Le Peuchapatte (JU), November 2016.

Bergek, Anna/*Jacobsson*, Staffan/*Sandén*, Björn A.: ‚Legitimation' and ‚development of positive externalities', two key processes in the formation phase of technological innovation systems, in: Technology Analysis & Strategic Management, Bd. 20/5 (2008), S. 575 ff.

Borenstein, Severin: The Private and Public Economics of Renewable Electricity Generation: in: Journal of Economic Perspectives, Bd. 26/1 (2012), S. 67 ff.

Brito, M. C./*Freitas*, S./*Guimarães*, S./*Catita*, C./*Redweik*, P.: The importance of facades for the solar PV potential of a Mediterranean city using LiDAR data, in: Renewable Energy, Bd. 111 (2017), S. 85 ff.

Bucher, Christof/*Schwarz*, Roman: Studie Winterstrom Schweiz, Was kann die heimische Photovoltaik beitragen?, Zürich 2021.

Bundesamt für Energie (BFE): Gebäudepark 2050, Vision des BFE, Bern 2022 (zit. *BFE*, Gebäudepark 2050).

[170] *BJ*, Gesetzgebungsleitfaden.

[171] Dazu ausführlich *Hoffmann-Riem/Schneider*; *Hoffmann-Riem*, Innovation und Recht – Recht und Innovation; *Schreiber*, Rechtliche Innovationssteuerung am Beispiel der Power-to-Gas-Stromspeichertechnologie; jeweils m. w. H.; zuletzt für die Schweiz auch *Camenisch*; *Drittenbass*, S. 271 ff.

Bundesamt für Energie (BFE): Erster Einsatz eines Brennstoffzellen-Lastwagens im 34 Tonnen Anhängerzug-Betrieb, Bern 2020 (zit. *BFE*, Erster Einsatz eines Brennstoffzellen-Lastwagens im 34 Tonnen Anhängerzug-Betrieb).

Bundesamt für Energie (BFE): Bericht über die Ergebnisse des Vernehmlassungsverfahrens zur Umsetzung der Strategie Stromnetze: Änderungen auf Verordnungsstufe, Bern 2018 (zit. *BFE*, Bericht über die Ergebnisse des Vernehmlassungsverfahrens zur Umsetzung der Strategie Stromnetze: Änderungen auf Verordnungsstufe).

Bundesamt für Energie (BFE): Energiestrategie 2050, Bericht des Teilprojekts Energienetze und Ausbaukosten, Bern 2012 (zit. *BFE*, Energiestrategie 2050).

Bundesamt für Justiz (BJ): Gesetzgebungsleitfaden, Leitfaden für die Ausarbeitung von Erlassen des Bundes, 4. Aufl., Bern 2019 (zit. *BJ*, Gesetzgebungsleitfaden).

Bundesamt für Raumentwicklung (ARE): Änderung des Energiegesetzes vom 30. September 2016, Vorentwurf vom 2. Februar 2022 (zit. *ARE*, Änderung des Energiegesetzes vom 30. September 2016, Vorentwurf vom 2. Februar 2022).

Bundesamt für Raumentwicklung (ARE): Konzept Windenergie, Basis zur Berücksichtigung der Bundesinteressen bei der Planung von Windenergieanlagen, Bern 2020 (zit. *ARE*, Konzept Windenergie).

Bundesamt für Raumentwicklung (ARE)/*Bundesamt für Umwelt* (BAFU)/*Bundesamt für Energie* (BFE)/*Bundesamt für Landwirtschaft* (BLW): Positionspapier freistehende Photovoltaik-Anlagen, Bern 2012 (zit. *ARE/BAFU/BFE/BLW*, Positionspapier freistehende Photovoltaik-Anlagen).

Camenisch, Livia: Innovationsoffenheit als Verfassungsgrundsatz, Zürich/St. Gallen 2021.

Canaris, Claus-Wilhelm: Die Feststellung von Lücken im Gesetz, Eine methodologische Studie über Voraussetzungen und Grenzen der richterlichen Rechtsfortbildung praeter legem, in: Neuner, Jörg/Grigoleit, Hans Christoph (Hrsg.), Claus-Wilhelm Canaris, Gesammelte Schriften, Bd. 1, Rechtstheorie, Berlin/Boston 2012, S. 3 ff.

Dällenbach, Nathalie/*Wüstenhagen*, Rolf: How far do noise concerns travel?, Exploring how familiarity and justice shape noise expectations and social acceptance of planned wind energy projects, in: Energy Research & Social Science, Bd. 87 (2022), Artikel 102300.

Decurtins, Daniela: Der Umbau der Energieversorgung, Eine Frage des Netzes und der Speicher, in: Kawann, Cornelia (Hrsg.), Energie im Wandel, Frauen gestalten die Schweizer Energiezukunft, Frankfurt am Main 2014, S. 227 ff.

Drittenbass, Joel: Regulierung von autonomen Robotern, Zürich/St. Gallen/Baden-Baden 2021.

Dröes, Martijn I./*Koster*, Hans R.A.: Renewable energy and negative externalities: The effect of wind turbines on house prices, in: Journal of Urban Economics, Bd. 96 (2016), S. 121 ff.

Ehrenzeller, Bernhard/*Schindler*, Benjamin/*Schweizer*, Rainer J./*Vallender*, Klaus A. (Hrsg.): Die schweizerische Bundesverfassung, St. Galler Kommentar, 3. Aufl.,

Zürich/St. Gallen 2014 (zit. *Bearbeiter/-in*, St. Galler Kommentar BV, Art. …, Rn. …).

Eidgenössische Elektrizitätskommission (ElCom): Stromversorgungssicherheit der Schweiz 2020, Bern 2020 (zit. *ElCom*, Stromversorgungssicherheit in der Schweiz 2020).

Eidgenössische Elektrizitätskommission (ElCom): Rechtsnatur von Richtlinien und Branchendokumenten, Bern 2010 (zit. *ElCom*, Rechtsnatur von Richtlinien und Branchendokumenten).

Eidgenössisches Departement für Umwelt, Verkehr, Energie und Kommunikation (UVEK): Gasversorgungsgesetz. Erläuternder Bericht zur Vernehmlassungsvorlage, Bern 2019 (zit. *UVEK*, Gasversorgungsgesetz, Erläuternder Bericht zur Vernehmlassungsvorlage, S. 33).

Eidgenössisches Departement für Umwelt, Verkehr, Energie und Kommunikation (UVEK): Bundesgesetz über den Um- und Ausbau der Stromnetze (Strategie Stromnetze), Teilrevision der Stromversorgungsverordnung, Erläuternder Bericht, Bern Juni 2018 (zit. *UVEK*, Bundesgesetz über den Um- und Ausbau der Stromnetze (Strategie Stromnetze), Teilrevision der Stromversorgungsverordnung, Erläuternder Bericht).

Energie-Forschungszentrum Niedersachsen (EFZN): Eignung von Speichertechnologien zum Erhalt der Systemsicherheit, Goslar 2013 (zit. *EFZN*, Eignung von Speichertechnologien zum Erhalt der Systemsicherheit).

EnergieSchweiz: Winterstrom für die Schweiz, Warum wir auch in der Schweiz Windenergie brauchen, Bern 2020 (zit. *EnergieSchweiz*, Winterstrom für die Schweiz).

European Academies Science Advisory Council (EASAC): Valuing dedicated storage in electricity grids, Halle (Saale) 2017 (zit. *EASAC*, Valuing dedicated storage in electricity grids).

Ferrara, Alessandro/*Jakubek*, Stefan/*Hametner*, Christoph: Energy management of heavy-duty fuel cell vehicles in real-world driving scenarios, Robust design of strategies to maximize the hydrogen economy and system lifetime, in: Energy Conversion and Management, Bd. 232 (2021), Artikel 113795.

Fifita, Solomone/*Forster*, Piers/*Ginzburg*, Veronika/*Handa*, Collins/*Kheshgi*, Haroon/*Kobayashi*, Shigeki/*Kriegler*, Elmar/*Mundaca*, Luis/*Séférian*, Roland/*Vilariño*, Maria Virginia: Mitigation Pathways Compatible with 1.5°C in the Context of Sustainable Development, in: Masson-Delmotte, Valérie/Zhai, Panmao/Pörtner, Hans-Otto/Roberts, Debra/Skea, Jim/Shukla, Priyadarshi R. (Hrsg.), Global warming of 1.5°C, An IPCC Special Report on the impacts of global warming of 1.5°C above pre-industrial levels and related global greenhouse gas emission pathways, in the context of strengthening the global response to the threat of climate change, sustainable development, and efforts to eradicate poverty, Genf 2019, S. 93 ff. (zit. *Fifita/Forster/Ginzburg* et al.).

Föhse, Kathrin: Positivierte Aufgaben- und Nutzungsinteressen von nationaler Bedeutung, Bestandesaufnahme im neuen Energierecht des Bundes, in: ZBJV, Bd. 153/9 (2017), S. 581 ff.

Fox, Jacob/*Axsen*, Jonn/*Jaccard*, Mark: Picking Winners, Modelling the Costs of Technology-specific Climate Policy in the U.S. Passenger Vehicle Sector, in: Ecological Economics, Bd. 137 (2017), S. 133 ff.

Fraunhofer-Institut für Umwelt-, Sicherheits- und Energietechnik UMSICHT (Fraunhofer UMSICHT)/*Fraunhofer-Institut für Windenergie und Energiesystemtechnik IWES* (Fraunhofer IWES): Metastudie „Energiespeicher" 31.10.2014 (zit. *Fraunhofer-Institut*).

Freitas, Sara/*Brito*, Miguel Centeno: Solar façades for future cities, in: Renewable Energy Focus, Bd. 31 (2019), S. 73 ff.

Geiser, Thomas/*Fountoulakis*, Christiana (Hrsg.): Basler Kommentar Zivilgesetzbuch, Bd. 1, 6. Aufl., Basel 2018 (zit. *Bearbeiter/-in*, Basler Kommentar Zivilgesetzbuch, Art. …, Rn. …).

Gerber, Alexandra: Art. 12 Energiegesetz: Was ändert sich bei der Interessenabwägung (erneuerbare Energie vs. Natur-, Landschafts- und Umweltschutz)?, in: Heselhaus, Sebastian/Hänni, Julia/Schreiber, Markus (Hrsg.), Rechtsfragen der Energiewirtschaft, Tagungsband zur 1. Energierechtstagung an der Universität Luzern vom 23. November 2017, Zürich/St. Gallen 2019, S. 77 ff.

Griffel, Alain: Grundsätzlich gleichrangig = gleichrangig; Denkfehler erlaubt!, in: ZBl (2018), S. 161 f. (zit. *Griffel*, Grundsätzlich gleichrangig = gleichrangig; Denkfehler erlaubt!).

Heine, Günter: Rechtssystem und Innovation, in: Pleschak, Franz/Sabisch, Helmut (Hrsg.), Innovationsmanagement, Stuttgart 1996, S. 345 ff.

Hemke, Katja: Methodik der Analogiebildung im öffentlichen Recht, Berlin 2006.

Hettich, Peter/*Peng*, Gian Luca: Erleichterte Bewilligung von Solaranlagen in der Rechtspraxis: gut gemeint, wenig effektiv und verfassungsrechtlich fragwürdig, AJP 2015, S. 1427 ff.

Hettich, Peter/*Walther*, Simone/*Wohlgemuth*, David/*Camenisch*, Livia/*Drittenbass*, Joel: Strommarkt 2023, Quotenmodelle im Zieldreieck von Umweltverträglichkeit, Wirtschaftlichkeit und Versorgungssicherheit, Zürich/St. Gallen 2017.

Hewicker, Christian/*Raadschelders*, Jillis/*Werner*, Oliver/*Ebert*, Michael/*Engelhardt*, Christian/*Mennel*, Tim/*Verhaegh*, Nynke: Energiespeicher in der Schweiz, Bedarf, Wirtschaftlichkeit und Rahmenbedingungen im Kontext der Energiestrategie 2050, Bern 2013 (zit. *Hewicker/Raadschelders/Werner* et al.).

Hoffmann-Riem, Wolfgang: Innovation und Recht – Recht und Innovation, Recht im Ensemble seiner Kontexte, Tübingen 2016 (zit. *Hoffmann-Riem*, Innovation und Recht – Recht und Innovation).

Hoffmann-Riem, Wolfgang: Rückblick auf das Projekt „Recht und Innovation", in: Eifert, Martin/Hoffmann-Riem, Wolfgang (Hrsg.), Innovation, Recht und öffentliche Kommunikation, Berlin 2011, S. 295 ff. (zit. *Hoffmann-Riem*, Rückblick auf das Projekt „Recht und Innovation").

Hoffmann-Riem, Wolfgang: Governance im Gewährleistungsstaat. Vom Nutzen der Governance-Perspektive für die Rechtswissenschaft, in: Schuppert, Gunnar Folke

(Hrsg.), Governance-Forschung, Vergewisserung über Stand und Entwicklungslinien, 2. Aufl., Baden-Baden 2006, S. 195 ff. (zit. *Hoffmann-Riem*, Governance im Gewährleistungsstaat).

Hoffmann-Riem, Wolfgang/*Schneider*, Jens-Peter (Hrsg.): Rechtswissenschaftliche Innovationsforschung, Grundlagen, Forschungsansätze, Gegenstandsbereiche, Baden-Baden 1998.

Hofstetter, Dominic/*Battke*, Benedikt/*Cox*, Brian/*Hughes*, Jillian: Power-to-Gas in Switzerland, Demand, Regulation, Economics, Technical Potential, Zürich 2014.

Jäger, Christoph: Kommentar zu Art. 18a RPG, in: Aemisegger, Heinz/Moor, Pierre/Ruch, Alexander/Tschannen, Pierre (Hrsg.), Praxiskommentar RPG, Baubewilligung, Rechtsschutz und Verfahren, Zürich 2020 (zit. *Jäger*, Praxiskommentar RPG, Art. 18a, Rn. …).

Jäger, Christoph: Windenergieanlagen, Regelungsspielraum der Kantone, Bern 2019 (zit. *Jäger*, Windenergieanlagen).

Joss, Mara/*Schreiber*, Markus: Photovoltaik, in: Heselhaus, Sebastian/Schreiber, Markus/Zumoberhaus, Marion (Hrsg.), Handbuch zum schweizerischen Energierecht, Zürich 2022, S. 109 ff.

Keller, Peter M./*Zufferey*, Jean-Baptiste/*Fahrländer*, Karl Ludwig (Hrsg.): Kommentar NHG, Ergänzt um Erläuterungen zu JSG und BFG, 2. Aufl., Zürich/Basel/Genf 2019 (zit. *Bearbeiter/-in*, Kommentar NHG, Art. …, Rn. …).

KEMA Consulting GmbH: Dezentrale Speicher für Netzbetreiber, Alternative Netzkapazitäten, Bern 2017.

Kober, Tom/*Bach*, Christian/*Bauer*, Christian/*Bjarne*, Steffen/*Held*, Maximilian/*Korba*, Petr/*Küng*, Lukas/*Moebus*, Sandra/*Parra*, David/*Roth*, Jörg/*Rüdisüli*, Martin/*Schildhauer*, Tilman/*Schmidt*, Thomas Justus/*Schmidt*, Tobias/*Schreiber*, Markus/*Segundo Sevilla*, Felix Rafael/*Teske*, Sinan: Perspectives of Power-to-X Technology in Switzerland, Villigen 2019 (zit. *Kober/Bach/Bauer* et al.).

Kratz, Brigitta: Speicher als Schlüsselkomponente der Energiewende, Überlegungen zu einer regulatorischen Lücke im schweizerischen Energiewirtschaftsrecht, Zürich/*St. Gallen* 2018 (zit. *Kratz*, Speicher als Schlüsselkomponente der Energiewende).

Kratz, Brigitta: Die Praxis der ElCom zu Fragen der Netzebenenzuordnung, in: Jusletter vom 23. April 2012 (zit. *Kratz*, Die Praxis der ElCom zu Fragen der Netzebenenzuordnung).

Krewitt, Wolfram: Die externen Kosten der Stromerzeugung aus erneuerbaren Energien im Vergleich zur fossilen Stromerzeugung, in: Umweltwissenschaften und Schadstoff-Forschung, Bd. 19 (2007), S. 144 ff.

Krzikalla, Norbert/*Achner*, Siggi/*Brühl*, Stefan: Möglichkeiten zum Ausgleich fluktuierender Einspeisungen aus Erneuerbaren Energien, Studie im Auftrag des Bundesverbandes Erneuerbare Energie, Bochum 2013.

Kühling, Jürgen/*Klein*, Carolin: Übersicht gesetzlicher Rahmenbedingungen für Demand Side Management in der Energiewirtschaft, Regensburg 2016.

Lai, Chi-Ming/*Hokoi*, Shuichi: Solar façades, A review, in: Building and Environment, Bd. 91 (2015), S. 152 ff.

Liu, Xinyu/*Reddi*, Krishna/*Elgowainy*, Amgad/*Lohse-Busch*, Henning/*Wang*, Michael/*Rustagi*, Neha: Comparison of well-to-wheels energy use and emissions of a hydrogen fuel cell electric vehicle relative to a conventional gasoline-powered internal combustion engine vehicle, in: International Journal of Hydrogen Energy, Bd. 45 (2020), S. 972 ff. (zit. *Liu/Reddi/Elgowainy* et al.).

Mertens, Konrad: Photovoltaik, Lehrbuch zu Grundlagen, Technologie und Praxis, 5. Aufl., München 2020.

Nykvist, Björn/*Olsson*, Olle: The feasibility of heavy battery electric trucks, in: Joule, Bd. 5/4 (2021), S. 901 ff.

Organisation for Economic Co-Operation and Development (OECD): The Innovation Imperative, Contributing to Productivity, Growth and Well-Being, Paris 2015 (zit. *OECD*, The Innovation Imperative).

Prognos AG/Infras AG/TEP Energy GmbH/Ecoplan AG: Energieperspektiven 2050+, Bern 2022 (zit. *Prognos AG/Infras AG/TEP Energy GmbH* et al.).

Reich, Johannes: Grundsatz der Wirtschaftsfreiheit, Evolution und Dogmatik von Art. 94 Abs. 1 und 4 der Bundesverfassung der Schweizerischen Eidgenossenschaft vom 18. April 1999, Zürich/St. Gallen 2011.

Rhinow, René/*Schefer*, Markus/*Uebersax*, Peter: Schweizerisches Verfassungsrecht, 3. Aufl., Basel 2016.

Richli, Paul: Grundriss des schweizerischen Wirtschaftsverfassungsrechts, 2. Aufl., Bern 2007.

Roberts, Tracey M.: Picking Winners and Losers, A Structural Examination of Tax Subsidies to the Energy Industry, in: Columbia Journal of Environmental Law, Bd. 41/1 (2016), S. 64 ff.

Sailer, Frank/*Reuter*, Simon: Rechtliche Rahmenbedingungen für Stromspeicher, Stand und Anpassungsbedarf, Würzburg 2014.

Schenuit, Carolin/*Heuke*, Reemt/*Paschke*, Jan: Potenzialatlas Power to Gas, Klimaschutz umsetzen, erneuerbare Energien integrieren, regionale Wertschöpfung ermöglichen, Berlin 2016.

Scherhaufer, Patrick/*Höltinger*, Stefan/*Salak*, Boris/*Schauppenlehner*, Thomas/*Schmidt*, Johannes: Patterns of acceptance and non-acceptance within energy landscapes, A case study on wind energy expansion in Austria, in: Energy Policy, Bd. 109 (2017), S. 863 ff. (zit. *Scherhaufer/Höltinger/Salak* et al.).

Scholl, Phyllis/*Flatt*, Markus: Energiewirtschaft Schweiz, Juristische und ökonomische Grundlagen und Praxisanwendungen, Zürich 2022.

Schott, Markus: Staat und Wettbewerb, Der Schutz des institutionellen und des wirtschaftlichen Wettbewerbs vor staatlichen Beeinträchtigungen in der Schweiz und in der Europäischen Union, Zürich/Baden-Baden 2010.

Schreiber, Markus: Die Nutzung des Alpenraums zur nachhaltigen Stromerzeugung, in: ZBl 2022, S. 515 ff. (zit. *Schreiber*, Die Nutzung des Alpenraums zur nachhaltigen Stromerzeugung).

Schreiber, Markus: Verfassungsrechtliche Grundlagen, in: Heselhaus, Sebastian/Schreiber, Markus/Zumoberhaus, Marion (Hrsg.), Handbuch zum schweizerischen Energierecht, Zürich 2022, S. 29 ff. (zit. *Schreiber*, Verfassungsrechtliche Grundlagen).

Schreiber, Markus: Rechtliche Innovationssteuerung am Beispiel der Power-to-Gas-Stromspeichertechnologie, Zürich 2019 (zit. *Schreiber*, Rechtliche Innovationssteuerung am Beispiel der Power-to-Gas-Stromspeichertechnologie).

Schreiber, Markus: Rechtsprechung zur Photovoltaik. Integrierte vs. angebaute Anlagen, in: Heselhaus, Sebastian/Schreiber, Markus (Hrsg.), Energierechtstagung 2019. Tagungsband zur 2. Energierechtstagung an der Universität Luzern vom 31. Januar 2019, Zürich/St. Gallen 2019, S. 71 ff. (zit. *Schreiber*, Rechtsprechung zur Photovoltaik).

Schulze-Fielitz, Helmuth: Instrumente der Innovationssteuerung durch Öffentliches Recht. insbesondere im Umweltrecht, in: Hoffmann-Riem, Wolfgang/Schneider, Jens-Peter (Hrsg.), Rechtswissenschaftliche Innovationsforschung. Grundlagen, Forschungsansätze, Gegenstandsbereiche, Baden-Baden 1998, S. 291 ff.

Schwarz, Marius: Modellierung von alpinen Photovoltaik-Anlagen zur Deckung der Winterlücke, in: Schillig, Ivo/Previšić, Boris (Hrsg.), Alpenstrom jetzt!, Disentis/Altdorf 2022, S. 6 ff.

Schweizerische Akademie der Technischen Wissenschaften (SATW): Die Rolle von dezentralen Speichern für die Bewältigung der Energiewende, SATW-Speicherstudie, Zürich 2016 (zit. *SATW*).

Simpson, Genevieve/*Clifton*, Julian: Picking winners and policy uncertainty, Stakeholder perceptions of Australia's Renewable Energy Target, in: Renewable Energy, Bd. 67 (2014), S. 128 ff.

Spescha, Marc: Rechtsbruch und sozialer Wandel, Über Ursachen und Wirkungen demonstrativer Normverletzungen im sozialen Konflikt und in gesellschaftlichen Veränderungsprozessen, Berlin 1988.

Staatssekretariat für Wirtschaft (SECO): Konjunkturtendenzen Sommer 2014, Bern 2014 (zit. *SECO*, Konjunkturtendenzen Sommer).

Steg, Linda/*Dreijerink*, Lieke/*Abrahamse*, Wokje: Why are Energy Policies Acceptable and Effective?, in: Environment and Behavior, Bd. 38/1 (2006), S. 92 ff.

Sterner, Michael/*Eckert*, Fabian/*Thema*, Martin/*Bauer*, Franz: Der positive Beitrag dezentraler Batteriespeicher für eine stabile Stromversorgung, Kurzstudie im Auftrag des BEE e. V. und der Hannover Messe, Regensburg/Berlin/Hannover 2015.

Stewart, Richard B.: Regulation, Innovation, and Administrative Law, A Conceptual Framework, in: California Law Review, Bd. 69/5 (1981), S. 1256 ff.

Stickelberger, David/*Moll*, Christian: Leitfaden zum Melde- und Bewilligungsverfahren für Solaranlagen, Bern 2021.

Stieglitz, Robert/*Heinzel*, Volker: Thermische Solarenergie, Grundlagen, Technologie, Anwendungen, Berlin/Heidelberg 2012.

Swissgrid AG: Überblick Systemdienstleistungen, Frick 2019 (zit. *Swissgrid AG*, Überblick Systemdienstleistungen).

Tschannen, Pierre: Interessenabwägung bei raumwirksamen Vorhaben, in: URP (2018), S. 111 ff.

Tschannen, Pierre/*Zimmerli*, Ulrich/*Müller*, Markus: Allgemeines Verwaltungsrecht, 4. Aufl., Bern 2014.

Umwelt und Energie Kanton Luzern: Geothermie im Kanton Luzern, Grundlagen und Potenzial, Luzern 2012 (zit. *Umwelt und Energie Kanton Luzern*, Geothermie im Kanton Luzern).

Verband Schweizerischer Elektrizitätsunternehmen (VSE): Handbuch Speicher, Empfehlung zur Umsetzung des Anschlusses und Betriebes von Speichern an den Netzebenen 3 bis 7, Aarau 2017 (zit. *VSE*, Handbuch Speicher).

Verband Schweizerischer Elektrizitätsunternehmen (VSE): Beiträge der Erzeugungstechnologien zur Stromversorgung und Stabilität des elektrischen Systems, Aarau 2016 (zit. *VSE*, Beiträge der Erzeugungstechnologien zur Stromversorgung und Stabilität des elektrischen Systems).

Verband Schweizerischer Elektrizitätsunternehmen (VSE): Dezentrale Speicher, Aarau Juni 2016 (zit. *VSE*, Dezentrale Speicher).

Verband Schweizerischer Elektrizitätsunternehmen (VSE): Flexibilitäten, Aarau 2016 (zit. *VSE*, Flexibilitäten).

Verband Schweizerischer Elektrizitätsunternehmen (VSE): Branchenempfehlung Strommarkt Schweiz, Anbindung von Regelpools an den Schweizer SDL-Markt, Regelung der Beziehungen und Verantwortlichkeiten zwischen den beteiligten Marktakteuren zur SDL-Erbringung mit dem SDV zugeordneten Erzeugungseinheiten (Produktion, Speicher und Verbraucher) aus nicht eigenen Bilanzgruppen, Aarau 2013 (zit. *VSE*, Branchenempfehlung Strommarkt Schweiz).

Verhelst, Sebastian/*Wallner*, Thomas: Hydrogen-fueled internal combustion engines, in: Progress in Energy and Combustion Science, Bd. 35/5 (2009), S. 490 ff.

Vettori, Anna/*Iten*, Rolf/*Küng*, Lukas: Regulierungsfolgenabschätzung zur Revision des Stromversorgungsgesetzes, Zürich 2015 (zit. *Vettori/Iten/Küng*, Regulierungsfolgenabschätzung zur Revision des Stromversorgungsgesetzes).

Vieweg, Klaus: Reaktionen des Rechts auf Entwicklungen der Technik, in: Schulte, Martin (Hrsg.), Technische Innovation und Recht, Antrieb oder Hemmnis?, Heidelberg 1997, S. 35 ff.

von Möllendorf, Charlotte von/*Welsch*, Heinz: Measuring Renewable Energy Externalities, Evidence from Subjective Well-Being Data, Berlin 2015.

Wagner, Eva Ellen/*Grosche*, Nils/*Bierschenk*, Michaela/*Buus*, Marcel/*Czauderna*, Christoph/*Dechent*, Fabian/*Deicke*, Richard/*Finck*, Christopher/*Mengden*, Martin/*Natt*, Alexander/*Naumann*, Michael/*Oidtmann*, Raphael/*Tröppner*, Daniela (Hrsg.): Pfadabhängigkeit hoheitlicher Ordnungsmodelle, 56. Assistententagung Öffentliches Recht, Tagung der Wissenschaftlichen Mitarbeiterinnen und Mitarbeiter,

Wissenschaftlichen Assistentinnen und Assistenten, Baden-Baden/Basel 2016 (zit. *Wagner/Gosche/Bierschenk* et al.).

Waldmann, Bernhard/*Belser*, Eva Maria/*Epiney*, Astrid (Hrsg.): Basler Kommentar Bundesverfassung, Basel 2015 (zit. *Bearbeiter/-in*, Basler Kommentar BV, Art. …, Rn. …).

Walther, Simone: Regulierung von Energiespeichern in der Schweiz, Gutachten im Auftrag des Forums Energiespeicher Schweiz (FESS) erstattet am 17. Oktober 2018, Zürich/St. Gallen 2019.

Widmer, Thomas: Leitfaden für Wirksamkeitsüberprüfungen beim Bund, Instrument zur Qualitätssicherung gestützt auf die Evaluationsstandards der Schweizerischen Evaluationsgesellschaft (SEVAL-Standards), Bern 2005.

Wieland, Thomas: Neue Technik auf alten Pfaden?, Forschungs- und Technologiepolitik in der Bonner Republik, Eine Studie zur Pfadabhängigkeit des technischen Fortschritts, Bielefeld 2009.

Winistörfer, Marc M.: Die Wirtschaftsfreiheit als Grundlage der Wirtschaftsverfassung, Grundrecht und Grundsatz im Lichte der Verfassungsdogmatik und der ökonomischen Theorie, Zürich/Basel/Genf 2021.

Würdinger, Markus: Die Analogiefähigkeit von Normen, Eine methodologische Untersuchung über Ausnahmevorschriften und deklaratorische Normen, in: Archiv für die civilistische Praxis, Bd. 206/6 (2006), S. 946 ff.

Yazdanie, Mashael/*Noembrini*, Fabrizio/*Dossetto*, Lionel/*Boulouchos*, Konstantinos: A comparative analysis of well-to-wheel primary energy demand and greenhouse gas emissions for the operation of alternative and conventional vehicles in Switzerland, considering various energy carrier production pathways, in: Journal of Power Sources, Bd. 249 (2014), S. 333 ff.

Zumoberhaus, Marion: Windenergie, in: Heselhaus, Sebastian/Schreiber, Markus/Zumoberhaus, Marion (Hrsg.), Handbuch zum schweizerischen Energierecht, Zürich 2022, S. 135 ff. (zit. *Zumoberhaus*, Windenergie).

Zumoberhaus, Marion: Das Bewilligungsverfahren von Windenergieanlagen, in: Heselhaus, Sebastian/Hänni, Julia/Schreiber, Markus (Hrsg.), Rechtsfragen der Energiewirtschaft, Tagungsband zur 1. Energierechtstagung an der Universität Luzern vom 23. November 2017, Zürich/St. Gallen 2019, S. 107 ff. (zit. *Zumoberhaus*, Das Bewilligungsverfahren von Windanlagen).

Anwendungsbereich Digitalisierung

Law is Code – Effizienz und Gerechtigkeit beim Einsatz neuer Technologien im Recht

Von *Rolf H. Weber*

I. Einleitung

Klaus Mathis hat sich vor 20 Jahren in seiner Dissertation auf die „Suche nach den philosophischen Grundlagen der Ökonomischen Analyse der Rechts" gemacht, und zwar unter dem Haupttitel „Effizienz statt Gerechtigkeit?".[1] Was sonst in der Rechtswissenschaft kaum je vorkommt, ist bei Klaus Mathis eingetreten, nämlich die Aufforderung des Verlags, nachgeführte und ergänzte Auflagen der Dissertation, letztmals im Jahre 2019, zu publizieren.[2]

Die Grundgedanke der Dissertation zeigt, wie wichtig einerseits die Diskussion des Themas „Effizienz statt Gerechtigkeit?" ist und für wie bedeutend andererseits Klaus Mathis dieses Thema einschätzt. Aus diesem Grunde erscheint es als angebracht, in seiner Festschrift das Spannungsfeld zwischen Effizienz und Gerechtigkeit mit Blick auf den Einsatz neuer Technologien im Recht etwas genauer zu beleuchten.

Die Theorie der Ökonomischen Analyse des Rechts bzw. – in der meist verwendeten Terminologie – von „Law and Economics" (L&E) beschäftigt sich mit den Wirkungen von Rechtsnormen und rechtlich relevanten Entscheiden. Grundlagen bilden ökonomische Verhaltensmodelle und Bewertungskriterien; materiell geht es um die Beeinflussung menschlicher Verhaltensweisen sowie um die Komplexität, Wandelbarkeit und Vielschichtigkeit des gesellschaftlichen Zusammenlebens.[3] Die L&E-Theorie ist ursprünglich in den USA entwickelt worden, hat aber auch schon seit Jahrzehnten in Europa zumindest teilweise Fuss gefasst, insbesondere im Vertrags- und Haftungsrecht.[4] Die neuen Technologien (Internet, Distributed Ledger Technology) haben nicht nur einen grossen Einfluss auf die Gesellschaft, die Wirtschaft und das Recht, sondern sie bieten auch neue Perspektiven für die

---

1 *Mathis*, Dissertation.

2 *Mathis*, Effizienz statt Gerechtigkeit?

3 *Müller/Mitrovic*, S. 50.

4 Erstmals durch den Aufsatz von *Weber*, Ökonomische Rationalität, S. 419–444.

(traditionelle) L&E-Theorie. Den entsprechenden intellektuellen Herausforderungen wird im nachfolgenden Betrag zu Ehren von Klaus Mathis nachgegangen.

II. Neue Technologien und Recht

1. Code is Law

Schon vor über 50 Jahren haben in Deutschland rege Diskussionen zur Verbindung zwischen der Informationstechnologie und dem Recht, und zwar unter dem Stichwort der „Rechtsinformatik" als neuem Studienfach, eingesetzt. In einer ersten Phase sind es insbesondere Wilhelm Steinmüller und Herbert Fiedler gewesen, die sich intensiv mit dem Einsatz von IT im Recht beschäftigten.[5] Ihre interdisziplinär angelegten Schriften sind der Frage nachgegangen, inwieweit und in welcher Art die Technik des Rechtsanwendungsprozesses für den Computereinsatz geeignet gemacht werden könnte.[6]

Der eigentliche Ansatz der code-basierten Regulierung geht auf Lawrence Lessig und sein Buch „Code and Other Laws of Cyberspace" (1999) zurück.[7] Zwar gab es schon zuvor die rechtssoziologische Betrachtungsweise von Niklas Luhmann zum system-spezifischen „Code" als Ausdruck eines binären Gegensatzes zwischen einem positiven und einem negativen Wert, doch hat Lessig darauf nicht referenziert;[8] nach Luhmann ist der Code im Spannungsfeld zwischen „Recht" und „Unrecht" zu sehen.[9] Lessig fasst indessen den Theorieansatz weiter und bettet den Code in die IT-bezogenen Hardware- und Software-Elemente ein, die ein Netzwerk und Kommunikationsprotokolle begründen.[10] Terminologisch beinhaltet der Code eine Reihe von Instruktionen und Regeln, die beabsichtigte IT-Prozesse determinieren.[11]

Gemäss Lessig ist das menschliche Verhalten „reguliert" durch komplexe Beziehungen zwischen vielen Kräften, nämlich Recht, Märkte, soziale Normen und Architektur.[12] Code-Lösungen, ähnlich zu rechtlichen Regeln, reflektieren „Informationen", die Rechtsansprüche zuteilen und deren Durchsetzung ermöglichen.[13] Der von Lessig neu angesprochene vierte „Regula-

---

5 Vgl. *Weber*, Rechtsinformatik, S. 8.

6 *Weber*, Recht Digital, S. 17 f.

7 *Lessig*, Code, S. 3.

8 *Luhmann*, S. 60 und 69–70.

9 *Luhmann*, S. 165–213.

10 *Lessig*, Code, S. 236–237.

11 *Gantner*, Rz. 17.

12 *Lessig*, Code, S. 87–88.

13 *Weber*, what about code and law?, S. 702.

tor", nämlich die Architektur, kombiniert die Vorgaben der Physik, der Natur und der Technologie, welche die menschlichen Handlungsweisen in erheblichem Ausmasse zu beeinflussen vermögen;[14] die Architektur legt fest, welche Position in der digitalen Welt ein Individuum einnimmt.[15]

Die wesentliche Botschaft von Lessig lautet, dass der Code, ähnlich wie das Recht, geeignet ist, das Verhalten der Individuen und der Unternehmen zu „regulieren".[16] Damit hat der Code einen Einfluss auf die Umwelt, dessen Programmierer in der Lage sind, darüber zu entscheiden, welche „regulatorischen" Folgen sie zu kreieren beabsichtigen.[17] Dem Code kommt dementsprechend eine regulatorische Funktion zu; Lessig hat aber im Jahre 2006 in der überarbeiteten Auflage seines Buches mit dem neuen Titel „Code 2.0" klargestellt, dass Code und Recht nicht gleichzusetzen sind.[18] Dennoch, gemäss Lessig ist es durchaus denkbar, dass der Code das Recht zumindest teilweise ersetzen wird, und zwar in einer digitalen Welt, in welcher „effective regulatory power [shifts] from law to code, from sovereigns to software".[19]

2. Law is Code

Mit der neuen Distributed Ledger Technology (DLT) bzw. Blockchain-Technologie vermag eine enge Verknüpfung von Recht und Programmiersprache (sog. „Code") einzutreten. Hauptbeispiel für eine solche Verknüpfung sind die sog. Smart Contracts, d. h. Programme, die automatisiert (bzw. computerisiert) kodierte Transaktionen auf der DLT-Infrastruktur abwickeln. Ein Smart Contract erlaubt einem Anbieter eine fest programmierte Vertragslogik abzubilden, die in der Regel gestützt auf die „digitale Annahme" durch den Vertragspartner eine rechtliche Bindungswirkung für die Parteien entfaltet. Technisch erlaubt also ein Smart Contract die vernetzte selbstausführende Begründung von Vertragsbeziehungen; der transaktionale Prozess erfolgt auf Grundlage der strikt vorgegebenen programmierten Logik des vorbestimmten (determinierten) Code.[20] Eigenschaften von Smart Contracts sind die (unaufhaltbare) Selbstdurchsetzung, die nicht anfechtbare Unveränderbarkeit und die zeitliche Unbeschränktheit; die Vertragsabwicklung wird in Abhängigkeit

---

14 *De Filippi/Wright*, Blockchain and the Law, S. 194.

15 *Lessig*, Code, S. 89–90.

16 *Lessig*, Code, S. 93, 126 und 206.

17 *Lessig*, Code, S. 89; *De Filippi/Hassan*, S. 4–5.

18 *Lessig*, Code 2.0, S. 324.

19 *Lessig*, Code, S. 206.

20 *Weber*, Smart Contracts, S. 292.

von digital prüfbaren Ereignissen gesteuert, kontrolliert und dokumentiert (sog. Computerroutine).[21]

Die Einschätzung, dass ein Smart Contract nicht ein traditioneller rechtlicher Vertrag ist (ungeachtet gewisser Bindungswirkungen zu Lasten der betroffenen Teilnehmenden), hat die Frage hervorgerufen, ob nicht das Schlagwort „Code is Law" heute umgekehrt als „Law is Code" gelesen werden muss.[22] Der Grund für diese Überlegung ist darin zu sehen, dass sich das Recht in einem Code ausdrückt, der die erwähnte „Computerroutine" festlegt, letztlich also die Rechte und Pflichten der Teilnehmenden vorgibt.[23]

Die „Regulierung" durch Technologie führt deshalb nicht nur zu neuen Herausforderungen, sondern zwingt auch zur Überlegung, was vorzukehren ist, damit der staatliche Gesetzgeber seine Gestaltungsmöglichkeiten nicht einbüsst.

3. Spannungsgeladenes Verhältnis von Technologie und Recht

Wenn Transaktionen in der Form eines Smart Contract zustande kommen, lässt sich die DLT als „regulatorische Technologie" verstehen, weil sie dazu dient, die traditionellen rechtlichen und vertraglichen Beziehungen durch den Code zu definieren und in die Rechtswirklichkeit umzusetzen.[24] Die DLT eignet sich aber nicht nur als Technologie im vertragsrechtlichen Bereich, sondern z. B. auch in Kontext der Immaterialgüterrechte; insbesondere lässt sich das Urheberrecht auf der DLT abbilden und es ist möglich, vorprogrammierte Lizenzsysteme einzurichten.[25] Autoren, Künstlerinnen und andere Berechtigte haben die Möglichkeit, ohne Einsatz von Verwertungsgesellschaften direkt die Verwertung der Kunstwerke gegenüber dem Publikum in Betracht zu ziehen.[26]

Die neuen wirtschaftlichen Optionen und Geschäftsmodelle machen aber auch neue Überlegungen zum Verhältnis von Technologie und Recht notwendig:[27]

(i) Das Verfahren der Transponierung von Recht in Code verursacht Probleme, weil rechtliche Regulierungen in einer menschlichen Sprache verfasst

---

21 *Weber*, Smart Contracts, S. 292 m. w. H.

22 Diese Frage findet sich im Titel verschiedener Aufsätze, so etwa bei *De Filippi/Hassan*; *Weber*, what about code and law?; *Gantner*.

23 *Weber*, what about code and law?, S. 705; *De Filippi/Hassan*, S. 8.

24 *Weber*, what about code and law?, S. 705; *De Filippi/Hassan*, S. 8.

25 Vgl. *Bodó/Gervais/Quintais*, S. 321 ff.

26 *De Filippi/Hassan*, S. 8.

27 Vgl. auch *Weber*, what about code and law?, S. 705.

sind, die naturgemäss flexible und ggf. auch unterschiedlich interpretierbare Elemente enthalten, im Gegensatz zu technologisch codierten Programmen.[28] Rechtliche Regulierungen wollen zudem häufig bewusst eine offene Umgebung formulieren, um für die Zukunft eine normative Grundlage zur Beurteilung von sich stellenden Problemen bereit zu halten.

(ii) Aus sozio-kultureller Perspektive ist genau zu analysieren und zu verstehen, welche Konsequenzen der Ersatz von rechtlichen und vertraglichen Bestimmungen durch Code-basierte Vorgaben hat.[29] So lässt sich etwa nicht mehr auf die Vorstellungen des Gesetzgebers als Auslegungsregel zurückgreifen, da die Entstehung des Rechts auf (rein) technologischen Vorgängen beruht.[30]

(iii) Im Vertragsrecht, aber auch in anderen Rechtsgebieten, bestehen gesetzliche Schutzvorkehren, die dazu beitragen sollen, dass die Rechtsumgebung gewissen allgemein anerkannten ethischen und moralischen Grundsätzen gerecht wird. Zwingendes Recht betrifft etwa das Vorhandensein der Urteilsfähigkeit von Vertragsparteien, die Unzulässigkeit von unsittlichen Vertragsbedingungen oder das öffentliche Interesse an einer Nichtmonopolisierung von urheberrechtlich geschützten Werken (z. B. Nutzungsmöglichkeit im öffentlichen Interesse).[31] Solche Rahmenbedingungen lassen sich zwar auch technologisch programmieren, doch ist deren Einsatz mit Unsicherheiten behaftet.

(iv) Ganz grundlegend ist die Erkenntnis, dass Recht traditionell durch Menschen für Menschen formuliert und in Kraft gesetzt wird. Kommt es zur Situation, dass technologische Prozesse die rechtlichen Regelungen definieren, besteht das Problem, dass die demokratische Debatte zu den politisch relevanten Themen, die in der Regel bei den Technologieentwicklungen keine Rolle spielt, entfällt.[32] Zugleich gehen Transparenzanliegen und Mitwirkungsmöglichkeiten der Zivilgesellschaft im Rechtsbildungsprozess unter Umständen verloren,[33] was deshalb als problematisch erscheint, weil die regulatorische Technologie oft nicht neutral ist.

Die vorerwähnten Spannungsfelder zwischen Technologie und Recht sind nachfolgend im Lichte der Beziehungsgeflechte zwischen Effizienz und Gerechtigkeit genauer zu durchleuchten.

---

[28] *De Filippi/Wright*, S. 199 und 202.

[29] *Lessig*, Code 2.0, S. 6.

[30] *De Filippi/Hassan*, S. 8.

[31] *Weber*, what about code and law?, S. 705; *De Filippi/Hassan*, S. 10–11.

[32] *Weber*, what about code and law?, S. 705.

[33] *De Filippi/Hassan*, S. 8.

III. Einfluss neuer Technologien auf Effizienz und Gerechtigkeit

Die Effizienz wird vornehmlich als ein wirtschaftliches Phänomen verstanden, die Gerechtigkeit ist im rechtlichen und philosophischen Gedankengut verankert. Beide Begriffe betreffen Kernelemente der L&E-Theorie,[34] der sich Klaus Mathis in seiner Dissertation rechtstheoretisch zugewandt hat. Wenn nun aber, wie dargelegt, die Technologie normative Funktionen zu übernehmen vermag, stellt sich die Folgefrage, welche Auswirkungen diese Tatsache auf das Verständnis von Effizienz und Gerechtigkeit hat.

1. Wesen und Arten von Effizienz und Gerechtigkeit

a) Effizienz

Allgemein umschrieben (insbesondere in der politischen Diskussion) bedeutet Effizienz eine Verbesserung der Produktivität oder der Leistungsfähigkeit; als Vergleichselemente dienen meist zwei sequentielle Zeitpunkte.[35] Die Effizienz lässt sich z.B. durch Rationalisierungen erhöhen, sofern für eine Mehrheit von Betroffenen die Vorteile gegenüber den Nachteilen überwiegen.[36] In der L&E-Theorie meint Effizienzsteigerung in der Regel eine Steigerung der Wirtschaftsleistung ohne Rücksicht auf die Einkommensverteilung (sog. Kaldor-Hicks-Effizienz[37]).

Richard Posner als einer der Hauptvertreter der L&E-Theorie hat seine frühere Position, Reichtum bzw. Effizienz an sich stellten bereits ein gesellschaftliches Ziel dar, aufgegeben. Vielmehr gilt Effizienz nun als Instrument, um andere gesellschaftliche Ziele zu erreichen.[38] Teilweise wird indessen die Effizienz als Ziel in Frage gestellt, etwa von Ronald Dworkin, der einen Vergleich zwischen Mitteln und Zielen nicht für sinnvoll hält.[39]

b) Gerechtigkeit

Aristoteles geht im fünften Buch der Nikomachischen Ethik von einer allgemeinen Gerechtigkeit als der vollkommensten Tugend aus, die alle anderen Tugenden in sich vereinigt; hernach unterscheidet Aristoteles zwei

[34] *Posner*, Economic Analysis of Law, §§ 1.2, 2.2 und 2.4.

[35] *Mathis*, Effizienz statt Gerechtigkeit?, S. 235–236.

[36] *von Weizsäcker*, S. 130.

[37] Für eine gute Beschreibung des Kaldor-Hicks-Kriteriums vgl. *Mathis*, Effizienz statt Gerechtigkeit?, S. 62–66.

[38] Vgl. *Mathis*, Effizienz statt Gerechtigkeit?, S. 237.

[39] *Dworkin*, S. 204.

Arten besonderer Gerechtigkeit, nämlich die distributive (austeilende) und die kommutative (ausgleichende) Gerechtigkeit.[40]

- Die distributive Gerechtigkeit betrifft die Verteilung staatlicher Leistungen; im Kontext dieser Verteilungsgerechtigkeit darf Ungleiches zugeteilt werden, aber lediglich nach dem gleichen Massstab.
- Die kommutative Gerechtigkeit fordert einen Güterausgleich im privaten Verkehr ohne Ansehen der Person (Tauschgerechtigkeit) bzw. eine Wiedergutmachung im Falle einer Schadenszufügung (korrektive Gerechtigkeit).[41]

Mit Blick auf das Spannungsfeld zwischen Effizienz und Gerechtigkeit steht in der Regel die Verteilungsgerechtigkeit im Vordergrund. Wie erwähnt ist Ungleichheit möglich, solange nach dem gleichen Massstab verteilt wird (z. B. Allen das Gleiche, Allen gemäss ihrer Gesinnung, Allen gemäss ihrem Rang, Allen gemäss dem ihnen durch das Gesetz Zugeteilten, Allen gemäss ihren Bedürfnissen, Allen gemäss ihrer Leistung).[42] Diese klassischen Verteilungskriterien beruhen auf einem statischen Begriff der Verteilungsgerechtigkeit; neuere Theorieansätze verstehen die distributive Gerechtigkeit jedoch dynamisch; insbesondere hält John Rawls dafür, der distributiven Gerechtigkeit würde Genüge getan, wenn in ausreichender Weise gerechte Institutionen vorhanden sind, die durch entsprechende Verfahren die materiellen Grundsätze verwirklichen.[43]

2. Gegenseitiges Verhältnis von Effizienz und Gerechtigkeit

Gemäss Klaus Mathis können zwei verschiedene Ziele wie insbesondere die Effizienz und die Gerechtigkeit grundsätzlich in drei möglichen Beziehungen zueinander stehen, nämlich (i) in einer Zielharmonie, (ii) in einer Zielneutralität, und (iii) in einem Zielkonflikt.[44]

- Im Falle einer Zielharmonie führt die Verfolgung des Effizienzaspekts gleichzeitig zu einem gerechten Ergebnis oder umgekehrt fördern gerechte Institutionen die Effizienz.
- Eine Zielneutralität ist gegeben, wenn die Verfolgung des einen Ziels das Erreichen des anderen Ziels nicht beeinflusst.

---

[40] *Aristoteles*, Kap. V/6, 1130b–1131a.

[41] Vgl. auch *Mathis*, Effizienz statt Gerechtigkeit?, S. 231–232.

[42] Im Einzelnen dazu *Mathis*, Effizienz statt Gerechtigkeit?, S. 232–234.

[43] *Rawls*, S. 34–55.

[44] *Mathis*, Effizienz statt Gerechtigkeit?, S. 230.

Liegt ein Zielkonflikt vor, lassen sich Effizienz und Gerechtigkeit nicht gleichzeitig und vollumfänglich verwirklichen; vielmehr hat ein Interessenabwägungsprozess stattzufinden.

Die Analyse des gegenseitigen Verhältnisses zwischen Effizienz und Gerechtigkeit hängt von den konkreten Umständen und den betroffenen Interessen ab; eine solche (zum Teil unvermeidlich wertende) Analyse ist nachfolgend unter besonderer Berücksichtigung der L&E-Perspektive mit Blick auf das Spannungsverhältnis von Technologie und Recht konkret vorzunehmen.

3. Interessenabwägungen bei Auftreten von Konfliktpotentialen

a) Ausgangslage

Das Verhältnis zwischen Effizienz und Gerechtigkeit kann sich in den erwähnten drei Beziehungen der Zielharmonie, der Zielneutralität und des Zielkonflikts ausdrücken. Dabei ist zwischen den verschiedenen Ausprägungen der Gerechtigkeit, nämlich der distributiven und der kommutativen Gerechtigkeit, zu differenzieren.

Bei der kommutativen (ausgleichenden) Gerechtigkeit sind weiter die Tauschgerechtigkeit und die korrektive Gerechtigkeit auseinanderzuhalten. Beide Typen stehen indessen mit der Effizienz in einer Beziehung der Zielneutralität, weil die Effizienz von Rechtsnormen regelmässig auf Grund nachvollziehbarer Regeln bestimmt wird.[45] Eine Divergenz in der Zielverfolgung ergibt sich damit nicht.

Hingegen treten zwischen der Effizienz und der Verteilungsgerechtigkeit oft antagonistische Elemente auf, d.h. es kann ein potenzieller (sozial-ökonomischer) Zielkonflikt eintreten.[46] Der Grund für den Zielkonflikt entsteht deshalb, weil Umverteilungen, die der Verteilungsgerechtigkeit zu dienen vermögen, oft mit Effizienzverlusten verbunden sind.

b) Konkave Transformationskurve für Effizienz und Gerechtigkeit

Die Konkretisierung des vorerwähnten Konfliktpotenzials zwischen der Effizienz und der Verteilungsgerechtigkeit ist nicht einfach. Als einzelne in der Literatur genannte Faktoren fallen folgende Effizienzverluste bei umfassender Verwirklichung des Gerechtigkeitsgedankens in Betracht:[47]

---

45 *Mathis*, Effizienz statt Gerechtigkeit?, S. 239.

46 *Okun*, S. 2.

47 *Okun*, S. 91 ff. m.w.H.

- Eine Umverteilung ist meist mit administrativen Kosten verbunden, die Ressourcen binden, welche sich sonst produktiv einsetzen liessen.
- Eine Umverteilung vermag bei den Betroffenen und bei den Begünstigten einen negativen Einfluss auf die Arbeitsanreize zu bewirken.
- Eine Umverteilung kann einen negativen Effekt auf das Sparen und Investieren zu Folge haben.
- Die Werthaltung der Bevölkerung wird ggf. durch die Umverteilung negativ beeinflusst, etwa im Sinne von leistungsfeindlichen Tendenzen.

Eine optische Darstellung des Zielkonflikts in der Form einer Transformationskurve vermag zum Ausdruck zu bringen, dass mehr Gerechtigkeit mit weniger Effizienz verbunden ist und umgekehrt; der Verlauf der Kurve ist konkav, d.h. die Verstärkung der Zielerreichung auf der einen Seite (Effizienz) zwingt dazu, die Zielerreichung auf der anderen Seite (Verteilungsgerechtigkeit) zumindest teilweise zu „opfern“, wie die nachfolgende Grafik zeigt:[48]

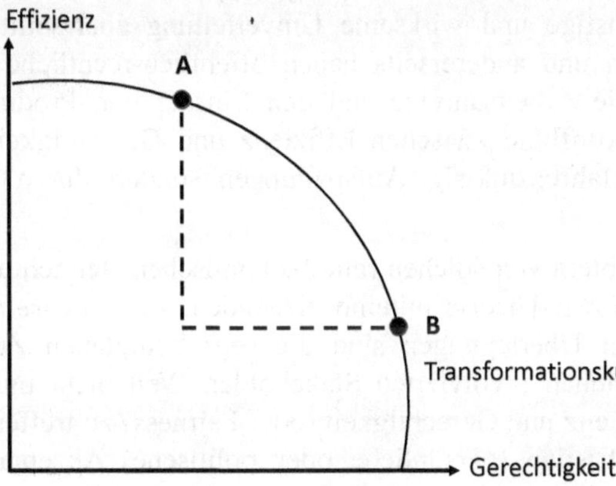

Im Einzelnen muss der Verlauf der konkaven Transformationskurve selbstredend die konkreten Umstände und die betroffenen Lebenssachverhalte reflektieren. Insoweit ist was folgt zu berücksichtigen: (i) Die empirische Beurteilung hängt vom Vorhandensein der relevanten Daten ab. (ii) Das Problem der Wertkonkurrenz zwischen Effizienz und Verteilungsgerechtigkeit ist ein wichtiges Element, das in einer Demokratie im politischen Entscheidungsprozess zu beantworten ist.[49]

---

48 *Mathis*, Effizienz statt Gerechtigkeit?, S. 237 und 242.

49 *Mathis*, Effizienz statt Gerechtigkeit?, S. 242.

Überdies lässt sich nicht übersehen, dass zwischen Effizienz und Verteilungsgerechtigkeit nicht immer ein Antagonismus vorliegt, sondern in verschiedenen Bereichen auch eine positive Korrelation besteht: Zum Beispiel erhöht ein auf Ausgleich bedachtes Bildungssystem die Startchancen, fördern sozialpolitisch motivierte Eingliederungsprogramme für Arbeitslose die Reintegration und sind sozialpolitisch integrative Massnahmen ein Mittel, um der Kriminalität zu begegnen.[50]

c) Trennungsfremde und komplexe Zusammenhänge

Teilweise wird in der Literatur dafürgehalten, sinnvoll sei eine grundsätzliche verfahrensmässige Trennung von Effizienz und Gerechtigkeit, und zwar dergestalt, dass die Zivilgerichte dem Effizienzprinzip angemessen Sorge zu tragen hätten, während sich der öffentliche Sektor um die Verteilungsgerechtigkeit kümmern müsse.[51] Dieser Ansatz vermag nicht zu überzeugen, weil auch nach dem allgemeinen Konzept der L&E-Theorie die Aspekte der Allokation und der Verteilung aneinander gekoppelt sind:[52] Einerseits lässt sich eine kostengünstige und wirksame Umverteilung auch mittels Privatrecht bewerkstelligen und andererseits haben öffentlich-rechtliche Steuern einen Einfluss auf die Arbeitsanreize und den Einsatz von Produktionsfaktoren. Mögliche Zielkonflikte zwischen Effizienz und Gerechtigkeit sind deshalb nicht durch verfahrensmässige Aufspaltungen, sondern durch Güterabwägungen zu lösen.

Ein Kernproblem von solchen rein ökonomischen Betrachtungen bzw. von die Ideen der L&E-Theorie miteinbeziehenden, sich mit *welfare economics* beschäftigenden Überlegungen sind die sehr komplexen Zusammenhänge und die zahlreichen involvierten Stakeholder. Weil nicht nur Abwägungen zwischen Effizienz und Gerechtigkeit (oder Fairness) zu treffen sind, sondern auch die langfristige (persönliche oder politische) Akzeptanz eine Rolle spielt, entsteht ein komplexes Geflecht von Vektoren. Zudem wirken die bei der ökonomischen Analyse berücksichtigten positiven Veränderungen oft erst langfristig, während sich damit verbundene Kosten und negativ wahrgenommene Aspekte sofort bemerkbar machen. Typische Beispiele sind Massnahmen gegen den Klimawandel oder die Erzielung von Generationengerechtigkeit bei der staatlich regulierten bzw. auf Umverteilung setzenden Altersvorsorge.[53] In beiden Fällen werden die gegenwärtigen Wähler von Kosten und Konsequenzen verschont und das „Nichtstun" verlagert Aufwand und nega-

---

[50] Vgl. *Mathis*, Effizienz statt Gerechtigkeit?, S. 243.

[51] *Posner*, Jurisprudence, S. 388.

[52] *Mathis*, Effizienz statt Gerechtigkeit?, S. 247.

[53] Vgl. *Weber*, Gedanken zum Regulierungsprozess, S. 461.

tive Folgen auf die nächste Generation, die aktuell noch nicht geboren oder zumindest nicht wahlberechtigt ist.

Häufig sind unregulierte Märkte nicht in der Lage, die individuelle Wohlfahrt für alle und insbesondere für zukünftige Generationen zu maximieren, weil bestehende Informationsasymmetrien und die Möglichkeit, kognitive Schwächen der Marktteilnehmer auszunutzen, nicht zu vertretbaren Allokationsergebnissen führen.[54] Auch potenzielles Marktversagen in anderen Erscheinungsformen, z. B. (i) die negativen Auswirkungen von Monopolen und von Marktmacht, (ii) unvermeidbare, nicht von den Beteiligten getragene Externalitäten und (iii) die Mitnahmeeffekte bei der Bereitstellung und Nutzung öffentlicher Güter, beeinträchtigen die effiziente und gerechte Güterallokation.

4. Effizienz und Gerechtigkeit im Lichte von Technologie und Recht

a) Ausgangslage

Gestützt auf die vorerwähnten Überlegungen zu den Interessenabwägungen im Falle des Auftretens von Konfliktpotenzialen ist hernach zu beurteilen, inwieweit die durch die L&E-Theorie geprägte Effizienz bzw. die Gerechtigkeit aufgrund neuerer technologischer Entwicklungen beeinflusst werden könnte.

Mit Blick auf die Effizienz ist von einer weitgehenden Zielharmonie auszugehen. Die neuen Technologien, z. B. die automatisierte Vertragsabwicklung durch codierte Smart Contracts und die DLT-programmierte Verwertung von Urheberrechten, erhöhen tendenziell die Verfolgung der L&E-geprägten Effizienzaspekte. Von einer negativen Auswirkung liesse sich lediglich ausgehen, wenn die Handhabung der Technologie so kompliziert wäre, dass ein Grossteil der Bevölkerung einer Unterstützung (z. B. durch Spezialisten) bedürfte.

Mehr Konfliktpotenzial verursacht die sog. „regulatorische Technologie“ im Kontext der (distributiven bzw. kommutativen) Gerechtigkeit (Tauschgerechtigkeit und korrektive Gerechtigkeit), und zwar aus den folgenden Gründen:

(i) Der Einsatz von Technologien ist grundsätzlich nicht neutral, weil deren Entwicklung und Programmierung durch Menschen erfolgt, die für gewisse Ideen und Werte einstehen.[55] Dementsprechend lebt das Risiko auf, dass der Code ein disruptives Potenzial aufweist, insbesondere wenn die

---

[54] Für die Finanzmärkte vgl. *Baisch/Weber*, S. 159–192.

[55] *Weber*, what about code and law?, S. 703.

Programmierung durch eine nicht verantwortungsbewusste Person erfolgt und dadurch unvorhersehbare Konsequenzen eintreten.[56] Das Recht hat also der Gefahr vorzubeugen, dass wichtige gemeinschaftliche Werte wegen der technologischen Entwicklungen gefährdet werden oder dass eine Desintermediation durch private (programmierte) Regelbildungen eintreten.[57]

(ii) Grundsätzlich, aus einer theoretischen Perspektive, sollte das Recht nicht allein durch technologische Prozesse vorgegeben sein, denn die Entwicklung der Technologie würde diesfalls ausserhalb der demokratischen Debatten erfolgen. Dadurch könnten Risiken für die Legitimität der demokratischen Verfahren (z.B. durch den Erlass arbiträrer Regeln) entstehen.[58]

Um die Neutralität des Rechtsbildungsprozesses sicherzustellen und die demokratische Mitwirkung der Betroffenen zu gewährleisten, sind spezifische „Kontrollmechanismen" in Betracht zu ziehen. Diese Anforderung gilt umso mehr, als neben dem Konfliktpotenzial zwischen der „regulatorischen Technologie" und beiden Ausprägungen der Gerechtigkeit auch ein Spannungsfeld zwischen der Effizienz und der kommunikativen Gerechtigkeit besteht.[59]

b) Regulierungsfolgenabschätzungen

Die Erkenntnis, dass „Kontrollmechanismen" notwendig sein können, ist nicht neu. Wie Klaus Mathis seit 20 Jahren zutreffend postuliert, sind Effizienz und Gerechtigkeit im Rahmen einer Regulierungsfolgenabschätzung (z.T. auch als Gesetzesfolgenabschätzung bezeichnet) in regelmässigen Abständen genauer zu analysieren. Die von der OECD bereits 1995 vorgeschlagene „Regulatory Impact Analysis" ist in der Schweiz seit dem Jahre 2000 als „Regulierungsfolgenabschätzung"[60] bekannt und stützt sich auf Art. 170 BV. Massnahmen des Gesetzgebers sind auf ihre Wirksamkeit hin zu überprüfen; als einzelne relevante Gesichtspunkte fallen in Betracht:[61]

- Notwendigkeit und Möglichkeit staatlichen Handelns;
- Auswirkungen auf die einzelnen gesellschaftlichen Gruppen;

[56] *Weber*, what about code and law?, S. 705; *De Filippi/Hassan*, S. 12.

[57] *Weber*, what about code and law?, S. 703.

[58] *Weber*, what about code and law?, S. 703.

[59] Vgl. vorne Kap. III.3.b).

[60] Vgl. zur Regulierungsfolgenabschätzung auch die Richtlinien des Bundesrates für die Regulierungsfolgenabschätzung bei Rechtsetzungsvorhaben des Bundes vom 6. Dezember 2019 (abrufbar unter: <https://www.seco.admin.ch/seco/de/home/wirtschaftslage-wirtschaftspolitik/wirtschaftspolitik/regulierung/regulierungsfolgenabschaetzung.html>, zuletzt besucht am 15. Dezember 2022).

[61] *Mathis*, Effizienz statt Gerechtigkeit?, S. 250; *Zwahlen*, S. 35.

– Auswirkungen auf die Gesamtwirtschaft;
– Alternative Regelungen;
– Zweckmässigkeit im Vollzug.

Die Regulierungsfolgenabschätzung hat auch eine Kosten-Nutzen-Analyse einzuschliessen, die automatisch Effizienzaspekte berücksichtigen wird. Zur Diskussion steht also eine prospektive Analyse möglicher Wirkungen von Rechtserlassen und Rechtsinstrumenten.

Der Einbezug einer Kosten-/Nutzenanalyse in die – nicht nur in der Schweiz bei Gesetzgebungsvorhaben vorgesehene – Regulierungsfolgenabschätzung ist (auch) eine Konsequenz der L&E-Bewegung. Die Berücksichtigung quantitativer, ökonomisch bewerteter Elemente beruht zwar oft auf vermuteten Szenarien und Schätzungen, aber allein die Auseinandersetzung mit den Folgen und deren ökonomischer Einordnung optimiert den Gesetzgebungsprozess.

Obwohl gemäss Bericht des Bundesrates vom Dezember 2013[62] im Rahmen von Gesetzesprojekten immer eine Regulierungsfolgenabschätzung stattfinden sollte, haben die Behörden diese Aufgabe oft vernachlässigt. Ungeachtet dessen, dass die Regulierungsfolgenabschätzung als Instrument zur Darstellung der volkswirtschaftlichen Auswirkungen die Qualität der Rechtsetzung verbessert, wird dieses Hilfsmittel aber auch vielfach kritisch gesehen, weil sich insbesondere schwer quantifizierbare Werte wie Zufriedenheit oder Sicherheit kaum angemessen berücksichtigen liessen. Erwähnenswert ist in diesem Zusammenhang etwa die Beurteilung eines US-Autors, der sich kritisch mit der Validität von Analyse-Untersuchungen auseinandersetzt.[63]

---

[62] Vgl. dazu auch die Ausführungen des Bundesrates im Bericht über die Regulierungskosten vom Dezember 2013 (abrufbar unter: <http://www.news.admin.ch/NSBSubscriber/message/attachments/35608.pdf>, zuletzt besucht am 15. Dezember 2022). Auch der vom Bundesamt für Justiz herausgegebene, bereits in der 4. Auflage, 2019, vorliegende Gesetzesleitfaden (abrufbar unter: <https://www.bj.admin.ch/bj/de/home/staat/legistik/hauptinstrumente.html>, zuletzt besucht am 15. Dezember 2022), N 179 ff., erwähnt die Regulierungsfolgenabschätzung mit Verweis auf (i) Art. 141 ParlG, (ii) die einschlägigen Richtlinien des Bundesrates (Fn. 60) und (iii) den von der Bundeskanzlei herausgegebenen Leitfaden zum Verfassen von Botschaften des Bundesrates, https://www.bk.admin.ch/bk/de/home/dokumentation/sprachen/hilfsmittel-textredaktion/leitfaden-fuer-botschaften-des-bundesrates.html.

[63] Vgl. *Coates IV*, S. 882: „Detailed case studies of six rules – (1) disclosure rules under Sarbanes-Oxley Section 404, (2) the SEC's mutual fund governance reforms, (3) Basel III's heightened capital requirements for banks, (4) the Volcker Rule, (5) the SEC's cross-border swap proposals and (6) the FSA's mortgage reforms – finds that precise, reliable, quantified CBA remains unfeasible. Quantified CBA [cost-benefit analysis] of such rules can be no more than ‚guesstimated,' … ".

Zudem führen Gegner von Kosten-Nutzen-Analysen ins Feld, dass die nationale Gesetzgebung in vielen Bereichen ohnehin internationalen Zwängen unterliege, so dass dem schweizerischen Gesetzgeber mangels Alternativen nur wenig Spielraum verbleibe. Allerdings neigt der schweizerische Gesetzgeber dazu, bei Regulierungsvorhaben entweder einen „Swiss Finish" anzufügen oder internationale Entwicklungen nur in abgemilderter Form zu übernehmen.[64] Eine Regulierungsfolgenabschätzung kann in einer solchen Situation immerhin zusätzlich die Folgen der Abweichungen analysieren.

Als konzeptionell wichtig erscheint, nicht allein auf die Kosten abzustellen, die bei bestimmten Akteuren entstehen. Zusätzlich zu den so ermittelten Werten ist nämlich auch der antizipierte Nutzen zu monetarisieren, was zwar durch mannigfaltige Interdependenzen erschwert wird.[65] In der Regel ist es durchaus nicht einfach, z. B. den konkreten Nutzen auf Konsumentenseite oder die potenziellen Wettbewerbsvorteile bzw. -nachteile auf Anbieterseite konkret monetär zu quantifizieren. Ein oft angewendeter Ansatz versucht die potenzielle Zahlungsbereitschaft der Betroffenen zu analysieren; mit einem solchen Vorgehen lassen sich zumindest Schätzungswerte erreichen. Gewisse Unsicherheitsfaktoren sind aber nicht vollständig auszuschliessen.

c) Konzept des „Regulatory Lookback"

In den Vereinigten Staaten wird in den letzten Jahren vermehrt auch das Konzept des „*Regulatory Lookback*" diskutiert. Weil in die Zukunft gerichtete Analysen nicht nur irrtumsanfällig sind, sondern auch unerwartete Umstände zwangsläufig ausblenden, vermag unter Umständen, wenn die technologische Ausgestaltung es zulässt, eine vergangenheitsbasierte Bewertung von Regulierungsvorhaben ebenfalls weiterzuhelfen.[66] Wenn die Probleme erkannt und berücksichtigt werden, erleichtern solche Analysen die sachgemässe Festlegung von Rechtsnormen.

Zur Konkretisierung des Konzepts des „Regulatory Lookback" wählt die folgende Feststellung einen richtigen Ansatz:[67] „Forcing agencies to state the goals of regulations, to state measures of when those goals are achieved, to state the market failure theory underlying regulation, state the cause and effect channels by which they believe regulation will work, attempt a quantita-

---

[64] Vgl. *Weber*, Gedanken zum Regulierungsprozess, S. 463.

[65] Vgl. MiFID Review — Data Gathering and Cost-Benefit Analysis, Phase One Final Report, Europe Economics, London 2011 (abrufbar unter: <http://publications.europa.eu/resource/cellar/2356af4b-9889-44f1-a4a2-f65a2b0bb327.0001.01/DOC_1>, zuletzt besucht am 15. Dezember 2022).

[66] *Sunstein*, passim.

[67] *Cochrane*, S. 102.

tive analysis, and leave all this in the open for public review and review by larger bodies of the Administration or Congress, seem like a good start and may nip some genuinely bad regulations in the bud". Dieses Vorgehen erscheint insbesondere im Bereich schnell sich entwickelnder Technologien als sachgerecht.

In der Schweiz ist ein solcher Ansatz in der Gesetzgebungstätigkeit noch kaum erkennbar; systematische Überprüfungen erlassener Regulierungen fehlen, obwohl Evaluationen der Qualität gesetzlicher Erlasse durch die Bundesverwaltung punktuell erfolgen. Grundsätzliche Beurteilungen solcher Art finden sich vornehmlich in Forschungsarbeiten. Ebenso hat sich der Bundesrat gegen Normen mit zeitlicher Befristung („sunset provisions") ausgesprochen.[68] Nur vereinzelt werden konkrete Versuchsregelungen in Fällen von neuen Interventionsmöglichkeiten in komplexen Wirkungsfeldern oder bei neuen technischen Lösungen eingesetzt. Gesamthaft betrachtet besteht insoweit in der Schweiz durchaus noch Handlungsbedarf.

IV. Ausblick

Abschliessend ist die grundsätzliche Frage zu stellen, inwieweit DLT-basierte Anwendungen dazu beitragen können, L&E-Ansätze in den Regulierungsprozess zu implementieren, Während die Vermutung nahe liegt, dass sich dadurch beeinflusste, effizientere Lösungen realisieren lassen, ist zu befürchten, dass Defizite im Bereich der Gerechtigkeit entstehen. Potenziell niedrigere Transaktionskosten werden also möglicherweise durch viel höhere soziale Risiken überkompensiert.

Im internationalen Kontext vermag es bei grenzüberschreitenden Sachverhalten, die den modernen Technologien an sich inhärent sind, zu einer Erschwerung der Rechtsdurchsetzung zu kommen: Weder ein Staat, der aufsichtsrechtliche Belange als verletzt ansieht, noch ein Privater, der geschädigt wurde, dürfte in grenzüberschreitenden Belangen allein gestützt auf lokale Gesetze und agierend vor lokalen Gerichten darauf hoffen können, berechtigte Ansprüche durchzusetzen. In solchen Situationen bedarf es deshalb der Koordination mehrerer Aufsichtsbehörden und Gerichte in verschiedenen Ländern, um möglicherweise nur lokal agierende „Nodes" oder die DLT-Anwendung gesamthaft in einheitlicher Weise rechtlich zu erfassen.

---

68 Auf ein Postulat der FDP-Liberale Fraktion vom 14. September 2011 hin hat sich der Bundesrat in der Stellungnahme vom 2. November 2011 gegen die Einführung von Sunset-Klauseln ausgesprochen; der Nationalrat hat das Postulat hernach am 23. Dezember 2011 abgelehnt (abrufbar unter: <https://www.parlament.ch/de/ratsbetrieb/suche-curia-vista/geschaeft?AffairId=20113780>, zuletzt besucht am 15. Dezember 2022).

Bisherige Gesetze und Regulierungen gehen davon aus, dass regulierte Aktivitäten und Funktionen von einer klar identifizierbaren (ggfs. juristischen) Person zu vertreten sind. Bei DLT-basierten Aktivitäten fehlt es aber oft an einer Person, die für Betrieb und Compliance sowie für dabei verursachte Schäden verantwortlich und rechenschaftspflichtig ist.[69] Der Gedanke, eine bestimmte Person zur Haftung heranziehen zu können, widerspricht dem dezentralen Konzept der neuen DLT-Technologie. Hinzu kommt, dass auch keine überwachten Kapitalvorgaben greifen, weshalb zusätzlich der Verbleib eines Haftungssubstrats zweifelhaft ist. Die „regulatorische Technologie" basiert deshalb auf einem schwachen normativen Fundament.

Aus rechtlicher Sicht ist weiter zu beachten, dass durch die dezentrale Verteilung von Funktionen in DLT-Infrastrukturen neue Risiken auftreten. Deshalb sind entsprechende Vereinbarungen, eine angemessene Koordination und Kontrolle sowie durchsetzbare Governance-Verpflichtungen zwingend erforderlich. Sowohl das öffentliche als auch das private Recht stehen dabei vor grossen Herausforderungen, denn es gilt, alle rechtlichen Verpflichtungen im Zusammenhang mit jeder Funktion und Tätigkeit einer DLT-Anwendung hinsichtlich Risikotragung im Insolvenzfall, Haftung für Fehler sowie generell Verantwortung und Rechenschaftspflicht zu gewährleisten. Insbesondere im Finanzmarktrecht ergeben sich bei der rechtlichen Erfassung von systemischen Risikokontrollen, bei KYC-/AML-/CTF-Fragen sowie bei der Datenschutzüberwachung viele Fragen, wenn das Ziel erreicht werden soll, bei möglichen Effizienzsteigerungen auch die Gerechtigkeitsaspekte nicht zu vernachlässigen.

Zwar gehen die Bemühungen rund um den Globus, grundsätzlich für mehr Rechtssicherheit im Bereich von Kryptowerten zu sorgen, in die richtige Richtung, aber bis zu einem wirksamen und durchsetzbaren Schutz der Beteiligten ist noch ein weiter Weg zu beschreiten. Fehler in der eingesetzten Technologie können zu grossen finanziellen Verlusten führen; dies zeigte im Mai 2022 der Fall des unstabilen Algorithmus-basierten Stablecoin[70] Terra.[71]

---

[69] *Zetzsche/Anker-Sørensen/Passador/Wehrli*, passim.

[70] *Gorton/Zhang*, passim.

[71] Im Unterschied zu anderen Stablecoins wie USDC und Tether, die gemäss den (zwischenzeitlich als zweifelhaft erscheinenden) Angaben des Emittenten überwiegend durch entsprechende Reserven gedeckt seien, basierte Terra auf einer komplexen Reihe von Smart Contracts; zunehmende Verkäufe brachten das mit dem Cryptoasset Luna verknüpfte Konstrukt ins Wanken, was schliesslich zu einem fast vollständigen Wertverlust führte, nachdem die Securities and Exchange Commission (SEC) schon 2021 gegen Terraform vorging: Court of Appeals Affirms Order Against Terraform and Kwon in SEC Subpoena Enforcement Action, Litigation Release No. 25415, June 9, 2022, (abrufbar unter: <https://www.sec.gov/litigation/litreleases/2022/lr25415.htm>, zuletzt besucht am 15. Dezember 2022).

Der auf Dezentralität ohne einen stabilen Anker basierende Ansatz von DLT-Infrastrukturen und Smart Contracts erschwert oder verhindert die zentrale Behebung von Software- und/oder Datenfehlern. Dieser strukturelle Mangel rechtfertigt z. B. Zweifel daran, dass ein Krypto-Universum sich als Basis für ein Geldsystem eignet.[72] Obwohl das Narrativ der Dezentralisierung sich weiterhin breiter Zustimmung erfreut, verfügen wenige „Whales“ über grosse Teile der Kryptowerte und unregulierte Vermittler (Börsen und Wallet-Anbieter) beschleunigen die Risiken, wie das Beispiel der FTX Exchange im November 2022 drastisch vor Augen geführt hat.

Die Entwicklungen im Kontext der „regulatorischen Technologie“ zwingen überdies verstärkt zu interdisziplinären Betrachtungsweisen, d. h. Informatik, Ökonomie und Recht beeinflussen gegenseitig die Beurteilung von Sachverhalten.[73] Die Interdisziplinarität ist eine Grundvoraussetzung für ein sachgerechtes Verständnis des Krypto-Umfelds.

Die Erfahrungen der letzten Jahre und Monate haben gezeigt, dass auch im Krypto-Universum nur eine effiziente Regulierung die Anliegen der Gerechtigkeit zu gewährleisten vermag. Wie Klaus Mathis schon in der Dissertation (2003) und in deren 4. Auflage (2019) erneut zutreffend dargelegt hat, können allein die Effizienzaspekte der L&E-Theorie keine für alle Betroffenen gerechte Werte- und Rechtsordnung verwirklichen. Die 20 Jahre alte Erkenntnis von Klaus Mathis bewährt sich also auch im ganz neuen Kontext von „Technologie und Recht“. Mit Spannung dürfen deshalb seine Ergänzungen in der (hoffentlich bald erscheinenden) 5. Auflage von „Effizienz statt Gerechtigkeit?“ erwartet werden.

Literaturverzeichnis

Aristoteles: Nikomachische Ethik, 4. Auflage, Hamburg 1985.

Baisch, Rainer/*Weber*, Rolf H.: Investment Suitability Requirements in the Light of Behavioural Findings, in: Mathis, Klaus (Hrsg.), European Perspectives on Behavioural Law and Economics, Cham/Heidelberg 2015, S. 159 ff.

Bank for International Settlements (BIS): Annual Economic Report, The future monetary system, 12. June 2022, S. 75 ff. (abrufbar unter: <https://www.bis.org/publ/arpdf/ar2022e3.pdf>, zuletzt besucht am 15. Dezember 2022) (zit. *BIS*, Annual Economic Report).

Bodó, Balázs/*Gervais*, Daniel/*Quintais*, João Pedro: Blockchain and smart contracts, the missing link in copyright licensing?, in: International Journal of Law and Information Technology, Bd. 26/4 (2018), S. 311 ff.

[72] *BIS*, Annual Economic Report, S. 78 ff.

[73] Zur Bedeutung der Interdisziplinarität kürzlich nun auch *Mathis*, Interdisziplinarität, S. 196 ff.

Coates IV, John C.: Cost-Benefit Analysis of Financial Regulation, Case Studies and Implications, in: Yale Law Journal, Bd. 124/4 (2015), S. 882 ff.

Cochrane, John H.: Challenges for Cost-Benefit Analysis of Financial Regulation, in: Journal of Legal Studies, Bd. 43/2 (2014), S. 63 ff.

De Filippi, Primavera/*Hassan*, Samer: Blockchain Technology as a Regulatory Technology, From Code is Law to Law is Code, in: Firstmonday, Bd. 21/12 (2016) (abrufbar unter: <https://firstmonday.org/ojs/index.php/fm/article/view/7113/5657>, zuletzt besucht am 15. Dezember 2022).

De Filippi, Primavera/*Wright*, Aaron: Blockchain and the Law, The Rule of Code, Cambridge (MA) 2018.

Dworkin, Ronald M.: Is Wealth a Value?, in: The Journal of Legal Studies, Bd. 9/2 (1980), S. 191 ff.

Gantner, Felix: „Code is Law" aber „is Law Code"?, in: Jusletter IT vom 22. Februar 2018.

Gorton, Gary B./*Zhang*, Jeffery: Taming Wildcat Stablecoins, in: University of Chicago Law Review, Bd. 90/3 (2023), S. 909 ff..

Lessig, Lawrence: Code 2.0, New York 2006 (zit. *Lessig*, Code 2.0).

Lessig, Lawrence: Code and Other Laws of Cyberspace, New York 1999 (zit. *Lessig*, Code).

Luhmann, Niklas: Das Recht der Gesellschaft, Frankfurt 1993.

Mathis, Klaus: Interdisziplinarität und Rechtswissenschaft, in: ius.full, Bd. 6 (2021), S. 196–201 (zit. *Mathis*, Interdisziplinarität).

Mathis, Klaus: Effizienz statt Gerechtigkeit? Auf der Suche nach den philosophischen Grundlagen der Ökonomischen Analyse des Rechts, 4. überarbeitete und erweiterte Auflage, Berlin 2019 (zit. *Mathis*, Effizienz statt Gerechtigkeit?).

Mathis, Klaus: Effizienz statt Gerechtigkeit?, Auf der Suche nach den philosophischen Grundlagen der Ökonomischen Analyse des Rechts, Berlin 2003 (zit. *Mathis*, Dissertation).

Müller, Matthias P.A./*Mitrovic*, Milivoje: Law and Economics: ein Panoramablick, in: recht (2019), S. 50 ff.

Okun, Arthur M.: Equality and Efficiency, The Big Tradeoff, Washington D.C. 1975.

Posner, Richard A.: Economic Analysis of Law, 9. Auflage, New York 2014 (zit. *Posner*, Economic Analysis of Law).

Posner, Richard A.: The Problems of Jurisprudence, Cambridge (MA) 1990 (zit. *Posner*, Jurisprudence).

Rawls, John: Justice as Fairness, A Restatement, Cambridge (MA) 2001.

Sunstein, Cass R.: The Regulatory Lookback, in: Boston University Law Review, Bd. 94 (2014), S. 579 ff.

Weber, Rolf H.: Recht Digital, Kreis oder Pfeil?, in: Schweighofer, Erich/Saarenpää, Ahti/Eder, Stefan/Zanol, Jakob/Schmautzer, Felix/Kummer, Franz/Hanke, Philipp

(Hrsg.), Recht DIGITAL, 25 Jahre IRIS, Bern 2022, S. 17 ff. (zit. *Weber*, Recht Digital).

Weber, Rolf H.: Rechtsinformatik: Von der Orchidee zur Magerwiese, in: Hötzendorfer, Walter/Tschohl, Christoph/Kummer, Franz (Hrsg.), International Trends in Legal Informatics, Festschrift für Erich Schweighofer, Bern 2020, S. 5 ff. (zit. *Weber*, Rechtsinformatik).

Weber, Rolf H.: „Rose is a rose is a rose is a rose“, what about code and law?, in: Computer Law & Security Review, Bd. 34/4 (2018), S. 701 ff. (zit. *Weber*, what about code and law?).

Weber, Rolf H.: Smart Contracts: Vertrags- und verfügungsrechtlicher Regelungsbedarf?, in: sic! (2018), S. 291 ff. (zit. *Weber*, Smart Contracts).

Weber, Rolf H.: Gedanken zum Regulierungsprozess im Finanzmarktrecht, in: Waldburger, Robert/Sester, Peter/Peter, Christoph/Baer, Charlotte M. (Hrsg.), Law & Economics, Festschrift für Peter Nobel zum 70. Geburtstag, Bern 2015, S. 457 ff. (zit. *Weber*, Gedanken zum Regulierungsprozess).

Weber, Rolf H.: Ökonomische Rationalität und Vertragsrecht, in: Forstmoser, Peter/Schluep, Walter R. (Hrsg.), Freiheit und Verantwortung im Recht, Festschrift für Arthur Meier-Hayoz, Bern 1982, S. 419 ff. (zit. *Weber*, Ökonomische Rationalität).

von Weizsäcker, Carl Christian: Was leistet die Property Rights Theorie für aktuelle wirtschaftspolitische Fragen?, in: Neumann, Manfred (Hrsg.), Ansprüche, Eigentums- und Verfügungsrechte, Berlin 1984, S. 123 ff.

Zetzsche, Dirk A./*Anker-Sørensen*, Linn/*Passador*, Maria Lucia/*Wehrli*, Andreas: DLT-Based Enhancement of Cross-Border Payment Efficiency, a Legal and Regulatory Perspective, BIS Working Papers, No 1015, May 2022, (abrufbar unter: <https://www.bis.org/publ/work1015.pdf>, zuletzt besucht am 15. Dezember 2022).

Zwahlen, Stephan A.: Kosten-/Nutzenanalyse mit Regulatory Scorecards, am Beispiel der Finanzmarktregulation, Bern/Stuttgart/Wien 2010.

Die Unveränderlichkeit von Smart Contracts

Eine privatrechtliche und rechtsökonomische Perspektive

Von *Elias Flavio Aliverti*

I. Einleitung

Im Zuge der voranschreitenden Digitalisierung findet der Alltag vermehrt in der digitalen Welt statt. Trotz dieser Entwicklung laufen viele Verträge immer noch klassisch und nicht digitalisiert ab. Für die Vertragsparteien kostet es viel Zeit und Geld, diese Verträge zu verhandeln und zu verfassen. Gleichzeitig ist es mit nicht unerheblichem Aufwand verbunden, während der Vertragsdurchführung die Erfüllung des Vertrags zu überprüfen und seine vertraglichen Rechte und Pflichten wahrzunehmen. Bei vielen Verträgen wird die Erfüllung aus Kostengründen nicht konsequent überprüft. Darüber hinaus ist die Durchsetzung eines Vertrags teilweise mit prohibitiven Kosten verbunden, weshalb viele vertragliche Ansprüche nie durchgesetzt werden.

Eine Lösung für diese Probleme stellt der Gebrauch von *Smart Contracts* dar. Dabei handelt es sich um Computerprogramme, die für den Abschluss und die Durchführung von Verträgen eingesetzt werden können. Im Gegensatz zu klassischen Verträgen sind sie imstande, selbst zu überprüfen, ob die Vertragsbedingungen erfüllt sind und können gestützt darauf die Erfüllung des Vertrags selbständig vornehmen. Mit dem Einsatz von Smart Contracts können sich Verträge damit selbst ausführen, vollziehen und vollstrecken, ohne dass hierfür auf Anwälte, Gerichte oder Vollstreckungsbehörden zurückgegriffen werden muss. So versprechen Smart Contracts, Vertragsverletzungen zu verhindern und sicherzustellen, dass das vertraglich Vereinbarte verwirklicht wird. Aus einer rechtsökonomischen Perspektive bergen Smart Contracts grosses Potential, die Transaktionskosten für die Durchführung von Verträgen signifikant zu senken.

Die Verwendung von Smart Contracts für den Vertragsabschluss und die Vertragsdurchführung bringt jedoch auch neue Schwierigkeiten mit sich. Die grösste Herausforderung von Smart Contracts stellt deren Unveränderlichkeit dar. Denn der Programmcode eines Smart Contracts kann im Nachhinein nicht mehr angepasst werden. Dieser Beitrag beschäftigt sich daher mit den

Folgen dieser Unveränderlichkeit. In einem ersten Schritt werden hierzu die Begriffe des Smart Contracts und der Blockchain-Technologie erläutert (II.). Anschliessend wird auf darauf eingegangen, wie sich Smart Contracts in das Vertragsrecht einbetten lassen und welche vertragsrechtlichen Herausforderungen sich beim Einsatz von Smart Contracts stellen (III.). Schliesslich werden Smart Contracts aus einer rechtsökonomischen Perspektive betrachtet. Der Fokus liegt hier insbesondere auf der Frage, ob Smart Contracts tatsächlich zu einer Transaktionskostenersparnis führen oder ob die Unveränderlichkeit sogar zu einer Erhöhung der Transaktionskosten führt (IV.).

II. Smart Contracts

1. Definition

Der Begriff *Smart Contract* wurde erstmals im Jahr 1994 von dem US-amerikanischen Computer- und Rechtswissenschaftler Nick Szabo erwähnt. In seinem Aufsatz „Smart Contracts" bezeichnete er diese als ein Computerprotokoll, das die Bedingungen eines Vertrags selbständig ausführt. Um die Funktionsweise von Smart Contracts zu veranschaulichen, verglich Szabo deren Mechanismus mit einem *Warenautomaten*.[1] Der Warenautomat ermöglicht es Personen, mit ihm in Kontakt zu treten, indem sie einen bestimmten Betrag an Geldmünzen einwerfen.[2] Anschliessend führt der Warenautomat einen simplen Mechanismus aus, der das gewünschte Produkt und das entsprechende Rückgeld ausgibt. Der Warenautomat ist durch verschiedene Sicherheitsvorkehrungen gesichert und ermöglicht es so, genauso wie Smart Contracts, den Abschluss und die Abwicklung eines Vertrags zu automatisieren.[3]

Eine einheitliche juristische Definition von Smart Contracts liegt bis heute nicht vor. Klar ist jedoch, dass beide Worte des Begriffs aus juristischer Sicht unpräzis sind: Einerseits ist ein Smart Contract aus juristischer Sicht kein Vertrag. Es handelt sich stattdessen um ein Computerprogramm, das den Vertragswillen der Parteien abbilden und ausführen soll.[4] Andererseits ist ein Smart Contract nicht smart im Sinne von intelligent. Denn ein Smart Contract kann lediglich ausführen, wozu er vom Ersteller programmiert wurde, dies allerdings automatisiert und zuverlässig.[5] Mit dem Ausdruck smart wird bloss verdeutlicht, dass Smart Contracts imstande sind, mit anderen Anwen-

[1] *Szabo*, 1994.

[2] *Gyr*, 2019, S. 86.

[3] *Szabo*, 1997; vgl. auch: *Gyr*, 2019, S. 86 f.

[4] *Furrer*, S. 109; *Glarner/Meyer*, Rz. 16.

[5] *Müller*, 2019, S. 332; *Meyer/Schuppli*, S. 208.

dungen und Nutzern zu interagieren und Daten auszutauschen.[6] Bei einem Smart Contract handelt es sich demzufolge um eine Technologie, die dazu dient, die vertraglich vereinbarten Leistungen beim Eintritt der vordefinierten Bedingungen selbständig und automatisiert zu vollziehen.[7]

Smart Contracts zeichnen sich durch verschiedene Merkmale aus: So können sie erstens nicht mehr verändert werden, nachdem sie programmiert wurden. Zweitens überprüfen sie selbständig, ob die vorprogrammierten Bedingungen eingetreten sind und führen beim Eintritt dieser Bedingungen ihren Programmcode automatisch aus.[8] Markus Kaulartz und Jörn Heckmann bezeichnen Smart Contracts als Programmcode, der ein digital prüfbares Ereignis verarbeitet und gestützt darauf rechtlich relevante Handlungen auslöst.[9] Obwohl verschiedene Autoren in ihren Definitionen festhalten, dass sich Smart Contracts auf eine Blockchain-Architektur stützen,[10] stellt die Blockchain-Technologie kein charakteristisches Merkmal von Smart Contracts dar. Denn der automatisierte Ausführungsmechanismus von Smart Contracts kann auch unabhängig von der Blockchain-Technologie zur Anwendung gelangen.[11] Die technologieneutrale Definition von Smart Contracts durch Kaulartz und Heckmann ist in der juristischen Literatur daher auf grossen Anklang gestossen.[12]

2. Blockchain-Technologie und Smart Contracts

Obwohl Smart Contracts unabhängig von der Blockchain-Technologie existieren können, operieren die meisten Smart Contracts dennoch auf einer Blockchain. Bei einer Blockchain handelt es sich um ein Netzwerk, das verteilt organisiert ist. Dies bedeutet, dass die Daten nicht zentral sondern auf einer auf einer grossen Anzahl von Computern der verschiedenen Teilnehmer gespeichert und verarbeitet werden.[13] In diesem dezentralen Netzwerk werden alle digital ausgeführten Transaktionen chronologisch dokumentiert.[14] Der Begriff Blockchain bringt zum Ausdruck, dass die Daten in der Form von *blocks* zusammengefasst, kryptografisch verschlüsselt und aneinandergekettet werden. Die Verschlüsselung mittels einer kryptografischen Hashfunk-

---

6 *Kaulartz/Heckmann*, S. 618 f.; *Meyer/Schuppli*, S. 208.

7 *Müller/Seiler*, S. 318; *Weber*, 2017, Rz. 2.

8 *Weber*, 2018, S. 292.

9 *Kaulartz/Heckmann*, S. 618.

10 Siehe bspw. *Blocher*, S. 618; *Essebier/Wyss*, Rz. 31; *Meyer/Schuppli*, S. 208.

11 *Braegelmann/Kaulartz*, S. 10; *Finck*, S. 5; *Müller/Seiler*, S. 322.

12 *Eggen*, 2018, S. 159; *Finck*, S. 6.

13 *Gyr*, 2019, S. 9 ff.; *Müller*, 2019, S. 333; *Wilkens/Falk*, S. 6.

14 *Eggen*, 2017, S. 4 f.; *Essebier/Wyss*, Rz. 2 ff.

tion generiert für jeden Block einen digitalen Abdruck (*Hash-Wert*), der verhindert, dass die Transaktionen nachträglich geändert werden können.[15] Dabei enthält jeder Block den Hash-Wert des vorangehenden Blocks, was sicherstellt, dass die Blöcke sequentiell verknüpft sind und deren Reihenfolge nicht nachträglich verändert werden kann.[16]

Für den Betrieb von Smart Contracts sind insbesondere zwei Eigenschaften der Blockchain-Technologie von besonderer Bedeutung: Erstens sind die auf einer Blockchain gespeicherten Daten durch die dezentrale Struktur des Netzwerks besonders gut und dauerhaft gesichert. Die Verteilung auf verschiedene Teilnehmer verhindert, dass es zu Datenverlusten kommen kann und schützt das Netzwerk vor Angriffen. Zweitens sind die Daten auf einer Blockchain äusserst fälschungssicher gespeichert. Der kryptografische Verschlüsselungsmechanismus und die dezentrale Struktur erschweren die nachträgliche Abänderung oder Löschung der gespeicherten Daten.[17] Dank dieser Eigenschaften ermöglicht es die Blockchain-Technologie, die Vorteile von Smart Contracts optimal auszuschöpfen. Die Speicherung des Smart Contracts auf der Blockchain stellt einerseits sicher, dass dieser nicht nachträglich abgeändert werden kann. Andererseits kann die Erbringung der vertraglichen Leistungen automatisiert werden. Der Smart Contract kann das Eintreten der vertraglichen Bedingungen selbständig überprüfen, indem er auf die in der Blockchain gespeicherten Daten zugreift und in der Folge die vereinbarte Transaktion direkt auf der Blockchain automatisiert vornimmt.[18]

Ein weiterer Begriff, der bei Smart Contracts auf einer Blockchain von Bedeutung ist, ist das *Orakel.* Grundsätzlich können Smart Contracts nur auf diejenigen Daten zugreifen, die auf der Blockchain selbst gespeichert sind.[19] Erst durch den Einsatz von Orakeln können externe Daten in die Blockchain eingespeist werden. Orakel sind Schnittstellen zwischen der Blockchain und der realen Welt.[20] Die entsprechenden Daten können sowohl automatisch als auch manuell von Drittpersonen eingespeist werden.[21] Orakel ermöglichen es dem Smart Contract, auf externe Daten zuzugreifen, sodass gestützt auf diese Informationen Transaktionen ausgelöst werden können.[22] Um die Vorteile des schwer manipulierbaren Blockchain-Systems nicht zu unterminieren, ist es wichtig, dass die durch das Orakel eingespeisten Daten korrekt sind. Des-

---

[15] *Müller*, S. 333; *Szostek*, S. 41; *Tapscott/Tapscott*, S. 7.

[16] *Gyr*, 2019, S. 12; *Wilkens/Falk*, S. 7.

[17] *Gyr*, 2019, S. 10 ff.; *Jaccard*, Rz. 14.

[18] *Essebier/Wyss*, Rz. 36.

[19] *Essebier/Wyss*, Rz. 32.

[20] *Gyr*, 2022, Rz. 14; *Meyer/Schuppli*, S. 209; *Weber*, 2018, S. 292.

[21] *Essebier/Wyss*, Rz, 32.

[22] Vgl. *Müller*, S. 333 f.

wegen sind die Anforderungen an die Vertrauenswürdigkeit eines Orakels besonders hoch anzusetzen.[23]

III. Smart Contract und das Vertragsrecht

1. Code is Law?

Im Jahr 1999 prägte der US-amerikanische Rechtswissenschaftler Lawrence Lessig den Begriff *Code is Law*.[24] Er brachte damit zum Ausdruck, dass der rechtliche Rahmen im digitalen Raum durch den Programmcode von Software konkurrenziert wird.[25] Auch bei Smart Contracts bestehen diese zwei verschiedenen Ebenen: Einerseits schliessen die Parteien auf der vertragsrechtlichen Ebene einen klassischen Vertrag ab. Andererseits halten sie den Inhalt ihrer Vereinbarung auf der technischen Ebene in dem Code des Smart Contracts fest, der den Vertrag abwickeln soll. Es stellt sich die Frage, welcher Ebene bei Divergenzen der Vorrang zukommen soll. Würde man dem Prinzip Code is Law folgen, wäre allein der Code des Smart Contracts massgebend. Das Prinzip Code is Law konnte sich aber nicht durchsetzen. Die traditionelle Vertragsebene geht der Code-Ebene im Konfliktfall vor.[26] Somit bleiben die vertragsrechtlichen Bestimmungen auch bei der Verwendung eines Smart Contracts anwendbar.[27]

2. Einordnung von Smart Contracts in das Vertragsrecht

Auch wenn Smart Contracts selbst keine rechtlichen Verträge darstellen, müssen sie dennoch in das Vertragsrecht eingeordnet werden. Sie lassen sich als *Instrumente zum Abschluss und zur Durchführung von Verträgen* verstehen. Die Smart Contracts sind dabei von dem ihnen zugrunde liegenden rechtlichen Vertrag zu trennen.[28] Ihre Funktion beschränkt sich darauf, den Vertragsinhalt abzubilden und die rechtlichen Vorgänge automatisiert durchzuführen.[29] Die Smart Contracts sollen dabei das vertragsrechtliche Prinzip *pacta sunt servanda* verwirklichen, da sie ihrem Programmcode entsprechend genau das ausführen, was bei Vertragsschluss festgelegt wurde. Gleichzeitig besteht für die Vertragsparteien und Dritte keine Möglichkeit, in die durch

---

23 *Müller/Seiler*, S. 322; *Weber*, 2017, Rz. 34; *Weber*, 2018, S. 297.

24 Siehe *Lessig*.

25 *Eggen*, 2017, S. 3; *Gantner*, Rz. 1 ff.

26 *Müller/Seiler*, S. 323.

27 *Fries*, S. 87 f.; *Meyer/Schuppli*, S. 217.

28 *Müller/Seiler*, S. 322 f.

29 *Furrer*, S. 104.

den Smart Contract vorgenommene Vertragsabwicklung einzugreifen. Somit können Smart Contracts sicherstellen, dass die Leistungen wie vereinbart abgewickelt werden.[30]

Die Unveränderlichkeit und die automatische Ausführung von Smart Contracts bringt jedoch Besonderheiten mit sich. Probleme können dann auftreten, wenn sich der *Smart Contract von dem rechtlichen Vertrag unterscheidet*. Es bietet sich daher an, das Verhältnis zwischen dem Smart Contract und dem rechtlichen Vertrag genauer zu betrachten. Dabei sind zwei Szenarien zu unterscheiden: In dem ersten Szenario schliessen die Parteien einen klassischen Vertrag ab. Anschliessend erstellen die Vertragsparteien einen Smart Contract, um die Abwicklung des geschlossenen Vertrags zu automatisieren. In dem zweiten Szenario schliessen die Parteien durch die Interaktion mit einem bereits bestehenden Smart Contract, bspw. durch das Auslösen einer Transaktion, einen rechtlichen Vertrag ab.[31]

a) Abwicklung eines bestehenden Vertrags durch einen Smart Contract

In dem ersten Szenario besteht bereits ein rechtlicher Vertrag zwischen den Parteien. Dieser Vertrag soll allerdings durch einen Smart Contract automatisch abgewickelt werden. Hierzu müssen die Parteien den *Vertragsinhalt in Programmcode übersetzen*.[32] Damit der Programmcode durch den Smart Contract verarbeitet werden kann, muss dieser in präzisen wenn-dann-Instruktionen verfasst werden. Anhand dieser Instruktionen kann der Smart Contract prüfen, ob die Bedingung (wenn) eingetreten ist und, falls ja, die für diesen Fall festgelegte Aktion ausführen (dann). Schwierigkeiten bestehen hier insbesondere bei unbestimmten Rechtsbegriffen und Ermessensentscheidungen. Diese lassen sich schlecht in der binären Logik von Computerprogrammen abbilden und sind daher kaum geeignet, durch einen Smart Contract verarbeitet zu werden.[33]

Ein weitere Herausforderung stellt die *Auslegung des Vertrags* dar. Im Rahmen der Auslegung müssen neben dem Vertragstext auch sämtliche Begleitumstände des Vertragsschlusses mitberücksichtigt werden.[34] Daraus folgt, dass Ereignisse, die nicht im Vertragstext festgehalten sind, entscheidend sein können, um zu ermitteln, ob der Code den Vertragsinhalt richtig wiedergibt. Die Berücksichtigung der Begleitumstände steht jedoch im Widerspruch zur automatisierten Vertragsabwicklung, die sich einzig auf den

---

30 *Gyr*, 2022, Nr. 4; *Meyer/Schuppli*, S. 217.

31 Vgl. hierzu *Müller*, 2019, S. 335.

32 *Carron/Botteron*, Nr. 38.

33 *Müller*, 2019, S. 337; vgl. *Weber*, 2018, S. 293.

34 *Gauch/Schluep/Schmid/Emmenegger*, Nr. 1212 ff.

Programmcode abstützen soll.[35] Ferner können Smart Contracts *nur Ereignisse verarbeiten, die digital abgebildet* sind.[36] Es besteht immerhin die Möglichkeit, Daten zu Ereignissen aus der realen Welt mittels eines Orakels digital einzuspeisen und damit dem Smart Contract zur Verarbeitung zugänglich zu machen. Die Programmierung des Orakels ist aber wiederum mit hohem Aufwand und zusätzlichen Schwierigkeiten verbunden.[37]

Um sicherzustellen, dass der Smart Contract den rechtlichen Vertrag korrekt abwickelt, muss der *Code* schliesslich möglichst *fehlerfrei und lückenlos* verfasst werden. Dies ergibt sich daraus, dass der Smart Contract nachträglich nicht angepasst werden kann und seinen Programmcode automatisch ausführt, sobald die programmierten Bedingungen erfüllt sind.[38] Aufgrund der Unveränderlichkeit müsste der Code des Smart Contracts zudem alle denkbaren Szenarien antizipieren und jeweils eine entsprechende wenn-dann-Instruktion bereithalten.[39] Realistischerweise ist es jedoch nicht möglich, Smart Contracts zu programmieren, die fehlerfrei und lückenlos sind. Somit besteht bei der Abwicklung von Verträgen mit Smart Contracts immer *das Risiko, dass der Smart Contract* aufgrund einer unzureichenden Übersetzung des rechtlichen Vertrags in Code-Form, eines Programmierfehlers oder einer Vertragslücke entweder *falsch oder nicht abläuft*.

b) Abschluss eines Vertrags durch einen Smart Contract

aa) Übereinstimmende Willenserklärungen

In dem zweiten Szenario schliessen die Parteien durch die Interaktion mit einem Smart Contract einen rechtlichen Vertrag ab. Eine Partei kann bspw. einen Smart Contract aufsetzen, in dem sie ihren Willen und die Bedingungen für einen allfälligen Vertragsschluss öffentlich zum Ausdruck bringt.[40] Aufgrund der Formfreiheit kann der Erklärende seinen Willen, einen Vertrag zu schliessen, in mündlicher, schriftlicher oder anderer Form zum Ausdruck bringen.[41] Dementsprechend kann ein *Antrag zum Vertragsschluss* nach Schweizerischem Obligationenrecht auch in Code-Form, und damit durch einen Smart Contract, geäussert werden.[42] Ob ein öffentlich zugänglicher

---

35 *Carron/Botteron*, Nr. 38; *Müller*, 2019, S. 337.

36 *Weber*, 2017, Rz. 18.

37 *Meyer/Schuppli*, 2018, S. 292.

38 *Carron/Botteron*, Nr. 39.

39 *Müller*, 2019, S. 338.

40 *Carron/Botteron*, Nr. 36.

41 Vgl. *Gauch/Schluep/Schmid/Emmenegger*, Nr. 177 ff.

42 *Carron/Botteron*, Nr. 68.

Smart Contract aber einen Antrag darstellt, hängt von den konkreten Umständen ab. Nach Art. 7 Abs. 2 OR stellt die Versendung von Tarifen, Preislisten und dergleichen an sich keinen Antrag dar. Im Einzelfall kann eine solche Auskündigung allerdings durchaus einen Antrag darstellen, wenn der Empfänger aus den gegebenen Umständen in guten Treuen schliessen kann, dass der Urheber damit seinen Willen zum Vertragsschluss kundgibt.[43] Gerade bei einem auf einer Blockchain abgelegten und öffentlich zugänglichen Smart Contract mit vordefinierten Vertragsbedingungen kann jedoch angenommen werden, dass der Urheber einen Vertrag zu diesen Bedingungen zu schliessen möchte. Anschliessend kann die andere Partei mit dem Smart Contract interagieren und die darin festgelegten Bedingungen erfüllen, bspw. durch die bspw. durch die Überweisung eines Betrags einer Krypto-Währung oder den Transfer eines Tokens. Mit der Erfüllung dieser Bedingungen äussert die andere Partei ihrerseits den Willen, den durch den Smart Contract geäusserten *Antrag anzunehmen*. In der Folge entsteht ein rechtlicher Vertrag zwischen den beiden Parteien, der die im Smart Contract enthaltenen Bedingungen zum Inhalt hat.[44]

bb) Identifizierung der Vertragsparteien

Ein erstes Problem beim Abschluss eines Vertrags durch einen Smart Contract stellt die *Identifizierung der Vertragsparteien* dar. Um einen gültigen Vertrag abzuschliessen, müssen beide Parteien *rechts- und handlungsfähig* sein.[45] Sofern die Vertragsparteien im Rahmen des Vertragsschlusses ihre Identität angeben, stellen sich hier keine besonderen Probleme. Auf öffentlichen Blockchains ist die Identität der Personen allerdings oftmals nicht bekannt. Stattdessen sind lediglich pseudonyme Adressen in Form von Nummern vorhanden.[46] Regelmässig kennen die beiden Parteien eines Smart Contracts auf einer öffentlichen Blockchain ihre Vertragspartner deswegen nicht. Es liegt daher in der Verantwortung der Vertragsparteien, Vorkehrungen zu treffen, die es erlauben, die Gegenpartei zu identifizieren und deren Rechts- und Handlungsfähigkeit zu überprüfen. Damit der durch den Smart Contract geschlossene Vertrag Gültigkeit erlangt, ist es allerdings erforderlich, dass die Vertragsparteien sich gegenseitig zumindest identifizieren könnten.[47] Erschwerend kommt hinzu, dass ein unveränderlicher Smart Contract die mangelnde Rechts- oder Handlungsfähigkeit der Parteien nachträg-

---

43 *Gauch/Schluep/Schmid/Emmenegger*, Nr. 375.

44 *Carron/Botteron*, Nr. 71 und 75; *Müller*, S. 342.

45 Vgl. *Gauch/Schluep/Schmid/Emmenegger*, Nr. 300 f.

46 *Jaccard*, Nr. 83.

47 *Jaccard*, Nr. 84; *Müller*, 2019, S. 344.

lich nicht mehr berücksichtigen kann.[48] Aus diesem Grund wird teilweise gefordert, dass Smart Contracts die Identitäten der Vertragsparteien enthalten sollen und dass Plattformen, die Smart Contract-Dienstleistungen anbieten, Mechanismen bereitstellen sollen, anhand derer die Vertragsparteien identifiziert werden können.[49]

cc) Einhaltung der Formvorschriften

Ein zweites Problem, das sich beim Vertragsschluss mittels eines Smart Contracts stellen kann, ist die *Einhaltung der Formvorschriften*. Gem. Art. 11 Abs. 1 OR bedürfen Verträge zu ihrer Gültigkeit nur dann einer besonderen Form, wenn das Gesetz diese vorschreibt. Sofern das Gesetz also keine Formvorschrift vorsieht, stellen sich bei dem Vertragsschluss durch Smart Contracts damit betreffend die Formvorschriften keine besonderen Probleme.[50]

In einigen Fällen sieht das Gesetz allerdings Formvorschriften für den gültigen Abschluss eines Vertrags vor wie bspw. die *einfache Schriftlichkeit*. Die einfache Schriftlichkeit nach Art. 12 ff. OR verlangt erstens, dass der Erklärungsinhalt in Schriftform festgehalten wird.[51] Dafür müsste der Smart Contract insbesondere eine gewisse Beständigkeit aufweisen, in Schriftzeichen lesbar sein und der Wortlaut müsste sich aus den abgelegten Daten erschliessen lassen.[52] Es ist zweifelhaft, ob ein auf einer Blockchain oder anderweitig digital gespeicherter Smart Contract diese Voraussetzungen erfüllen kann.[53] Zweitens verlangt die einfache Schriftlichkeit nach Art. 13 Abs. 1 OR, dass der Vertrag durch die verpflichteten Personen unterzeichnet wird. Die Unterschrift ist gem. Art. 14 Abs. 1 OR eigenhändig zu schreiben. Eine eigenhändige Unterschrift ist bei rein digitalen Smart Contracts offensichtlich ausgeschlossen. Art. 14 Abs. 2bis OR hält jedoch fest, dass die *qualifizierte elektronische Signatur* nach ZertES[54] der eigenhändigen Unterschrift gleichgestellt ist. Hierfür müsste der Vertrag mit einer qualifizierten elektronischen Signatur auf einer Blockchain oder einem anderen digitalen Spei-

---

48 *Gyr*, 2022, Nr. 26.

49 *Müller*, 2019, S. 344.

50 *Gyr*, 2022, Nr. 55.

51 *Gauch/Schluep/Schmid/Emmenegger*, Nr. 504.

52 *Eggen*, 2017, S. 8.

53 Siehe dazu ausführlich *Gyr*, 2019, S. 149 ff.; vgl. auch *Carron/Botteron*, Nr. 89; *Müller*, 2019, S. 347.

54 Bundesgesetz über Zertifizierungsdienste im Bereich der elektronischen Signatur und anderer Anwendungen digitaler Zertifikate (Bundesgesetz über die elektronische Signatur, ZertES) (SR 943.03).

chermedium abgelegt werden.[55] Die qualifizierte elektronische Signatur hat sich im Geschäftsverkehr allerdings noch nicht durchgesetzt. Das Verfahren wird insbesondere für Smart Contracts als kompliziert und aufwendig bezeichnet und erscheint daher wenig geeignet.[56] Ein Vertragsschluss mittels eines Smart Contracts vermag daher zurzeit das Formerfordernis der einfachen Schriftlichkeit grundsätzlich nicht zu erfüllen.[57]

Hält ein Vertrag die gesetzlich vorgeschriebenen Formvorschriften nicht ein, ist dieser Vertrag nichtig und entfaltet *keine Rechtswirkungen*.[58] Gemäss der bundesgerichtlichen Rechtsprechung ist diese Nichtigkeit grundsätzlich *von Amtes wegen* zu beachten und kann *nicht geheilt* werden.[59] Die herrschende Lehre ist dagegen der Ansicht, dass die Formungültigkeit nicht von Amtes wegen zu beachten sei. Nach dieser Auffassung kann die Nichtigkeit nur von der Parteien selbst geltend gemacht werden. Zudem wäre es möglich, den Formmangel durch die Erfüllung des Vertrags zu heilen.[60] Folgt man der bundesgerichtlichen Rechtsprechung, entsteht bei einem durch einen Smart Contract abgeschlossenen, aber formungültigen Vertrag eine *Diskrepanz zwischen der rechtlichen Lage und dem Smart Contract*. Denn der Smart Contract und dessen Aktionen wären aufgrund der Formungültigkeit von keinem rechtlichen Vertrag gedeckt.[61] Allenfalls wäre jedoch eine *Konversion* des formungültigen Rechtsgeschäfts möglich. Die Konversion bietet die Möglichkeit, das formungültige Rechtsgeschäft in ein anderes Rechtsgeschäft mit ähnlichem Zweck und Erfolg aber geringeren Formerfordernissen umzudeuten.[62] Folgt man der herrschenden Lehre oder ist eine Konversion möglich, könnte eine Diskrepanz zwischen dem rechtlichen Vertrag und dem Smart Contract bei einem Formmangel u. U. vermieden werden.

c) Weitere Ursachen für Diskrepanzen zwischen dem Smart Contract und dem rechtlichem Vertrag

aa) Zurechnung automatisch generierter Willenserklärungen

Im Rahmen des Vertragsschlusses und der Vertragsabwicklung führen Smart Contracts *automatisierte Aktionen* aus und *generieren Willenserklä-*

---

55 *Eggen*, 2017, S. 9.

56 *Gyr*, 2019, S. 158; vgl. *Weber*, 2018, S. 294.

57 *Carron/Botteron*, Nr. 89; *Müller*, 2019, S. 347.

58 *Gyr*, 2019, S. 160.

59 BGE 112 II 330, E. 2b; BGE 106 II 146, E. 3.

60 M.w.H. *Gauch/Schluep/Schmid/Emmenegger*, Nr. 558.

61 Vgl. *Gyr*, 2019, S. 162.

62 *Gauch/Schluep/Schmid/Emmenegger*, Nr. 584b.

rungen. Smart Contracts sind aber lediglich Computerprogramme und besitzen keine Rechtspersönlichkeit.[63] Sie können daher weder einen eigenen Willen bilden, noch äussern. Alle Aktionen eines Smart Contracts werden auf der Grundlage des einprogrammierten Programmcodes generiert, der den gemeinsamen Vertragswillen der Parteien abbilden soll. Zwar weisen die Vertragsparteien bei der Programmierung des Smart Contracts oftmals noch keinen auf die konkreten Aktionen gerichteten Handlungswillen auf. Die Vertragsparteien programmieren den Smart Contract aber so, dass dieser den konkreten Handlungswillen anhand der zuvor festgelegten Parameter und der eingespeisten Informationen für jede seiner Aktionen automatisiert zu generieren und gestützt darauf rechtliche relevante Aktionen auszulösen vermag.[64] Damit die Aktion eines Smart Contracts rechtliche Gültigkeit erlangt, ist es jedoch erforderlich, dass der konkrete Handlungswille einer natürlichen oder juristischen Person zugeordnet werden kann.[65]

Die *Zurechnung der automatisierten Willenserklärungen von Smart Contracts* muss daher näher betrachtet werden. Nach der einen Ansicht können automatisierte Willenserklärungen keine Rechtswirkungen entfalten, weil bei diesen der Geschäftswille der Parteien für die konkrete Handlung fehle.[66] In spezifischen Konstellationen könnten jedoch das Vertrauensprinzip oder die Rechtsscheinlehre dafür sorgen, dass automatisch generierte Erklärungen ausnahmsweise dennoch Rechtswirkung erlangen.[67] Nach anderer Ansicht sollen die von einem vorprogrammierten Computer automatisch abgegebenen Willenserklärungen ebenso verbindlich sein wie individuell übermittelte Willenserklärungen.[68] Dies wird damit begründet, dass, wer sich zum Abschluss von Verträgen elektronischer Programme bedient, auch an deren Aktionen gebunden sein soll.[69] Am meisten zu überzeugen vermag die dritte Ansicht, wonach die Zurechnung der automatisch generierten Willenserklärungen von den vertraglichen Beziehungen, die den Smart Contract umgeben, abhängen soll. Diese schliessen neben den Verträgen zwischen den Parteien des Smart Contracts auch Verträge mit den Betreibern des Netzwerks, der Plattform oder den Applikationen, innerhalb derer Smart Contract operiert, sowie das technische Umfeld mit ein.[70] Anhand dieser Faktoren lässt sich der Rahmen ermitteln, in dem die durch den Smart Contract generierten Willens-

---

63 *Müller*, 2019, S. 345.

64 *Furrer*, S. 109.

65 *Furrer*, S. 107.

66 *Kianička*, S. 148.

67 *Kianička*, S. 167 ff.; vgl. auch *Müller*, 2018, Nr. 67.

68 HGer ZH, ZR 116/2017, S. 32, Urteil vom 16.12.2016.

69 Vgl. *Müller*, 2018, Nr. 68.

70 Siehe dazu ausführlich *Furrer*, S. 109 ff.; *Müller*, 2018, Nr. 69 ff.

erklärungen den Parteien zurechenbar sein sollen. Befindet die durch den Smart Contract generierte Willenserklärung sich innerhalb dieses Rahmens, ist die betreffende Partei an diese gebunden, selbst wenn sie in dem konkreten Fall eine andere Willenserklärung geäussert hätte. Liegt die automatisiert generierte Willenserklärung dagegen ausserhalb des ermittelten Rahmens, sind die betreffenden Parteien nicht an die Willenserklärungen des Smart Contracts gebunden.[71] In diesem Fall entsteht eine Diskrepanz zwischen der durch den Smart Contract abgebildeten digitalen Realität und dem rechtlichen Vertrag der Parteien, wenn der Smart Contract die Aktion dennoch ausführt.[72]

bb) Inhaltsmängel

Weitere Diskrepanzen zwischen dem Smart Contract und dem rechtlichen Vertrag können auftreten, wenn der rechtliche Vertrag aufgrund eines Inhaltsmangels ganz oder teilweise nichtig ist. Gem. Art. 19 Abs. 2 OR und Art. 20 Abs. 1 OR ist ein Vertrag nichtig, wenn er einen *unmöglichen oder widerrechtlichen Inhalt* hat oder *gegen die guten Sitten verstösst*. Leistungen, die im Rahmen des nichtigen Vertrags erbracht wurden, sind ohne gültigen Rechtsgrund erfolgt. Die Nichtigkeit ist unheilbar und von Amtes wegen zu beachten.[73] Betrifft der Mangel des Vertrags dagegen nur einen Teil des Vertrags, so ist gem. Art. 20 Abs. 2 OR nur dieser Teil als nichtig zu betrachten, es sei denn, der Vertrag wäre ohne den nichtigen Teil nicht geschlossen worden. Diese Grundsätze finden auch auf Verträge, die mit Smart Contracts abgewickelt oder abgeschlossen werden, Anwendung.[74] Wird der rechtliche Vertrag für nichtig erklärt, müsste der Smart Contract konsequenterweise gelöscht, geändert oder gestoppt werden. Dies ist aber aufgrund der Unveränderlichkeit und automatischen Durchführung von Smart Contracts kaum möglich. Weiter können auch der Smart Contract selbst oder dessen Transaktionen auf einer Blockchain nachträglich nicht als nichtig gekennzeichnet werden.[75] Diese Diskrepanz zwischen Smart Contract und rechtlichem Vertrag liesse sich nur verhindern, wenn der Smart Contract so programmiert wäre, dass er die Nichtigkeit feststellen und sich in der Folge stoppen oder zumindest als nichtig markieren könnte.[76]

---

[71] *Furrer*, S. 112; *Müller*, 2019, S. 345 f.

[72] *Müller*, 2018, Nr. 72.

[73] *Gauch/Schluep/Schmid/Emmenegger*, Nr. 681.

[74] Vgl. *Furrer*, S. 113.

[75] *Gyr*, S. 147 f.

[76] *Müller*, S. 346.

cc) Willensmängel

Ähnliche Probleme stellen sich schliesslich bei der Berücksichtigung von Willensmängeln nach Art. 23 ff. OR. Gestützt auf Art. 23 OR ist der Vertrag für diejenige Partei unverbindlich, die sich bei dessen Abschluss in einem wesentlichen Irrtum befunden hat. Ein *Irrtum* ist eine falsche oder fehlende Vorstellung über den Sachverhalt.[77] Dabei muss zwischen dem wesentlichen und dem unwesentlichen Irrtum unterschieden werden. Für die Aufhebung der Verbindlichkeit des Vertrags ist ausschliesslich der wesentliche Irrtum massgebend, nicht aber ein unwesentlicher Irrtum.[78] Ein wesentlicher Irrtum liegt namentlich vor, wenn es sich um einen Grundlagenirrtum (Art. 24 Abs. 1 Ziff. 4 OR) oder einen Erklärungsirrtum (Art. 24 Abs. 1 Ziff. 1–3 OR) handelt.[79] Die Rechtsfolge eines Irrtums oder eines anderen Willensmangels ist die einseitige Unverbindlichkeit des Vertrags. Dies bedeutet, dass nur diejenige Partei, die dem Willensmangel unterliegt, sich auf diesen berufen kann.[80] Die Geltendmachung des Willensmangels muss gem. Art. 31 Abs. 1 OR innerhalb eines Jahres erfolgen. Ansonsten gilt der Vertrag als genehmigt.[81]

Bei Smart Contracts können Willensmängel sowohl dann von Bedeutung sein, wenn die Parteien ihren bestehenden Vertrag durch einen Smart Contract abwickeln, als auch, wenn der Vertragsschluss durch den Smart Contract selbst vorgenommen wird. Da der Programmcode von Smart Contracts ebenso wie die Funktionsweise ihres technologischen Umfelds für viele Parteien schwer verständlich ist, ist zu erwarten, dass Willensmängel, im Speziellen der Irrtum, bei Smart Contracts vermehrt auftreten werden.[82] Problematisch ist hier, dass ein Smart Contract nicht so programmiert werden kann, dass er alle möglichen Willensmängel antizipieren kann. Selbst wenn dies möglich wäre, müsste der Smart Contract zusätzlich auch noch imstande sein, die Willensmangel zu rechtlich zu beurteilen, also bspw. zu bestimmen, ob es sich um einen wesentlichen oder unwesentlichen Irrtum handelt. Kann der Willensmangel nicht berücksichtigt werden, führt der Smart Contract den programmierten, aber mit dem Willensmangel behafteten, Vertrag dennoch automatisch und unaufhaltsam aus.[83] Die betroffene Partei müsste den *Wil-*

[77] *Gauch/Schluep/Schmid/Emmenegger*, Nr. 761.

[78] *Gauch/Schluep/Schmid/Emmenegger*, Nr. 766.

[79] *Carron/Botteron*, Nr. 92; *Gauch/Schluep/Schmid/Emmenegger*, Nr. 775 ff. und 821 f.

[80] *Gauch/Schluep/Schmid/Emmenegger*, Nr. 888 ff.

[81] *Gauch/Schluep/Schmid/Emmenegger*, Nr. 901.

[82] Vgl. *Carron/Botteron*, Nr. 93.

[83] *Carron/Botteron*, Nr. 97 f.

lensmangel ausserhalb des Smart Contracts geltend machen. Erst dort können, alle für den Willensmangel relevanten Begleitumstände beurteilt werden. In diesem Fall kann die Unverbindlichkeit des Vertrags aufgrund der Unveränderlichkeit jedoch nicht in dem Smart Contract oder einer Blockchain-Transaktion vermerkt werden.[84]

d) Leistungsstörungen

Selbst wenn der Vertrag und der Smart Contract einander entsprechen, können dennoch Leistungsstörungen auftreten. Hierbei stellt sich die Frage, wie sich das Leistungsstörungsrecht auf Smart Contracts anwenden lässt. Die Leistungsstörungen lassen sich in die Leistungsunmöglichkeit, die positive Vertragsverletzung und den Schuldnerverzug unterteilen.

Als *Leistungsunmöglichkeit* wird die definitive Nichterfüllung des Vertrags verstanden. Hierbei muss zwischen den verschiedenen Formen der Leistungsunmöglichkeit unterscheiden werden. Sie kann erstens objektiver oder subjektiver Natur sein. Zweitens kann diese ursprünglich oder erst nachträglich auftreten. Schliesslich muss unterschieden werden, ob die Leistungsunmöglichkeit von dem Schuldner zu verantworten ist oder nicht.[85] Ein ursprünglich unmöglicher Vertrag ist nach Art. 20 Abs. 1 OR nichtig. Die ursprüngliche Leistungsunmöglichkeit ist bei Smart Contracts unwahrscheinlich, weil die referenzierten Werte gültig sein müssen, damit sie in den Programmcode aufgenommen werden können.[86] Hat der Smart Contract aufgrund der Unmöglichkeit keine Transaktion ausgeführt, verursacht der Einsatz von Smart Contracts keine speziellen Probleme.[87] In Ausnahmefällen ist es allerdings denkbar, dass ein Smart Contract seinen Programmcode trotz eines ursprünglich unmöglichen Vertragsinhalts ausführt. Dies kann der Fall sein, wenn der Smart Contract auf einen digitalen Wert referenziert, der einen real nicht existierenden Wert repräsentiert oder über den rechtlich nicht verfügt werden darf.[88]

Auch bei der nachträglichen Unmöglichkeit kann der Smart Contract seinen Programmcode grundsätzlich nicht ausführen.[89] Die Regeln der nachträglichen Leistungsunmöglichkeit können eventuell im Fall des Untergangs eines referenzierten Wertes zur Anwendung gelangen.[90] Dabei muss unter-

[84] *Gyr*, S. 175 f.

[85] Siehe *Gauch/Schluep/Schmid/Emmenegger*, Nr. 2523 ff.

[86] *Meyer/Schuppli*, S. 221; *Weber*, 2017, Nr. 19.

[87] *Gyr*, S. 182.

[88] *Müller/Seiler*, S. 326.

[89] *Gyr*, S. 183.

[90] *Weber*, 2018, S. 296.

schieden werden, ob die nachträgliche Leistungsunmöglichkeit durch den Schuldner zu verantworten ist (Art. 97 OR) oder nicht (Art. 119 OR). Diese Frage kann jedoch nicht durch Smart Contract beantwortet werden. Dieser kann seinen Programmcode entweder ausführen oder nicht, womit die Unterscheidung zwischen objektiver und subjektiver Unmöglichkeit auf technischer Ebene für den Smart Contract keine Bedeutung hat.[91] Folglich vermögen Smart Contracts das Risiko der Leistungsunmöglichkeit zwar zu verringern, können diese aber dennoch nicht gänzlich ausschliessen.[92]

Die *positive Vertragsverletzung* wird von Art. 97 Abs. 1 OR erfasst. Sie umfasst neben der Schlechtleistung auch die Verletzung von Neben- und Unterlassungspflichten und den antizipierten Vertragsbruch.[93] Eine Schlechtleistung besteht in der Verletzung einer Hauptleistungspflicht. Eine solche Verletzung ist gegeben, wenn der Schuldner seine Leistung zwar erbringt, die Leistung aber nicht die vertragskonforme Qualität aufweist.[94] Sofern die Parteien die zu erbringenden Leistungen und die entsprechenden Bedingungen im Code des Smart Contracts festgeschrieben haben und der Smart Contract Zugriff auf die entsprechenden Vermögenswerte hat, erscheint eine Nicht- oder Schlechterfüllung unwahrscheinlich. Wären die Bedingungen nicht erfüllt, würde der Smart Contract den Vertrag nicht abwickeln.[95] Eine Schlechterfüllung kommt jedoch bei Programmierfehlern in Frage, wenn diese die Qualität der Leistung beeinträchtigen.[96] Ferner kann eine positive Vertragsverletzung auch in Form der Verletzung einer Neben- oder Unterlassungspflicht oder des antizipierten Vertragsbruchs bei Smart Contracts nicht ausgeschlossen werden, da die positive Vertragsverletzung menschliches Verhalten betrifft, das ausserhalb des Programmcodes erfolgt.[97]

Der *Schuldnerverzug* nach Art. 102 ff. OR liegt vor, wenn der Schuldner den Vertrag nicht erfüllt, obwohl es ihm möglich wäre, die geschuldete Leistung zu erbringen. Der Tatbestand des Schuldnerverzugs beseht im Einzelnen in der Nichtleistung trotz Leistungsmöglichkeit, der Fälligkeit der Forderung, der Mahnung des Schuldners durch den Gläubiger und der Pflichtwidrigkeit der Nichtleistung.[98] Ein Smart Contract wickelt die vertraglichen Leistungen automatisch ab, bei zweiseitigen Verträgen oftmals Zug-um-Zug oder zumindest in Abhängigkeit voneinander. Daher ist eine Spätleistung bei der Ver-

[91] *Gyr*, S. 183 f.

[92] *Müller/Seiler*, S. 326.

[93] *Gyr*, S. 184.

[94] *Gauch/Schluep/Schmid/Emmenegger*, Nr. 2627.

[95] *Gyr*, S. 186.

[96] *Müller/Seiler*, S. 327; *Weber*, 2018, S. 296 f.

[97] *Gyr*, S. 186 f.

[98] *Gauch/Schluep/Schmid/Emmenegger*, Nr. 2657.

tragsabwicklung durch Smart Contracts grundsätzlich nicht möglich.[99] Ausnahmsweise ist der Eintritt des Schuldnerverzugs aber denkbar, wenn der Smart Contract seinen Programmcode aufgrund eines Fehlers nicht ausführt und damit den Vertrag nicht abwickelt.[100] In diesem Fall ist der Schuldner verpflichtet, den Verspätungsschaden zu ersetzen (Art. 103 Abs. 1 und 106 Abs. 1 OR), für den Zufall zu haften (Art. 103 Abs. 1 OR) und bei Geldschulden Verzugszinsen zu bezahlen (Art. 104 Abs. 1). Ausserdem stehen dem Gläubiger bei zweiseitigen Verträgen Wahlrechte zu, die es ihm erlauben, entweder auf der Erfüllung zu beharren, Schadenersatz zu verlangen oder vom Vertrag zurückzutreten (Art. 107 Abs. 2 OR).[101] Die Anwendung der Rechtsfolgen des Schuldnerverzugs, insb. die Ausübung der Wahlrechte, auf Smart Contracts ist aufgrund derer Unveränderlichkeit allerdings nur schwer umsetzbar.

3. Das Problem der Unveränderlichkeit

Durch ihre Unveränderlichkeit und die automatisierte Ausführung scheinen Smart Contracts geeignete Instrumente darzustellen, um sowohl den *Abschluss als auch die Abwicklung von Verträgen zu automatisieren.* Im Idealfall kann der Einsatz von Smart Contracts den Vertragsschluss und die Vertragsabwicklung erleichtern. Zusätzlich verspricht der Einsatz von Smart Contracts, Rechtsstreitigkeiten und Leistungsstörungen zu verringen, weil beide Parteien keine Möglichkeit haben, nachträglich in die Erfüllung durch den Smart Contract einzugreifen. Dadurch soll garantiert werden, dass der Vertrag wie vereinbart abgewickelt wird.

Gleichzeitig stehen die Eigenschaften von Smart Contracts, insbesondere die Unveränderlichkeit, aber in einem *Spannungsfeld zu dem Vertragsrecht.* Auch wenn der Einsatz der meisten Smart Contracts in der Realität reibungslos ablaufen mag, lässt es sich nicht vermeiden, dass bei gewissen Smart Contracts *Divergenzen zwischen der digitalen Realität und dem rechtlichen Vertrag* der Parteien auftreten. Um Divergenzen mit dem rechtlichen Vertrag zu vermeiden, müsste der Smart Contract fehlerlos sein und alle möglichen Szenarien antizipieren. Diese beiden Voraussetzungen können in der Praxis allerdings nicht erfüllt werden. Je komplexer die Transaktion ist, desto wahrscheinlicher ist es, dass im Rahmen der Vertragsdurchführung Probleme auftreten.[102] Selbst wenn ein Smart Contract imstande wäre, alle Szenarien zu antizipieren, könnte nicht garantiert werden, dass der Smart Contract dem

[99] *Müller/Seiler*, S. 327; *Weber*, 2017, Nr. 20.

[100] *Gyr*, S. 189 f.

[101] Siehe *Gauch/Schluep/Schmid/Emmenegger*, Nr. 2667 ff.

[102] *Müller/Seiler*, S. 324 f.

rechtlichen Vertrag entspricht. Denn hierzu müsste der Smart Contract zusätzlich alle zukünftigen Änderungen der Rechtslage abdecken.[103]

Auch die Anwendung des Leistungsstörungsrechts auf unveränderliche und unaufhaltsame Smart Contracts ist mit Schwierigkeiten verbunden. Der Smart Contract könnte diese Problematik immerhin abschwächen, indem er so programmiert wird, dass er wenigstens die wahrscheinlichsten *Leistungsstörungen und den entsprechenden Umgang damit antizipiert*.[104] Darüber hinaus bestehen bei Smart Contracts zurzeit auch *technisch bedingte Grenzen*. So lässt ein Smart Contract weder Raum für Auslegungs- und Ermessensentscheidungen. Eine rechtliche Würdigung kann der nach einem Ja-Nein-Schema operierende Smart Contract nicht erbringen.[105] Ferner ist der Smart Contract auf Ereignisse beschränkt, die digital geprüft werden können. Was nicht in digitaler Form abbildbar ist, kann dagegen nicht von einem Smart Contract verarbeitet werden.[106] Sobald ein Bezug zur realen Welt besteht, indem bspw. eine Leistung ausserhalb des Smart Contracts erbracht werden muss, ist eine vollständig automatisierte und unaufhaltbare Ausführung des gesamten Vertrags nicht mehr möglich.

Allfällige Divergenzen zwischem dem rechtlichen Vertrag und dem Smart Contract können somit in der Regel nicht auf der Ebene des Smart Contracts selbst behoben werden. Eine *Korrektur ausserhalb des Smart Contracts* ist aber u. U. mit grossen Schwierigkeiten verbunden, wenn sich die Parteien, wie bspw. auf öffentlichen Blockchains, gegenseitig nicht kennen oder aus verschiedenen Ländern stammen. Zusätzlich fallen die Vorteile der automatischen und unaufhaltbaren Abwicklung des Vertrags dahin, sobald die Vertragsstreitigkeit ausserhalb des Smart Contracts gelöst werden muss.[107]

Folglich führt der Einsatz von Smart Contracts bei Vertragsschluss und -abwicklung zu neuen rechtlichen Herausforderungen. Es besteht immer das Risiko, dass der Smart Contract zumindest teilweise nicht dem rechtlichen Vertrag entspricht. Problematisch ist insbesondere, dass eine nachträgliche Anpassung des Smart Contracts aufgrund der Unveränderlichkeit ausgeschlossen ist.[108] Es bleibt daher eine wichtige Frage, wie die vertragsrechtlichen Bestimmungen des Obligationenrechts bei unveränderlichen und sich automatisiert ausführenden Smart Contracts angewendet werden können.

---

103 *Carron/Botteron*, Nr. 43.

104 *Carron/Botteron*, Nr. 49; *Weber*, 2017, Nr. 38.

105 *Carron/Botteron*, Nr. 112; *Müller*, 2018, Nr. 124; *Weber*, 2018, S. 298.

106 *Weber*, 2018, S. 292 f.

107 *Kaulartz*, S. 74.

108 *Jaccard*, Nr. 94.

IV. Smart Contracts aus einer rechtsökonomischen Perspektive

1. Transaktionskostenveränderung durch Smart Contracts

Aus rechtsökonomischer Perspektive sind Smart Contracts besonders interessant, weil sie als *Instrument zur Senkung der Transaktionskosten* eines Vertrags gelten. Bereits als er den Begriff Smart Contract einführte, schrieb Nick Szabo, dass Smart Contracts aus ökonomischer Sicht insbesondere dazu beitragen sollen, die Kosten für Schiedsverfahren und die Durchsetzung von Verträgen zu senken und andere Transaktionskosten zu reduzieren.[109] In der Folge hat sich die Diskussion rund um Smart Contracts stark mit der Frage beschäftigt, wie Smart Contracts eine Reduktion der Transaktionskosten erzielen können. Doch auch wenn Smart Contracts hierzu ein vielfältiges Potential bieten, darf nicht ausgeblendet werden, dass die Eigenschaften von Smart Contract, im Speziellen ihre Unveränderlichkeit, sich ebenfalls auf die Transaktionskostenstruktur eines Vertrags auswirken. Sie könnten sogar zu einer Erhöhung der Transaktionskosten führen. Es stellt sich daher aus Sicht der Transaktionskostenökonomik die Frage, ob Smart Contracts tatsächlich eine Reduktion der Transaktionskosten erreichen können. Dies macht es erforderlich, die Transaktionskostenstruktur von Smart Contracts mit derjenigen von klassischen Verträgen zu vergleichen.

Der Begriff der *Transaktionskosten* umfasst alle Kosten, die anfallen, um eine Markttransaktion durchzuführen.[110] Bei Verträgen lassen sich die Transaktionskosten in verschiedene Arten unterteilen. Diese können in drei Gruppen zusammengefasst werden. So kann zwischen den Kosten für die Anbahnung von Verträgen (Such- und Informationskosten), den Kosten für den Abschluss der Verträge (Verhandlungskosten) und den Kosten für die Durchsetzung der Verträge (Überwachungs- und Durchsetzungskosten) unterschieden werden.[111] Weiter differenziert die Literatur zwischen ex post- und ex ante-Transaktionskosten. Die ex ante-Transaktionskosten fallen bis und mit Vertragsschluss an. Sie umfassen damit die Such- und Informationskosten ebenso wie die Verhandlungskosten. Die ex post-Transaktionskosten fallen dagegen nach dem Vertragsschluss an und bestehen hauptsächlich aus den Überwachungs- und Durchsetzungskosten.[112] Die anfallenden Transaktionskosten haben grossen Einfluss auf die effiziente Gestaltung von Märkten und Verträgen.[113] Damit eine nutzensteigernde Transaktion stattfindet, ist es er-

---

[109] *Szabo*, 1994.

[110] Vgl. *Mathis*, S. 75; *Schäfer/Ott*, S. XVII.

[111] *Dahlmann*, 1979, S. 148; *Furubotn/Richter*, S. 59.

[112] *Furubotn/Richter*, S. 59; *Marneffe/Bielen/Vereeck*, S. 2087.

[113] Vgl. *Furubotn/Richter*, S. 41.

forderlich, dass die Nutzensteigerung die Transaktionskosten übersteigt. Eine Senkung der Transaktionskosten ist daher geeignet, den effizienten Transfer von Rechten zu fördern.[114]

a) Potential zur Reduktion der Transaktionskosten

Smart Contracts besitzen tatsächlich ein vielfältiges Potential, die Transaktionskosten eines Vertrags zu senken. Aufgrund ihrer Eigenschaften, können die *Such- und Informationskosten* rund um den Vertragsschluss reduziert werden. Weil Smart Contracts in einem digitalen Umfeld operieren, bieten sie den potentiellen Vertragsparteien die Möglichkeit, sich schnell und mit wenig Aufwand zu vernetzen.[115] Darüber hinaus können Smart Contracts im Gegensatz zu klassischen Verträgen sowohl bei dem Vertragsschluss als auch bei den Vertragsverhandlungen helfen, das Informationsmanagement wesentlich effizienter zu gestalten. Einerseits sind viele Daten digital verfügbar (speziell auf einer Blockchain), auf die der Smart Contract direkt zugreifen kann. Andererseits können Smart Contracts so programmiert werden, dass sie bestimmte Informationen automatisch freigeben.[116]

Ein weiterer Vorteil bei einem Vertragsschluss durch einen Smart Contract ist, dass die *Risikobeurteilung der Gegenpartei* nicht mehr im gleichen Umfang erforderlich ist. Im Gegensatz zu klassischen Verträgen kontrolliert die Gegenpartei bei Smart Contracts ihre Leistung nicht mehr selbst.[117] Diese wird von dem Smart Contract automatisch erbracht, sobald die im Programmcode festgelegten Bedingungen eingetreten sind. Die Gegenpartei hat dabei keine Möglichkeit, den Vertrag nicht zu erfüllen. Dementsprechend werden die Informationskosten für die Vorabklärungen über die Gegenpartei stark gesenkt, da der Smart Contract die Erfüllung garantiert.[118] Stattdessen müssen die Parteien lediglich kontrollieren, ob der Smart Contract richtig programmiert ist und ob die verwendeten Datenquellen vertrauenswürdig sind, um sicherzustellen, dass der Vertrag wie vereinbart abgewickelt wird.[119]

Der Mechanismus von Smart Contracts kann aber auch nach dem Vertragsschluss die *Transaktionskosten für die Durchführung des Vertrags* reduzieren. Der Grundgedanke von Nick Szabo war es, die Erfüllung der Vertragsbedingungen sicherzustellen. Einerseits sollten die Möglichkeit und die Wahrscheinlichkeit von Abweichungen und Ausnahmen minimiert werden.

---

114 *Coase*, 1960; *Coase*, 1937; *Williamson*.

115 *Savelyev*, S. 120.

116 *Seidel/Horsch/Eickstädt*, S. 176.

117 *Constantino-Ferreira*, S. 7.

118 *Sczcerbowski*, S. 2; vgl. *Weber*, 2018, S. 292.

119 Vgl. *Baron/Chaudey*, S. 7 f.

Andererseits sollte die Durchführung der Verträge möglichst unabhängig von Intermediären und Drittparteien gemacht werden.[120] Diese Transaktionskostenvorteile von Smart Contracts lassen sich am besten auf einer Blockchain realisieren. Dort können die Parteien die Aufzeichnungen der relevanten Ereignisse digital und lückenlos festhalten.[121] Anschliessend kann ein Smart Contract direkt auf die verfügbaren Daten zugreifen und diese umgehend verarbeiten.[122] Damit ist der Smart Contract imstande, die Überwachung der definierten Bedingungen und Leistungen automatisch vorzunehmen. Die schnelle, transparente und zuverlässige Umsetzung des Programmcodes führt dazu, dass die Parteien ihren Aufwand für die Überwachung der Vertragserfüllung im Gegensatz zur manuellen Überwachung bei klassischen Verträgen stark reduzieren können.[123] Ausserdem kann die automatisierte Überwachung durch den Smart Contract das Risiko von Fehleinschätzungen und Missverständnissen, das bei manueller Überwachung besteht, mehrheitlich ausschalten.[124]

Weiter versprechen Smart Contracts, die Kosten für die *Durchsetzung von Verträgen* zu senken. Denn gerade für die gerichtliche Durchsetzung von Verträgen fallen in der Regel hohe Transaktionskosten an. In vielen Fällen entscheiden sich die Parteien sogar, aus Kostengründen auf die gerichtliche Durchsetzung ihres Vertrags zu verzichten.[125] Bei Smart Contracts hingegen wird der Vertrag automatisiert und transparent abgewickelt. Dabei hat keine Partei die Möglichkeit, die Erfüllung zu behindern oder zu stoppen. Dadurch können gerichtliche Auseinandersetzungen oftmals vermieden werden.[126] Der Durchsetzungsmechanismus von Smart Contracts bietet so einen deutlichen Transaktionskostenvorteil gegenüber klassischen Verträgen, weil er garantieren kann, dass der Vertrag wie vereinbart erfüllt wird, ohne dass Aufwendungen für die gerichtliche Durchsetzung anfallen.[127] Deshalb kann der Durchsetzungsmechanismus von Smart Contracts auf einer Blockchain als kostengünstigere Alternative zu der mit hohen Kosten verbundenen gerichtlichen Durchsetzung von Verträgen verstanden werden.[128] Darüber hinaus stellt der Durchsetzungsmechanismus von Smart Contracts aufgrund seiner

---

120 *Szabo*, 1994.

121 Vgl. *Eggen*, 2017, S. 4.

122 *Seidel/Horsch/Eickstädt*, S. 177.

123 *Sklaroff*, S. 275.

124 *Seidel/Horsch/Eickstädt*, S. 177.

125 Vgl. *Polinsky*, S. 135.

126 Vgl. *Seidel/Horsch/Eickstädt*, S. 177.

127 *Constantino-Ferreira*, S. 31; *Savelyev*, S. 122; *Sczcerbowski*, S. 3; *Szabo*, 1994; *Werbach/Cornell*, S. 335.

128 *Raskin*, S. 324; vgl. *Vatiero*, S. 3.

Unveränderlichkeit auch ein geeignetes Instrument dar, um opportunistisches Verhalten der Vertragsparteien nach dem Vertragsschluss zu verhindern.[129]

b) Gefahr der Erhöhung der Transaktionskosten

Es kann aber keineswegs gesagt werden, dass Smart Contracts in jedem Fall zu einer Reduktion der Transaktionskosten für einen Vertrag führen. Insbesondere die Notwendigkeit, den Vertrag in Codeform niederzuschreiben und die Unveränderlichkeit des Smart Contracts können dazu führen, dass die Transaktionskosten für den Vertrag sogar erhöht werden. Wenn die Parteien gemeinsam einen Vertrag schliessen und sich entscheiden, diesen durch einen Smart Contract abwickeln zu lassen, fallen genau dieselben Verhandlungskosten an, um die Einigung zu erzielen. Der Vertragsschluss unterscheidet sich zu einem klassischen Vertrag aber dadurch, dass zusätzlich ein Smart Contract aufgesetzt werden muss. Hierfür fallen jedoch in mehrfacher Hinsicht zusätzliche Transaktionskosten an.

Zunächst müssen die Parteien ihren *Vertrag in Codeform übersetzen*. Dies bedeutet, dass sämtliche Vertragsbestandteile in einfachen wenn-dann-Instruktionen formuliert werden müssen, was vielfach zusätzliche Verhandlungen zwischen den Vertragsparteien erfordert.[130] Diese Übersetzung des Vertrags muss, nach dem heutigen Stand der Technik, zudem manuell erfolgen, da es noch keine Übersetzungsprogramme gibt, die einen Vertrag zuverlässig in Codeform übersetzen können.[131] Darüber hinaus setzten die Parteien ihren Smart Contract meist nicht selbst auf, sondern greifen dafür auf die Dienste von spezialisierten Drittparteien zurück.[132] Folglich ist die Übersetzung des Vertrags in Codeform äusserst kostspielig und mit einem hohen Zeitaufwand verbunden.

Eine weitere Herausforderung stellt die Unveränderlichkeit von Smart Contracts dar. Damit der Smart Contract fehlerfrei ablaufen kann, muss dieser *alle möglichen Entwicklungen des Vertragsverhältnisses antizipieren*. So müssen die Parteien alle potentiellen faktischen und rechtlichen Szenarien vorhersehen, dafür jeweils eine Einigung erzielen und diese in einer präzisen wenn-dann-Klausel im Code des Smart Contract abbilden. Die Informations-, Verhandlungs- und Schreibkosten, um einen solchen Vertrag auch nur annähernd zu verfassen, sind enorm hoch.[133] Wird ein Szenario in einem Smart

---

129 Siehe *Holden/Malani*.

130 *Carron/Botteron*, S. 336 f.; *Sklaroff*, S. 291.

131 *Müller*, 2019, S. 336 f.

132 *Seidel/Horsch/Eickstädt*, S. 178.

133 *Hart*, S. 4; *Rossi*, S. 1113; *Sklaroff*, S. 298.

Contract nicht antizpiert, können während der Vertragsabwicklung Fehler auftreten.[134] Ein fehlerhafter Smart Contract kann entweder eine ungewollte Aktion, die nicht von dem Vertrag der Parteien gedeckt ist, ausführen oder dazu führen, dass eine gewollte und vertragsgemässe Aktion des Smart Contracts unterbleibt. In beiden Fällen müssen die Parteien erneut tätig werden, um den vertragsgemässen Zustand herbeizuführen, indem sie bspw. einen neuen Smart Contract aufsetzen, um eine neue Transaktion zu veranlassen.[135] Dies ist allerdings wiederum mit hohen Transaktionskosten verbunden.[136]

Eine weitere in der Unveränderlichkeit von Smart Contracts begründete Fehlerquelle stellt der *Programmcode* dar. Auch dieser muss fehlerfrei verfasst sein, weil er nachträglich nicht geändert werden kann. Es empfiehlt sich für die Parteien, deshalb den bei der Programmierung besonders sorgfältig vorzugehen und entsprechend viele Ressourcen für die Programmierung des Smart Contracts aufzuwenden.[137] Dennoch können Fehler im Code aber nie vollständig ausgeschlossen werden. In diesem Fall fallen ebenfalls Transaktionskosten an, um auf den Programmierfehler zu reagieren.[138] Die Kosten für die Programmierung und das Fehlerrisiko steigen zudem in einem exponentiellen Verhältnis zu der Komplexität des Vertrags an.[139]

Schliesslich bestehen auch grosse Hürden bei der Programmierung von Vertragsinhalten, ein *menschliches Urteil* erfordern, namentlich die Auslegung oder die Ausübung von Ermessen. Solche Vertragsinhalte lassen sich nicht in einfachen wenn-dann-Instruktionen darstellen. Weil Smart Contracts solche Vertragsinhalte nicht verarbeiten können, besteht hier ein besonders hohes Fehlerpotential.[140] Es wäre allenfalls denkbar, das menschliche Urteil, wenn es benötigt wird, über ein Orakel in den Smart Contract einzuspeisen.[141] Die Programmierung und Aufrechterhaltung des Orakels würde jedoch zusätzliche Transaktionskosten mit sich bringen.[142] Gleichzeitig stellt die Abhängigkeit von einem Orakel auch eine weitere potentielle Fehlerquelle dar, die die automatisierte Abwicklung des Vertrags gefährdet.

---

134 Vgl. *Werbach/Cornell*, S. 369.

135 Vgl. *Kaulartz/Heckmann*, S. 624; *Seidel/Horsch/Eickstädt*, S. 178.

136 Vgl. *Vatiero*, S. 4.

137 *Seidel/Horsch/Eickstädt*, S. 182; *Wilkens/Falk*, S. 27.

138 Vgl. *Sczcerbowski*, S. 3; vgl. *Seidel/Horsch/Eickstädt*, S. 177.

139 *Seidel/Horsch/Eickstädt*, S. 178.

140 *Carron/Botteron*, Nr. 38; *DiMatteo/Poncibó*, S. 814; *Giancaspro*, S. 831 f.; *Wilkens/Falks*, S. 27.

141 Vgl. *Weber*, 2018, S. 292.

142 *Müller/Seiler*, S. 320 f.

2. Vollständige Smart Contracts sind nicht effizient

Es ist ausserdem fraglich, ob es überhaupt effizient ist, einen vollständigen Vertrag abzuschliessen, wie dies für Smart Contracts grundsätzlich erforderlich ist. Denn, um fehlerfrei abzulaufen, müssten Smart Contracts theoretisch alle möglichen Szenarien des Vertragsverhältnisses abdecken. Aus ökonomischer Sicht wird ein Vertrag als vollständig bezeichnet, wenn die Parteien erstens alle möglichen den Vertrag betreffenden Szenarien vorhergesehen haben und zweitens dazu jeweils auch entsprechende Vereinbarungen getroffen haben, so dass alle Risiken internalisiert sind und keine Lücken und Interpretationsfragen verbleiben.[143] Deswegen sollen Smart Contracts unter der *Theory of Incomplete Contracts* näher betrachtet werden.

Die Theory of Inocmplete Contracts beschäftigt sich insbesondere mit der Frage, wie die Parteien ihre *Verträge möglichst effizient gestalten* können.[144] In der Praxis ist es grundsätzlich unmöglich, einen vollständigen Vertrag zu schliessen, weshalb Verträge jeweils unvollständig bleiben.[145] Als Grund für die Unvollständigkeit von Verträgen werden primär die Transaktionskosten für die Informationsbeschaffung, die Verhandlungen und das Verfassen der Verträge aufgeführt.[146] Daraus folgt, dass sich die Parteien sich einem vollständigen Vertrag lediglich annähern können. Der Grad der Vollständigkeit eines Vertrags stellt das *Ergebnis eines Optimierungsprozesses* dar. Dabei wägen die Parteien die zusätzlichen Transaktionskosten einer Klausel jeweils mit dem zusätzlichen Nutzen ab.[147] Übersteigen die Kosten für die Aufnahme einer Klausel in den Vertrag deren erwarteten Nutzen, so werden die Vertragsparteien auf eine entsprechende Klausel verzichten.[148] Vielfach unterlassen die Parteien es daher, unwahrscheinliche Szenarien in den Vertrag aufzunehmen. Es ist für die Parteien aus einer Transaktionskostenperspektive oft *rational*, ihre *Verträge in gewissen Punkten unvollständig zu belassen.*[149]

Im Rahmen dieses Optimierungsprozesses ist auch zu berücksichtigen, dass Gerichte den unvollständigen *Vertrag nachträglich vervollständigen* können, indem sie die unklaren Klauseln auslegen, die fehlenden Klauseln ergänzen oder Anpassungen vornehmen.[150] Dies erlaubt es den Parteien, Szenarien, die unwahrscheinlich sind oder deren vertragliche Abdeckung mit zu

143 *Cooter/Ulen*, S. 291 f.

144 *Posner*, 2003, S. 856.

145 *Hart*, S. 4.

146 *Ayres/Gertner*, S. 92 f.; *Hermalin/Katz/Craswell*, S. 72.

147 *Hart*, S. 3.

148 *Segal*, S. 73.

149 *Ayres/Gerntner*, S. 93; *Hart*, S. 4.

150 Vgl. *Hermalin/Katz/Craswell*, S. 72; *Vatiero*, S. 4.

hohen Transaktionskosten verbunden ist, im Vertrag auszulassen. Stattdessen können sie die allfällige Vervollständigung des Vertrags an ein Gericht zu delegieren. Die gerichtliche Tätigkeit ist zwar auch mit Transaktionskosten verbunden. Diese fallen allerdings nur an, wenn das offen gelassene Szenario tatsächlich eingetreten ist.[151] Damit ermöglicht die Option, den Vertrag ex post durch ein Gericht vervollständigen zu lassen, es den Parteien, ex ante möglichst effizient mit unwahrscheinlichen und komplexen Szenarien umzugehen. Die *Funktion des Gerichts* besteht dabei darin, die *Transaktionskosten für den Vertrag zu minimieren.*[152]

Es steht den Parteien eines Vertrags also frei ex ante mehr Ressourcen in die Verhandlung investieren, um die ex post auftretenden Kosten und Risiken ihres Vertrags zu minimieren. Gleichzeitig können sie sich aber auch entscheiden, ex ante weniger in den Vertrag zu investieren, was jedoch die ex post auftretenden Kosten und Risiken erhöht.[153] Darüber hinaus steht es den Parteien auch offen, einen Mittelweg zu wählen. Sie können in ihrem Vertrag auf *flexible Elemente* wie bspw. auf offene Rechtsbegriffe und Generalklauseln zurückgreifen. Damit können die Parteien den Vertragsinhalt annähernd bestimmen, ohne dass sie diesen detailliert beschreiben müssen. Ein Gericht kann diese flexiblen Begriffe anschliessend auslegen und damit den Vertrag ex post vervollständigen. Indem die Parteien eine gewisse Flexibilität im Vertrag belassen, können sie somit ex ante Transaktionskosten sparen und gleichzeitig auch das ex post auftretende Kostenrisiko begrenzen.[154]

Weiter haben die Parteien im Rahmen der Vertragsdurchführung die Möglichkeit, den Vertrag nur selektiv durchzusetzen. Dies erlaubt es den Parteien, auf die gerichtliche Durchsetzung eines Vertragsinhalts zu verzichten, wenn die dafür anfallenden Transaktionskosten zu hoch sind. Stattdessen können die Parteien bei allfälligen Streitigkeiten zu wesentlich geringeren Kosten eine Lösung finden, indem sie den *Vertrag nachverhandeln und anpassen.* Die Möglichkeit auf die Durchsetzung des Vertrags oder einzelner Vertragsteilen zu verzichten stellt daher für beide Parteien einen Mehrwert dar und fördert ein effizientes Vertragsverhältnis.[155] Klassische Verträge stellen folglich ein effizientes Instrument dar, um die Transaktionskosten eines Vertragsverhältnisses zu optimieren.[156]

151 *Posner*, 2004, S. 1588.

152 Vgl. *Posner*, 2004, S. 1583.

153 *Cooter/Ulen*, S. 293.

154 *Sklaroff*, S. 280 ff.

155 *Sklaroff*, S. 284 f.

156 *Sklaroff*, S. 286.

Eine solche *Optimierung der Transaktionskosten* ist bei Smart Contracts hingegen *kaum möglich*. Weil Smart Contracts nicht nachträglich geändert werden können, ist die Möglichkeit, den Vertrag ex post zu vervollständigen, ausgeschlossen.[157] Auch eine nachträgliche Vertragsanpassung durch Nachverhandlungen oder die Aufhebung des Vertrags sind nicht möglich. Dies wirkt sich auf die Transaktionskostenstruktur von Smart Contracts aus. Die Parteien müssen ex ante möglichst viel Aufwand investieren, um das Funktionieren des Smart Contracts sicherzustellen. Sie müssen möglichst alle Szenarien, auch die sehr unwahrscheinlichen, in dem Smart Contract antizipieren und mit klaren wenn-dann-Instruktionen abdecken.[158] Hierfür fallen ex ante jedoch enorm hohe Informations-, Verhandlungs- und Schreibkosten an. Verzichten die Parteien dagegen darauf, ein Szenario abzudecken, besteht ein stets das Risiko, dass die Parteien ex post hohe Fehlerkosten tragen müssen. In beiden Fällen führt die Unveränderlichkeit von Smart Contract deshalb zu stark erhöhten Transaktionskosten. Diese Kosten werden auch als *Cost of Inflexiblity* bezeichnet.[159] Sie steigen exponentiell zu der Komplexität des Vertrags an und müssen mit den durch den Einsatz des Smart Contracts erzielten Transaktionskostenersparnis abgewogen werden.[160]

Verglichen mit Smart Contracts bieten klassische Verträge einen effizienteren Mechanismus, um die Transaktionskosten eines Vertrags zu minimieren. So können Smart Contract die ex post-Transaktionskosten in der Regel zwar verringen, weil der Programmcode, mit der Ausnahme von Fehlern, das ex ante Vereinbarte zuverlässig ausführt. Demgegenüber erhöhen sich aber die ex ante-Kosten aufgrund der Unveränderlichkeit der Smart Contracts deutlich.[161] Es findet damit eine *Verschiebung der Transaktionskosten* von der ex post-Stufe auf die ex ante-Stufe statt. Diese Verschiebung stellt aber nur bei einfachen, kurzfristigen Verträgen mit einer gut vorhersehbaren Entwicklung einen Effizienzgewinn dar. Sobald der Vertrag komplexer wird, können sich die Transaktionskosten von Smart Contracts im Vergleich zu einem klassischen Vertrag signifikant erhöhen.[162]

V. Fazit und Ausblick

Es lässt sich einerseits festhalten, dass Smart Contracts den Vertragsschluss und die Vertragsabwicklung vereinfachen können. Sie können insbesondere

---

157 *Sklaroff*, S. 291.

158 *Vatiero*, S. 5 f.

159 Siehe zu diesem Begriff *Sklaroff*.

160 *DiMatteo/Poncibó*, S. 809 f. und 814; vgl. *Raskin*, S. 314.

161 *Vatiero*, S. 5 f.

162 Vgl. *DiMatteo/Poncibó*, S. 814; *Sklaroff*, S. 291 ff.

sicherstellen, dass der Vertrag wie vereinbart durchgeführt wird, weil der Smart Contract selbständig überprüft, ob die Vertragsbedingungen erfüllt sind und gestützt darauf die vertraglichen Leistungen vornimmt. Weiter können Leistungsstörungen und Rechtsstreitigkeiten verringert werden, weil die Vertragsparteien keine Möglichkeit haben, nachträglich in die Erfüllung durch den Smart Contract einzugreifen. Gleichzeitig besitzen Smart Contracts grosses Potential, die Transaktionskosten für den Vertragsschluss und die Vertragsdurchsetzung zu reduzieren.

Auf der anderen Seite führen Smart Contracts zu neuen Problemen. Weil sie nachträglich nicht angepasst werden können, ist es mit Schwierigkeiten verbunden, die vertragsrechtlichen Bestimmungen des Obligationenrechts, auf die Verträge, die mit Smart Contracts abgewickelt werden, anzuwenden. Zusätzlich erfordert die Unveränderlichkeit, dass der Smart Contract lückenlos und fehlerfrei ist, was jedoch nicht möglich ist. Es besteht daher immer das Risiko, dass der Smart Contract oder zumindest einzelne Aktionen des Smart Contracts nicht dem rechtlichen Vertrag der Parteien entsprechen. Eine weitere Konsequenz der Unveränderlichkeit ist, dass die Parteien ex ante mehr Ressourcen in die Vertragsverhandlungen investieren müssen, um sicherzustellen, dass bei der Durchführung des Smart Contracts keine Fehler auftreten. Dadurch erhöhen sich die Transaktionskosten bei Smart Contracts deutlich. Denn im Gegensatz zu klassischen Verträgen ist es bei Smart Contracts nicht möglich, flexible Klauseln zu verwenden oder effiziente Lücken zu belassen und den Vertrag, bei Bedarf, erst nachträglich zu vervollständigen.

Nick Szabo selbst hielt bereits im Jahr 1996 fest, dass für die effiziente Nutzung von Smart Contracts noch Entwicklungsbedarf bestehe.[163] Es wird daher vielfach diskutiert, ob Smart Contracts einen im Code eingebauten Mechanismus bereitstellen sollten, der es ermöglichen würde, Konflikte innerhalb des Smart Contracts zu lösen. Ein im Smart Contract enthaltener Interventionsmechanismus würde beiden Parteien die Möglichkeit eröffnen, den Smart Contract vorübergehend anzuhalten und eine Schiedsstelle zur Konfliktlösung anzurufen.[164] Anschliessend könnte der Code des Smart Contracts entsprechend dem bei Vertragsschluss festgehaltenen Interventionsmechanismus angepasst werden und die Entscheidung der Schiedsstelle automatisch vollstrecken.[165]

Sofern die Parteien ihren Smart Contract mit einem funktionierenden Interventionsmechanismus ausstatten, müsste der Smart Contract nicht mehr

---

163 *Szabo*, 1996.

164 *Sklaroff*, S. 291 f.

165 *Carron/Botteron*, Nr. 116; *Kaulartz*, S. 78 f.; *Weber*, 2017, Nr. 48.

alle möglichen Szenarien antizipieren. Die Möglichkeit, den Vertrag nachträglich verändern zu können, würde es den Parteien erlauben, effiziente Lücken zu lassen. Dadurch können die Transaktionskosten für den Vertrag erheblich reduziert werden. Demgegenüber fallen jedoch Transaktionskosten für die Aufnahme des Interventionsmechanismus in den Smart Contract an. Der Mechanismus muss ex ante verhandelt, präzise niedergeschrieben und in möglichst fehlerfreien Computercode übersetzt werden, weil er nachträglich nicht angepasst werden kann.[166] Es bietet sich daher an, auf standardisierte und erprobte Interventionsmechanismen zurückzugreifen, um die Transaktionskosten der Parteien zu senken.[167] Das Recht könnte die Verbreitung von effizienzsteigernden Interventionsmechanismen bei Smart Contracts mit Default-Lösungen fördern.[168]

Literaturverzeichnis

Ayres, Ian/*Gertner*, Robert: Filling Gaps in Incomplete Contracts: An Economic Theory of Default Rules, in: Yale Law Journal, Bd. 99 (1989), S. 87 ff.

Baron, Richard/*Chaudey*, Magali: Blockchain and Smart-contract, A Pioneering Approach of inter-firms Relationships? The case of franchise networks, halshs-0211603, 2019 (abrufbar unter: <https://shs.hal.science/halshs-02111603/document>, zuletzt besucht am 1. Januar 2023).

Blocher, Walter: The next big thing: Blockchain – Bitcoin – Smart Contracts, Wie das disruptive Potential der Distributed Ledger Technology (nicht nur) das Recht fordern wird, in: Anwaltsblatt (2016), S. 612 ff.

Braegelmann, Tom/*Kaulartz*, Markus: Einleitung, in: Braegelmann, Tom/Kaulartz, Markus (Hrsg.), Rechtshandbuch Smart Contracts, München 2019, S. 1 ff.

Carron, Blasie/*Botteron*, Valentin: Le droit des obligations face aux contracts intelligents, Blockchain, Smart Contracts et contrats de droit Suisse, in: Carron, Blaise/Müller, Christoph (Hrsg.), 3e Journée des droits de la consummation et de la distribution, Blockchain et Smart Contracts – Défis juridiques, Basel/Neuchâtel 2018, S. 1 ff.

Coase, Ronald H.: The Problem of Social Cost, in: Journal of Law and Economics, Bd. 3, 1960, S. 1 ff. (zit. *Coase*, 1960).

Coase, Ronald H.: The Nature of the Firm, in: Economica, Bd. 4, 1937, S. 386 ff. (zit. *Coase*, 1937).

Constantino Ferreira, Leonel: La resolution des litiges blockchain, Vers und arbitrage décentralisé?, Neuchâtel 2021 (abrufbar unter: <https://www.lextechinstitute.ch/

166 *Kaulartz/Heckmann*, S. 624; *Sklaroff*, S. 291 f.

167 *Weber*, 2017, Nr. 45 und 47.

168 *Kaulartz/Heckmann*, S. 624.

wp-content/uploads/2021/02/Memoire_Leonel-Ferreira.pdf>, zuletzt besucht am 1. Januar 2023).

Cooter, Robert/*Ulen*, Thomas: Law and Economics, 6. Aufl., Boston 2012.

Dahlmann, Carl J.: The Problem of Externality, in: The Journal of Law & Economics, Bd. 22/1 (1979), S. 141 ff.

DiMatteo, Larry A./*Poncibó*, Cristina: Qunadry of Smart Contracts and Remedies: The Role of Contract Law and Self-Help Remedies, in: European Review of Private Law (2019), S. 805 ff.

Eggen, Mirjam: Smart Contracts und allgemeine Geschäftsbedingungen, in: Emmenegger, Susan/Hrubesch-Millauer, Stephanie/Krauskopf, Frédéric/Wolf, Stefan (Hrsg.), Brücken bauen, Festschrift für Thomas Koller, Bern 2018, S. 155 ff. (zit. *Eggen*, 2018).

Eggen, Mirjam: Chain of Contracts, Eine privatrechtliche Auseinandersetzung mit Distributed Ledgers, in: AJP (2017), S. 3 ff. (zit. *Eggen*, 2017).

Essebier, Jana/*Wyss*, Dominic A.: Von der Blockchain zu Smart Contracts, in: Jusletter, 24. April 2017.

Finck, Michèle: Grundlagen und Technologie von Smart Contracts, in: Fries, Martin/Paal, Boris P. (Hrsg.), Smart Contracts, Tübingen 2019, S. 1 ff.

Fries, Martin: Smart Contracts: Brauchen schlaue Verträge noch Anwälte?, Zusammenspiel von Smart Contracts mit dem Beweismittelrecht der ZPO, in: Anwaltsblatt (2018), S. 86 ff.

Furrer, Andreas: Die Einbettung von Smart Contracts in das schweizerische Privatrecht, in: Anwaltsrevue (2018), S. 103 ff.

Gantner, Felix: „Code is Law" aber „Is Law Code"?, in: Jusletter IT, 22. Februar 2018.

Gauch, Peter/*Schluep*, Walter R./*Schmid*, Jörg/*Emmenegger*, Susan: Schweizerisches Obligationenrecht Allgemeiner Teil, Bd. I und II, 10. Aufl., Zürich/Basel/Genf 2014.

Giancaspro, Mark: Is a smart contract really a smart idea?, Insights from a legal perspective, in: Computer Law & Security Review, Bd. 33 (2017), S. 825 ff.

Glarner, Andreas/*Meyer*, Stephan D.: Smart Contracts in Escrow-Verhältnissen, in: Jusletter, 4. Dezember 2017.

Gyr, Eleonor: Blockchain and Contract Law, in: Jusletter IT, 30. Juni 2022 (zit. *Gyr*, 2022).

Gyr, Eleonor: Blockchain und Smart Contracts, Die vertragsrechtlichen Implikationen einer neuen Technologie, Bern 2019 (zit. *Gyr*, 2019).

Hart, Oliver: Incomplete Contracts, in: The New Palgrave Dictionary of Economics, 2. Aufl., London 2008.

Hermalin, Benjamin E./*Katz*, Avery W./*Craswell*, Richard: The Law and Economics of Contracts, Working Paper, 2006 (abrufbar unter: <https://scholarship.law.columbia.edu/faculty_scholarship/1416/>, zuletzt besucht am 1. Januar 2023).

Holden, Richard T./*Malani*, Anup: Can Blockchain Solve the Hold-Up Problem in Contracts?, NBER Working Paper 25833, Cambridge (MA) 2019 (abrufbar unter: <https://www.nber.org/system/files/working_papers/w25833/w25833.pdf>, zuletzt besucht am 1. Januar 2023).

Jaccard, Gabriel Olivier Benjamin: Smart Contracts and the Role of Law, in: Jusletter IT, 23. November 2017.

Kaulartz, Markus: Smart Contract Dispute Resolution, in: Fries, Martin/Paal, Boris P. (Hrsg.), Smart Contracts, Tübingen 2019, S. 73 ff.

Kaulartz, Markus/*Heckmann*, Jörn: Smart Contracts, Anwendungen der Blockchain-Technologie, in: Computer & Recht, Bd. 32 (2016), S. 618 ff.

Kianička, Michael Martin: Die Agentenerklärung, Elektronische Willenserklärung und künstliche Intelligenz als Anwendungsfall der Rechtsscheinhaftung, Zürich/Basel/Genf 2012.

Lessig, Lawrence: Code and Other Laws of Cyberspace, New York 1999.

Marneffe, Wim/*Bielen*, Samantha/*Vereeck*, Lode: Transaction Costs, in: Marciano, Alain/Ramello, Giovanni B. (Hrsg.), Encyclopedia of Law and Economics, New York 2015, S. 2084 ff.

Mathis, Klaus: Effizienz statt Gerechtigkeit?, Auf der Suche nach den philosophischen Grundlagen der Ökonomischen Analyse des Rechts, 4. Aufl., Berlin 2019.

Meyer, Stephan D./*Schuppli*, Benedikt: Smart Contracts und deren Einordnung in das schweizerische Vertragsrecht, in: recht (2017), S. 204 ff.

Müller, Christoph, Die Smart Contracts aus Sicht des Schweizerischen Obligationenrechts, in: ZBJV, Bd. 155 (2019), S. 330 ff. (zit. *Müller*, 2019).

Müller, Christoph: Les Smart Contracts en droit obligations suisse, in: Carron, Blaise/Müller, Christoph (Hrsg.), 3e Journée des droits de la consummation et de la distribution, Blockchain et Smart Contracts – Défis juridiques, Basel/Neuchâtel 2018, S. 51 ff. (zit. *Müller*, 2018).

Müller, Lukas/*Seiler*, Reto: Smart Contracts aus Sicht des Vertragsrechts, Funktionsweise, Anwendungsfälle und Leistungsstörungen, in: AJP (2019), S. 317 ff.

Polinsky, Mitchell A.: An Introduction to Law and Economics, 5. Aufl., New York 2018.

Posner, Eric: Economic Analysis of Contract Law after Three Decades: Success or Failure?, in: Yale Law Journal, Bd. 112 (2003), S. 829 ff. (zit. *Posner*, 2003).

Posner, Richard A.: The Law and Economics of Contract Interpretation, in: Texas Law Review, Bd. 83 (2004), S. 1581 ff. (zit. *Posner*, 2004).

Raskin, Max: The Law and Legality of Smart Contracts, in: Georgetown Law Technology Review, Bd. 1 (2017), S. 305 ff.

Richter, Rudolf/*Furubotn*, Eirik G.: Neue Institutionenökonomik, Eine Einführung und kritische Würdigung, 4. Aufl., Tübingen 2010.

Rossi, Maria Alessandra: Incomplete Contracts, in: Marciano, Alain/Ramello, Giovanni B. (Hrsg.), Encyclopedia of Law and Economics, New York 2019, S. 1112 ff.

Savelyev, Alexander: Contract law 2.0: Smart contracts as the beginning of the end of classic contract law, in: Information & Communications Technology Law, Bd. 26 (2017), S. 116 ff.

Schäfer, Hans-Bernd/*Ott*, Claus: Lehrbuch der ökonomischen Analyse des Zivilrechts, 6. Aufl., Berlin 2020.

Sczcerbowski, Jakub J.: Transcation Costs of Blockchain Smart Contracts, in: Law and Forensic Science, Bd. 16/2 (2018).

Segal, Ilya: Complexity and Renegotiation, A Foundation for Incomplete Contracts, in: Review of Economic Studies, Bd. 66 (1999), S. 57 ff.

Seidel, Enrico/*Horsch*, Andreas/*Eickstädt*, Anja: Potentials and Limitations of Smart Contracts, A Primer from an Economic Point of View, in: European Business Law Review, Bd. 31 (2020), S. 169 ff.

Sklaroff, Jeremy M.: Smart Contracts and the Cost of Inflexibility, in: University of Pennsylvania Law Review, Bd. 166 (2018), S. 263 ff.

Szabo, Nick: The Idea of Smart Contracts, 1997 (abrufbar unter: <https://www.fon.hum.uva.nl/rob/Courses/InformationInSpeech/CDROM/Literature/LOTwinterschool2006/szabo.best.vwh.net/idea.html>, zuletzt besucht am 1. Januar 2023) (zit. *Szabo*, 1997).

Szabo, Nick: Smart Contracts, Building Blocks for Digital Markets, 1996 (abrufbar unter: <https://www.fon.hum.uva.nl/rob/Courses/InformationInSpeech/CDROM/Literature/LOTwinterschool2006/szabo.best.vwh.net/smart_contracts_2.html>, zuletzt besucht am 1. Januar 2023) (zit. *Szabo*, 1996).

Szabo, Nick: Smart Contracts, 1994 (abrufbar unter: <https://www.fon.hum.uva.nl/rob/Courses/InformationInSpeech/CDROM/Literature/LOTwinterschool2006/szabo.best.vwh.net/smart.contracts.html>, zuletzt besucht am 1. Januar 2023) (zit. *Szabo*, 1994).

Szostek, Dariusz: Blockchain and the Law, Baden-Baden 2019.

Tapscott, Don/*Tapscott*, Alex: Blockchain Revolution, New York 2016.

Vatiero, Massimiliano: Smart Contracts vs Incomplete Contracts, A Transaction Cost Economics Viewpoint, in: Computer Law & Security Review, Bd. 46 (2022), Artikel 105710.

Weber, Rolf H.: Smart Contracts, Vertrags- und verfügungsrechtlicher Regelungsbedarf, in: sic 2018, S. 291 ff. (zit. *Weber*, 2018).

Weber, Rolf H.: Leistungsstörungen und Rechtsdurchsetzung bei Smart Contracts, in: Jusletter, 4. Dezember 2017 (zit. *Weber*, 2017).

Werbach, Kevin/*Cornell*, Nicolas: Contracts Ex Machina, in: Duke Law Journal, Bd. 67 (2017), S. 314 ff.

Wilkens, Robert/*Falk*, Richard: Smart Contracts, Grundlagen, Anwendungsfelder und rechtliche Aspekte, Wiesbaden 2019.

Williamson, Oliver E.: The Economic Institutions of Capitalism, Firms, Markets, Relational Contracting, New York 1985.

Anwendungsbereich Wirtschafts- und Sozialpolitik

Money Makes the World go Round

Von *Peter Nobel*

I. Money Matters

Klaus Mathis is not only a pioneer in the field of Law & Economics, but thanks to him, we have also been acquainted with a critical approach and knowledge about the philosophical foundations of the Economic Analysis of Law. He shows us the possible discrepancies between efficiency and justice and insists to observe always also the distributional effects of our policies and actions. He adheres to a microeconomic model and remains sceptical about macroeconomics and especially Keynesian theory.

> "Keynesian economic policy failed because of the naïve belief that an economic system could be controlled like a machine. The major downfall of the 'hydraulic Keynesianism' was its lack of a *microfoundation* – the fact that it was not underpinned by any theory of human behaviour."[1]

Nowadays we are confronted with new Keynesian endeavours and the slogan of the day is, that money matters. Money is the legally organized counterpart of most economic transactions. And a Swiss Central Banker tellingly said some time ago: In God we trust, but all others must pay in cash. We should therefore try to understand what money is. It is in any case in the middle between micro and macro, it is like oil.

II. What is Money?

Even famous economists have asked this question: What is money?[2] If we really want to discuss money, it is inevitable that we must follow a twofold approach, albeit intrinsically connected. We have to deal with money as a means of payment as well as to look at the role of money in the capitalist economic system.

---

[1] *Mathis*, p. 7, "Efficiency Instead of Justice?", see also *Sandel*, "What Money Can't Buy".

[2] See *Galbraith*, p. 305: "The management of money is no longer a policy, but an occupation"; *Martin*, "Unauthorized Biography".

Money is also part of the optimal allocation of resources in microeconomics and macroeconomics is said to consist of money and government. Money is, furthermore, also a legal device, a law-made instrument.

One cannot deny that there is also something immanently dangerous about money. You might know, that already the bible contains warnings, such as: "The love of money is the root of all kinds of evil" (1 Timothy 6:10).

Money is even given a special role for revolutionary overthrow. In the Marxist view, the development of the economy into an abstract machinery of exchange is one of the causes of the working class being deprived of their part of the profit, and thus a means of exploiting the working class. Money is tied intimately to the production for exchange. "The riddle of the money fetish is the riddle of the commodity fetish",[3] said Marx in his famous work "Capital". And Lenin is reported to have said: "For destroying the bourgeois society you must devastate the money system". And even today, the subversive power of money is invoked, for example by the French star economist Thomas Piketty: He wrote in his book "Capital in the Twenty-First Century":

> "When the rate of return on capital exceeds the rate of growth of output and income, as it did in the nineteenth century and seems quite likely to do again in the twenty-first, capitalism automatically generates arbitrary and unsustainable inequalities that radically undermine the meritocratic values on which democratic societies are based."[4]

Gloomy prospects and all this because of money? But money also undoubtedly has a liberating effect and not only as a solvent for a debt. Dostojewski said that it is *coined liberty*. It allows you to choose whatever the economy offers, and Darwin is said to have stated laconically that money is *economic power*.

What is money? Bernhard Shaw said that money, above all is a *social convention*. Hans Christoph Binswanger remarkably said: *Money is the future*. And I, for one, have always loved the old English quip:

> "Money is a matter of functions four: A medium, a measure, a standard, a store."

These four core functions allow us a departure for our journey.

---

[3] *Marx*, p. 187.

[4] *Piketty*, p. 1.

III. Some historical Aspects of Money

1. What Came First? Barter or Virtual Money

The history of money is nowadays still a subject of much dispute.

Already in the legendary book "Politics" written by the Greek philosopher Aristotle in the 4th-century BC we find explanations, such as:

"[…] for all of them have an art of exchange related to them, which began in the first instance from the natural order of things, because men had more than enough of some things and less than enough of others. […] For when they had come to supply themselves more from abroad by importing things in which they were deficient and exporting those of which they had a surplus, the employment of money necessarily came to be devised. For the natural necessaries are not in every case readily portable; hence for the purpose of barter men made a mutual compact to give and accept some substance of such a sort as being itself a useful commodity was easy to handle in use for general life, iron for instance, silver and other metals, at the first stage defined merely by size and weight, but finally also by impressing on it a stamp in order that this might relieve them of having to measure it; for the stamp was put on as a token of the amount."[5]

Classical economic literature, including Adam Smith, also presented an ideal world, where people practiced barter trade and then, for reasons of convenience, money was supposedly invented, because it became too cumbersome to continuously find the necessary double coincidence of wants, such as "I'll give you twenty chickens for that cow".

It was, however, never possible to find an example in the historical reality for such a development. Classical economists, nevertheless, still today, prefer to look behind the obscuring layer of money and pierce the veil for being able to speak about goods only. Money is by this view merely a nuisance.

Now, the American anthropologist and anarchist activist David Graeber is of the opinion that neglecting money is a significant deficiency of classical economics. He tries to show that even history runs differently:

"Our standard account of monetary history is precisely backwards. We did not begin with barter, discover money, and then eventually develop credit systems. It precisely happened the other way round. What we now call virtual money came first. Coins came much later."[6]

This is the debit theory of money. Graebers book "Debt. The first 5000 years" convincingly demonstrates that the essence of money is the debt system – for one has to pay one's debts.

---

5 *Aristotle*, 1.1257a.

6 *Graeber*, p. 40.

2. On the origin of the term money

Sadly, not even the history of the word "money" is known. It seems to have origins in the temple of the roman goddess of Warning Juno Moneta and the Roman forum, where the Roman treasury and mint was kept. Even today we can admire Juno Moneta on images ancient coins. The latin verb "monere" means remind or warn someone. Historians do not know the actual significance of the term warning in this regard, but we can imagine why it was employed. As we noted at the beginning, there is a certain darkness about money.

However, the Romans also often used the word "pecunia" for money, which was derived from the latin name for cattle (pecus) a living commodity for exchange and a measure for wealth. It this is somehow still preserved in the contemporary word pecuniary.

Then, we know of the Roman Emperor Vespasian (founder of the Flavian dynasty and ruler of the empire for ten years from 69–79 AD; see Sueton, De vita caesarum, VIII), who is said to have stated to his son Titus "pecunia non olet", while sniffing over the first proceeds of his newly introduced toilet tax (Not dissimilar to today, already in antiquity governments had a tendency to invent new taxes). Even today, old loo's in France that one can see every here and there in Paris for instance are called "Vespasienne". From a Swiss point of view, it must also be mentioned with regard to Vespasian that Vespasian's father was, according to the biographer Sueton, a Roman banker dealing with the Helvetian tribe, and Vespasian spent a part of his youth in Switzerland. So even the discussion about the neutrality of the smell of money seems to have some roots in Switzerland.

It must also be said that the only kind of folk music originally invented in Switzerland is the turning of a coin around the rim of a clay pot, which we call "Talerschwingen" and which comprises swinging around a "Thaler", an old kind of silver currency. This name, however, still lives in the "US Dollar" and stems from the Roman Dinar, a silver coin already minted in 211 BC.

3. Money as a sociological and cultural point of reference

Money is also a beloved topic for writers, sociologists, historians and mainly economists, but also lawyers.

In Shakespeare's work we can find many references to gold and money, which were equivalent for a long time. In Timo of Athens, we read about gold: "Thou common whore of mankind, that puts odds among the rout of nations" (Timon of Athens Act 4 Scene 3).

The most famous phrase is, however, out of Hamlet: "Neither a borrower nor a lender be for a loan oft lose both itself and friend. And borrowing dulls the edge of husbandry" (Hamlet Act 1 Scene 3).

In the German speaking world, a subject is always Goethe and his verses in Faust II about pure and unlimited paper money. He was very much looking into the future. Faust, as an alchemist-magician, visits the Holy Roman Emperor with Mephistopheles disguised as his assistant; he contends that the deeply indebted emperor may pay off his creditors by creating paper money. "You have plenty of gold lying somewhere under-neath your lands. Just issue notes promising your creditors you'll give it to them later." (Faust II Act I Scene IV). Money is thus seen as a promise to pay, the unknown value still lying deep in the earth. And then there is also one famous verse, I like a lot, and which sounds very visionary for a piece from 1832: "But grasping spirits, worthy to look deeply, trust in things without limit, limitlessly" (Faust II Act I Scene IV). No limits for money.[7]

Also in Switzerland we have quite a number of literary works dealing with "money". A famous one is Jeremias Gotthelf's 19th century book "Geld und Geist" (transl. Money and Spirit) from 1884, a Christian manifesto against capitalism in which the spirit is the Holy Spirit obtaining victory against the devil.

The main and still frequently enacted play of Friedrich Dürrenmatt, who is still considered a contemporary Swiss writer, is "Der Besuch der alten Dame" (transl. The visit of the old lady), a 1956 tragicomedy; the message of the play is that mankind is corrupted by money, the main question being only the amount in play. In this play, the inhabitants of a village eventually kill one of their well respected fellow villagers for a prize money offered by an old, ultra-rich lady who one day suddenly appears in their village for a visit. In the course of the play it turns out that the old lady was raped by the murdered man in her youth and then left the village. Dürrenmatt said that her revenge is atavistic-prechristian, whereas the guilt of the citizens has to be seen as economical postchristian behavior. Whatever he meant with these remarks, it is interesting to hear what he wrote me (as his lawyer at that time) into an edition: "Der Gott lenkt und der Mensch henkt" which could be translated into "God directs and humans hang".

From the sociologists view it is not possible to bypass George Simmel. He left us a Philosophy of money. He also adhered to the idea that money enters the barter trade and becomes an important agent of social evolution and social function. Mainly, he addresses six topics related to money: development

---

7 For the whole *Binswanger*, p. 58. He demonstrates the modern economy, as aptly depicted in Faust II, as a continuation of alchemy by other means.

of rationalism, acquisition of money as a means for itself, spiritualization of money, individualism and gain of liberty, globalization (already 1900), and modern lifestyle. Simmel is a pleasure to read and still offers a lot of opportunities for debating. He also introduces us to the concept of the value of money without value, what we nowadays refer to as “Fiat money”. The state blows and says: Fiat, it may exist and it is working because of the trust of the public.

Then money is and was at all times a very actual topic for historians. I suppose you are all familiar with Niall Ferguson’s fascinating work, “The Ascent Of Money: A Financial History of the World”, which is often linked to the crisis of 2008. For Ferguson the roots of the crisis were broad, associated with excessive leverage, toxic securities, errors of monetary policy, complexity through new forms of derivatives, the politically motivated housing bubble and Chimerica (which is the relationship between China and America). His advice is clear:

> “An important benefit of financial history is partly that it teaches this lesson, encouraging us not to expend to much energy preparing to fight the last war, but instead to ask the broad question: which borrowers around the world have overextended themselves to the point that they will begin to fall in the event of rising real interest rates? And which lenders or investors will be in trouble if the defaults exceed their expectations?”[8]

In this regard, one could also cite a bonmot by Warren Buffet: “Only when the tide goes out do you discover who’s been swimming naked”.

4. Manifestation and Physical Appearance of Money

But what do we know about the manifestations of money or its physical appearance?

We find in history long periods in which precious metals, gold and silver prevailed. These were commonly considered to be the “ultimate money”. The metal also served to mint coins, of which there are marvellous (preserved) examples, both ancient and modern.

We also know that collecting coins is a fascinating passion as well as a field of big money. I encourage to once attend an auction of ancient coins. Here you might find out that there is truth in the statement: “Some coins are for the brain and others for the heart”.

In 2021, the American double eagle USD 20 gold coin of 1933, with Liberty holding an olive branch, brought USD 18.9 mio. And in Zurich, just recently, one of the three remaining pieces of the Eid Mar was auctioned,

---

[8] *Ferguson*, p. xiv.

which is the Roman coin commemorating of the Ides of March, when Caesar was murdered in 44 BC. The bidding finished at a price of USD 4.2 mio.[9]

The recognition of coins from different origins is also the historical starting point for a Monetary Union. Still in the 19th Century there were international law agreements amongst nations recognizing each other's coins. In 1865, the "Latin Coin Union" was established between France, Belgium, Italy and Switzerland (Greece joined later). Due to a severe decrease of the gold price a silver coin was established and mutually recognized. In 1871, when other countries, such as Germany, based their currency on gold the gold price started to increase. The Union had served its purpose, and the member countries created (once again) their own currencies.

IV. Centralizing the Function of Issuing Money and Follow-Up Problems

1. A Late Rise of State Central Banks

Money was always close to the state and the emperor. But private money issuing prevailed up to the end of the 19. Century. It was only after 1900 that Central Banks were more widely instituted as state organizations, and money issuing and monetary policy became state activities. The exception being the Bank of England, which was already founded in 1694.

The Central Banks positions are powerful because they not only issue money but also serve as lenders of last resort. In emergency situations they may extend extraordinary credits to banks. The commercial bank Lehman Brothers finally crumbled because the Federal Reserve System (FED) did not extend credits.

I always wondered why, in many states, the Central Bank was separated from the state administration. It was not only because monetary policy should be conducted independently of politics or because monetary stability is supposed to be the main aim. I think the thesis holding that the separated organization was set up for reasons of international law is an accurate one. As it existed not as part of the State administration, a central bank was not the state and could therefore not be easily confiscated by an aggressor. It was thus a prospective war-time protection.

---

9 <https://www.arsclassicacoins.com/biddr/–!/auction/lot?a=2504&l=474&c=52923>, last visited on March 22, 2023.

2. Money and its Detachment from Value

In the modern history of money, the fundamental instrumentality of money payment was always covered through "value", and the coverage was mainly precious metal, gold and/or silver. One could exchange the available currency in quantities of gold. This was the Bretton Woods system, introduced after World War II, which was practically valid until President Nixon was under the expense pressure during the American involvement in the Vietnam war, in particular in 1971, when it was no longer possible to maintain the free exchange of USD into gold (the exchange rate was: 1 ounce gold equivalent to USD 35). This was the end of the gold standard. The consequence was a change of the monetary system worldwide. Money was fully left to the market forces and the currencies fluctuated, following the law of offer and demand. Money as a commodity became exposed to the sometimes brutal market forces.

The rules also changed in the International Monetary Fund (IMF). It was then when it was decided that a currency could be covered through all means, except gold. This caused a problem for Switzerland when it joined the IMF in 1992 because Switzerland had in its legislation (but not in practice) thus far maintained gold coverage and convertibility. The formal relationship between the Swiss Franc and a quantity of gold was then also abolished. The law changed and the currency lost its "real" value, it became a Fiat currency, "be it" in a word of the Swiss Government and Central Bank. The currency is now worth what people think it is worth, looking at the economic conditions and expectations.

But the Swiss remain nevertheless suspicious: In the Swiss Constitution it is still nowadays set forth that a part of the currency reserves must be held in gold (Art. 99 par. 3 Federal Constitution of the Swiss Confederation). Gold is still the ultimate reserve.

3. Not all Forms of Money are Legal Tender

Nowadays, the definition of money is set forth in legal texts. Looking at money from a legal point of view, we see everywhere that the money creation is linked to a system of central banks. In Switzerland, money and currency are anchored in the constitution, which provides that money and currency are in principle a matter of the Federal State, taking part in the administration of the Central Bank, which is, however, obliged to execute the monetary and exchange policy independently.

In Switzerland Federal Act on Currency and Payment Instruments of 22 December 1999 (CPIA; SR 941.10) declares that the Swiss Franc is the currency, and that legal tender are conclusive the coins issued by the Confederation, the banknotes issued by the Swiss National Bank and Swiss franc sight deposits of the commercial banks at the Swiss National Bank (see Art. 2 CPIA).

The last category was already an innovation; previously, only coins and banknotes, i. e. cash, were money. The book money of the public at the commercial banks or the money that the commercial banks give as loans to the public, and which in practice enjoys a predominant importance as a means of payment, is not legal tender. In Switzerland, in the absence of an agreement to the contrary at the time of the conclusion of the contract, it is therefore possible, from the creditor's point of view, to insist on the fulfilment of a debt by legal tender and, from the debtor's point of view, to demand acceptance in legal tender as performance (however, for coins there is the restriction that only up to 100 coins have to be accepted; Art. 3 CPIA). We therefore have a money order, which is, legally speaking, incomplete, and this is worrying because the depositors bear the risk of bankruptcy of their bank (while, on the other hand, the central bank cannot go bankrupt). This is an uncomfortable thought and for me this has always been very strange. Already quite a while ago, leading legal experts such as Frank Vischer requested that also money created by the banks should officially be recognized as money because we all pay by bank transfers.[10]

4. Fluctuating Currencies

The occurrence of fluctuating exchange rates and the detachment of money from gold brought a number of changes:

We have already seen, that as money was no longer tied to gold, it had practically no inherent tangible value. It was money because it was issued as money and held by the trusting public.

The second development is that also internationally the currencies are no longer tied together through a defined quantity of gold but change their relationship and "fluctuate" against each other. The consequence of this is that exchange rate policy becomes more important.

On the currency side, the Swiss National Bank is continuously fighting the appreciation of the Swiss franc since the peg with the EUR at 1.20 was lifted on 15.01.2015. Since then, the Central bank bought foreign currencies against Swiss Francs to tame a demand of Swiss Francs and its appreciation. The balance sheet of the Bank has through buying foreign currencies against Swiss Francs therefore grown to a sum of CHF 1 trillion, exceeding even the

10 *Vischer*, § 1 N 26.

GDP by 30%. There is a growing political debate about how this money (foreign currency) on the balance sheet of the SNB could be used, p.ex. for the pension scheme.

The situation here is also unsatisfactory. Lawyers in the money framework are at a loss.

One can escape this to some extent by organizing a monetary union, such as the Euro System. The European Union has established a true Currency Union with a joint currency, the Euro, a European Central Bank System and an envisaged Union of the European banks. But also the Euro changes its value on the market e.g. towards the USD. An important aspect of this system is its orientation towards price stability as in Switzerland.

Art. 128 TFEU reads as follows: "1. The European Central Bank shall have the exclusive right to authorise the issue of euro banknotes within the Union. The European Central Bank and the national central banks may issue such notes. The bank-notes issued by the European Central Bank and the national central banks shall be the only such notes to have the status of legal tender within the Union".

All the participating nations here have the same money. However, we learn that equal money also needs equal fiscal policy; otherwise, the results are unsatisfactory. A monetary union cannot prevent from crisis, as we all know from the Euro-Crisis.

5. Catching the Escaped Inflation

It was always a standing monetarist theory that the quantity of money had to be in line with the quantity of goods to buy (and the turnover speed of money) and that the debt incurred by the state should not be excessive. The European Union has pronounced that the national yearly deficit should not be more than 3% of the GDP while the overall debt should not exceed 60% and, furthermore, the inflation rate may not be more than 1.5% above that of the three member states with the highest price stability in the previous year (Art. 126 and 140 TFEU). Internet rates are also a main factor in such a picture.

All this was supposed to be the adequate measure to contain inflation.

Then the tide changed, especially with the crisis of 2008. A key feature with regard to this is that money matters. Also, it is impossible here not to mention the name of John Maynard Keynes. Then another point of significance is the real acknowledgement that the banks create money through their credit activity (fractional reserve banking). The entire picture remains very complex; yet, but one gets the impression that a change of paradigm is taking place. The great critic of neoclassical economic theory, the Australian Steve Keen, sums up these insights: "It will not be possible to state ahead of time what the entire new paradigm will be, but (…) the new paradigm will be fundamentally monetary, in contrast to the false barter model that underlies Neoclassical economics".[11]

Macroeconomics is on the rise again, and things appear to be very political. The so called New Monetary Theory (MMT) suggested cutting the ties between monetary mass and inflation. The State could and should increase the amount of money to help an ailing economy (Quantitative Easing). The Central Banks also bought bonds issued by their states and were thus financing them. The new approach was very helpful for the fight against crises. However, this quickly leads to the expectation that the state should finance everything while at the same time negating the consequences. Even a free distribution of money was discussed (helicopter money).

Keynes fundamental claim was that there was no automatic realignment of disturbed economic particles -neither in the short-run nor in the long-run. According to him, it made no sense to deduce macro-outcomes from micro constructions like the invisible hand. These ideas are still very much en vogue. Robert Skidelsky's Book "Money and Government" is a pleading for the reform of economics. Following John Keynes, he sees no market equilibrium where money and state are just innocent bystanders. He therefore considers that "Economics has a crucial part to play in preserving the liberal political system. But to do this, political liberalism must be detached from neoliberal economics".[12]

We have seen interest rates at zero and even below, i. e., with the "so-called" negative interest rates. A few people have continuously issued warnings, and now inflation has come back; and, as before, interest rates have gone up. Presently, there is a general uneasiness about the sharp increase of inflation rates. In his book, "Keeping At It", Paul Volker reminds us that the recipe to fight inflation is still stable prices, sound finances and good government. It also appears that micro- and macroeconomics must be associated and tied together with fiscal policy.

6. Does the abolition of book money lead to the abolition of financial crises?

Since 2017, there has been a very intense discussion in Switzerland about the monetary order. It embraced a constitutional initiative aiming at "crisis

[11] *Keen*, p. 16.

[12] *Skidelsky*, p. 384.

resistant money" and "money creation only through the Swiss National Bank" (Vollgeldinitiative):[13]

> "The full money in payment accounts is as safe as cash in the vault, because it is real money from the National Bank. Bank failures cannot harm it. Financial bubbles can be better prevented because the banks can no longer create their own money. The rules of the game for banks and companies as well as big and small banks will be the same again for everyone. The state no longer has to bail out banks with billions of taxpayers' money (too big to fail) in order to maintain payment transactions. The taxpayer and the real economy are relieved, because the SNB can pay out billions of additional money-making revenues to the federal government, the cantons or as a citizen's dividend to the population. The financial sector is once again at the service of the people – not the other way around. The monetary system becomes understandable again."^0147[14]

The pertinent part of the initiative sounded very innocuous: "Only the federal state issues coins, banknotes and book money as legal tender" (paragraph 2 of the initiative Text). The intention was abolishing the (private) "book money" of the banks and having only "true", "real", "full" money issued by the Central Bank. However, the subject of the initiative was nothing less than the abolishment of the ability of banks to create money and therefore a veritable revolution of the monetary and economic order.

Despite this revolutionary request, it was actually the National Bank that vociferously fought against the Yes committee, pointing out in particular how unclear and uncertain the presumably massive consequences for the existing and proven monetary order would be. However, the initiative, which was perceived as rather technical, failed to ignite any fire among the population, and so it was rejected on 10 June 2018 with a resounding 75% No votes and without winning even one vote in the cantons.[15]

V. To Digitalization of Money …

1. Old and new Forms of Digitalization in the Field of Finance

Our "Tour d'horizon" would not be complete if we did not touch upon what is called the digitalization of finance.

---

[13] See the information on the homepage of the yes-campaign: <https://www.vollgeld-initiative.ch/>, last visited on March 22, 2023.

[14] See the information on the homepage of the yes-campaign: <https://www.vollgeld-initiative.ch/>, last visited on March 22, 2023.

[15] See <https://www.admin.ch/gov/de/start/dokumentation/abstimmungen/20180610/VollgeldInitiative.html>, last visited on March 22, 2023.

Digitalization is not new in the field of finance; the sector and its transactions, as well as trading, clearing and settlement, are already very digital. "Fire and forget", said the chairman of the Swiss Exchange many years ago. Also of significance is the fact that all important securities are already transferred no more in paper form, but electronically. However, the Distributed Ledger Technology (DLT) and specific property rights, existing only by virtue of a digital system, have led to an ample discussion that has only just awakened and the Group of Thirty warned only recently:

> "The potential tokenization of a currency is potentially the most radical disruption of the payment system since the advent of the bank intermediation."[16]

Therefore, one has to distinguish between IT-systems for registration and for transfers and the blockchain technology, which is registration in a network of computers and their assets that exist only in the system, which we call cryptocurrencies.

2. The Expected Rise of Digital Forms of Money and State Regulation

New electronic currencies using DLT, such as Bitcoin, being the most discussed cryptocurrency, or Ethereum have been created en masse, which, like money, are supposed to effectuate the (anonymous) transfer of value and should serve as means of payment. Here we are primarily speaking about a system whose content is completely independent of an intermediary system and of any central authority.

Electronic tokens and cryptocurrencies seem to promise a bright future. But is this really true?

First of all, what are cryptocurrencies exactly? For one technical definition of cryptocurrency, we may turn to the World Economic Forum (WEF):

> "A cryptocurrency is a digital non-governmental asset based on a combination of cryptographic algorithms, whose existence and transfer is confirmed and recorded on a ledger that is distributed across a network of independent computers."[17]

Then, one must mention that the intrinsic quality of money is denied. Noa Vardy, for example, wrote:

> "Virtual currencies (…) lack both a normative definition and broader still, any form of regulation. The 'synthesis' of this syllogism that can be easily deduced is that virtual currencies are not, strictly speaking, 'currencies'."[18]

---

16 *Group of Thirty*, p. 21.

17 *World Economic Forum*, p. 4.

18 *Vardi*, p. 55.

And the Group of Thirty reminds us of a very important fact, that seems to be ignored at times:

> "Thus, the libertarian view that a superior private sector currency (such as crypto-currency) could somewhat supplant a government currency is utterly naïve. […] Currency competition between the private sector and the public sector is never a level playing field."[19]

It is therefore not surprising that regulatory efforts are also underway on the part of the state or have already come into force in some cases.

Even the Swiss legislator, who is known to react rather leisurely, has already taken action. DLT offers a secure transfer system and in Switzerland a new law was enacted, already in 2020, for adapting the Federal law to the distributed ledger technology (see Art. 973d–i Swiss Code of Obligations). Also, a special FinTech licence was created for the acceptance of public funds up to CHF 100 million (Art. 1b Banking Ordinance; SR 952.02); however, these deposits may neither earn interest nor be invested (Art. 1b para. 1 lit. b Banking Ordinance). The lending business is therefore excluded. The Banking Ordinance was also amended with regard to the organisation, compliance and risk management of these companies (Art. 14a ss. Banking Ordinance). Then, the "commercial nature" of accepting deposits from the public up to a maximum of CHF 1 million was also excluded, thus creating the so-called "sandbox" (Art. 6 para. 2 lit. a Banking Ordinance). Finally, the time limit for unauthorised settlement accounts has been set at 60 days (Art. 5 para. 3 lit. c Banking Ordinance).

And in the European Union, a major breakthrough has just been reached on a proposal for a regulation to regulate Markets in Crypto Assets (MiCa) issued by the European Parliament and the Council Presidency.[20] This comprehensive legislative framework, which covers issuers of unbacked crypto assets and stablecoins, as well as the trading venues and wallets in which crypto assets are held, is intended to create a level playing field within the EU and help safeguard the interests of investors as well as financial stability, while promoting the crypto industry and not stifling innovation.[21] The Euro-

---

[19] *Group of Thirty*, p. 21.

[20] See press release of 30 June 2022 <https://www.consilium.europa.eu/en/press/press-releases/2022/06/30/digital-finance-agreement-reached-on-european-crypto-assets-regulation-mica/>, last visited on March 22, 2023; the agreement reached by the European Parliament and the Council Presidency still needs to be endorsed by the Council and then again by the European Parliament before the formal adoption procedure can be launched, see press release. The original MiCa proposal was presented in a Report by the *European Commission* from 24 September 2020.

[21] See press release of 30 June 2022 <https://www.consilium.europa.eu/en/press/press-releases/2022/06/30/digital-finance-agreement-reached-on-european-crypto-assets-regulation-mica/>, last visited on March 22, 2023.

pean Union has recognised the dangers of various forms of abuse, market manipulation and insider trading in relation to digital currencies and wants to put a stop to them. In this regard, the French Finance Minister Bruno Le Maire, who was involved in the proposal, was quoted as follows in the press release of 30 June 2022: "This landmark regulation will put an end to the Wild West of cryptocurrencies and consolidate the EU's role as a standard-setter on digital issues".[22]

Only time will tell whether the Wild West can actually be stopped. What can be said for sure, however, is that the regulations that are still weak or non-existent today will increase significantly. As mentioned several times, cryptocurrencies are highly controversial. This already begins with the obscure origin of "mining" (like gold digging), and it requires a lot of energy as do the blockchain transfer systems in general which cannot and will not even be wiped away in times of increasing importance of climate protection. Moreover, the value is fluctuating with large amplitudes. We just currently see also a remarkable downturn. It is clearly unfit to serve as a reserve currency.

On 23 June 2022, the Financial Times wrote an article entitled "Crypto bets on creative destruction" and showed itself rather disillusioned, even if they have not given up their belief in the forces of the market.: "And instead of basking in the sun, crypto enthusiasts were confronting winter. The sector's market capitalization has shrunk by USD 2tn, or 70 %, since last November; the bitcoin price has tumbled below USD 20'000, the terra and luna stable coins have imploded; crypto lenders such as Babel and Celsius have halted withdrawals; and hedge funds like Three Arrows Capital face margin calls. […] But if you look closely, you can already see jostling around creative destruction. The companies imploding are those that feature one or all of the following traits: high leverage, opposition to regulation, excessively complex innovations and heavy spending on expansion".[23]

Such investments are speculative, and the fluctuations are tremendous. So one can at least understand why Warren Buffet called this forms of money "weapons of mass destruction". And, in this respect, another known economist has said that we experience a "blissful ignorance" here.

However, not only private organizers (LIBRA), but also the "other side", which is the official "moneymakers", have taken up the idea, but in the form

---

22 See press release of 30 June 2022 <https://www.consilium.europa.eu/en/press/press-releases/2022/06/30/digital-finance-agreement-reached-on-european-crypto-assets-regulation-mica/>, last visited on March 22, 2023.

23 <https://www.ft.com/content/ae5faf8d-502f-4b40-a332-72a8dc4b7198>, last visited on March 22, 2023.

of secured "stable coins" (backed by a composition of underlying values). A great deal will depend on what values are used; an algorithmic system might not be satisfactory, but Central Bank money will do.

Such plans are a real challenge for the entire banking system; this is because in such a system the accounts could be directly with the issuer, which is the Central Bank. The Swiss National Bank is already dealing with such plans.[24] At present it looks like the access would only be open for wholesalers, who are the banks. The name thus far adopted is: Wholesale Central Bank Digital Currency (wCBDC), and no opening to the public is envisaged (General purpose CBDC). Issuing retail-CBDC (rCBDC) would be much more demanding and would require an assessment of the whole financial system. Now, the Swiss Bankers Association, feeling the challenge, has published a white paper and plans to develop a "Buchgeld-Token" (BGT), which will be a stable token, fungible and convertible.[25]

The modern exchange principle is still DvP (Delivery versus Payment with, if possible, a real time settlement). Here we are in the middle of important transformations, also in the money sector (Project Helvetia: BIS, SNB, SDX).[26] The digital exchange SDX will issue a Swiss Bank Stable Coin secured through central bank assets of the participating banks. The liabilities will remain with SDX.

This coexistence of government and non-government money, as unheard of as it may seem to us today, is not at all new, as Edward S. Prasad, Professor of Trade Policy and Economics at Cornell University, also noted: "In the long arc of history, these changes will imply a return from the dominance of official currencies to renewed competition between private and fiat currencies. As recently as a century ago, private currencies competed with each other and with government-issued currencies. The inception of central banks decisively shifted the balance in favour of fiat currency. Now the pendulum is swinging back, but only partially. Cryptocurrencies and the technological advances they represent will make payment systems more efficient, but decentralized unbacked cryptocurrencies are unlikely to serve as viable long-term stores of value".[27]

---

[24] See the report by the *Federal Council.*

[25] See Swiss Banking, Der Buchgeld-Token, Neues Geld für die digitale Schweiz March 2023, available at: <https://www.swissbanking.ch/_Resources/Persistent/1/5/7/f/157f655cec38f6e67e25dc346034786a35e81190/SBVg_Der_Buchgeld_Token_DE_2023.pdf>, last visited on March 22, 2023.

[26] See <https://www.bis.org/about/bisih/topics/cbdc/helvetia.htm>, last visited on March 22, 2023.

[27] *Prasad*, p. 355.

This historical perspective and the insight gained from it, of perhaps not living in such special times, is nevertheless only a small consolation when changes hit you or society hard. The role of banks and their future for instance is and remains a challenging question, because digitalization might develop into a "good-bye" for the system of private banks. Are we ready for such a technologically induced change?

For sure: Money matters more than before and new types of money are emerging. But whatever direction we take, there is one thing that we should not forget: Probabilities might be calculated, but uncertainty (in the Knight's sense) not. We usually go from one surprise to the next.

List of References

Aristotle: Politics, Translated by Rackham, H., Cambridge (MA) 1944.

Binswanger, Hans Christoph: Geld und Magie, Deutung und Kritik der modernen Wirtschaft, Stuttgart 1985.

European Central Bank: Report on a Digital Euro, Brussels 2020.

European Commission: Proposal for a Regulation of the European Parliament and of the Council on Markets in Crypto-assets, and amending Directive (EU) 2019/1937 from 24 September 2020, COM(2020) 583 final, Brussels 2020.

Federal Council: Central Bank Digital Currency, Federal Council report in response to the Postulate 18.3159, Wermuth, of 14.06.2018, Bern 2019.

Ferguson, Niall: The Ascent of Money, A Financial History of the World, London 2009.

Galbraith, John Kenneth: Money, Whence It Came, Where It Went, Reprint edition, Princeton 2017.

Graeber, David: Debt, The First 5,000 Years, New York 2011.

Group of Thirty: Digital Currencies and Stable Coins, Risks, Opportunities, and Challenges Ahead, Washington D.C. 2020.

Keen, Steve: The New Economics, A Manifesto, Cambridge (UK)/Medford 2022.

Martin, Felix: Money, The Unauthorized Biography, London 2014.

Marx, Karl: Capital, Volume I, Reprint edition, London 1990.

Mathis, Klaus: Efficiency Instead of Justice?, Searching for the Philosophical Foundations of the Economic Analysis of Law, New York 2009.

Piketty, Thomas: Capital in the Twenty-First Century, illustrated edition, Cambridge (MA) 2014.

Prasad, Eswar S.: The Future of Money, How the Digital revolution is Transforming Currencies and Finance, Cambridge (MA) 2021.

Sandel, Michael: What Money Can't Buy, The Moral Limits of Markets, London 2012.

Simmel, Georg: Philosophie des Geldes, 11th Ed., Berlin 1989.

Skidelsky, Robert: Money and Government, London 2019.

Vardi, Noah: Bit by Bit, Assessing the Legal Nature of Virtual Currencies, in: Gimigliano, Gabriella (Ed.), Bitcoin and Mobile Payments. Constructing a European Union Framework, London 2016, p. 55 et seqq.

Vischer, Frank: Geld und Währungsrecht im nationalen und internationalen Kontext, Basel 2010.

World Economic Forum: Global Future Council on Cryptocurrencies, Navigating Cryptocurrency Regulation, An Industry Perspective on the Insights and Tools Needed to Shape Balanced Crypto Regulation, Community Paper, Cologny/Geneva 2021.

Law and Economics der Grundversorgung

Von *Phil Baumann*

I. Einleitung

Der Grundversorgung kommt in der Schweiz grosse Bedeutung zu. In volkswirtschaftlicher Hinsicht wird eine leistungsfähige Grundversorgung als zentrale Voraussetzung für die Wettbewerbsfähigkeit der hiesigen Wirtschaft angesehen.[1] Staatspolitisch gilt die Grundversorgung als unerlässlich, um den geografischen und sozialen Zusammenhalt der Schweiz sicherzustellen.[2] Schliesslich soll der Zugang zur Grundversorgung dazu beitragen, dass alle Personen sich in ihrer Persönlichkeit entfalten und am wirtschaftlichen und sozialen Leben teilnehmen können.[3] Der Gewährleistung der Grundversorgung wird deshalb auf allen Staatsebenen hohe Priorität beigemessen.[4]

Auf Stufe Bundesverfassung ist die Grundversorgung für mehrere Güter und Dienstleistungen – wie etwa Energie, Post- und Fernmeldedienste, Öffentlicher Verkehr, medizinische Behandlungen – explizit verankert.[5] Umfang und Inhalt der Grundversorgung werden hingegen weitgehend auf Stufe Gesetz festgelegt.[6] Die sektoriellen Regelungen der Grundversorgung sind indessen stark fragmentiert und weisen eine Regelungstiefe und -breite auf, die einen ganzheitlichen Blick auf das Gebiet des Grundversorgungsrechts erschweren. Der vorliegende Beitrag möchte die bedeutende Thematik der

---

[1] Bericht des Bundesrates „Grundversorgung in der Infrastruktur (Service Public)" vom 23. Juni 2004, BBl 2004 4569, S. 4580; vgl. zur wirtschaftlichen Bedeutung der Grundversorgung *Frey/Frey Marti*, S. 24 m. w. H.

[2] Botschaft zu einer allgemeinen Verfassungsbestimmung über die Grundversorgung vom 8. Mai 2013, BBl 2013 3407, S. 3408.

[3] Vgl. *Hettich/Steiner*, St. Galler Kommentar BV, Art. 92, N 14; *Schefer/Hess-Klein*, S. 111; BAKOM, Bericht über die Grundversorgung ab 2024, Analyse des Umfangs der Grundversorgungsleistungen, 26. November 2021, S. 15; Stellungnahme des Bundesrates vom 26. August 2020 zur Motion 20.3915, Erhöhung der Internet-Mindestgeschwindigkeit in der Grundversorgung auf 80 Megabit pro Sekunde.

[4] *Schweizer/Müller*, St. Galler Kommentar BV, Art. 43a, N 16.

[5] Vgl. insbesondere Art. 81a Abs. 1, Art. 89 Abs. 1 und 5, Art. 92 Abs. 2 und Art. 117a Abs. 1 BV; vgl. weiter Art. 62 Abs. 2, Art. 93 Abs. 2, Art. 102 Abs. 1 und Art. 104a BV, sowie die generelle Vorgabe in Art. 43a Abs. 4 BV.

[6] *Martenet*, S. 22.

Grundversorgung aus einer „Law-and-Economics-Perspektive“ einordnen und damit zu einem kohärenten Verständnis des Grundversorgungsrechts beitragen.[7] Dabei soll auf die folgenden Fragen eingegangen werden: In welchen Fällen rechtfertigt sich ein staatlicher Eingriff in Grundversorgungsmärkte aus ökonomischer Sicht? Welche Regulierungsinstrumente stehen dem Staat dabei zur Verfügung, um die Grundversorgung sicherzustellen? Zu welchen unbeabsichtigten Folgen können die staatlichen Regulierungen in den Grundversorgungsbereichen führen?

Im Rahmen dieses Beitrages können die aufgeworfenen Fragen keinesfalls umfassend beantwortet werden. Vielmehr soll ein übersichtsartiger und exemplarisch dargestellter Einstieg in die Thematik gegeben werden. Dazu gilt es in einem ersten Schritt den Begriff der Grundversorgung zu klären. In einem zweiten Schritt soll dann darauf eingegangen werden, in welchen Fällen aus ökonomischer Hinsicht staatliche Eingriffe in Grundversorgungsbereiche erforderlich sind. Dabei wird auch diskutiert, inwiefern verfassungsrechtlich festgelegte Ziele unter der Theorie des Marktversagens berücksichtigt werden können. Im vierten Teil des Beitrags wird versucht, die Regulierungsbausteine des Grundversorgungsrechts exemplarisch darzustellen. Im Anschluss wird anhand zweier aktueller Problematiken aus der Grundversorgung mit Strom und mit Postdiensten illustriert, wie mit komplexen Grundversorgungsregulierungen unbeabsichtigte Anreize gesetzt werden können, die den Regulierungszielen entgegenlaufen. Schliesslich wird auf die Rolle von „Law and Economics“ bei der Analyse des Grundersorgungsrechts Bezug genommen.

II. Begriff der Grundversorgung

Bei der Grundversorgung handelt es sich um einen Begriff, der schwierig zu fassen ist. Er wird zwar mehrfach in der Bundesverfassung verwendet und hat auch Eingang in mehrere Bundesgesetze gefunden. Eine allgemein gültige Definition sucht man in diesen Erlassen jedoch vergeblich.[8] Erschwerend für die Begriffsbestimmung kommt hinzu, dass in den Amtssprachen des Bundes verschiedene Ausdrücke bestehen, die auf dasselbe Anliegen abzielen, aber eigene Nuancierungen aufweisen („service public“, „prestations de base“, „service universel“, „servizio pubblico“, „servizio universale“,

---

[7] Vgl. *Posner*, Law, S. 94, wonach die ökonomische Analyse des Rechts zu einem kohärenteren Verständnis des Rechtssystems beitragen kann. Vgl. auch *Nobel*, S. 459, wonach die ökonomische Analyse des Rechts in erheblichem Masse dazu geeignet ist, „Komplexität zu reduzieren und verschiedene, scheinbar nicht zusammenhängende Phänomene auf dieselben Grundgedanken zurückzuführen“.

[8] *Biaggini*, BSK BV, Art. 43a, N 33; *Hettich/Schelker*, S. 99.

„Grundversorgung“, „Universaldienst“, „Service Public“).[9] Im gewöhnlichen Sprachgebrauch wird zudem anstelle der Grundversorgung der Begriff des „Service public“ verwendet. Letzterer ist indessen stark politisch geprägt und bildet entsprechend eine Art Sammelbecken, um Leistungen des Staates zu begründen.[10]

Vor diesem Hintergrund hat sich in der rechtswissenschaftlichen Lehre bisher kein gefestigter Begriff der Grundversorgung herausgebildet.[11] Es wurde jedoch versucht, kennzeichnende Elemente der Grundversorgung herauszuarbeiten. So soll es sich bei der Grundversorgung um Tätigkeiten handeln, die öffentlichen Interessen dienen.[12] Weiter soll sich die Grundversorgung gemäss einem Teil der Lehre gesellschaftlichen Bedürfnissen annehmen, die von der Privatwirtschaft nicht zufriedenstellend befriedigt werden.[13] Ebenfalls wird von Teilen der Lehre eine gewisse Anbindung der fraglichen Tätigkeiten zum Staat verlangt, die auch darin bestehen kann, dass der Staat eine rechtlich normierte Verantwortung für die Erbringung der Grundversorgungsleistungen trägt.[14] Schliesslich wird als kennzeichnend erachtet, dass der Bevölkerung bestimmte Leistungen bereitgestellt werden.[15]

In der Lehre wird überdies häufig für die Definition der Grundversorgung auf die Begriffseingrenzungsversuche des Bundesrats verwiesen. Der Bundesrat umschrieb in seinem Bericht zur Grundversorgung den Service Public als „eine politisch definierte Grundversorgung mit Infrastrukturgütern und Infrastrukturdienstleistungen, welche für alle Bevölkerungsschichten und Regionen des Landes nach gleichen Grundsätzen und in guter Qualität und zu angemessenen Preisen zur Verfügung stehen sollten“.[16] Diese auf Infrastrukturleistungen zugeschnittene Definition erweiterte der Bundesrat in der Folge: „Die Grundversorgung ist das politisch näher zu definierende Ziel, dass die Bevölkerung zu den Gütern und Dienstleistungen des üblichen Bedarfs Zugang hat.“[17] Der Bundesrat bevorzugt den Begriff der „Grundversor-

---

[9] Botschaft zu einer allgemeinen Verfassungsbestimmung über die Grundversorgung vom 8. Mai 2013, BBl 2013 3407, S. 3411; *Biaggini*, BSK BV, Art. 43a, N 33.

[10] Vgl. *Frey*, Service public, S. 49; *Martenet*, S. 41; *Trüeb*, S. 226.

[11] Vgl. *Hettich/Schelker*, S. 99.

[12] *Knapp*, N 134; *Martenet*, S. 9 f.; *Moor/Bellanger/Tanquerel*, S. 145; *Trüeb*, S. 226.

[13] *Martenet*, S. 11 f.; *Moor/Flückiger/Martenet*, S. 22.

[14] *Wyss*, S. 611; vgl. auch *Chatton/Cavaleri Rudaz*, S. 233 f.; *De Rossa Gisimundo*, N 1.

[15] *Martenet*, S. 13.

[16] Botschaft zu einer allgemeinen Verfassungsbestimmung über die Grundversorgung vom 8. Mai 2013, BBl 2013 3407, S. 4570.

[17] Botschaft zu einer allgemeinen Verfassungsbestimmung über die Grundversorgung vom 8. Mai 2013, BBl 2013 3407, S. 3413.

gung" gegenüber demjenigen des „Service Public", da es sich bei Ersterem um einen in die Verfassung eingeführten und auf Gesetzesstufe etablierten Begriff handelt.[18] Welche Güter zum üblichen Bedarf zählen, kann dabei gemäss dem Bundesrat nicht abschliessend festgelegt werden. Es handelt sich jedoch um Güter, die nach gesellschaftlicher Auffassung als notwendig erachtet werden. Die Grundversorgung beschränkt sich dabei einerseits nicht auf Güter, die für ein menschenwürdiges Dasein unerlässlich sind, umfasst andererseits jedoch auch nicht sämtliche Güter des üblichen Konsums.[19] Als mögliche Grundversorgungsgüter werden Trinkwasser, Elektrizität, Abfall- und Abwasserentsorgung, Nahrungsmittel, Wohnen, Bildung, medizinische Behandlung, Personen- und Güterverkehr, Strassenbau, Brief- und Paketversand und -zustellung, Zahlungsverkehr, Telefon, Internetanschluss, Medien, kulturelle Angebote, Sport-Infrastruktur und Sportveranstaltungen sowie Sicherheit genannt.[20] Innerhalb dieser Güterkategorien wird wiederum nur der übliche Bedarf von der Grundversorgung erfasst, weshalb Luxusgüter wie etwa „Fiji-Wasser", Kaviar oder medizinisch nicht notwendige Schönheitsoperationen exkludiert sind.

III. Ökonomische Herleitung staatlicher Eingriffe in Grundversorgungsbereiche

In der Ökonomie ist seit jeher anerkannt, dass dem Staat eine Verantwortung für die Grundversorgung im Bereich der Infrastrukturen zukommt. So hat bereits der Begründer der klassischen Nationalökonomie, Adam Smith, festgestellt, dass neben der Landesverteidigung und der Justizverwaltung die dritte Aufgabe des Staates darin besteht, „solche öffentlichen Anlagen und Einrichtungen aufzubauen und zu unterhalten, die, obwohl sie für ein grosses Gemeinwesen höchst nützlich sind, ihrer ganzen Natur nach niemals einen Ertrag abwerfen, der hoch genug für eine oder mehrere Privatpersonen sein könnte, um die anfallenden Kosten zu decken, weshalb man von ihnen nicht erwarten kann, dass sie diese Aufgabe übernehmen"[21]. Smith zählte zu diesen öffentlich bereitzustellenden Anlagen und Einrichtungen solche, die den Handel und Verkehr in einem Land erleichtern, etwa Strassen, Brücken, schiffbare Kanäle und Häfen.[22]

[18] Botschaft zu einer allgemeinen Verfassungsbestimmung über die Grundversorgung vom 8. Mai 2013, BBl 2013 3407, S. 3411.

[19] Botschaft zu einer allgemeinen Verfassungsbestimmung über die Grundversorgung vom 8. Mai 2013, BBl 2013 3407, S. 3413 f.

[20] Botschaft zu einer allgemeinen Verfassungsbestimmung über die Grundversorgung vom 8. Mai 2013, BBl 2013 3407, S. 3415.

[21] *Smith*, S. 612; vgl. dazu *Hermes*, S. 304 f.

[22] *Smith*, S. 613.

Smiths Herleitung der staatlichen Verantwortung für solche Infrastruktureinrichtungen deutet auf Fälle, in denen der Markt ein Gut nicht oder nicht in genügender Menge bereitstellt, obwohl die Bereitstellung gesellschaftlich erwünscht wäre. Die Koordinationsleistung des Marktes ist mangelhaft oder bleibt gänzlich aus.[23] Bestimmte Güter werden nicht oder nicht in ausreichender Menge durch private Unternehmen angeboten oder es stellt sich unter Konkurrenzbedingungen kein Marktgleichgewicht ein.[24] In der Folge kommt es zu einer suboptimalen und damit ineffizienten Allokation von Ressourcen und Gütern, wodurch Wohlfahrtsverluste resultieren.[25] Grund für die ausbleibende oder mangelhafte Koordinationsleistung ist, dass gewisse, dem Modell der vollkommenen Konkurrenz zugrundeliegende Annahmen, nicht erfüllt sind.[26] Es liegt ein Marktversagen vor, womit potentiell eine Rechtfertigung für einen Staatseingriff im betreffenden Grundversorgungsmarkt gegeben ist.[27] Im Folgenden werden die in den Wirtschaftswissenschaften üblich behandelten Fälle von Marktversagen kurz theoretisch erläutert und mit Beispielen aus den einschlägigen Grundversorgungsbereichen unterlegt.[28] Bei der nachstehenden Übersicht gilt es allerding zu beachten, dass es sich dabei nicht um eine abschliessende Auflistung von Marktversagen handelt und dass die einzelnen Gruppierungen von Marktversagenstatbeständen nicht scharf voneinander abgrenzbar sind, sondern sich vielmehr oftmals gegenseitig überlagern.[29]

1. Natürliche Monopole

Das Standardmodell der vollkommenen Konkurrenz geht unter anderem davon aus, dass sämtliche Produktionsfaktoren und Güter unbegrenzt teilbar und damit in beliebigen Mengen produziert und konsumiert werden können. Allerdings kann bei gewissen Gütern (bspw. Flugzeugträger, Kernkraftwerke) die Kapazität nur in sehr grossen Sprüngen verändert werden. In der Regel führen solche Unteilbarkeiten dazu, dass die Durchschnittskosten für die Er-

---

[23] *Hotz-Hart/Schmuki/Dümmler*, S. 86.

[24] *Feld/Kirchgässner*, S. 260.

[25] *Frey*, Einführung, S. 291; *Ledyard*, S. 8247.

[26] *Mause/Müller*, S. 153; vgl. zu den Annahmen des Modells der vollständigen Konkurrenz und zur Kritik dieser Annahmen *Fritsch*, S. 25 ff. und 58 ff.

[27] Vgl. *Baumann*, N 141; *Mathis*, S. 33 und 35; *Leschke*, N 24; vgl. weiter *Rodi*, S. 32, wonach das Konzept des Marktversagens den zentralen Ausgangspunkt für die Feststellung staatlichen Handlungsbedarfs darstellt.

[28] Die nachfolgenden theoretischen Ausführungen zu den Fällen von Marktversagen wie auch die in diesem Absatz begriffliche Erfassung des Marktversagens stützen sich auf die in *Baumann*, N 140 ff., erarbeiteten Erkenntnisse.

[29] Vgl. dazu *Rodi*, S. 32.

stellung eines Gutes mit steigender Produktionsmenge abnehmen. Man spricht in diesem Fall von einem natürlichen Monopol. Bei natürlichen Monopolen kann ein Anbieter den Markt alleine kostengünstiger bedienen als mehrere Anbieter zusammen (sog. Subaddivität).[30]

Ein natürliches Monopol stellt den Staat vor regulatorische Herausforderungen. Ohne staatliche Eingriffe wird der natürliche Monopolist die Produktionsmenge gewinnmaximierend festlegen, wodurch im Vergleich zur vollkommenen Konkurrenz eine kleinere Menge zu einem höheren Preis bereitgestellt wird und ein Wohlfahrtsverlust resultiert. Setzt der Staat den Preis wohlfahrtsoptimal auf die Höhe der Grenzkosten, entsteht dem natürlichen Monopolisten ein Verlust, da die Grenzkosten bei ihm unter den Durchschnittskosten liegen. Wird dem natürlichen Monopolisten erlaubt, den Preis gemäss den Durchschnittskosten zu bemessen, ist erneut ein Wohlfahrtsverlust die Folge, da die Menge unter und der Preis über dem wohlfahrtsoptimalen Zustand bleiben.[31]

Natürliche Monopole treten vor allem in Wirtschaftsbereichen mit hohen Fixkosten und damit insbesondere bei der leitungsgebundenen Wasser-, Strom-, Gas- und Telekommunikationsversorgung und dem schienengebundenen öffentlichen Verkehr auf.[32] Bei der Stromversorgung fallen etwa beim Bau von Stromnetzen Fixkosten für Strommasten, Kabeltrassen usw. an, die bis zu einer gewissen Kapazitätsgrenze unabhängig davon sind, wieviel Strom über die Leitungen fliessen wird. Aufgrund der hohen Fixkosten und der tiefen variablen Kosten nehmen die Durchschnittskosten bei steigenden Strommengen ab, da die Fixkosten auf eine grössere Menge verteilt werden können.[33] Damit betrifft die Problematik der natürlichen Monopole gleich mehrere Grundversorgungsbereiche. Jedoch sind diese Bereiche nicht notwendigerweise in ihrer Gesamtheit als natürliches Monopol anzusehen. Bei der Gas- und Stromversorgung wird lediglich beim Netzbereich jedoch nicht mehr bei den vor- und nachgelagerten Teilmärkten der Stromerzeugung, des Gas- und Stromhandels und -vertriebs von einem natürlichen Monopol ausgegangen.[34] Ähnliches gilt beim Schienenverkehr, bei dem in den Märkten der schienengebundenen Verkehrsleistungen (bspw. Zugfahrt von A nach B) im Gegensatz zum Schienennetz kein natürliches Monopol

---

30 Zum Ganzen *Fritsch*, S. 26 und 160; *Knieps*, Wettbewerbsökonomie, S. 21; *Köthenbürger/Frick*, S. 20 f.; *Mause/Müller*, S. 16; vgl. auch die weiteren Hinweise in *Baumann*, Fn. 316 zu N 146; vgl. weiter *Winistörfer*, S. 77.

31 Vgl. zum Ganzen *Fritsch*, S. 174 ff.; *Wellisch*, S. 60.

32 Vgl. *Bucher*, S. 18 f.; *Hermes*, S. 319; *Herrmann*, S. 409; *Wellisch*, S. 59.

33 *Schleiniger/Betz/Winzer*, S. 8.

34 Vgl. *Brunekreeft/Meyer*, S. 5 ff.; *Hermes*, S. 319; *Knieps*, Netzökonomie, S. 164; *Walther*, S. 11 m. w. H.

besteht.[35] Daneben ist im Grundversorgungsbereich des Rundfunks umstritten, ob sich natürliche Monopole herausbilden können.[36] Der Rundfunksektor neigt aufgrund von Grössenvorteilen zumindest zur Konzentration, die durch auftretende Verbundvorteile noch zusätzlich begünstigt wird.[37] Für postalische Leistungen kann allenfalls in ländlichen Gebieten ein Marktversagen in Form eines natürlichen Monopols festgestellt werden.[38]

2. Öffentliche Güter, Allmendgüter und externe Effekte

Eine wichtige Rechtfertigung für Staatseingriffe bilden öffentliche Güter und externe Effekte.[39] Öffentliche Güter zeichnen sich dadurch aus, dass einerseits niemand vom Konsum eines solchen Gutes ausgeschlossen werden kann (Nichtausschliessbarkeit) und andererseits der Konsum einer Person den Konsum desselben Gutes durch eine andere Person nicht einschränkt (Nichtrivalität).[40] Häufig genannte Beispiele öffentlicher Güter sind die Landesverteidigung, die Grundlagenforschung oder auch die Strassenbeleuchtung. Bei öffentlichen Gütern besteht der Anreiz sich als Trittbrettfahrer zu verhalten, also ein öffentliches Gut zu benutzen, ohne dafür zu bezahlen.[41] Als Folge des Trittbrettfahrerproblems werden öffentliche Güter auf dem Markt nicht im gesellschaftlich erwünschten Mass angeboten. Im Unterschied zu öffentlichen Gütern ist der Konsum bei Allmendgütern rivalisierend. Bei Allmendgütern – wie bspw. sauberer Luft, Fischbeständen oder der klassischen Allmende – besteht die Gefahr, dass sie übernutzt werden.[42] Obwohl Grundversorgungsleistungen öffentlich bereitgestellt werden, handelt es sich dabei – sieht man vom Beispiel der Strassenbeleuchtung, die wohl zur Grundversorgung gezählt werden kann, ab – meistens nicht um öffentliche Güter im strikten ökonomischen Sinn.[43] Allerdings ist gerade bei Infrastruk-

---

35 *Bucher*, S. 20 m.w.H.; *Knieps*, Netzökonomie, S. 164.

36 *Hager*, N 330; vgl. *Hettich/Schelker*, S. 59, wonach der technische Fortschritt die Fixkosten der Produktion von Inhalten stark gesenkt hat und neue Verbreitungswege von audiovisuellen Inhalten bestehen, weshalb nicht mehr von einem natürlichen Monopol mehr ausgegangen werden kann.

37 *Hager*, N 330 m.w.H.

38 *Hettich*, Grundversorgung, S. 633.

39 *Kirchgässner*, S. 10.

40 *Aubin*, S. 71 f.; *Kolmar*, S. 158; *Köthenbürger/Frick*, S. 19; *Leschke*, N 44.

41 *Ledyard*, S. 8248.

42 Man spricht in diesem Zusammenhang von der „Tragedy of the Commons“ (vgl. dazu *Hotz-Hart/Schmuki/Dümmler*, S. 87). Die „Tragik“ zeigt sich darin, dass schliesslich aus dem Allmendgut kein wesentlicher Ertrag mehr gezogen kann und damit die Individuen langfristig schlechter gestellt sind, als wenn die Nutzung insgesamt beschränkt worden wäre (vgl. *Fritsch*, S. 97).

43 Vgl. *Aubin*, S. 72 f.; *Hermes*, S. 315.

turleistungen – wie bspw. Verkehrs- oder Entsorgungsnetzen – sowohl die Ausschliessbarkeit teilweise nur unter hohen Kosten möglich und der Konsum, sofern er unter der Kapazitätsauslastung bleibt, nicht-rivalisierend.[44]

Bei der Stromversorgung führt die kurzfristige Nicht-Ausschliessbarkeit zur Trittbrettfahrerproblematik mit Bezug auf die Versorgungssicherheit. Am Netz angeschlossene Verbraucher können (zumindest mit der momentan eingesetzten Technologie) in Knappheitssituationen nicht vom Konsum ausgeschlossen werden. Der Stromfluss folgt physikalischen Gesetzen und nicht vertraglichen Vereinbarungen, weshalb ins Netz eingespeister Strom grundsätzlich von allen Verbrauchern bezogen werden kann. Ein Verbraucher, dem die Versorgungssicherheit sehr wichtig ist und der daher dazu bereit wäre, einen Produzenten für die Bereithaltung von in Knappheitssituationen aktivierbarer Reservekapazitäten zu bezahlen, kann sich deshalb ziemlich sicher sein, dass der zusätzliche durch die Reservekapazitäten produzierte Strom von anderen Verbrauchern konsumiert würde. Folglich wird er davon absehen, in Reservekapazitäten zu investieren, obwohl seine Zahlungsbereitschaft durchaus vorhanden wäre.[45]

Zwischen öffentlichen Gütern, Allmendgütern und externen Effekten bestehen Überschneidungen.[46] Externe Effekte liegen vor, wenn Auswirkungen von Konsum oder Produktion auf die Wohlfahrt eines Dritten durch den Markt nicht abgegolten werden.[47] Während ein Dritter durch positive externe Effekte begünstigt wird, trägt er bei negativen externen Effekten die Kosten der Entscheidung eines anderen, ohne dafür entschädigt zu werden. Als Konsequenz davon wird bei positiven externen Effekten zu wenig und bei negativen externen Effekten zu viel produziert.[48] Als Rechtfertigung für einen staatlichen Eingriff bei Grundversorgungsleistungen kommen primär positive externe Effekte in Frage, da bei negativen externen Effekten gerade keine Leistungen bereitgestellt, sondern vielmehr die betreffenden Aktivitäten mit geeigneten Eingriffen (insbesondere Pigou-Steuern) verteuert und damit reduziert werden sollen.[49]

Positive externe Effekte können bei Gesundheitsgütern bestehen. Der Konsum eines Gesundheitsguts durch eine Person (etwa einer Impfung) kann

---

44 *Köthenbürger/Frick*, S. 20.

45 Zum Ganzen *Schleiniger/Betz/Winzer*, S. 11 f.

46 Vgl. *Kirchgässner*, S. 10, wonach es sich bei einem öffentliche Gut um ein Gut handelt, das ausschliesslich aus externen Effekten besteht.

47 *Frey*, Einführung, S. 286; vgl. ausführlich dazu *Kolmar*, S. 121 ff.; *Leschke*, N 25 ff.

48 *Hotz-Hart/Schmuki/Dümmler*, S. 88.

49 *Köthenbürger/Frick*, S. 5 und 17.

dabei die Gesundheit eines anderen Individuums erhöhen.[50] Positive externe Effekte wurden auch auf makroökonomischer Ebene mit Blick auf Gesundheitsleistungen festgestellt. Demnach wirkt sich der Gesundheitszustand der Bevölkerung positiv auf das Wirtschaftswachstum aus.[51] Im persönlichen Konsum von Gesundheitsleistungen werden diese positiven Effekte indessen nicht berücksichtigt, wodurch zu wenige solcher Leistungen konsumiert und bereitgestellt werden. In ähnlicher Weise können Verkehrs- und Kommunikationsinfrastrukturen sowie Bildung wirtschaftswachstumsfördernde Auswirkungen haben, die von den einzelnen Konsumenten bei ihrem Kaufentscheid nicht in Betracht gezogen werden.[52] Es liegt ein Marktversagen vor, das potentiell durch einen staatlich gewährleisteten vergünstigten Zugang zu den betreffenden Leistungen behoben werden kann.[53]

Positive (und negative) externe Effekte werden überdies bei Medienprodukten geltend gemacht. Der Konsum von Medienprodukten hat Auswirkungen, die über die individuelle Befriedigung des Bedürfnisses nach Information und Unterhaltung hinausgehen. So dient etwa der Konsum fundierter politischer Berichterstattung der politischen Bildung des Einzelnen und ermöglicht diesem verantwortungsvoll seine demokratischen Rechte auszuüben. Eine verbesserte Meinungsbildung und höhere politische Partizipation können die Funktionsfähigkeit der Demokratie verbessern. Dieser Effekt kommt der gesamten Bevölkerung und damit auch denjenigen Personen, welche die Berichterstattung nicht konsumiert haben, zugute. Vom Individuum werden diese Effekte bei der Zahlungsbereitschaft nicht berücksichtigt, wodurch vom Markt eine aus gesellschaftlicher Sicht zu geringe Menge an politischer Berichterstattung bereitgestellt wird. Inwieweit solche externen Effekte tatsächlich bestehen ist kaum feststellbar, da sich die Erfassung und Bewertung medialer Externalitäten sehr schwierig gestaltet.[54]

Bei netzgebundenen Infrastrukturen treten Netzexternalitäten auf. Positive Netzexternalitäten bestehen etwa bei einem Telekommunikationsnetz. Der Nutzen eines Netzanschlusses ist umso grösser, desto mehr Haushalte am betreffenden Telekommunikationsnetz angeschlossen sind. Jeder neue Teil-

---

50 *Breyer/Zweifel/Kifmann*, S. 181 ff., mit dem Hinweis auf negative externe Effekte beim Konsum von Antibiotika infolge von Resistenzbildung.

51 *Köthenbürger/Frick*, S. 18 m. w. H.

52 Vgl. *Frey/Frey Marti*, S. 20, zur Bedeutung der Infrastruktur für die wirtschaftliche Entwicklung eines Landes.

53 Vgl. zum Ganzen *Köthenbürger/Frick*, S. 18 m. w. H.; vgl. dazu auch *Hammer/Peter/Trageser*, S. 34.

54 Vgl. *Hager*, N 323 f. m. w. H.; *Hettich/Schelker*, S. 61 und 163, wonach in der Schweiz noch keine systematische Evidenz solcher positiver Externalitäten zusammengetragen wurde.

nehmer, der sich am Telekommunikationsnetz anschliesst, erhöht damit nicht nur seinen Nutzen, sondern auch den Nutzen der bisher am Netz angeschlossenen Personen, da diese nun für den neu angeschlossenen Haushalt erreichbar sind und selbst mit einem Haushalt mehr kommunizieren können. Bei der Entscheidung eines neuen Teilnehmers, sich einem Telekommunikationsnetz anzuschliessen, wird indessen dieser für die übrigen Netzteilnehmer generierte Nutzenzuwachs nicht miteinberechnet. Dadurch resultiert eine suboptimale Netzwerkgrösse, die allenfalls einen kostendeckenden Betrieb des Netzwerks verunmöglicht.[55]

Positive Netzexternalitäten sind auch bei öffentlichen Verkehrsnetzen zu beobachten. So wird etwa eine Gemeinde bei ihrer Entscheidung sich an ein überregionales Verkehrsnetz anzuschliessen nicht berücksichtigen, dass sich dadurch auch der Nutzen der bereits angeschlossenen Gemeinden erhöht.[56] Zuverlässig funktionierende (öffentliche) Verkehrsinfrastrukturen tragen zudem zur Wettbewerbsfähigkeit und Standortattraktivität einer Region bei.[57] Dieser Nutzen wird von den einzelnen Benutzern jedoch in ihrer Zahlungsbereitschaft nicht abgebildet.

3. Informationsmängel

Nach dem Modell der vollkommenen Konkurrenz ist vorausgesetzt, dass alle Marktakteure vollständig informiert sind.[58] Die Annahme, dass beide Parteien einer Transaktion die tatsächlichen Eigenschaften und den Preis eines Gutes kennen und ihnen die Risiken der Transaktion vollumfänglich bekannt sind, ist in der Realität oft nicht gegeben. Vielmehr sind bei zahlreichen Transaktionen Marktakteure ungleich informiert. Es bestehen Informationsasymmetrien, die ein ineffizientes Marktergebnis verursachen.[59] Beispielsweise weiss der Verkäufer eines Occasionswagens besser Bescheid über die Mängel des Autos als ein möglicher Verkäufer.[60]

Bei Informationsasymmetrien vor dem Vertragsschluss besteht das Problem der adversen Auslese. Bei Versicherungen etwa kann der Versicherungsanbieter die Risiken der Versicherungsnachfrager nicht vollumfänglich ab-

---

55 Zum Ganzen *Knieps*, Netzökonomie, S. 4; *Wieland*, S. 369.

56 *Wieland*, S. 369 f.

57 *Frey/Frey Marti*, S. 24.

58 *Fritsch*, S. 26.

59 *Hotz-Hart/Schmuki/Dümmler*, S. 89; vgl. dazu auch ausführlich *Mause/Müller*, S. 166 ff.

60 Siehe *Leschke*, N 61, für eine übersichtliche Besprechung dieses von *Akerlof* in seinem vielfach zitierten Aufsatz The Market for Lemons: Quality, Uncertainty and the Market Mechanism ausgeführten Beispiels.

schätzen und muss deshalb die Versicherungsprämie so kalkulieren, dass sie auch schlechte Risiken abdecken. Personen mit geringem Versicherungseintrittsrisiko werden den Markt verlassen, da für sie die Prämien zu hoch sind. Damit verbleiben Personen mit schlechten Risiken, was wiederum die Versicherungsanbieter dazu veranlasst, die Prämien zu erhöhen. Hinzu kommt, dass nach Vertragsschluss Informationsasymmetrien in Form von Anreizproblemen auftreten können, die sich in einem moralischen Risiko (*moral hazard*) manifestieren. Personen, die eine Versicherung abgeschlossen haben, bemühen sich weniger ihr Versicherungsrisiko zu reduzieren, was wiederum zu höheren Schadenseintritten und damit steigenden Angebotsprämien führt. Die dargestellte Dynamik kann zur Folge haben, dass eine Versicherung auf dem Markt nicht angeboten wird, obwohl eine über die Kosten hinausgehende Zahlungsbereitschaft auf Seiten der Nachfrage vorhanden ist.[61]

Im Grundversorgungsbereich sind Informationsasymmetrien insofern von Relevanz, als die Bezahlung von Grundversorgungsleistungen mittels Versicherungen abgesichert wird. Bestehen asymmetrische Informationen zu Ungunsten der Krankenversicherung, werden Versicherungsnachfrager ihr Risiko systematisch zu tief darstellen. Werden die Prämien in der Höhe eines gewichteten Mittels der Krankheitswahrscheinlichkeit bemessen, sind Personen mit relativ hohem Risiko aufgrund der für sie günstigen Prämien bessergestellt als Personen mit niedrigem Risiko, die eine im Vergleich zu ihrem Krankheitsrisiko hohe Prämien bezahlen müssen. Letztere Personen werden somit ihre Nachfrage nach Versicherungen reduzieren, respektive den Markt ganz verlassen, was zur oben beschriebenen Dynamik und daraus resultierenden unzureichender Bereitstellung von Krankenversicherungen führt.[62]

4. Meritorische Güter als Marktversagen?

Eine wichtige Rolle bei der Rechtfertigung staatlicher Eingriffe in Grundversorgungsmärkte spielt das Konzept der meritorischen Güter.[63] Es handelt sich dabei um Güter, die aufgrund verzerrter Präferenzen der Konsumenten in zu geringem und im Falle von demeritorischen Gütern in zu hohem Masse

---

[61] Vgl. zum Ganzen *Fritsch*, S. 251 ff.; *Hotz-Hart/Schmuki/Dümmler*, S. 89; *Stiglitz*, S. 81; *Wellisch*, S. 60 f.; vgl. auch *Baumann*, N 150 ff. m. w. H. Der Markt ist teilweise in der Lage, die Probleme der Informationsmängel über eine Kombination aus Screening und Signalling zu lösen (vgl. dazu *Leschke*, N 62).

[62] Vgl. zum Ganzen *Hammer/Peter/Trageser*, S. 35; vgl. weiter *Breyer/Zweifel/Kifmann*, S. 200 ff., mit Ausführungen dazu, unter welchen Bedingungen der Staat durch die Einführung einer obligatorischen Teilversicherung eine Pareto-Verbesserung herbeiführen kann.

[63] Siehe *Frey*, Service public, S. 49; vgl. auch *Saxer/Brunner*, S. 25.

nachgefragt werden.[64] Die verzerrten Präferenzen gründen dabei auf unvollkommener Information der Konsumenten und intertemporalen Auswirkungen heutiger Entscheide.[65] Für eine Person ist es etwa schwierig, den unmittelbar anfallenden Nutzen beim Konsum von Tabakprodukten ins Verhältnis mit den langfristig anfallenden Kosten zu setzen. Umgekehrt mögen für eine Person die sofort anfallenden Kosten einer Zusatzausbildung oder einer Impfung zu hoch erscheinen, da sich der Nutzen davon erst in der Zukunft realisiert. Zudem berücksichtigen Konsumenten bei ihren Entscheidungen nicht die Kosten, die sich bei der Über- oder Unterkonsumation (de-)meritorischer Güter ergeben.[66]

Allerdings bestehen Zweifel, ob meritorische Güter als Fall eines Marktversagens qualifizieren. Zum einen liegt die Beurteilung, ob bei (de-)meritorischen Gütern eine gesamtwirtschaftlich suboptimale Allokation stattfindet, im Ermessen eines staatlichen Entscheidungsträgers.[67] Da die gesellschaftlich erwünschte Konsumation eines Gutes somit von staatlicher Stelle aus bestimmt wird, sehen sich staatliche Eingriffe, die durch meritorische Güter begründet werden, dem Vorwurf des Paternalismus ausgesetzt.[68] Zum anderen lassen sich gewisse unerwünschte Auswirkungen meritorischer Güter auf andere potentielle Ursachen von Marktversagen (insbesondere externe Effekte) zurückführen und mit dem dort entwickelten Instrumentarium gegebenenfalls geeigneter angehen.[69] Vor diesem Hintergrund werden meritorische Güter zuweilen als ein Vorwand für Staatseingriffe in funktionierende Märkte angesehen.[70]

Ähnlich wie bei externen Effekten werden qualitativ hochstehenden politisch-informativen und kulturellen Medienprodukten die Eigenschaft eines meritorischen Gutes zugesprochen, da sie die kulturelle sowie politische Bildung verbessern und damit zur Funktionsfähigkeit demokratischer Gesell-

[64] *Fritsch*, S. 323; vgl. auch *Gächter/Rütsche*, N 985; *Leschke*, N 36 ff.; *Mause/Müller*, S. 172.

[65] *Leschke*, N 38 f.

[66] Vgl. *Stiglitz*, S. 87, mit Hinweis auf Raucher, die Gesundheitskosten verursachen und anderen Personen durch Passivrauch schaden; vgl. auch *Breyer/Zweifel/Kifmann*, S. 186.

[67] *Hotz-Hart/Schmuki/Dümmler*, S. 89; vgl. weiter *Hager*, N 335 m. w. H., wonach die Konzeption der meritorischen Gütern auf der Annahme basiert, dass der Staat bessere Kenntnis darüber hat, welche Konsumation für ein Individuum gut ist als der Einzelne selbst.

[68] *Mause/Müller*, S. 183; *Stiglitz*, S. 87; vgl. weiter *Hettich*, Grundversorgung, S. 633.

[69] *Fritsch*, S. 323 f.; vgl. weiter *Stiglitz*, S. 87 f.

[70] *Hettich*, Governance, S. 206 m. w. H.; *Hettich/Schelker*, S. 62.

schaften beitragen.[71] Solche meritorischen Inhalte würden von kommerziellen Medienunternehmen in einem zu kleinen Mass hergestellt, weshalb ein regulatorisches Eingreifen der öffentlichen Hand nötig sei.[72] Nach anderer Ansicht sind staatliche Eingriffe in die mediale Grundversorgung nicht mit meritorischen Argumenten sondern anhand von empirisch nachzuweisenden externen Effekten zu legitimieren.[73] Ebenfalls wird das Konzept der meritorischen Güter angeführt, um Regulierungen des Postmarkts zu begründen. Demnach würde ohne Staatseingriffe der Postmarkt zwar nicht versagen. Jedoch würden Postdienstleistungen nicht im gesellschaftlich erwünschen Ausmass (geografische Abdeckung) und in der verlangten Qualität erbracht.[74] Dieselbe Begründung lässt sich auch für Staatseingriffe beim öffentlichen Verkehr, der Strom- und Gesundheitsversorgung und der Versorgung mit Telekommunikationsdienstleistungen vorbringen.[75]

5. Marktversagen im weiteren Sinn

Neben Marktversagen kann sich ein staatlicher Eingriff in die Grundversorgung auch aus verteilungspolitischen Motiven aufdrängen. Perfekte Märkte sorgen zwar für eine optimale Allokation von Ressourcen, sie sagen jedoch nichts darüber aus, inwiefern eine effiziente Ressourcenallokation bedarfsgerecht oder sozial wünschenswert ist.[76] Da die Optimalität der Allokation anhand des Pareto-Kriteriums bestimmt wird, wird der verteilungspolitische Status quo begünstigt. Dadurch werden Umverteilungen auch bei extrem ungleicher Ausgangsverteilung für suboptimal erachtet, sofern ein Beteiligter in der Folge schlechter gestellt wird.[77]

Durch die Grundversorgung werden Leistungen verteilt oder zumindest der Zugang zu gewissen Leistungen ermöglicht. Wenn zu entscheiden ist, wer zu welchen Bedingungen Zugang zu Grundversorgungsleistungen erhält, stellt sich offensichtlich die Frage der Verteilungsgerechtigkeit. Die Ziele der Verteilungsgerechtigkeit sind dabei im Einklang mit den gesellschaftlichen

---

71 Vgl. *Hager*, N 336.

72 Wettbewerbskommission, Stellungnahme zum Entwurf eines neuen Gesetzes über elektronische Medien, in: Recht und Politik des Wettbewerbs, 2018/4, Bern 2018, S. 1033 ff., 1034.

73 *Hettich/Schelker*, S. 62; *Leschke*, N 40.

74 Vgl. *Hettich*, Grundversorgung, S. 633.

75 Vgl. *Frey/Frey Marti*, S. 27, für eine Zusammenstellung der meritorischen Güter bei den einzelnen Grundversorgungsleistungen.

76 Vgl. *Hotz-Hart/Schmuki/Dümmler*, S. 89; *Posner*, Einführung, S. 86; *Stiglitz*, S. 86.

77 *Köthenbürger/Frick*, S. 12 f.

Präferenzen im demokratischen Verfahren festzulegen.[78] Die Allokation von Grundversorgungsgütern nach rein marktlichen Prinzipien kann dazu führen, dass beispielsweise arme oder in entlegenen Regionen lebende Personen vom Konsum der Leistungen ausgeschlossen werden.[79] Vor diesem Hintergrund wird zuweilen der Begriff des Marktversagens ausgedehnt. Demnach umfasst er auch Marktergebnisse, die Ziele der Verteilungsgerechtigkeit oder andere von der Gesellschaft demokratisch festgelegte normative Ziele verfehlen.[80] In diesem weiten Marktversagensbegriff werden die der Grundversorgung immanenten Ziele der Verteilungsgerechtigkeit miteingeschlossen.[81] Ein Marktversagen im weiten Sinn kann somit insbesondere auch angenommen werden, wenn die im demokratischen Prozess definierten Ziele der Grundversorgung nicht erreicht werden. Das Marktversagen gründet dabei allerdings nicht auf der Unvollkommenheit des Marktes, sondern basiert auf einer normativen Beurteilung des Marktergebnisses.[82]

Normative Ziele werden bestenfalls in der Verfassung angelegt.[83] Gemäss Art. 43a Abs. 4 BV haben Grundversorgungsleistungen „allen Personen in vergleichbarer Weise offen" zu stehen. Grundversorgungsleistungen stehen allen Personen in vergleichbarer Weise offen, wenn sie innert nützlicher Frist der gesamten Bevölkerung in allen Landesteilen zugänglich sind. Die Vorgabe der Zugänglichkeit enthält eine geografische, eine finanzielle, eine soziale, eine qualitative und quantitative Dimension, wobei diese sich auch überschneiden und beeinflussen können.[84] Zum Ausdruck kommen diese Dimensionen auch in den sektorspezifischen Verfassungsbestimmungen. Gemäss Art. 92 Abs. 2 BV hat der Bund „für eine ausreichende und preiswerte Grundversorgung mit Post- und Fernmeldediensten in allen Landesgegenden"

[78] *Köthenbürger/Frick*, S. 13; vgl. auch *Mathis*, S. 242 f.

[79] *Aubin*, S. 25 f.

[80] So *Hettich/Kolmar/Hoffmann/Koller/Mathis*, S. 32 f.; *Hettich/Kolmar*, S. 293, wonach der ökonomische Marktversagensbegriff so normativ rückgebunden wird. Vgl. weiter *Breyer/Zweifel/Kifmann*, S. 222 ff., zur Gerechtigkeit als Begründung für staatliche Eingriffe in das Gesundheitswesen.

[81] *Hettich*, Infrastrukturverfassung, N 19.

[82] *Hotz-Hart/Schmuki/Dümmler*, S. 89; *Köthenbürger/Frick*, S. 13.

[83] Vgl. *Hettich/Kolmar*, S. 288.

[84] Vgl. Botschaft zu einer allgemeinen Verfassungsbestimmung über die Grundversorgung vom 8. Mai 2013, BBl 2013 3407, S. 3421; Botschaft zur Volksinitiative „Ja zur Hausarztmedizin" vom 16. September 2011, BBl 2011 7553, S. 7577; *Hettich/Steiner*, St. Galler Kommentar BV, Art. 92, N 13; *Martenet*, S. 31 f.; *Schweizer/Müller*, St. Galler Kommentar BV, Art. 43a, N 20; vgl. weiter *Kern*, BSK BV, Art. 92, N 20, wonach sich die Vorgaben bezüglich Angebotsbreite und Qualität der Grundversorgungsleistungen mit der Verpflichtung von Art. 43a Abs. 4 BV, dass Grundversorgungsleistungen allen Personen in vergleichbarer Weise offenstehen müssen, überschneidet.

zu sorgen, wobei die Tarife „nach einheitlichen Grundsätzen“ festgelegt werden. Die medizinische Grundversorgung hat nach Art. 117a Abs. 1 BV ausreichend, allen zugänglich und von hoher Qualität zu sein. Ebenfalls haben Bund und Kantone für ein ausreichendes Angebot an öffentlichem Verkehr (Art. 81a Abs. 1 BV) und eine ausreichende, breit gefächerte und wirtschaftliche (als auch sichere und umweltverträgliche) Energieversorgung (Art. 89 Abs. 1 BV) besorgt zu sein.

Gemäss der sozialen Dimension der Zugänglichkeit soll jede Person einen möglichst gleich guten Zugang zu Grundversorgungsleistungen haben, unabhängig von persönlichen Faktoren wie individueller Lebenssituation, Alter, Gesundheit, Bildung etc.[85] In finanzieller Hinsicht bedingt die Zugänglichkeit der Grundversorgung, dass die Nutzung von grundversorgungsrelevanten Gütern und Dienstleistungen nicht durch finanzielle Hindernisse verunmöglicht wird.[86] Grundversorgungsleistungen müssen für alle bezahlbar sein.[87] Unter der geographischen Dimension sind alle Landesgegenden grundsätzlich gleichmässig mit Grundversorgungsleistungen zu versorgen.[88] Eine flächendeckende Versorgung soll zur regionalen Kohäsion beitragen.[89] Dabei ist den Bedürfnissen zentrumsfernen, wirtschaftlich schwächeren Landesgegenden Rechnung zu tragen. Da die Bereitstellung der Grundversorgung in dichtbesiedelten Zentrumsregionen pro Person günstiger ist als in zentrumsfernen Gebieten, wird von der Stadtbevölkerung eine gewisse Solidarität erwartet.[90] Angebote der Grundversorgung sollen dauerhaft verfügbar sein. Die dauerhafte Verfügbarkeit ist nicht gegeben, wenn die Grundversorgungsleistungen

---

85 Botschaft zu einer allgemeinen Verfassungsbestimmung über die Grundversorgung vom 8. Mai 2013, BBl 2013 3407, S. 3425; Bericht des Bundesrates „Grundversorgung in der Infrastruktur (Service Public)“ vom 23. Juni 2004, BBl 2004 4569, S. 4578; vgl. dazu weiter *Schweizer/Müller*, St. Galler Kommentar BV, Art. 43a, N 20.

86 Botschaft zu einer allgemeinen Verfassungsbestimmung über die Grundversorgung vom 8. Mai 2013, BBl 2013 3407, S. 3425.

87 Bericht des Bundesrates „Grundversorgung in der Infrastruktur (Service Public)“ vom 23. Juni 2004, BBl 2004 4569, S. 4579. Die finanzielle Dimension der Zugänglichkeit wird zuweilen unter dem Grundsatz der „Erschwinglichkeit“ der Grundversorgung erfasst. Allerdings erscheint die Zuordnung der Erschwinglichkeit zum Grundsatz der Zugänglichkeit sachgerecht, da bei fehlender Finanzierbarkeit Leistungen der Grundversorgung de facto nicht mehr zugänglich sind (vgl. Botschaft zur Volksinitiative „Ja zur Hausarztmedizin“ vom 16. September 2011, BBl 2011 7553, S. 7577).

88 Botschaft zu einer allgemeinen Verfassungsbestimmung über die Grundversorgung vom 8. Mai 2013, BBl 2013 3407, S. 3425.

89 Bericht des Bundesrates „Grundversorgung in der Infrastruktur (Service Public)“ vom 23. Juni 2004, BBl 2004 4569, S. 4578.

90 Botschaft zu einer allgemeinen Verfassungsbestimmung über die Grundversorgung vom 8. Mai 2013, BBl 2013 3407, S. 3425.

lediglich sporadisch, saisonal unausgeglichen oder zur falschen Tageszeit angeboten werden.[91] Weiter ist der faktische Zugang zur Grundversorgung beeinträchtigt, wenn diese in qualitativer oder quantitativer Hinsicht ungenügend erfolgt.[92] Der Anschluss an ein flächendeckendes Trinkwasserleitungsnetz zu tragbaren Preisen sichert einem Haushalt keinen Zugang zu Trinkwasser, falls aus dem Wasserhahn kontaminiertes Wasser oder nur tröpfchenweise sauberes Wasser fliesst.

Inwieweit die verfassungsrechtlichen Bestimmungen zur Grundversorgung für Bund und Kantone verpflichtend sind oder nur programmatischen Charakter haben, ist selbst bei ähnlichem Wortlaut unterschiedlich.[93] Grundsätzlich lassen sich aber aus den verfassungsrechtlichen Bestimmungen zur Grundversorgung keine unmittelbaren Ansprüche auf Grundversorgungsleistungen ableiten.[94] Ausnahmen dazu bilden der Anspruch auf Grundschulunterricht, für den staatlich zu sorgen ist und der als Grundrecht justiziabel ist, sowie die sich aus Art. 12 BV (Recht auf Hilfe in Notlagen) ergebenden Ansprüche auf Grundversorgungsleistungen.[95] Schliesslich sind die Sozialziele nach Art. 41 BV – etwa, dass jede Person die für ihre Gesundheit erforderliche Pflege erhält – zur Konkretisierung und Auslegung von Grundversorgungsansprüchen beizuziehen.[96]

6. Marktversagen und Staatsversagen

Die obigen Ausführungen zeigen, dass es in Grundversorgungsmärkten aufgrund verschiedener Charakteristika zu Marktversagen kommen kann, die staatliche Eingriffe erforderlich machen könnten.[97] Das Vorliegen eines Marktversagens ist zwar eine notwendige jedoch keine hinreichende Bedin-

[91] Botschaft zu einer allgemeinen Verfassungsbestimmung über die Grundversorgung vom 8. Mai 2013, BBl 2013 3407, S. 3426.

[92] Vgl. Bericht des Bundesrates „Grundversorgung in der Infrastruktur (Service Public)" vom 23. Juni 2004, BBl 2004 4569, S. 4578 f.

[93] Vgl. etwa *Uhlmann*, St. Galler Kommentar BV, Art. 81a, N 20, wonach Art. 81a BV für Bund und Kantone durchaus verbindlich erscheint. Vgl. demgegenüber *Biaggini*, BV Kommentar, Art. 83, N 1b, wonach die Verfassung die Formulierung „sorgen für" mit unterschiedlichem normativem Gehalt verwendet und Art. 83 Abs. 1 BV nur als programmatische Norm zu verstehen ist.

[94] Vgl. *Biaggini*, BV Kommentar, Art. 43a, N 9 und 81a, N 2.

[95] *De Rossa Gisimundo*, N 59 ff.; *Martenet*, S. 23 f.

[96] *Biaggini*, BV Kommentar, Art. 83, N 1b; *Martenet*, S. 22.

[97] Vgl. für den Strommarkt *Schleiniger/Betz/Winzer*, S. 13. Die in Baumann, N 157 ff., erarbeiteten Erkenntnisse zur Frage, inwieweit Marktversagen staatliche Eingriffe legitimiert, werden vorliegend wieder aufgegriffen und auf die Grundversorgung angewandt.

gung für ein staatliches Tätigwerden in der Grundversorgung. Denn die dem Modell der vollkommenen Konkurrenz zugrundeliegenden Annahmen dürften in der Realität nirgendwo vollständig erfüllt sein, weshalb Staatseingriffe immer gerechtfertigt wären.[98] Hinreichend begründet ist der staatliche Markteingriff bei einem Marktversagen nur, wenn er tatsächlich zu einer Allokationsverbesserung führen kann.[99] Kann keine Allokationsverbesserung durch einen staatlichen Markteingriff erreicht werden, wird von Staatsversagen gesprochen.[100] Ein Marktversagen liefert damit weder eine „carte blanche" für staatliche Eingriffe im Allgemeinen noch für staatseigene Grundversorgungsunternehmen im Besonderen.

In dieser Hinsicht hat sich eine eindrückliche Entwicklung in der ökonomischen Lehre vollzogen. In den Vierziger- und Fünfzigerjahren wurde in den Wirtschaftswissenschaften bereits der Einsatz von staatseigenen Unternehmen gefordert, sobald Anzeichen für einen unvollkommenen oder unausgeglichenen Markt vorlagen.[101] Bis in die Siebzigerjahre herrschte die Auffassung, dass den Marktversagensfällen der öffentlichen Güter und der natürlichen Monopole mit staatseigenen Anbietern zu begegnen ist.[102] Mittlerweile werden ökonomisch Regulierungseingriffe des Staates mit marktorientieren Instrumenten bevorzugt und die eigene wirtschaftliche Betätigung des Staates in den Grundversorgungsmärkten nur unter engen Voraussetzungen als förderlich erachtet.[103]

Eine ähnliche Pendelbewegung ist mit Blick auf die staatliche Infrastrukturverantwortung in der Schweiz erkennbar. Als Reaktion auf Marktversagen in Form von Marktmacht und mangelnder Versorgung entlegener Landesteile wurden im Laufe des 19. und 20. Jahrhunderts wesentliche Infrastrukturunternehmungen verstaatlicht. Seit den 1990er-Jahren findet eine Bewegung in die entgegengesetzte Richtung mit Marktöffnungen in Grundversorgungsbereichen statt. So wurden staatliche Monopole in den Bereichen des Fernmeldewesens, der Versorgung mit postalischen Diensten und der Energieversor-

---

98 Ein solches Vorgehen wurde von *Demsetz*, S. 1 und 19, als „Nirvana-Ansatz" bezeichnet.

99 *Mause/Müller*, S. 153; prägnant auch die Stellungnahme der WEKO zur Vernehmlassungsvorlage Teilrevision RTVG vom 20. August 2012, S. 4: „Aus ordnungspolitischer Sicht sind Eingriffe grundsätzlich nur gerechtfertigt, wenn ein Marktversagen vorliegt und der staatliche Eingriff zu einer Verbesserung führt."

100 Vgl. ausführlich dazu *Baumann*, N 161 m.w.H.; vgl. allgemein zu Dilemma zwischen Marktversagen und Staatsversagen *Frey/Frey Marti*, S. 28 f.

101 *Shleifer*, S. 133.

102 *Feld/Kirchgässner*, S. 260.

103 *Herrmann*, S. 410; vgl. *Kühling*, S. 588; vgl. mit Blick auf die Grundversorgung von Gesundheitsgütern *Breyer/Zweifel/Kifmann*, S. 240, vgl. mit Blick auf staatliche Unternehmen *Shleifer*, S. 138.

gung teilweise oder ganz aufgebrochen. Restmonopole verbleiben namentlich bei den Postdiensten (reservierter Bereich für Briefe bis 50 Gramm) in der Stromversorgung (Bindung der Endverbraucher mit einem Jahresverbrauch von weniger als 100 MWh an Verteilnetzbetreiber) und der Personenbeförderung (Personenbeförderungsregal im Inland).[104]

Obwohl diese Bereiche (teil-)liberalisiert wurden, ist der Staat mit öffentlichen Unternehmen weiterhin in den entsprechenden Märkten vertreten. So besitzt der Bund sämtliche Aktien der SBB und der Post sowie eine Mehrheitsbeteiligung an der Swisscom. Ebenfalls befinden sich die rund 600 Elektrizitätsversorgungsunternehmen (EVU) zu fast 90% im Besitz der Kantone oder Gemeinden.[105]

IV. Regulierungsbausteine der Grundversorgung

Beim Vorliegen eines Marktversagens stellt sich die Frage, welche Regulierungsbausteine dem Gemeinwesen zu dessen Behebung zur Verfügung stehen. Mit Blick auf die Grundversorgung bestehen zum einen Bausteine, die dazu dienen, die Fälle von „klassischen Marktversagen“ zu beheben. Dabei geht es im Wesentlichen darum Marktversagen zu verhindern, die bei der Liberalisierung zuvor monopolisierter Grundversorgungsbereiche auftreten könnten. Es soll Wettbewerb ermöglicht werden.[106] Zum anderen kommen spezifische Instrumente zum Einsatz, welche die unterschiedlichen Dimensionen des Zugangs zur Grundversorgung sicherstellen sollen. Eine scharfe Trennung zwischen Instrumenten zur Wettbewerbsherstellung und Instrumenten zur Grundversorgungssicherung ist indessen nicht möglich, da Wettbewerbs- und Grundversorgungsziele aufeinander bezogen sind.[107] Die Herstellung des Wettbewerbs in Grundversorgungsbereichen ist kein Selbstzweck. Vielmehr macht sich der Staat das Potential einer marktwirtschaftlichen Leistungserbringung zu Nutze, um die in den jeweiligen Grundversor-

---

[104] Zum Ganzen *Frey/Frey Marti*, S. 31 ff.; *Hänni/Stöckli*, N 1194 und 1197; *Hettich*, Infrastrukturverfassung, N 10 und 12.

[105] Bundesamt für Energie, Faktenblatt 2 – Der Schweizer Strommarkt vom 17. Oktober 2018. Auch rein formelle Privatisierungen in diesem Bereich werden von der Stimmbevölkerung regelmässig abgelehnt (vgl. *Feld/Kirchgässner*, S. 263, mit einem Erklärungsversuch für diesen Umstand).

[106] Vgl. diesbezüglich mit Blick auf die Liberalisierung von Netzwirtschaften *Kühling*, S. 164; vgl. Art. 1 Abs. 1 StromVG, wonach das StromVG bezweckt, eine sichere Elektrizitätsversorgung und einen wettbewerbsorientierten Elektrizitätsmarkt zu schaffen.

[107] *Lepsius*, N 2 f.

gungsbereichen festgelegten normativen Ziele effizient zu erreichen.[108] Durch Wettbewerb werden Effizienz- und Qualitätssteigerungen erwartet, die sich kostensenkend auf die Grundversorgung auswirken sollen.[109]

Alleine mit der Beschreibung und Typologisierung von Regulierungsinstrumenten zur Wettbewerbssicherung können Bücher gefüllt werden.[110] Der vorliegende Beitrag beschränkt sich indessen auf einen kurzen exemplarischen Überblick über den regulatorischen Werkzeugkasten.

1. Regulierungsinstrumente zur Wettbewerbssicherung

Gewisse Grundversorgungsbereiche (bspw. Telekommunikation, Post, Energie, Schienenverkehr) verfügen über Netzstrukturen. Bei der Regulierung der (teil-)liberalisierten Bereiche liegt der Fokus darauf, eine wettbewerbliche Nutzung der Netze und damit Wettbewerb in den dem Netz vor- und nachgelagerten Märkten zu ermöglichen.[111]

Als „Herzstück" einer solchen Regulierung gilt die Regelung des Netzzugangs.[112] Dabei werden Dritten Zugangsrechte auf die Netze der ehemaligen Monopolisten eingeräumt. Konkurrenten können auf die Netze der ehemaligen Monopolisten zurückgreifen, um eigene Produkte anzubieten.[113] Netzzugangsrechte sind etwa in Art. 11 FMG, Art. 13 StromVG, Art. 9a EBG und Art. 5 PG vorgesehen. Die Preise für die Netznutzung orientieren sich dabei an den Kosten.[114] Die Netzzugangspreise sind für die Herstellung von Wettbewerb und die damit anvisierten Wohlfahrtsziele entscheidend: Fallen sie zu hoch aus, unterbleibt der Markteintritt von neuen Konkurrenten und die damit erhoffte Schaffung von Wettbewerb. Bei zu tiefer Bemessung wiederum

---

108 Vgl. Bericht des Bundesrates „Grundversorgung in der Infrastruktur (Service Public)" vom 23. Juni 2004, BBl 2004 4569, S. 4572; vgl. weiter *Aubin*, S. 6; *Lepsius*, N 3.

109 Vgl. etwa mit Bezug auf die wesentlich durch die Krankenversicherung geprägte medizinische Grundversorgung *Gächter/Rütsche*, N 984.

110 Vgl. etwa die Dogmatik der Regulierungsinstrumente in Netzwirtschaften bei *Kühling*, S. 164 ff.

111 *Hänni/Stöckli*, N 1200; *Hettich*, Infrastrukturverfassung, N 34. Von diesem Wettbewerb „im" Markt ist der Wettbewerb „um" den Markt zu unterscheiden. Bei Letzterem geht es darum, dass in natürlichen Monopolsituationen die staatlich gewünschten Grundversorgungsleistungen öffentlich ausgeschrieben werden (vgl. dazu *Blankart*, S. 32; *Hermes*, S. 320 f.).

112 So *Kühling*, S. 182; vgl. auch *Föhse*, Strommarktordnung, S. 128 f.

113 *Kühling*, S. 182.

114 Vgl. Art. 11 Abs. 1 FMG; Art. 14 Abs. 1 StromVG; Art. 9c Abs. 3 EBG, wonach der Trassenpreis mindestens die Grenzkosten, die auf einer zeitgemäss ausgebauten Strecke anfallen, decken muss.

werden vom Netzeigentümer die notwendigen Investitionen in den Unterhalt des Netzes nicht mehr vorgenommen.[115] Dabei kann sich die Eruierung und verbindliche Festsetzung der Kosten sehr komplex gestalten.[116]

Ein weiteres Regulierungsinstrument zur Herstellung von Wettbewerb in Grundversorgungsmärkten sind Vorgaben zur Entflechtung des Netzes von übrigen Tätigkeiten.[117] Damit soll ein transparenter und diskriminierungsfreier Netzzugang bezweckt und verhindert werden, dass die sich aus dem Netzbetrieb ergebende Marktmacht in den vor- und nachgelagerten Märkten missbraucht wird.[118] Im Strombereich etwa haben die EVU nach Art. 10 Abs. 3 StromVG Verteilnetzbereiche mindestens buchhalterisch von den übrigen Tätigkeitsbereichen zu entflechten. Zudem sind nach Art. 10 Abs. 1 StromVG Quersubventionierungen zwischen dem Netzbetrieb und den übrigen Tätigkeitsbereichen ausdrücklich untersagt. Schliesslich müssen gemäss Art. 10 Abs. 2 StromVG aus dem Betrieb der Elektrizitätsnetze gewonnene sensible Informationen vertraulich behandelt werden. Ebenfalls hatten die EVU bei der Teilliberalisierung des Strommarktes eine eigentumsrechtliche Entflechtung des schweizerischen Übertragungsnetz in eine nationale Netzgesellschaft (Swissgrid) vorzunehmen.[119]

Auch ausserhalb der Netzwirtschaften werden der Entflechtung ähnliche Vorgaben in Grundversorgungsbereichen eingesetzt, um zu verhindern, dass Einnahmen aus rechtlich eingeräumten Monopolen oder Sonderrechten im Grundversorgungsbereich nicht zur wettbewerbsverzerrenden Finanzierung unternehmerischer Tätigkeiten ausserhalb des Grundversorgungsauftrags verwendet werden. Art. 19 Abs. 1 PG und Art. 35 Abs. 2 RTVG enthalten entsprechende Quersubventionierungsverbote, die dafür sorgen sollen, dass Einnahmen aus dem Monopolbereich (im Falle der Post) respektive die der SRG zugewiesenen Abgaben, nicht zur Querfinanzierung wirtschaftlicher Aktivitäten ausserhalb der Grundversorgungsaufträge eingesetzt werden.[120]

Die Behebung von Marktversagen und das Herstellen von Wettbewerb ist auch in Grundversorgungsbereichen ohne Netzstrukturen von Bedeutung. Bei der medizinischen Grundversorgung wird dem potentiellen Marktversagen der *adverse selection* im Krankenversicherungsbereich mit einem Versicherungsobligatorium begegnet. Demnach muss sich jede Person mit Wohnsitz

---

[115] *Hettich*, Infrastrukturverfassung, N 35.

[116] *Hettich*, Infrastrukturverfassung, N 35 und 37.

[117] *Hettich*, Infrastrukturverfassung, N 35.

[118] Botschaft zur Änderung des Elektrizitätsgesetzes und zum Stromversorgungsgesetz vom 3. Dezember 2004, BBl 2004 1611, S. 1648; vgl. BGE 144 III 111, E. 5.1.

[119] Art. 18 i.V.m. Art. 33 Abs. 1 StromVG.

[120] Vgl. ausführlich zu diesen Regelungen *Baumann*, N 502 und 516.

in der Schweiz für Krankenpflege versichern lassen.[121] Um Wettbewerb zwischen den Krankenversicherern herzustellen, können die Versicherten ihren Versicherer indessen frei wählen und wechseln.[122] Weiter müssen sich die Versicherten an den Kosten der für sie erbrachten Leistungen beteiligen.[123] Damit soll dem *moral hazard*, Versicherungsleistungen übermässig zu konsumieren, entgegengewirkt werden.[124]

2. Regulierungsinstrumente zur Sicherstellung der Grundversorgung

Die Regulierungsinstrumente zur Gewährleistung der Grundversorgung sollen sicherstellen, dass die Güter und Dienstleistungen des üblichen Bedarfs allen Bevölkerungsschichten und Regionen des Landes nach gleichen Grundsätzen, in guter Qualität und zu angemessenen Preisen zur Verfügung stehen.[125] Die diesbezüglichen nachstehend dargestellten Verhaltensgebote können dabei mehreren Grundversorgungsanbietern oder auch nur einer Universaldienstanbieterin auferlegt werden. Letzteres ist beispielweise bei der Grundversorgung mit Postdiensten der Fall.[126]

Anhand von spezifischen Pflichten wird sichergestellt, dass Grundversorgungsleistungen bei den betreffenden Grundversorgungsanbietern grundsätzlich von jedem bezogen werden können. Zu diesem Zweck sehen das Stromversorgungs- und das Fernmelderecht eine Pflicht für den Grundversorgungsanbieter vor, die Verbraucher an ihre Netze anzuschliessen.[127] Im Bereich des öffentlichen Verkehrs ist eine Transportpflicht und bei den Grundversorgungsdiensten der Post eine Sendungsanahme- und Hauszustellungspflicht statuiert.[128] Für Listenspitäler wiederum besteht eine Aufnahmepflicht der im Standortkanton versicherten Personen.[129]

Die flächendeckende Grundversorgung wird ebenfalls mit spezifischen Pflichten der Grundversorgungserbringer abgesichert. Die Postdienste der Grundversorgung müssen landesweit erhältlich sein.[130] Zu diesem Zweck

---

121 Art. 3 Abs. 1 KVG; vgl. dazu *Breyer/Zweifel/Kifmann*, S. 233 f.

122 Art. 4 und Art. 7 Abs. 1 KVG; vgl. dazu *Gächter/Rütsche*, N 990.

123 Art. 64 Abs. 1 KVG.

124 *Gächter/Rütsche*, N 1035.

125 Vgl. Bericht des Bundesrates „Grundversorgung in der Infrastruktur (Service Public)" vom 23. Juni 2004, BBl 2004 4569, S. 4570.

126 Siehe Art. 13 Abs. 1 PG, wonach die Post die Grundversorgung mit Postdiensten gewährleistet.

127 Art. 5 Abs. 2 StromVG; Art. 16 Abs. 1 FDV.

128 Art. 12 PGB; Art. 14 Abs. 2 und 3 PG.

129 Art. 41a Abs. 1 KVG.

130 Art. 15 PG.

muss die Post ein landesweit flächendeckendes Poststellennetz betreiben.[131] Bei den leitungsgebundenen Grundversorgungsleistungen erstreckt sich die oben beschriebene Anschlusspflicht auf das ganze Netzgebiet.[132] Zudem haben Fernmeldedienstanbieter in ihrem Versorgungsgebiet die Programme der medialen Grundversorgung zu verbreiten.[133]

Um die finanzielle Zugänglichkeit sicherzustellen, ist der Preis von Grundversorgungsleistungen Gegenstand regulatorischer Eingriffe. Für die spezifischen Grundversorgungsleistungen mit Fernmeldediensten bestehen Preisobergrenzen.[134] Ebenfalls kann der Bundesrat für die Grundversorgungsleistungen mit Postdiensten, die nach distanzunabhängigen und einheitlichen Grundsätzen zu bemessen sind, Preisdeckel festlegen.[135] Zur Finanzierung der medialen Grundversorgung von Radio und Fernsehen setzt der Bundesrat eine Abgabe pro Haushalt und Unternehmen fest.[136] Die Grundversorgung mit Elektrizität hat nach Art. 6 Abs. 1 StromVG zu angemessenen Tarifen zu erfolgen. Diese haben sich an den Gestehungskosten einer effizienten Produktion sowie an den langfristigen Bezugsverträgen der Verteilnetzbetreiber zu orientieren.[137] Konzessionierte Personenbeförderungsunternehmen müssen für ihre Leistungen gegenüber allen gleich angewandte Tarife aufstellen, die sich nach dem Umfang und der Qualität der Leistung sowie den Kosten des Angebots richten und dazu dienen, einen angemessenen Ertrag zu erzielen.[138] Im Bereich der medizinischen Grundversorgung haben die Leistungserbringer die Preise für ihre Leistungen nach Tarifen zu berechnen, die sie mit den Versicherern vereinbaren oder die vom Bund festgesetzt werden. Darüber hinaus dürfen sie keine weitergehenden Vergütungen verlangen.[139]

Neben den Preisvorgaben wird die Erschwinglichkeit von Grundversorgungsleistungen in gewissen Bereichen mit diversen direkten und indirekten Subventionen gewährleistet. Im Postbereich wird die Grundversorgung zu einheitlichen und distanzunabhängigen Preisen durch den reservierten Dienst der Post finanziert.[140] Um für wirtschaftlich schwächer gestellte Personen die

---

131 Art. 33 Abs. 1 VPG.

132 Vgl. Art. 5 Abs. 2 StromVG; Art. 14 Abs. 2 FMG.

133 Art. 59 RTVG.

134 Art. 17 Abs. 2 FMG; Art. 22 Abs. 1 FDV.

135 Art. 16 Abs. 2 und 8 PG.

136 Art. 68 Abs. 1 und Art. 68a Abs. 1 RTVG. Für Privathaushalte beträgt der Beitrag momentan CHF 335. Vgl. dazu BGer 2C_547/2022 vom 13. Dezember 2022, E. 3.

137 Art. 4 Abs. 1 StromVV.

138 Art. 15 Abs. 1, 2 und 5 PBG.

139 Siehe Art. 43 ff. KVG; vgl. dazu *Gächter/Rütsche*, N 1111 ff.

140 Siehe Art. 19 Abs. 1 PG.

finanzielle Prämienlast der obligatorischen Krankenversicherung zu reduzieren, sind in Art. 65 KVG staatliche Subventionen in Form von Prämienverbilligungen vorgesehen.[141] Im Bereich des öffentlichen Verkehrs leisten Bund und Kantone Abgeltungen, um die ungedeckten Kosten der Beförderungsunternehmen im regionalen Personenverkehr abzugelten.[142]

Schliesslich stellen zahlreiche Verhaltenspflichten sicher, dass die Grundversorgungsleistungen in der erforderlichen Qualität, Quantität und dauerhaft erbracht werden. Verteilnetzbetreiber haben dafür zu sorgen, dass sie „jederzeit die gewünschte Menge an Elektrizität mit der erforderlichen Qualität" ihren festen Endverbrauchern liefern können.[143] Konzessionierte Personenbeförderungsunternehmen sind dazu verpflichtet, Mindeststandards bezüglich Qualität und Sicherheit einzuhalten.[144] Ebenfalls unterliegen sie einer Betriebspflicht, wonach sie alle in ihren Fahrplänen enthaltenen Fahrten durchzuführen haben.[145] Grundversorgungsdienste der Post müssen landesweit in guter Qualität erhältlich sein.[146] Dies bedeutet konkret u. a., dass Postsendungen im Grundversorgungsbereich innerhalb definierter Laufzeiten zugestellt werden müssen.[147] In quantitativer Hinsicht hat die Post die Zustellung von Briefen, Paketen, Zeitungen und Zeitschriften an mindestens fünf Wochentagen vorzunehmen.[148] Auch die Grundversorgungsdienste im Fernmeldebereich müssen landesweit in bestimmter Qualität zugänglich sein, was vom BAKOM anhand eines vorgegebenen Kriterienkatalogs jährlich überprüft wird.[149] Bei der medialen Grundversorgung werden vom UVEK technische Anforderungen definiert, um sicherzustellen, dass die Grundversorgungsprogramme in einer ausreichenden Qualität verbreitet werden.[150]

V. Ausgewählte Problematiken der Grundversorgungsregulierung

Wie die Darstellung der Regulierungsinstrumente gezeigt hat, werden zur Sicherstellung des Wettbewerbs und der Grundversorgung zahlreiche Eingriffe in die Grundversorgungsmärkte vorgenommen. Dabei stellt sich die

141 Vgl. dazu *Gächter/Rütsche*, N 1042 ff.

142 Art. 28 Abs. 1 PBG.

143 Art. 6 Abs. 1 StromVG.

144 Art. 18 Abs. 1 lit. b PBG.

145 Art. 14 PBG.

146 Art. 15 PG.

147 Art. 32 Abs. 1 i. V. m. Art. 29 Abs. 1 lit. a VPG.

148 Art. 14 Abs. 3 PG.

149 Art. 21 FDV.

150 Art. 45 FDV.

Frage, ob mit der gewählten Regulierung die ins Auge gefassten Grundversorgungsziele effizient erreicht werden. Problematisch wäre namentlich, wenn den Marktakteuren mit den Regulierungen Anreize zu einem Verhalten gesetzt werden, die den normativen Zielen der Grundversorgungsregulierung gerade entgegenstehen. Vorliegend kann keine umfassende Untersuchung diesbezüglich vorgenommen werden. Vielmehr werden anhand von zwei Fallbeispielen mittels einer qualitativen Analyse problematische Anreizwirkungen spezifischer Grundversorgungsregulierungen dargestellt.[151]

1. Stromversorgung: Grundversorgung ohne Versorgungssicherheit

Der Schweizer Elektrizitätsmarkt ist erst teilliberalisiert. Endverbraucher mit einem Verbrauch von unter 100 MWh (sog. „feste Endverbraucher“) haben keinen Anspruch auf Netzzugang und sind somit an ihren jeweiligen kantonal bezeichneten Verteilnetzbetreiber gebunden.[152] Demgegenüber können Endverbraucher mit einem Verbrauch von mindestens 100 MWh ihren Elektrizitätslieferanten frei wählen.[153] Mit Bezug auf die festen Endverbraucher verfügen die Verteilnetzbetreiber somit über ein Monopol, wodurch die Gefahr besteht, dass zu hohe Preise festgesetzt werden.[154] Gemäss Art. 91 Abs. 1 BV verfügt der Bund über die Kompetenz, die Strompreise zu regulieren.[155] Die Kompetenz ist durch das Bestreben nach einer möglichst sicheren, gleichmässigen und preisgünstigen Elektrizitätsversorgung der Schweiz motiviert.[156] Wie oben kurz ausgeführt, sind die festen Endverbraucher von den Verteilnetzbetreibern zu angemessenen Preisen mit Elektrizität zu versorgen, wobei sich der Tarifanteil für die Energielieferung an den Gestehungskosten einer effizienten Produktion und an den langfristigen Bezugsverträgen des Verteilnetzbetreibers orientiert. Von Seiten der Marktüberwachungsbehörde ElCom wurde die Berechnung der Gestehungskosten einer effizienten Produktion in einer Weisung weitergehend konkretisiert.[157] Zudem sind die Verteilnetzbetreiber gemäss Art. 6 Abs. 5 StromVG dazu verpflichtet, „Preisvorteile aufgrund ihres freien Netzzugangs anteilsmässig an die festen Endverbraucher weiterzugeben“. Hintergrund dieser Regelung ist, dass die festen Endverbraucher ebenfalls davon profitieren sollen, dass ihr Verteilnetzbetreiber Strom auf dem Markt zu günstigeren Preisen beschaffen

151 Vgl. *Mathis*, S. 251, zur Notwendigkeit einer solchen Analyse von Erlassen.

152 Art. 6 Abs. 6 StromVG.

153 Art. 6 Abs. 6 StormVG e contrario.

154 Vgl. *Baumann*, N 148.

155 *Schaffhauser/Uhlmann*, St. Galler Kommentar BV, Art. 91, N 23.

156 *Schaffhauser/Uhlmann*, St. Galler Kommentar BV, Art. 91, N 3 m.w.H.

157 ElCom, Weisung 2/2018, Gestehungskosten und langfristige Bezugsverträge gemäss Art. 4 Abs. 1 Stromversorgungsverordnung.

kann.[158] Gemäss der Praxis der ElCom müssen die Verteilnetzbetreiber daher die Elektrizitätskosten aus Eigenproduktion und Einkauf auf die Endverbraucher in der Grundversorgung und die freien Kunden entsprechend den gelieferten Strommengen aufteilen.[159] Vom Bundesgericht wird diese sogenannte „Durchschnittspreis-Methode“ als gesetzmässig erachtet.[160] Die Anwendung dieser Methode führt übrigens dazu, dass falls der Marktpreis über den Kosten der Eigenproduktion liegt, den festen Endverbrauchern auch die entsprechenden Preisnachteile anteilsmässig weitergegeben werden.[161]

Bei der ökonomischen Analyse dieser Regulierung fällt erstens auf, dass die Preise für die Energielieferung für die festen Endverbraucher im hohen Masse vom Energieportfolio des jeweiligen Verteilnetzbetreibers abhängen. Beschafft das EVU sämtlichen Strom auf dem Markt, bezahlen die betreffenden Endverbraucher Marktpreise. Demgegenüber richten sich die Energietarife bei einem EVU, dass den Strombedarf seiner Kunden vollumfänglich aus Eigenproduktion abdecken kann, nach den Gestehungskosten. Umso grösser die Differenz zwischen Marktpreisen und den Gestehungskosten der Eigenproduktion, desto unterschiedlicher gestalten sich die Preise von EVU mit überwiegender Eigenproduktion und solchen mit überwiegender Marktbeschaffung. Während in den Jahren der „Stromschwemme“ fremdbeschaffende EVU ihren festen Endverbrauchern Energie zu günstigen Tarifen liefern konnten, müssen sie in der momentanen Mangellage – im Gegensatz zu EVU mit hoher Eigenproduktion – aufgrund der Verwerfungen an der Strombörse happige Aufschläge bei den Tarifen vornehmen. Beispielsweise bezahlt ein typischer 5-Zimmer-Wohnungshaushalt in der Gemeinde Kloten im Kanton Zürich für die Energielieferung im Jahr 2023 neu 20,12 Rp./kWh, während er im Jahr 2018 lediglich mit 6,28 Rp./kWh belastet wurde. Der Grund für die Preiserhöhung sind die stark steigenden Marktpreise.[162] Demgegenüber kommt der Preis für gelieferte Energie in der unmittelbar benachbarten Stadt Zürich im Jahr 2023 auf 7,28 Rp./kWh zu liegen, da die Elektrizitätswerke Zürich einen wesentlichen Teil ihres benötigten Stroms mit eigenen Wasserkraftwerken produzieren.[163] Solche starken Unterschiede auf

---

158 Vgl. BGE 142 II 451, E. 5.2.4.

159 ElCom, Weisung 2/2018, Gestehungskosten und langfristige Bezugsverträge gemäss Art. 4 Abs. 1 Stromversorgungsverordnung, S. 3.

160 BGE 142 II 451, E. 5.3.

161 BGE 142 II 451, E. 5.2.8.

162 Vgl. die Tarifbegründung der „Industrielle Betriebe Kloten“, Internet: <https://www.ibkloten.ch/dienstleistungen/downloads/tarife.html>, zuletzt besucht am 6. Oktober 2022.

163 Die Tarife können auf der Website der ElCom konsultiert werden <https://www.strompreis.elcom.admin.ch/?priceComponent=energy&period=2023&category=H4>, zuletzt besucht am 6. Oktober 2022.

engstem regionalen Raum sind keineswegs unüblich, sondern bestehen in beinahe allen Kantonen.[164] Die Erschwinglichkeit der Stromversorgung hängt damit für den einzelnen festen Endverbraucher momentan wesentlich davon ab, ob das für sein Netzgebiet bezeichnete EVU über eine massgebende eigene Stromproduktion verfügt respektive an solchen Anlagen beteiligt ist. Dies ist kaum mit der Zielsetzung einer gleichmässigen, preisgünstigen Stromversorgung zu vereinbaren. Hinzu kommt, dass sich die momentane Stromknappheit in den Preisen von EVU mit hoher Eigenproduktion wenig niederschlägt. Für die betreffenden Haushalte mit tiefen Tarifen zu Gestehungskosten besteht damit kein zusätzlicher Anreiz dazu, Einsparungen beim Stromkonsum vorzunehmen. Einsparungen zu Spitzenzeiten könnten indessen gerade in der Situation hoher Stromknappheit dazu beitragen, die dauernde Stromversorgung sicherzustellen.[165]

Zweitens setzt die beschriebene Tarifregulierung für die EVU kaum einen Anreiz dazu, mittels der Erstellung eigener Produktionsanlagen einen Beitrag zur Versorgungssicherheit zu leisten und damit die Grundversorgung zu gewährleisten. Die Verteilnetzbetreiber können unabhängig davon, wie sie ihr Energieportfolio aufbauen, grundsätzlich lediglich die Kosten aus Eigenproduktion und Einkauf an die festen Endverbraucher weitergeben. Zwar beinhalten die Gestehungskosten einer effizienten Produktion auch eine den Risiken der Stromproduktion angemessene, kalkulatorische Verzinsung der für die Produktion notwendigen Vermögenswerte.[166] Es fragt sich jedoch, weshalb EVU die mit der Planung und Realisierung von Produktionsanlagen verbundenen Aufwendungen und Risiken auf sich nehmen sollten, wenn sie ohnehin jederzeit die Kosten aus der Beschaffung am Markt den festen Endverbrauchern in Rechnung stellen können. Die Energiewirtschaft ist zwar zuständig für die Energie(grund)versorgung, verfügt aber – zumindest was die Tarifvorgaben für die Lieferung mit Energie an die festen Endverbraucher betrifft – über keine Anreize in die Versorgungssicherheit zu investieren.[167] In dieser Hinsicht kann von einem „Freerider-Problem" gesprochen werden.

Drittens kann sich dieser Effekt in Zeiten tiefer Marktpreise durch die vorgegebene „Durchschnitts-Methode" verstärken. Ein EVU ist bei tiefen Marktpreisen mit Strom aus eigenen Produktionsanlagen im Wettbewerb um

---

164 Vgl. die Übersicht der ElCom, <https://www.strompreis.elcom.admin.ch/?priceComponent=energy&period=2023&category=H4>, zuletzt besucht am 6. Oktober 2022.

165 Vgl. WBF, Faktenblatt Energie, Mangellage im Strombereich vom 29. Juni 2022, S. 2.

166 Vgl. dazu ElCom, Weisung 2/2022, WACC Produktion, S. 1.

167 Vgl. dazu *Hettich*, Infrastrukturverantwortung, N 14.

freie Kunden nicht konkurrenzfähig. Es wird deshalb für solche Kunden Strom auf dem freien Markt beschaffen. Die Anwendung der „Durchschnitts-Methode" hat dann jedoch zur Folge, dass die Preisvorteile nicht nur den freien Kunden, sondern anteilsmässig auch den festen Endverbrauchern weiterzugeben sind. Umgekehrt bedeutet dies, dass es den freien Kunden auch Kosten aus der Eigenproduktion belasten muss, womit seine Preise ohne verlustbringenden Abschlag erneut nicht konkurrenzfähig sind. Für das EVU bestehen vor diesem Hintergrund zwei Lösungsmöglichkeiten: Es zieht sich aus dem Geschäft mit freien Kunden zurück, wodurch es seine festen Endverbraucher wieder voll mit den Kosten der eigenen Stromproduktion belasten kann. Dadurch nimmt der Wettbewerb im freien Markt hingegen ab und der mit dem StromVG verfolgte Zweck eines wettbewerbsorientierten Elektrizitätsmarktes wird beeinträchtigt.[168] Als zweite Möglichkeit kann das EVU versuchen, seine Eigenproduktion möglichst zu reduzieren (durch Verkauf oder Schliessung der Produktionsanlagen). Damit kann es sowohl den freien Kunden als auch den festen Endverbrauchern uneingeschränkt die Preisvorteile günstiger Marktpreise weitergeben. Diese Vorgehensweise hat jedoch negative Auswirkungen auf die angestrebte Versorgungssicherheit.[169]

Die beschriebene Tarifregulierung wird allenfalls in naher Zukunft grundlegend revidiert. Der Bundesrat beabsichtigt, die vollständige Marktöffnung vorzunehmen, wodurch zukünftig auch Kleinverbraucher wählen dürfen, ob sie ihre Elektrizität von einem Lieferanten freier Wahl oder weiterhin in der Grundversorgung von ihrem lokalen Verteilnetzbetreiber beziehen möchten.[170] In der Grundversorgung muss ihnen dabei von den Verteilnetzbetreibern ein Standardprodukt aus ausschliesslich inländischer erneuerbarer Energie angeboten werden. Dieses ist weiterhin zu angemessenen Tarifen zu liefern. Jedoch würde sich die Angemessenheit nicht mehr an den Gestehungskosten bemessen, sondern marktnah anhand der Preise, zu denen vergleichbare Elektrizitätsprodukte auf dem freien Markt bezogen werden können.[171] Damit dürften sich die Grundversorgungspreise in den zahlreichen verschiedenen Verteilnetzgebieten weitgehend angleichen. Ebenfalls könnten Verteilnetzbetreiber mit Eigenproduktion unter der neuen Tarifregelung bei hohen Marktpreisen auch gegenüber den Endverbrauchern in der Grundversorgung Gewinne realisieren. Schliesslich sieht die Vorlage des Bundesrates diverse Massnahmen (Ausbau von im Winter abrufbarer Erzeugungskapazität, der

---

[168] Vgl. zu dieser Auswirkung *Föhse*, Urteilsbesprechung, S. 1722 ff.

[169] Vgl. BGE 142 II 451, E. 5.2.7.2, für ähnliche Überlegungen mit Bezug auf die frühere Tarifregulierung unter Art. 4 StromVV.

[170] Botschaft zum Bundesgesetz über eine sichere Stromversorgung mit erneuerbaren Energien vom 18. Juni 2021, BBl 2021 1666, S. 77.

[171] Botschaft zum Bundesgesetz über eine sichere Stromversorgung mit erneuerbaren Energien vom 18. Juni 2021, BBl 2021 1666, S. 77.

durch Stromzuschlag der Stromkonsumenten bezahlt wird; Ausschreibung einer Energiereserve für kritische Versorgungssituationen) zur Stärkung der Versorgungssicherheit vor.[172]

2. Intransparente Kosten der Grundversorgung mit Postdiensten

Die Schweizerische Post ist dazu verpflichtet, die Grundversorgung mit Postdiensten zu gewährleisten.[173] Der Post wurde das rechtliche Monopol eingeräumt, Briefe bis zu 50 Gramm zu befördern.[174] Die Grundversorgung mit Postdiensten durch die Post beschränkt sich indessen nicht auf dieses rechtliche Monopol, sondern beinhaltet weitere Leistungen, die auch von Privaten erbracht werden dürfen.[175] Die Grundversorgung mit Postdiensten (und Zahlungsverkehrsdiensten) ist mit den Umsatzerlösen der Post und der Postkonzerngesellschaften zu finanzieren.[176] Dabei können die Erträge aus dem reservierten Dienst von der Post dazu verwendet werden, ihre weiteren Grundversorgungsleistungen quer zu subventionieren.[177] Zudem kann die Post die Kosten, die ihr aus der Grundversorgungspflicht entstehen (sog. „Nettokosten"), im darauffolgenden Jahr im Rahmen eines „Nettokostenausgleichs" mittels Transferzahlungen zwischen den einzelnen Unternehmensbereichen und Postkonzerngesellschaften ausgleichen.[178] Der Monopolbereich hat dabei seine eigenen Kosten zu decken und kann zusätzlich maximal mit den Nettokosten, die sich aus der Verpflichtung der übrigen Grundversorgungsleistungen ergeben, belastet werden.[179] Eine Verbilligung des Grundversorgungsangebots mit Erträgen aus dem Monopolbereich, die über die Deckung der Nettokosten hinausgeht, ist indessen unzulässig. Die Nettokosten der Verpflichtung der Grundversorgung ergeben sich aus der Differenz zwischen dem Unternehmensergebnis mit und ohne Grundversorgungsverpflichtung.[180] Dabei sind die Nettokosten in einer eigenständigen Nettokostenrechnung und als Differenz zwischen den vermiedenen Kosten und den entgangenen Umsatzerlösen für die Postdienste und Dienstleistungen des Zahlungsverkehrs zu berechnen.[181]

---

172 Siehe dazu Botschaft zum Bundesgesetz über eine sichere Stromversorgung mit erneuerbaren Energien vom 18. Juni 2021, BBl 2021 1666, 20 ff.

173 Art. 13 Abs. 1 PG.

174 Art. 18 Abs. 1 PG.

175 Vgl. die Übersicht dazu bei *Baumann*, N 500.

176 Art. 46 VPG.

177 Art. 19 Abs. 1 PG.

178 Art. 51 Abs. 1 VPG.

179 Art. 51 Abs. 2 lit. b VPG.

180 Art. 49 Abs. 1 VPG.

181 Art. 50 VPG.

Der reservierte Bereich für Briefe bis 50 Gramm führt zu den bei Monopolen üblich feststellbaren Wohlfahrtsverlusten infolge überhöhter Preise und Mengenreduktion.[182] Daneben setzt die komplexe Finanzierungsstruktur der postalischen Grundversorgung Anreize, die den Zielen der Postgesetzgebung zuwiderlaufen. Erstens wird durch den Nettokostenausgleich der Wettbewerb in den nicht-reservierten Grundversorgungsbereichen geschwächt. Denn mittels dem Nettokostenausgleich werden mit im Monopolbereich erwirtschafteten Erträgen die nicht-reservierten, dem Wettbewerb grundsätzlich zugänglichen Bereiche der postalischen Grundversorgung finanziert. Das posteigene Angebot in diesen Bereichen wird somit verbilligt, während private Anbieter ohne entsprechende Zuschüsse im Wettbewerbsbereich der Grundversorgung bestehen müssen. Zurecht bemängelt die PostCom, dass diese Querfinanzierung zu Wettbewerbsverzerrungen führt, Markteintritte von alternativen Anbietern in den nicht-reservierten Bereich beeinträchtigt oder verhindert und zu einer marktbeherrschenden Stellung der Post in diesen Segmenten beitragen kann.[183] Damit wird das Ziel des Postgesetzes, einen wirksamen Wettbewerb beim Erbringen der Postdienste zu schaffen, beeinträchtigt.[184]

Zweitens führt die Finanzierung der postalischen Grundversorgung durch das Postmonopol sowie die komplizierte, intransparente Berechnung der Nettokosten zu Fehlanreizen bei der Festlegung des Grundversorgungsangebots. Momentan wird der Postdienst in den ländlichen Gebieten mit Monopolgewinnen aus umsatzkräftigen städtischen Regionen quersubventioniert.[185] Da die Tarife distanzunabhängig festgelegt werden, sind die Preise für Zustellungen innerhalb urbaner Gebiete zu hoch und auf dem Land zu tief angesetzt.[186] Obwohl distanzunabhängige Tarife allenfalls zum verstärkten Austausch der verschiedenen Regionen und damit zum Zusammenhalt der Schweiz beitragen, erscheint es fraglich, ob die volkswirtschaftlichen Kosten den dadurch gestifteten Nutzen rechtfertigen.[187] Hinzu kommt, dass der Nettokostenausgleich sehr komplex ausgestaltet und für Aussenstehende kaum nachvollziehbar ist und ein unzureichendes Bild über die Kosten der einzelnen Grundver-

---

182 *Hettich*, Grundversorgung, S. 648.

183 Bericht des Bundesrates vom 11. Januar 2017 über die Evaluation des Postgesetzes, S. 30; vgl. dazu auch *Blankart*, S. 35.

184 Art. 1 Abs. 3 lit. a PG.

185 *Hettich*, Grundversorgung, S. 652; vgl. *Blankart*, S. 37 f., bezüglich wie solche Quersubventionierungen von Politikern eingesetzt werden, um Wählerstimmen zu gewinnen.

186 Das Monopol verhindert dabei, dass private Anbieter sich auf die lukrativen städtischen Gebiete fokussieren (vgl. dazu *Hettich*, Grundversorgung, S. 653).

187 *Hettich*, Grundversorgung, S. 653.

sorgungsleistungen abgibt.[188] Die effektiven Kosten der Grundversorgung sind nicht sichtbar und werden nicht von der Verursachern (oder ökonomisch gesprochen von den Nachfragern) einer Leistung getragen.[189] Dadurch besteht für den Gesetzgeber der Anreiz, das Grundversorgungsangebot trotz stetig sinkender Erträge aus dem Briefmonopol beizubehalten oder gar auszubauen. So wurden vor Kurzem die Vorgaben bezüglich bedienten Zugangspunkten verschärft. Neu hat die Post sicherzustellen, dass eine Poststelle oder eine Postagentur für 90 Prozent der ständigen Wohnbevölkerung eines Kantons zu Fuss oder mit öffentlichen Verkehrsmitteln innerhalb von 20 Minuten erreichbar ist.[190] In städtischen Gebieten und Agglomerationen muss zudem mindestens ein bedienter Zugangspunkt vorhanden sein, wobei bei Überschreitung der Schwelle von jeweils 15.000 Einwohner oder Beschäftigten ein weiterer bedienter Zugangspunkt einzurichten ist.[191] Ein effizienterer Weg um die Grundversorgung im von den jeweiligen Regionen gewünschten Ausmass sicherzustellen wäre, die Grundversorgungsanbieter durch Ausschreibung zu bestimmen und ihnen die ungedeckten Kosten abzugelten. Dabei könnte an die Regelungen der Grundversorgung mit Leistungen des regionalen Personenverkehrs angeknüpft werden.[192]

VI. Schlussbemerkungen

Die Sicherstellung der Grundversorgung ist für den Staat von grosser Bedeutung. Indessen gestaltet sich die Regulierung der Grundversorgungsbereiche als sehr anspruchsvoll. Zum einen sind die insbesondere bei netzgebundenen Grundversorgungsleistungen auftretenden klassischen Marktversagen zu beheben, damit Wettbewerb auf den vormals monopolisierten Infrastrukturen möglich wird. Zum anderen gilt es das Ziel einer allen Bevölkerungsschichten, flächendeckenden nach gleichen Grundsätzen, in guter Qualität und zu angemessenen Preisen zugänglichen Grundversorgung durch den Einsatz geeigneter regulatorischer Instrumente zu gewährleisten. Vor dem Hintergrund dieser Gemengelage erstaunt es nicht, das regulatorische Eingriffe in Grundversorgungsmärkte zuweilen ihre Ziele verfehlen oder zu unbeabsichtigten Folgen führen.

---

188 So die Beurteilung der Eidgenössischen Finanzkontrolle, Querschnittsprüfung der Aufsicht über die Grundversorgung, PostCom, ComCom, BAKOM, 14. Januar 2022, S. 32.

189 Vgl. Hettich, *Grundversorgung*, S. 653 f.

190 Art. 33 Abs. 4 VPG.

191 Art. 33 Abs. 5bis VPG.

192 Vgl. *Hettich*, Grundversorgung, S. 654; siehe Art. 28 Abs. 1 PBG, wonach Bund und Kantone den Unternehmen die laut Planrechnung ungedeckten Kosten des von ihnen gemeinsam bestellten Angebots des regionalen Personenverkehrs abgelten.

Das „Grundversorgungsrecht" hat sich aufgrund wandelnder Bedürfnisse der Bevölkerung und technischer Weiterentwicklungen ständig anzupassen. Gewisse Bereiche kommen zur Grundversorgung dazu, während sich in anderen Grundversorgungssektoren wegen veränderter Präferenzen der Bevölkerung und der Digitalisierung eine Überarbeitung der bestehenden Grundversorgungsordnung anzeigt.[193] Aufgrund der grossen Bedeutung der Grundversorgung für die Bevölkerung, steht die Grundversorgungsregulierung unter starkem politischem Einfluss.[194] Zuweilen scheint der Gesetzgeber dabei der irrigen Annahme zu erliegen, dass er das Ziel einer flächendeckenden, qualitativ hochstehenden und trotzdem erschwinglichen Grundversorgung einfach herbeilegiferieren kann.[195] Den Folgen solcher Regulierungen wird indessen nicht genügend Beachtung geschenkt.

Eine „Law-and-Economics-Perspektive" kann in dreierlei Hinsicht zur Analyse und Weiterentwicklung sowie Verbesserung des Grundversorgungsrechts beitragen.[196] Erstens kann sie sichtbar machen, inwieweit regulatorische Eingriffe in Grundversorgungsmärkte aufgrund des ökonomischen Konzepts des Marktversagens angezeigt sind und damit das öffentliche Interesse an staatlichen Massnahmen plausibilisieren.[197] Gleichzeitig darf eine ökonomische Betrachtungsweise der Grundversorgungssektoren, die sich alleine auf die Analyse und Behebung klassischer Marktversagen fokussiert, nicht den Blick darauf verstellen, dass sich öffentliche Interessen aus den verfassungsrechtlich festgelegten Ziele der Grundversorgung und deren Bedeutung für das Verhältnis zwischen Staat und Bürgerinnen und Bürger ergeben.[198] Zweitens ist es ohne Verständnis der ökonomischen Besonderheiten der einzelnen Grundversorgungsbereiche kaum möglich abzuschätzen, ob die eingesetzten Regulierungsinstrumente als geeignet erachtet werden können, um die Grundversorgungsziele zu erreichen und ob allenfalls mildere, glei-

---

193 Vgl. etwa zum Anpassungsbedarf der medialen Grundversorgung infolge der Digitalisierung und der Konvergenz der Medien *Saxer/Brunner*, S. 22 ff.

194 *Frey/Frey Marti*, S. 26 m. w. H.

195 Vgl. dazu etwa die jüngst in die Bundesverfassung aufgenommen Art. 117a und 117b BV bezüglich einer ausreichenden, allen zugänglichen, qualitativ hochstehenden medizinischen Grundversorgung resp. Versorgung mit Pflegeleistungen. Vgl. allgemein zu Opportunitätskosten *Posner*, Einführung, S. 83 f.; vgl. weiter die treffende Aussage von *Mathis*, S. 18, wonach (bei Juristen) der Glaube besteht, dass durch Paragrafen und Verwaltungsakte die Welt verbessert werden kann und dabei den Folgen solcher Regulierungen nicht genügend Beachtung geschenkt wird.

196 Vgl. *Posner*, Law, S. 96, wonach die ökonomische Analyse des Rechts zur Verbesserung des Rechts beizutragen hat.

197 Vgl. *Hettich*, Entscheidbesprechung, S. 1471, mit Bezug auf BGE 138 I 378, E. 8.4., in dem das Bundesgericht das Vorliegen eines Marktversagens zur Begründung eines öffentlichen Interesses in Betracht gezogen (und verworfen) hat.

198 *Hettich*, Grundversorgung, S. 632.

che geeignete Massnahmen in Frage kommen. Die ökonomische Analyse hilft in diesem Sinn beim Griff in die regulatorische Werkzeugkiste die richtige Wahl zu treffen. Drittens erscheint ein Rückgriff auf die ökonomische Analyse erforderlich, um die Anreize, die durch die Erlasse für die Akteure der Grundversorgung gesetzt werden, sowie die daraus folgenden – allenfalls unbeabsichtigten – Effekte der beabsichtigten Regulierung aufzuzeigen.[199] Letztere gilt es dann gegenüber den verfolgten öffentlichen Interessen abzuwägen.

Literatur- und Materialienverzeichnis

Akerlof, George A.: The market for „Lemons“, Uncertainty and the Market Mechanism, in: The Quarterly Journal of Economics, Bd. 84/3 (1970), S. 488 ff.

Aubin, Bernhard: Daseinsvorsorge und Universaldienst, Tübingen 2013.

Baumann, Phil: Wettbewerbsverzerrungen durch privatwirtschaftliche Staatstätigkeit, Zürich/Basel/Genf 2019.

Biaggini, Giovanni: BV Kommentar, Bundesverfassung der Schweizerischen Eidgenossenschaft, 2. Aufl., Zürich 2017 (zit. *Biaggini*, BV Kommentar, Art. …, N. …).

Biaggini, Giovanni: Kommentierung zu Art. 43a, in: Waldmann, Bernhard/Belser, Eva Maria/Epiney, Astrid (Hrsg.), Basler Kommentar, Bundesverfassung, Basel 2015 (zit. *Biaggini*, BSK BV, Art. 43a, N. …).

Blankart, Charles B.: Daseinsvorsorge ökonomisch betrachtet, in: Zeitschrift für Wirtschaftspolitik, Bd. 51/1 (2002), S. 28 ff.

Breyer, Friedrich/*Zweifel*, Peter/*Kifmann*, Mathias: Gesundheitsökonomik, 6. Aufl., Heidelberg 2013.

Brunekreeft, Gert/*Meyer*, Roland: Entflechtung auf den europäischen Strommärkten, Stand der Debatte, UNECOM Dikusionspapier 2009-06, Bremen 2009.

Bucher, Oliver: Open Access im Schienenverkehr, Eine Auslegeordnung der rechtlichen Rahmenbedingungen der Schweiz mit einem Überblick über die Regelung in der EU, Zürich 2006.

Chatton, Gregor T./*Cavaleri Rudaz*, Caroline: L’eau à la croisée des droits sociaux et du service public, Etude en marge des débats citoyens en République et canton de Genève, in: AJP (2007), S. 217 ff.

Demsetz, Harold: Information and efficiency, another viewpoint, in: The Journal of Law & Economics, Bd. 12/1 (1969), S. 1 ff.

De Rossa Gisimundo, Federica: Il servizio pubblico. Strumento de effettività dei diritti fondamentali del cittadino, Zürich/Basel/Genf 2009.

---

199 Vgl. *Mathis*, S. 251, wonach eine qualitative Analyse der durch Gesetze ausgebübten Anreize zum minimalen Standard für sämtliche Erlasse erhoben werden sollte; vgl. weiter *Nobel*, S. 461, zur Regulierungsfolgeanalyse.

Feld, Lars P./*Kirchgässner*, Gebhard: Die Rolle des Staates in privaten Governance Strukturen, in: Schweizerische Zeitschrift für Volkswirtschaft und Statistik, Bd. 139/3 (2003), S. 253 ff.

Föhse, Martin: Urteilsbesprechung BGer 2C_681/2015 und 2C_682/2015 vom 20. Juli 2016, in: AJP (2016), S. 1709 ff. (zit. *Föhse*, Urteilsbesprechung).

Föhse, Martin: Die Leiden der jungen Strommarktordnung – aktuelle Probleme des StromVG unter besonderer Berücksichtigung der Rechtsprechung zu Netzgebietszuteilung und Grundversorgung, in: recht (2015), S. 125 ff. (zit. *Föhse*, Strommarktordnung).

Frey, René L.: Service public in der Schweiz, Reform der Grundversorgung in der Fläche, in: Informationen zur Raumentwicklung (2008), S. 49 ff. (zit. *Frey*, Service public).

Frey, René L.: Wirtschaft, Staat und Wohlfahrt, Eine Einführung in die Volkswirtschaftslehre am Beispiel der Schweiz, 11. Aufl., Basel 2002 (zit. *Frey*, Einführung).

Frey, René L./*Frey Marti*, Claudia: Privatisierung und Deregulierung, Zürich/Chur 2012.

Fritsch, Michael: Marktversagen und Wirtschaftspolitik, 10. Aufl., München 2018.

Gächter, Thomas/*Rütsche*, Bernhard: Gesundheitsrecht, Ein Grundriss für Studium und Praxis, 4. Aufl., Basel 2018.

Hager, Patricia Martina: Rundfunkvielfalt und Medienkonzentration, Rechtliche Mechanismen zur Sicherung der Diversität in Radio und Fernsehen, Zürich 2016.

Hammer, Stephan/*Peter*, Martin/*Trageser*, Judith: Wettbewerb im Gesundheitswesen, Auslegeordnung, Neuenburg 2008.

Hänni, Peter/*Stöckli*, Andreas: Schweizerisches Wirtschaftsverwaltungsrecht, Bern 2013.

Hermes, Georg: Staatliche Infrastrukturverantwortung, Rechtliche Grundstrukturen netzgebundener Transport- und Übertragungssysteme zwischen Daseinsvorsorge und Wettbewerbsregulierung am Beispiel der leitungsgebundenen Energieversorgung in Europa, Tübingen 1998.

Herrmann, Karolin: Öffentliche Unternehmen, Eine ökonomische Analyse kommunaler Wirtschaftstätigkeit, in: List-Forum für Wirtschafts- und Finanzpolitik, Bd. 40 (2014), S. 403 ff.

Hettich, Peter: Infrastrukturverfassung, in: Diggelmann, Oliver/Hertig Randall, Maya/Schindler, Benjamin (Hrsg), Verfassungsrecht der Schweiz, Bd. III, Zürich 2020, S. 2283 ff. (zit. *Hettich*, Infrastrukturverfassung).

Hettich, Peter: Entscheidbesprechung zu BGer 2C_485/2010 vom 3. Juli 2012, in: AJP (2012), S. 1467 ff. (zit. *Hettich*, Entscheidbesprechung).

Hettich, Peter: Sicherung der Grundversorgung bei vollständiger Deregulierung, Ein Beitrag zur bevorstehenden Aufhebung des Postmonopols in der Schweiz und in der EU, in: ZBl, Bd. 109 (2008), S. 629 ff. (zit. *Hettich*, Grundversorgung).

Hettich, Peter: Governance by mutual benchmarking in postal market, how state owned enterprises may induce private competitors to observe policy goals, in:

University of Dayton Law Review, Bd. 32/2 (2007), S. 199 ff. (zit. *Hettich*, Governance).

Hettich, Peter/*Kolmar*, Martin: „Wettbewerbsverzerrung" und „Grundsatz der Wirtschaftsfreiheit" aus interdisziplinärer Sicht, in: ZBl, Bd. 119 (2018), S. 275 ff.

Hettich, Peter/*Kolmar*, Martin/*Hoffmann*, Magnus/*Koller*, Jannick/*Mathis*, Lukas: Wettbewerbsverzerrungen durch öffentliche Unternehmen. Angewendet auf den Schweizer Telekommunikationsmarkt, Zürich/St. Gallen 2017.

Hettich, Peter/*Schelker*, Mark: Medien im digitalen Zeitalter, Neugestaltung des Programmauftrags aus ökonomischer und rechtlicher Sicht, Zürich 2016.

Hettich, Peter/*Steiner*, Thomas: Kommentar zu Art. 92, in: Ehrenzeller, Bernhard/Schindler, Benjamin/Schweizer, Rainer J./Vallender, Klaus A. (Hrsg.), Die Schweizerische Bundesverfassung, St. Galler Kommentar, 3. Aufl., Zürich 2014 (zit. *Hettich/Steiner*, St. Galler Kommentar BV, Art. 92, N. …).

Hotz-Hart, Beat/*Schmuki*, Daniel/*Dümmler*, Patrick: Volkswirtschaft der Schweiz, Aufbruch ins 21. Jahrhundert, 4. Aufl., Zürich 2006.

Kern, Markus: Kommentar zu Art. 92, in: Waldmann, Bernhard/Belser, Eva Maria/Epiney, Astrid (Hrsg.), Basler Kommentar, Bundesverfassung, Basel 2015 (zit. *Kern*, BSK BV, Art. 92, N. …).

Kirchgässner, Gebhard: Staatliche Bereitstellung von Gütern: allokative und distributive Aspekte, in: Swiss Political Science Review, Bd. 6/1 (2000), S. 9 ff.

Knapp, Blaise: Précis de droit administratif, 4. Aufl., Basel 1991.

Knieps, Günter: Wettbewerbsökonomie, Regulierungstheorie, Industrieökonomie, Wettbewerbspolitik, 3. Aufl., Berlin/Heidelberg 2008 (zit. *Knieps*, Wettbewerbsökonomie).

Knieps, Günter: Netzökonomie: Grundlagen – Strategien – Wettbewerbspolitik, Wiesbaden 2007 (zit. *Knieps*, Netzökonomie).

Kolmar, Martin: Grundlagen der Mikroökonomik, Ein integrativer Ansatz, Berlin/Heidelberg 2017.

Köthenbürger, Marko/*Frick*, Andres: Service public, Überblick über die volkswirtschaftliche Rolle des Service public, in: KOF Studien, Nr. 71 (2016), Zürich 2016.

Kühling, Jürgen: Sektorspezifische Regulierung in den Netzwirtschaften, Typologie, Wirtschaftsverwaltungsrecht, Wirtschaftsverfassungsrecht, München 2004.

Ledyard, John O.: Market Failure, in: Macmillan Publishers Ltd (Hrsg.), The new Palgrave dictionary of economics, London 2018, S. 8246 ff.

Lepsius, Oliver: Ziele der Regulierung, in: Fehling, Michael/Ruffert, Matthias (Hrsg.), Regulierungsrecht, Tübingen 2010, S. 1055 ff.

Leschke, Martin: Regulierungstheorie aus ökonomischer Sicht, in: Fehling, Michael/Ruffert, Matthias (Hrsg.), Regulierungsrecht, Tübingen 2010, S. 281 ff.

Martenet, Vincent: La notion de service public en droit suisse, in: Tanquerel, Thierry/Bellanger, François (Hrsg.), Le service public, Journée de Droit Administratif 2005, Genf 2006, S. 9 ff.

Mathis, Klaus: Effizienz statt Gerechtigkeit?, Auf der Suche nach den philosophischen Grundlagen der Ökonomischen Analyse des Rechts, 4. Aufl., Berlin 2019.

Mause, Karsten/*Müller*, Christian: Allokation: Marktversagen und Staatstätigkeit, in: Mause, Karsten/Müller, Christian/Schubert, Klaus (Hrsg.), Politik und Wirtschaft, Ein integratives Kompendium, Wiesbaden 2017, S. 147 ff.

Moor, Pierre/*Bellanger*, François/*Tanquerel*, Thierry: Droit administratif, Volume III: L'organisation des activités administratives, 2. Aufl., Bern 2018.

Moor, Pierre/*Flückiger*, Alexandre/*Martenet*, Vincent: Droit administratif, Volume I: Les fondements, 3. Aufl., Bern 2012.

Nobel, Peter: Die wirtschaftliche Betrachtungsweise im Recht, in: SJZ (2017), S. 457 ff.

Posner, Richard A.: What is law and economics today?, An American view, in: Nobel, Peter/Gets, Marina (Hrsg.), New frontiers of law and economics, St. Gallen 2006, S. 89 ff. (zit. *Posner*, Law).

Posner, Richard A.: Recht und Ökonomie: Eine Einführung, in: Assmann, Heinz-Dieter/Kirchner, Christian/Schanze, Erich (Hrsg.), Ökonomische Analyse des Rechts, Tübingen 1993, S. 79 ff. (zit. *Posner*, Einführung).

Rodi, Michael: Ökonomische Analyse des Öffentlichen Rechts, Berlin/Heidelberg 2014.

Saxer, Urs/*Brunner*, Florian: Der Service public, die digitale Revolution und die Medienverfassung, in: AJP (2018), S. 22 ff.

Schaffhauser, René/*Uhlmann*, Felix: Kommentar zu Art. 89, in: Ehrenzeller, Bernhard/Schindler, Benjamin/Schweizer, Rainer J./Vallender, Klaus A. (Hrsg.), Die Schweizerische Bundesverfassung, St. Galler Kommentar, 3. Aufl., Zürich 2014 (zit. *Schaffhauser/Uhlmann*, St. Galler Kommentar BV, Art. 89, N. …).

Schefer, Markus/*Hess-Klein*, Caroline: Behindertengleichstellungsrecht, Bern 2014.

Schleiniger, Reto/*Betz*, Regina/*Winzer*, Christian: Der schweizerische Strommarkt zwischen Liberalisierung und Regulierung, Zürich/St. Gallen 2019.

Schweizer, Rainer J./*Müller*, Lucien: Kommentar zu Art. 43a, in: Ehrenzeller, Bernhard/Schindler, Benjamin/Schweizer, Rainer J./Vallender, Klaus A. (Hrsg.), Die Schweizerische Bundesverfassung, St. Galler Kommentar, 3. Aufl., Zürich 2014 (zit. Schweizer/Müller, St. Galler Kommentar BV, Art. 43a, N. …).

Shleifer, Andrej: State versus private ownership, in: Journal of Economic Perspectives (1998), S. 133 ff.

Smith, Adam: Der Wohlstand der Nationen, Eine Untersuchung seiner Natur und seiner Ursachen, Aus dem englischen übertragen und mit einer umfassenden Würdigung des Gesamtwerkes herausgegeben von Horst Claus Recktenwald, 11. Aufl., München 2005.

Stiglitz, Joseph: Economics of the public sector, 3. Aufl., New York 2000.

Trüeb, Hans Rudolf: Der so genannte Service Public, in: ZBl, Bd. 103 (2002), S. 225 ff.

Uhlmann, Felix: Kommentar zu Art. 81a, in: Ehrenzeller, Bernhard/Schindler, Benjamin/Schweizer, Rainer J./Vallender, Klaus A. (Hrsg.), Die Schweizerische Bundesverfassung, St. Galler Kommentar, 3. Aufl., Zürich 2014 (zit. *Uhlmann*, St. Galler Kommentar BV, Art. 81a, N. …).

Walther, Simone: Regulierung von Energiespeichern in der Schweiz, Gutachten im Auftrag des Forums Energiespeicher Schweiz (FESS) erstattet am 17. Oktober 2018, Zürich/St. Gallen 2019.

Wellisch, Dietmar: Finanzwissenschaft I, Rechtfertigung der Staatstätigkeit, München 2000.

Wieland, Bernhard: Verkehrsinfrastruktur: Volkswirtschaftliche und ordnungspolitische Aspekte, in: Schöller, Oliver/Weert, Canzler/Knie, Andreas (Hrsg.), Handbuch Verkehrspolitik, 2. Aufl., Wiesbaden 2016, S. 351 ff.

Winistörfer, Marc M.: Die Wirtschaftsfreiheit als Grundlage der Wirtschaftsverfassung, Grundrecht und Grundsatz im Lichte der Verfassungsdogmatik und der ökonomischen Theorie, Zürich/Basel/Genf 2021.

Wyss, Martin P.: Bildung als Service Public?, Verfassungsrechtliche Konturen eines politischen Schlagwortes, in: Bovay Benoît/Nguyen Minh Son (Hrsg.), Mélanges en l'honneur de Pierre Moor, Professeur à la Faculté de droit de l'Université de Lausanne, Théorie du droit – droit administratif – organisation du territoire, Bern 2005, S. 609 ff.

Normative Spannungsfelder innerhalb der ökonomischen Analyse des Wettbewerbsrechts

Von *Martin Meier*

I. Einleitung

Die Dissertation des Jubilars Klaus Mathis trägt den Titel „Effizienz statt Gerechtigkeit? – Auf der Suche nach den philosophischen Grundlagen der Ökonomischen Analyse des Rechts" und erscheint bereits in vierter Auflage.[1] Ein durchaus beneidenswerter Erfolg für ein Erstlingswerk, der aber mehr als berechtigt ist. Scheinbar mühelos oszilliert der Jubilar in seinem Werk zwischen rechtlichen, ökonomischen und philosophischen Gesichtspunkten und verknüpft sie zu einem stimmigen Gesamtwerk. Dieser interdisziplinäre und zugleich grundlegende Zugang zum Forschungsgegenstand eröffnet einen Blick auf die ökonomische Analyse des Rechts wie kaum ein anderes Werk.

„Effizienz statt Gerechtigkeit?" – Der durchaus kokettierende Haupttitel steckt bereits das Feld seiner Studie ab und verdeutlich das grundlegende Spannungsverhältnis, das mit der ökonomischen Analyse des Rechts einhergeht. Vereinfacht gesagt steht auf der einen Seite die „ökonomische Rationalität"[2], die sich in erster Linie der Effizienzprämisse verpflichtet sieht. Auf der anderen Seite steht die „rechtliche Rationalität", die sich mit einer Vielzahl von Werten und Schutzgütern auseinandersetzt, um einem Gerechtigkeitsziel Rechnung zu tragen.[3] Im Rahmen der ökonomischen Analyse des Rechts treffen die beiden Rationalitäten unweigerlich aufeinander, zumal hier

---

1 *Klaus Mathis*, Effizienz statt Gerechtigkeit? – Auf der Suche nach den philosophischen Grundlagen der Ökonomischen Analyse des Rechts; die Studie wurde 2009 auch ins Englische übersetzt: *Klaus Mathis*, Efficiency Instead of Justice? – Searching for the Philosophical Foundations of the Economic Analysis of Law.

2 Rationalität meint hier, dass jede wissenschaftliche Disziplin mit ihren eigenen Methoden, Modellen, Fachsprachen, Gegenständen und Zielen operiert. Siehe hierzu *Meier*, S. 16ff.

3 Zu den Begrifflichkeiten Effizienz und Gerechtigkeit siehe unten II.a) zu den Begrifflichkeiten.

rechtliche Probleme mittels ökonomischer Methoden und Konzepte analysiert werden.[4]

Während in anderen Rechtsgebieten die ökonomische Analyse erst in den letzten Jahren systematische Eingang gefunden hat, stellt sie im Wettbewerbsrecht bereits seit ihren Anfängen, Ende des 19. Jahrhunderts, einen integralen Bestandteil dar.[5] Ökonomische und rechtliche Überlegungen müssen im Wettbewerbsrecht ineinandergreifen, um eine funktionierende Wettbewerbspolitik sicherzustellen. Ein rein juristischer Blickwinkel ist ebenso verkürzt wie ein rein ökonomischer. Die Notwendigkeit einer interdisziplinären Herangehensweise widerspiegelt sich auch in der Literatur: Bereits heute ist die rechtsökonomische Wettbewerbsliteratur ausgesprochen weit gediehen.[6] Es würde den Rahmen dieses kurzen Aufsatzes fraglos sprengen, die ausgesprochen interessante Geschichte der ökonomischen Analyse des Wettbewerbsrechts sowie deren aktuellen Anwendungsmöglichkeiten dezidiert darzulegen.[7] Anknüpfend an das opus magnum des Jubilars, ist nachfolgend vielmehr auf einen Aspekt einzugehen, der in der heutigen Wettbewerbsliteratur nicht mehr sonderlich prominent diskutiert wird. Es geht dabei um die normative Grundausrichtung des Wettbewerbsrechts. Das von Klaus Mathis beschriebene Spannungsverhältnis in der ökonomischen Analyse des Rechts schlägt nämlich auch auf das Wettbewerbsrecht durch. Vereinfacht gesagt stellt sich die Grundsatzfrage, ob sich das Wettbewerbsrecht mehr an der ökonomischen Rationalität und damit an der Effizienzprämisse oder aber an der rechtlichen Rationalität mit seinem Gerechtigkeitsziel orientieren soll. Dass es sich hierbei nicht um einen reinen Akademikerdisput handelt, macht das Aufkommen einer neuen wettbewerbspolitischen Bewegung in den USA in jüngster Vergangenheit deutlich. Aber dazu später mehr.[8]

In einem ersten Schritt (II.) wird erläutert, was vorliegend unter Effizienz und Gerechtigkeit verstanden wird. Ferner wird der Frage nachgegangen, inwiefern diese zwei Begriffe im Wettbewerbsrecht von Relevanz sind. In einem zweiten Schritt (III.) wird anhand der „Post-Chicago"-Strömung aufgezeigt, welche Vor- und Nachteile mit einem effizienzorientieren Wettbe-

---

[4] So zumindest das traditionelle Verständnis. Kritik an diesem traditionellen Verständnis findet sich unter anderem bei: *Heinemann*, Realität, S. 25; *Calabresi*, S. 1 ff.

[5] Der Begriff Wettbewerbsrecht ist vorliegend mit Kartellrecht gleichgesetzt.

[6] Siehe hierzu instruktiv: *Ingo Schmidt/Justus Haucap*, Wettbewerbspolitik und Kartellrecht – Eine interdisziplinäre Einführung; *Massimo Motta*, Competition Policy – Theory and Practice; *Günter Knieps*, Wettbewerbsökonomie – Regulierungstheorie, Industrieökonomie, Wettbewerbspolitik; *Rainer Olten*, Wettbewerbstheorie und Wettbewerbspolitik.

[7] Siehe hierzu ausführlich *Meier*, S. 89 ff.

[8] Siehe hierzu unten IV. Die „New Brandeis Movement of Antitrust" und das fairnessorientierte Wettbewerbsrecht.

werbsrecht einhergehen. In einem dritten Schritt (IV.) wird sodann mit der „New Brandeis Movement of Antitrust" eine wettbewerbspolitische Bewegung vorgestellt, die ein fairnessorientiertes Wettbewerbsrecht propagiert. Auch dieser Wettbewerbsansatz wird auf seine Vorzüge und Nachteile hin bewertet. Abschliessend (V.) erfolgt eine Würdigung.

II. Effizienz, Fairness und die Frage nach dem Ziel des Wettbewerbs

1. Zu den Begrifflichkeiten

Der Effizienzbegriff ist im Vergleich zum Gerechtigkeitsbegriff griffiger und hat relativ klare Konturen. Allen voran wenn man auf den von der neoklassischen Wohlfahrtsökonomik geprägten Effizienzbegriff abstellt. Effizienz bezieht sich dabei auf die Ressourcenallokation. Damit meint man, dass knappe Ressourcen dorthin zugeteilt („alloziert") werden, wo sie den höchsten Wert erzielen. Konsumgüter gehen an Konsumenten mit der höchsten Zahlungsbereitschaft und Produktionsgüter gehen an den Ort, wo sie am gewinnbringendsten weiterverarbeitet werden können. Da dieser Austausch auf dem Markt in der Regel freiwillig erfolgt, sind die Ergebnisse (pareto-) effizient.[9] Die so verstandene Effizienzprämisse passt zur ökonomischen Rationalität mit ihren mehrheitlich formalen und quantitativen Problemlösungsmechanismen.[10]

Das Gerechtigkeitskonzept ist dahingegen schwieriger zu fassen und seine historischen Wurzeln reichen tief.[11] Heute ist die Fülle an Literatur zu diesem Thema nicht mehr überschaubar. Im Rahmen dieses Aufsatzes muss man sich mit Vereinfachungen begnügen. In Anlehnung an John Rawls „*A Theory of Justice*" wird Gerechtigkeit vorliegend mit Fairness gleichgesetzt.[12] Zugegebenermassen handelt es sich auch bei Fairness um einen abstrakten Begriff, der jedoch im rechtlichen Kontext greifbarer zu sein scheint. So ist dem Fairnessgedanken einerseits im Rahmen der Verfahrensgarantien Rechnung zu tragen (sog. prozessuales Fairnessprinzip), andererseits soll Fairness aber auch als materieller Grundsatz verstanden werden, der das gesamte staatliche Handeln bindet (sog. materielles Fairnessprinzip).[13] In der Rechtsanwendung

---

[9] Siehe zum Ganzen *Meier*, S. 73; *Mathis*, Effizienz, S. 33.

[10] *Meier*, S. 22 ff.

[11] Bereits vor über 2000 Jahren hat sich Aristoteles seinem Werk „Nikomachischen Ethik" vertieft mit Gerechtigkeit auseinandergesetzt.

[12] *Rawls*, A Theory of Justice; siehe hierzu ferner auch *Mathis*, Effizienz, S. 161 ff.

[13] Siehe hierzu *Wiederkehr*, S. 17 ff.; *Meier*, S. 18; siehe ferner auch *Fikentscher/Hacker/Podszun*, S. 72 f.; *Heinemann*, Fairness, S. 389.

äussert sich dies im Gebot sachgerechter Entscheidungsstrukturen, die mit Blick auf die konkreten Umstände und Interessen ein angemessenes Ergebnis gewährleisten. In der Rechtsetzung wird dem Fairnesskriterium Rechnung getragen in dem den rechtsanwendenden Behörden Raum für die Beachtung des situativen Kontexts belassen wird.[14] Die so verstandene Fairnessprämisse passt zur rechtlichen Rationalität mit ihren mehrheitlich pragmatischen und qualitativen Problemlösungsmechanismen.[15]

Auch wenn diese Umschreibungen sehr knapp sind, verdeutlichen sie bereits das Wesentliche: Wenn man die beiden Ziele gegenüberstellt, wird ersichtlich, dass die Effizienzprämisse in der Ökonomik deutlich formalistischer und enger verstanden wird als der Gerechtigkeits- bzw. Fairnessbegriff im Recht.

Fairness und ökonomische Rationalität; eine Verbindung die nicht nur von Harmonie geprägt ist, wenn man es einmal vorsichtig ausdrücken will. Gleiches gilt auch für die Verbindung von Effizienz und rechtlicher Rationalität. So ist das Fairnesskriterium in den traditionellen ökonomischen Theorien eine – zuweilen störende – Randerscheinung. Dies ist dem Umstand geschuldet, dass das Fairnesskonzept von der ökonomischen Rationalität nur bedingt gefasst und quantifiziert werden kann.[16] Demgegenüber werden Effizienzüberlegungen insbesondere in der deutschsprachigen Rechtsliteratur traditionell kritisch betrachtet. Eine besonders scharfe Kritik an Effizienzüberlegungen im Recht findet sich bei Gauch. So hielt er fest, dass man zu einem Recht ohne Qualität gelangt, wenn man beginnt, das Recht in wirtschaftliche Daten aufzulösen. Was letztlich bleibe, sei die „schiere Wertlosigkeit".[17]

2. Die Frage nach dem Ziel des Wettbewerbs

Nach diesen einleitenden Bemerkungen drängt sich noch folgende Grundsatzfrage auf: Warum sind Effizienz und Fairness im Rahmen des Wettbewerbsrechts überhaupt von Relevanz? Ist es nicht vielmehr die Aufgabe der Wettbewerbspolitik den Wettbewerb zu schützen? Die Antwort darauf ist ein klares Jein. Es trifft zwar zu, dass der Gesetzgeber in der Regel die Sicherung des Wettbewerbs als Ziel ausgibt, jedoch entpuppt sich dieses Ziel bei

---

[14] *Wiederkehr*, S. 301; *Meier*, S. 18; siehe ferner auch *Fikentscher/Hacker/Podszun*, S. 72 f.; *Heinemann*, Fairness, S. 389.

[15] *Meier*, S. 17 ff.

[16] In diesem Sinne Budzinski: „Die in der Ökonomik weit verbreitete Skepsis gegenüber Fairnessargumenten im Wettbewerb speist sich aus der Schwierigkeit, eindeutig zu definieren, was faire und was unfaire Wettbewerbshandlungen sind.", *Budzinski*, S. 28; siehe auch *Fikentscher/Hacker/Podszun*, S. 78.

[17] *Gauch*, S. 2; *Meier*, S. 25 f.

genauerer Betrachtung als überaus unbestimmt. So hielt Schluep bereits Mitte der 1970er Jahre fest:

> „Ziel der Wettbewerbspolitik sei die Erhaltung der Funktionsfähigkeit des Wettbewerbs. Die Formulierung ist nur deshalb unbestritten, weil sie offen lässt, welchen Referenznormen zu genügen Funktion des Wettbewerbs ist. Überdies verdeckt die Wendung die Möglichkeit, dass die anzustrebenden Ziele im Verhältnis der Antinomie zueinander stehen."[18]

Bei der Suche nach „Referenznormen" landet man relativ schnell – jedoch nicht zwangsläufig[19] – bei den tradierten Zielvorstellungen der ökonomischen und rechtlichen Rationalität. Selbstredend handelt es sich bei Effizienz und Fairness um abstrakte Ziele, die durch Unterziele zu konkretisieren sind. Dies gilt insbesondere für das Fairnesskriterium, zumal es ganz verschiedene Werte und Schutzgüter auf sich vereinen kann. Diese Oberziele sind als Leitgrundsätze zu verstehen, an denen sich das gesamte Wettbewerbsrecht – im Sinne einer „ratio legis" – auszurichten hat.

Diese Ausführungen zum Zielmodell sind so grundlegend wie offenkundig. Aber keineswegs obsolet. Ein Blick in die aktuelle Wettbewerbsliteratur offenbart nämlich, dass diese wichtige Debatte lediglich auf Sparflamme geführt wird – wenn sie nicht schon ganz erlöschen ist. Es macht den Anschein, dass die Zielfrage im Wettbewerbsrecht heute vielfach als reiner Akademikerdisput abgetan wird, zumal man sich in der Praxis bereits auf ein Zielmodell verständigt habe. Diese Behauptung wäre wohl zutreffend, wenn man nicht mit Erstaunen feststellen müsste, wie oberflächlich die Zieldebatte in jüngerer Vergangenheit teilweise geführt wurde. Abgesehen von einigen Ausnahmen, begnügt man sich heute vielfach damit, auf diffuse und nicht weiter ausgearbeitete Zielmodelle zu referenzieren.[20] Diese oberflächlich geführte Grundsatzdebatte ist wohl einer der Gründe dafür, dass sich die

---

18 *Schluep*, S. 99.

19 Was hier gänzlich ausgeklammert wird, ist die sog. Freiheitsfunktion des Wettbewerbs. Insbesondere die Österreicher Schule stellt die Wettbewerbsfreiheit das Zentrum ihrer Analyse. Das Konzept der Wettbewerbsfreiheit der Österreicher Schule geht jedoch mit einem fundamentalen Problem einher; nämlich jenem der richtigen Abgrenzung der individuellen Freiheitsbereiche. Wenn verschiedene Freiheitsbereiche aufeinanderprallen, liefert die Österreicher Schule keine Antwort auf die Frage, welche Freiheiten zu bevorzugen sind. Zur Beantwortung dieser Frage ist zwangsläufig auf alternative Kriterien abzustellen. Heidrich spricht in diesem Zusammenhang von der Umverteilung individueller Freiheiten, die nur gerechtfertigt ist, wenn dadurch überindividuelle Vorteile entstehen. Damit liefert das Konzept der (Wettbewerbs-) Freiheit im Konfliktfall kein finales Entscheidungskriterium. Siehe hierzu *Heidrich*, S. 248 f.

20 Betreffend Ausnahmen siehe etwa *Oles Andriychuk*, The Normative Foundations of European Competition Law – Assessing the Goals of Antitrust Through the Lens of Legal Philosophy; *Daniel Zimmer* (Hrsg.), The Goals of Competition Law.

Wettbewerbspolitik vermehrt mit Identitätsfragen konfrontiert sieht. Heute stellt sich etwa die Frage, ob bei der wettbewerbsrechtlichen Analyse auch Aspekte wie Datenschutz, Nachhaltigkeit oder soziale Gerechtigkeit mitberücksichtigt werden müssen.[21]

Diese wettbewerbsrechtliche Grundsatzdebatte kann vor dem Hintergrund des Eingangs ausgeführten Kernproblems gesehen werden; Effizienz oder Fairness? An welchem dieser Oberziele soll sich das Wettbewerbsrecht ausrichten? Oder pointierter formuliert: Sollen Unternehmenszusammenschlüsse sowie ein- und zweiseitige Wettbewerbsbeschränkungen mittels einem effizienzorientierten Wettbewerbsrecht analysiert werden oder mit einem fairnessorientierten Wettbewerbsrecht, das verschiedene Werte und Schutzgüter adressiert? Kirchner fasst dieses Spannungsverhältnis treffend wie folgt zusammen:

> „To revisit, goals of competition law‘ is an economic topic and a legal topic as well. (...) From a normative perspective economic approaches and legal approaches differ in so far as (mainstream) economic approaches stress welfare goals and ultimately efficiency, whereas legal approaches are functional and focus on economic goals (...) and on ‚constitutional goals‘ like ‚the rule of law‘, ‚legal certainty‘ and ‚legitimacy of law-making‘."[22]

Letztlich handelt es sich dabei um eine normative Frage, die hier nicht abschliessend beantwortet werden kann. Nachfolgend soll nur, aber immerhin, anhand von zwei Wettbewerbsansätze aufgezeigt werden, welche Vorbzw. Nachteile mit einem effizienzorientieren und einem fairnessorientierten Wettbewerbsrecht einhergehen.

III. Die „Post-Chicago“-Strömung und das effizienzorientierte Wettbewerbsrecht

1. Von der „Chicago School of Antitrust“ zur „Post-Chicago“-Strömung

Die „Post-Chicago“-Strömung stellt einen heterogenen Wettbewerbsansatz dar, der in den 1990er Jahre entwickelt wurde.[23] Wie der Begriff „Post-Chicago“ deutlich macht, orientiert sich diese wettbewerbspolitische Strömung

---

[21] Siehe hierzu unten IV. Die „New Brandeis Movement of Antitrust“ und das fairnessorientierte Wettbewerbsrecht

[22] *Kirchner*, S. 8.

[23] Der Begriff „Strömung“ soll verdeutlichen, dass es sich nicht um eine homogene Wettbewerbskonzeption handelt, sondern um eine Vielzahl verbundener Wettbewerbsansätze, die sich an der „Chicago School of Antitrust“ orientieren. Zur „Post-Chicago“-Strömung siehe instruktiv *Hovenkamp*, Post-Chicago Antitrust, S. 257 ff.

an der „Chicago School of Antitrust“, die seit den 1970er Jahren die dominierenden Wettbewerbskonzeption darstellt. Das Verhältnis zwischen den zwei Wettbewerbsansätzen ist ambivalent, da die „Chicago School of Antitrust“ gleichzeitig als Ausgangs- sowie Abgrenzungspunkt fungiert. Ausgangspunkt weil der Wettbewerb im Rahmen „Post-Chicago“-Strömung ausschliesslich als Mittel zur Erhöhung der statischen Effizienz verstanden wird. Wie bei der „Chicago School of Antitrust“ werden alternative Wettbewerbsziele nicht adressiert. Dahingegen wird die Verhaltensgrundlage der „Post-Chicago“ Strömung durch die Berücksichtigung strategischer Verhaltensweisen (mit der Spieltheorie), oligopolistischer Marktstrukturen (mit der Industrieökonomik) sowie institutioneller Rahmenbedingungen und das Bestehen von Transaktionskosten (mit der Neuen Institutionenökonomik) realistischer ausgestaltet. In diesem Sinne grenzt sich die „Post-Chicago“-Strömung von ihrer Vorgängerin ab.[24] Oder pointierter formuliert: Die „Post-Chicago“-Strömung zeigt dem Gesetzgeber und den rechtsanwendenden Behörden damit auf, wie die statische Effizienz mittels realitätsnäheren ökonomischen Analysemethoden noch wirksamer erhöht werden kann.[25]

2. Einfluss auf die wettbewerbsrechtliche Analyse

a) Primär- und Sekundärmarkt

Eines der prominentesten Beispiele bei dem die „Post-Chicago“-Strömung in die wettbewerbsrechtliche Analyse Eingang gefunden hat, ist der in den USA 1992 abgeurteilte Fall *Eastman Kodak Co. vs. Image Technical Services, Inc.*[26] Dem Unternehmen Kodak wurde vorgeworfen, seinen Service- und Ersatzteilmarkt für Kodak-Kopiergeräte in widerrechtlicher Weise monopolisiert zu haben. Namentlich soll Kodak seine Konkurrenten aus dem Sekundärmarkt gedrängt haben, indem Kodak seine Kunden durch Exklusivverträge für Reparatur und Unterhalt der Kopiergeräte dazu zwang, ausschliesslich sein Angebot zu nutzen.[27]

Gemäss damals vorherrschender, von der „Chicago School of Antitrust“ geprägten Praxis ist in solchen Fällen eine Gesamtbetrachtung vorzunehmen. Dabei sind Wettbewerbsbeschränkungen auf dem Sekundärmarkt (Service- und Ersatzteilmarkt) nicht widerrechtlich, sofern der Wettbewerb auf dem Primärmarkt (Kopiergerätemarkt) spielt. Begründet wurde dies wie folgt: Eine rationale Konsumentin berücksichtigt beim Kaufentscheid nicht nur die

24 Siehe zum Ganzen *Schuhmacher*, S. 77; *Meier*, S. 197 f.

25 *Meier*, S. 299.

26 Eastman Kodak Co. v. Image Technical Servs., Inc., 504 U.S. 451 (1992).

27 Siehe hierzu mit weiteren Verweisen *Meier*, S. 260.

Kosten auf dem Primärmarkt, sondern bezieht auch die zukünftig anfallenden Kosten auf dem Sekundärmarkt mit ein. Ist die Konsumentin mit den Konditionen auf dem Sekundärmarkt unzufrieden, wird sie bereits auf dem Primärmarkt zu einem Konkurrenzprodukt wechseln.[28]

Entgegen der damaligen Praxis beurteilte das Gericht die Monopolisierungstätigkeit von Kodak jedoch als widerrechtlich. In seinem Urteil führte das Gericht aus, dass es der Konsumentenseite faktisch nicht zumutbar sei, alle entscheidungsrelevanten Informationen für die zukünftig anfallenden Kosten zusammenzutragen:

> „In order to arrive at an accurate price, a consumer must acquire a substantial amount of raw data and undertake sophisticated analysis. The necessary information would include data on price, quality, and availability of products needed to operate, upgrade, or enhance the initial equipment, as well as service and repair costs, including estimates of breakdown frequency, nature of repairs, price of service and parts, length of ‚downtime', and losses incurred from downtime. Much of this information is difficult – some of it impossible – to acquire at the time of purchase."[29]

Technisch gesprochen wies das Gericht damit auf die hohen Informationssuchkosten hin. Dieses Argument lässt sich bei der Neuen Institutionenökonomik, genauer gesagt bei der Transaktionskostentheorie ansiedeln. Stark vereinfacht ausgedrückt besagt diese Theorie, dass Vertragsschlüsse mit nicht monetären Kosten verbunden sind, die es im Rahmen der ökonomischen Analyse zu berücksichtigen gilt.[30] Auf den vorliegenden Fall angewandt bedeutet dies, dass von einer Gesamtbetrachtung von Primär- und Sekundärmarkt abzusehen ist. Dies weil es den Konsumenten nicht zumutbar ist, bereits beim Kaufentscheid alle zukünftig anfallenden Kosten auf dem Sekundärmarkt zu berücksichtigen. Die dafür anfallenden Transaktionenkosten in Form der Informationssuche wären schlicht zu hoch. Somit können Wettbewerbsbeschränkungen auf dem Sekundärmarkt durchaus problematisch sein.[31]

b) Bewertung der „Rule of Reason"

Die „Post-Chicago"-Strömung beeinflusste nicht nur die Rechtsprechung, sondern hatte auch Einfluss auf die Ausgestaltung und Auslegung der Wettbewerbsnorm. Allen voran wurde die von der „Chicago School of Antitrust"

---

[28] *Mathis*, Effizienz, S. 117; *Zamir/Teichman*, S. 381; *Meier*, S. 259 f.

[29] Eastman Kodak Co. vs. Image Technical Services., Inc., 504 U. S. 451 (1992), S. 473.

[30] *Meier*, S. 192 ff.

[31] *Mathis*, Effizienz, S. 117; *Zamir/Teichman*, S. 381; *Meier*, S. 259 f.

überaus positive Bewertung der sog. „Rule of Reason" kritisiert. Vereinfacht gesagt meint man mit „Rule of Reason", dass den Behörden bei der Bewertung wettbewerbsrelevanter Verhaltensweisen diskretionäre Entscheidungsspielräume zubilligt werden. Kampfpreisstrategien oder horizontale Fusionen sind damit nicht per se als rechtmässig oder rechtswidrig zu qualifizieren. Vielmehr muss im konkreten Einzelfall beurteilen werden, ob eine Verhaltensweise per Saldo effizienzerhöhend ist oder nicht. Durch diese verstärkte Einzelfallorientierung erhofft man sich, effizienzschädigende und -fördernde Effekte besser differenzieren und bewerten zu können.[32] Insbesondere in den USA war der Einfluss der „Rule of Reason" in der Vergangenheit unübersehbar. Während zu Beginn der 1970er Jahre alle Formen vertikaler Wettbewerbsabreden per se verboten waren, haben die Urteile von 1977[33] und 1997[34] zu einer weitgehenden Lockerung beigetragen. Seit dem Leegin-Urteil von 2007[35] sind nun sogar vertikale Mindestpreisbindungen zulässig, sofern die Wettbewerbsbehörde unter Anwendung der „Rule of Reason" im Einzelfall zum Schluss kommt, dass bei der fraglichen Abrede die Effizienz gefördert wird.[36]

Diese ausschliesslich positive Bewertung der „Rule of Reason" stiess im Zuge der „Post-Chicago"-Strömung auf Kritik. Von einem institutionenökonomischen Blickwinkel aus betrachtet, ist es für Interessengruppe bei einer „Rule of Reason" nämlich deutlich einfacher auf die wettbewerbsbehördlichen Entscheidungen Einfluss zu nehmen. Im Extremfall werden die Wettbewerbsbehörden von den Lobbisten, Verbänden oder Politikern instrumentalisiert, was eine objektive und faire Rechtsanwendung unterminiert. Oder technischer formuliert: Die diskretionären Entscheidungsspielräume eröffnen die Möglichkeit für schädliches „rent-seeking".[37] Darüber hinaus sind Einzelfallentscheidungen in der Regel mit hohen Entscheidungskosten verbunden. Um eine adäquate Bewertung zu gewährleisten, müssen die Wettbe-

---

[32] Siehe hierzu instruktiv *Schmidt*, S. 369 ff.

[33] Siehe hierzu Continental T.V., Inc. vs. GTE Sylvania Incorporated, 433 U.S. 36 (1977).

[34] Siehe hierzu State Oil Co. vs. Khan, 522 U.S. 3 (1997).

[35] Siehe hierzu Leegin Creative Leather Products, Inc. vs. PSKS, Inc., 551 U.S. 877 (2007).

[36] So explizit im Urteil „For all of the foregoing reasons, we think that were the Court considering the issue as an original matter, the rule of reason, not a per se rule of unlawfulness, would be the appropriate standard to judge vertical price restraints", Leegin Creative Leather Products, Inc. vs. PSKS, Inc., 551 U.S. 19 (2007); im Urteil wurde dabei explizit auf die Vordenker der Chicago Doktrin – wie Posner, Bork und Easterbrook – referenziert.

[37] *Schmidt*, S. 372.

werbsbehörden die entscheidungsrelevanten Informationen beschaffen und bewerten können.[38]

Obwohl der Chicago Doktrin eine ausgeprägte Staatsskepsis attestiert wird, ist sie hinsichtlich weiter behördlicher Entscheidungsspielräume erstaunlich unbesorgt. Dies lässt sich wohl weniger mit einem ausnahmsweise bestehenden Vertrauen in die Wettbewerbsbehörden erklären, sondern vielmehr mit einem Totenwinkel der Doktrin. Wie erwähnt stellt die ökonomische Analyse (staatlicher) Institutionen im Rahmen der Institutionenökonomik ein neueres Phänomen dar. Zumindest zu Beginn stand der „Chicago School of Antitrust“ der institutionenökonomische Werkzeugkasten noch nicht zur Verfügung. Die Folge: „rent seeking“-Strategien, die effizienzschädigende Einzelfallentscheidungen begünstigen, wurden nicht angemessen berücksichtigt.

Hat dies nun zur Konsequenz, dass man sich im Rahmen der „Post-Chicago“-Strömung auf die alten per se Regeln mit eindeutigen Verboten zurückbesinnt? Nicht zwangsläufig. Entscheidend ist, dass im Zuge der Normausgestaltung die Gefahr von „rent seeking“ mitberücksichtigt wird. Aber selbst dann können die Vorteile von weiten behördlichen Entscheidungsspielräumen überwiegen. In diesem Zusammenhang haben Christiansen und Kerber einen interessanten Ansatz präsentiert: Es soll im Rahmen einer Kosten-Nutzen-Analyse – unter Mitberücksichtigung der institutionellen Rahmenbedingungen – der optimale Differenzierungsgrad jeder Wettbewerbsregel separat bestimmt werden. Die Ausgestaltungsmöglichkeiten sind dabei vielfältig: von klaren per se Verboten über Vermutungs-, Ausnahme- oder Rechtfertigungstatbestände bis hin zur „Rule of Reason“ ist alles denkbar.[39]

Wie einleitend erwähnt ist das Verhältnis der „Post-Chicago“-Strömung zur Ursprungskonzeption durchaus ambivalent. Es trifft zwar zu, dass die „Post-Chicago“-Strömung das Verhaltensmodell, welches bei der wettbewerbsrechtlichen Analyse herangezogen wird, realistischer ausgestaltet. Von einem neuen Verhaltensansatz kann jedoch nicht gesprochen werden. Vielmehr werden komplexere und realistischere Entscheidungssituationen beschrieben, die mit dem bestehenden Verhaltensmodell analysiert werden.[40] Basis bildet weiterhin das „homo oeconomicus“-Modell, welches von rationalen, willensstarken und eigeninteressierten Marktakteuren ausgeht.[41] Nichtsdestotrotz kann hier zumindest von einem erweiterten Verhaltensmodell gesprochen werden, das den realen Gegebenheiten durchaus mehr Rechnung trägt.

---

[38] *Schmidt*, S. 372.

[39] *Christiansen/Kerber*, S. 215 und S. 240.

[40] *Meier*, S. 197.

[41] *Mathis*, Effizienz, S. 25 f. und S. 47.

3. Die „Efficiency Doctrine" und die Gefahr eines zu engen Wettbewerbsrechts

Ganz anders präsentiert sich die Lage auf der normativen Seite. Hier weicht die „Post-Chicago"-Strömung nicht von der Chicago Doktrin ab, die ihrerseits auf die neoklassischen Wohlfahrtsökonomik abstellt. Wettbewerb wird in erster Linie als Mittel zur Erhöhung der statischen Effizienz verstanden (sog. „Efficiency Doctrine").[42]

Die Anziehungskraft für dieses Zielmodell lässt sich mit dessen konzeptionellen Einfachheit und formalen Eleganz erklären. Man muss sich nicht mit allfälligen Zielkonflikten auseinandersetzen oder delikate Abwägungsfragen zwischen verschiedenen Schutzgütern vornehmen. Zudem können kaum quantifizierbare dynamische Aspekte – wie Innovation und technischer Fortschritt – weitgehend ausgeklammert werden, da sich die neoklassische Wohlfahrtsökonomik ausschliesslich im Rahmen des Preis-Mengen-Diagramms bewegt. Dies sind ideale Bedingungen für formale mathematische Analysen.[43] Die methodischen und analytischen Vorzüge des Effizienzkriteriums wurden auch von Bork angepriesen. Er legt die Stärken der Effizienzprämisse – verstanden als Konsumentenrente bzw. „consumer welfare goal" – gegenüber einem wettbewerbsrechtlichen Zielbündel wie folgt dar:

„Exclusive adherence to a consumer welfare goal is superior in that it (1) gives fair warning, (2) places intensely political and legislative decisions in Congress instead of the courts, (3) maintains the integrity of the legislative process, (4) requires real rather than unreal economic distinctions, and (5) avoids arbitrary or anticonsumer rules. A multiple-goal approach can achieve none of these things."[44]

Diese gewollte normative Verengung war mehrfach Gegenstand von Kritik. Eigentlich lässt sich die Kritik bis zu den Anfängen der „Chicago School

---

[42] Mit dem Konzept vom „survivor principle" finden zwar auch gewisse dynamische Elemente Eingang. Dabei wird das neoklassische Marktgleichgewicht nicht als statischer Endzustand, sondern als dynamische Referenznorm verstanden. Wenn Unternehmen nicht in der Lage sind, mittels effizienter Methoden Produkte zum Gleichgewichtspreis anzubieten, scheiden sie über lange Sicht aus dem entsprechenden Markt aus. Echte Innovation lässt sich damit jedoch nicht erklären. Die Wettbewerbsanalyse bleibt im Kern statisch. Siehe hierzu *Heidrich*, S. 88.

[43] Gemäss den Vertretern der „Chicago School of Antitrust" mangelt es dem damals vorherrschenden Wettbewerbsrecht an analytischer und methodischer Klarheit, was im Ergebnis zu einer unklaren, widersprüchlichen oder zumindest nicht praktikablen Wettbewerbspolitik führt. Siehe hierzu mit weiteren Verweisen *Meier*, S. 126 ff.

[44] *Bork*, S. 81.

of Antitrust" zurückverfolgen.[45] Das effizienzorientierte Wettbewerbsrecht konnte sich aber dennoch halten und hat sich teilweise sogar noch mehr Raum verschafft. So etwa in Europa nach der Jahrtausendwende als die EU-Wettbewerbspolitik im Zuge des sog. „More Economic Approach" – ein europäischer Ableger der „Post-Chicago"-Strömung – unter Druck geriet, ihr traditionell breites Wettbewerbsverständnis auf das statische Effizienzkriterium zu verengen.[46] Diesem Vorstoss wurde jedoch spätestens mit dem wegweisenden Urteil des Europäischen Gerichtshofs im Fall *GlaxoSmithKline Service Unlimited* von 2009 der Riegel geschoben.[47] In seinem Urteil hielt das Gericht fest, dass sich das europäische Wettbewerbsrecht nicht ausschliesslich am Effizienzstandard orientiert, sondern auch den „Wettbewerb an sich" schützt.[48] Obwohl nicht weiter auf den „Wettbewerb an sich" eingegangen wurde, machen die Ausführungen des Gerichts deutlich, dass in der EU ein auf Effizienz fokussiertes Wettbewerbsrecht abgelehnt wird.

Das Urteil scheint in Europa mit einer Trendwende zusammenzufallen: Während vor dem Urteil mehrheitlich über eine Verengung des Zielmodelles diskutiert wurde, scheint sich nach dem Urteil die gegenteilige Diskussion immer mehr in den Vordergrund zu schieben. So konstatierte beispielsweise Kerber 2008 – also kurz vor dem Entscheid –, dass es einer breiteren und tieferen interdisziplinären Forschung über die normativen Grundlagen des Wettbewerbsrechts bedürfe.[49] Im Kontext des schweizerischen Wettbewerbsrechts hat sich Wohlmann in ähnlicher Weise geäussert. Für ihn erschöpft sich das Ziel des Wettbewerbsrechts nicht bereits in der Beseitigung von Wettbewerbsbehinderungen, sondern geht weit darüber hinaus. Der Wettbewerb soll unter anderem ein freies und selbstständiges Unternehmertum und sogar eine arbeitnehmerfreundliche Sozialpolitik fördern.[50] In gleicher Weise

---

[45] So kritisierte beispielsweise Pitofsky 1979 eine zu ökonomisierte Wettbewerbspolitik: „There probably has never been a period comparable to the last decade, however, when antitrust economists and lawyers have had such success in persuading the courts to adopt an exclusively economic approach to antitrust questions. In this paper, I will urge a different view. It is bad history, bad policy, and bad law to exclude certain political values in interpreting the antitrust laws.", *Pitofsky*, S. 1051.

[46] Siehe hierzu *Meier*, S. 198 ff.

[47] Siehe hierzu Urteil des EuGH vom 6. Oktober 2009, in den verbundenen Rechtssachen C–501/06 P, C–501/06 P, C–513/06 P, C–515/06 P und C–519/06 P, GlaxoSmithKline Service Unlimited v. European Commission, Rz. 1 ff.

[48] Siehe hierzu Urteil des EuGH vom 6. Oktober 2009, in den verbundenen Rechtssachen C–501/06 P, C–501/06 P, C–513/06 P, C–515/06 P und C–519/06 P, GlaxoSmithKline Service Unlimited v. European Commission, Rz. 63.

[49] *Kerber*, S. 120.

[50] *Wohlmann*, Versagen des Kartellrechts, Nr. 1 f.; siehe hierzu aktuell auch *Herbert Wohlmann*, Führt das Primat der Nachhaltigkeit zur Renaissance der Saldomethode?.

ist schliesslich auch Ezrachi zu verstehen, wenn er sich für ein heterogenes und kontextuelles Wettbewerbsverständnis einsetzt. Das Wettbewerbsrecht, so Ezrachi, hat sich nicht nur an einer einzigen ökonomischen Doktrin auszurichten, sondern muss die nationalen Besonderheiten in ökonomischer, gesellschaftlicher und sozialer Hinsicht berücksichtigen. Analog zu einem Schwamm könne das Wettbewerbsrecht nämlich unterschiedliche Ziele und Wertvorstellungen aufsaugen.[51]

Aber nicht nur in Europa, sondern auch in den USA – dem Heimatland der (Post-)Chicago-Doktrin – bläst dem effizienzorientierten Wettbewerbsrecht in den letzten Jahren ein rauerer Wind entgegen. Dies ist in erster Linie der sog. „New Brandeis Movement of Antitrust" geschuldet.

IV. Die „New Brandeis Movement of Antitrust" und das fairnessorientierte Wettbewerbsrecht

1. Von Louis Brandeis zu den „Neo-Brandeisians"

Die „New Brandeis Movement of Antitrust" ist eine wettbewerbspolitische Strömung, die in den letzten vier Jahren in den USA entstanden ist und eine grundsätzliche Debatte hinsichtlich der normativen Grundlage des Wettbewerbsrechts angestossen hat. Die Bewegung wird von bekannten Persönlichkeiten aus der Politik, wie Elizabeth Warren oder Cory Booker, mitgetragen. Stand heute handelt es sich um eine heterogene Bewegung und es hat sich noch kein kohärentes wettbewerbspolitisches Programm herausgebildet.[52] Dennoch lassen sich bereits gewisse Kernelemente und eine allgemeine Grundausrichtung identifizieren. Zunächst aber wollen wir uns in gebotener Kürze den historischen Wurzeln der Bewegung zuwenden.

Wie es der Name „New Brandeis Movement of Antitrust" andeutet, geht die Bewegung auf Louis Brandeis zurück. Brandeis amtete zu Beginn des 20. Jahrhunderts über 20 Jahre als Richter am US Supreme Court. Dabei hat er sich unter anderem durch seine „Curse of Bigness"-Doktrin prominent hervorgetan.[53] Massgeblich geprägt von der Idee der staatlichen Gewaltentrennung wollte Brandeis sinngemäss eine ökonomische Gewaltentrennung implementieren. Ökonomische Macht soll dabei auf möglichst viele Marktakteure verteilt werden, damit ein System von „checks and balances" entsteht, das eine allgemeine Macht- und Chancenverteilung sicherstellt. Ausgehend von diesem Grundsatz hat Brandeis marktbeherrschende Unternehmen

---

[51] *Ezrachi*, S. 50.

[52] Siehe zum Ganzen *Meier*, S. 316ff.

[53] *Brandeis*, S. 162ff.

äusserst kritisch betrachtet: Auf den Märkten, die von diesen Unternehmen dominierten werden, mangelt es nämlich an hemmenden ökonomischen Gegenkräften. Darüber hinaus besteht die Gefahr, dass solche Unternehmen von ihren Machtpositionen aus, auf demokratische und rechtsstaatliche Prozesse Einfluss nehmen.[54]

Brandeis' „Curse of Bigness"-Doktrin prägte die US-Wettbewerbspolitik über Jahrzehnte. Erst mit dem Aufstieg der „Chicago School of Antitrust" verschwanden Brandeis Ideen aus der praktischen Wettbewerbspolitik. Die verbliebenen Anhänger von Brandeis' Doktrin traten daraufhin als Kritiker der neuen effizienzorientierten Wettbewerbspolitik in Erscheinung.[55] Keiner der Kritiker verstand sich jedoch als Teil der „New Brandeis Movement of Antitrust".

Die „New Brandeis Movement of Antitrust" geht wohl auf Lina M. Khan zurück, die heute den Vorsitz der Federal Trade Commission (FTC) innehat. Mit zwei Publikationen trug sie massgeblich zur Etablierung und Popularisierung der „New Brandeis Movement of Antitrust" bei. Während sie in ihrem viel beachteten Aufsatz von 2016 „Amazon's Antitrust Paradox"[56] nur lose auf Brandeis Doktrin Bezug nahm,[57] wies sie in ihrem zweiten Aufsatz von 2018 „The New Brandeis Movement: America's Antimonopoly Debate"[58] Louis Brandeis als intellektuellen Vordenker ihres wettbewerbspolitischen Programms aus. Im Aufsatz von 2018 legt sie fünf charakteristische Merkmale der Bewegung dar. Namentlich sei eine Wettbewerbspolitik zu verfolgen, die (1) auch ausserökonomische (Macht-)Aspekte berücksichtigt, (2) zwingend von anderen staatlichen Antimonopolstrategien flankiert wird, (3) keinem pauschalisierten „big is bad"-Credo folgt, (4) primär auf Marktstrukturen und nicht auf Marktergebnisse abstellt sowie (5) durch den Marktprozess entstandene Marktmacht kritisch betrachtet.[59] Neben Khan hat die Bewegung aus dem akademischen Umfeld auch weitere Anhänger und Sympathisanten. Zu diesen „Neo-Brandeisians" können heute beispielsweise Tim Wu[60], Sandeep Vaheesan[61], Eleanor Fox[62] oder Marshall Steinbaum und Maurice Stucke[63] gezählt werden.

---

[54] *Brandeis*, S. 188.

[55] Siehe hierzu erneut *Pitofsky*, S. 1051.

[56] *Lina Khan*, Amazon's Antitrust Paradox.

[57] In ihrem sehr umfangreichen Aufsatz verwies sie nur einmal auf Louis Brandeis. Siehe *Khan*, Amazon, S. 742.

[58] *Lina Khan*, The New Brandeis Movement: America's Antimonopoly Debate.

[59] *Khan*, The New Brandeis Movement, S. 131 f.

[60] *Tim Wu*, After Consumer Welfare, Now What?

[61] *Sandeep Vaheesan*, The Twilight of the Technocrats' Monopoly on Antitrust?

[62] *Eleanor M. Fox*, The Efficiency Paradox.

Unter Mitberücksichtigung der Arbeiten dieser Akademikerinnen und Akademiker lässt sich die Grundausrichtung der „New Brandeis Movement of Antitrust" wie folgt zusammenfassen: Die Bewegung fordert unter Rückgriff auf Brandeis' „Curse of Bigness"-Doktrin die Abkehr von einem Wettbewerbsrecht, die sich ausschliesslich am Effizienzkriterium orientiert. Stattdessen soll sich das Wettbewerbsrecht auf ein breites, interdisziplinär ausgerichtetes Zielmodell stützen, das den wettbewerbsrechtlichen Problemen des 21. Jahrhunderts, die insbesondere mit der Digitalisierung zusammenhängen, angemessen Rechnung trägt.[64] Hinsichtlich der konkreten Ausgestaltung des Zielmodells werden innerhalb der Bewegung jedoch ganz unterschiedliche Ansätze vertreten. Neben alternativen ökonomischen Zielen – wie Bekämpfung von Unternehmenskonzentration, Schutz von kleineren und mittleren Unternehmen oder Sicherung der Konsumentenfreiheit – werden auch ausserökonomische Ziele diskutiert – wie Datenschutz, Nachhaltigkeit, Förderung der Verteilungsgerechtigkeit, Verhinderung von Machtakkumulation oder Sicherung von Vollbeschäftigung.[65] Vor diesem Hintergrund kann bei der „New Brandeis Movement of Antitrust" von einem fairnessorientieren Wettbewerbsrecht gesprochen werden, zumal hier verschiedene Werte und Schutzgüter diskutiert werden.

2. Einfluss auf die wettbewerbsrechtliche Analyse

Da die „New Brandeis Movement of Antitrust" eine noch junge Bewegung darstellt, ist ihr aktueller Einfluss auf die wettbewerbsrechtliche Analyse und die praktische Wettbewerbspolitik insgesamt überschaubar.[66] Dennoch finden sich bereits heute in der Wettbewerbsliteratur sowie Rechtsprechung Anwendungsbeispiele, die aufzeigen, wie ein breites interdisziplinär ausgerichtetes Zielmodell die wettbewerbsrechtliche Analyse beeinflussen kann. Ein anschauliches Beispiel handelt von Unternehmenszusammenschlüssen in der Medienindustrie.[67]

Die digitalen Medien haben in den vergangenen 20 Jahren zu einer Transformation der Medienlandschaft geführt. Allen voran beim Zeitungsmarkt lässt sich eine Leserverlagerung von gedruckten hin zu frei zugänglichen

---

63 *Marshall Steinbaum/ Maurice E. Stucke*, The Effective Competition Standard: A New Standard for Antitrust.

64 *Meier*, S. 322.

65 Siehe hierzu *Meier*, S. 321.

66 Zudem stellt die die „New Brandeis Movement of Antitrust" in ihrer heutigen Form in erster Linie eine Protestbewegung dar. Einig ist man sich darüber, dass das aktuelle Wettbewerbsrecht in den USA revidiert werden muss. Wie die Alternative aussehen soll, darüber gehen die Meinungen zuweilen stark auseinander.

67 Für eine eingehendere Analyse siehe *Meier*, S. 340 ff.

digitalen Zeitungen beobachten. Da mit sinkenden Leserzahlen sinkende Werbeeinahmen verbunden sind, nahm der finanzielle Druck auf traditionelle Zeitungsunternehmen weltweit zu. Um finanzielle Ausfälle kompensieren und weiterhin im Markt bestehen zu können, lassen sich in verschiedenen Ländern horizontale Konzentrationsbestrebungen beobachten. Man versucht dabei Ausfälle auf der Einnahmenseite durch Ausgabensenkungen zu kompensieren: Das fusionierte Medienunternehmen kann Grösseneffekte (sog. „economies of scale“) ausnützen, womit Produktions- und Vertriebskosten gesenkt werden.[68]

Werden Unternehmenszusammenschlüsse von Medienunternehmen nun ausschliesslich anhand der statischen Effizienz bewertet, so gilt es im Rahmen des sog. „Williamson-trade-off“-Modell abzuwägen, ob bei einem Zusammenschluss der Gewinn an produktiver Effizienz den Verlust an allokativer Effizienz per Saldo übersteigt.[69] In der Regel ist dies zu bejahen: Den fusionierenden Unternehmen geht es in erster Linie um die Erhöhung der produktiven Effizienz und weniger darum, eine Monopolrente zu erwirtschaften, die sich im Verlust der allokativen Effizienz niederschlägt. Problematisch ist diese Betrachtungsweise, da neben anderen ökonomischen Faktoren, wie dynamische Effizienz, auch ausserökonomische Faktoren ausgeblendet werden. Allen voran wird nicht berücksichtigt, dass eine zu hohe Medienkonzentrationen der publizistischen Vielfalt schaden kann. Oder anders formuliert: Eine effizienzorientierte Betrachtungsweise übersieht die Doppelnatur der Medien. Was ist damit gemeint? Die Doppelnatur der Medien äussert sich darin, dass Medienunternehmen auf der einen Seite gewöhnliche Wirtschaftsakteure sind, die sich im Wettbewerb behaupten müssen und damit effizienter Betriebsstrukturen bedürfen. Auf der anderen Seite haben diese Unternehmen aber auch eine gesellschaftspolitische Rolle. Sie verkörpern die vierte Gewalt im Staat und nehmen die Funktion des „public watchdog“ wahr. Ferner stellen sie den Zugang zum freien Marktplatz der Ideen sicher, der einen Grundpfeiler einer lebendigen Demokratie darstellt. Diese Doppelnatur wird zuweilen mit den Schlagwörtern „ökonomischer Wettbewerb“ und „publizistischer Wettbewerb“ umschrieben.[70]

Wird diese Doppelnatur der Medien bei der wettbewerbsrechtlichen Analyse mitberücksichtigt, kann sie das Ergebnis massgeblich beeinflussen. Anschaulich hierzu ist ein Fall aus Neuseeland von 2018, als das Berufungsgericht die Fusion der Medienunternehmen NZME und Stuff Limited (ehemals Fairfax) untersagt hat. In seinem Urteil folgte das Gericht der Argumentation

---

[68] Siehe hierzu grundlegend *Stigler*, S. 54 ff.; siehe ferner *Meier*, S. 341.

[69] Siehe hierzu grundlegend: *Williamson*, S. 33 f.; siehe ferner *Meier*, S. 342.

[70] Zur Funktion und Bedeutung der Medien siehe instruktiv *Nobel/Weber*, S. 15 ff.; siehe ferner *Meier*, S. 340.

der neuseeländischen Wettbewerbsbehörde, die das Argument der Medienvielfalt explizit aufgegriffen hat:

> „The Commission accepted that the transaction would deliver substantial and quantifiable public benefits in the form of productive efficiency gains for the merged firm, but it found that these were outweighed by losses in quality and of media ‚plurality', by which is meant, broadly speaking, the number and diversity of views offered to the public. Media plurality contributes to the quality of public discourse and the health of a democracy, and so benefits the entire community."[71]

Zweifellos ist eine starke Medienlandschaft in Zeiten von „fake news", „trolling" und „social bots" ein hohes gesellschaftliches Gut, das es zu schützen gilt. Man darf sich aber kritisch Fragen: Soll es tatsächlich die Aufgabe des Wettbewerbsrecht sein, als Bewahrer der Medienvielfalt in Erscheinung zu treten? Bei dieser Frage schwingt die Befürchtung mit, dass wenn immer mehr Aufgaben an das Wettbewerbsrecht herangetragen werden, dieses am Ende überladen und nicht mehr praktikabel ist. Vereinzelt wird in diesem Zusammenhang auch von einem unerwünschten „Antitrust Imperialism" gesprochen.[72]

3. „Antitrust Imperialism": Gefahr eines überladenen und nicht praktikablen Wettbewerbsrechts

Es ist weitgehend unbestritten, dass ein breites, interdisziplinär ausgerichtetes Zielmodell die Komplexität der wettbewerbsrechtlichen Analyse erhöht. Neben ökonomischen Faktoren müssen die rechtsanwendenden Behörden je nach Fallkonstellation dann auch sozial-, struktur-, medien- oder umweltpolitische Aspekte miteinbeziehen und bewerten. Um solche komplexen und vielschichtigen Bewertungen durchzuführen, kann es den Wettbewerbsbehörden an Ressourcen fehlen. Es ist fraglich, inwieweit Ökonomen und Juristinnen der Wettbewerbsbehörden das Kriterium der Medienvielfalt angemessen bewerten können.[73] Sind die Behörden nicht in der Lage, solche gesellschaftspolitischen Analysen durchzuführen, geht mit der Implementierung eines breiteren Zielmodells eine Erhöhung der Entscheidungskosten einher. Insbesondere sind die Behörden vermehrt auf Expertisen angewiesen, um die fraglichen Handlungen angemessen bewerten zu können. Damit werden die wettbewerbsrechtlichen Analysen nicht nur kosten- sondern auch zeitintensiver.[74] Neben den Entscheidungskosten steigt auch das Risiko für Fehlurteile:

---

[71] NZME Limited/Fairfax Media Limited/Stuff Limited v. Commerce Commission, CA 92/2018, NZCA 389, Rz. 2.

[72] *Bailey*, S. 26.

[73] Siehe hierzu oben IV.2. Einfluss auf die wettbewerbsrechtliche Analyse.

[74] *Meier*, S. 363.

Sind die Behörden trotz zusätzlicher Expertise mit den komplexen Analysen überfordert, können traditionell nicht wettbewerbsrelevante Faktoren unzureichend oder falsch gewürdigt werden.[75]

Oder zugespitzter formuliert: Ein breiteres Zielmodell kann zur Folge haben, dass die rechtsanwendenden Behörden länger brauchen, um teurere und schlechtere Entscheidungen zu fällen. Im Gegensatz dazu erscheint ein enges, auf Effizienz ausgerichtetes Wettbewerbsrecht deutlich effektiver und weniger fehleranfällig zu sein.[76] Darüber hinaus können bei einem zu engen Wettbewerbsrecht allfällige negative Auswirkungen immer noch über sektorspezifische Regulierungen abgemildert werden. In diesem Sinne wird beispielsweise in der Schweiz die Medienvielfalt im Bereich von Radio und Fernsehen sichergestellt. Während die Medienvielfalt bei der wettbewerbsrechtlichen Analyse als Kriterium explizit ausgeklammert wird, ermächtigt Art. 75 des Bundesgesetzes über Radio und Fernsehen (RTVG) das Eidgenössische Departement für Umwelt, Verkehr, Energie und Kommunikation (UVEK) Massnahmen zu ergreifen, wenn die Vielfalt der Medien gefährdet ist.[77]

V. Würdigung

Sowohl ein effizienzorientiertes als auch ein fairnessorientiertes Wettbewerbsrecht weisen jeweils Vor- und Nachteile auf. Der Gesetzgeber und die rechtsanwendenden Behörden stehen vor der delikaten Aufgabe, sich in diesem Spannungsfeld zu positionieren. Wie so oft ist auch hier ein Mittelweg ratsam. Es sollten beide Seiten berücksichtigt und ein vernünftig austariertes Wettbewerbsrecht angestrebt werden. Zumal ein zu enges Wettbewerbsverständnis ebenso wenig konsensfähig ist wie ein zu weites.

---

[75] In diesem Zusammenhang hebt etwa auch Hovenkamp hervor, dass Forderungen nach Fairness, Verteilungsgerechtigkeit oder dem Schutz von kleineren und mittleren Unternehmen im wettbewerbspolitischen Kontext keineswegs neu sind. Vielmehr wurden diese Ziele in der wettbewerbspolitischen Geschichte immer wieder diskutiert. Letztlich haben sich diese Forderungen aber aufgrund mangelnder Praktikabilität und fehlender empirischer Überprüfbarkeit als Wettbewerbsziele nie durchsetzen können. Siehe hierzu *Hovenkamp*, Antitrust Movement, S. 583; siehe ferner *Meier*, S. 363.

[76] Die aktuellen Forderungen nach einem breiten, interdisziplinär ausgerichteten Zielmodell seien demnach nicht mehr zeitgemäss. So würde nämlich verkannt werden, dass diese Grundsatzdebatte bereits mehrfach geführt worden ist und sich ein solches Zielmodell in der wettbewerbspolitischen Praxis nie nachhaltig durchsetzen konnte. Aufgrund dieser anachronistischen Tendenz wird die „New Brandeis Movement of Antitrust" von gewissen Kritikern als sog. „Hipster Antitrust" diffamiert. Siehe hierzu *Dorsey/Rybnicek/Wright*, S. 28; kritisch hierzu: *Meier*, S. 355 ff.

[77] Siehe hierzu *Kellermüller*, S. 118 ff.; *Meier*, S. 360.

Wie ist nun aber vorzugehen, um ein Wettbewerbsrecht zu erhalten, das – auf einer abstrakten Ebene – sowohl der Fairness- als auch der Effizienzprämisse Rechnung trägt? Als konzeptionelle Orientierungshilfe bietet sich die oben beschriebene Schwamm-Analogie von Ezrachi an.[78] Dabei ist in einem ersten Schritt anzuerkennen, dass das Wettbewerbsrecht, analog zu einem Schwamm, ganz verschiedene Ziele und Werte aufsagen kann.[79] Allfällige Zielkonflikte sind transparent auszuweisen und über rechtlicher Abwägungsvorgänge aufzulösen.[80] Dies entspricht der pragmatischen Haltung der rechtlichen Rationalität. Das Recht soll die wettbewerbsrechtliche Analyse jedoch nicht in dem Ausmass dominieren, dass ökonomische Konzepte und Methoden aus der Analyse gedrängt werden. Vielmehr kommt auch der ökonomischen Rationalität eine wichtige Funktion zu. Sie fungiert – um bei der Analogie zu bleiben – als Membrane, welche die Absorptionsrate des Wettbewerbsrechts beschränkt. Ziel- und Wertvorstellungen sollen nicht ungefiltert ins Wettbewerbsrecht Eingang finden, sondern basierend auf der ökonomischen Rationalität überprüft, angepasst und gegebenenfalls auch abgestossen werden. In diesem Sinne schützt die Membrane den Schwamm vor einer Überabsorption.[81]

Wie gesagt handelt es sich hierbei lediglich um eine Orientierungshilfe. Andere Vorgehensweisen sind selbstredend auch denkbar. Entscheidend ist in jedem Fall, dass offen in den Diskurs getreten und die eigene Position kritisch hinterfragt wird. Dabei gilt es sich stets zu vergegenwärtigen, dass es sich beim wirtschaftlichen Wettbewerb nicht um ein naturwissenschaftliches Phänomen handelt, sondern um ein artifizielles Konstrukt, das gemäss den gesellschaftlichen Vorstellungen modelliert werden kann. Durch die Auseinandersetzung mit der „Gegenseite" können im Idealfall sogar fruchtbare Synergien entstehen. So kann man etwa zur Einsicht gelangen, dass Effizienz und Fairness nicht konfligierende Ziele sein müssen, sondern sich gegenseitig ergänzen können. Fairness stärkt beispielsweise das Vertrauen in die Marktkräfte und die anderen Marktteilnehmer. Dieses fairnessbasierte Vertrauen fördert sodann unternehmerische Sicherheit und reduziert Komplexität, was letztlich effizienzerhöhend wirkt. Synergien können sich aber auch

---

78 Siehe hierzu oben III.3. Die „Efficiency Doctrine" und die Gefahr eines zu engen Wettbewerbsrechts.

79 *Ezrachi*, S. 50.

80 Idealerweise nimmt bereits der Gesetzgeber die wichtigsten rechtlichen Abwägungen vorweg und überlässt diese nicht den rechtsanwendenden Behörden.

81 Oder wie es Ezrachi selbst formuliert hat: „With the ‚sponge' analysis in mind, one may view the economic discipline as a ‚membrane' which surrounds the ‚sponge' and limits its absorption properties. As such, it prevents it from ‚over absorbing' values and goals which are inconsistent with economic thinking. In doing so it helps stabilize the ‚sponge' by limiting and slowing its absorbency rate", *Ezrachi*, S. 59.

auf einer praktischeren Ebene ergeben. So muss man die zwei dargelegten Wettbewerbsansätze nicht zwingend gegeneinander ausspielen. Stellenweise können sie sich ergänzen. Es kann beispielsweise mit engen Vermutungs-, Ausnahme- oder Rechtfertigungstatbeständen gearbeitet werden, um Ziele wie Medienvielfalt oder Nachhaltigkeit in die wettbewerbsrechtliche Analyse einfliessen zu lassen.[82] Als Konsequenz müssen die Behörden ausserökonomische Aspekte nicht völlig frei würdigen, wie dies etwa in der Schweiz unter der alten Saldomethode der Fall war.[83] Vielmehr sind die ausserökonomischen Aspekte in einem engeren Rahmen anhand festgelegter Kriterien oder Kennzahlen zu bewerten.[84] Damit wird sowohl einem breiteren Wettbewerbsrecht Rechnung getragen als auch die Gefahr von schädlichem „rent seeking" reduziert.

Was in diesem Aufsatz für das Wettbewerbsrecht dargelegt wurde, gilt auch ganz grundsätzlich für das Verhältnis von Recht und Ökonomik. Letztlich geht es nicht darum, die eine Disziplin über die andere zu stellen. Im Rahmen der ökonomischen Analyse des Rechts soll für beide Disziplinen ausreichend Raum bestehen. Diese versöhnlichen Töne finden sich auch am Ende von Klaus Mathis Werk „Effizienz statt Gerechtigkeit?". Der Jubilar setzt sich dafür ein, dass Effizienzüberlegungen grundsätzlich in allen Rechtsbereichen eine Rolle spielen können. Ob und in welchem Umfang das Effizienzkriterium dann tatsächlich zum Zuge kommt, ist im Rahmen einer „subtilen Güterabwägung" zu eruieren.[85]

---

82 Siehe hierzu *Meier*, S. 338 f.

83 Gemäss Art. 29 des Kartellgesetzes von 1985 (aKG) waren Wettbewerbsbehinderungen nur dann schädlich, wenn eine Abwägung aller Vor- und Nachteile, einschliesslich ausserökonomischer Aspekte, einen negativen Saldo ergab. Siehe hierzu *Wohlmann*, Versagen des Kartellrechts, Rz. 26.

84 Anknüpfend an das obige Beispiel könnten Unternehmenszusammenschlüsse in der Medienindustrie etwa dann untersagt werden, wenn sie die Medienvielfalt gefährden. Dabei hat der Gesetzgeber den unbestimmten Begriff der „Medienvielfalt" im Rahmen eines Ausnahmetatbestands zwingend zu konkretisieren. In Anlehnung an Regulierungsmodelle im Rundfunkbereich könnte der Begriff negativ definiert werden: Medienvielfalt besteht, wenn vorherrschende Meinungsmacht abwesend ist. Von vorherrschender Meinungsmacht ist dann auszugehen, wenn die dem Medienunternehmen zurechenbaren Inhalte auf dem Lesermarkt einen Leseranteil von 30 Prozent im Jahresdurchschnitt erreichen (sog. „Reichweitenmodell"). Siehe hierzu *Meier*, S. 345.

85 *Mathis*, Effizienz, S. 232.

Literaturverzeichnis

Andriychuk, Oles: The Normative Foundations of European Competition Law – Assessing the Goals of Antitrust Through the Lens of Legal Philosophy, Cheltenham/Northampton 2017.

Bailey, David: The New Frontiers of Article 102 TFEU – Antitrust Imperialism or Judicious Intervention?, in: Journal of Antitrust Enforcement, Bd. 6/1 (2018), S. 25 ff.

Bork, Robert H.: The Antitrust Paradox – A Policy at War with Itself, 2. Aufl., New York 1993.

Brandeis, Louis D.: A Curse of Bigness, in: Brandeis, Louis (Hrsg.), Other People's Money and How the Bankers use it, New York 1914, S. 162 ff.

Budzinski, Oliver: „Wettbewerbsfreiheit" und „More-Economic Approach" – Wohin steuert die Europäische Wettbewerbspolitik?, in: Grusevaja, Marina/Wonke, Christoph/Hösel, Ulrike/Dunn, Malcolm H. (Hrsg.), Quo vadis Wirtschaftspolitik?: Ausgewählte Aspekte der aktuellen Diskussion – Festschrift für Norbert Eickhof, Frankfurt am Main 2008, S. 15 ff.

Calabresi, Guido: The Future of Law & Economics – Essays in Reform and Recollection, New Haven/London 2016.

Christiansen, Arndt/*Kerber*, Wolfgang: Competition Policy with Optimally Differentiated Rules Instead of „Per Se vs. Rule of Reason", in: Journal of Competition Law & Economics, Bd. 2/2 (2006), S. 215 ff.

Dorsey, Elyse/*Rybnicek*, Jan M./*Wright*, Joshua D.: Hipster Antitrust Meets Public Choice Economics – The Consumer Welfare Standard, Rule Of Law, and Rent-Seeking, in: Competition Policy International – Antitrust Chronicle, Bd. 1/18 (2018), S. 21 ff.

Ezrachi, Ariel: Sponge, in: Journal of Antitrust Enforcement, Bd. 5/1 (2017), S. 49 ff.

Fikentscher, Wolfgang/*Hacker*, Philipp/*Podszun*, Rupprecht: FairEconomy – Crises, Culture, Competition and the Role of Law, Berlin/Heidelberg 2013.

Fox, Eleanor M.: The Efficiency Paradox, in: Pitofsky (Hrsg.), How the Chicago School Overshot the Mark – The Effect of Conservative Economic Analysis on U.S. Antitrust, Oxford/New York 2008, S. 77 ff.

Gauch, Peter: Zum Stand der Lehre und Rechtsprechung – Geschichten und Einsichten eines privaten Schuldrechtes, in: Zeitschrift für Schweizerisches Recht, Bd. 119 NF/I. Halbd. (2000), S. 1 ff.

Heidrich, Thomas: Das evolutorisch-systemtheoretische Paradigma in der Wettbewerbstheorie – Alternatives Denken zu dem More Economic Approach, Baden-Baden 2009.

Heinemann, Andreas: Fairness, in: Neue Zeitschrift für Kartellrecht, Bd. 6/9 (2018), S. 389 ff. (zit.: *Heinemann*, Fairness).

Heinemann, Andreas: Recht, Ökonomie und Realität, in: Waldburger, Robert/Sester, Peter/Peter, Christoph/Baer Charlotte M. (Hrsg.), Law & Economics – Festschrift für Peter Nobel zum 70. Geburtstag, Bern 2015, S. 21 ff. (zit.: *Heinemann*, Realität).

Hovenkamp, Herbert: What Ever Did Happen to the Antitrust Movement?, in: Notre Dame Law Review, Bd. 94/2 (2019), S. 583 ff. (zit.: *Hovenkamp*, Antitrust Movement).

Hovenkamp, Herbert: Post-Chicago Antitrust: A Review and Critique, in: Columbia Business Law Review, Bd. 2001/2 (2001), S. 257 ff. (zit.: *Hovenkamp*, Post-Chicago Antitrust).

Kellermüller, Hanspeter: Staatliche Massnahmen gegen Medienkonzentration, Zürich/Basel/Genf 2007.

Kerber, Wolfgang: Should Competition Law Promote Efficiency? – Some Reflections of an Economist on the Normative Foundations of Competition Law, in: Drexl, Josef/Idot, Laurence/Monéger, Joël (Hrsg.), Economic Theory and Competition Law, Cheltenham 2009, S. 93 ff.

Khan, Lina M.: The New Brandeis Movement – America's Antimonopoly Debate, in: Journal of European Competition Law & Practice, Bd. 9/3 (2018), S. 131 f. (zit.: *Khan*, New Brandeis Movement).

Khan, Lina M.: Amazon's Antitrust Paradox, in: Yale Law Journal, Bd. 126/3 (2016), S. 710 ff. (zit.: *Khan*, Amazon).

Kirchner, Christian: Goals of Antitrust and Competition Law Revisited, in: Schmidtchen, Dieter/Albert, Max/Voigt, Stefan (Hrsg.), The More Economic Approach to European Competition Law, Tübingen 2007, S. 7 ff.

Knieps, Günter: Wettbewerbsökonomie – Regulierungstheorie, Industrieökonomie, Wettbewerbspolitik, 3.Aufl., Berlin/Heidelberg 2008.

Mathis, Klaus, Effizienz statt Gerechtigkeit?, Auf der Suche nach den philosophischen Grundlagen der Ökonomischen Analyse des Rechts, 4. Aufl., Berlin 2019 (zit.: *Mathis*, Effizienz).

Mathis, Klaus: Efficiency instead of Justice? – Searching for the Philosophical Foundations of the Economic Analysis of Law, Dordrecht/Heidelberg/London/New York 2009 (zit.: *Mathis*, Efficiency).

Meier, Martin: Ein „More Realistic Approach“? – Zu den Möglichkeiten und Grenzen der verhaltensökonomischen Analyse des Wettbewerbsrechts, Tübingen 2021.

Motta, Massimo: Competition Policy – Theory and Practice, Cambridge (UK) 2004.

Nobel, Peter/*Weber*, Rolf H.: Medienrecht, 3. Aufl., Bern 2007.

Olten, Rainer: Wettbewerbstheorie und Wettbewerbspolitik, 2. Aufl., München 2018.

Pitofsky, Robert: Political Content of Antitrust, in: University of Pennsylvania Law Review, Bd. 127/4 (1979), S. 1051 ff.

Rawls, John: A Theory of Justice, 2. Aufl., Cambridge (MA) 1999.

Schluep, Walter: Schweizerische Wettbewerbspolitik zwischen gestern und morgen, in: Tuchtfeldt, Egon (Hrsg.), Schweizerische Wirtschaftspolitik zwischen gestern und morgen – Festgabe zum 65. Geburtstag von Hugo Sieber, Bern/Stuttgart 1976, S. 95 ff.

Schmidt, André: Europäische Wettbewerbspolitik – Per se Rule vs. Rule of Reason, in: Wirtschaftswissenschaftliches Studium, Bd. 36/3 (2007), S. 369 ff.

Schmidt, Ingo/*Haucap*, Justus: Wettbewerbspolitik und Kartellrecht – Eine interdisziplinäre Einführung, 10. Aufl., München 2013.

Schuhmacher, Florian: Effizienz und Wettbewerb – Ein Modell zur Einbeziehung ökonomischer Ansätze in das Kartellrecht, Baden-Baden 2011.

Steinbaum, Marshall/*Stucke*, Maurice E.: The Effective Competition Standard: A New Standard for Antitrust, in: The University of Chicago Law Review, Bd. 87/2 (2020), S. 595 ff.

Stigler, George: Economies of Scale, in: The Journal of Law & Economics, Bd. 1/1 (1958), S. 54 ff.

Vaheesan, Sandeep: The Twilight of the Technocrats' Monopoly on Antitrust?, in: The Yale Law Journal Forum, Bd. 127 (2018), S. 980 ff.

Wiederkehr, René: Fairness als Verfassungsgrundsatz, Bern 2006.

Williamson, Oliver E.: Tradeoffs, Economies as an Antitrust Defense – The Welfare Tradeoffs, in: The American Economic Review, Bd. 58/1 (1968), S. 18 ff.

Wohlmann, Herbert: Führt das Primat der Nachhaltigkeit zur Renaissance der Saldomethode?, in: Jusletter vom 17. Januar 2022 (zit.: *Wohlmann*, Nachhaltigkeit).

Wohlmann, Herbert: Das struktur- und gesellschaftspolitische Versagen des Kartellrechts, in: Jusletter vom 23. April 2018 (zit.: *Wohlmann*, Versagen des Kartellrechts).

Wu, Tim: After Consumer Welfare, Now What? – The „Protection of Competition" Standard in Practice, in: Competition Policy International Antitrust Chronicle, Bd. 1/18 (2018), S. 12 ff.

Zamir, Eyal/*Teichman*, Doron: Behavioral Law and Economics, New York 2018.

Zimmer, Daniel (Hrsg.): The Goals of Competition Law, Cheltenham/Northampton 2012, S. 61 ff.

Zinsen auf Prozesskostenforderungen? Rechtliche und Ökonomische Überlegungen

Von *Anton Burri** und *Jean-Michel Ludin*

I. Einleitung

The loser pays: Im Schweizer Zivilprozess werden die Prozesskosten grundsätzlich[1] im Verhältnis von Obsiegen und Unterliegen auf die Parteien verteilt (Art. 106 ZPO). Die obsiegende Partei hat Anspruch, die von ihr geleisteten Gerichtskostenvorschüsse von der unterliegenden Partei erstattet zu erhalten, soweit das Gericht diese im Urteil mit den angefallenen Kosten verrechnet (Art. 111 Abs. 1 und 2 ZPO).[2] Überdies hat die obsiegende Partei Anspruch auf eine durch die unterliegende Partei zu bezahlende Parteientschädigung, die den Ersatz ihrer notwendigen Auslagen sowie der Kosten einer allfälligen berufsmässigen Rechtsvertretung umfasst (Art. 95 Abs. 3 lit. a und b ZPO).

In der Rechtspraxis werden der obsiegenden Partei diese Prozesskostenforderungen jeweils zinslos zugesprochen. Damit beginnt die Verzinsung erst nach Erlass des Urteils; dies obwohl die Kosten (Leistung von Gerichtskostenvorschüssen und Vorschuss- und Teilzahlungen an die Rechtsvertretung) bereits früher anfallen. Reflektiert wird diese Praxis kaum. Diskussionen in der Rechtsprechung oder der Lehre dazu, ob Zinsen auch ab einem früheren Zeitpunkt geschuldet sein könnten oder geschuldet sein sollten, sucht man vergebens.[3] Mit diesem Beitrag wollen die Verfasser dieses unberührte Feld

---

* Gefördert durch den SNF. Die Autoren danken Philip Letsch, RA, MLaw, MSc in International and Monetary Economics für die Durchsicht des Manuskripts und die wertvollen Hinweise.

1 Für Abweichungen von diesem Verteilungsgrundsatz siehe Art. 107 Abs. 1–3 ZPO.

2 Die nach Verrechnung verbleibende Restanz des Gerichtskostenvorschusses wird der vorschiessenden Partei von der Gerichtskasse erstattet.

3 Anders im Strafprozessrecht, wo das Bundesgericht zu dieser Frage in BGE 143 IV 495 einen Leitentscheid gefällt hat (übersetzt in: Praxis, Bd. 107 (2018), Nr. 123) und die Frage auch in der Lehre thematisiert wird. Siehe beispielsweise *Eymann*, S. 316; *Weiss*, S. 209.

beackern und erste Gedanken aussähen.[4] Dies ganz im Sinne des Jubilars, der mit seiner Dissertation „Effizienz statt Gerechtigkeit"[5] Pionierarbeit für die Ökonomische Analyse des Rechts in der Schweiz geleistet hat, und uns als seine Assistenten stets ermutigte, ausgetretene Pfade zu verlassen und neue Wege zu beschreiten.

Der Beitrag beginnt mit ökonomischen Überlegungen zu den Folgen der fehlenden Verzinsung von Prozesskostenforderungen (II.). In einem zweiten Schritt wird die geltende Rechtslage darauf hin untersucht, ob bereits *de lege lata* die Verzinsung von Prozesskostenforderungen ab Anfallen der zugrunde liegenden Prozesskosten verlangt werden kann (III.). Abschliessend diskutieren die Verfasser, wie die Verzinsung von Prozesskostenforderungen *de lege ferenda* ausgestaltet werden könnte (IV.).

II. Zinsen auf Prozesskostenforderungen aus ökonomischer Sicht

Um die Bedeutung der fehlenden Verzinsung von Prozesskostenforderungen aufzuzeigen, werden zunächst die ökonomischen Grundlagen der Zinsrechnung dargelegt. Diese Ausführungen machen deutlich, dass eine unverzinsliche Prozesskostenforderung keinen adäquaten finanziellen Ausgleich für die angefallenen Prozesskosten schafft. In einem zweiten Schritt wird erläutert, welche Verhaltensanreize die fehlende Verzinsung von Prozesskosten für die Parteien setzt.

1. Bedeutung der fehlenden Verzinsung für den Wert der Prozesskostenforderung

Der Zins ist das Entgelt für die Überlassung von Kapital (k), insbesondere Geld, für eine bestimmte Zeit.[6] Der Zins wird denn auch als „Preis des Geldes" bezeichnet.[7] Der Zins*satz* ist die in Prozent des Kapitals ausgedrückte Höhe des Zinses für eine bestimmte Zeitperiode.[8] Man unterscheidet zwischen dem nominalen und dem realen Zinssatz.[9]

[4] Dieser Aufsatz befasst sich mit der Verzinsung von Prozesskostenforderungen zwischen den Parteien. Bloss am Rande angesprochen wird in diesem Aufsatz die Verzinsung von durch die Gerichtskasse zurückzuerstattenden Kostenvorschüssen.

[5] *Mathis*, Klaus: Effizienz statt Gerechtigkeit?, 4. Aufl., Berlin 2019.

[6] *Reifner*, S. 700; vgl. *Blaeser*, S. 1 ff.; BGE 52 II 228.

[7] *Fisher*, 1930, S. 13.

[8] *Fisher*, 1930, S. 13.

[9] *Fisher*, 1930, S. 36–44.

Der nominale Zinssatz (i) ist der in Prozent des Kapitals k ausgedrückte Betrag, der nach Ablauf der Gesamtzahl an Zinsperioden (T) zurückzuzahlen ist.[10] Der gesamthaft zurückzubezahlende Betrag k_T nach einer Zinsperiode $T = 1$ beträgt damit $k_0(1 + i)$. Bei einem nominalen Zinssatz $i = 5\,\%$ p. a. auf ein Darlehen von $k_0 = \text{CHF } 100$ mit einer Zinsperiode $T = 1$ Jahr beträgt der gesamthaft zurückzubezahlende Betrag CHF $100(1 + 0.05) = \text{CHF } 105$, bestehend aus Grundbetrag von CHF 100 und Zins von CHF 5.

Der reale Zinssatz (r) ist der in Prozent des überlassenen Kapitals ausgedrückte Wert der Rückzahlung unter Berücksichtigung der Inflationsrate (π).[11] Um den realen Wert des nominal zurückzubezahlenden Betrages zu errechnen, muss der nominale Betrag um die Inflationsrate korrigiert werden. Allgemein ausgedrückt gilt: $k(1 + r) = k(1 + i) \div (1 + \pi)$. Der reale Zinssatz in Abhängigkeit von i und π ist damit: $r = (1 + i) \div (1 + \pi) - 1 = (i - \pi) \div (1 + \pi)$.[12] Beträgt die Inflationsrate $\pi = 3\,\%$ p. a., so ist der inflationsbereinigte Wert des nominal zurückzubezahlenden Betrages von CHF 105 bloss CHF $105 \div 1.03 = \text{CHF } 101.94$. Der reale Zinssatz r liegt in diesem Beispiel also bei 1.94 %. Der Wert des Rückzahlungsbetrags und des nominalen Zinses wird durch die Inflation vermindert. Bei einer niedrigen Inflationsrate beträgt der reale Zinssatz annäherungsweise $r = \mathrm{i} - \pi$.

Die bisherigen Beispiele fokussierten auf die Berechnung des Zinses nach einer Periode, $T = 1$. Wird das Kapital während mehreren Perioden überlassen, stellt sich die Frage, ob der pro Periode aufgelaufene Zins in den nachfolgenden Perioden ebenfalls verzinst werden soll. Wird der pro Periode aufgelaufene Zins nicht verzinst, spricht man vom sog. einfachen Zins.[13] Diesfalls ist der Zins pro Periode mit der Anzahl Perioden T zu multiplizieren; der Zins wächst linear mit der Zeit. Der Zins beträgt: $k_0(1 + iT) - k_0 = k_0 iT$; der Rückzahlungsbetrag wächst auf: $k_T = k_0(1 + iT)$. Bei $k_0 = \text{CHF } 100$, $i = 5\,\%$ und $T = 10$ wäre der Zins also CHF 50, der Rückzahlungsbetrag CHF 150. In der Praxis der Finanzmärkte wird der pro Periode aufgelaufene Zins allerdings regelmässig zum Kapital geschlagen; solange der Zins nicht ausbezahlt ist, unterscheidet ihn funktional nämlich nichts vom übrigen überlassenen Kapital.[14] Wird der pro Periode aufgelaufene Zins ebenfalls verzinst, spricht man vom sog. Zinseszins.[15] Diesfalls ist der Zinsfaktor $(1 + i)$ mit der Anzahl Perioden T zu potenzieren; der Zins wächst exponentiell

---

[10] Siehe *Blaeser*, S. 9.

[11] *Fisher*, 1930, S. 36–44.

[12] *Fisher*, 1907, S. 364.

[13] Siehe *Keir/Keir*, S. 129.

[14] Siehe *Keir/Keir*, S. 129.

[15] *Blaeser*, S. 9.

mit der Zeit.[16] Allgemein formuliert beträgt der Zins bei Zinseszins: $k_0(1+i)^T - k_0$. Das Kapital k_0 wächst über die Zeit zum Betrag $k_T = k_0(1+i)^T$. Mit den Zahlen des Beispiels oben zum einfachen Zins beträgt der Zins mit Zinseszins CHF 62.90, der gesamte Rückzahlungsbetrag CHF 162.90.

Mit der bis hier dargelegten Zinsrechnung kann nicht nur der Rückzahlungsbetrag einer verzinslichen Summe in der Zukunft berechnet werden, sondern auch der Gegenwartswert einer zukünftigen Zahlung.[17] Der Gegenwartswert entspricht demjenigen Betrag, der bei marktüblicher Verzinsung über die Zinslaufzeit auf den Betrag der zukünftigen Zahlung anwächst. Die Berechnung des Gegenwartswerts gelingt durch Umstellung der Gleichung zu $k_0 = k_T \div (1+i)^T$. Beträgt die zukünftige Rückzahlung k_T = CHF 100, der Zinssatz $i = 5\%$ und die Anzahl Perioden $T = 10$ Jahre, so lautet der Gegenwartswert dieser Rückzahlung k_0 = CHF 100 ÷ $(1 + 0.05)^{10}$ = CHF 61.40. Um den Gegenwartswert einer künftigen Zahlung zu berechnen, sollte der nominale Zinssatz *i* angewandt werden und nicht der reale Zinssatz *r*, da ansonsten der Geldentwertung durch die Inflation nicht Rechnung getragen würde.[18] Zudem ist für die Berechnung des Gegenwartswerts auf die Formel für den Zinseszins abzustellen, sofern die angefallenen Zinsen nicht laufend ausbezahlt werden.[19] Werden Zinsen, die für ein überlassenes Kapital anfallen, dem Gläubiger laufend ausbezahlt, so kann er diese zinstragend anlegen. Werden die Zinsen erst bei Rückerstattung des Kapitals ausbezahlt, entfällt die Anlagemöglichkeit und dem Gläubiger fallen nicht bloss für das überlassene Kapital, sondern auch für die nicht ausbezahlten Zinsen Opportunitätskosten an. Um die gesamten Opportunitätskosten vollständig auszugleichen, sind daher auch die Zinseinnahmen zu verzinsen, sofern diese nicht laufend ausbezahlt werden.

Überträgt man diese Methode zur Bestimmung des Gegenwartswertes auf Prozesskostenforderungen, so wird deutlich, dass eine Prozesskostenforderung, die mehrere Jahre nach Anfallen der Prozesskosten zinslos zugesprochen wird, einen wesentlich geringeren Gegenwartswert hat als die angefallenen Prozesskosten selbst.[20] Würden die Prozesskosten am Tag, an dem sie anfallen, ersetzt werden, so könnte das entsprechende Geld zinstragend angelegt werden. Wird der Ersatz jedoch erst in der Zukunft und zinslos geleistet, so sind die Zinserträge für den Prozesskostengläubiger verloren und fallen beim Prozesskostenschuldner an. Um den Gegenwartswert einer unverzinsli-

---

[16] *Blaeser*, S. 1.

[17] Siehe *Blaeser*, S. 13.

[18] Siehe zum Zusammenhang zwischen Zinssatz und Inflation *Keir/Keir*, S. 139 f.; *Ault/Rutman*, S. 103.

[19] *Knoll*, S. 307.

[20] Siehe *Posner*, S. 446.

chen Prozesskostenforderung am Tag des Anfallens der Prozesskosten zu bestimmen, muss diese Prozesskostenforderung mit dem Faktor $1 \div (1 + i)^T$ diskontiert werden. *T* entspricht dabei der Anzahl Jahre bis die Forderung beglichen wird und *i* dem anwendbaren Zinssatz.[21] Sind die Prozesskosten, die zu Beginn des Verfahrens anfallen, CHF 20‘000, der Zinssatz 5% p.a. und wird die Prozesskostenforderung in Höhe von CHF 20‘000 ohne Zins erst in $T = 5$ Jahren zugesprochen, so beträgt der Gegenwartswert der Prozesskostenforderung bei Anfallen der Kosten CHF 15‘670.50 = CHF 20‘000 ÷ $(1 + 0.05)^5$. Bei $T = 10$ Jahren ist der Gegenwartswert noch CHF 12‘278.25. Würde die Prozesskostenforderung hingegen mit 5% p.a. verzinst, so würden Prozesskostenforderungen von CHF 25‘525.65 bzw. CHF 32‘577.90 zugesprochen. Diskontiert auf den Tag, an dem die Prozesskosten anfallen, ergibt dies in beiden Fällen CHF 20‘000 = CHF 25‘525.65 ÷ $(1 + 0.05)^5$ = CHF 32‘577.90 ÷ $(1 + 0.05)^{10}$. Nur bei adäquater Verzinsung entspricht also der Gegenwartswert der Prozesskostenforderung dem Wert der angefallenen Kosten.

Als Fazit kann festgehalten werden, dass eine unverzinste Prozesskostenforderung einen Gegenwartswert hat, der bei langer Verfahrensdauer deutlich unter dem Wert der angefallenen Prozesskosten liegt. Umgekehrt gilt: Damit der Gegenwartswert einer Prozesskostenforderung dem Wert der tatsächlich angefallenen Kosten entspricht, muss sie ab Anfallen der Kosten verzinst werden.

2. Anreizwirkung der fehlenden Verzinsung von Prozesskosten auf das Verhalten der Prozessparteien

Dass der Gegenwartswert der Prozesskostenforderung mit längerer Verfahrensdauer immer weiter hinter den Wert der anfallenden Prozesskosten zurückfällt, wirkt sich auf die Verhaltensanreize der Parteien aus.

a) Geringe Abschreckung vor Verfahren mit schlechten Erfolgsaussichten und erhöhte Abschreckung vor Verfahren mit guten Erfolgsaussichten

Die fehlende Verzinsung von Prozesskostenforderungen bis zum Urteil führt dazu, dass sich die Kostenverteilungsregel vom Unterliegensprinzip entfernt, hin zu einer Regel, gemäss derer die Parteien ihre eigenen Kosten auch bei Obsiegen teilweise selbst zu tragen haben. Dies verleitet Parteien tendenziell dazu, vermehrt Verfahren mit schlechten Erfolgsaussichten zu

21 *Priest*, S. 534.

führen.[22] Die sich aus dem Unterliegensprinzip ergebende Pflicht, der obsiegenden Partei die Kosten zu ersetzen, ist ein abschreckendes Element bei Verfahren mit geringen Erfolgsaussichten.[23] Wird das Unterliegensprinzip abgeschwächt, so wird auch die Abschreckung geringer. Gleichzeitig wird es weniger attraktiv, Verfahren mit guten Erfolgsaussichten zu führen.[24] Sind die Erfolgsaussichten eines Verfahrens gut, so kann die Partei gemäss dem Unterliegensprinzip grundsätzlich erwarten, ihre Prozesskosten ersetzt zu bekommen. Ist dies jedoch mangels Verzinsung nur eingeschränkt der Fall, so bleibt die Partei selbst bei Obsiegen auf einem Teil der Kosten sitzen, sodass sich erfolgsversprechende Verfahren eher weniger lohnen.[25]

b) Verzögerungsanreize

Die fehlende Verzinsung von Prozesskostenforderungen bis zum Urteil führt dazu, dass der Gegenwartswert der Prozesskostenforderung mit zunehmender Verfahrensdauer abnimmt.[26] Dies verringert die Anreize für diejenige Partei, die den Prozessverlust für wahrscheinlich hält, ein Verfahren zügig abzuschliessen bzw. verstärkt allfällige Anreize, das Verfahren zu verzögern.[27] Fällt das Urteil erst zu einem späten Zeitpunkt, und beginnt daher die Verzinsung der Prozesskostenforderung erst spät, profitiert die unterliegende Partei, indem sie während dieser Dauer über das zur Tilgung der Prozesskostenforderung nötige Kapital frei verfügen und insbesondere zinsbringend anlegen kann.[28] Zwar geht in der Praxis eine Verfahrensverzögerung oft mit Mehrkosten einher, etwa für zusätzliche Rechtsschriften. Jedoch können z. B. durch unnötige Fristerstreckung Verfahren auch ohne grosse Mehrkosten verlängert werden. Die Interessen der Parteien, ein Verfahren schnell hinter sich zu bringen oder zu verzögern, hängen stark vom Einzelfall ab. Jedoch gilt, dass die fehlende Verzinsung von Prozesskostenforderungen ab Anfallen der Kosten *ceteris paribus* die Anreize der voraussichtlich unterliegenden Partei eher Richtung Verlängerung des Verfahrens lenkt.

---

[22] Vgl. *Loos*, S. 35.

[23] *Posner*, S. 810.

[24] Vgl. *Loos*, S. 36.

[25] Siehe *Posner*, S. 428.

[26] *Priest*, S. 534.

[27] *Knoll*, S. 297; *Keir/Keir*, S. 136.

[28] Diese Verzögerungsanreize treten nicht auf, wenn die Parteien unabhängig vom Prozessausgang ihre eigenen Kosten zu tragen haben, wie dies beispielsweise im amerikanischen Recht regelmässig der Fall ist. Unter einer solchen Regel ändert nämlich der Zeitablauf nichts am Wert der Prozesskostenforderung, weil es eine solche gar nicht gibt.

c) *Einfluss auf Verhandlungsmacht*

Die Verzögerungsanreize führen ausserdem dazu, dass die Partei mit guten Erfolgsaussichten eher zu einem für sie unattraktiven Vergleich gedrängt werden kann.[29] Die Alternative zu einem Vergleich wäre ein langes Verfahren, an dessen Ende die Prozesskostenforderung nur teilweise die tatsächlichen Kosten deckt. Die erwartungsgemäss unterliegende Partei hingegen profitiert von der Unverzinslichkeit der Prozesskostenforderung. Sie kann einen für sie günstigen Vergleich forcieren, da sie „warten kann", weil der Wert der Prozesskostenforderung, die sie voraussichtlich bezahlen muss, im Laufe der Zeit abnimmt.

III. Zinsen auf Prozesskostenforderungen aus rechtlicher Sicht

Die voranstehenden ökonomischen Überlegungen haben gezeigt, dass die fehlende Verzinsung von Prozesskostenforderungen das Unterliegensprinzip aufweicht und verschiedene Fehlanreize setzt. Es ist daher geboten, die Praxis der Schweizer Gerichte, Prozesskostenforderungen zinslos zuzusprechen, einer vertieften Überprüfung zu unterziehen. Nachfolgend wird geprüft, ob die ZPO und die allgemeinen Bestimmungen des Obligationenrechts eine Verzinsung von Prozesskostenforderungen ab deren Entstehung erlauben.

1. Zivilprozessordnung

a) *Keine ausdrückliche Normierung*

Die einzige Bestimmung der ZPO, die sich mit der Verzinsung von Prozesskosten befasst, ist Art. 112 Abs. 3 ZPO. Gemäss dieser Bestimmung beträgt der Verzugszins auf Gerichtskosten 5%. Auf welche Gerichtskostenforderung sich diese Bestimmung bezieht – jene des Gerichts gegenüber den Parteien oder jene der obsiegenden Partei gegenüber der unterliegenden Partei – lässt der Wortlaut offen. Eine historische Auslegung führt zum Schluss, dass die Bestimmung einzig die Verzinsung der Gerichtskostenforderung des Gerichts gegenüber den Parteien regeln soll. Sowohl der Bericht zum Vorentwurf der Expertenkommission als auch die Botschaft zum Entwurf der Schweizerischen Zivilprozessordnung begründeten diese Bestimmung damit, dass es sich bei den Gerichtskosten um eine öffentlich-rechtliche Forderung handle, auf welche die privatrechtlichen Bestimmungen über Verzugszinsen nur analog anwendbar seien.[30] Aus dieser Begründung lässt

---

29 Siehe *Ault/Rutman*, S. 100.

30 Bericht VE ZPO, S. 93; Botschaft ZPO, S. 7299.

sich schliessen, dass der Gesetzgeber in Art. 112 Abs. 3 ZPO einzig die Verzinsung der Gerichtskostenforderung des Gerichts regeln wollte, denn nur bei diesen handelt es sich um öffentlich-rechtliche Forderungen. Eine systematische Auslegung unter Berücksichtigung der Absätze 1 und 2 von Art. 112 ZPO bestätigt den Befund. Insbesondere Absatz 1, der sich zur Stundung und dem Erlass von Gerichtskosten bei dauernder Mittellosigkeit äussert, macht klar, dass die Bestimmung einzig Regelungen für die Gerichtskostenforderung des Gerichts gegenüber den Parteien aufstellt.[31] Als Zwischenfazit lässt sich somit festhalten, dass die ZPO die hier interessierende Verzinsung von Prozesskostenforderungen zwischen den Parteien nicht ausdrücklich regelt.

b) Analogie zum Schadenszins

Nachdem die ZPO die Verzinsung von Prozesskostenforderungen nicht ausdrücklich regelt, stellt sich die Frage, ob sich eine Verzinsung auf dem Weg der Auslegung ergeben kann. Ins Auge zu fassen ist zunächst Art. 95 Abs. 3 ZPO, der den Begriff der Parteientschädigung definiert. Die Bestimmung lautet wie folgt:

„Als Parteientschädigung gilt:
a. der Ersatz notwendiger Auslagen;
b. die Kosten einer berufsmässigen Vertretung;
c. in begründeten Fällen: eine angemessene Umtriebsentschädigung, wenn eine Partei nicht berufsmässig vertreten ist.“

Aus dem Wortlaut „Parteientschädigung“ geht hervor, dass eine Partei „ent-schädigt“ werden soll; es soll also ein Schaden beseitigt werden. Wie die Ausführungen zur Zinsrechnung gezeigt haben, setzt die wertmässig vollständige Entschädigung für angefallene Prozesskosten die Verzinsung ab Entstehung der Kosten voraus. Die Verzinsung des Schadens ab Eintritt der finanziellen Konsequenzen des schädigenden Ereignisses ist im Haftpflichtrecht denn auch unbestritten.[32]

Auch wenn die haftpflichtrechtlichen Regeln nicht direkt auf Prozesskostenforderungen anwendbar sind, sondern vom zivilprozessualen Kostenrecht verdrängt werden,[33] so drängt sich aus teleologischer Warte eine analoge Anwendung der haftlichtrechtlichen Regeln zur Verzinsung im Zivilprozessrecht auf. Das Haftpflichtrecht bezweckt, Geschädigte so zu stellen, wie sie ohne schädigendes Ereignis dastehen würden. Aus diesem Grundgedanken heraus hat das Bundesgericht in seiner Rechtsprechung den Schadenszins

---

[31] Vgl. zum Anwendungsbereich von Art. 112 Abs. 3 ZPO auch *Mohs*, Art. 112 ZPO, N. 3; *Sterchi*, Art. 112 ZPO, N. 8; *Tappy*, Art. 112 ZPO, N. 23.

[32] BGE 131 III 12, E. 9.1.; bereits BGE 33 II 124, E. 7.

[33] Vgl. unten Ziff. III.2.b).

entwickelt. Mit dem Schadenszins soll sichergestellt werden, dass die Geschädigten so gestellt werden, wie wenn sie für ihre Forderungen am Tag der Entstehung befriedigt worden wären. Er soll den Nachteil ausgleichen, der dadurch entsteht, dass ein Kapital nicht genutzt werden kann.[34] Der Telos des Unterliegensprinzips der ZPO ist mit demjenigen des Haftpflichtrechts vergleichbar. In beiden Fällen geht es darum, dass eine Partei vollständig von den finanziellen Konsequenzen eines Ereignisses entlastet werden soll. Die obsiegende Partei soll für die Durchsetzung ihrer Rechte keine Prozesskosten tragen, die *gesamten* Kosten sind der unterliegenden Partei aufzuerlegen.[35] Aus finanzökonomischer Warte stellen verlorene Zinsen Kosten dar. Daher muss die Parteientschädigung – analog zum Haftpflichtrecht – ab Anfallen der Kosten verzinst werden, damit das Ziel der vollständigen Entschädigung erreicht wird.

Zudem lässt sich auch die Einheit der Rechtsordnung für eine Verzinsung der Parteientschädigung ins Feld führen. Im Haftpflichtrecht bilden ausserprozessuale Anwaltskosten, also Anwaltskosten, die keinen unmittelbaren Bezug zur gerichtlichen Durchsetzung eines Anspruchs haben,[36] nach Rechtsprechung und Lehre Bestandteil des Schadens, sofern sie zur Durchsetzung der Schadenersatzforderung gerechtfertigt, notwendig und angemessen waren.[37] Die Qualifikation als Bestandteil des Schadens hat zur Folge, dass auf ausserprozessualen Anwaltskosten der übliche Schadenszins von 5% geschuldet ist.[38] Es drängt sich vor diesem Hintergrund auf, vor- und prozessuale Anwaltskosten, die über die Parteientschädigung nach Art. 95 Abs. 3 ZPO abgewickelt werden,[39] ebenfalls zu verzinsen. Ein sachlicher Grund für eine Ungleichbehandlung von ausserprozessualen, vorprozessualen und prozessualen Anwaltskosten mit Blick auf die Verzinsung ist nicht ersichtlich. Insbesondere die fehlende Normierung einer Verzinsung von Parteientschädigungen kann nicht als Argument gelten. Auch der Schadenszins im Haftpflichtrecht ist nicht normiert, sondern wurde vom Bundesgericht in seiner Rechtsprechung entwickelt. Die fehlende Verzinsung von vor- und prozessualen Anwaltskosten kann auch nicht damit begründet werden, dass die ZPO nicht den Ersatz aller tatsächlich angefallenen Anwaltskosten garantiert, sondern diese oftmals auf ein angemessenes Mass reduziert oder gar blosse Pauscha-

---

34 BGE 131 III 12 E. 9.1.

35 Vgl. *Pesenti*, N. 431; *Urwyler/Grütter*, Art. 106 ZPO, N. 1.

36 *Jenny/Tuor*, S. 249; zur Unterscheidung zwischen prozessualen, vorprozessualen und ausserprozessualen Anwaltskosten siehe auch Urteil BGer 4A_501/2021 vom 22.2.2022, E. 9.2.2; Urteil BGer 4A_692/2015 vom 1.3.2017, E. 6.

37 Urteil BGer 4A_692/2015 vom 1.3.2017, E. 6.1.2; *Jenny/Tuor*, S. 250.

38 Siehe *Blaeser*, S. 114 f. mit dem Hinweis, dass der Zinssatz von 5% eine widerlegbare Vermutung ist.

39 *Jenny/Tuor*, S. 248; vgl. Urteil BGer 4A_501/2021 vom 22.2.2022, E. 9.2.2.

len zugesprochen werden. Dass die tatsächlichen und die zugesprochenen Kosten auseinanderfallen können, sagt nichts darüber aus, ob die zugesprochenen Kosten bereits ab Entstehung verzinst werden sollen. Wird die angemessene oder pauschal zugesprochene Anwaltskostenentschädigung erst ab dem Urteilszeitpunkt verzinst, hat eine später zugesprochene Entschädigung einen geringeren Wert als eine früher zugesprochene und die im ökonomischen Teil dargelegten Fehlanreize greifen Platz. Anders wäre es nur, wenn das Gericht bei der Angemessenheitsprüfung bzw. der Pauschalierung die Zinsfrage berücksichtigt, was aber in der Praxis kaum der Fall sein dürfte. All diese Überlegungen sprechen dafür, Parteientschädigungen, analog zu Schadenersatzforderungen, ab Entstehung zu verzinsen.

Das Bundesgericht hat sich zur Frage der Verzinsung der Parteientschädigung im Zivilprozessrecht noch nicht geäussert, jedoch hat es sich der Thematik im Strafprozess angenommen.[40] Nach Art. 429 Abs. 1 lit. a StPO hat die beschuldigte Person bei Freispruch oder Verfahrenseinstellung Anspruch auf Entschädigung ihrer Aufwendungen für die angemessene Ausübung ihrer Verfahrensrechte. Nach Art. 433 Abs. 1 StPO hat die Privatklägerschaft Anspruch auf angemessene Entschädigung für notwendige Aufwendungen im Verfahren, wenn sie obsiegt oder die beschuldigte Person nach Art. 426 Abs. 2 StPO kostenpflichtig wird. Für beide Fälle hat das Bundesgericht einen Zinsanspruch ausdrücklich verneint. Es hielt fest, dieser Entschädigungsanspruch betreffe keinen Schadensposten (was gemäss Bundesgericht zur Verzinsung der Entschädigungsforderung geführt hätte), sondern verschaffe nur einen Anspruch auf Ersatz von Auslagen, was dazu führe, dass darauf keine Zinsen anfallen.[41] In den Worten des Bundesgerichts:

> „Cette disposition ne concerne donc pas un poste du dommage de la partie plaignante, mais s'attache au remboursement de ses débours. Rien ne permet, en conséquence, de considérer que des intérêts devraient courir sur la créance qui en découle."[42]

Dieser Schluss überzeugt nicht und sollte nicht auf das Zivilprozessrecht übertragen werden. Ausserprozessuale Anwaltskosten werden wie erwähnt haftpflichtrechtlich als Schaden qualifiziert. Warum vorprozessuale und prozessuale Anwaltskosten keinen Schaden, sondern bloss Auslagen darstellen sollen, ist nicht einsichtig. Auch bei vorprozessualen und prozessualen Anwaltskosten handelt es sich um unfreiwillige Vermögensverminderungen, somit um Schaden im Rechtssinn. Schaden- und Auslagenersatz sind zudem nicht unterschiedliche rechtliche Kategorien, wie dies das Bundesgericht im

---

[40] BGE 143 IV 495 (übersetzt in Praxis, Bd. 107 (2018), Nr. 123); jüngst bestätigt in Urteil BGer 6B_888/2021 vom 24.11.2022, E. 10.

[41] BGE 143 IV 495, E. 2.2.4 (übersetzt in Praxis, Bd. 107 (2018), Nr. 123).

[42] BGE 143 IV 495, E. 2.2.4 (übersetzt in Praxis, Bd. 107 (2018), Nr. 123).

erwähnten Urteil suggeriert. Vielmehr sind Auslagen einer von vielen möglichen Schadensposten und somit eine Unterkategorie des Oberbegriffs Schaden. Selbst wenn Auslagenersatz vom Schadenersatz zu unterscheiden wäre, bleibt unklar, wieso die entsprechende Forderung nicht analog zur Schadenersatzforderung verzinst werden soll. Die Qualifikation der Parteientschädigung als Auslagenersatz schliesst eine Verzinsung nicht aus. Das Bundesgericht begründet denn auch nicht, wieso dem so sein solle. Statt „rien ne permet" hätte das Bundesgericht ebenso gut „rien ne s'oppose" schreiben und die Verzinsung bejahen können.

Als Zwischenfazit kann festgehalten werden, dass nach einer grammatikalischen, teleologischen und systematischen Auslegung die Parteientschädigung ab Anfall der Kosten analog zum Schadenszins verzinst werden sollte.

Das zur Parteientschädigung Gesagte gilt auch für den Ersatz vorgeschossener Gerichtskosten. Gemäss Art. 111 Abs. 2 ZPO hat die kostenpflichtige Partei „der anderen Partei die geleisteten Vorschüsse zu ersetzen." Ein vollständiger Ersatz wird auch hier nur durch eine Verzinsung der Vorschüsse erreicht. Ansonsten wird der obsiegenden Partei nicht der volle Wert der von ihr vorgeschossenen Gerichtskosten ersetzt.

2. Obligationenrecht

Gelangt man entgegen der hier vertretenen Argumentation zum Schluss, auch auslegungsweise lasse sich aus der ZPO keine Regelung zur Verzinsung von Prozesskostenforderungen zwischen den Parteien ableiten, so liegt ein gesetzgeberisches Schweigen vor. Das Schweigen wäre entweder als echte Gesetzeslücke zu verstehen, die das Gericht zu füllen hat, oder als qualifiziertes Schweigen, mit dem der Gesetzgeber die Rechtsfrage stillschweigend negativ entschieden hat.[43]

Aufgrund der Erläuterungen im Bericht zum Vorentwurf der Expertenkommission und der Botschaft wird klar, dass der Gesetzgeber in der ZPO die Verzinsung von Gerichtskostenforderungen des Gerichts regelte, weil es sich dabei anders als bei den Prozesskostenforderungen zwischen den Parteien um öffentlich-rechtliche und nicht um privatrechtliche Forderungen handelt.[44] Damit stellt eine allfällige Regelungslücke in der ZPO zur Verzinsung von Prozesskostenforderungen zwischen den Parteien kein qualifiziertes

[43] Vgl. zur Bedeutung des Schweigens des Gesetzgebers BGE 143 I 187, E. 3.2; BGE 142 IV 252, E. 3.2; *Seiler*, S. 226 f.

[44] Vgl. zur Qualifizierung der Prozesskostenforderungen zwischen den Parteien als privatrechtliche Forderung Urteil Obergericht Zürich RT190191-O/U vom 24.4.2020, E. 4.7; Urteil Obergericht Bern ZK 17 182 vom 14.6.2017, E. 14.3; Urteil Kantonsgericht St. Gallen BR.2010.1 vom 25.6.2010, E. III.3.4; Urteil Kantonsgericht Grau-

Schweigen dar, das eine Verzinsung gestützt auf andere Rechtsgrundlagen ausschliessen würde. Als privatrechtliche Forderungen unterliegen Prozesskostenforderungen zwischen den Parteien bei Fehlen einer spezialgesetzlichen Regelung in der ZPO subsidiär den allgemeinen Bestimmungen des Obligationenrechts (Art. 7 ZGB).[45] Ein Schweigen der ZPO zur Verzinsung von Prozesskostenforderungen zwischen Parteien führt somit zur Anwendbarkeit der allgemeinen Bestimmungen des Obligationenrechts. Es ist daher nachfolgend zu prüfen, ob diese Bestimmungen eine Verzinsung von Prozesskostenforderungen zwischen den Parteien ab Entstehung erlauben.

a) Verzugszins

Gemäss vorherrschender Meinung in der Lehre ist auf Prozesskostenforderungen ab einer auf die Rechtskraft des Urteils folgenden Mahnung nach Art. 104 Abs. 1 OR ein Verzugszins von 5 % geschuldet.[46] Diese Meinung ist zu hinterfragen. Nachfolgend geprüft werden soll, ob der Verzugszins bereits ab Anfall der Prozesskosten verlangt werden kann.

Ist eine Verbindlichkeit fällig, fällt der Schuldner – vorbehältlich eines Verfalltags – durch Mahnung des Gläubigers in Verzug (Art. 102 Abs. 1 und 2 OR). Voraussetzung für den Schuldnerverzug ist damit einerseits die Mahnung durch den Gläubiger, andererseits die Fälligkeit der Forderung.[47] Die Mahnung ist eine an den Schuldner gerichtete Erklärung des Gläubigers, in der er in unmissverständlicher Weise die unverzügliche Erbringung der Forderung beansprucht. Mit der Mahnung muss die zu erbringende Forderung so

---

bünden vom 19.5.1992, PKG 1992 S. 118 ff., E. 3a; *Sutter-Somm/Seiler*, Art. 112 ZPO, N. 6; *Urwyler/Grütter*, Art. 112 ZPO, N. 5.

[45] Vgl. zur Anwendung des OR auf das Prozessrecht: Urteil Kantonsgericht Graubünden vom 19.5.1992, PKG 1992 S. 118 ff., E. 3a; Urteil Obergericht Zürich RT190191-O/U vom 24.4.2020, E. 4.7; zur Anwendung des OR auf Spezialgesetze im Allgemeinen siehe *Schmid-Tschirren*, Art. 7 ZGB, N. 45–50.

[46] Botschaft ZPO, S. 7299; Urteil Obergericht Zürich PS190217-O/U vom 27.11.2010, E. 2.4; *Mohs*, Art. 112 ZPO, N. 3; *Rüegg/Rüegg*, Art. 112 ZPO, N. 3; *Sterchi*, Art. 112 ZPO, N. 7; *Sutter-Somm/Seiler*, Art. 112 ZPO, N. 6; *Tappy*, Art. 112 ZPO, N. 22; *Urwyler/Grütter*, Art. 112 ZPO, N. 5. Eine Minderheit ist der Ansicht, dass der Verzug bei Rechtskraft des Urteils auch ohne Mahnung eintritt: Urteil Obergericht Bern ZK 17 182 vom 14.6.2017, E. 14.4 f.; *Staehelin/Staehelin/Grolimund*, § 16 N 47 (unter Verweis auf kantonale Urteile vor Inkrafttreten der ZPO); *Jenny*, Art. 112 ZPO, N. 7. In der Lehre nicht diskutiert wird, ob die Fälligkeit von Prozesskostenforderungen tatsächlich die Rechtskraft des Urteils voraussetzt. Dies wird jeweils ohne Begründung behauptet. Zu dieser Frage sei auf folgende Urteile verwiesen: Urteil Obergericht Zürich RT190191-O/U vom 24.4.2020, E. 4.7; Urteil Kantonsgericht St. Gallen BR.2010.1 vom 25.6.2010, E. III.3.4 f. Kritisch zu diesen Urteilen: Urteil Kantonsgericht St. Gallen BES.2021.74 vom 17.12.2021, E. 2.a/bb).

[47] BGE 143 II 37, E. 5.2.2; BGE 129 III 535, E. 3.2.

genau bezeichnet werden, dass der Schuldner erkennt, was der Gläubiger fordern will.[48] Unter Fälligkeit versteht man den Zeitpunkt, auf den hin und von dem an der Gläubiger die Erfüllung der Forderung verlangen kann und darf.[49]

Praxisgemäss beantragen die Parteien in ihren ersten Rechtsschriften, dass die Gerichtskosten der Gegenpartei aufzuerlegen seien und die Gegenpartei ihnen eine Parteientschädigung zu entrichten habe. Sie geben damit zum Ausdruck, dass sie gegenüber der Gegenpartei Ansprüche auf Prozesskostenersatz geltend machen. Erachtet man eine Mahnung vor der gerichtlichen Festsetzung der Prozesskostenforderungen als möglich,[50] kann in den Anträgen auf Prozesskostenersatz eine rechtsgültige Mahnung erblickt werden.[51] Dass die Prozesskostenforderung in diesem Zeitpunkt nicht beziffert wird, ist weder prozess- noch materiell-rechtlich zu beanstanden. Bezüglich Gerichtskosten gilt in prozessrechtlicher Hinsicht die Offizialmaxime; die Gerichtskosten sind ungeachtet der Anträge der Parteien von Amtes wegen festzusetzen (Art. 105 Abs. 1 ZPO). Bezüglich Parteientschädigung greift dagegen grundsätzlich der Dispositionsgrundsatz; eine Parteientschädigung wird nur zugesprochen, wenn sie beantragt wird.[52] Ein bezifferter Antrag ist jedoch entgegen den üblichen prozessualen Grundsätzen (vgl. Art. 84 Abs. 2 ZPO) nicht erforderlich. Dies zeigt Art. 105 Abs. 2 Satz 2 ZPO, der die Einreichung einer Kostennote für freiwillig erklärt.[53] Die fehlende Bezifferung der Prozesskostenforderung ist daher prozessrechtlich unbedenklich. Materiellrechtlich gilt, dass eine Mahnung ausnahmsweise ohne Bezifferung zulässig ist, wenn die Höhe der Forderung noch nicht feststeht.[54] Dies ist zu Beginn des Verfahrens, wenn die Anträge auf Prozesskostenersatz erstmals gestellt werden, der Fall. Die Parteien wissen noch nicht, wie hoch das Gericht die Gerichtskosten festsetzen wird und welche Parteikosten ihnen bis zum Ende des Verfahrens anfallen werden.[55] Im jeweils zu Beginn des Verfahrens erfolgenden Antrag auf Prozesskostenersatz durch die Gegenpartei kann damit eine rechtsgültige Mahnung erblickt werden, will man die Mahnung vor der gerichtlichen Festsetzung der Prozesskostenforderung zulassen.

---

[48] BGE 143 II 37, E. 5.2.2; BGE 129 III 535, E. 3.2.2. m.w.H.

[49] *Weber*, Art. 102 OR, N. 53; *Wiegand*, Art. 102 OR, N. 4. Vgl. auch BGE 129 III 535, E. 3.2.1.

[50] Dieser Vorbehalt ist anzubringen, da die Prozesskostenforderungen wie nachfolgend aufgezeigt vor der Festsetzung durch das Gericht rechtlich nicht existiert.

[51] Siehe Urteil Obergericht Bern ZK 17 182 vom 14.6.2017, E. 14.5.

[52] BGE 139 III 334, E. 4.3 m.w.H.

[53] BGE 140 III 444, E. 3.2.2 m.w.H.

[54] Vgl. BGE 143 II 37, E. 5.2.2; BGE 129 III 535, E. 3.2.

[55] Vgl. Urteil Obergericht Bern ZK 17 182 vom 14.6.2017, E. 14.5.

Zu prüfen bleibt, ob die Prozesskostenforderungen zu Beginn des Verfahrens, wenn der Antrag gestellt wird, auch bereits fällig sind. Eine Mahnung vor Fälligkeit ist zwar zulässig,[56] bewirkt jedoch keinen Verzug. Der Verzug tritt erst mit Fälligkeit der Forderung ein.[57] Bezüglich Fälligkeit ist entscheidend, dass es dem Gericht obliegt, im Endurteil die Prozesskosten festzulegen. Vor dem Endurteil stehen die Prozesskostenforderungen weder im Bestand noch in ihrer Höhe fest; eine Prozesskostenforderung existiert rechtlich bis dahin nicht. Entsprechend sind die Prozesskostenforderungen zu Beginn des Verfahrens, wenn der Antrag auf Prozesskostenersatz gestellt wird, noch nicht fällig und es kann in diesem Zeitpunkt kein Verzug eintreten. Daher ist selbst bei rechtsgültiger Mahnung mittels Anträge auf Prozesskostenersatz vor Erlass des Urteils kein Verzugszins geschuldet. Die Fälligkeit der Prozesskostenforderungen als zweite Voraussetzung für den Verzug tritt frühestens mit dem Erlass – gemäss herrschender Auffassung sogar erst mit Rechtskraft – des Urteils bzw. mit Ablauf einer im Urteil eingeräumten Zahlungsfrist ein.[58] Entsprechend kann der bis dahin entstandene Zinsausfall nicht via Verzugszins geltend gemacht werden.

b) Schadenszins

Ausserprozessuale Anwaltskosten bilden im Haftpflichtrecht wie bereits dargelegt Bestandteil des Schadens, so dass darauf der übliche Schadenszins von 5 % geschuldet ist.[59] Die Verzinsung greift ab dem Zeitpunkt, in dem die wirtschaftliche Einbusse entsteht, also die Anwaltskosten angefallen sind.[60] Im Gegensatz zum zuvor diskutierten Verzugszins setzt der Schadenszins weder Mahnung noch Verzug des Haftpflichtigen voraus; er erfüllt jedoch den gleichen Zweck, nämlich den Ausgleich des Nachteils, der dadurch entsteht, dass Kapital nicht genutzt werden kann.[61] Es stellt sich die Frage, ob auch auf Prozesskostenforderungen zwischen den Parteien ab Anfall Schadenszins gestützt auf das Haftpflichtrecht verlangt werden kann.

Gestützt auf die bundesgerichtliche Rechtsprechung zum Verhältnis zwischen Prozess- und Haftpflichtrecht ist dies zu verneinen. Gemäss Rechtspre-

---

[56] *Weber*, Art. 102, N. 106; *Wiegand*, Art. 102 OR, N. 8.

[57] BGE 143 II 37, E. 5.2.2, zuletzt bestätigt im Urteil BGer 5A_342/2017 vom 4.5.2018, E. 5.2.

[58] Zur Frage, ob das Urteil für Verzugszins rechtskräftig sein muss und es einer Mahnung bedarf, siehe Fn. 46.

[59] Siehe *Blaeser*, S. 114 f. mit dem Hinweis, dass der Zinssatz von 5 % eine widerlegbare Vermutung ist.

[60] Für allgemeine Hinweise zum Schadenszins siehe *Brehm*, N. 97–101a.

[61] BGE 131 III 12, E. 9.

chung des Bundesgerichts ist eine separate oder nachträgliche Schadenersatzklage generell für alle Prozesskosten ausgeschlossen, welche unter den Begriff der Parteientschädigung fallen. Dies gilt selbst dann, wenn eine eidgenössische oder kantonale Regelung die Veranlagung und Verteilung dieser Kosten ausschliesst.[62] Das zivilprozessuale Kostenrecht verdrängt das Haftpflichtrecht. Eine Konkurrenz zwischen den Ansprüchen aus Prozess- und Haftpflichtrecht besteht nur dann, wenn der Gegenpartei ein widerrechtliches Prozessverhalten nachgewiesen werden kann, weil sie bspw. Verfahrensrechte missbräuchlich, böswillig oder in gegen Treu und Glauben verstossender Weise ausgeübt hat.[63]

In der Lehre ist dieser Rechtsprechung Kritik erwachsen. Das Problem besteht darin, dass die zugesprochene Parteientschädigung die angefallenen Kosten oftmals nicht deckt und der Haftpflichtgläubiger mangels Anspruchskonkurrenz den Restbetrag nicht als Schadenersatz geltend machen kann; daher wird er nicht vollständig entschädigt. Teile der Lehre haben sich deswegen für eine Anspruchskonkurrenz zwischen dem prozessrechtlichen Anspruch auf Parteientschädigung und dem haftpflichtrechtlichen Anspruch auf Schadenersatz ausgesprochen.[64] Dieser Lösungsvorschlag greift allerdings zu kurz. Erstens vermag er das eigentliche Problem, welches darin besteht, dass die Parteientschädigung die angefallenen Kosten oft nicht vollumfänglich deckt, nur teilweise, nämlich einzig für Haftpflichtprozesse zu lösen. Ausserhalb von Haftpflichtprozessen hilft die Anspruchskonkurrenz nicht weiter. Zweitens kann sich selbst in Haftpflichtprozessen nur der Kläger auf das Schadenersatzrecht stützen. Dem Beklagten hingegen steht dieser Weg nicht offen, da seine Prozesskosten nicht durch eine widerrechtliche Handlung des Klägers verursacht wurden, ausser diesem kann ausnahmsweise widerrechtliches Prozessverhalten nachgewiesen werden.[65] Würde man vorprozessuale und prozessuale Anwaltskosten somit direkt dem Haftpflichtrecht unterstellen, entstünde eine aus prozessrechtlicher Sicht problematische Ungleichbehandlung zwischen den Parteien. Anzusetzen ist daher an anderer Stelle, nämlich bei den kantonalen Tarifen für die Parteientschädigung und der Praxis der Gerichte bei der Festsetzung der Parteientschädigung. Für die Forderung auf Rückerstattung von vorgeschossenen Gerichtskosten gelten die gleichen Überlegungen. Auch hier würde eine Lösung über die Anspruchskonkurrenz zu kurz greifen und die genannten Ungleichbehandlungsprobleme hervorrufen.

---

[62] BGE 139 III 190, E. 4.4; *Jenny/Tuor*, S. 251.

[63] BGE 117 II 394, E. 3b; vgl. Urteil BGer 4A_148/2016 vom 30.8.2016, E. 2.4 sowie *Jenny/Tuor*, S. 251.

[64] *Berger*, S. 132; *Gauch*, S. 195.

[65] *Schwenzer*, S. 423.

Zusammengefasst zeigt sich, dass Prozesskostenforderungen zwischen den Parteien nicht alternativ über das Haftpflichtrecht als Schadenersatz geltend gemacht werden können. Damit ist darauf auch kein haftpflichtrechtlicher Schadenszins geschuldet.

IV. Revisionsvorschläge

Die Analyse des geltenden Rechts führt zum Schluss, dass Prozesskostenforderungen zwischen den Parteien nach grammatikalischer, teleologischer und systematischer Auslegung der ZPO zu verzinsen sind. Lehnt man diese Ansicht ab, muss, um die Fehlanreize auf das Parteiverhalten zu beheben und dem Sinn des zivilprozessualen Kostenrechts gerecht zu werden, eine neue Rechtsgrundlage in der ZPO geschaffen werden. Eine solche Rechtsgrundlage ist notwendig, weil die allgemeinen Bestimmungen des Obligationenrechts keine Verzinsung von Prozesskostenforderungen vor Erlass des Urteils erlauben. Eine Revision wäre aber aus Rechtssicherheitsgründen auch dann angezeigt, wenn man der Ansicht der Verfasser folgt und annimmt, die Prozesskostenforderungen seien bereits unter der geltenden Rechtslage analog zum Schadenszins zu verzinsen. Die nachfolgenden Ausführungen sollen für diese Revision Denkanstösse liefern.

1. Pauschalisierte Verzinsung oder Ersatz des konkreten Schadens?

Im Hinblick auf die Schaffung einer neuen Rechtsgrundlage ist vorab zu klären, ob die Prozesskostenforderungen pauschaliert verzinst werden sollen oder ob ein konkreter Schadensnachweis Voraussetzung für eine Verzinsung sein sollte.

Blickt man auf die bisher diskutierten Zinsgrundlagen, fällt auf, dass sowohl der Verzugs- als auch der Schadenszins pauschaliert zugesprochen werden. Ein konkreter Schadensnachweis ist nur erforderlich, sofern eine darüber hinausgehende Forderung geltend gemacht wird.[66] Dies spricht dafür, auch den Zins auf Prozesskosten zu pauschalieren. Dies drängt sich im Sinne der Rechtseinheit umso mehr auf, als damit eine Gleichstellung mit vorprozessualen Anwaltskosten geschaffen würde, auf die im Haftpflichtrecht ein pauschalierter Schadenszins von 5% geschuldet ist. Die pauschalierte Verzinsung dient auch der Praktikabilität.[67] Würde man eine Rechtgrundlage schaffen, die einzig den Ersatz eines konkret nachgewiesenen Schadens auf-

---

[66] Für den Verzugszins siehe Art. 106 Abs. 1 OR; für den Schadenszins vgl. *Brehm*, N. 100f.

[67] Siehe zur Praktikabilität im Recht *Mathis/Anderhub*.

grund der entgangenen Nutzung erlaubt, würde diese wohl toter Buchstabe bleiben. Die obsiegende Partei müsste in diesem Fall im Einzelnen substantiiert darlegen und beweisen, welches Anlagegeschäft sie getätigt hätte und welcher Gewinn ihr dadurch entgangen ist. Dies dürfte ausser in grossvolumigen Verfahren kaum je ökonomisch sinnvoll sein. All dies spricht dafür, die Verzinsung von Prozesskostenforderungen zwischen den Parteien zu pauschalieren. Der Nachweis eines konkreten Schadens ist einzig zu verlangen, wenn eine Partei eine über die Pauschale hinausgehende Forderung geltend macht.

2. Gegenstand der Verzinsung

Die Prozesskostenforderung der obsiegenden gegenüber der unterliegenden Partei setzt sich zusammen aus der Parteientschädigung und der Rückerstattung von vorgeschossenen Gerichtskosten, die vom Gericht mit den angefallenen Kosten verrechnet wurden. Diese Beträge sind nach dem Gesagten zu verzinsen.

Wie verhält es sich jedoch mit Gerichtskostenvorschüssen, die eine Partei von der Gerichtskasse zurückerstattet erhält? Sind auch diese Vorschüsse von der Gegenpartei zu verzinsen? Gegenwärtig ist diese Frage nicht akut. Da der Gerichtskostenvorschuss auf die mutmassliche Höhe der Gerichtskosten beschränkt ist (Art. 98 ZPO) und bei Verrechnung somit in der Regel vollständig untergeht, sind substantielle Rückerstattungen durch die Gerichtskasse die Ausnahme. Der Entwurf zur Revision der Zivilprozessordnung sieht jedoch vor, dass künftig mit wenigen, hier nicht interessierenden, Ausnahmen[68] nur noch die Gerichtskostenvorschüsse der kostenpflichtigen Partei mit den Gerichtskosten verrechnet werden (Art. 111 Abs. 1 E-ZPO).[69] Die obsiegende Partei erhält künftig sämtliche von ihr geleisteten Gerichtskostenvorschüsse direkt vom Gericht und nicht mehr von der Gegenpartei erstattet. Damit akzentuiert sich die Frage, ob auch die von der Gerichtskasse zu erstattenden Gerichtskostenvorschüsse von der unterliegenden Partei zu verzinsen sind. Dieser Frage soll nachfolgend nachgegangen werden.

Schliesslich muss geklärt werden, wie es sich mit den Zinsen verhält, die im Laufe des Verfahrens auf die Prozesskosten anfallen. Sind auch diese wiederum zu verzinsen, soll also Zinseszins geschuldet sein? Auch dies ist nachfolgend zu prüfen.

---

[68] Diese Ausnahmen wurden in der auf den Entwurf folgenden parlamentarischen Debatte denn auch gestrichen.

[69] BBl 2020 2785, S. 2788. Anzumerken ist, dass der Entwurf auch vorsieht, dass der Vorschuss im Regelfall die Hälfte der mutmasslichen Gerichtskosten nicht überschreiten darf (Art. 98 Abs. 1 E-ZPO).

a) Zinsen auf von der Gerichtskasse zurückzuerstattenden Gerichtskostenvorschüsse

Korrekterweise sollten die von der Gerichtskasse zurückzuerstattenden Beträge auch von dieser verzinst werden, denn die Gerichtskasse bzw. das zugehörige Gemeinwesen zieht auch den Nutzen aus diesem Kapital und könnte es gewinnbringend anlegen bzw. kann auf zinstragende Fremdkapitalaufnahmen verzichten. Die Zivilprozessordnung sieht jedoch gegenwärtig keine Pflicht der Gerichtskasse vor, die vom Gericht zurückzuerstattenden Gerichtskostenvorschüsse zu verzinsen. Ob diese Beträge verzinst werden, obliegt der Regelungshoheit der Kantone,[70] was wenig überraschend dazu geführt hat, dass die Vorschüsse nicht verzinst werden. Im Rahmen der Revision der Zivilprozessordnung ist diesbezüglich keine Änderung angedacht. Um den obsiegenden Kläger schadlos zu halten, muss also die unterliegende Beklagte dem Kläger die Zinskosten ersetzen. Dem könnte man entgegnen, dass es nicht die Pflicht der unterliegenden Partei sein könne, für das Versäumnis der Kantone hinsichtlich Verzinsung von Gerichtskostenvorschüssen einzustehen und die Verzinsung der vom Staat geschuldeten Vorschussrückerstattung zu übernehmen. Diese Argumentation lässt allerdings den Grundgedanken der Kostenverteilung der Zivilprozessordnung ausser Acht. Die unterliegende Partei soll sämtliche Prozesskosten tragen,[71] umgekehrt soll der obsiegenden Partei aus der Durchsetzung ihrer Rechte kein finanzieller Nachteil erwachsen. Entsprechend muss, solange die Kantone dies nicht tun, die unterliegende Partei für die Verzinsung von Gerichtskostenvorschüssen einstehen.

b) Zinseszins

Richtigerweise sollten auch aufgelaufene Zinsen verzinst werden. Nur wenn aufgelaufene Zinsen verzinst werden, wird dem Zeitwert des Geldes und der Inflation vollkommen Rechnung getragen.[72] Einfache Verzinsung wäre angezeigt, wenn die Zinsen tatsächlich periodisch ausbezahlt würden. Dann könnte der Zinsgläubiger diese Zinsen nämlich zinsbringend anlegen, dem Zinsschuldner würden sie nicht zur Verfügung stehen. Da die Zinsen auf Prozesskostenforderungen aber nicht periodisch ausbezahlt werden, kann der Zinsschuldner über das Geld weiterhin verfügen, nicht aber der Zinsgläubiger. Da der Zinsschuldner auf den Finanzmärkten das Geld mit Zinseszins anlegen kann, und der Zinsgläubiger dasselbe tun könnte, wenn er das Geld hätte, muss die Forderung des Zinsgläubigers mit Zinseszins verzinst wer-

---

[70] *Zotsang*, S. 243 m.w.H.; vgl. Bericht VE ZPO, S. 57.

[71] Vgl. *Pesenti*, N. 431; *Urwyler/Grütter*, Art. 106 ZPO, N. 1.

[72] *Knoll*, S. 307.

den, um ihn schadlos zu halten. Diese Überlegungen gelten jedoch nicht bloss für Prozesskostenforderungen, sondern auch für den Verzugs- und den Schadenszins. Gleichwohl ist darauf gegenwärtig kein Zinseszins geschuldet.[73] Aus Gründen der Rechtseinheit und Rechtsgleichheit sollten Schadenszins, Verzugszins und Zins auf Prozesskostenforderung gleich ausgestaltet sein. Im Revisionsvorschlag wird daher festgehalten, dass kein Zinseszins berechnet wird.

3. Zinssatz

Bezüglich Höhe des Zinssatzes sind verschiedene Varianten denkbar.[74] Klar ist einzig, dass der Zinssatz zumindest den Zeitwert des Geldes unter Berücksichtigung der Inflation abbilden sollte.[75]

Darüber hinaus stellt sich die Frage, ob noch ein Risikozuschlag angezeigt ist. Prozesskostenforderungen sind nicht risikolos, vielmehr besteht die Gefahr, dass keine oder zumindest keine volle Prozesskostenentschädigung zugesprochen wird. Um dieses Ausfallrisiko in der Bewertung zu berücksichtigen, müsste der Zinssatz erheblich über dem Zinssatz für risikolose Darlehen liegen. Die Berücksichtigung des Ausfallsrisikos wäre aber rechtspolitisch bedenklich.[76] Eine zentrale Funktion des Unterliegensprinzips ist, dass Anreize zur Vermeidung von Verfahren mit geringen Erfolgsaussichten geschaffen werden. Würden geringe Erfolgsaussichten mit einem hohen Zinssatz ausgeglichen, würde diese Anreizwirkung konterkariert. Zudem ist die nachträgliche Beurteilung des ex-ante-Risikos eines Verfahrens praktisch schwierig, insbesondere durch ein Gericht, das in seinem Urteil eindeutig Stellung beziehen muss. Diese Überlegungen sprechen dafür, dass das Risiko, den Prozess zu verlieren, nicht berücksichtigt werden sollte. Immerhin könnte man verlangen, das Risiko auszugleichen, dass der Prozesskostenschuldner insolvent wird.[77] Daher könnte man den Zinssatz verwenden, welcher der Kostenschuldner für unbesicherte Fremdfinanzierungen bezahlen muss.[78] Alternativ könnte auf die Finanzierungskosten des Kostengläubigers abgestellt und dadurch der Wiederbeschaffungswert des Geldes aus dessen Sicht abgebildet werden.[79]

---

[73] Zum Verzugszins vgl. Art. 105 Abs. 3 OR, zum Schadenszins vgl. BGE 131 III 12, E. 9.4

[74] *Knoll*, S. 309; siehe *Dolgoff/Duarte-Silva*, S. 99 ff.; *Glick/Kearl/Sinclair*, S. 78 ff.

[75] *Dolgoff/Duarte-Silva*, S. 106 f.; siehe *Priest*, S. 534, gemäss dem der Zinssatz den „effective time value of money" widerspiegeln soll.

[76] Vgl. *Knoll*, S. 311, Fn. 98.

[77] *Knoll*, S. 308 ff.

[78] *Knoll*, S. 312.

[79] Siehe *Dolgoff/Duarte-Silva*, S. 101 ff.

Aus Praktikabilitätsgründen könnte man auf Referenzzinssätze zurückgreifen, etwa die Swiss Average Rate Overnight (SARON).[80] In diesem Fall könnte der Zinssatz aus Gründen der Rechtssicherheit regelmässig, bspw. jährlich, durch den Bundesrat gestützt auf gesetzliche Vorgaben in einer Verordnung festgelegt werden. So wäre jederzeit klar, welcher Zinssatz aktuell gilt und in Vergangenheit galt.

Der Zinssatz könnte aber auch starr ausgestaltet werden, wie dies heute beim Verzugs- und dem Schadenszins der Fall ist, wobei sich dann die Frage nach der Höhe stellt. Ein starrer Zinssatz ist einfach in der Handhabung, aber regelmässig zu hoch oder zu tief.[81] Dabei ist zu beachten, dass bei einem Zinssatz, der allzu hoch liegt, die Partei mit den besseren Erfolgsaussichten einen Anreiz zur Verzögerung hat, da ihr Geld im Verfahren höher verzinst wird als auf dem Finanzmarkt.[82] Diesfalls hätte diese Partei auch einen Anreiz, überhöhte Kosten in Kauf zu nehmen, um möglichst viel in die Prozesskostenforderung zu „investieren". Da das Verfahren risikobehaftet ist und der Zins auf die Prozesskostenforderung dieses Risiko nicht ausgleicht, ist eine solche Situation jedoch unwahrscheinlich. Liegt der Zinssatz zu tief, treten die gleichen Probleme auf wie ohne Zins, nur in abgeschwächter Form.

Welche Variante angemessen ist, ist aktuell im Bereich des Obligationenrechts Gegenstand politischer Diskussionen, und soll hier offengelassen werden.[83] Wichtig erscheint mit Blick auf die Rechtseinheit und Praktikabilität, dass der Zins auf Prozesskostenforderungen in gleicher Höhe festgesetzt wird wie der Verzugs- und Schadenszins. Es sollte daher kein konkreter Zinssatz für Prozesskostenforderungen in den Revisionsvorschlag aufgenommen, sondern auf die Höhe des Verzugszinses verwiesen werden.[84]

---

80 Zur Frage, inwiefern die Zinsstrukturkurve berücksichtigt werden soll siehe *Losey/Mass/Li*, S. 57 ff.

81 *Knoll*, S. 316.

82 *Dal Pont*, S. 663.

83 Parlamentarische Initiative 16.470 von Nationalrat Fabio Regazzi: Verzugszinssatz. Anpassung an Marktzinsen. Siehe dazu Bericht VE Anpassung Verzugszinssatz, insb. S. 8–11.

84 Siehe dazu Art. 73 Abs. 1 des Vorentwurfs zur Umsetzung der parlamentarischen Initiative 16.470, abrufbar unter: <https://www.parlament.ch/de/organe/kommissionen/sachbereichskommissionen/kommissionen-rk/vernehmlassung-rk-n-16-470>, zuletzt besucht am 21. Januar 2023; vgl. Bericht VE Anpassung Verzugszinssatz, S. 12. Ein Hinweis auf den Schadenszins ist nicht sinnvoll, da dieser ebenfalls nicht gesetzlich geregelt ist.

4. Beginn und Ende des Zinslaufs

Abschliessend ist der Fokus auf den Zinslauf zu richten. In seinem Leitentscheid zur Verzinsung von Aufwendungen der Privatklägerschaft im Strafverfahren bemängelte das Bundesgericht, dass die Verzinsung erhebliche Schwierigkeiten in Bezug auf die Bestimmung des *dies ad quo* mitbringen würde.[85] Berücksichtigt man aber den Sinn und Zweck der hier vorgeschlagenen Verzinsung, wird die Sache klar. Da man den entgangenen Nutzen ausgleichen will, muss die Verzinsung analog dem Schadenszins im Zeitpunkt ansetzen, in dem die Kosten tatsächlich bezahlt werden. Zinsen sind auf Gerichtskosten damit geschuldet, sobald der Vorschuss bezahlt wird. Auf Parteientschädigungen ist Zins geschuldet, sobald die notwendigen Aufwendungen bezahlt werden bzw. sobald Vorschuss- und Teilzahlungen an die Rechtsvertretung geleistet werden. Es kann auf die Praxis zum Schadenszins verwiesen werden. Werden keine Vorschuss- und Teilzahlungen an die Rechtsvertretung geleistet, bspw. bei unentgeltlicher Rechtsverbeiständung, ist auf diesen Teil der Parteientschädigung auch kein Zins geschuldet.

Die Verzinsung endet – analog dem Schadenszins – grundsätzlich im Zeitpunkt, in dem die obsiegende Partei die von ihr geleisteten Prozesskosten erstattet erhält.[86] Eine Ausnahme ist für die vom Gericht zu erstattenden Gerichtskostenvorschüsse zu machen. Darauf kann die obsiegende Partei vom Gericht nach Rechtskraft Verzugszinsen vom Gericht einfordern, so dass die Zinspflicht der unterliegenden Partei in diesem Zeitpunkt entfallen kann.[87]

5. Revisionsvorschlag

Nach dem Gesagten sollte die Zivilprozessordnung um folgenden Artikel ergänzt werden:

Art. 112a Verzinsung von Prozesskostenforderungen zwischen den Parteien

[1]*Die kostenpflichtige Partei*[88] *hat der anderen Partei auf den von ihr geleisteten Gerichtskostenvorschüssen sowie auf die der anderen Partei zustehende Parteientschädigung einen Zins in der Höhe des Verzugszinses nach Art. 104 Abs. 1 und 3 OR zu bezahlen. Es werden keine Zinseszinsen berechnet.*

---

[85] BGE 143 IV 495, E. 2.2.4 (übersetzt in Praxis, Bd. 107 (2018), Nr. 123).

[86] Vgl. BGE 131 III 12, E. 9.5, wonach der Schadenszins bis zur Bezahlung der Schadenersatzforderung läuft.

[87] Vgl. zur Verzugszinspflicht auf öffentlich-rechtlichen Forderungen Urteil BGer 9C_98/2009 vom 30.6.2009, E. 4.3.

[88] Terminologie der aktuellen Zivilprozessordnung, vgl. Art. 111 Abs. 2 ZPO.

[2]*Allfällige Zinszahlungen des Gerichts auf Gerichtkostenvorschüsse sind an die von der kostenpflichtigen Partei zu leistenden Zinszahlungen anzurechnen.*

[3]*Der Zinslauf beginnt anteilsmässig an dem Tag, an dem die Partei die Gerichtskosten vorgeschossen beziehungsweise die der Parteientschädigung zugrundeliegenden Kosten bezahlt hat.*

[4]*Der Zinslauf auf den vom Gericht zurückzuerstattenden Gerichtskostenvorschüssen endet mit Rechtskraft des Entscheides. Der Zinslauf auf den von der kostenpflichtigen Partei geschuldeten Prozesskostenforderungen endet mit deren Erfüllung.*

[5]*Hat die Partei aus der entgangenen Nutzung des für die Prozesskosten aufgewendeten Geldes einen grösseren Schaden erlitten, als ihr durch den Zins vergütet wird, so ist die unterliegende Partei auch zum Ersatz dieses Schadens verpflichtet.*

V. Fazit

Der Aufsatz zeigt, dass die in der Praxis fehlende Verzinsung von Prozesskostenforderungen dem Unterliegensprinzip zuwiderläuft und zu Fehlanreizen führen kann. Die Auslegung der einschlägigen Bestimmungen führt zum Schluss, dass eine Verzinsung von Prozesskostenforderungen analog zum Schadenszins gestützt auf die ZPO bereits heute möglich und angezeigt ist. Um Klarheit zu schaffen, ist ein neuer Artikel in die ZPO aufzunehmen, der die Verzinsung von Prozesskostenforderungen explizit regelt.

Die Frage nach Zinsen auf Prozesskostenforderungen mag pedantisch wirken. In vielen Verfahren dürfte sie nicht ins Gewicht fallen. Jedoch gilt: Auch Kleinvieh macht Mist. Wenn man die gesamten Prozesskosten, die jährlich in der Schweiz anfallen, aufsummiert und die teils erhebliche Verfahrensdauer berücksichtigt, wird klar, dass es sich dabei gesamtgesellschaftlich um relevante Beträge handelt, die den obsiegenden Parteien entgehen. Bei hohen Prozesskosten und langer Verfahrensdauer kann die Verzinsung von Prozesskostenforderungen durchaus den Entscheid für oder gegen ein Verfahren, für oder gegen ein bestimmtes Vergleichsangebot beeinflussen. Die Frage sollte daher nicht länger ein Schattendasein fristen, sondern vom Gesetzgeber angegangen werden.

Literaturverzeichnis

Ault, David E./*Rutman*, Gilbert, L.: The Calculation of Damage Awards, The Issue of „Prejudgment Interest“, in: Journal of Forensic Economics, Bd. 12 (1999), S. 97 ff.

Berger, Max: Der Geschädigte hat ein Recht auf Ersatz seiner Anwaltskosten, Die Anwaltskosten im Haftpflichtprozess unter besonderer Berücksichtigung der Problematik des Überklagens, in: HAVE (2003), S. 131 ff.

Blaeser, Alexander: Die Zinsen im schweizerischen Obligationenrecht, Zürich/St. Gallen 2011.

Brehm, Roland: Kommentar zu Art. 41 OR, in: Brehm, Roland, Berner Kommentar, Obligationenrecht, Allgemeine Bestimmungen, Die Entstehung durch unerlaubte Handlungen, Art. 41–61 OR, 5. Aufl., Bern 2021.

Dal Pont, Gino: Law of Costs, 5. Aufl., Chatswood (NSW) 2021.

Dolgoff, Aaron/*Duarte-Silva*, Tiago: Prejudgment Interest, An Economic Review of Alternative Approaches, in: Journal of International Arbitration, Bd. 33 (2016), S. 99 ff.

Eymann, Stephanie: Die Parteientschädigung an die Privatklägerschaft im Strafprozess, in: forumpoenale (2013), S. 312 ff.

Fisher, Irving: The Theory of Interest, As Determined by Impatience to Spend Income and Opportunity to Invest It, New York 1930 (zit. *Fisher*, 1930).

Fisher, Irving: The Rate of Interest, Its Nature, Determination and Relation to Economic Phenomena, New York 1907 (zit. *Fisher*, 1907).

Gauch, Peter: Der Deliktsanspruch des Geschädigten auf Ersatz seiner Anwaltskosten, Ein klassisches Thema aus dem Deliktsrecht, in: recht (1994), S. 189 ff.

Glick, Mark A./*Kearl*, James R./*Sinclair*, Cory D.: The Economics and Perplexing Utah Law of Prejudgment Interest, in: The Utah Law Review Online Supplement (2013), S. 63 ff.

Jenny, Aurelia/*Tuor*, Nathalie: Ausserprozessuale Anwaltskosten, ein Schaden kommt selten allein, in: Anwaltsrevue (2022), S. 249 ff.

Jenny, David: Kommentar zu Art. 112 ZPO, in: Sutter-Somm, Thomas/Hasenböhler, Franz/Leuenberger, Christoph (Hrsg.), Kommentar zur Schweizerischen Zivilprozessordnung (ZPO), 3. Aufl., Zürich 2016 (zit. *Jenny*, Art. 112 ZPO, N. …).

Keir, John C./*Keir*, Robin C.: Opportunity Cost, A Measure of Prejudgment Interest, in: The Business Lawyer, Bd. 39 (1983), S. 129 ff.

Knoll, Michael S.: A Primer on Prejudgment Interest, in: Texas Law Review, Bd. 75 (1996), S. 293 ff.

Loos, Jaime Leigh: The Effect of a Loser-Pays Rule on the Decisions of an American Litigant, in: Major Themes in Economics, Bd. 7 (2005), S. 31 ff.

Losey, Robert L./*Mass*, Michael/*Li*, Jingsan: Prejudgment Interest, The Long and the Short of It, in: Journal of Forensic Economics, Bd. 15 (2002), S. 57 ff.

Mathis, Klaus: Effizienz statt Gerechtigkeit?, 4. Aufl., Berlin 2019.

Mathis, Klaus/*Anderhub*, Alain: Die Kosten der Einzelfallgerechtigkeit: Praktikabilität des Rechts aus rechtlicher und ökonomischer Sicht, in: Schweizerische Zeitschrift für Sozialversicherung und berufliche Vorsorge (SZS), Bd. 53 (2009), S. 301 ff.

Mohs, Florian: Kommentar zu Art. 112 ZPO, in: Gehri, Myriam A./Jent-Sørensen, Ingrid/Sarbach, Martin (Hrsg.), ZPO Kommentar, Schweizerische Zivilprozessordnung, 2. Aufl., Zürich 2015 (zit. *Mohs*, Art. 112, N. …).

Pesenti, Francesca: Gerichtskosten (insbesondere Festsetzung und Verteilung) nach der Schweizerischen Zivilprozessordnung (ZPO), Unter besonderer Berücksichtigung der kantonalen Gebührentarife, Basel 2017.

Posner, Richard A.: An Economic Approach to Legal Procedure and Judicial Administration, in: The Journal of Legal Studies, Bd. 2 (1973), S. 399 ff.

Priest, George L.: Private Litigants and the Court Congestion Problem, in: Boston University Law Review, Bd. 69 (1989), S. 527 ff.

Reifner, Udo: Zinsberechnung im Recht, in: Archiv für die civilistische Praxis, Bd. 214 (2014), S. 695 ff.

Rüegg, Viktor/*Rüegg*, Michael: Kommentar zu Art. 112 ZPO, in: Spühler, Karl/Tenchio, Luca/Infanger, Dominik (Hrsg.), Basler Kommentar, Schweizerische Zivilprozessordnung, 3. Aufl., Basel 2017 (zit. *Rüegg/Rüegg*, Art. 112, N. …).

Schmid-Tschirren, Christina: Kommentar zu Art. 7 ZGB, in: Caroni, Pio et al., Berner Kommentar, Band I: Einleitung und Personenrecht, 1. Abteilung: Einleitung, Art. 1–9 ZGB, Bern 2012 (zit. *Schmid-Tschirren*, Art. 7 ZGB, N. …).

Schwenzer, Ingeborg: Rechtsverfolgungskosten als Schaden?, in: Gauch, Peter/Werro, Franz/Pichonnaz Pascal (Hrsg.), Mélanges en l'honneur de Pierre Tercier, Zürich 2008.

Seiler, Hansjörg: Einführung in das Recht, 3. Aufl., Zürich/Basel/Genf 2009.

Staehelin, Adrian/*Staehelin*, Daniel/*Grolimund*, Pascal: Zivilprozessrecht, Unter Einbezug des Anwaltsrechts und des internationalen Zivilprozessrechts, 3. Aufl., Zürich 2019.

Sterchi, Martin: Kommentar zu Art. 112 ZPO, in: Hausheer, Heinz/Walter, Hans Peter (Hrsg.), Berner Kommentar, Schweizerische Zivilprozessordnung, Bern 2012 (zit. *Sterchi*, Art. 112 ZPO, N. …).

Sutter-Somm, Thomas/*Seiler*, Benedikt: Kommentar zu Art. 112 ZPO, in: Sutter-Somm, Thomas/Seiler, Benedikt (Hrsg.), Handkommentar zur Schweizerischen Zivilprozessordnung, Zürich 2021 (zit. *Sutter-Somm/Seiler*, Art. 112 ZPO, N. …).

Tappy, Denis: Kommentar zu Art. 112 ZPO, in: Bohnet, François et al. (Hrsg.), Commentaire Romand, Code de procédure civile, 2. Aufl., Basel 2019 (zit. *Tappy*, Art. 112 ZPO, N. …).

Urwyler, Adrian/*Grütter*, Myriam: Kommentar zu Art. 106 und Art. 112 ZPO, in: Brunner, Alexander/Gasser, Dominik/Schwander, Ivo (Hrsg.), ZPO Schweizerische Zivilprozessordnung Kommentar, 2. Aufl., Zürich/St. Gallen 2016 (zit. *Urwyler/Grütter*, Art. … ZPO, N. …).

Weber, Rolf H.: Kommentar zu Art. 102 OR, in: Weber, Rolf H./Emmenegger, Susan (Hrsg.), Berner Kommentar, Obligationenrecht, Allgemeine Bestimmungen, Die Folgen der Nichterfüllung, Art. 97–109 OR, 2. Aufl., Bern 2020 (zit. *Weber*, Art. 102 OR, N. …).

Weiss, Marco: Offene Fragen zu den Entschädigungsansprüchen und -folgen der Privatklägerschaft, in: forumpoenale (2022), S. 206 ff.

Wiegand, Wolfgang: Kommentar zu Art. 102 OR, in: Widmer Lüchinger, Corinne/Oser, David (Hrsg.), Basler Kommentar, Obligationenrecht I, Art. 1–529 OR, 7. Aufl., Basel 2019 (zit. *Wiegand*, Art. 102 OR, N. …).

Zotsang, Dheden C.: Prozesskosten nach der Schweizerischen Zivilprozessordnung, Zürich 2015.

Materialienverzeichnis

Bericht der Kommission für Rechtsfragen des Nationalrats zum Vorentwurf zur Umsetzung der Parlamentarischen Initiative 16.470 (Verzugszinssatz des Bundes. Anpassung an Marktzinsen), Bern 2022 (abrufbar unter <https://www.parlament.ch/de/organe/kommissionen/sachbereichskommissionen/kommissionen-rk/vernehmlassung-rk-n-16-470>, zuletzt besucht am 27.1.2023) (zit. Bericht VE Anpassung Verzugszinssatz).

Botschaft des Bundesrats zur Schweizerischen Zivilprozessordnung vom 28. Juni 2016, BBl 2006 7221 (zit. Botschaft ZPO).

Begleitbericht zum Vorentwurf der Expertenkommission für eine Schweizerische Zivilprozessordnung, Juni 2003 (abrufbar unter <https://www.bj.admin.ch/bj/de/home/staat/gesetzgebung/archiv/zivilprozessrecht.html>, zuletzt besucht am 27.1.2023) (zit. Bericht VE ZPO).

Anwendungsbereich Konsumenten- und Versicherungsschutz

The Law and Economics of Consumer Law

By *Adrianus van Heusden*

I. Abstract

Consumer protection laws have a deep regulatory impact on the functioning of markets. The law and economics approach is a particularly apt methodology to study the inefficiencies in consumer markets and to investigate the potential effects of regulatory intervention on consumer welfare. This contribution discusses the traditional consumer law and economics approach with its strong grounding in rational choice theory, complemented with insights from information economics. On the basis of this approach, it can be determined to what extent consumer protection rules are in harmony with the normative criterion of economic efficiency and to what extent market intervention is warranted. Through the economic analysis of consumer law, the aim to improve the level of consumer protection can be pursued while accounting for the welfare effects of regulation. In this way, valuable contributions to consumer policymaking can be made, which from both a legal and an economic perspective can be justified.

II. Introduction

The law and economics paradigm applies economic theories and insights to analyze the efficiency of laws and predict how certain legal rules will affect human behavior.[1] Under this paradigm, there exists a multiplicity of approaches, which together aim to accurately describe the complex reality of private law.[2] In this contribution, the traditional law and economics approach to consumer law, which is based on neoclassical economics complemented with insights from information economics, will be discussed. Although other approaches, among which the behavioral approach as the most prominent one, have influenced the economics analysis of consumer law, an extensive review of these approaches falls outside the scope of this contribution. In this

1 *Faure/Visscher*, p. 1.

2 *De Geest*, Contracten- en Quasi-Contractenrecht, pp. 456–468.

paper, the focus lies on the traditional law and economics approach since it is regarded as the foundation of the economic analysis of consumer law.

III. The traditional consumer law and economics approach

The traditional law and economics paradigm is based on the *rational choice model*. A decision is rational when it fulfills three requirements, namely: (1) out of the existing alternatives, individuals will choose the one that is best for them, based on their expectations of how the alternatives fare under their pre-existing preferences; (2) these expectations are based on the available information; (3) and the optimal amount of information is collected. A rational actor will thereby maximize its *expected utility*, which is determined by the multiplication of the probabilities of the potentially different outcomes and the corresponding utility that they generate in case of materialization. This maximization process occurs under various constraints, such as time, money, and cognitive resources.[3] Furthermore, the traditional law and economics approach believes in the functioning of the market, yet it does acknowledge that market failures occur.[4] Law is, therefore, seen as a reaction or remedy to market failures.[5]

Moreover, the traditional lawyer-economist looks at how the law incentivizes behavior among economic actors. Accordingly, the law is not seen as an end in itself, but as a means of achieving a socially desirable outcome.[6] The concept of *efficiency* is thereby highly important since it constitutes the basis of the analysis. The concept of efficiency, however, has been the subject of many studies in the field of *welfare economics* and a full elaboration on the concepts of efficiency falls outside the scope of this contribution. The two most common definitions are *Pareto-efficiency* and *Kaldor-Hicks efficiency*. According to the Pareto criterion, a change is an improvement when it makes one person better off without making another person worse off.[7] An allocation of resources is *Pareto-efficient* or *Pareto-optimal* when no further *Pareto improvements* can be made.[8] *Kaldor-Hicks efficiency* means "that state A is to be preferred to state B if those who gain from the move to A gain enough to compensate those who lose."[9] The compensation is hypothetical and the preferred alternative is chosen by comparing aggregate pay-

---

3 *Pacces/Visscher*, p. 2.

4 *Faure/Visscher*, p. 1.

5 *Faure/Visscher*, p. 1.

6 *Faure/Visscher*, p. 2.

7 *Cooter/Ulen*, p. 14.

8 *Cooter/Ulen*, p. 14.

9 *Parisi*, The Language of Law and Economics, p. 162.

offs of the various alternatives and choosing the optimizing option (i. e., the biggest difference between gains and losses).[10] Two alternative criteria are the *Nash criterion of welfare*[11] and the *Rawlsian maximin principle*. Pursuant to the Nash criterion, the grand product of the utility of all members of society needs to be taken. Under the *Rawlsian maximin principle*, also known as the *difference principle*,[12] social policy should pursue the maximization of the minimum gain, which benefits the least-advantaged members of society.[13]

As can be seen, the definition of efficiency varies and can lead to contradicting results, however, in the traditional law and economics literature, the goal of efficiency analysis is to achieve *maximal total welfare* or reduce *total societal costs*.[14] Nevertheless, the traditional lawyer-economist does not argue that efficiency should be the only criterium that should be taken into account when it comes to policymaking. Alternative criteria such as reasonableness or fairness, in particular regarding distribution, can be pursued, yet the efficiency analysis will provide the policymaker with the price that has to be paid to pursue such values.[15]

In sum, the traditional law and economics paradigm is based on the *rationality assumption,* and it studies the role of the law as a means for changing the relative prices attached to alternative individual actions. Accordingly, a change in the legal structure will affect human behavior by altering the relative price structure and thereby the constraint of the optimization problem. The goal of *wealth maximization* can, therefore, be promoted or constrained by legal rules.[16]

IV. Foundations of consumer law

The first question that comes to mind when talking about consumer law is how it should be defined. Nowadays, consumer law is pervasive in all aspects of everyday life, such as consumer credit, advertising, product safety, data protection, and e-commerce. Ramsay (2007) describes consumer law as "all laws and regulations affecting consumption and the structuring of consumer markets."[17] This means that it overlaps with various areas of law like

---

10 *Parisi*, The Language of Law and Economics, p. 163.

11 *Nash*, pp. 155–162.

12 *Rawls*.

13 *Parisi*, The Language of Law and Economics, p. 248.

14 *Faure/Visscher*, p. 2.

15 *Faure/Visscher*, p. 13.

16 *Parisi*, Positive, Normative and Functional Schools in Law and Economics, p. 262.

17 *Ramsay*, p. 1.

competition law, intellectual property law, and privacy law. Howells and Wilhelmsson (2017) define consumer law as "referring to the class of norms which are specially designated to protect the consumer in his or her dealings with an enterprise."[18] They describe the aim of consumer law as "the consumer law norms purport to regulate or intervene in the market in order to put the consumer into a better position than he or she would be in without the regulation (and sometimes to place the consumer in the same position as he or she would have been in given a perfectly competitive market)."[19]

Other scholars contend that consumer law aims to balance the power between producers and consumers. Bourgoignie (1992), for example, states that consumer law should, therefore, be regarded as a specific branch of law.[20] He defines consumer law as: "the body of norms, rules, structures, and tools, which are the juridical elaboration of different private or public, voluntary or mandatory initiatives, and which contribute to the improvement of the legal protection of consumers in the economic market."[21] These definitions have three elements in common, namely (1) a body of rules or norms (2) that regulate private relationships in the market (3) to improve the position of the consumer vis-à-vis the seller. Accordingly, consumer law can be seen as a policy instrument that aims to promote the legitimate interests of consumers, by improving their protection.

The emergence of the European Union (EU) has accelerated the growth of consumer law through its extensive European regulation. Article 169 of the Treaty on the Functioning of the European Union (TFEU) states the aim of the EU regarding consumer protection clearly: "in order to promote the interests of consumers and to ensure a high level of consumer protection, the Union shall contribute to protecting the health, safety, and economic interests of consumers, as well as to promoting their right to information, education and to organise themselves in order to safeguard their interests."[22] In other words, European consumer law is concerned with consumer protection in the European internal market and the European Union has the competence to enact regulations to fulfill this duty.

In essence, *consumer protection policy* becomes an instrument for the promotion of consumer interests, which gives way to the concept of *legal assistance* to the consumer.[23] *Legal assistance* to the consumer emphasizes

---

[18] *Howells/Wilhelmsson*, p. 1.

[19] *Howells/Wilhelmsson*, p. 2.

[20] *Bourgoignie*, p. 304.

[21] *Stuyck*, p. 369.

[22] Article 169 Treaty on the Functioning of the European Union of 25 March 1957.

[23] *Bourgoignie*, p. 304.

the promotion of consumer interests rather than the protection of consumer interests. It has been defined as "the various legal manifestations of economic and social policy intended to promote the interests of consumers within the economic system."[24] Based on this definition, it can be argued that consumer law is perceived as having a wide scope of application. Consumer protection policy is aimed at aiding consumers in perceiving, expressing, and pursuing the rights assigned to them in the socio-economic order.[25] The concept of *the consumer* plays a central role in consumer law, yet no unequivocal and uniform definition exists. There is a continuous debate as to how the concept of a consumer should be constructed and there are significant differences between its construction in legal doctrine and its materialization in national laws.[26] In EU consumer law, different definitions are used in different contexts, which vary from country to country. The notion of the consumer has been defined in multiple consumer protection directives, but also in the Brussels 1[27] and Rome 1[28] regulations. Overall, the notion of a consumer can be defined as "a natural person who is acting for the purposes which are outside his trade, business, and profession."[29] Nonetheless, within EU consumer law, broader concepts of the term consumer are used. One example can be found in the Package Travel Directive[30], which defines a consumer as "a person who takes or agrees to take the package or any person on whose behalf the purchase of the package is made or to whom the package is transferred." Similar extensions can be found in the Misleading Advertising Directive[31] and the Product Liability Directive[32].

---

[24] *Bourgoignie*, p. 305.

[25] *Bourgoignie*, p. 305.

[26] *Everson*, pp. 99–121.

[27] Regulation (EU) No 1215/2012 of the European Parliament and of the Council of 12 December 2012 on jurisdiction and the recognition and enforcement of judgments in civil and commercial matters, OJ L 351, pp. 1–32.

[28] Regulation (EC) No 593/2008 of the European Parliament and of the Council of 17 June 2008 on the law applicable to contractual obligations (Rome I), OJ L 177, pp. 6–16.

[29] *Valant*.

[30] Directive (EU) 2015/2302 of the European Parliament and of the Council of 25 November 2015 on package travel and linked travel arrangements, amending Regulation (EC) No 2006/2004 and Directive 2011/83/EU of the European Parliament and of the Council and repealing Council Directive 90/314/EEC, OJ L 326, pp. 1–33.

[31] Council Directive 84/450/EEC of 10 September 1984 relating to the approximation of the laws, regulations and administrative provisions of the Member States concerning misleading advertising, OJ L 250, pp. 17–20.

[32] Council Directive 85/374/EEC of 25 July 1985 on the approximation of the laws, regulations and administrative provisions of the Member States concerning liability for defective products, OJ L 210, pp. 29–33.

Furthermore, in consumer law, different types of consumers can be found. First, the ECJ came to the notion of an *average consumer*, in its 1998 judgment *Gut Springenheide*,[33] The average consumer "is reasonably well informed and reasonably observant and circumspect." This definition has continued to be used as the standard in EU consumer law and it was also adopted as the standard test for misleading and aggressive advertising and other forms of unfair commercial practices.[34]

Under the Unfair Commercial Practices Directive (UCPD), the definition was extended as follows: "a consumer who is reasonably well-informed and reasonably observant and circumspect, taking into account social, cultural and linguistic factors."[35] Using the average consumer concept, the ECJ can determine the threshold of consumer protection. Nonetheless, the concept could be regarded as being pluriform since the term "average consumer" is open to different interpretations in the national systems of the different Member States, considering the context of the national laws of the respective Member States.[36] Accordingly, there is a certain degree of legal uncertainty surrounding the concept.

Moreover, EU law identifies another type of consumer, namely, the *vulnerable consumer*, which is defined as a: "clearly identifiable group of consumers who are particularly vulnerable to the practice or the underlying product because of their mental or physical infirmity, age or credulity."[37] In essence, consumers are differentiated to offer a higher level of protection for certain specific groups of consumers, such as vulnerable consumers.

In practice, a consumer is perceived as an individual that purchases goods and services for personal use. One can speak of *consumer behavior* as "the acquisition, consumption, and disposal of products, services, time, and ideas by decision-making units."[38] In this sense, the decision-making unit refers to

---

[33] Judgment of the ECJ of July 17, 1998, Case C–210/96, Gut Springenheide and Rudolf Tusky v. Oberkreisdirektor des Kreises Steinfurt.

[34] Directive 2005/29/EC of the European Parliament and of the Council of 11 May 2005 concerning unfair business-to-consumer commercial practices in the internal market OJ L149, pp. 22–39; Directive 2006/114/EC of the European Parliament and of the Council of 12 December 2006 concerning misleading and comparative advertising OJ L 376, pp. 21–27; First Council Directive 89/104/EEC of 21 December 1988 to approximate the laws of the Member States relating to trade marks OJ L 40, pp. 1–7; Directive 2000/13/EC of the European Parliament and of the Council of 20 March 2000 on the approximation of the laws of the Member States relating to labelling, presentation and advertising of foodstuffs OJ L 109, pp. 29–42.

[35] Recital 18, UCPD.

[36] *Mak*, p. 5.

[37] Article 5(3) UCPD.

[38] *Jacoby/Morrin.*

the individual, the consumer. Consumer behavior is of paramount importance for the growth of the economy, and it can, therefore, be seen as the essence of a developed society.[39] For this reason, the protection of consumers' interests becomes an fundamental goal for the legislator.

Correspondingly, to determine the degree to which consumer interests are protected, it is of pivotal importance to consider the concept of *consumer welfare*. This is where the legal analysis intersects with the economic analysis. Consumer welfare is defined as "consumer surplus, which is the part of the total surplus that accrues to consumers."[40] To specify, consumer surplus is "the difference between the price a potential buyer would be willing to pay for a unit of goods and the (lower) effective price to be paid."[41] The other part is producer surplus, which refers to the surplus that accrues to the sellers. That is to say, producer surplus is "the difference between the minimum price that a potential seller will accept and the (higher) effective price achieved."[42] Consumer and producer surplus form the total surplus, which is also called *aggregate economic welfare*.[43]

It must be noted, however, that the definition of consumer welfare is contested as being too narrow and that it should also include various qualitative criteria that are difficult to quantify and measure. To illustrate, it is contended that consumer welfare needs to be expressed in economic and non-economic terms, in which social justice is a component as well. It should also aim to achieve social objectives, such as warranting the health and safety of consumers, which could be less efficient in economic terms, but are of overriding interest.[44]

It could be argued that if consumers are well-protected and their interests are promoted by the law, consumer welfare will automatically improve as well. However, this overlooks the relevance of a well-functioning market in which effective competition serves the interests of consumers.[45] In addition, the adverse effects of regulation need to be considered, since these could lead to losses in consumer surplus or *deadweight losses*.[46]

Thus, the functioning of the market is inextricably linked to consumer law. Intervening in the market might lead to adverse effects, yet not providing

39 *McNeal*, p. 20.

40 *Brodley*, p. 1033.

41 *Mathis*, p. 150.

42 *Mathis*, p. 150.

43 *Salop*, p. 336.

44 *Cseres*, pp. 129–130.

45 *Pelkmans*, pp. 22–69.

46 *Bouckaert/Van den Bergh*, pp. 1287–1288.

consumers with adequate protection might lead to the same or even worse outcomes. The extent to which intervention in the market is desirable is, therefore, dependent on the type of market failure in the market and the effects it has on consumer welfare.

V. Market failures in consumer markets

In consumer law and economics, there exist three main justifications for regulatory intervention in consumer markets, namely *information asymmetries*, *transaction costs*, and *market power*.

The first market failure covers *information asymmetries*. Information asymmetries are defined as imbalances of information between parties to an exchange, whereby one party has an informational advantage over the other party.[47] To achieve *allocative efficiency*, the parties to an exchange must have full information about the existing alternatives, their contents, and the consequences of the transaction. This assumption of full information cannot be satisfied in consumer markets, which means that the theoretically possible allocative efficiency cannot be attained in practice. The extent to which full information is lacking is dependent on the type of good in question. In the case of a *search good*, the buyer can ascertain the qualities of the product before the purchase. For *experience goods*, the consumer can only obtain this knowledge after the purchase when the product is used.[48] *Credence goods* form the last category and are distinct from search and experience goods because credence qualities cannot be accurately evaluated, even after using the product. The assessment of their value requires additional costly information.[49] To illustrate, concerning repair services, it is onerous for the consumer to assess the quality of the repair. If the consumer wants to be fully certain that the repair has been conducted accurately, an expert opinion needs to be requested, which is costly. Due to the associated costs, consumers accept a degree of uncertainty when it comes to the quality of the goods or services. Accordingly, significant informational deficits can occur when consumers want to buy goods or services with experience or credence good characteristics.[50]

As a result of the informational deficit, the first consequence is the emergence of *moral hazard*. Moral hazard refers to an ex-post information asymmetry. Under moral hazard, the problem lies with non-observable behavior or

47 *Cooter/Ulen*, p. 41.

48 *Nelson*.

49 *Darby/Karni*, pp. 68–69.

50 *Rekaiti/Van den Bergh*, p. 379.

costly monitoring.[51] The term moral hazard has various definitions and applications in economics. It is relevant to, for example, principal-agent relationships, insurance contracts, and bailouts. To illustrate, the definition of moral hazard in insurance is as follows: "Moral hazard arises when the behavior of the insured person or entity changes after the purchase of insurance so that the probability of loss or the size of the loss increases."[52] In general, moral hazard refers to a situation, in which there is a conflict of interests whereby one party maximizes its utility to the detriment of the other party due to the lack of control or enforcement. It is particularly onerous for one of the parties to monitor the degree of care or effort of the other party. It is, therefore, also called the *hidden action problem*.[53]

Moral hazard also takes place in consumer markets, among both consumers and sellers. Consumers can abuse cooling-off periods or act negligently after being insured against certain risks. Sellers, on the other hand, can convey false information about their products if the chance of being caught is very low or if they can profit from the efforts of their competitors. Consequently, the presence of information asymmetries prevents the market from achieving allocative efficiency.

The second consequence of information asymmetries is that the consumer faces difficulties with discerning the quality attributes of the product or service. This can give rise to *adverse selection* in the market,[54] also called the *hidden information problem*.[55] Adverse selection has three elements; (1) there is a random variation in the quality of the product, (2) parties have different amounts of information regarding the actual quality of the good, and (3) sellers of the lower-quality good are willing to sell at a lower price than the sellers of the higher-quality good.[56] This means that the consumer will discount the varying levels of quality in the price and will be willing to pay a price that is based on the price of an average-quality good in the market.[57]

Since the consumer will not be willing to pay the price for which high-quality sellers offer the products, the highest-quality sellers will leave the market. The overall quality will decrease, and the consumers will reassess their valuation of the average quality in the market. Through a process of *unraveling*, there will be a *race to the bottom*, which will result in a market that only offers products of inferior quality. This is a welfare-decreasing

51 *Parisi*, The Language of Law and Economics, p. 15.

52 *Cooter/Ulen*, p. 48.

53 *Varian*, p. 725; *Cooter/Ulen*, p. 41.

54 *Akerlof*.

55 *Varian*, p. 725.

56 *Parisi*, The Language of Law and Economics, p. 4.

57 *Kim*.

outcome because transactions between the sellers of high-quality products and consumers that are willing to buy these goods do not take place as a result of a lack of trustworthy information.

In sum, moral hazard and adverse selection are consequences that arise due to information asymmetries, which are to the detriment of both the consumer and the seller. Through adverse selection and moral hazard, information asymmetries lead to an overall decrease in consumer welfare, but also total welfare, which can make a case for regulation.

The second market failure concerns *transaction costs*.[58] Transaction costs can be defined as all costs associated with economic exchanges. These costs include both "ex-ante bargaining costs associated with the negotiation and conclusion of the contract and the ex-post costs of monitoring and enforcing the contracts."[59] Legal rules can significantly affect the size of the transaction costs. Therefore, it is of paramount importance to consider transaction costs in the analysis of legal regimes and the design of contract processes, governance mechanisms, and institutions.[60]

Inextricably linked to the concept of transaction costs is the *Coase theorem*.[61] The theorem holds that in the absence of transaction costs "regardless of the initial allocation of rights and the choice of remedies for their protection, the market and the free bargaining of the parties will lead to their efficient final allocation."[62] The legal system creates legal rights and entitlements, and these might initially not be assigned to the highest-value user. The parties will have incentives to engage in negotiation to transfer the entitlement to the highest-value user until there is no more positive surplus to be obtained from the exchange.[63] Ultimately, the good will end up with the highest-value user. This situation is attainable when *Coasian bargaining* occurs, which means that bargaining can take place without transaction costs. The legal implication of this is that "if one assumes rationality, no transaction costs, and no legal impediments to bargaining, all misallocations of resources would be fully cured in the market by bargains."[64]

Applying this rationale to consumer markets, one could argue that in the absence of transaction costs, government intervention through consumer pro-

---

58 *Williamson*. Williamson popularized the concept of transaction costs and emphasized transaction cost-based reasoning.

59 *Parisi*, The Language of Law and Economics, p. 297.

60 *Parisi*, The Language of Law and Economics, p. 297.

61 *Coase*.

62 *Parisi*, The Language of Law and Economics, p. 47.

63 *Parisi*, The Language of Law and Economics, p. 49.

64 *Calabresi*, p. 68.

tection policies would be dispensable in competitive markets (i. e., no monopolies are causing unequal bargaining positions). The consumer and the seller would be in the position to bargain for a deal that would be optimally beneficial to both. However, the assumption of no transaction costs does not hold in practice. Several different types of transaction costs that are related to consumer markets can be identified: *search and information costs*, *negotiation costs*, *contracting costs*, and *monitoring and enforcement costs*.[65] These transaction costs can impede welfare-enhancing transactions and, therefore, a prima facie justification of government intervention to remedy this market failure can be given.

Transaction costs have a two-sided impact. From the consumer's perspective, transaction costs can impede the execution of an otherwise welfare-increasing transaction. If the consumer needs to spend additional funds, time, or effort to conclude a contract, this might inhibit a mutually beneficial exchange. When the transaction costs exceed the gains from the transaction, the consumer will not conclude the contract. To minimize transaction costs for the consumer, consumer policies could, for example, aim at the simplification of receiving and understanding information, which will improve consumer decision-making.[66]

The flip side of this course of action is that transaction costs are increased on the side of the seller. The seller will need to comply with the additional regulations, and this leads to additional costs. The transaction costs will then be passed on to the consumer, which renders the intervention ineffective.[67] Regulation can therefore have an adverse effect, whereby the main goal, i. e., minimizing overall transaction costs, is not achieved.

Accordingly, from an economic point of view, it is in the interest of both the consumer and the seller to minimize transaction costs. As Demsetz (1968) puts it: "exchange will tend to be conducted in ways that economize on the cost of transacting."[68] Increasing transacting costs would decrease overall welfare, and, therefore, parties are most likely to do business with a competitor when transaction costs can be lowered. In a consumer setting, this would mean that the consumer would seek an alternative when the current seller offers a deal that is associated with high transaction costs. Due to this competitive pressure, firms are induced to minimize transaction costs and strive for maximum efficiency.

---

65 *Luth*, p. 28.

66 *Sovern*.

67 *Bouckaert/Van den Bergh*.

68 *Demsetz*, p. 34.

However, practice shows otherwise. It can be highly profitable for firms to increase the transaction costs for consumers.[69] For example, in the case of mail-in rebates, the seller increases the transaction costs for consumers to obtain a rebate in comparison with directly offering the product at a reduced price. To specify, the consumer needs to fill out a form, find the necessary applicable information, and send it back to the seller or manufacturer. This creates an additional hurdle for consumers, which in many cases leads to the failure of obtaining the rebate. Accordingly, the seller can attract customers by offering a discount, but in the end, it will most likely only have to provide the discount to a fraction of the customers. In this sense, the inflation of transaction costs for the consumer is more profitable to the seller than lowering transaction costs by offering a direct discount at the beginning of the purchase.[70] Although overall welfare from the transaction decreased, the seller can choose this strategy to maximize its gains from the transaction.[71] For this reason, consumer policy might be desirable to remedy this type of market failure.

The third market failure is that of *market power*. This market failure immediately raises controversy between lawyers and economists in the realm of consumer protection.[72] In the legal literature, the justification of intervention is based on the *unequal bargaining power* of the consumer vis-à-vis the seller. Consumer protection policy is based on a set of rules that is aimed at protecting the "weak" consumer from manipulations and abuses by sellers through the improvement of her bargaining position.[73] By increasing the bargaining power of the consumer, a level playing field is created in which consumers can withstand the economic power and advanced knowledge of the seller in the marketplace.[74]

From an economic perspective, the concept of unequal bargaining power in a consumer setting might be seen as a market failure whereby the seller enjoys a temporary position of market power due to the particular circumstances created by the vending techniques employed by the seller.[75] Rather than being a bargaining power problem, it would concern a *situational monopoly*. This monopoly can be described as follows: "Situational monopolies

---

69 *Sovern*.

70 *Sovern*. Sovern provides an extensive account of how inflating transaction costs can be beneficial for sellers.

71 *Sovern*, p. 1637.

72 It must be emphasized that the analysis focuses specifically on the role of unequal bargaining power and deliberately sets aside the discussion about market power as it is known in competition law and economics.

73 *Rekaiti/Van den Bergh*, p. 371.

74 *Rekaiti/Van den Bergh*, p. 373.

75 *Rekaiti/Van den Bergh*, p. 387.

arise out of particular circumstances surrounding particular exchanges, where this transaction-specific market power is exploited opportunistically to extract *quid pro quos* …, which, while socially positive, cannot in the normal competitive environment surrounding the type of transaction in question justify anything like the commitment extracted for them."[76] The situational monopoly does not arise from the weaker bargaining position of the consumer but from a temporary informational advantage. To specify, the seller has a situational monopoly because it has convinced the consumer that it will be far more costly to seek out alternatives than concluding the contract at the moment it is offered.[77] Hence, there is a *monopoly rent* that the seller can earn by virtue of the sales tactics she employs.[78]

Although the economic insights demonstrate that the unequal bargaining power in consumer markets might be attributed to the selling strategies of the seller rather than to a market failure, it does not mean that this shortcoming should not be corrected through consumer law. Due to unequal bargaining power, stronger parties can exploit their advantage and get the benefits of contracting without committing themselves to any future course of action.[79] This can be seen in the field of general terms and conditions. Firms provide contracts to consumers (i.e., the terms and conditions), in which they almost completely limit their commitment to fully complying with the express and implied contract warranties.[80] To illustrate, in a sample of 54 software titles that ranked in the top one hundred bestselling software products, in 53 cases the licensors provided an End User License Agreement (EULA) on their website, in which an e-disclaimer erased the protection that was provided by the warranties on the website. The consumer, on the contrary, is contractually obliged to perform her obligations as described in the contract.[81]

Nonetheless, mandating consumer protection that would fully balance the bargaining power between the consumer and the seller would substantially increase transaction costs and prices. To illustrate, a potential solution to empower consumers would be to put an outright ban on the use of standard terms. However, this would be detrimental to both the consumer and the seller. The benefits of standard form contracts, such as minimizing contract drafting costs, reducing business expenses, and the efficient allocation of risks based on business experience would disappear.[82] If for every contract,

---

76 *Trebilcock*, p. 101.

77 *Rekaiti/Van den Bergh*, p. 378.

78 *Rekaiti/Van den Bergh*, p. 379.

79 *Bridgeman*.

80 *Hillman/Barakat*, p. 1.

81 *Hillman/Barakat*.

82 *Hillman/Rachlinski*, p. 438; *Kessler*, pp. 631–632; *Rakoff*, p. 1230.

the terms need to be drafted separately, transaction costs would increase substantially, more expenses would need to be incurred and the profitability of the transaction for both the seller and the consumer would go down. Besides, the additional costs would likely be passed on to the consumer, which would harm consumer welfare.[83] Accordingly, it is vital to distinguish between business practices that increase transaction costs unnecessarily (i.e., not leading to benefits for both parties) and those that are acceptable.[84] Based on this rationale, regulation could be assessed. Hence, from a law and economics perspective, the aim should be "to find the proper balance between the protections upon which a rational party with equal bargaining power would insist and those that she would gladly give up in exchange for savings in time and money."[85]

VI. Traditional devices of consumer law

Consumer law devices are aimed at protecting the consumer against the advantaged position of the seller and promoting the consumers' interests in the market. To understand why the government, in certain cases, intervenes by virtue of consumer protection policies instead of having the market forces generate an efficient solution, the concept of allocative efficiency needs to be recalled. Allocative efficiency is used to evaluate how alternative mechanisms allocate resources and entitlements efficiently. *Allocatively efficient* means that the resources move to the highest valuing user.[86] This concept is problematic in consumer law since two assumptions need to hold, namely: (1) consumers act rationally by choosing courses of action in line with their preferences, thereby maximizing their utility, and (2) consumers must have all necessary information with respect to the alternatives among which they can choose and the effect that each option carries.[87] In practice, these assumptions do not seem to hold.[88] Accordingly, in certain cases, the market will be unable to lead to an allocatively efficient outcome and market intervention can be prima facie justified.[89] There is a multiplicity of devices to be found in consumer law, but in this section, the focus lies on the five devices that are most commonly utilized and have, therefore, been subject to significant scrutiny in the law and economics literature.

83 *Hillman/Rachlinski*, p. 438; *Kessler*, pp. 631–632; *Rakoff*, p. 1230.

84 *Sovern*, p. 1701.

85 *Bridgeman*, p. 994.

86 *Parisi*, The Language of Law and Economics, p. 8.

87 *Rekaiti/Van den Bergh*, p. 374.

88 See, generally, *Arrow*; *Conlisk*.

89 *Ogus*, p. 38.

1. Mandatory Disclosure

Article 169 of the Treaty establishing the European Union emphasizes consumers' *right to information.* The reasoning behind this provision is that providing information will aid consumers in the decision-making process while maintaining their autonomy. Accordingly, the right to information is a legal instrument to remedy the market failure of information asymmetries. The practical implementation of the right to information can be seen in the regulations governing *mandated disclosure.* Mandated disclosure can be described as the requirements that induce the discloser to provide the disclosee with information to let it make better decisions, thereby preventing the discloser from abusing its superior position.[90]

The rationale behind the mandated disclosure device is that consumers should be aided with complex decisions that they make in their economic and social relationships. In other words, protecting the less sophisticated in their dealings with the more sophisticated.[91]

In principle, mandatory disclosure can be seen as a limited intrusive device to remedy the market failure of information asymmetries. The options of the consumer are not restricted, as under a *mandatory prohibition*, but it is aimed at assisting the consumer in making better-informed choices.[92] In addition, the information requirements elucidate the implicit and vague information obligations that are proposed under the general rules of contract law. The requirements mention explicitly which party carries the burden to provide the information that is relevant to the transaction.[93] This should make it clearer for the seller what information should be supplied and for the consumer what can be expected.

Nonetheless, the effectiveness of mandated disclosure has been highly disputed in the law and economics literature. There is vast empirical evidence that demonstrates that mandated disclosure does not effectively enhance consumer awareness, understanding, or behavior.[94]

The reasons why mandated disclosure fails can be attributed to the difficulty of successfully implementing the regulation by three actors: the lawmakers, the disclosers, and the disclosees. Lawmakers need to assess if regulation is necessary, if mandated disclosure is the best form of regulation, the

---

90 *Schneider/Ben-Shahar.*

91 *Schneider/Ben-Shahar.*

92 *Beales/Craswell/Salop.*

93 *Schaub*, p. 43.

94 For an extensive elaboration on the inefficacy of mandated disclosure, see *Schneider/Ben-Shahar.*

proper scope of the mandate, if the quantity of the disclosure will be answered (i. e., consumers' understanding and assimilation of information), and if the standard can be articulated effectively (i. e., method of disclosure).[95] Based on these objectives, it is evident that lawmakers face an exceedingly difficult task, whereby on different levels errors can occur.

Furthermore, disclosers can encounter significant challenges when it comes to interpreting the mandate (i. e., handling vague standards), assembling the data which needs to be disclosed (i. e., costly data acquisition and provision), implementing the mandate, and accepting the contents of the mandate (i. e., there are valid reasons for the discloser to resist the mandate such as exceptional complexity or predicted ineffectiveness of the disclosure).[96]

Lastly, the disclosees, which are the consumers, can have significant difficulties with acquiring, understanding, processing, remembering, and analyzing the disclosed information.[97] The provision of additional (excessive) information leads to *information overload* among consumers.[98] When consumers are faced with a dense contract that leads to information overload, consumers will refrain from reading the contract.[99] It will be too burdensome for consumers to take all the relevant information into account. In other words, the costs of assessing all relevant information will be higher than the potential benefits.

It is argued, however, that information overload is irrelevant because consumers will switch from optimizing to *satisficing* the information.[100] Satisficing means that consumers reduce the set of options by identifying the relevant product characteristics and subsequently screening if the products comply with the minimum acceptable levels of quality. This happens when consumers fail to choose the best options when faced with various alternatives for which the costs of acquiring information preclude a full inspection of all information. Alternatively, this can happen when consumers fail to choose the best option because it is too costly to process all relevant information.[101] Satisficing will help the consumer with making a final choice from an unexhaustive search of the options.[102] Consequently, providing consumers with information could be beneficial overall.

---

95 *Schneider/Ben-Shahar*.

96 *Schneider/Ben-Shahar*.

97 *Schneider/Ben-Shahar*.

98 *Schneider/Ben-Shahar*. They provide a comprehensive analysis of the different factors that impede successful use of mandated disclosures.

99 *Eisenberg*.

100 *Simon*.

101 *Grether/Schwartz/Wilde*.

Nonetheless, the adverse effects of mandated disclosure should not be overlooked. Apart from the substantial implementation costs, mandated disclosure can also lead to unintended harm. One possible consequence is that it leads to a *crowding-out effect* of useful information. Due to the substantial amount of information that is disclosed, consumers' attention to relevant pieces of information can be reduced.[103]

"Moreover, mandated disclosure can have anticompetitive effects. To specify, the costs of complying with the requirements of the regulation can be significantly higher for small and medium enterprises in comparison with large firms. The mandated disclosure requirement increases the fixed costs for the smaller enterprises to a level that could impede their entrance to the market or hinder their ability to compete with larger firms that can bear the costs of compliance more easily."[104]

Furthermore, mandated disclosure can undermine other consumer protection devices. To illustrate, if the seller discloses all information in accordance with the requirements of the regulation, it becomes practically unfeasible to invoke the *unconscionability* of a term. In the setting of general terms and conditions, unconscionability is normally invoked when a term was hidden in the contract. Hence, the reasonable expectations of the consumers could not be met. However, if the content of the term complies with the regulation, the hidden or surprising aspect of the term cannot hold anymore since all relevant information has been disclosed.[105]

Finally, mandatory disclosure can lead to distributional effects which contribute to inequity. It has been found that especially the more-educated and wealthier consumers profit the most from the disclosures, whereas the less-educated and poorer consumers are worse off.[106]

The analysis of mandated disclosure shows that the legal device is far from being effective in remedying the market failure of information asymmetries in consumer markets. In principle, it is a desirable method of intervention due to its non-intrusive character and respect for *consumer autonomy*. Nevertheless, an exploration of the incentives, costs, and consequences of the regulation demonstrates that mandated disclosure is not the panacea for information asymmetries. This does not mean, however, that its use should be stopped or that it is a meritless instrument. Mandatory disclosure can be effective to a certain point, but an excessive quantity can distort consumer

---

102 *Grether/Schwartz/Wilde*.

103 *Craswell*, p. 584.

104 *Easterbrook/Fischel*.

105 *Schneider/Ben-Shahar*.

106 *Kinsey/McAlister*; *Mandell*; *McNeil/Nevin/Trubek/Miller*.

decision-making without leading to an improvement in understanding.[107] Hence, mandatory disclosure alone does not suffice, additional devices are needed.

2. Cooling-off periods

A cooling-off period can be defined as: "a specified period of time, within which the consumer has the right to withdraw from a concluded contract."[108] The rationale behind introducing a mandatory cooling-off period comes from the desire to promote the interests of the consumer vis-à-vis the economic more powerful and knowledgeable sellers in the marketplace.[109]

The right to withdrawal can be economically justified when the consumers most efficiently learn about the attributes of a product after inspecting the product at home and it does not depreciate rapidly, or it depreciates in a way for which compensation can be measured and given.[110] This opportunity takes the circumstances of the consumer into account when making a purchase decision. In some cases, it can be highly difficult to ascertain the quality and working of a product without a reasonable amount of time to inspect and evaluate it.

Furthermore, consumers can be taken by surprise and conclude a contract that is against their interests. The cooling-off period provides consumers with a period of time to evaluate their decision and control for regretful decisions. This is related to the concept of *regret contingency*[111], which amounts to a situation in which "one of the parties might wish to exit the contract based on changes that occurred in the external environment rendering the transaction no longer profitable."[112] In practice, consumers rescind the contract as a result of several psychological and social processes that cause the feeling of regret. This regret is mostly the result of doubts regarding financial costs, concerns about the views of significant others, and uncertainty over whether the product would deliver on promises.[113]

The economic justification for the use of cooling-off periods is that they improve the accuracy of the pricing mechanism in signaling the quality of the product on the market. More specifically, because a divergence from the

---

107 *Mitts*.

108 *Rekaiti/Van den Bergh*, p. 372.

109 *Rekaiti/Van den Bergh*, p. 373.

110 *Ben-Shahar/Posner*.

111 *Goetz/Scott*.

112 *Rekaiti/Van den Bergh*, p. 376.

113 *Sparks/Bradley/Jennings/Johnston*.

expectations of the consumer will lead to the return of a product, it is in the interest of the seller (i. e., avoid return costs) to let the price reflect the real quality of the product. Correspondingly, the differences in quality will be signaled by the price and this eventually leads to the improvement of overall quality. Consequently, adverse selection and quality deterioration are counteracted.[114]

Nevertheless, several disadvantages come with the provision of cooling-off periods that detract from the device its economic desirability. First, the cooling-off period can lead to substantial *cost accumulation*. On the one hand, the costs attributable to the performance can make the transaction costs exceed the benefits. This can, for example, be caused by an external event, which makes performance after the cooling-off period more costly than at the moment of contract conclusion. On the other hand, *reliance costs* can reduce the benefits foreseen by the exchange. To specify, if the cooling-off period is only granted to consumers, it can induce *detrimental reliance*. Detrimental reliance is commonly referred to as "losses incurred by ill-premised adaptive behavior."[115] This occurs when the agreed-upon transaction does not take place because the promisor breaks its promise, which induces behavior adaption by the promisee, which makes him worse off than in the case of no transaction (i. e., no expectation of future benefit). In the context of cooling-off periods that are only granted to consumers (rather than to both parties), this would mean that the seller is liable for this detrimental reliance on the part of the consumer. As a consequence, the seller needs to factor this potential liability in as an additional cost.[116]

Moreover, the cooling-off periods increase the costs of carrying out transactions, because contracts are only completed after the period of withdrawal has ended. Apart from the increase in transaction costs, uncertainty and delay are equally increased. To compensate for these costs, the sellers will ask for higher prices and, thus, the costs of the device will be passed on to the consumers.[117]

Second, there can be moral hazard on the part of the consumers. A prominent example of this moral hazard is the practice of *wardrobing*. Consumers purchase an item, use it, and send it back within the cooling-off period to get a refund. This creates substantial costs for the seller. Besides the shipment costs, the sellers make losses on the product since part of the value has been diminished by the use. In addition, it has been found that the mandatory

114 *Van den Bergh*, Wer schützt die europäischen Verbraucher vor dem Brüsseler Verbraucherschutz?.

115 *Goetz/Scott*.

116 *Goetz/Scott*.

117 *Rekaiti/Van den Bergh*, p. 382.

provision of cooling-off periods decreases reciprocal behavior by consumers. In other words, the adoption of a statutory entitlement weakens the fairness considerations by consumers in the decision-making process. On the contrary, when cooling-off periods are offered voluntarily by the seller, the buyer reciprocates by not exploiting the seller.[118] The seller provides the consumer voluntarily with withdrawal rights to create mutual trust, thereby increasing the willingness to buy. Thus, when the consumer receives this right voluntarily, she will feel compelled to act reciprocally. In the case of mandatory rights, there is a *crowding-out effect* that works in two ways. Sellers will not be able to offer voluntary withdrawal rights, which prevents them from attracting consumers with their services. Consumers will have a decreased willingness to act in a reciprocal (fair) way as soon as a monetary reward or a fine is introduced since the behavior is not motivated by altruism anymore but by legal incentives.[119] Hence, there will be more misuse of the mandatory granted cooling-off period.

A potential remedy to this problem could be the use of *rental payments*, whereby the consumer needs to pay an amount of money proportionate to the time the product was possessed and used. In this way, the costs that are incurred by the seller are also taken into account.[120] Nonetheless, the efficacy of returning costs in remedying the misuse of withdrawal rights is disputed. It is argued that return costs are seen as additional costs that are part of the transaction. Return costs only affect the fairness considerations of consumers when the fair choice is also welfare optimizing for the consumers themselves.[121]

Third, cooling-off periods can lead to adverse effects. If the cooling-off period leads to substantial losses to sellers, it could be the case that certain sellers will leave the market, thereby leading to decreased competition. In addition, if compliance with the regulation is too burdensome, sellers will try to circumvent it, which will detract from its efficacy.[122] An example of this could be found in the financial industry, in which banks would conclude the contract with the consumers but would only supply the loan after the cooling-off period had lapsed to prevent financial losses.[123]

All in all, the cooling-off period is being employed as a device to remedy irrational behavior, situational monopolies, and information asymmetries. Based on the economic analysis of the device, it has become possible to

---

118 *Borges/Irlenbusch.*

119 *Smits.*

120 *Stuart*, p. 163.

121 *Borges/Irlenbusch.*

122 *Rekaiti/Van den Bergh*, p. 384.

123 *Rekaiti/Van den Bergh*, p. 384.

identify its shortcomings. There is a trade-off between providing the consumer with sufficient time to collect and process all relevant information and containing the increase in costs as a result of the regulation.

3. Mandatory legal warranties

Legal warranties can be defined as: "all legally enforceable claims (be they based directly on legal provisions or contractual clauses) by the buyer of a given good against the seller, in case the product reveals itself defective, faulty, or otherwise unsuitable for the agreed purpose."[124] The warranties establish a standard of quality that must not be violated. Thus, in case the product does not comply with the reasonable standard of quality that may be expected, the seller is obliged to rectify the problem by repair, replacement, or compensation.[125]

The difference between conventional and legal warranties is the party that gives them. Under conventional warranties, the parties to the contract incorporate the warranty, whereas legal warranties are mandated by law.[126] In the economic literature, three functions of warranties have been identified: the *insurance function*, the *quality signaling function*, and the *risk reduction function*.

The insurance function indicates the wish of the consumers to be insured against an unexpected and adverse eventuality. A warranty guarantees the buyer that the negative consequences of a product failure will be resolved by the seller by virtue of repair, replacement, or compensation.[127] In return for this warranty, the buyer pays a higher price, which can be implicit or explicit, that covers the increase in production costs for the seller. This trade-off is justified based on the assumption that the consumer is *risk averse*. If the consumer is risk averse and the seller is risk neutral, *optimal risk sharing*, from an economic point of view, would be achieved by offering complete coverage. If the seller is also risk averse, like the consumer, the optimal coverage for both parties would be partial, which means that each party bears part of the loss.[128]

---

124 *Pomar*, pp. 3–4.

125 *Noll*.

126 *Noll*.

127 *Pomar*.

128 *Parisi*, The Harmonization of Legal Warranties.

The warranty also serves as an instrument to signal quality.[129] Consumers perceive warranties as a signal of quality that assures reliability.[130] If the seller offers a high-quality product, it will be more willing to provide a warranty on the product. The inverse holds for a seller of low-quality products since it would make a loss on the warranty. Accordingly, the consumer can distinguish between high-quality and low-quality products based on the offered warranty. This is a solution to the so-called *market for lemons* problem.[131]

Nonetheless, similar to the mandatory provision of cooling-off periods, mandatory legal warranties can lead to the loss of informational value. More specifically, the signaling function of the warranty is comprised due to the set standard. It becomes more difficult for consumers to distinguish which products are of higher or lower quality.

Besides, the signaling ability of the seller is limited since offering the warranty voluntarily as a sign of the product quality substituted by the mandatory nature of the warranty.[132] It could be argued, however, that the mandatory character of the warranties does not prevent sellers from offering warranties that exceed the period set by the legal standard. In other words, if a seller is confident in the quality of its products and it wants to signal this to the consumers, it could still offer a longer warranty period.

The incentive function of the warranty distinguishes itself from the two other functions because it assumes that the buyer and seller can influence the rate of failure. The insurance and quality functions, in contrast, take the failure rate as a given. From the consumers' perspective, warranties could reduce their incentive to exercise *reasonable care* for the product. The negative consequences of the misuse of the product are shifted to the seller through the warranty.[133] This could give rise to moral hazard or adverse selection problems. Moral hazard happens because consumers exercise less care since their level of care cannot be readily verified by the seller or a third party. Adverse selection would happen because the fixed warranty attracts more high-risk buyers than low-risk buyers. The former group knows that they will experience more product failures and, thus, the warranty is a benefit they want to obtain. Since no different prices can be charged to high- and low-risk buyers, *cross-subsidization* will take place.

129 *Pomar,* p. 5.

130 *Boulding/Kirmani.*

131 *Akerlof.*

132 *Noll.*

133 *Parisi,* The Harmonization of Legal Warranties.

From the sellers' perspective, the warranty can induce investments in the quality of the product to prevent large losses from its obligations under the warranty. Absent warranties, it could be economically profitable to lower the production costs and offer a lower quality to be more competitive, yet the warranty counteracts this incentive by inducing the sellers to care for quality maintenance and the reduction of product failure risk. In addition, more stringent or longer warranty standards might induce producers to invest more in product durability and reparability.[134]

Consequently, a balance must be struck whereby optimal incentives are given to both parties. This can be achieved by incentivizing the seller to invest in risk reduction for aspects of the warranty in which the seller has a comparative advantage and incentivizing the buyer to exercise more care by excluding coverage on certain parts of the warranty. This would amount to the implementation of the so-called *investment theory of warranties*.[135] According to this theory, warranty terms will be allocated to the party that can avoid losses at the least cost, which in certain cases is the seller (e.g., preventive investment in quality) and in other cases the consumer (e.g., searching for products that best fit their intended use). Moreover, warranties will be limited by manufacturers to risks that virtually all consumers share, and for additional coverage, consumers can self-insure or seek alternative forms of insurance.[136]

4. Default rules

Due to the practical infeasibility of including all relevant contingencies into one contract, parties work with incomplete contracts, in which only the essential contingencies are explicitly addressed. This amounts to contracting according to the *theory of incomplete contracts*.[137]

A ramification of an incomplete contract is that gaps exist that need to be filled. From an ex-ante perspective, *default rules* can define the rights and obligations of each party in parts of the contract that are devoid of agreed-upon provisions. Default rules are defined as "rules determined by the legislator that the parties to a transaction are permitted to deviate from."[138] Another term for default rules is *dispositive rules*, which are different from *cognate rules* that are unconditional and cannot be departed from.[139] The

134 *Maitre-Ekern/Dalhammar*.

135 *Priest*.

136 *Priest*.

137 *Hart/Moore*.

138 *Becher/Bar-Gill*, p. 30.

139 *Becher/Bar-Gill*, p. 30.

default rules can be *tailored*, indicating what the parties to the contract would have wanted, or *untailored*, indicating what the majority of parties in such a contract setting would have wanted.[140]

The rationale behind the implementation of default rules is based on four reasons. Principally, default rules work as gap fillers by providing a legal arrangement where it is lacking. Second, transaction cost minimization. Optimally designed default rules can reduce the drafting costs of a contract.[141] Third, it enables the achievement of certain ends desired by the legislator, which can, for instance, be the adherence to a specific norm or the creation of legal rights.[142] Lastly, default rules can also force the disclosure of information. If a party does not reveal relevant and valuable information to the other party, it can be penalized through a *penalty default rule*.[143] This rule aims to lower transaction costs by incentivizing the disclosure of information. The rationale behind this is that "penalty defaults are purposefully set at what the parties would not want in order to encourage the parties to reveal information to each other or third parties (especially the courts)."[144]

Two principles are guiding the optimization of default rules. First, the principle of *opt-out cost minimization*. This is based on a majoritarian rationale, which indicates that the rule should be followed by the majority of parties, which leads to substantial cost savings concerning opt-outs and the acquisition of information. Second, the principle of *expected-value maximization*. The rule should maximize overall value in comparison with other alternatives, conditional upon no opting-out by consumers. This leads to cost savings when the defaults are sticky, and the majority of the parties stick with the default option.[145]

The appropriate goal of default rules is dependent on the perspective of the legislator.[146] From a purely legal perspective, default rules can be placed between the desire of maintaining parties' *contracting autonomy* and achieving a degree of *material justice*. The classical economic view emphasizes the transaction cost-saving nature of default rules. This stems from the incomplete contracts theory, which attributes a gap-filling function to default rules. To a certain extent, this view sides with the focus on parties' autonomy. Its main goal remains, however, the maximization of *contractual efficiency*.

---

140 *Ayres/Gertner*.

141 *Becher/Bar-Gill*, pp. 31–32.

142 *Becher/Bar-Gill*, pp. 31–32.

143 *Becher/Bar-Gill*, pp. 31–32.

144 *Ayres/Gertner*, p. 91.

145 *Bar-Gill/Ben-Shahar*, p. 141.

146 *Mathis/Burri*.

In consumer law, default rules are employed to nudge parties to achieve the desired outcome that is beneficial to both parties, while promoting the interests of the consumer. The behavior can be nudged towards a specific desired end, which can be the welfare of the parties or the promotion of social values.[147] The desired end can be to remedy market failures such as information asymmetries, transaction costs, or market power. To further enhance consumer protection, the default rules in consumer contracts can be drafted one-sidedly to the benefit of the consumer, thereby promoting a pro-consumer interpretation of the default rules.[148]

Nonetheless, the efficacy of default rules in a consumer contract is questionable since sellers can surreptitiously contract around them by means of their *boilerplate*.[149] This can be done through disclosure templates in which in a cost-saving and non-salient manner the consumer can be led away from the default rules by stimulating them to choose the opt-out.[150] The result is that "practically every consumer contract comes with boilerplate language disclaiming the default warranty."[151] In other words, the working of default rules can be hampered through ingeniously drafted boilerplates. The effectiveness of the default rules consumer law device is, therefore, closely related to boilerplate regulation.

5. Boilerplate regulation

The so-called *boilerplate* (also known as the standard form) regulates all aspects of the contract that have not been part of the *essentialia negotii* negotiations between the seller and the consumer. In contract law, it is assumed that parties read these general terms and conditions, but in practice, very few people do so.[152] This creates an incentive for the seller to insert one-sided terms to her benefit. Hence, to protect the consumer, consumer law provides substantive quality regulation when it comes to boilerplates. In other words, the law determines which terms of a contract can be seen as unfair or unconscionable and should be removed from the contract. There is a vast body of literature on the efficacy of this consumer law device. An in-depth analysis of this device falls outside the scope of this contribution. Nonetheless, to summarize the discussion briefly, from an economic perspective, boilerplate regulation can be justified. There is an information asymmetry problem that

---

147 *Mathis/Burri*.

148 *Ben-Shahar/Bar-Gill*, p. 122.

149 *Ben-Shahar/Bar-Gill*, p. 122.

150 *Ben-Shahar/Bar-Gill*, p. 123.

151 *Ben-Shahar/Bar-Gill*, p. 123.

152 *De Geest*, Signing without Reading, p. 2.

leads to sub-optimal outcomes, namely consumers do not read the small print, which allows the seller to insert one-sided terms rather than terms that are mutually beneficial (i.e., efficiency-maximizing). It is unlikely that consumers will be able to discipline the market, due to the signing-without-reading problem.[153] Accordingly, by virtue of contract clause regulation (e.g., the Unfair Terms Directive with annex 1 indicating unfair terms[154]), certain terms can be classified as unfair, thereby making them inapplicable to the contract, which provides the consumer with an adequate level of protection against onerous one-sided terms.

VII. The market works – market solutions

The devices of consumer law have been the topic of widespread controversy in the consumer law and economics literature. The efficacy of the devices has been questioned and concerns were raised regarding the net benefits of additional regulation. The discussion of the devices from a law and economics perspective merits further attention, especially because the lion's share of traditional consumer law and economics articles propound that the market works and that it can generate efficiency in consumer markets. They argue that under conditions of perfect competition and market efficiency, the market can provide solutions to various consumer issues, whereas regulation will lead to adverse effects.[155] Several arguments have been proffered that support a market solution to the problems of information asymmetries, transaction costs, and unequal bargaining power.

To start with, it is argued that the private provision of information will automatically take place in the market since it will be beneficial for high-quality sellers to signal their product quality. The higher-quality sellers do not want to be associated with the lower-quality sellers and in case the consumers are unable to discern product quality by means of the pricing mechanism, signaling will take place. This creates a *snowball effect* whereby sellers are induced to signal their quality through the voluntary disclosure of information. As a result, a process of *unraveling* takes place in which verifiable information, both favorable and unfavorable, is voluntarily disclosed by sellers.[156] By examining all disclosed information and looking at the sellers that do not disclose all information or remain silent, consumers can more easily form their opinions about the quality that is offered in the market. A

[153] *De Geest*, Signing without Reading, p. 2.

[154] Council Directive 93/13/EEC of 5 April 1993 on unfair terms in consumer contracts, OJ L 95, pp. 29–34.

[155] See, for example: *Epstein*, The neoclassical economics of consumer contracts.

[156] *Grossman*.

corollary of this unraveling process is that if the government intervenes through mandatory disclosure requirements, the *signaling function* is impeded. If voluntary disclosure can take place because the costs of emitting information are low or negligible, mandatory disclosure laws can work adversely.[157]

It must be noted, however, that unraveling is less likely to take place in markets in which product information is relatively difficult to understand. When the fraction of consumers that can understand the disclosed information is low, it is less probable that voluntary disclosure will take place.[158] In addition, due to competitive forces, voluntary disclosure might be thwarted. Disclosing information can induce more intense competition among sellers of products with similar quality. Besides, the lower-quality sellers can profit from not disclosing information if part of the high-quality sellers do not disclose. The reason for this is that the threat of unraveling is not credible.[159]

Furthermore, tort- and liability law demonstrates the importance of insurance in mitigating risks. To prevent the incurrence of significant losses, individuals insure themselves against the probability that certain risks materialize. Analogously, it could be argued that if consumers risk non-performance by sellers, they can insure themselves. This takes away the need for legal remedies under consumer law. Insurance companies could aggregate data from consumer claims and monitor which sellers are "good" and which are "bad". Consequently, consumers can be informed about the degree of quality in the market, and through blacklists, consumers know with whom they should not transact.[160]

The practice of insuring consumer transactions already takes place on a large scale in the area of e-commerce. An example of this is the "Trusted Shops" trust mark which provides consumers with a money-back guarantee process and a system of consumer reviews to facilitate *business-to-consumer (B2C) e-commerce*.[161] Both assurance and insurance can significantly increase consumers' willingness to buy, thereby making it a useful instrument to facilitate B2C transactions.[162]

Moreover, reputation works as a consumer protection device that is generated by the market itself. Reputational concerns can incentivize sellers to improve their product quality and consumer service. Sellers' actions in the

157 *Grossman*.

158 *Fishman/Hagerty*.

159 *Board*.

160 *Ben-Shahar*.

161 *Loebbecke/Hornig*.

162 *Boo/Low/Soh/Lim*.

present influence their costs and benefits in the future. If the seller abuses consumers' trust in the present by not fulfilling the set expectations, the seller will incur losses in the future as a result of its established bad reputation. For this reason, sellers that want to survive in the market need to consider the long-term consequences of their present actions.[163] Hence, reputational incentives can induce the seller to ensure consumer satisfaction and prevent opportunistic behavior.[164]

Reliance on reputation can also be regarded as a rational act since it is a metric that indicates an individual's qualities. If individuals have a "good" reputation, it will be in their interest to act accordingly, whereas if they have a "bad" reputation they failed to act appropriately in the past and they should be encouraged to improve their status. The informational nature of reputation functions as an imperfect substitute for knowledge about the quality of a certain product or service.[165] In this way, reputation works as a warranty that can aid individuals in their decision-making process.[166]

Besides, the emergence of online ratings has emphasized the importance of reputation building. Although the ratings can predominantly be found online, their influence on brick-and-mortar stores may not be underestimated.[167] Consumers take full advantage of the reputational information that is available on the internet to form their beliefs about the sellers in the marketplace.[168] The use of consumer ratings has become one of the most valuable sources of information sharing between consumers, sellers, and producers.[169] Therefore, it is debatable to what extent mandatory disclosure requirements contribute to better decision-making. Rather than reading the extensive standard forms, consumers inspect the ratings of a seller to determine if they want to conclude a contract. Rating systems can to a large degree contribute to the solving of information asymmetries in the market and the development of these systems is an ongoing process.[170] To solve the lack of trustworthiness of certain rating systems, initiatives have started that consist of third-party certification systems that provide consumers with more reliable information about the reputation of a seller.[171]

---

[163] *Parisi*, The Language of Law and Economics, p. 256.

[164] *Bebchuk/Posner*.

[165] *Shenkar/Yuchtman-Yaar*, p. 1365.

[166] *Heymann*, p. 1360.

[167] *Li/Hitt*.

[168] *Wan/Ma/Pan*.

[169] *Pee*.

[170] *Clemons*.

[171] *Clemons*. BuySAFE is an example of such an initiative.

Overall, the combination of reputation scores and ratings can form a credible threat to firms to improve their conduct. Although consumer law provides several legal remedies that enable the consumer to seek redress against a contract breach by the seller, their efficacy is contestable. It is unlikely that the consumer will instigate proceedings against the seller for a breach of contract. In most cases, it concerns the sale of products or services of relatively modest value which is not proportional to the costs of a legal procedure. In addition, in the absence of class actions, collective action problems can prevent consumers from taking action as a group. Hence, there is no significant threat of liability for sellers under contract law.[172]

Negative reputation scores, in contrast, can pose a credible threat to businesses. A negative rating can deter consumers from transacting with the seller in question, which can have significant financial effects on the firm in the long term. It is, therefore, in the best interest of the seller to prevent such a situation and satisfactorily handle consumer complaints. The threat of a consumer harming the reputation of a company can be more credible than the threat of a consumer seeking legal redress.[173] It must be noted, however, that to work effectively, reputation scores need to be verified and warranted.[174] To illustrate, online review mechanisms can be unreliable, which causes consumers to decide based on incorrect information.[175] This can originate from four sources of unreliability: "lack of reviews, biased reviews, fake reviews, and platforms' presentation, processing, and ranking practices."[176] If inaccurate information is not remedied by the market, this could lead to the demise of the online review mechanism. This would be an inefficient outcome since the benefits that the online review mechanism offers, such as efficient information gathering, low-cost quality signaling, and reduced transaction costs (e.g., compared to third-party certification), would be lost.[177] Accordingly, there is an incentive to regulate review mechanisms to safeguard accuracy and reliability. Through legislative protection, self-regulation, and consumer awareness, a review mechanism can play a significant role in the provision of useful and reliable consumer information.[178]

Closely related to reputation is the concept of *relational contracts*. Relational contracts are "informal agreements governed by unwritten codes of

---

172 *Ben-Shahar*.

173 *Ben-Shahar*, p. 32.

174 *Busch*; *Ranchordás*.

175 *Narciso*, The Unreliability of Online Review Mechanisms, p. 351.

176 *Narciso*, The Unreliability of Online Review Mechanisms, p. 352.

177 *Narciso*, Review Mechanisms, p. 16.

178 *Narciso*, The Unreliability of Online Review Mechanisms, p. 365.

conduct and sustained by reputational concerns."[179] Many of the consumer interactions with sellers have a repetitive character that occur frequently. For example, clothing is regularly bought from the same online retailer, food from the same supermarket, or specialty products from the same authorized dealer. For the sellers of these products, it is essential to preserve an enduring relationship. Hence, relationship building can in certain instances prevail over the enforcement of legal rights. The parties rely on informal consumer devices, rather than the formal devices provided by law.[180] This induces co-operation, which is beneficial to both parties, thereby removing the need for statutory regulation.

Introducing mandatory regulation can take away the incentive for companies to voluntarily accommodate the needs of the consumer. To illustrate, in the case of standard form contracts, companies can decide to not enforce a certain term of the boilerplate to provide the customer with a special service that preserves the mutual relationship.[181] If the specific duties of the sellers or the rights of the consumers are laid out in mandatory statutory law, the room for the provision of additional services can be constricted. The reliance on informal devices is substituted by reliance on the formal devices given by the law.

Additionally, *consumer learning* is an endogenous process that spontaneously takes place in the market as a reaction to the various risks that consumers encounter in B2C transactions. Through self-education, consumers learn from the market and adapt themselves accordingly. In essence, a process of *maturation* occurs.[182] Consumers make errors in their decision-making process, but the negative feedback they get as a result of it establishes the starting point for gradual improvements. Through a process of trial and error, consumers learn what aspects should be considered in their dealings with sellers and which sellers should be avoided altogether. Consumer learning can in certain cases be the most effective form of protection.[183]

Lastly, it could be argued that the creation of consumer law devices derogates the need for *consumer-based innovations*. To specify, in case consumer protection is not provided by law, which deteriorates the position of the consumer vis-à-vis the seller, consumers are forced by the market to invent strategies that prevent them from incurring substantial losses. Consumers could, for example, redesign their transactions with the sellers to minimize

179 *Parisi*, The Language of Law and Economics, p. 252.

180 *Cooter/Ulen*, pp. 299–305.

181 *Bebchuk/Posner*.

182 *Epstein*, Behavioral economics: Human errors and market corrections.

183 See *Epstein*, The neoclassical economics of consumer contracts, for a discussion on consumer learning in credit markets.

the risk of loss that is associated with the transaction.[184] In addition, initiatives could be launched that minimize the probability of incurring substantial losses due to non-performance. For example, the creation of funds that pay out consumers that have been harmed due to non-performance by sellers. Alternatively, third-party intermediaries could be established that oversee B2C transactions.[185] As a result of the formal contractual duties that have been created by law, the likelihood that such market-based solutions become prominent consumer protection tools is reduced.

VIII. Welfare effects of regulatory interventions

In cases of market failures in which the market is not able to correct itself, government intervention might increase social welfare by virtue of market regulation. The question that subsequently arises is: When is government intervention desirable? A basic rule of thumb is that the benefits of the intervention should outweigh its costs. In practice, this simple rule has been proven to be onerous to comply with.

The reason for this is that the government is not a fully efficient institution, that is to say, many resources are lost due to errors, lobbying, and bureaucracy.[186] Accordingly, the degree to which regulatory intervention increases social welfare is dependent on the extent to which the government can efficiently remedy market failures.

In consumer markets, the three main market failures are information asymmetries, transaction costs, and market power. Some argue that the government could remedy these market failures through consumer law. However, when it comes to regulation one must be cautious of not replacing a market failure with a *regulatory failure*.[187] Economic regulation requires an in-depth understanding of the functioning of the market, but the government typically does not possess the optimal amount of information for an accurate intervention.

Moreover, the success of the implemented regulation will also depend on many government-related factors such as bureaucratic expertise, resource availability, political constraints, and economic impacts.[188] Accordingly, when considering a regulatory intervention, one must be wary of the economic effects.

---

184 *Ben-Shahar*.

185 *Ben-Shahar*.

186 *Ogus*.

187 *Faure*, p. 695.

188 *Guasch/Hahn*, p. 152.

Nevertheless, in certain cases, government intervention can increase social welfare. First, the economic literature teaches us that in cases of *externalities*, government intervention can remedy market failures when it is unlikely that private bargaining will solve the problem. Analogously, it can be argued that in consumer markets, high transaction costs and unequal bargaining power can impede private bargaining from solving market externalities. Second, it is possible that a market solution will not emerge from the market itself. For example, due to uncompetitive market conditions or anti-competitive behavior of the market participants.[189] Thus, the government needs to intervene to provide a solution to the market failure. Third, in some markets, the government can be a more efficient information provider than the market itself. For instance, when the government is already engaged in the collection of information or obtaining the relevant information is difficult for private actors due to confidentiality.[190]

In the case that regulatory intervention in the consumer market is justified based on a cost-benefit analysis, one should also look at the distributional effects of the regulation. Although protective measures can increase consumer welfare as a whole, the effects can be diverse for different classes of consumers. Three types of distributional effects can be identified: *information-based*, *price-based*, and *enforcement-based effects*.

First, the information-based effects can be seen in the use of mandatory disclosed information. Several studies have shown that especially middle- and higher-class consumers are better able to familiarize themselves with the information provided.[191] The more sophisticated consumers profit more from the imposed information duties than less-sophisticated consumers, which from a *distributional justice perspective* is problematic. Distributional justice refers to the desire to implement policies that will lead to outcomes that are perceived as "fair" or "just"[192]. Accordingly, the potential efficiency benefits of regulation can be in tension with distributional considerations.[193]

Second, the price-based effects challenge the desirability of consumer protection policies. Every regulation comes at a price. Increasing consumer

---

189 See for the list of characteristics that may lead to a hypothesis that a market-based solution is unlikely to emerge, *Hadfield/Howse/Trebilcock*, p. 155.

190 See *Hadfield/Howse/Trebilcock*, for a non-exhaustive list of cases in which the government has an informational advantage over the market, p. 157.

191 See for evidence from consumer credit markets: *Angell*; Product labels: *Gage*; The second-hand car market: *McNeil/Nevin/Trubek/Miller*.

192 *Ogus*, pp. 46–51. Of note is that Ogus emphasizes that widely different views are held on what is to be regarded as "fair" or "just".

193 See *Mathis* for an elaborate analysis of the ostensible trade-off between efficiency and justice.

protection typically means that consumer prices will also increase. It could be argued that this price increase is justified because consumers enjoy additional protection. Nonetheless, this overlooks which consumers are benefitting from the increased protection. It has been demonstrated that regulations promote higher prices and that these increases have a disproportionally negative effect on low-income households.[194] The reason for this is that lower-income households spend larger proportions of their incomes on heavily regulated goods and services that are prone to sharp price increases. Higher-income households, in contrast, spend smaller proportions of their incomes on heavily regulated goods, which makes them less prone to the passing on of price increases by sellers.[195] Accordingly, the regulation might constitute a mechanism of cross-subsidization whereby the poorer consumers pay for better protection of the richer consumers.

Third, with respect to the enforcement of consumer rights (i.e., enforcement-based effects), it can be argued that, in many cases, going to court is not economically viable. The costs of adjudication are considerable, whereas consumer disputes normally involve small losses.[196] It has been found that in particular the poor, elderly, and less educated are systematically less likely to invoke consumer protections because they lack the information, sophistication to insist on compliance, and the resources to request legal advice or start proceedings.[197] As a consequence, consumer law enforcement will be sub-optimal, which threatens the effectiveness of consumer protection devices. A response to this phenomenon has been the emergence of multi-party enforcement by the government, consumer organizations, and litigation funders.[198] It is still a subject of debate, however, to what extent this satisfactorily remedies the enforcement problem in consumer law.

In a nutshell, the law can provide various consumer protection devices, but if consumer rights are underenforced, the projected positive welfare effects of the regulatory intervention can be disappointing in practice.

IX. Conclusion

The aim of this contribution was to provide an introduction to the law and economics of consumer law. The disquisition of the traditional law and economics approach demonstrated that it is a versatile methodology to study the

194 *Chambers/Collins/Krause*.

195 *Chambers/Collins/Krause*.

196 *Muris*, p. 105.

197 *Ben-Shahar/Bar-Gill*, p. 115.

198 *Muris*, p. 105.

inefficiencies in consumer markets and investigate the potential effects of regulatory intervention on consumer welfare. The economic insights allow for the identification of the effects of legal incentives on consumer behavior and the examination of the welfare effects of legal policy instruments.

The law and economics perspective emphasizes that intervening in the market might lead to adverse effects, yet not providing consumers with adequate protection might lead to the same or even worse outcomes. The law and economics approach advocates, therefore, that the presence of a market failure should be taken as the starting point for the analysis of potential intervention in the market.[199] Accordingly, if the analysis demonstrates that there is no market failure, intervention is discouraged, which prevents overregulation.

There exist three main economic justifications for regulatory intervention in consumer markets, namely the presence of information asymmetries, transaction costs, and market power. To correct these market failures, several traditional devices have been utilized in consumer law. The five most prominent devices are mandatory disclosure, cooling-off periods, mandatory legal warranties, default rules, and boilerplate regulation. The economic analysis of these devices demonstrated that each device generates positive, but also adverse effects.

It is, therefore, indispensable to perform an ex-ante cost-benefit analysis of the proposed regulation before its implementation. Nevertheless, this analysis alone is not sufficient to justify regulation. To perform an accurate assessment of the regulation, it is of pivotal importance to take distributional and welfare effects into account. Consequently, a more complete and economically-sound analysis of the effects of the proposed regulation can be provided.

Through the economic analysis of consumer law, the aim to improve the level of consumer protection can be pursued while accounting for the welfare effects of regulation. In this way, valuable contributions to consumer policy-making can be made, which from both a legal and an economic perspective can be justified.

List of References

Akerlof, George: Quality uncertainty and the market mechanism, in: Quarterly Journal of Economics, Vol. 84/3 (1970), pp. 488 et seqq.

Angell, Frank: Some effects of the truth-in-lending legislation, in: The Journal of Business, Vol. 44/1 (1971), pp. 78 et seqq.

---

199 *Van den Bergh,* Economische Analyse van het Consumentenrecht.

Arrow, Kenneth: Risk Perception in Psychology and Economics, in: Economic Inquiry, Vol. 20/1 (1982), pp. 1 et seqq.

Ayres, Ian/*Gertner*, Robert: Filling gaps in incomplete contracts: An economic theory of default rules, in: The Yale Law Journal, Vol. 99/1 (1989), pp. 1 et seqq.

Bar-Gill, Oren/*Ben-Shahar*, Omri: Optimal Defaults in Consumer Markets, in: The Journal of Legal Studies, Vol. 45/S2 (2016), pp. 137 et seqq.

Beales, Howard/*Craswell*, Richard/*Salop*, Steven: The efficient regulation of consumer information, in: The Journal of Law and Economics, Vol. 24/3 (1981), pp. 491 et seqq.

Bebchuk, Lucian/*Posner*, Richard: One-sided contracts in competitive consumer markets, in: Michigan Law Review, Vol. 104 (2006), pp. 1 et seqq.

Becher, Samuel/*Bar-Gill*, Oren: Consumer Protection, in: Procaccia, Uriel (Ed.), The Economic Approach to Law, Srigim (IL) 2012, pp. 18 et seqq.

Ben-Shahar, Omri: One-Way Contracts: Consumer Protection without Law, in: John M. Olin Program in Law and Economics Working Paper, No. 484 (2009).

Ben-Shahar, Omri/*Bar-Gill*, Oren: Regulatory techniques in consumer protection: A critique of European consumer contract law, in: Common Market Law Review, Vol. 50 (2013), pp. 109 et seqq.

Ben-Shahar, Omri/*Posner*, Eric: The right to withdraw in contract law, in: The Journal of Legal Studies, Vol. 40/1 (2011), pp. 115 et seqq.

Board, Oliver: Competition and disclosure, in: The Journal of Industrial Economics, Vol. 57/1 (2009), pp. 197 et seqq.

Boo, El'fred/*Low*, Kin-Yew/*Soh*, Xinming/*Lim*, Miaoing: Assurance versus Insurance: A Study of Consumer Receptiveness in an E-Commerce Setting, in: Accounting Horizons, Vol. 21/4 (2007), pp. 331 et seqq.

Borges, George/*Irlenbusch*, Bernd: Fairness crowded out by law: An experimental study on withdrawal rights, in: Journal of Institutional and Theoretical Economics (JITE)/Zeitschrift für die gesamte Staatswissenschaft, Vol. 163/1 (2007), pp. 84 et seqq.

Bouckaert, Boudewijn/*Van den Bergh*, Roger: Averechts recht, in: Rechtskundig Weekblad (2001), pp. 1287 et seq.

Boulding, William/*Kirmani*, Amna: A consumer-side experimental examination of signaling theory: do consumers perceive warranties as signals of quality?, in: Journal of Consumer Research, Vol. 20/1 (1993), pp. 111 et seqq.

Bourgoignie, Thierry: Characteristics of consumer law, in: Journal of Consumer Policy, Vol. 14/3 (1992), pp. 293 et seqq.

Bridgeman, Curtis: Misrepresented intent in the context of unequal bargaining power, in: Michigan State Law Review, No. 4 (2006), pp. 993 et seqq.

Brodley, Joseph: The economic goals of antitrust: efficiency, consumer welfare, and technological progress, in: New York University Law Review, Vol. 62/5 (1987), pp. 1020 et seqq.

Busch, Christoph: Crowdsourcing consumer confidence: How to regulate online rating and review systems in the collaborative economy, in: De Franceschi, Alberto (Ed.), European Contract Law and the digital single market, Cambridge (UK) 2016, pp. 223 et seqq.

Calabresi, Guido: Transaction Costs, Resource Allocation, and Liability Rules: A Comment, in: Journal of Law & Economics, Vol. 11/1 (1968), pp. 67 et seqq.

Chambers, Dustin/*Collins*, Courtney/*Krause*, Alan: How do federal regulations affect consumer prices? An analysis of the regressive effects of regulation, in: Public Choice, Vol. 180/1 (2019), pp. 57 et seqq.

Clemons, Eric: An empirical investigation of third-party seller rating systems in e-commerce: The case of buySAFE, in: Journal of Management Information Systems, Vol. 24/2 (2007), pp. 43–71.

Coase, Ronald: The Problem of Social Cost, in: Journal of Law and Economics, Vol. 3/1 (1960), pp. 1 et seqq.

Conlisk, John: Why bounded rationality?, in: Journal of Economic Literature, Vol. 34/2 (1996), pp. 669 et seqq.

Cooter, Robert/*Ulen*, Thomas: Law and Economics, 6th edition, Boston 2012.

Craswell, Robert: Taking information seriously: misrepresentation and nondisclosure in contract law and elsewhere, in: Virginia Law Review, Vol. 92/4 (2006), pp. 565 et seqq.

Cseres, Kati: The controversies of the consumer welfare standard, in: Competition Law Review, Vol. 3/2 (2006), pp. 121 et seqq.

Darby, Michael/*Karni*, Edi: Free competition and the optimal amount of fraud, in: The Journal of Law and Economics, Vol. 16/1 (1973), pp. 67 et seqq.

De Geest, Gerrit: Signing without reading, in: Marciano, Alain/Ramello, Giovanni Battista (Eds.), Encyclopedia of Law and Economics, New York 2016 (cit.: *De Geest*, Signing without Reading).

De Geest, Gerrit: Economische analyse van het contracten- en quasi-contractenrecht: een onderzoek naar de wetenschappelijke waarde van de rechtseconomie, Antwerp 1994 (cit.: *De Geest*, Contracten – en Quasi-Contractenrecht).

Demsetz, Harold: The cost of transacting, in: The Quarterly Journal of Economics, Vol. 82/1 (1968), pp. 33 et seqq.

Easterbrook, Frank/*Fischel*, Daniel: Mandatory disclosure and the protection of investors, in: Virginia Law Review, Vol. 70 (1984), pp. 669 et seqq.

Eisenberg, Melvin: Text anxiety, in: Southern California Law Review, Vol. 59/2 (1986), pp. 305 et seqq.

Epstein, Richard: The neoclassical economics of consumer contracts, in: Minnesota Law Review, Vol. 92/3 (2008), pp. 803 et seqq. (cit.: *Epstein*, The neoclassical economics of consumer contracts).

Epstein, Richard: Behavioral economics: Human errors and market corrections, in: The University of Chicago Law Review, Vol. 73/1 (2006), pp. 111 et seqq. (cit.: *Epstein*, Behavioral economics: Human errors and market corrections).

Everson, Michelle: Legal constructions of the consumer, in: Trentmann, Frank (Ed.), The making of the consumer: Knowledge, power and identity in the modern world, London 2006, pp. 99 et seqq.

Faure, Michael: The complementary roles of liability, regulation, and insurance in safety management: theory and practice, in: Journal of Risk Research, Vol. 17/6 (2014), pp. 689 et seqq.

Faure, Michael/*Visscher*, Louis: Rechtseconomie en privaatrecht in de Lage Landen, in: Dirix, Eric/Falconis Jura (Eds.), Interdisciplinariteit in het recht, Antwerpen 2018, pp. 1 et seqq. (available at: <https://repub.eur.nl/pub/126945>, last visited on December 2, 2022).

Fishman, Michael J./*Hagerty*, Kathleen M.: Mandatory versus voluntary disclosure in markets with informed and uninformed customers, in: Journal of Law, Economics, and organization, Vol. 19/1 (2003), pp. 45 et seqq.

Gage, Robert J.: The discriminating use of information disclosure rules by the federal trade commission, in: UCLA Law Review, Vol. 26/5 (1979), pp. 1037 et seqq.

Goetz, Charles/*Scott*, Robert: Enforcing promises: An examination of the basis of contract, in: The Yale Law Journal, Vol. 89/7, pp. 1261 et seqq.

Grether, David/*Schwartz*, Alan/*Wilde*, Louis: The irrelevance of information overload: an analysis of search and disclosure, in: Southern California Law Review, Vol. 59/2 (1986), pp. 277 et seqq.

Grossman, Sanford: The informational role of warranties and private disclosure about product quality, in: The Journal of Law and Economics, Vol. 24/3 (1981), pp. 461 et seqq.

Guasch, Jose/*Hahn*, Robert: The costs and benefits of regulation: implications for developing countries, in: The World Bank Research Observer, Vol. 14/1 (1999), pp. 137 et seqq.

Hadfield, Gillian/*Howse*, Robert/*Trebilcock*, Michael: Information-based principles for rethinking consumer protection policy, in: Journal of Consumer Policy, Vol. 21/2 (1998), pp. 131 et seqq.

Hart, Oliver/*Moore*, John: Incomplete contracts and renegotiation, in: Econometrica, Vol. 56/4 (1988), pp. 755 et seqq.

Heymann, Laura: The law of reputation and the interest of the audience, in: Boston College Law Review, Vol. 52/4 (2011), pp. 1341 et seqq.

Hillman, Robert/*Barakat*, Ibrahim: Warranties and disclaimers in the electronic age, in: Yale Journal of Law & Technology, Vol. 11/1 (2008), pp. 1 et seqq.

Hillman, Robert/*Rachlinski*, Jeffrey: Standard-form contracting in the electronic age, in: New York University Law Review, Vol. 77/2 (2002), pp. 429 et seqq.

Howells, Geraint/*Wilhelmsson*, Thomas: EC Consumer Law, London 2017.

Jacoby, Jacob/*Morrin*, Maureen: Consumer psychology, in: Wright, James (Ed.), International Encyclopedia of the Social & Behavioral Sciences, 2nd edition, Amsterdam 2015, pp. 738 et seqq.

Kessler, Friedrich: Contracts of adhesion – some thoughts about freedom of contract, in: Columbia Law Review, Vol. 43/55 (1943), pp. 629 et seqq.

Kim, Jae-Cheol: The market for "lemons" reconsidered: A model of the used car market with asymmetric information in: The American economic review, Vol. 75/4 (1985), pp. 836 et seqq.

Kinsey, Jean/*McAlister*, Ray: Consumer knowledge of the costs of open-end credit, in: Journal of Consumer Affairs, Vol. 15/2 (1981), pp. 249 et seqq.

Li, Xinxin/*Hitt*, Lorin: Price effects in online product reviews: An analytical model and empirical analysis, in: MIS Quarterly, Vol. 34/4 (2010), pp. 809 et seqq.

Loebbecke, Claudia/*Hornig*, Vera: Increasing trust in e-commerce: concepts and examples of insurance solutions, in: Proceedings of 14th International Electronic Commerce Conference, Bled 2001, pp. 1 et seqq. (available at: <https://aisel.aisnet.org/cgi/viewcontent.cgi?article=1078&context=bled2001>, last visited on December 1, 2022).

Luth, Hanneke: Behavioural economics in consumer policy: The economic analysis of standard terms in consumer contracts revisited, Rotterdam 2010 (available at: <https://core.ac.uk/download/pdf/18520456.pdf>, last visited on December 2, 2022).

Maitre-Ekern, Eléonore/*Dalhammar*, Carl: Regulating planned obsolescence: a review of legal approaches to increase product durability and reparability in Europe, in: Review of European, Comparative & International Environmental Law, Vol. 25/3 (2016), pp. 378 et seqq.

Mak, Vanessa: Standards of protection: In search of the 'average consumer' of EU law in the Proposal for a Consumer Rights Directive, in: European Review of Private Law, Vol. 19/1, pp. 25 et seqq.

Mandell, Lewis: Consumer knowledge and understanding of consumer credit, in: Journal of Consumer Affairs, Vol. 7/1 (1973), pp. 23 et seqq.

Mathis, Klaus: Efficiency instead of justice? Searching for the philosophical foundations of the economic analysis of law, Dordrecht/Heidelberg/London/New York 2009.

Mathis, Klaus/*Burri*, Phillip: Nudging in Swiss Contract Law? An Analysis of Non-Mandatory Default Rules from a Legal, Economic and Behavioural Perspective, in: Mathis, Klaus/Tor, Avishalom (Eds.), Nudging-Possibilities, Limitations and Applications in European Law and Economics, Cham/Heidelberg/New York/Dordrecht/London 2016, pp. 121 et seqq.

McNeal, James: On becoming a consumer, Amsterdam/London 2007.

McNeil, Kenneth/*Nevin*, John/*Trubek*, David/*Miller*, Richard: Market discrimination against the poor and the impact of consumer disclosure laws: The used car industry, in: Law and Society Review, Vol. 13/3 (1979), pp. 695 et seqq.

Mitts, Joshua: How Much Mandatory Disclosure is Effective?, 2014 (available at: <https://papers.ssrn.com/sol3/papers.cfm?abstract_id=2404526>, last visited on December 3, 2022).

Muris, Timothy: Economics and consumer protection, in: Antitrust Law Journal, Vol. 60/1 (1991), pp. 103 et seqq.

Narciso, Madalena: The Unreliability of Online Review Mechanisms, in: Journal of Consumer Policy, Vol. 45/3 (2022), pp. 349 et seqq. (cit.: *Narciso*, The Unreliability of Online Review Mechanisms).

Narciso, Madalena: Review mechanisms in online marketplaces and adverse selection: a Law and Economics analysis, in: Maastricht European Private Law Institute Working Paper, No. 2017/2, pp. 1 et seqq. (cit.: *Narciso*, Review Mechanisms).

Nash Jr, John: The bargaining problem, in: Econometrica, Vol. 18/2 (1950), pp. 155 et seqq.

Nelson, Phillip: Information and consumer behavior, in: Journal of Political Economy, Vol. 78/2 (1970), pp. 311 et seqq.

Noll, Juergen: Does one size fit all? A note on the harmonization of National Warranty Law as a tool of consumer protection, in: European Journal of Law and Economics, Vol. 16/2 (2003), pp. 219 et seqq.

Ogus, Anthony: Regulation: Legal form and economic theory, London 2004.

Pacces, Alessio/*Visscher*, Louis: Methodology of Law and Economics, in: Van Klink, Bart/Taekema, Sanne (Eds.), Law and Method: Interdisciplinary Research into Law, Tübingen 2011, pp. 85 et seqq.

Parisi, Francesco: The Language of Law and Economics. Cambridge (UK) 2013 (cit.: *Parisi*, The Language of Law and Economics).

Parisi, Francesco: Positive, normative and functional schools in law and economics, in: European Journal of Law and Economics, Vol. 18/3 (2004), pp. 259 et seqq. (cit.: *Parisi*, Positive, Normative and Functional Schools in Law and Economics).

Parisi, Francesco: The harmonization of legal warranties in European sales law: an economic analysis, in: American Journal of Comparative Law, Vol. 52/2 (2004), pp. 403 et seqq. (cit.: *Parisi*, The Harmonization of Legal Warranties).

Pee, Loo: Customer co-creation in B2C e-commerce: Does it lead to better new products?, in: Electronic Commerce Research, Vol. 16/2 (2016), pp. 217 et seqq.

Pelkmans, Jacques: Consumer Interests in the EC Competition Regime. An Economic Perspective, in: Goyens, M. (Ed.), EC Competition Policy and the Consumer Interest, Louvain-La-Neuve/Cabay 1985, pp. 22 et seqq.

Pomar, Fernando: Directive 1998/44/EC on Certain Aspects of The Sale of Consumer Goods and Associated Guarantees: An Economic Perspective, in: InDret (2001), pp. 1 et seqq.

Priest, George: A theory of the consumer product warranty, in: Yale Law Journal, Vol. 90/6 (1981), pp. 1297 et seqq.

Rakoff, Todd: Contracts of adhesion: an essay in reconstruction, in: Harvard Law Review, Vol. 96/6 (1983), pp. 1173 et seqq.

Ramsay, Iain: Consumer law and policy: Text and materials on regulating consumer markets, London 2012.

Ranchordás, Sofia: Online reputation and the regulation of information asymmetries in the platform economy, in: Critical Analysis of Law, Vol. 5/1 (2018), pp. 127 et seqq.

Rawls, John: A Theory of Justice, Cambridge (MA) 1971.

Rekaiti, Pamaria/*Van den Bergh*, Roger: Cooling-off periods in the consumer laws of the EC Member States. A comparative law and economics approach, in: Journal of Consumer Policy, Vol. 23/4 (2000), pp. 371 et seqq.

Salop, Steven: Question: what is the real and proper antitrust welfare standard? Answer: the true consumer welfare standard, in: Loyola Consumer Law Review, Vol. 22/3 (2010), pp. 636 et seqq.

Schaub, Martien: How to make the best of mandatory information requirements in consumer law, in: European Review of Private Law, Vol. 25/1 (2017), pp. 25–44.

Schneider, Carl/*Ben-Shahar*, Omri: The Failure of Mandated Disclosure, in: University of Pennsylvania Law Review, Vol. 159/3 (2011), pp. 647 et seqq.

Shenkar, Oded/*Yuchtman-Yaar*, Ephraim: Reputation, image, prestige, and goodwill: An interdisciplinary approach to organizational standing, in: Human Relations, Vol. 50/11 (2017), pp. 1361 et seqq.

Simon, Herbert: Rational choice and the structure of the environment, in: Psychological Review, Vol. 63/2 (1956), pp. 129 et seqq.

Smits, Jan: Rethinking the usefulness of mandatory rights of withdrawal in consumer contract law: The right to change your mind, in: Penn State International Law Review, Vol. 29/3 (2011), pp. 671 et seqq.

Sovern, Jeff: Toward a new model of consumer protection: the problem of inflated transaction costs, in: William and Mary Law Review, Vol. 47/5 (2006), pp. 1635 et seqq.

Sparks, Beverley/*Bradley*, Graham/*Jennings*, Gayle/*Johnston*, Nicole: Cooling off and backing out: Understanding consumer decisions to rescind a product purchase, in: Journal of Business Research, Vol. 67/1 (2014), pp. 2903 et seqq.

Stuart, Charles: Consumer protection in a market where sellers have better information than buyers, in: Skogh, Göran (Ed.), Law and Economics: Report from a symposium in Lund, Sweden, Lund 1978, pp. 155 et seqq.

Stuyck, Jules: European consumer law after the Treaty of Amsterdam: Consumer policy in or beyond the internal market, in: Common Market Law Review, Vol. 37/2 (2000), pp. 367 et seqq.

Trebilcock, Michael: The limits of freedom of contract, Cambridge (MA) 1997.

Valant, Jana: Consumer protection in the EU. Policy overview. European Parliamentary Research Service, 2015 (available at: <https://www.europarl.europa.eu/RegData/etudes/IDAN/2015/565904/EPRS_IDA(2015)565904_EN.pdf>, last visited on December 4, 2022).

Van den Bergh, Roger: Economische analyse van het consumentenrecht, in: Ars aequi, Vol. 39/10 (1990), pp. 787 et seqq. (cit.: *Van den Bergh*, Economische Analyse van het Consumentenrecht).

Van den Bergh, Roger: Wer schützt die europäischen Verbraucher vor dem Brüsseler Verbraucherschutz? Zu den möglichen adversen Effekten der europäischen Richtlinien zum Schutze des Verbrauchers, Effiziente Verhaltenssteuerung und Kooperation in Zivilrecht, in: Ott, Claus/Schäfer, Hans-Bernd (Eds.), Beiträge zum V. Travemünder Symposium zur ökonomischen Analyse des Rechts, Tübingen 1997, pp. 77 et seqq. (cit.: *Van den Bergh*, Wer schützt die europäischen Verbraucher vor dem Brüsseler Verbraucherschutz?).

Varian, Hal: Intermediate Microeconomics: A Modern Approach, 9th edition, New York/London 2009.

Wan, Yan/*Ma*, Baojun/*Pan*, Yu: Opinion evolution of online consumer reviews in the e-commerce environment, in: Electronic Commerce Research, Vol. 18/2 (2018), pp. 291 et seqq.

Williamson, Oliver: Transaction-cost economics: the governance of contractual relations, in: The Journal of Law and Economics, Vol. 22/2 (1979), pp. 233 et seqq.

The Comparative Law and Economics of Business Interruption Insurance and Covid-19

By *Piotr Tereszkiewicz*

I. Introduction

When the editors extended to me the invitation to contribute to a book in honour of Klaus Mathis, they made the helpful suggestion that my contribution could possibly address a topic on the law and economics of insurance. Having surveyed this field, I thought that an analysis of business interruption insurance as a measure of compensating losses resulting from the Covid-19 pandemic would be an interesting and novel topic to discuss.[1] In the last few years, the question of whether and how business interruption policies may respond to pandemic-related losses has occupied courts, regulators, and scholars in several jurisdictions. While it appears *prima facie* a highly specific topic, it nevertheless addresses some of the core questions of insurance law and economics.

To appropriately frame the topic, it appears helpful to refer – as is the case with other debates about risk governance in a regulatory state – to two competing paradigms: 'spreading risk' versus 'embracing risk'.[2] The paradigm of solidarity, which has assumed a prominent role in the 20th century, implies spreading risk and loss in society. Solidarity is accompanied by the recognition of a sort of general right to indemnity for every mishap in life.[3] Insurance becomes one of the main instruments of implementing solidarity and assistance. By contrast, the term 'embracing risk' is meant to be the opposite of 'spreading risk'. In coining it, Baker and Simon meant to both evoke and

---

[1] This contribution builds upon and presents in a concise manner the analysis made in my previous contributions on this topic: Business Interruption Insurance and Covid-19: Between Embracing Risk and Spreading Loss, in: Mathis, Klaus and Tor, Avishalom (eds.), and Judicial Business interruption insurance as a means of spreading pandemic related losses, in: Geneva Papers on Risk and Insurance – Issues and Practice. On the law and economics of insurance see inter alia *van Boom*; *Clarke*; *Schwarcz/Siegelman*; *Molk*.

[2] I draw on and slightly refine my own account in *Tereszkiewicz*, 2022, pp. 215–216.

[3] *Ewald/Utz*, p. 273.

distinguish the idea of 'embracing risk' that has been influential over the last century.[4] Perceived as a cultural or social trend, embracing risk consists of various efforts to make people personally accountable for their risks. From a legal perspective, drawing on François Ewald one could invoke the principle that one person cannot transfer to another the burden of what happens to him.[5] It follows that the idea of embracing risk is grounded in the principle of responsibility. Risks that are not covered by or that are beyond the insurance scope are not spread and eliminated in this way, with serious consequences for those affected who have to bear them.

The two paradigms of embracing risks and spreading risks should be perceived as two different ends of the probability spectrum.[6] Embracing risk appears to be justified for risks that are relatively predictable and capable of being managed by individuals and organizations. By contrast, the approach of risk spreading could apply to risks that are unpredictable.[7] A specific balance between these two competing attitudes will depend on a range of political, economic, cultural, and legal factors and vary across different countries and legal systems.

The Covid-19 pandemic is an example of both a 'difficult' and a 'systemic' risk.[8] Difficult risks are so vast that it is hardly possible to distribute them in reliable insurance pools. They resist diversification. Further, difficult risks are ambiguous as regards frequency, consequence, or both. Some difficult risks are demonstrated in events that lack geographic boundaries and have long timelines between their occurrence and remediation. Given their immense character, such difficult risks overwhelm private risk spreading and distribution mechanisms and may even challenge the capacity of governments to efficiently act as an insurer. These difficult risks, which put enormous stress on all possible risk-spreading mechanisms, are called 'systemic'. Typical systemic risks are global warfare, climate change, terrorism directed at crucial infrastructure, natural disasters, and pandemics.[9] Specifically, the manner in which clauses in business interruption insurance contracts are interpreted may have the effect of spreading the risk of the Covid-19 pandemic, its outbreak, and the government measures taken to contain it. Guided by this assumption, the following account of emerging developments in the UK, Australia and the US focuses on how courts and regulators in these jurisdic-

---

[4] *Baker/Simon*, p. 1.

[5] *Ewald/Utz*, p. 274.

[6] *Tereszkiewicz*, 2022, pp. 215–216.

[7] *Baker/Simon*, p. 4.

[8] For an account of pandemic as 'difficult' and 'systemic' risk see *Jerry II*, p. 25, whose position is restated here.

[9] *Jerry II*, p. 25.

tions have approached disputes over cover under business interruption policies. The study will attempt to show how the design and interpretation of business interruption policies might contribute to spreading the losses of policyholders.[10] These three common law jurisdictions have been chosen since business interruption policies played a relatively significant role as a measure of compensating pandemic-related losses resulting from business interruption in those countries complementing the government backstop programmes.

II. The United Kingdom

Judged from an international perspective, the resolution of pandemic-related disputes over business interruption cover in the UK has proceeded at an amazing pace. Soon after the outbreak of the Covid-19 pandemic, the Financial Conduct Authority (FCA), the UK insurance market conduct regulator, announced that it would bring a 'test case' to clarify the application of typical and broadly used business interruption policies to losses resulting from the Covid-19 pandemic.[11] Twenty-one different business interruption policy wordings were selected as a representative sample of all wordings that gave rise to uncertainty, with important differences in policy language.[12] Potentially covered causes of business interruption included infectious diseases, denial of access to property, and government-ordered closure of premises or restrictions of access.

The High Court, acting as a first instance court, delivered preliminary rulings on the meaning of the selected policy wordings on 15 September 2020. Given the importance of the case, it was referred to the Supreme Court under the 'leapfrog' procedure, which enables an appeal in exceptional circumstances to bypass the Court of Appeal and proceed directly to the UK Supreme Court. In January 2021, the UK Supreme Court issued a binding judgment for eight insurers being parties to the test case, but also provided 'authoritative guidance for the interpretation of similar policy wordings and claims.'

An analysis of whether a business interruption insurance contract will respond to losses resulting from the Covid-19 pandemic necessarily begins

---

[10] See *Tereszkiewicz*, 2023, on main types of business interruption losses.

[11] The FCA announced that it would work to 'obtain a court declaration to resolve contractual uncertainty regarding the cover obligations of insurers that issued BI policies,' see <https://www.fca.org.uk/firms/business-interruption-insurance>, last visited on March 15, 2023.

[12] Sample policies are available under <https://www.fca.org.uk/firms/business-interruption-insurance>, last visited on March 15, 2023.

with the disease clauses contained in such contracts. A disease clause provides insurance cover for business interruption loss caused by the occurrence of a 'Notifiable Disease' at or within a specified distance of the policyholder's business premises. Such clauses do not cover the effects of cases of Covid-19 that occur outside that geographical area.[13] Crucially, the UKSC had to define what constituted an 'occurrence' of Covid-19 under the policy.[14] The Supreme Court held that if the policyholder could identify a single instance of Covid-19 in the specified vicinity and a consequent interruption to his or her business, an 'occurrence' under the business interruption policy was fulfilled, and cover would be granted.

Another specific issue on which the Supreme Court decided was the question of how the adaptation of the policyholder's business model may affect the scope of the indemnity. As a matter of principle, the 'inability to use' the business premises, and the 'prevention of access' to the business premises must be total. Yet, as the Supreme Court held, these requirements do not have to be fulfilled with respect to the entire business premises.[15] Business interruption cover can be triggered where the 'policyholder is unable to use the premises for a discrete part of its business activities or if it is unable to use a discrete part of its premises for its business activities.'[16] The Supreme Court explained that in both those situations there is a complete inability of use, either relating to a discrete business activity (e.g., dining in), or to using a discrete part of the business premises (e.g., a high street showroom). This construction of business interruption clauses ensures that businesses that stayed open for takeaway services or mail orders may submit claims for the loss of in-person business.

The question of causation requires answering as to what the insured peril is and what effects on the policyholder's business are covered. It requires showing the connection between any cases of the Covid-19 disease and the business interruption loss for which an insurance claim is made. Referring to the *Orient Express*[17] case, the insurers claimed that due to the widespread nature of the pandemic, policyholders would have suffered the same or similar business interruption losses even if the insured risk or peril (whether it be an occurrence of the disease within the given radius, or a public authority

[13] On how clauses in policies offered by various insurers differed see *Gürses*, pp. 74–75.

[14] Para. 54 of the FCA Test Case judgment.

[15] Paras. 136 and 137 of the FCA Test Case judgment.

[16] Para. 137 of the FCA Test Case judgment.

[17] Orient-Express Hotels Ltd v Assicurazioni Generali SpA [2010] EWHC 1186 (Comm), [2010] Lloyd's Rep IR 531, May 27, 2010. On Orient Express and its rejection in the FCA Test Case judgment see *Gürses*, pp. 79–80.

action causing a prevention of access) had not occurred, and as such the business interruption cover should not be granted. The Supreme Court rejected this argument, holding that the 'but for' test was inadequate for ascertaining whether the test for causation had been satisfied in the case concerning business interruption cover.[18] In the Supreme Court's view, all that matters is what risks the insurers have agreed to cover. This is a question of contractual interpretation, which must accordingly be answered by (objectively) identifying the intended effect of the policy as applied to the relevant factual situation.[19] In this light, the Supreme Court concluded that 'there is nothing in principle or in the concept of causation which precludes an insured peril that in combination with many other similar uninsured events brings about a loss with a sufficient degree of inevitability from being regarded as a cause – indeed as a proximate cause – of the loss, even if the occurrence of the insured peril is neither necessary nor sufficient to bring about the loss by itself.'[20]

Finally, concerning the number of Covid-19 outbreaks necessary to trigger the cover, no reasonable person, in the Supreme Court's view, would suppose that, if an outbreak of an infectious disease occurred, which included cases within the relevant radius in the disease clause and was sufficiently serious to interrupt the policyholder's business, all the cases of disease would necessarily occur within the radius. Having recognized that, the Supreme Court considered it inappropriate to inquire into whether, but for the cases of disease within the radius, the loss would have been suffered, since the answer may well typically be in the affirmative, thus depriving the insured of an indemnity for wide area diseases, such as Covid-19. This assumption paved the way for the Supreme Court's conclusion that, on the proper interpretation of the disease clauses, in order to show that loss from interruption of the insured business was proximately caused by one or more occurrences of illnesses resulting from Covid-19, it is sufficient to prove that the interruption was a result of Government action taken in response to cases of disease which included at least one case of Covid-19 within the geographical area covered by the clause. Even if the elements of the insured peril had not led ultimately to the closure of the insured premises, they would have had other potentially adverse effects on the turnover of the business. The Supreme Court considered that it would undermine the commercial purpose of the business interruption cover to treat such potential effects as ones diminishing the scope of the indemnity.[21] Moreover, the Supreme Court held that the

[18] *Gürses*, p. 80.

[19] Para. 190 of the FCA Test Case Judgment.

[20] Para. 191 of the FCA Test Case Judgment.

[21] Para. 237 of the FCA Test Case Judgment.

principle applies equally to an originating cause of loss covered by the policy, which is not expressly mentioned in the clause. In the case under review, the originating cause of any local occurrence of disease and of public authority actions and public reactions to it is the global Covid-19 pandemic.[22]

Choices made by the Supreme Court in the process of constructing business interruption policies could be seen as value judgments, the outcome of which immediately translates into whether the cover will be granted or to how far it will extend. As such, these decisions determine what losses resulting from business interruption due to the Covid-19 pandemic will be spread and shared in society.[23] The concern that business interruption cover may turn out to be illusory for the policyholder just when it is most needed features prominently throughout the judgment.[24]

The FCA estimated that the test case ultimately helped to clarify insurers' obligations for 'some 700 types of policies held by 370,000 policyholders across sixty different insurers.' While the test case did not resolve individual policyholders' claims, the FCA undertook a set of measures to ensure the Court's holding resulted in swift payments of individual claims. As of spring 2022, most legitimate pandemic-related claims of UK policyholders have been paid by insurers, with the total payout amounting to 700 million pounds.[25] The extent of payouts in the UK suggests the insurance industry meaningfully responded to the regulator's pressure.

From a comparative perspective, it must be underscored that the FCA Test case concerned only insurance policies providing cover for business interruption flowing from causes other than property damage, such as the presence of disease or the denial of access to a property. This is an important difference between the UK market and that of the US, where such extended cover is rare and to trigger liability in most cases damage to property is required, as will be shown below.

III. Australia

The account of how the legal system in Australia dealt with business interruption losses focuses on judgments in two test cases handed down by federal courts. As will be shown below, Australian courts took account of the legal position in the UK. The first test Covid-19 insurance test case, *HDI*

---

22 Para. 240 of the FCA Test Case Judgment.

23 *Tereszkiewicz*, 2022, p. 228.

24 See paras. 238, 316, 321, 325 of the FCA Test Case judgment.

25 See <https://www.fca.org.uk/firms/business-interruption-insurance>, last visited on March 15, 2023.

Global Specialty SE v Wonkana No. 3 Pty Ltd,[26] was brought to determine whether pandemic exclusions that referenced the old *Quarantine Act* [1908 (Cth)], which was replaced by the *Biosecurity Act* [2015 (Cth)] in 2015, could be used to reject claims related to Covid-19. In *HDI Global Specialty SE v Wonkana No. 3 Pty Ltd*, the New South Wales Court of Appeal dismissed proceedings seeking declarations that business interruption caused by Covid-19 was excluded from cover under business insurance policies. The defendants were insured against interruption to their businesses under insurance policies issued by the plaintiff insurers. Each policy contained an extension providing cover for interruption or interference caused by outbreaks of infectious diseases within a 20-kilometre radius of the business premises. Both policies excluded from cover 'diseases declared to be quarantinable diseases under the Quarantine Act 1908 (Cth) and subsequent amendments.' Prior to June 2016, the Quarantine Act 1908 (Cth) provided for public health measures that may be taken in response to outbreaks of communicable diseases. Its framework relied on the concept of a 'quarantinable disease,' as declared by the Governor General. In June 2016, before the policies had been issued, the Quarantine Act 1908 (Cth) was repealed and replaced by the Biosecurity Act 2015 (Cth). In January 2021, Covid-19 was determined to be a listed human disease under the Biosecurity Act 2015 (Cth). The case turned on whether the exclusion in the policy extended to diseases determined to be listed human diseases under the Biosecurity Act, which the insurers claimed to be the case.

The Court rejected the insurers' claims, holding that the meaning of the words in the policy 'and subsequent amendments' was unambiguous and did not extend to legislation replacing the Quarantine Act 1908 (Cth) and its mechanism for identifying certain diseases as serious and contagious, that is the Biosecurity Act 2015 (Cth). Also, the Court held that general principles of construction regarding written contracts did not permit the exclusion to be read, contrary to their natural meaning, as referring to 'diseases determined to be listed human diseases under the Biosecurity Act 2015 (Cth).' This means that references in business interruption policies of insurance to 'quarantinable diseases' under the Quarantine Act 1908 (Cth) cannot be interpreted as including Covid-19. Theoretically, the court's judgment in *HDI Global Specialty SE v Wonkana No. 3 Pty Ltd* means that businesses affected by COVID-19 could be entitled to insurance payments under business interruption policies if no other specific exclusions are found applicable. The insurers' application for special leave to appeal the Court of Appeal's judgment has been refused, meaning the judgment will stand. It seems that this judg-

---

[26] HDI Global Specialty SE v Wonkana No. 3 Pty Ltd, [2020] NSWCA 296, November 18, 2020.

ment could be considered as a recognition that business interruption policies respond to claims resulting from the Covid-19 pandemic just as they would respond to claims resulting from other causes.

In the second Australian test case, *Swiss Re International Se v LCA Marrickville Pty Limited,*[27] the Federal Court has considered ten claims. Insuring clauses in issue have been of a similar type as in the UK FCA Test Case: hybrid clauses; infectious disease clauses; prevention of access clauses; and a catastrophe clause. Regarding nine claims, the Federal Court held that the insuring clauses did not apply in the circumstances of each case under review. Although the actions of Australian authorities applied to the premises, it was not possible to conclude that the orders were made because of any circumstance at the premises/situation or within the specified radius. The uninsured peril was the existence of Covid-19 cases overseas and the threat this presented to Australia by reason of persons returning, including returning Australian residents.

The Federal Court considered whether it was justified to draw on the FCA Test Case in reaching its verdict, making the following statement:

> 'If a clause in the BII policy refers to a radius of 25 miles from the business premises, as is the case in the UK, this will be an area of a little under 2,000 square miles. The whole of England can be covered by 20 such circles; (…) each case of Covid-19, both inside and outside the 25miles area, was an equally effective cause of the UK government's actions, i.e., lockdown measures.'

The Australian Federal Court rejected the assumption that each case of Covid-19, as indicated above, was an equally effective cause of the government imposed lockdown given a 'materially different context' of the measures in the UK and Australia.[28] Parts of Australia are sparsely populated, and the occurrence of Covid-19 infections has not been widespread. Given the lack of widespread community spread, the Court refused to conclude that 'each and every known case of Covid-19 in any location in a State was an equally effective cause of the State Government's actions.'[29]

---

[27] Swiss Re International Se v LCA Marrickville Pty Limited (Second COVID 19 insurance test cases) [2021] FCA 1206, October 8, 2021. The decision on appeal by the Full Court of the Federal Court in LCA Marrickville Pty Limited v Swiss Re International SE [2022] FCAFC 17, approved the reasoning and conclusions of the first instance court regarding the questions discussed here. See *Merkin*, p. 506, on specific issues.

[28] Swiss Re International Se v LCA Marrickville Pty Limited, [2021] FCA 1206, para. 68.

[29] Swiss Re International Se v LCA Marrickville Pty Limited, [2021] FCA 1206, para. 68.

The Federal Court's analysis brought out important differences between the UK and Australian lockdown measures.[30] Analysing the operation of disease clauses, the Court stated that the key issue was whether the outbreak of the disease (Covid-19) was the proximate cause of the policyholder's loss. This cannot be the case for a policyholder who is a travel agent; in this case, the proximate cause of the policyholder's loss was the government's Overseas Travel Ban restricting international travel to and from Australia, and the ban on cruise ships from foreign ports visiting Australia. In the Federal Court's view, the above measures were focused on the presence of COVID-19 overseas and the risk that an overseas traveller coming to Australia might bring COVID-19 into any part of Australia. From a narrow technical perspective, the proximate cause of the insured's loss was different under the policies reviewed in UK and Australian cases. Yet, the judicial analyses reveal a more profound difference between the national systems analysed. The government measures in Australia resulted not from the existence of Covid-19 at the location or within the area required by the insurance policy. Rather, the Australian government measures were taken out of fear of Covid-19 being brought into the country and spreading there. Different objectives of government lockdown measures in these two analysed jurisdictions may justify the partly diverging outcomes reached by the courts in the UK and Australia in interpreting business interruption insurance policies.

IV. United States

The account of how US law has approached business interruption cover will differ from those on the UK and Australia in that it gives more prominence to the design of business interruption policies. To begin with, the US market of business interruption insurance policies is characterized by a high level of product uniformity. The uniformity is due to the role played by the Insurance Services Office (ISO),[31] the primary drafting organization for property insurers on the U.S. market. Since its creation in 1971, the ISO has drafted most of the insurance policy forms used by property insurers. A very important element of the ISO's service to its customers is the development of standardized cover forms and endorsements. Hundreds of insurance companies subscribe to the services provided by the ISO, which means that they pay the ISO to draft policy forms, collect data on the forms' performance, keep track of litigation involving the forms, and update policy language to respond to court decisions and changing market conditions.[32] A business

30 More on the difference between the UK and Australia *Tereszkiewicz*, 2023.

31 *Miller/Lewis/Kozak*, p. 5, with further references.

32 *Jerry II*, p. 13.

which is a member of the ISO pays for the ISO's expertise in drafting the policy form and is likely to use it verbatim.

One of the ISO's most popular policy forms is the Businessowners Policy (BOP), which is a multi-risk package policy written for the small business market.[33] A BOP usually contains business interruption cover unless this cover is specifically removed by endorsement.[34] The Business Income clause, quoted below, contains several elements of cover that the policyholder must prove. Specifically, the policyholder must prove that the suspension of business operations was 'caused by direct physical loss of, or damage to, property' at the premises described in the policy, which is the most significant of all the requirements of business interruption cover in the U.S. What is crucial, the term 'direct physical loss of, or damage to' property is not defined in the ISO policy. The general assumption behind the 'direct physical loss of, or damage to property' requirement is that something which goes beyond mere income loss must happen to the business's property to trigger insurance cover.[35]

> 'We will pay for the actual loss of Business Income you sustain due to the necessary suspension of your "operations" during the "period of restoration". The suspension must be caused by direct physical loss of or damage to property at the described premises. The loss or damage must be caused by or result from a Covered Cause of Loss […] We will pay only for loss of Business Income that you sustain during the "period of restoration" and that occurs within 12 consecutive months after the date of direct physical loss or damage.'[36]

In practice, proving that the SARS-CoV-2 virus caused 'direct physical loss of, or damage to' property is difficult if not impossible at times. Since the onset of the pandemic, there have been several hundred US court decisions on the meaning of 'direct physical loss of, or damage to' property.[37] Several competing strands of interpretation on what 'direct physical loss of, or damage to' property mean have been found to date. Only a minority of courts hold that 'loss' and 'damage' are distinct terms, and 'loss' can mean the inability to use the property for its intended purpose. The majority of courts tend to interpret 'loss' as similar or identical to 'damage,' which requires partial or total destruction of property or its physical alteration.[38] There are arguments in favour of both interpretations. As US scholars emphasise, in the past US courts have found cover in instances where the poli-

---

[33] *Jerry II*, pp. 12–13; *Miller/Lewis/Kozak*, p. 5, with further references.

[34] *Jerry II*, p. 12.

[35] *Knutsen*, pp. 436–437.

[36] *Jerry II*, p. 17; *Miller/Lewis/Kozak*, p. 11.

[37] *French*, 2020, p. 5; *Miller/Lewis/Kozak*, p. 1.

[38] *Miller/Lewis/Kozak*, pp. 1–3.

cyholder suffered seemingly intangible and transient contamination issues similar to those experienced in the Covid-19 pandemic. Specifically, courts held that government orders to evacuate properties due to a potential threat, such as a hurricane, building collapse, or a riot, could trigger business interruption cover.[39] Moreover, it was found that 'loss of, or damage to' property could encompass property rendered unsafe by the presence of radon, odours, smoke, and gasoline, even though any alteration of the property occurred only on a molecular level.[40] Yet, one has to admit that the cover clause of 'direct physical loss of, or damage to' property is ambiguous and bound to cast doubt over its scope. This means that the decision-making over whether cover is granted or not in a given case is transferred to courts which decide on individual disputes. In a decentralized court system this may lead to diverging outcomes in similar disputes.

In addition to a high level of uniformity, another significant feature of US business interruption policies is a prevalent virus exclusion. The US insurance sector envisioned already in 2006 the potentially dramatic commercial effects of a pandemic well enough to specifically exclude it from a portion of business insurance policy forms.[41] The National Association of Insurance Commissioners have estimated that around 80 % of property policies in effect when the Covid-19 pandemic began incorporated the ISO Virus or Bacteria exclusion, which had been submitted to many state departments of insurance for approval in 2006.[42]

While the uniformity of business interruption policies has been achieved mainly due to the ISO's role, insurance disputes in the US are governed by state law, and the law can vary considerably from state to state. Since the onset of the pandemic, over 2,000 Covid-19 business interruption cases have been filed in state and federal courts.[43] Till early 2022, several federal courts had reached final decisions in Covid-19 business interruption cases, ruling mostly in favour of the insurers.[44] This means that federal courts have re-

---

39 *Katofsky*, pp. 788–791; *French*, 2020, p. 23; *Knutsen*, p. 441; *Miller/Lewis/Kozak*, p. 12.

40 For a survey of US case-law on business interruption insurance see *Knutsen/Stempel*, pp. 241–243; *Miller/Lewis/Kozak*, pp. 13 ff.; *French*, 2020.

41 *Lewis/Masters/Greenspan/Kozak*, p. 635.

42 NAIC Covid-19 Report for 2020, Year in Review, Washington 2021 (available at: <https://content.naic.org/sites/default/files/naic-covid-19-report-update3-eoy-2020.pdf>, last visited on March 15, 2023).

43 Cf. Covid Coverage Litigation Tracker which reports a range of data in real time regarding these suits. It was developed by Professor Tom Baker immediately after the outbreak of the Covid-19 pandemic, see <https://cclt.law.upenn.edu/>, last visited on March 15, 2023.

44 *French*, 2020, p. 155.

jected requests by policyholders to certify novel legal issues to the controlling state supreme courts. Federal courts have thus regarded the Covid-19 business interruption insurance cases as simple contract disputes requiring the enforcing of the plain meaning of insurance policy terms, for which federal courts do not need any guidance from the state supreme courts to adjudicate. This has been criticized by some scholars, as questions as to the meaning of the language in the Covid-19 context present novel questions of state law.[45] On this view it would have been a preferable solution if federal courts had certified unsettled questions of state law regarding Covid-19 to the respective state courts for resolution.[46] Scholars also estimate that the litigation concerning the cover of business interruption losses in the US has tended to be inefficient and indeterminate.[47] The widespread litigation over business interruption cover might result from the fact that the insurance industry in the US does not seem willing to cover pandemic-caused business interruption losses on a going-forward basis. Further, it has been debated whether the US insurance industry had shown a sufficient degree of care in reflecting on how policy language drafted based on the 'physical damage' requirement would apply to pandemic-related losses.[48] It is predicted that the Covid-19-related litigation will put pressure on the industry sector, but its effects will fade away after several years.[49]

Currently, it is unclear to what extent courts will prove receptive to policy considerations in favour of policyholders, which could provide an argument for a broad interpretation of the 'direct physical loss of, damage to' property requirement. Looking back on how the case-law of US courts evolved over the 20th century, *Abraham* and *Baker* observe that the 'pro-coverage ethos' that characterised important developments in US insurance law of the 1980s and 1990s era appears to be less dominant today than it was.[50] This insight finds support in how the business interruption litigation has played itself out to date. A final picture of litigation over pandemic-related losses will emerge in several years from now.

In contrast to the UK and Australia, there have been considerable efforts at having legislation passed to ensure that business interruption losses are covered. In 2020, soon after the outbreak of the Covid-19 pandemic, several state legislators proposed legislation that would obligate insurers to cover business interruption losses regardless of whether specific claims were cov-

---

45 More on this aspect *Tereszkiewicz*, 2023.

46 *French*, 2020, p. 154; *Schwarcz*, p. 448.

47 *Schwarcz*, p. 434.

48 *Jerry II*, p. 13; *Knutsen/Stempel*, p. 192.

49 *Abraham/Baker*, p. 202.

50 *Abraham/Baker*, p. 202.

ered by the business interruption policies purchased.[51] By May 2020, approximately twenty bills were filed in at least seven states seeking to retroactively mandate cover for business interruption losses.[52] None of the bills were eventually adopted. However, to provide an example, in 2022 legislators in the State of Washington continued to promote legislation that aims at creating business interruption cover for policyholders affected by stay-at-home-orders. Senate Bill 5351, which was introduced in 2021, would institute a minimum two-year contractual suit-limitation provision for all first-party property insurance policies. Further, if enacted the Bill would further expand the definition of physical loss or damage to property to include 'the deprivation of such property and the loss of ability to use such property.' The draft Bill would apply to all suits commenced on or after the date of entry into force of the Act, regardless of when the cause of action arose and would apply retroactively from 29 February 2020 (the date on which the state of emergency was declared in the state of Washington). This draft law provides an excellent illustration of how a legislator attempts to intervene *ex post* to adjust the contractual design of insurance policies.

V. Conclusion

The comparative survey of the law and policies regarding business interruption insurance in three common law jurisdictions offers several insights into how a legal system may efficiently manage widespread disputes over insurance cover. Most importantly, the UK legal system, which operates a test case procedure in complex financial matters, appears to have resolved key legal issues in disputes over business interruption cover in an efficient and rapid manner. The UKSC judgment in the FCA Test Case has provided guidance to courts as to how individual disputes should be resolved. The UK Test Case scheme, meanwhile reviewed favourably by American insurance law scholars, has come to serve as an inspiration for the resolving of widespread cover disputes. Further, with view to the US developments to date, one must emphasise that the avalanche of lawsuits and differing judicial interpretations of the 'direct physical loss of, or damage to, property' requirement caused lingering uncertainty both for the industry sector and policyholders. Efforts to launch class actions against insurers were not successful and thus did not improve the position of policyholders in pursing their claims. Clarity about the legal obligations of insurers under business interruption policies, which the Test Case scheme swiftly provided in the UK, would go a long way towards diminishing the amount of law suits by policy-

---

[51] *French*, 2020, p. 1.

[52] *Jerry II*, p. 23.

holders, and, even more importantly, provide a powerful incentive for the industry to settle claims by policyholders.[53] This assumption appears justified given that the level of uniformity of business interruption policies in the US market is high.

From a comparative perspective, it is important to acknowledge the immediate effect that the UKSC judgment in the FCA Test Case produced outside the UK. As discussed above, it has featured prominently in the opinion of the New South Wales Federal Court in Australia and informed the scholarly calls for a reform of the US dispute resolution schemes for widespread cover disputes. Whereas there are subtle differences in the design of business interruption policies across these three jurisdictions, policyholders under business interruption policies face comparable challenges everywhere.

Since 2015 I have been fortunate to be a part of the flourishing law and economics community which Klaus Mathis has founded and kept developing through annual conferences in Lucerne. I owe countless intellectual insights and many profound exchanges to my visits to charming Lucerne. Most importantly, in Klaus I have found a role model, a scholar embodying the academic virtues of excellence and modesty, who makes every effort at building the academic community. *Ad multos annos*, Klaus!

List of References

Abraham, Kenneth S./*Baker*, Tom: What History Can Tell Us About the Future of Insurance and Litigation After COVID-19, in: DePaul Law Review, Vol. 71/2 (2022), pp. 169 et seqq.

Baker, Tom/*Simon*, Jonathan: Risk, Insurance, and the Social Construction of Responsibility, in: Baker, Tom/Simon, Jonathan (Eds.), Embracing Risk, The Changing Culture of Insurance and Responsibility, Chicago 2002.

Clarke, Malcolm: Policies and Perceptions of Insurance Law in the Twenty-First Century, Oxford 2007.

Ewald, François/*Utz*, Stephen: The Return of Descartes's Malicious Demon, An Outline of a Philosophy of Precaution, in: Baker, Tom/Simon, Jonathan (Eds.), Embracing Risk, The Changing Culture of Insurance and Responsibility, Chicago 2002, pp. 273 et seqq.

French, Christopher C.: Federal Courts' Recalcitrance in Refusing to Certify State Law COVID-19 Business Interruption Insurance Issues, in: Texas Law Review Online, Vol. 100 (2022), pp. 152 et seqq. (cit. *French*, 2022).

French, Christopher C.: COVID-19 Business Interruption Insurance Losses, The Cases For and Against Coverage, in: Connecticut Insurance Law Journal, Vol. 27 (2020), pp. 1 et seqq. (cit. *French*, 2020).

[53] *Tereszkiewicz*, 2023.

Gürses, Özlem: The Supreme Court on Business Interruption Insurance and COVID-19, Financial Conduct Authority v Arch Insurance (UK) Ltd [2021] UKSC 1, in: King's Law Journal, Vol. 32/1 (2021), pp. 71 et seqq.

Jerry II, Robert H.: Reflections on COVID-19, Insurance, Business Interruption, Systemic Risk, and the Future, in: Icade, Revista de la Facultad de Derecho, Vol. 110/1 (2021), pp. 1 et seqq.

Katofsky, Jeff: Subsiding Away, Can California Homeowners Recover from their Insurer for subsidence Damages to their Homes, in: McGeorge Law Review, Vol. 20/3 (1989), pp. 783 et seqq.

Knutsen, Erik S.: The COVID-19 Pandemic and Insurance Coverage for Business Interruption in Canada, in: Queen's Law Journal, Vol. 46/2 (2021), pp. 431 et seqq.

Knutsen, Erik S./*Stempel*, Jeffrey W: Infected Judgment, Problematic Rush to Conventional Wisdom and Insurance Coverage Denial in a Pandemic, in: Connecticut Insurance Law Journal, Vol. 27 (2021), pp. 185 et seqq.

Lewis, Richard P./*Masters*, Lorelie/*Greenspan*, Scott D./*Kozak*, Chris: Couch's "Physical Alteration" Fallacy, Its Origins and Consequences, in: Tort, Trial & Insurance Practice Law Journal, Vol. 56/3 (2021), pp. 621 et seqq.

Merkin, Robert: Lowry, Rawlings and Merkin's Insurance Law, 4th edition, London 2022.

Miller, Charles M./*Lewis*, Richard P./*Kozak*, Chris: COVID-19 and Business Income Insurance, The History of "Physical Loss" and what Insurers Intended it to Mean, in: Tort Trial & Insurance Practice Law Journal, Vol. 57 (2022), pp. 1 et seqq. (available at: <https://ssrn.com/abstract=4130730>, last visited on March 15, 2023).

Molk, Peter: Economic Approaches to Insurance Law, in: Burling, Julian/Lazarus, Kevin (Eds.), Research Handbook on International Insurance Law & Regulation, forthcoming (available at: <https://papers.ssrn.com/sol3/papers.cfm?abstract_id=4088502>3, last visited on March 15, 2023).

Schwarcz, Daniel: Redesigning Widespread Insurance Coverage Disputes, A Case Study of the British and American Approaches to Pandemic Business Interruption Coverage, in: DePaul Law Review, Vol. 71/2 (2022), pp. 427 et seqq.

Schwarcz, Daniel/*Siegelmann*, Peter (Eds.): Research Handbook on the Economics of Insurance Law, Cheltenham 2015.

Tereszkiewicz, Piotr: Business interruption insurance as a means of spreading pandemic related losses, in: Geneva Papers on Risk and Insurance – Issues and Practice, Vol. 48 (2023) (cit. *Tereszkiewicz*, 2023).

Tereszkiewicz, Piotr: Business Interruption Insurance and Covid-19, Between Embracing Risk and Spreading Loss, in: Mathis, Klaus/Tor, Avishalom (Eds.), Law and Economics of the Corona Virus Crisis, Cham 2022, pp. 215 et seqq. (cit. *Tereszkiewicz*, 2022).

Van Boom, Willem H.: Insurance Law and Economics, an empirical perspective, in: Faure, Michael/Stephen, Frank (Eds.), Essays in the Law and Economics of Regulation, In Honour of Anthony Ogus, Antwerpen/Portland 2008, p. 253 et seqq.